W0056702

001 ga Foto: de

Dagmar Elsen
Gardasee, Verona, Trentino

*Wie sehr wünschte ich meine Freunde einen Augenblick neben mich,
daß sie sich der Aussicht freuen könnten, die vor mir liegt.*

Johann W. v. Goethe im Trentino mit Blick auf den Gardasee;
Eintrag in sein Tagebuch während seiner Italienreise

Impressum

Dagmar Elsen
Gardasee, Verona, Trentino

erschienen im
REISE KNOW-HOW Verlag Peter Rump GmbH
Osnabrücker Straße 79, 33649 Bielefeld

© Peter Rump 2000, 2003, 2005, 2007
5., neu bearbeitete und komplett aktualisierte Auflage 2010

Alle Rechte vorbehalten.

Gestaltung
  Umschlag: G. Pawlak, P. Rump (Layout); Svenja Lutterbeck (Realisierung)
  Inhalt: G. Pawlak (Layout); M. Luck (Realisierung)
  Karten: E. Egginger; Umschlagkarten: Michelbach & Marchfeld, München
  Fotos: D. Elsen
  Titelfoto: D. Elsen

Lektorat: M. Luck
Lektorat (Aktualisierung): Svenja Lutterbeck

Druck und Bindung: Wilhelm & Adam, Heusenstamm

ISBN 978-3-8317-1869-6
Printed in Germany

Dieses Buch ist erhältlich in jeder Buchhandlung
Deutschlands, der Schweiz, Österreichs, Belgiens
und der Niederlande. Bitte informieren Sie Ihren
Buchhändler über folgende Bezugsadressen:

Deutschland
  Prolit GmbH,
  Postfach 9, D-35461 Fernwald (Annerod)
  sowie alle Barsortimente
Schweiz
  AVA-buch 2000
  Postfach, CH-8910 Affoltern
Österreich
  Mohr-Morawa Buchvertrieb GmbH
  Sulzengasse 2, A-1230 Wien
Niederlande, Belgien
  Willems Adventure
  www.willemsadventure.nl

Wer im Buchhandel trotzdem kein Glück hat,
bekommt unsere Bücher auch direkt über unseren
Büchershop im Internet:
www.reise-know-how.de

*Wir freuen uns über Kritik, Kommentare und
Verbesserungsvorschläge, gern auch per E-Mail
an info@reise-know-how.de.*

*Alle Informationen in diesem Buch sind von der
Autorin mit größter Sorgfalt gesammelt und vom
Lektorat des Verlages gewissenhaft bearbeitet und
überprüft worden. Da inhaltliche und sachliche
Fehler nicht ausgeschlossen werden können,
erklärt der Verlag, dass alle Angaben im Sinne der
Produkthaftung ohne Garantie erfolgen und dass
Verlag wie Autorin keinerlei Verantwortung und
Haftung für inhaltliche und sachliche Fehler übernehmen.
Die Nennung von Firmen und ihren Produkten
und ihre Reihenfolge sind als Beispiel ohne Wer-
tung gegenüber anderen anzusehen. Qualitäts-
und Quantitätsangaben sind rein subjektive Ein-
schätzungen der Autorin und dienen keinesfalls
der Bewerbung von Firmen oder Produkten.*

002ga Foto: de

Dagmar Elsen

Gardasee

Verona
Trentino

REISE KNOW-HOW im Internet

Vorwort

Im September 1786 war's, als ein gewisser *Johann Wolfgang von Goethe*, Geheimrat aus Frankfurt, von Deutschland aus über die klassische Route durch das Etschtal nach Italien reiste. Im Trentino machte er nur kurz Station, um sogleich weiter an den Gardasee zu fahren. Man sollte es nicht für möglich halten, aber auch mehr als 200 Jahre später hat sich das Reiseverhalten der Urlauber aus dem deutschsprachigen Raum nur wenig verändert: In eiliger Fahrt geht es über den Brenner zu den Ufern des Sees, der als Ferienziel wohl nie aus der Mode kommen wird.

Es sind nicht nur die landschaftlichen Reize, die die Anziehungskraft des Lago di Garda seit jeher ausmachen. Man hat auf diesem Landstrich stets auch den Zeitgeist erkannt und ist vor allem den Urlaubswünschen der Deutschen auf der Spur geblieben. Das Bild vergangener Tage, als unsere Eltern noch im voll gepackten VW-Käfer gen Süden knatterten, um am Gardasee Sonne und Dolce Vita zu tanken, hat sich im Laufe der Zeit und besonders im vergangenen Jahrzehnt völlig verändert. Vor allem sportlich aktiv sind die Urlauber geworden, Outdoor heißt das Zauberwort. Gerade hierfür bieten der Gardasee und das weitere Trentino fantastische landschaftliche Voraussetzungen. In Arco beispielsweise trifft sich die Weltelite der Freeclimber. Torbole ist die Hochburg der Mountainbiker und Surfer. In Gargnano tummeln sich alljährlich zur Centomiglia die Segelcracks.

Outdoor ist auch das verbindende Element der beiden Regionen Gardasee und Trentino. Zusammen verfügen sie über alles, wovon der Naturliebhaber und Sportler träumt: Berge, Hochebenen, steile Felswände, Schluchten, Seen, Wasserfälle, Flüsse, Thermen und herrliche Wälder. Vom Gardasee aus sind die Zielorte Molveno, Madonna di Campiglio oder Canazei und San Martino di Castrozza in einer guten Stunde leicht zu erreichen.

Aber nicht allein das Thema Outdoor macht die Regionen so anziehend. Das Trentino ist reich an **kulturellen Sehenswürdigkeiten,** die Städte Trient und Rovereto nehmen sich gar aus wie Schatzkästchen. Und die vielen Schlösser und Burgen, die auf Hügeln und Bergfelsen thronen, verleihen dem Landstrich eine ganz eigene, wildromantische Note.

Auf den Spuren von Kultur und Geschichte wandelt man schließlich auch in **Verona** und **Brescia,** und überall ist schon die leichte italienische Lebensart zu spüren. Ob sich das nun in der alltäglichen Lässigkeit widerspiegelt („Heute geschlossen, bin beim Urologen"), bei der Zubereitung der Speisen seine Spuren hinterlässt oder sich beim Espresso-Ritual auf dem Dorfplatz findet – italienischer Lifestyle verleiht jeder Reise einen besonderen Anstrich.

In diesem Sinne wünsche ich einen wunderbaren Aufenthalt!

Inhalt

Atlasverweise in den Überschriften

In den Ortsbeschreibungen wird in den Überschriften mit einem **Pfeil** ⬈ auf den Atlas am Ende des Buches verwiesen, damit sich der Ort auf der Karte schneller finden lässt, z. B. **A2**. Die entsprechende Karte finden Sie in der Kopfzeile, z. B. **Karte Umschlag hinten.**

Praktische Reisetipps A–Z

004ga Foto: de

005ga Foto: de

Auf dem Markt in Idro

Lago di Tenno

Strand von Torbole

Als Gast im Trentino und am Gardasee

Von „den" Italienern kann man ebenso wenig sprechen, wie man die Trentiner und die Anwohner des Gardasees über einen Kamm scheren sollte – selbst wenn die Unterschiede aus „fremden" Augen nicht allzu gravierend sind. Die Trentiner sind Fremden gegenüber reservierter und distanzierter als die Menschen am Gardasee, aber deshalb nicht unfreundlich. Man muss es nur wissen, dann kann man sich entsprechend verhalten. Ein **freundlicher Gruß** kommt immer gut an – in den Bergregionen ist das sowieso Usus.

Freizügigkeit beim Baden ist im Trentino nicht angesagt, am Gardasee las-sen so manche Urlauberinnen schon mal ihr Bikini-Oberteil weg. Aufruhr verursacht dies nicht. **Nackt baden ist** allerdings **indiskutabel.** Wer's dennoch tut, wird sofort wegen sittenwidrigen Verhaltens angezeigt. Zumindest angekündigt hat das italienische Verkehrsministerium, dass es in Zukunft auch für Ruhe und Ordnung an den Stränden im Lande sorgen will. Lautes Radiohören in der Mittagszeit soll geahndet und unter Umständen mit empfindlichen Geldstrafen belegt werden. Ebenso ein Dorn im Auge ist den Behörden, wenn Badegäste in ihren nassen Bikinis oder Badehosen in die Strandbar marschieren. Das sei unhygienisch und soll deshalb nicht mehr erlaubt werden.

Die Italiener sind sehr **religiös.** Kirchenbesichtigungen während der Mes-

se sind deshalb äußerst ungern gesehen. Bei der Kleidung in Gotteshäusern sollte man darauf achten, dass die Schultern bedeckt sind. Kurze Röcke und Hosen erregen heute nicht mehr so sehr die Gemüter wie früher.

Rauchen in Restaurants, Bars und Cafés ist überall in Italien **strengstens verboten.** Wer das Gesetz missachtet, muss mit einer Strafe von 250 bis zu 2200 Euro rechnen. Ausgenommen von dieser Regelung sind lediglich Lokale, die eigens für Raucher einen abgeschlossenen Raum mit Abzug eingerichtet haben. Auf die Kulanz der Gastwirte sollte niemand bauen. Denn diese sind qua Gesetz verpflichtet, jeden rauchenden Gast anzuzeigen, sonst droht ihnen eine Strafe zwischen 220 und 2200 Euro.

Das **rigide Gesetz** verbannt den Zigarettenqualm auch aus allen Geschäften sowie öffentlichen und privaten Büros mit Publikumsverkehr. Auch wer sich neben Schwangeren und Kindern eine Zigarette anzündet, muss mit empfindlichen Geldstrafen rechnen.

Anreise

Mit dem eigenen Wagen

Wer mit dem Auto anreist, der sollte den **nationalen Führerschein** und Kfz-Schein dabei haben. Eine grüne Versicherungskarte ist keine Pflicht, sie wird aber in der Regel bei Unfällen verlangt. Der Auslandsschutzbrief eines Automobilclubs kann hilfreich sein. Die zulässige **Höchstgeschwindigkeit** für Pkw be-

trägt auf der Autobahn 130 km/h (eine Ausnahme bilden Abschnitte der Brenner-Autobahn mit 110 km/h), außerhalb geschlossener Ortschaften 90 km/h. Die **Promillegrenze** liegt in Italien **bei 0,5‰.** Neu ist die Vorschrift, dass alle Kraftfahrzeuge, Motorräder und Mofas aus Sicherheitsgründen auch **tagsüber mit Abblendlicht** fahren müssen. Wer sich nicht daran hält, muss mit einer Ordnungsstrafe in Höhe von 32 Euro rechnen.

Pflicht ist nunmehr auch das Mitführen von **Sicherheitswesten** für alle Fahrzeuginsassen. Die Warnwesten in den Farben Rot, Orange oder Gelb müssen dem europäischen Standard genügen und das Kontrollzeichen EN 471 tragen. Der Verstoß gegen diese Vorschrift kann empfindliche Geldbußen nach sich ziehen und für den Fahrzeugführer bei einem Unfall sogar zu rechtlichen Konsequenzen führen.

Die **übliche Route** nach Italien führt via München und Innsbruck über die Brenner-Autobahn A 22 in Richtung Verona-Modena. Bei Staus auf dieser Strecke gibt es **zwei Ausweichmöglichkeiten: 1.** über die A 95 nach Garmisch-Partenkirchen, weiter über den Mittenbergpass nach Innsbruck, wo man dann auf die Brenner-Autobahn gelangt; **2.** über die Landstraßen 13 und 318 zum Tegernsee und weiter zum Achensee bzw. den Achenpass und dann Richtung Innsbruck zur Brenner-Autobahn. Für diejenigen, die in den Westen des Trentino reisen möchten,

Auch bei schlechtem Wetter sind die Gäste gut gelaunt

sei als Tipp die **wunderschöne Route über den Mendelpass** (SS 42) mit auf den Weg gegeben. Für das Urlaubsziel Ost-Trentino ist die schnellste Möglichkeit, bereits bei Ora/Neumarkt/Auer abzufahren.

Wer die Brenner-Autobahn nutzen will, sollte daran denken, dass hierfür **Maut** zu berappen ist. In Österreich wird eine allgemeine Autobahnmaut verlangt. Diese ist gestaffelt: für zehn Tage 7,70 Euro, für zwei Monate 22,50 Euro, für ein Jahr 73,80 Euro (gilt für Pkw bis 3,5 t). Wer nicht an der Grenzstation warten möchte, kann die Vignette an den letzten Autobahntankstellen in Deutschland erwerben. Die Brenner-Strecke in Österreich kostet pauschal 8,18 Euro Maut (auch vorab online zahlbar über www.videomaut.at und neuerdings auch per Handy). In Italien wird streckenweise an den Mautstationen abgerechnet, der Brennerabschnitt kostet immer 11,40 Euro.

Um in Italien langes Warten zu umgehen, bieten viele Automobilclubs sogenannte **Viacards** für 25 oder 50 Euro an. Mit diesen Karten erfolgt die Passage an den bargeldlosen Schaltern schneller. An den meisten Mautstellen gibt es aber auch eine Spur für die gebräuchlichsten Kreditkarten wie VISA, Mastercard, Diners Club und Amex.

Mehr Informationen gibt es auf www. kfz-auskunft.de/info/autobahngebuehr.

Zu umgehen ist die italienische Maut, wenn man parallel zur Autobahn die alte Brennerstraße fährt. Das dauert allerdings ungleich länger.

Tankstellen sind (ausgenommen die Autobahn-Tankstellen) werktags von 7.30 bis 12.30 und von 15 bis 19 Uhr geöffnet. An den Wochenenden und an Feiertagen sind sie meist geschlossen. Die Tankwarte akzeptieren nicht immer eine Kreditkarte. Das gilt natürlich nicht für Tankstellen an den Autobahnen.

Mit dem Autoreisezug

Wer sich die lange Fahrt am eigenen Steuer erspart, aber auf das Auto nicht verzichten möchte, kann alternativ den Autoreisezug nutzen, z.B. von Hamburg, Berlin, Düsseldorf und Frankfurt/Neu-Isenburg nach Verona oder von Hamburg, Dortmund, Düsseldorf und Berlin nach Bozen. Das gleiche Angebot gilt für Motorradfahrer. Wer in der Hauptreisezeit Ferien macht, sollte sehr früh buchen, denn es gibt Frühbuchertarife, bei denen das Fahrzeug für nur 9,90 Euro (!) befördert wird. Online-Bucher erhalten 15% Rabatt vom Normalpreis, und bei Last-Minute-Buchungen ab sechs Tage vor Abfahrt kann man 25% des Preises sparen – vorausgesetzt, es ist noch Platz.

Die Verbindungen können **an jedem Bundesbahnschalter** gebucht werden oder unter:

● **DBAutoZug,** www.autozug.de oder Tel. 01805/ 24 12 24 (0,12/Min.).

Mit Bahn und Bus

Den Norden des Gardasees erreicht man **über Rovereto** z.B. freitags mit dem Urlaubsexpress auf der Strecke Dortmund – Duisburg – Köln – Frankfurt oder der Strecke Hamburg – Hannover – Göttingen – Fulda (ab 39 Euro im Liegewagen in einer SparNight). Von dort gibt es einen stündlichen Bustransfer nach Riva. Um in den Süden zu kommen, bietet es sich an, **über Verona** zu fahren. Dies geht ebenfalls mit den oben genannten Urlaubsexpress-Verbindungen oder dem NachtZug auf der Strecke München – Rosenheim – Kufstein – Wörgl – Innsbruck. Von dort kann man täglich mit dem Regionalzug oder Bus weiter nach Peschiera, Desenzano oder Brescia reisen. Von Peschiera verkehrt ein kostenloser Shuttlebus nach Gardaland. Ebenso gut sind die Busverbindungen zwischen Mailand – Brescia – Salò und Riva.

Man kann **Bahntickets** an jedem größeren Bahnhof direkt kaufen. Es geht aber auch ohne Warteschlangen online oder telefonisch; die Tickets erhält man dann per Post zugeschickt:

- **DB**, www.bahn.de oder in Deutschland Tel. 11 861 (0,06 Euro/7,3 Sek.).
- **ÖBB**, www.oebb.at oder in Österreich Tel. 05/ 17 17 (zum Ortstarif).
- **SBB**, www.sbb.ch oder in der Schweiz Tel. 0900/ 30 03 00 (1,19 SFr/Min.).
- **DB NachtZug,** www.nachtzugreise.de oder über die obigen Bahngesellschaften.

Es gibt bei den Bahngesellschaften regelmäßig **attraktive Angebote.** Damit man keines davon verpasst, kann man bei der DB oder SBB den **Newsletter** auf der Website abonnieren!

Besondere Ermäßigungen erhalten häufig auch die Besitzer einer **Kundenkarte der Bahngesellschaft** wie der deutschen BahnCard, der österreichischen VORTEILScard oder des schweizerischen Halbtax-Abonnements.

Mit dem Flugzeug

Es können **vier Flughäfen** angesteuert werden: **Bozen, Verona, Mailand** und **Bergamo.** Im Folgenden eine Liste der **wichtigsten Linienfluggesellschaften** mit Verbindungen nach Norditalien (Endpreise einschließlich aller Steuern, Gebühren und Entgelte):

- **Air Alps,** www.airalps.at
Von München nonstop nach Bozen.
- **Air Dolomiti,** www.airdolomiti.it
Von Frankfurt, München und Wien nonstop nach Verona sowie mit Lufthansa-Anschlussflügen von vielen Flughäfen in Deutschland, Österreich und der Schweiz über Frankfurt, München und Wien nach Verona.
- **Air France,** www.airfrance.de
Von vielen Flughäfen in Deutschland, Österreich und der Schweiz über Paris oder Lyon nach Mailand.
- **Alitalia,** www.alitalia.de
Von vielen Flughäfen in Deutschland, Österreich und der Schweiz nach Mailand und über Mailand nach Verona.
- **Lufthansa,** www.lufthansa.com
Von Düsseldorf, Frankfurt, München und Stuttgart nonstop nach Mailand sowie von vielen anderen Flughäfen in Deutschland, Österreich und der Schweiz über Düsseldorf, Frankfurt, München und Stuttgart nach Mailand.
- **Swiss,** www.swiss.com
Von Zürich nonstop nach Mailand sowie von vielen Flughäfen in Deutschland, Österreich und der Schweiz über Zürich nach Mailand.

Meistens preisgünstigere Flüge sind mit den **Jugend- und Studententickets** (je nach Airline alle jungen Leute bis 25 und Studenten bis 34 Jahre) möglich.

Indirekt sparen kann man als Vielflieger, indem man Mitglied bei einem **Vielflieger-Programm** wird. Air France und Alitalia sind im Verbund www.

skyteam.com, während Lufthansa im Verbund www.star-alliance.com ist.

Billigfluglinien

Es gibt regelmäßig Sonderaktionen, bei denen man mit etwas Glück auch in der Hochsaison die vergünstigten Tarife buchen kann. Darauf wird per **E-Mail-Newsletter** aufmerksam gemacht, den man auf der Internetseite der jeweiligen Airline abonnieren kann.

Die Billigairlines stellen **keine Tickets** aus, sondern arbeiten nur mit einer Online-Bestätigung mit einer Buchungsnummer auf der Website oder per E-Mail. Zur Bezahlung wird in der Regel eine Kreditkarte verlangt.

Die **interessanten Billigairlines** für Flüge nach Norditalien sind:

● **Air Berlin,** www.airberlin.com oder (D) Tel. 01805/ 73 78 00.
● **Germanwings,** www.germanwings.com oder (D) Tel. 01805/ 95 58 55.
● **Hapag-Lloyd Express,** www.hlx.com oder (D) Tel. 0180/ 50 93 509.
● **Ryan Air,** www.ryanair.com oder (D) Tel. 0190/ 17 01 00.
● **Transavia,** www.transavia.com oder (D) Tel. 0695/ 09 85 446.
● **Virgin Express,** www.virgin-express.com oder (D) Tel. 01805/ 13 32 12.

Buchung

Die **Billigairline-Tickets** kann man alle auf der jeweiligen Website buchen sowie auch über das jeweilige Callcenter (allerdings ist dann eine Zusatzgebühr fällig, und der Anruf selbst kostet meist 0,12–0,20 Euro bzw. 0,12 SFr pro Minute).

Für die Tickets der Linienairlines kann man bei folgenden **zuverlässigen Rei-sebüros** meistens günstigere Preise als bei vielen anderen Reisebüros finden:

● **Jet-Travel,** Buchholzstr. 35, D-53127 Bonn, Tel. 0228/ 28 43 15, Fax 28 40 86, www.jet-travel.de. Auch für Jugend- und Studententickets. Sonderangebote auf der Website unter „Schnäppchenflüge".
● **Globetrotter Travel Service,** Löwenstrasse 61, CH-8023 Zürich, Tel. 01/ 22 86 666, www.globetrotter.ch. Weitere Filialen gibt es in Baden, Basel, Bern, Biel, Chur, Freiburg, Luzern, Olten, St. Gallen, Thun, Winterthur und Zug.

Transfer von den Flughäfen

Die lombardische Metropole **Mailand** verfügt über **zwei Flughäfen. Milano Malpensa** ist der Interkontinental-Flughafen, 45 km vom Zentrum der Stadt entfernt (Buspendelverkehr zum Mailänder Hauptbahnhof in den Stoßzeiten alle 30 Minuten). Außerdem ist dieser Flughafen an einen Expresszug ins Mailänder Zentrum/Bahnhof Cadorna angebunden, der von 7 bis 20 Uhr alle 30 Minuten verkehrt und eine halbe Stunde Fahrtzeit benötigt. Allgemeine Informationen: Tel. 02/ 74 85 22 00; Flug-Infos: Tel. 02/ 26 80 06 06 und 26 80 06 27. Der Internationale Zivilflughafen ist der **Milano Linate,** 10 km vom Stadtzentrum entfernt. Buspendelverkehr alle 20 Minuten zum Haupt-

Buchtipps:
● Frank Littek
Fliegen ohne Angst
● Erich Witschi
Clever buchen, besser fliegen
(beide Bände REISE KNOW-HOW Praxis)

bahnhof. Allgemeine Informationen: Tel. 02/ 74 85 22 00; Flug-Infos: Tel. 02/ 28 10 63 00 und 28 10 63 24.

Der **Flughafen Bozen** ist nur 3 km von der Stadt entfernt. Auskünfte werden unter der Rufnummer 0471/ 25 40 70 erteilt. Der Bustransfer geht in die Innenstadt.

Der Flughafen **Aeroporto Valerio Catullo di Villafranca/Verona** liegt auf der Strecke zwischen Verona und dem Gardasee (Entfernung zur Stadt 13 km). Vom Flughafen gibt es Bustransfers alle 20 Minuten von 6.10 bis 23.10 Uhr. Alternativ fährt man mit dem Taxi zur Busstation Porta Nuova am Hauptbahnhof Verona. Infos: Tel. 045/ 80 95 611.

Eine weitere Möglichkeit offeriert der Transferservice „Limtours" mit dem Minibus, der jeden Fahrgast an seinen gewünschten Zielort bringt. Der Preis ist abhängig von der Entfernung und liegt zwischen 20 und 40 Euro. Das Unternehmen sitzt in Limone sul Garda, Via Comboni 42, Tel. 0365/ 95 47 81, Fax 95 43 55. Sein Service kann auch bequem per Internet unter www.transfer. limtours.it gebucht werden.

Der Flughafen **Aeroporto Orio al Sario** liegt zwischen Mailand und Brescia etwa 5 km außerhalb der Stadt **Bergamo.** Bis zum Gardasee beträgt die Entfernung 75 km. Eine direkte Verbindung vom Flughafen zum Gardasee via Bahn oder Bus gibt es nicht. Man kann nur über Brescia fahren. Am bequemsten ist der Shuttle-Bus zum Hauptbahnhof von Brescia, wo sich auch der Busbahnhof befindet. Dort kann man dann die entsprechende Busverbindung nach Saló, Desenzano, Sirmione oder Pes-

chiera wählen. Weitere Informationen unter der Rufnummer 035/ 32 63 23.

Der **Flughafen Brescia Montichiari** (www.aeroportobrescia.it) findet sich ca. 5 km außerhalb Brescias mit einer Distanz zum Gardasee von 40 km. Weitere Informationen können unter der Rufnummer 030/ 96 56 599-511 abgefragt werden. Transfers sind möglich mit dem speziellen Gardasee-Taxi-Shuttle: Rufnummer 030/ 91 41 527, mit dem Minibus-Shuttle-Service der in Limone ansässigen Firma „Limtours" (siehe oben unter Verona), oder mit dem Linienbus, dessen Fahrzeiten unter www. cgabrescia.it nachzulesen sind.

Botschaften und Konsulate

Italienische Botschaften

● **In Deutschland**
Hiroshimastraße 1, 10785 Berlin, Tel. 030/ 25 44 00, www.ambberlino.esteri.it.
● **In der Schweiz**
Elfenstraße 14, 3006 Bern, Tel. 031/ 35 00 777, www.ambberna.esteri.it.
● **In Österreich**
Rennweg 27, 1030 Wien, Tel. 01/ 71 25 121, www.ambvienna.esteri.it.

Konsulate in Mailand

● **Generalkonsulat der Bundesrepublik Deutschland**
Via Solferino 40, Tel. 02/ 62 31 101 und in dringenden Notfällen unter Tel. 335/ 62 556-21 oder -22 (Handynummer, daher ohne 0).
● **Generalkonsulat der Republik Österreich**
Piazza del Liberty 8/4, Tel. 02/ 78 37 43.
● **Generalkonsulat der Schweizerischen Eidgenossenschaft**
Via Palestro 2, Tel. 02/ 77 79 161.

Ein- und Ausreisebestimmungen

In der EU haben Kontrollen europäischer Urlauber mittlerweile Seltenheitswert. Doch auch innerhalb der EU- und EFTA-Länder bestehen für die steuerfreie Mitnahme von Alkohol, Tabak und Kaffee Grenzen. Bei Überschreiten der Freigrenzen muss nachgewiesen werden, dass keine gewerbliche Verwendung beabsichtigt ist:

Freimengen innerhalb EU-Ländern
● **Alkohol:** 90 l Wein (davon höchstens 60 l Schaumwein), 110 l Bier, 10 l Spirituosen über 22 Vol.-% und 20 l unter 22 Vol.-%; für Schweizer jedoch nur 2 l bis 15 Vol.-% und 1 l über 15 Vol.-%.
● **Tabakwaren:** 800 Zigaretten, 400 Zigarillos, 200 Zigarren, 1 kg Tabak; für Schweizer jedoch nur 200 Zigaretten oder 50 Zigarren oder 250 g Pfeifentabak.

Freimengen für Reisende aus einem Drittland (z.B. Schweizer)
● **Alkohol** (für Personen ab 17 Jahren): 1 l Spirituosen (über 22 Vol.-%) oder 2 l Spirituosen (unter 22 Vol.-%) oder eine anteilige Zusammenstellung dieser Waren, und 4 l nichtschäumende Weine, und 16 l Bier.
● **Tabakwaren** (für Personen ab 17 Jahren): 200 Zigaretten oder 100 Zigarillos oder 50 Zigarren oder 250 g Tabak oder eine anteilige Zusammenstellung dieser Waren.

Darüber hinaus gelten in allen EU- und EFTA-Mitgliedsstaaten weiterhin **nationale Ein-, Aus- oder Durchfuhrbeschränkungen,** z.B. für Tiere, Waffen, starke Medikamente, Drogen und auch für Cannabisbesitz und -handel.

Nähere Informationen gibt es hier:
● **Deutschland:** www.zoll.de oder beim Zoll-Infocenter, Tel. 069/ 46 99 76 00.
● **Österreich:** www.bmf.gv.at oder beim Zollamt Villach, Tel. 04242/ 33 233.
● **Schweiz:** www.zoll.admin.ch oder bei der Zollkreisdirektion in Basel, Tel. 061/ 28 71 111.

Elektrizität

Die Netzspannung beträgt auch in Italien 230 Volt Wechselstrom. Mit flachen Eurosteckern gibt es keine Probleme. Wer Geräte mit Erdung benutzen möchte, sollte sich einen **Adapter** besorgen, den es im Elektrohandel, in Kaufhäusern oder in Ausrüsterläden gibt. Vorsicht in entlegenen Bergregionen oder überlasteten Touristenzentren: Bei Unwettern kann es zu vorübergehenden Stromausfällen kommen. Eine Taschenlampe oder Kerzen im Gepäck sind auf jeden Fall von Vorteil.

Essen und Trinken

Drei unterschiedliche Provinzen – Trentino, Venetien und Lombardei – bringen unterschiedliche kulinarische Stilrichtungen hervor und Besonderheiten auf den Tisch. Nur das Wasser zeigt sich für alle drei Regionen als verbindendes Element. Munter durch alle Speisekarten schwimmt nämlich der **Fisch,** vor allem die Bergforelle oder die berühmte Gardaseeforelle, gegrillt oder in Alufolie zubereitet. Des Weiteren gibt es Hecht, Karpfen, Sardine, Aal, Döbel, Felchen, Schleie, Flussbarsch und Weißfisch.

Essen als Fest – hier an einer riesigen Tafel in Vallegio sul Mincio

Trentiner Küche

Im Trentino ist die Küche durch die Bergwelt und die hier wachsenden Zutaten geprägt. Außerdem sind die historisch bedingten Einflüsse der Österreicher unverkennbar. Man isst gerne herzhaft und deftig. Und dazu gehört z.B. der **Speck,** ein sehr lecker gewürzter und geräucherter Schweineschinken. Der Speck ist nie ins Italienische übersetzt, sondern sprachlich auch so übernommen worden. Zu den bekanntesten Speisen zählt zweifelsohne die **Polenta,** eine Art fester Maisbrei, der in allen Variationen zubereitet wird.

Ganz vortrefflich schmeckt **Salsiccia,** eine nicht geräucherte, dafür gegrillte Salami. Ebenso wie **Carne salada e fasoi,** hauchdünne Scheiben von gepökeltem Rindfleisch, in Olivenöl getaucht und gegrillt, mit weißen Bohnen. **Dicke Bohnen** gibt es auch als leckere Kroketten-Variante. Berühmt sind die **strangolapetri,** die „gewürgten Priester". Die Legende erzählt, dass nimmersatte Priester sie in rauen Mengen und hoher Geschwindigkeit hinunterwürgten und fast daran erstickten. Es sind Spinat-Klößchen aus Nudelteig, die mancher wahrscheinlich eher als Gnocchi kennen gelernt hat. Eine ganz besondere Köstlichkeit sind auch die **Canederli.** Die Klößchen aus Kartoffelteig mit Speck sind besonders gut mit heißer Butter und Salbei, oder in der Suppe. Weitere Spezialitäten sind **Zuppa di orza –** Graupensuppe, **marinierte Bergforellen, Rotwein-Risotto,** süß-saure **Hasenkeulen** und **Poularde** mit einer Füllung aus Pinienkernen, Haselnüssen, Brot und Rindermark.

Im Herbst werden allenthalben **Maroni** serviert, da sie in den Wäldern von Drena und Pranzo im Überfluss wachsen, und Pilze, besonders **Steinpilze.**

Verschiedene **Käsesorten** kommen aus dem Garda Trentino und dem Sarca-Tal, u.a. der Grana Trentino.

Polenta für alle Lebenslagen

Die Bedeutung der Polenta spiegelt sich am besten bei der **Mascherata dei Guisi e dei Gobj** wieder. Das ist ein historisches Fest alljährlich am 26. Juni in Trient, bei dem es um die Verteidigung der Polenta geht. Der **Maisbrei** diente und dient noch heute als Grundnahrungsmittel wie in Deutschland wohl die Kartoffel. Und nicht nur das. Mit genügend Polenta konnte man unter Umständen den Feind aussitzen. Denn wer über genügend Polentavorrat verfügte, der hatte im Belagerungszustand die besseren Chancen zu überleben. Vor diesem Hintergrund wird auf dem Domplatz ein stilisierter Kampf aufgeführt. Die Gobj, das sind die Trentiner, kämpfen gegen die Guisi, das sind die Bürger von Feltre, um einen riesigen Kessel Polenta. Dieser wird von der Strozzera, eine Maskengestalt in Frauenkleidern, für die Gobj streng bewacht. Daraus entsteht ein sportlicher Wettstreit, der den Beteiligten einiges abverlangt. Die Polenta, das ist selbstverständlich, bleibt erfolgreich im Besitz der Trentiner und wird schließlich unters gemeine Volk verteilt.

Ebenfalls aus der Trentiner Gardaseeregion sind die viel gerühmten dicken **Pflaumen,** denen eine außergewöhnlich energiespendende Wirkung nachgesagt wird. Sie werden im August in Dro geerntet. Ganz oben auf der Hitliste stehen nicht zuletzt **Äpfel,** die im großen Stil angebaut werden. Apfelkuchen und Apfelstrudel zu essen, ist also ein Muss im Trentino.

Wer an die italienische Kücke denkt, hat sofort auch **Olivenöl** vor Augen. Nahezu jede Region hat ihr spezielles, so auch das Olivenöl extra vergine von den Olivenbauern in Riva, Arco, Nago, Torbole und Tenno.

Die lombardische Küche

Die lombardische Küche könnte man als deftig und schwer bezeichnen. Berühmt-berüchtigt ist das **Ossobuco,** eine Kalbshaxe, die entweder in Suppe oder in Wein und Gemüse geschmort wird. Außerdem gibt es die **Busecca,** einen Eintopf mit Kutteln, Ochsen-schwanz, Bohnen, Karotten und Sellerie. Deftig ist auch der **Soppressata,** der Presssack, der mit dem deutschen Presskopf zu vergleichen ist.

Liebhabern des Wiener Schnitzels schmeckt wohl auch das **Costoletta alla Milanese,** dessen Panade oft noch Parmesan zugefügt wird. Wer allerdings vermutet, die Italiener hätten das Rezept von den Österreichern abgekupfert, wird böse Blicke ernten. Nach heftigem Streit darum wurde sogar das Wiener Staatsarchiv bemüht. Denn hier lagert der Beweis: ein Schriftstück des Feldmarschalls *Radetzky,* in dem er sich über die Lage in der Lombardei äußert. Nicht vergessend, dass ihm dort ein Gericht besonders mundete – das in Ei gewälzte Kalbskotelett, paniert und in Butter gebraten. *Radetzky* wurde seinerzeit angewiesen, der Hofküche das genaue Rezept zu erläutern. Nur, damit ist die Geschichte um die endgültige Herkunft des Wiener Schnitzels aber noch nicht beendet. Die Italiener hatten das Rezept nämlich den Spaniern abge-

Praktische Reisetipps A–Z

schaut, die es während der maurischen Besetzung von den Arabern übernommen hatten. Die Araber wiederum hatten die Zubereitungsart aus Byzanz (Istanbul) mitgebracht – das Wiener ist also in Wirklichkeit ein byzantinisches Schnitzel.

Neben **Polenta** ist der **Risotto** (Reis) das Grundnahrungsmittel der Lombarden, am liebsten mit **Safran** gewürzt. Außerdem wird gerne Gemüse gekocht, besonders begehrt ist die **Minestrone,** eine klassische Gemüsesuppe.

Trüffel – „schwarzes Gold"

Schön sieht er wahrlich nicht aus, dieser dunkle, kleine und knubbelige Geselle, der im Herbst mit Hilfe von Schweinen oder Hunden aus den Untiefen der Erde gegraben wird. Aber er ist Gold wert, und wer nach ihm unbefugt auf die Suche geht, sollte auf eine Freiheitsstrafe von bis zu fünf Jahren gefasst sein. Die Rede ist vom edlen Trüffel, einem **knollenartigen Pilz,** der in etwa 30 Zentimetern Tiefe an Baumwurzeln wächst, besonders gern an Kastanien, Eichen, Linden, Pappeln und Weiden. Der Boden dort muss angenehm locker, mit viel Lehm und Kalk angereichert sein und nicht zuletzt einen felsigen Untergrund haben. War das Klima im Frühjahr und Sommer warm und feucht, dann steht einer guten Ernte nichts im Wege. Aber – und das macht den Trüffel so kostbar – diese Bedingungen werden nur in wenigen Regionen erfüllt. Eine davon ist der Westen des Gardasees. Die Fundorte sind allerdings – wie überall – ein streng gehütetes Geheimnis. Verraten wird lediglich, dass nicht mit Schweinen auf die Suche gegangen wird, sondern mit Hunden. Die finden immerhin genug, dass in den angesagten Restaurants – insbesondere der Hochebene von Tignale – die spezielle Trüffelkarte ausgehängt werden kann. So gibt es dann im September und Oktober die getrüffelte Steinpilzpizza, das getrüffelte Kalbfleischragout, die getrüffelten Spiegeleier, die getrüffelte Pasta und was die Chefköche sonst noch so alles mit Trüffel einfallen lassen.

Kaufen kann man das „schwarze Gold" am besten in Delikatessläden und auf Märkten. Dabei sollte man darauf achten, dass der Trüffel schön fest ist wie eine Haselnuss und keine Wurmlöcher hat. Außerdem muss der Pilz einen intensiven, durchaus an Moder erinnernden Geruch verströmen. Auf jeden Fall darf man sich keine Knolle andrehen lassen, die nicht gesäubert ist, da zuweilen zu dem Trick gegriffen wird, Schadstellen mit Sand und Erde zuzuschmieren.

Die Preise für Trüffel sind unterschiedlich. Zum einen hängen sie von der Sorte ab, ob es sich also um den selteneren weißen Alba-Trüffel handelt oder beispielsweise um den häufiger vorkommenden schwarzen Sommertrüffel. Zum anderen ist maßgeblich, wie der Saisonverlauf hinsichtlich des Wetters war. Zum Saisonende 2009 beispielsweise lag der Kilopreis für den Alba-Trüffel bei mindestens 4000 Euro, der schwarze Sommertrüffel hingegen kostete „nur" 250 Euro das Kilo. Das ist natürlich wesentlich billiger, liegt aber auch daran, dass schwarzer Sommertrüffel nicht dieselbe Güteklasse hat wie Alba-Trüffel.

Will man den Trüffel aufbewahren, dann eignet sich am besten ein verschraubbares oder ein Weckglas. Legt man auch noch einige frische Eier hinzu, haben diese schon nach wenigen Stunden den starken Trüffelgeruch angenommen, so dass sie als Omelett selbst ohne Trüffelhobel nach Trüffel schmecken. Spätestens nach drei bis vier Tagen sollte ein Trüffel verzehrt sein, da er schnell an Aroma verliert.

Weithin bekannt ist der vor 1000 Jahren von Mönchen in Chiaravalle kreierte Grana, oder besser **Padano-Käse**, ebenso der **Gorgonzola** und der **Mascarpone** – vor allem aus der Dessertküche nicht wegzudenken.

Die Feinschmecker werden es bereits wissen: In der Bergregion im Westen

Pilze sammeln – nur unter Aufsicht

Das Pilzesammeln im Trentino wird seit 1996 gesetzlich geregelt und ist in allen Naturparks den Bürgern des Trentino vorbehalten. (Leider finden sich hier die meisten.) Zum Nachweis müssen die Sammler im Besitz einer Erlaubnis sein, die in verschiedenen Zeitstaffeln zu haben ist. Außerdem dürfen pro Person maximal zwei Kilo am Tag gesammelt werden. Die Pilze sind an Ort und Stelle zu putzen und in geflochtenen Körbchen zu transportieren.

Ausnahmen bestätigen die Regel: Es besteht die Möglichkeit, sogenannte Pilzwochenenden zu buchen. Über das Fremdenverkehrsamt werden organisierte Sammelausflüge in verschiedene Täler des Trentino angeboten.

des Gardasees wachsen wild die heiß begehrten **Tartufos,** Sommer- wie Wintertrüffel, schwarz wie weiß, mit denen besonders gerne Nudelgerichte verfeinert werden.

Eine besondere Erwähnung sollten selbstverständlich die **Zitronen** der lombardischen Gardaseeregion finden. Am köstlichsten sind die riesigen Zedratzitronen. Händler bieten sie oft am Straßenrand als Erfrischung an. Besonders in Salò gibt es einige traditionelle Produkte, u.a. die **Cedrata,** ein Erfrischungsgetränk aus dem Sirup der Zedratzitrone, und, nicht zu vergessen, die Pralinen mit Zedratzitronengeschmack.

Übrigens findet man in der Lombardei die höchste Konzentration ausgezeichneter Restaurants in Italien. Das dürfte wohl an den unterschiedlichen Einflüssen der ländlichen, der adeligen und der höfischen Lebensart liegen, eine wunderbare Basis für eine vielseitige Küche. Der wohl berühmteste Vertreter seiner Zunft war der Koch *Bartolomeo Sacchi,* von jedermann nur „Platina" genannt. Er schrieb anno **1662** das **erste Kochbuch,** das nichts an Aktualität eingebüßt hat.

Die Küche Venetiens

Die Küche in Venetien ist deutlich leichter. Die Nähe zum Meer macht sich in der gesamten Provinz bemerkbar. Es gibt viel **Fisch und Meeresfrüchte.** Außerdem kocht man auch hier gerne Reis – nach unterschiedlichsten Rezepten. Ein typisches ist **Risotto alla Tinca,** Reis mit Schleie. Auf der Speisekarte immer vertreten ist **Fegato alla Venezia,** die berühmte Leber mit Zwiebeln. Im Süden des Gardasees schwört man auf **Tortellini di Zucca,** mit Kürbisbrei gefüllte Nudelkissen. Ein typisches Suppenrezept, das nicht jedermanns Sache sein dürfte, ist **Pasta e Fagioli.** Hierfür werden Nudeln und rote Bohnen zu einer dickflüssigen Masse gekocht.

Wer Spaß hat an **kulinarischen Reisen mit Kochkursen:** Im Trentino und am Gardasee haben die Fremdenverkehrsämter oft welche im Angebot. Am sinnvollsten wendet man sich dafür an die Vertretung Punto Trentino in München oder an die Fremdenverkehrsämter.

Gastro-Übersicht

Enoteca, Osteria, Trattoria, Pasticceria und viele Begriffe mehr gibt es, die die Einkehrmöglichkeiten in Italien benennen. Und immer wieder schnappt man am Nachbartisch die Diskussionen auf: Was ist eigentlich was und wo liegen die Unterschiede? Um ein wenig Licht ins Dunkel des italienischen Gastro-Dschungels zu bringen, nachfolgend eine Liste, die nach bestem Wissen und Gewissen recherchiert worden ist:

Bar

ist vorzugsweise ein Stehausschank, in der Kaffee, Aperitifs und andere Getränke ausgeschenkt werden. Kulinarisch wird man mit Toast, Brioche, Piadine, Panini und anderen Kleinigkeiten wie Chips und Oliven versorgt. In der Bar wird gefrühstückt, Fußball geschaut, die letzten Neuigkeiten ausgetauscht.

Und – man bleibt nie lange, man wandert stets von Bar zu Bar.

Birreria

ist schlicht mit Bierlokal zu umschreiben. Es werden einfache Gerichte serviert, manchmal auch Pizza.

Café

ist im Grunde genommen das gleiche wie die Bar.

Enoteca

ist ein Weinlokal mit einer großen Auswahl nationaler und internationaler Weine. Hier ist das Angebot an offenen Weinen zumeist am größten. Zu essen gibt es lediglich Kleinigkeiten.

Gelateria

ist die klassische Eisdiele, in der aber fast immer auch Toast und Piadine gegen den Hunger zwischendurch auf der Karte stehen.

Osteria

kann man im Deutschen mit Schenke übersetzen. Es gibt zwar auch Bier zu trinken, aber der Schwerpunkt wird eindeutig auf den Ausschank von vor allem regionalen Weinen gelegt. Früher brachten sich die Gäste in die rein familiär geführte Osteria ihr Essen selbst mit. Heutzutage wird regionaltypisches Essen zu fairen Preisen offeriert. Die Speisekarte ist sehr davon abhängig, was die Küche tagesfrisch geliefert bekommt.

Paninoteca

ist eine Art Bar, die sich darauf spezialisiert hat, eine große Auswahl an Panini anzubieten, die warm oder kalt serviert werden – je nachdem mit was sie belegt sind. Außerdem stehen auch Pizzastücke, Toast und Focace auf dem Programm.

Pasticceria

lädt ein zu Kaffee, Kuchen und Keksen wie in Deutschland der Konditor. Wer es gerne süß mag, der geht auch zum Frühstücken hierher.

Piadineria

hat ihren Namen von dem italienischen Fladenbrot Piadine erhalten. Man kann sich hier Piadine in allen Variationen gefüllt bestellen. Sie wird zugeklappt serviert und aus der Hand gegessen.

Pizzeria

ist nicht weiter erklärungsbedürftig – es gibt Pizza, Pizza, Pizza; ab und an auch andere Gerichte.

Ristorante

Hier wird die klassische Speisefolge von der Vorspeise über den primo und den secondo bis zum Nachtisch sowie den Espresso und Digestif aufgetragen.

Rosticceria

versteht sich als eine Art Imbissbude oder Mitnahme-Möglichkeit in einem Restaurant. Während der üblichen Ladenöffnungszeiten lassen sich kalte und warme Gerichte ordern – zum Mitnehmen oder auch zum gleich Essen.

Spaghetteria

ist unschwer zu erklären ein Lokal, das sich auf die Zubereitung von Pasta-

gerichten spezialisiert hat. Manchmal stehen auch andere Speisen auf der Karte.

Trattoria

ist ein einfach gehaltenes, ländliches Gasthaus, in dem regionale Gerichte zu angemessenen, erschwinglichen Preisen offeriert werden. Früher galt einmal die Regel, dass man im Gasthaus auch ein Zimmer für die Nacht bekam. Darauf kann man sich heute nicht mehr verlassen.

Feiertage, Feste, Märkte, Events

Feiertage

An den folgenden offiziellen Feiertagen Italiens haben alle Geschäfte geschlossen:
- **1. Januar:** Capodanno
- **6. Januar:** Epifania
- **Pasqua:** Ostersonntag und Ostermontag
- **25. April:** Liberazione – Befreiung vom Faschismus
- **1. Mai:** Festa de Lavoro
- **2. Juni:** Tag der Republik
- **15. August:** Ferragosto
- **1. November:** Ognissanti
- **8. Dezember:** Immacolata Concezione
- **25./26. Dezember:** Natale/Weihnachten

Antiquitätenmärkte

- **Brescia:** 2. Samstag und Sonntag im Monat
- **Mantua:** 3. Sonntag im Monat
- **Verona:** 3. Samstag im Monat
- **Bardolino:** 3. Sonntag im Monat
- **Brenzone:** 1. Freitag im Monat
- **Desenzano:** 1. Sonntag im Monat
- **Lonato:** 3. Sonntag im Monat
- **Montichiari:** 4. Sonntag im Monat
- **Monzambano:** 3. Sonntag im Monat

Praktische Reisetipps A–Z

- **Solferino:** 2. Sonntag im Monat
- **Valeggio:** 4. Sonntag im Monat
- **Arco:** 3. Samstag im Monat

Wochenmärkte

(grundsätzlich nur vormittags)

- **Montag:** Cisano di Bardolino, Moniga, Peschiera del Garda, Torri del Benaco
- **Dienstag:** Castelletto di Brenzone, Castelnuovo del Garda, Cavaion Veronese, Desenzano del Garda, Limone (1. u. 3. im Monat), Nago (1. u. 3. im Monat), Torbole, Rovereto (ganztägig)
- **Mittwoch:** Arco (1. u. 3. im Monat, von Mai bis Sept., ganztägig), Cavalcaselle, Gargnano, Guidizolo, Lazise, Riva (2. u. 4. im Monat, von Juni bis Sept., ganztägig), San Felice del Benaco, Cisano di Bardolino
- **Donnerstag:** Bardolino, Bussolengo, Colà di Lazise, Toscolano, Mori, Trento
- **Freitag:** Garda, Manerba del Garda, Sirmione, Volta Mantovana
- **Samstag:** Caprino Veronese, Castiglione, Cavriana, Malcésine, Medole, Pacengo de Lazise, Brescia, Verona (Stadio Comunale), Padenghe, Salò, Solferino, Valeggio sul Mincio
- **Sonntag:** Goito, Monzambano, Rivoltella di Desenzano

Herausragende Events

- **Mille Miglia** – alljährliches Veteranen-Rennen für Sportwagen bis Baujahr 1927 im Frühjahr von Brescia über Ferrara nach Rom.
- **Über 50 Segel- und Windsurfregatten** auf dem nördlichen Gardasee pro Jahr; die Termine lassen sich abfragen bei APT Garda Trentino, Giardini di Porta Orientale 8, 38066 Riva del Garda, Tel. 0464/ 55 44 44, Fax 52 03 08, Garda online: www.garda.com.
- **Internationales Klavierfestival** von Brescia und Bergamo: Mitte April/Juni, Programme unter Tel. 030/ 29 30 22 oder 035/ 24 01 40, Fax 24 00 771.
- **Estate Veronese** mit Opern-, Theater- und Ballettaufführungen im Amphitheater und der näheren Umgebung von Juli bis Anfang September. Programme für die Arena unter

Tel. 045/ 59 01 09, 59 07 26, Fax 80 11 566, für die Theater- und Ballettaufführungen unter Tel. 045/ 80 00 360.
- **Notte di Fiaba:** Märchennacht im August in Riva mit Umzügen auf Booten, Feuerwerk und anderen Attraktionen.
- **Pferderennen** der Stadtviertel in Garda mit historischen Paraden und einem Wettrennen der charakteristischen Fischerboote auf dem Gardasee im August.
- **Konzerte im antiken Schloss** der Scaligeri im Sommer in Malcésine.
- **Musica-Riva** – Treffen junger Musiker im Juli.
- **Sommer von Saló** – Musik auf dem Domplatz mit berühmten europäischen Solisten.
- **Festa del Fior di Loto: Seerosenfest** im Juli in Puegnano.
- La Valtenesi im August: **Il Palio delle Botti** – ein Wettkampf auf Fässern, wobei Vertreter verschiedener Gemeinden gegeneinander antreten. Den Wettkampf richtet immer das Dorf aus, das im Vorjahr als Sieger hervorgegangen ist. Im Übrigen ist es ein klassisches Volksfest mit abschließendem Feuerwerk.
- Gargnano am 1. Samstag im September, da findet die **Centomiglia** statt, die berühmte 100-Meilen-Segelregatta über den gesamten See.
- Bardolino/Cisano: 8. und 9. September ist **Sagra dei Osei,** der Wettbewerb der Vogelstimmen-Imitatoren.
- **Bisse-Wettbewerb** ist eine der ältesten und typischsten Veranstaltungen am Gardasee mit Ruderwettkampf. Pro Boot müssen vier Männer stehend rudern.
- Madonna di Campiglio und die anderen Wintersportorte feiern im Februar den **Habsburger Karneval** im großen Stil in historischen Kostümen, inklusive kaiserlicher Garde, Prinzessinnen und Husaren – *Kaiser Franz Joseph* und *Kaiserin Sissi* haben eben ihre Spuren hinterlassen.
- **Mascherata dei Guisi e dei Gobj** – historisches Fest mit vielen authentischen Kostümen und Masken, bei der es um die Verteidigung der Polenta geht. Daraus entsteht ein spannender sportlicher Wettkampf. Im Juni in Trient.
- Das **Tortellino-Fest** in Valegio sul Mincio im Juni mit einer 700 m langen Tafel.

Fotografieren

Digitales Fotografieren ist heutzutage fast ein Kinderspiel, dennoch sollte man vor der Abreise zwei Aspekte bedenken: die beschränkte **Speicherkapazität** und den **Stromakku.** Es empfiehlt sich, mehrere Akkus und Speicherkarten mitzunehmen. Wirkung zeigt auch, wenn man sich nicht zu viele Fotos auf dem Bildschirm anschaut, denn das Display ist der größte Stromfresser. Auch sollte man prüfen, ob man für das Akku-Ladegerät einen Steckeradapter braucht.

Wer mit herkömmlicher Kamera fotografiert, sollte doppelt so viele Filme mitnehmen, wie man eigentlich für notwendig hält. Filme kann man in Italien zwar überall kaufen, aber sie sind deutlich teurer als im deutschen Fotohandel. Auch wer nur eine Pocketkamera benutzen möchte, sollte auch einige licht-empfindlichere Filme (200 bis 400 ASA) mitnehmen. Oft genug ist es nicht möglich zu blitzen oder sind die Lichtverhältnisse schlecht, z.B. in den Wäldern der Nationalparks oder in engen Schluchten. Generell gilt, dass sich die Mittagszeit wegen des grellen Lichts nicht unbedingt zum Fotografieren anbietet. Ein bisschen fängt das natürlich ein **UV-Filter** ab. Besser ist es oft in den frühen Morgenstunden oder am Abend. Der Gardasee stellt diese Regeln leider ziemlich auf den Kopf. Besonders im Sommer muss man genau zu diesen Zeiten mit Dunst rechnen. Ideale Bedingungen herrschen, wenn es geregnet hat und dazu ein frischer Wind bläst. Dann darf man auf goldenes Licht hoffen. Am schönsten sind das Licht und auch die Sicht bei „Postkartenwetter" im Oktober sowie im Januar und Februar.

Praktische Reisetipps A–Z

Geld

Schweizer wechseln am besten bereits vor der Reise zu Hause. Euro-Reiseschecks statt Bargeld werden von vielen Hotels akzeptiert, in Restaurants sind sie weniger gern gesehen.

Die **Banken** sind montags bis freitags von 9 bis 13.30 Uhr geöffnet, einige zusätzlich von 15 bis 16 Uhr.

Die preiswerteste Art der Geldbeschaffung ist die **Barabhebung am Automaten mit der Maestro-(EC-)Karte.** Je nach Hausbank wird dafür pro Abhebung eine Gebühr von 3–4 Euro bzw. 5–6 SFr berechnet.

Von Barabhebungen per **Kreditkarte** ist abzuraten, weil dabei bis zu 5,5% an Gebühr einbehalten werden. Aber für das bargeldlose Zahlen berechnet der Kreditkartenaussteller nur eine Gebühr für den Auslandseinsatz in Höhe von 1–2%. Kreditkarten werden fast überall akzeptiert.

Gesundheit

Die Gesundheitsversorgung in Italien ermöglicht die **freie Arztwahl.** Jede Kommune hat ein Gesundheitszentrum, die staatliche *Unità Sanitaria Locale (USL).* Unabhängig davon hat sich in den touristischen Hochburgen während der Saison ein **Notdienst für Reisende** etabliert, die *Guardia Medica Turistica.* Über Adressen und Telefonnummern sind die örtlichen Apotheken und Fremdenverkehrsämter informiert, außerdem steht es in den jeweiligen lokalen Zeitungen. Die **Rufnummer** für **medizinische Notfälle** lautet **118.**

In den Gesundheitszentren werden gesetzlich versicherte Patienten kostenlos behandelt oder an einen Facharzt überwiesen. Auch Medikamente sind kostenlos, es muss nur eine Rezeptgebühr berappt werden. Voraussetzung hierfür ist eine von den Krankenkassen ausgestellte Ersatzbescheinigung (siehe Kapitel „Versicherung"). Man kann aber auch direkt zu einem Arzt der eigenen Wahl gehen oder auch in das nächste Krankenhaus. Üblicherweise muss die Rechnung dann erst mal aus eigener Tasche bezahlt werden. Die Quittungen reicht man dann bei der Krankenversicherung ein. Wer keinen automatischen Versicherungsschutz im Ausland hat, sollte auf jeden Fall eine Auslandskrankenversicherung abschließen.

Apotheken gibt es nahezu in jedem größeren Ort. Die Farmacia führt zumeist die gleichen Medikamente wie in Deutschland, sie haben oft bloß einen anderen Namen. Die Öffnungszeiten entsprechen den üblichen Ladenöffnungszeiten. Dienst habende Apotheken sind in der Tageszeitung aufgelistet.

Haustiere

Wer sein Haustier mit in den Urlaub nehmen möchte, benötigt einen **EU-Heimtierausweis.** Dieser enthält Angaben entweder über eine Tätowierung

---

Buchtipp:
● Mark Hofmann
Verreisen mit Hund
(REISE KNOW-HOW Praxis)

des Tieres oder einen Mikrochip und die entsprechende Kennzeichnungs-nummer zur Identifizierung des Tieres. Der Pass muss außerdem dokumentie-ren, dass ein gültiger Impfschutz gegen Tollwut mind. 30 Tage und max. zwölf Monate vor dem Grenzübertritt be-steht. Erhältlich ist ein solcher Ausweis bei jedem zugelassenen Tierarzt.

Dass die deutschsprachigen Nach-barn gerne ihren Haus- und Familien-hund dabei haben, ist für die Italiener in den Ferienhochburgen kein ungewohn-ter Anblick mehr. **Viele Hoteliers** ha-ben sich **darauf eingestellt** und haben auch gegen große Vierbeiner nichts einzuwenden. Manchmal muss man für das Entgegenkommen ein paar Euro be-rappen. Bei den Hoteltipps in diesem Buch wird stets darauf hingewiesen, ob Hunde erlaubt sind. Gibt es keine An-merkung, sind sie nicht willkommen. Im Restaurant in geschlossenen Räumen haben sie hierzulande nichts zu suchen; Ausnahmen bestätigen die Regel. Am besten immer vorher fragen. Vor allem in die Trattoria, Osteria und Enoteca dürfen Hunde in aller Regel mit hinein. In Terrassen-Restaurants ist es grund-sätzlich kein Problem. Im Übrigen lässt sich feststellen: Je größer der Hund, desto größer die Ressentiments, und desto schwieriger wird die Urlaubsge-staltung. Die Zurückhaltung gegenüber großen Hunden erklärt sich damit, dass diese in Italien Hofhunde sind, das Haus beschützen und als scharf und an-griffslustig gelten. Kleine Schoßhunde dagegen sind auch in Italien Familien-mitglieder und werden immer mitge-nommen.

Informationsstellen

In Deutschland

Hier zu Lande gibt es drei Zweigstellen des italienischen Fremdenverkehrsbüros ENIT:
- D-60311 **Frankfurt,** Neue Mainzer Str. 26, Tel. 069/ 23 74 34, Fax 23 28 94, E-Mail: enit-ffm@t-on line.de.
- D-10117 **Berlin,** Friedrichstr. 187, Kontor-haus Mitte, Tel. 030/ 24 78 397-8; Fax 24 78 399, E-Mail: enit-berlin@t-online.de.
- D-80336 **München,** Lenbachplatz 2, Tel. 089/ 53 13 17, Fax 089/ 53 45 27, E-Mail: enit-muenchen@t-online.de.

- **Callcenter** mit gebührenfreier Service-Nummer: 00800-00 48 25 42.
- **Punto Trentino,** Poccistr. 7, 80336 **Mün-chen,** Tel. 089/ 29 16 46 24, Fax 29 16 46 25.

In Österreich

- A-1010 **Wien,** Kärntner Ring 4, Tel. 01/ 50 51 63 012, Fax 50 50 248, E-Mail: delegation.wien@enit.at.

In der Schweiz

- CH-8008 **Zürich,** Uraniastr. 32, Tel. 043/ 46 64 040, Fax 46 64 041, E-Mail: info@enit.ch.

In Italien

Der italienische Fremdenverkehrsverband hat neben seinen lokalen Büros, deren Adres-sen in den jeweiligen Ortskapiteln zu finden sind, an der **Autobahnabfahrt Affi/ Lago di Garda Sud** ein zusätzliches Büro Consorzio Lago di Garda aufgemacht. Reisende mit dem Ziel Gardasee erhalten hier allgemeine Informationen über die Region. Außerdem können sie hier ohne zusätzliche Gebühren

Buntes Treiben im Rahmen des Kinderprogramms Palafittando

Hotelzimmer, Ferienwohnungen oder einen Campingplatz buchen. Öffnungszeiten sind täglich von 10 bis 13 und 15 bis 19 Uhr.

Im Internet

Unter den folgenden Internetadressen finden sich u.a. Hoteltipps, Campingplätze, Sport- und Freizeitmöglichkeiten, kulturelle Informationen und Ausflugsprogramme im großen Überblick:

- www.lagodigardamagazine.com
- www.gardaworld.com
- www.lagodigarda.it
- www.trentino.to
- www.info-gardasee.de
- www.gardainforma.com
- www.gardasee.com
- www.gardasee.de
- www.gardatrentino.de
- www.gardaseereisen.de
- www.infotrentino.com

Urlaubsbuchung

Der Urlaub im Trentino lässt sich auch gebührenfrei **über das Telefon** buchen. Unter der Rufnummer 00800-87 36 84 66 kann man sich beraten und den Urlaub fest arrangieren lassen. Dies ist möglich Mo bis Fr von 9 bis 12.30 und 14.30 bis 18 Uhr.

Mit Kindern unterwegs

Kinder sind in Italien wirklich **überall willkommen.** Das merkt man nicht nur am freundlichen Umgang oder den Kindersitzen in Restaurants. Hotels und Pensionen bieten meistens spezielle Kindertarife an. Außerdem gibt man

012ga Foto: de

sich bei der Freizeitgestaltung für Kinder sehr viel Mühe. **Im Trentino ist man sehr engagiert,** Kinder an Kulturelles und Historisches in spielerischer Art heranzuführen. Ein Beispiel ist das Pfahlbautendorf in Molina am Ledro-See. Hier hatte man seinerzeit Überreste eines 4000 Jahre alten Pfahlbautendorfes gefunden. Im dortigen Museum gibt es eigens ein **Kinderprogramm namens „Palafittando".** Unter Anleitung lernen die Teilnehmer, wie man früher Steinöfen gebaut und gekocht, Werkzeuge angefertigt oder aus Schilf Körbe geflochten hat. In **Naturschutzparks** wie dem Stilfser-Joch-Park werden Ausflüge und Wanderungen unternommen, wo man Murmeltiere beobachten und seltene Pflanzen finden kann. Es gibt Dog-Trekking mit Huskies, Free-climbing-Veranstaltungen, Bike- und Pferde-Trekking oder Feste rund um Folklore, Burgen und Schlösser. Die Möglichkeiten sind also vielseitig.

Umfassende Informationen enthält der **Katalog „Trentino – 700 optimale Gründe für einen jugendlichen Urlaub",** der bei den Fremdenverkehrsämtern und Punto Trentino erhältlich ist.

Darüber hinaus sind natürlich die **vier Freizeitparks am Gardasee** ein beliebtes Ausflugsziel für die verschiedensten Altersgruppen. Der **Parco Natura Viva** in der Nähe von Lazise ist ein Safaripark mit Tigern, Löwen, Elefanten, Affen, Giraffen, Zebras und Nashörnern mehr oder weniger zum Anfassen. Nicht zu vergessen das bekannte Panda-Pärchen *Ping* und *Pong*. Dann gibt es dort noch den Dinosaurierpark mit naturnahen Rekonstruktionen, dem tropischen Vogel- und Gewächshaus und einem Aquaterrarium. **Gardaland** ist ein Vergnügungspark nach dem Strickmuster Disneyworld. Der **Acquapark Altomincio** bietet Wasserspaß in allen Variationen mit Rutschen, plätschernden Lagunen und Fun-Tunneln. **CanevaWorld** wartet auch mit viel Wasserspaß auf, hinzu kommen historische Reiterspiele, Kinofilme, Musikvorführungen und Tanzshows. Diese drei Parks sind alle bei Peschiera del Garda zu finden (siehe dort).

Medien

In Italien muss man nicht auf deutschsprachige Medienlektüre verzichten. Es gibt sowohl diverse Tageszeitungen als auch Magazine – in den Ferienhochburgen der deutschsprachigen Urlauber in umwerfender Vielfalt.

Die **deutschsprachige „Gardasee-Zeitung"** erscheint seit 1966 zweimal im Monat. Sie liegt gratis an Kiosken, in den Fremdenverkehrsämtern und vielen Ferienunterkünften rund um den Gardasee aus. Interessant ist sie für Urlauber wegen der aktuellen Nachrichten und Informationen zum See, wegen der Veranstaltungshinweise, Fahrpläne etc.

Zur Hochsaison sendet **Radio Europa** ein **deutschsprachiges Programm mit lokalen Bezügen.** Zu empfangen ist es in Riva, Arco, Torbole und Malcésine auf den Frequenzen 91.2, 100.1 und 103.1 MHz, in Tignale, Limone und Tremosine auf 91.0 MHz. Außerdem nutzt im Sommer Antenne Bayern die Frequenzen von Radio Europa, und zwar täglich nachmittags und abends.

Die Nachrichten der **Deutschen Welle** werden von Radio International auf der 100.5/100.8 MHz übertragen.

Abgesehen davon gibt es natürlich viele **Hotels,** die mit **Satellitenschüssel** ausgestattet sind, sodass TV made in Germany empfangen werden kann.

Notrufe

● Der **Polizeinotruf** und die Nummer der **Unfallrettung** lauten für ganz Italien 113 (24-Std.-Service).
● Die **Pannenhilfe des italienischen Automobilclubs ACI** (*Automobile Club d'Italia*) ist in ganz Italien unter der Nummer **80 31 16,** mit Handy unter der Nummer 800 11 68 00 zu erreichen. Für Mitglieder in einem Automobilclub oder bei einer Autoversicherung mit Auslandsschutzbrief ist die Pannenhilfe in der Regel gebührenfrei. Wenn nicht, bekommt man die Kosten ganz oder größtenteils erstattet.
● Der deutschsprachige **ADAC-Hilfsdienst** ist unter Tel. **02/ 66 15 91** erreichbar, der des **ÖAMTC** unter Tel. 02/ 66 15 95 53, und der **TCS** ist nur in der Schweiz selbst erreichbar unter 0041- 22-417 22 20.
● Der **ärztliche Notruf** lautet **118.**

Öffnungszeiten

Die Öffnungszeiten muten manchmal nach dem **Lust- und Laune-Prinzip** an, da sie in jeder Region anders gehand-

habt werden. Usus ist jedenfalls landauf landab die Mittagsruhe. Lediglich in Metropolen gibt es Ausnahmen, da man sich dort durchaus den mitteleuropäischen Gepflogenheiten in Sachen Ladenöffnungszeiten über Mittag anpasst. Grundsätzlich sind die Geschäfte von **9 bis 12** und von **15 bis 19 Uhr** geöffnet, in touristischen Hochburgen sogar bis 22 Uhr.

Praktische Reisetipps A–Z

Organisierte Touren

Da Italien immer noch zu den beliebtesten Urlaubszielen der Deutschen zählt, gibt es natürlich für organisierte Reisen **Anbieter in Hülle und Fülle.** Wer seine Ferien also nicht gänzlich alleine organisieren möchte, kann sich für alles das Passende aussuchen. Genaue Auskünfte bekommen Sie über Ihr Reisebüro oder auf den entsprechenden Seiten im Internet.

Segelregatta vor der Steilküste

010ga Foto.de

Praktische Reisetipps A–Z

Post und Telefon

In der Regel sind die Postämter lediglich vormittags geöffnet. Briefmarken gibt es aber auch in den Tabacchi-Läden und Supermärkten, in denen es Postkarten zu kaufen gibt. Das Porto für Karten und Briefe beträgt **einheitlich 45 Cent pro Marke.** Telefonieren ist in italienischen Postämtern nicht möglich. Hier wie auch in Tabacchi-Läden werden lediglich Telefonkarten offeriert.

Auch Faxen ist im Postamt kein Thema. Meistens sind es Schreibwarenläden oder Drogerien, die **Faxservice** anbieten. Davon Gebrauch zu machen, ist ein **unglaublich teures Unterfangen.** Es ist keine Seltenheit, dass 10 Euro pro Seite abgerechnet werden.

Auch wenn es aussieht, als hingen die Italiener pausenlos am Handy, **telefonieren** in diesem Land ist **teurer als bei uns,** v.a. an Werktagen vormittags. Günstiger ist es an Sonn- und Feiertagen nach 22 Uhr. Die Gesprächsgebühren ins heimische Fest- oder Mobilfunknetz können stark ins Geld gehen. Am preiswertesten ist es, wenn Sie bei Ihrem Provider nachfragen oder auf dessen Website nachschauen, welcher der Roamingpartner Ihres Providers ist und diesen per **manueller Netzauswahl** bei den Telefonaten voreinstellen.

Nicht zu vergessen sind auch die **passiven Kosten,** wenn man von zu Hause angerufen wird. Ein Anrufer im Heimatland zahlt nur die Gebühr ins inländische Mobilnetz, die Rufweiterleitung nach Italien findet man später auf der eigenen Mobilrechnung wieder. Extrem ärgerlich sind diese Kosten vor allem, wenn man nur vergessen hat, die Rufumleitung auf die Mailbox zu deaktivieren. Wenn man dann nicht zu erreichen oder es besetzt ist, schlägt sich die Rufumleitung nach Italien und dann zurück ins Heimatland doppelt auf der Rechnung nieder (bzw. bei Prepaid-Verträgen ist das Guthaben schneller alle als erwartet).

Wesentlich preiswerter ist es, sich von vornherein auf das Versenden von **SMS** zu beschränken. Der Empfang von SMS ist in der Regel sogar kostenfrei. Bilder per **MMS** zu versenden ist nicht nur relativ teuer, sondern je nach Roamingpartner auch gar nicht möglich. Die **Einwahl ins Internet** über das Mobiltelefon, um Daten auf das Notebook zu laden, ist noch kostspieliger – da ist in jedem Fall ein Gang ins nächste Internetcafé weitaus günstiger.

Falls das Mobiltelefon **SIM-lock-frei** ist (keine Sperrung anderer Provider vorhanden ist) und man viele Telefonate innerhalb Italiens führen möchte, kann man sich eine örtliche **Prepaid-SIM-Karte** besorgen.

Die **Vorwahl** von Italien nach Deutschland ist 0049, nach Österreich ist sie 0043 und in die Schweiz 0041. Und beim Telefonieren nach Italien (Vorwahl 0039) nicht vergessen: Die 0 vor der Ortsvorwahl muss mitgewählt werden! Beim Anwählen einer Handy-Nummer muss man die 0 dagegen weglassen.

Oft genug muss man **Namen am Telefon buchstabieren.** Auf Italienisch geht das so:

A – Ancona / **B** – Bologna / **C** – Como / **D** – Domodossola / **E** – Empoli / **F** – Firenze / **G** – Genova / **H** – Hotel / **I** – Italia / **J** – I Lunga / **K** – Kappa / **L** – Livorno / **M** – Milano / **N** – Napoli / **O** – Otranto / **P** – Perugia / **Q** – Quarto / **R** – Roma / **S** – Savona / **T** – Torino / **U** – Udine / **V** – Venezia / **W** – Doppia Vu / **X** – Ics / **Y** – I greca / **Z** – Zeta.

Reisen im Land

Autoverkehr

Die meisten Urlauber, die ins Trentino und/oder an den Gardasee kommen, reisen mit dem Auto. Das ist sicherlich auch die angenehmste Möglichkeit, das Land zu erkunden, vor allem dann, wenn man abseits des Trubels etwas erleben möchte.

Die **Straßen** sind allenthalben **in gutem Zustand,** meist sogar besser als in der Karte verzeichnet. Wer in besondere Höhenlagen des Trentino oder in die Berge am Gardasee vordringen will, der sollte unerschrocken am Steuer sitzen. Die Straßen sind **oft sehr steil, kurvig und eng.** Und man muss immer damit rechnen, dass man unerwartet den Rückwärtsgang einlegen muss, weil ein Bus oder Laster entgegenkommt.

Überlandbusse

Die zwei staatlichen Busgesellschaften, die am Gardasee verkehren, heißen **APT** (*Azienda Provinciale Trasporti*) und **SIA** (*Società Italiana Autotrasporti*). **In jedem Ort gibt es eine oder mehrere Haltestellen** an der Hauptverkehrsstraße, und das gut sichtbar. Im Sommer fahren die Busse zumeist in halbstün-digem Rhythmus in jede Richtung. Schlechter sind die Verbindungen in die Berge. **Fahrscheine kann man nicht im Bus kaufen.** Man muss sie sich vorher in einem Geschäft, Reisebüro oder bei den Fremdenverkehrsämtern besorgen. Meist gibt es die Tickets außerdem im Tabacchi-Laden, beim Friseur oder auch im Supermarkt.

Schifffahrt auf den Seen

Die Flotte des Gardasees besteht aus 20 Schiffen, die mit Bar und Restaurant ausgestattet sind. Den regelmäßigen Fährverkehr bewerkstelligen zwei **Motorboote,** die bis zu 35 Pkw und 300 Personen von Maderno nach Torri del Benaco und umgekehrt transportieren können. Abfahrtszeiten alle 1 bis 2 Stunden. In der Hochsaison kann es durchaus schneller und stressfreier sein, die **Autofähre** vom Ost- ans Südufer bzw. umgekehrt zu nutzen. Zwischen Desenzano, Peschiera, Malcésine, Torbole und Riva pendeln **Katamarane.** Außerdem steuern sie von diesen beiden großen Orten zahlreiche kleinere an. Fahrzeiten lassen sich am Bootsanlegesteg und den Fremdenverkehrsämtern in Erfahrung bringen.

Sommerliche Kreuzfahrten auf Schiffen mit Restaurant, Bar und Orchester werden im Sommer täglich für folgende Routen angeboten: Peschiera – Garda, Salò – Gargnano, Riva – Malcésine, Desenzano – Manerba.

Fahrräder kann man auf allen Fähren mitnehmen.

●**Weitere Informationen:** *Navigazione sul Lago di Garda,* 25015 Desenzano, Piazza

Matteotti, Tel. 030/ 91 49 511, Fax 91 49 520, www.navigazionelaghi.it.

Motorrad fahren

Die Bergwelt im Trentino sowie im Westen und Osten der Gardaseeregion bietet für Motorradfahrer **traumhafte Routen** der verschiedensten Kombinationsmöglichkeiten. Auf diese Weise Urlaub zu machen, hat deshalb eine lange Tradition. Entsprechend viele Motorradfahrer sieht man durch die Landschaften fahren. Oft sind ganze Gruppen unterwegs. Die Italiener sind es gewöhnt. Außerdem gibt es auch unter ihnen viele Motorradfans. Diejenigen, die in der Tourismusbranche arbeiten, lassen dies auch gerne nach außen erkennen. Nicht selten sind Schilder „Motorradfahrer besonders willkommen" zu sehen. Abgesehen davon haben 120 Trentiner Hoteliers und Campingplatzbesitzer das **Projekt „Urlaub mit dem Motorrad"** angeschoben. Die Beherbergungsbetriebe bieten Motorradfahrern einen besonderen Service an. Darunter fallen z.B. die Unterbringung der Zweiräder an einem besonderen, geschützten Ort, Infomaterial speziell für Motorradfahrer hinsichtlich Routen, Karten, Verkehrssituation, Wetter. Die teilnehmenden Herbergen erkennt man an einem Schild „Motorrad unter dem Dach". Außerdem gibt es das sogenannte Motorradfahrer-Kit, eine Broschüre mit einer Liste der Projektteilnehmer und einem Road-Book für Ausflüge sowie eine Landkarte vom Trentino, auf der sämtliche Hotels, Pensionen und Campingplätze, die sich an dem Projekt beteiligen, eingezeichnet und auf der Rückseite entsprechend gelistet sind. Im Internet kann man sich unter www.trentino.to informieren.

In den sehr italienisch geprägten Gebieten gehört **Vespafahren** zum Sommerspaß dazu. Die Verleihe schießen jährlich wie Pilze aus dem Boden, schließen aber auch genauso schnell wieder. Eine konstante Liste aufzustellen ist aus diesem Grund unmöglich. Es bleibt nichts anderes übrig, als sich bei den Fremdenverkehrsämtern zu erkundigen.

Parken

Nahezu alle Städte und Ortschaften haben ausgewiesene Parkzonen, die als solche auch leicht zu erkennen sind. Wissen muss man allerdings, dass man sich bei Parkzonen, die **Parkscheine** erfordern, eben solche bei den Zeitschriften- und Tabakläden kaufen muss. Das ist übrigens auch auf Vorrat möglich. Diese Bigliettos gibt es für verschiedene Zeiteinheiten (halbe Stunde, eine Stunde etc.), sie sehen ein bisschen so aus wie Rubbellose. Für das Jahr (*anno*), den Monat (*mese*), den Tag (*giorno*), die Stunde (*ora*) und die Minute (*minuti*), zu der man den Wagen in der Parkzone abstellt, muss man die jeweils gültige Zahl freirubbeln.

Reisezeit

Einen wirklichen Tipp für die beste Reisezeit kann man nicht geben. Das hängt nun mal zu sehr von den Interessen eines jeden Einzelnen ab.

Gardasee

Klimatisch bedingt lockt der Gardasee **fast das gesamte Jahr** mit angenehmen Temperaturen und viel Sonnenschein. Im Norden geschützt durch den Monte Baldo, nach Süden hin zunehmend offen, liegen die durchschnittlichen Temperaturen im Juli bei 23 Grad, im Januar bei 3 Grad. Wegen der bekannten ungewöhnlichen Winde wird es im Sommer selten schwül. Nach dem Wind namens Ora zum Beispiel kann man die Uhr stellen. Der kommt fast jeden Tag um die Mittagszeit auf.

Im Winter ist es mild, es fällt relativ viel Regen, und man muss mit viel Nebel rechnen. Dafür kann aber auch urplötzlich die Sonne ein paar Tage so wärmend scheinen, dass man auf der Terrasse frühstücken kann. Die wahren **Regenmonate** sind der **März** und **April.** Im Sommer, vor allem im Juli und August, ist es um die Mittagszeit sehr heiß. Außerdem herrscht Hochsaison, so dass man sich auf überfüllte Ufer und volle Urlaubsorte einstellen muss. Klimatisch besonders schön sind der September und Oktober, das Wetter ist sehr beständig. Die **Badesaison beginnt im Mai und endet im Laufe des Septembers.** Im März und September sind sehr viele ältere Menschen unterwegs.

Verona

Wer die **Festspiele** von Verona besuchen möchte, der muss sich mit dem Gedanken an die Hochsaison vertraut machen, denn die Aufführungen sind im Juli und August.

Trentino

Abgesehen von dem tristen Monat November, während dem die Hoteliers ihre Behausungen schließen, ist auch das Trentino **sommers wie winters** eine Reise wert. Allerdings ist es besonders im Ost-Trentino schwer, überhaupt ein geöffnetes Hotel zu finden. In San Martino di Castrozza zum Beispiel gibt es kein einziges, das offen hat. Im West-Trentino stellt sich die Situation deutlich besser dar. Enorm voll ist es im Juli und August, wenn die Italiener ihre Ferien in den Bergen verbringen. Dann ist es schwieriger, ad hoc eine Herberge zu finden. Sportler sollten beachten, dass der **Sommer hoch droben nur sehr kurz** ist. Es kann vorkommen, dass es noch bis in den Juni hinein bis auf 1600 m herunterschneit. Im Sommer ist es wie überall in den Bergen tagsüber warm bis heiß und trocken. Nachts ist es stets so temperiert, dass man eine Jacke überziehen muss.

Buchtipp:
● Hans Hörauf
Wann wohin reisen?
(beide Bände REISE KNOW-HOW Praxis)

Trödelmarkt in Maderno-Toscolano

014ga Foto: de

Sicherheit

Nach einer Statistik des italienischen Innenministeriums passieren Handtaschendiebstähle immer noch vor allem in Großstädten. Die Hochburgen der Taschendiebe sind Mailand, Bologna, Genua und Turin. Rom übertrifft sich in der Statistik nur noch bei den Autodiebstählen. **Trentino und Gardasee zählen nicht zu den besonders heißen Pflastern.** Ob die Gesetzesnovellierung Wirkung zeigt, nach der Handtaschendiebstahl nun einem Raubüberfall gleichgesetzt und mit bis zu zehn Jahren Haft bestraft wird, sei dahingestellt.

Eine echte Bedrohung sind die sogenannten **Autobahndiebe.** Sie sprechen Reisende insbesondere auf den Raststätten in dem Moment von hinten an, wenn diese im Begriff sind, ins Auto einzusteigen. In aller Regel reagiert man im Reflex und dreht sich um. Diese wenigen Sekunden reichen aus, dass ein Komplize blitzschnell beispielsweise die Beifahrertür öffnet, um Gepäck herauszufischen. Das Problem ist auf den Raststätten so eklatant geworden, dass die Polizei entsprechende Warnschilder aufgestellt hat (mit Ausnahme der Raststätten Paganella Est und Ovest wenige Kilometer vor Trento).

Souvenirs und Einkäufe

Die Italiener sind berühmt für ihren guten Geschmack in vielerlei Hinsicht. Soweit bei den Urlaubern zu beobachten ist, wird jeder noch so winzige freie Platz genutzt, um etwas von hier mitzunehmen. Sehr beliebt sind **Leder** und **Keramikwaren** und das berühmte **venezianische Muranoglas.** In aller Regel gibt es das auch billiger als in den deutschsprachigen Ländern. Nicht weniger begehrt sind **italienische Schuhe**. Schnäppchen kann man allerdings auch nur noch im Schlussverkauf machen. Das Gleiche gilt auch für Kleidung, abgesehen von Strickwaren oder Ledersachen. Empfehlenswert ist die Suche nach **Antiquitäten.** Abgesehen von den Antiquitätenläden gibt es zahlreiche spezielle Märkte in den größeren Städten, die langfristig terminiert sind (siehe „Feiertage, Feste, Märkte, Events"). Auch auf Flohmärkten lässt sich mal ein gutes Stück ergattern.

Frischer Fisch

Am besten **an den Häfen,** wenn die Fischer zwischen 7 und 9 Uhr vom Fischfang zurückkehren. Außerdem gibt es die **Fischergenossenschaft in Garda,** die ihr Verkaufsbüro in der Via S. Giovanni 9, Tel. 045/ 72 55 032, hat (zwischen dem Ristorante Miralago und der Pizzeria Al Porto). In Trento-Gardolo ist die **Pescheria Boso,** Via Sant'Anna 1–4, Tel. 0461/ 99 02 48, eine gute Anlaufadresse, v.a. für Stockfisch, Forellen und Krebse.

Delikatessen

Gastronomia Finarolli **in Rovereto,** Via Mercerie 7–9, Tel. 43 43 19 (bes. gut Oliven, Wurst, Pasta); Marcelleria Stiffan in Rovereto, Via Mazzini 3, Tel. 0464/ 42 12 63 (bes. gut

SOUVENIRS UND EINKÄUFE 41

Geflügel und Wild); Pasticceria Bertelli **in Trient,** Via Oriola 29, Tel. 0461/ 98 47 65 (bes. gut Pasteten und Torten); Pastificio dal Lago in Trient, Via Esterle 10/12, Tel. 0461/ 98 12 71 (bes. gut Pasta); Fratelli Turri **in Calmasino di Bardolino,** Via Monte Baldo 14, Tel. 045/ 72 35 006 (bes. gut Öle, Pesto, Oliven); an der **Landstraße von Mori nach Nago di Garda,** Via del Garda 9, gibt es Delikatessen, frisches Obst, Gemüse und Kartoffeln direkt von den Erzeugern zu kaufen.

Wein/Grappa/Olivenöl

Vallarom **in Avio,** Via Masi 21, Tel. 0464/ 68 42 97, Fax 68 42 97 (Sauvignon, Chardonnay, Cabernet); Maso Cantanghel **in Civezzano,** Via Madonnina 33, Tel. 0461/ 85 90 50, Fax 85 90 50 (Cabernet Sauvignon Rosso di Pila, Chardonnay Vigna Piccola, Pinot Nero Riserva Piero Zabini); Pojer & Sandri **in Faedo,** Loc. Molini, Tel. 0461/ 65 03 42, Fax 65 11 00; Cavit **in Ravina,** Via del Ponte 31, Tel. 0461/ 92 20 55, Fax 91 27 00 (Cabernat, Pinot Nero, Marzemino, Teroldego, Merlot, Traminer Aromatico, Pinot Bianco, Müller Thurgau, Pinot Grigio, Chardonnay, Nosiola, Moscato Giallo und verschiedene Sektsorten); De Tarczal **in Isera,** Loc. Marano, Tel. 0464/ 40 91 34, Fax 40 90 86 (Marzemino, Pragiara); Pravis **in Lasino,** Via Lagolo 26, Tel. 0461/ 56 43 05, Fax 56 45 65 (Pino Grigio, Cabernet Riserva, Pinot Nero Madruzzo, Grappa); Nino Bolognani **in Lavis,** Via Stazione 19, Tel. 0461/ 24 64 54, Fax 24 62 40 (Müller-Thurgau della Val di Cembra, Nosiola, Sauvignon); Elisabetta Foradori **in Mezzolombardo,** Via D. Chiesa 1, Tel. 0461/ 60 10 46, Fax 60 34 47, (Vigneto Sgarzon Pinot Bianco, Vigneto Sgarzon Teroldego Rotaliano, Vigneto Morei Teroldego Rotaliano, Granato, Karanar); Simoni Lorenzo & Co **in Lavis,** Via Carlo Sette 21, Tel. 0461/ 24 63 53 (Pinot Grigio, Moscato Giallo, Pinot Nero, Cabernet, Schiava, Chardonnay, Müller Thurgau, Traminer Aromatico, Teroldego, Marzemoni); Letrari **in Nogaredo,** Via Londron 4, Tel./Fax 0464/ 41 41 47 (Trentino Moscato Rosa, Trentino Marzemino, Trentino Marzemino Selezione, Grappa und Olivenöl; Enoteca Lunelli **in Trient,** Largo Carducci 12, Tel./Fax 0461/ 98 24 96; Destilleria Giovanni

Poli **in San Massenza,** Via Vezzano 37, Tel./Fax 0461/ 86 41 19; Endrizzi **in San Michele all'Adige,** Loc. Masetto 2, Tel. 0461/ 65 01 29, Fax 65 00 43; Instituto Agrario di San Michele **in San Michele all'Adige,** Via E. Mach 1, Tel. 0461/ 61 52 52, Fax 61 53 52; Fratelli Zeni **in Bardolino,** Via Costabella 9, Tel. 045/ 72 10 022, Fax 62 12 702 (Soave, Amarone, Grappa, Öl); Guerrieri Rizzardi **in Bardolino,** Via Verdi 4, Tel. 045/ 72 10 028, Fax 72 10 704 (Costeggiola Soave Classico, Tacchetto, Valpolicella, Amarone, Essig, Grappa, Öl); Fratelli Bolla **in Verona,** Piazza Cittadella 3, Tel. 045/ 8 67 09 11 (Valpolicella, Amarone, Chardonnay, Sangiovese).

Ferrari-Sekt

Besonders gut bei **Ferrari Fratelli Lunelli in Ravina,** Via del Ponte 15, Tel. 0461/ 97 23 11, Fax 91 30 08.

Käse und Milchprodukte

Besonders gute Ware bei **Schelfi Orazio in Brentonico,** Via Festa, Tel. 0464/ 39 58 47.

Essig und Zitronensaft

Acetificio Dolzan in Mezzolombardo, Via IV Novembre 68, Tel./Fax 0461/ 60 11 39.

Äpfel/Apfelsaft und Pflaumen

Maso del Gusto in Nave San Rocco, Loc. Maso del Gusto 2, Tel./Fax 0461/ 87 06 66.

Liköre

Berühmt sind die Liköre von **Foletto in Pieve di Ledro,** Via Cassoni 3, Tel. 0464/ 59 10 38, Fax 59 17 49.

Markt in Torri del Benaco

Kaffee und Espresso

Eine feine Adresse dafür ist **Omkafe in Riva,** Viale Vanetti 18, Tel. 0464/ 55 27 61. Zwei weitere Adressen **in Verona: Giamaica Caffè,** Via Merighi 5, Tel. 045/ 56 94 99, und **Drogheria Ferrario,** Via Rosa 2, Tel. 045/ 8 00 68 14 (auch Gewürze).

Zu den Spezialitäten im Trentino und rund um den Gardasee zählen außerdem **Honigsorten** (beispielsweise aus Blüten von Akazien, Edelkastanien und Bergblumen, ganz besonders der von Alpenrosen). Da es im Trentino Obst im Überfluss gibt, wird hier viel und sehr delikat eingelegt, natürlich auch in Kombination mit Grappa.

Nach all den kulinarischen Köstlichkeiten ist der **Pflanzenkauf** am Garda-see noch ein Thema. Die in nördlicheren Gefilden für Gärten als Kübelpflanze so beliebten Zitrusfruchtbäume, Oleander und Olivenbäume sind in den Gärtnereien am Gardasee um ein vielfaches billiger. Wer noch Platz im Wagen hat, sollte zuschlagen. In großen oder kleinen Ortschaften gibt es immer wieder Gärtnereien, die ein großes Angebot haben. Am besten die Augen offen halten.

Hier das Grandhotel in Gardone, der Standard der Hotels ist ausgezeichnet

Unterkunft

Ob im Trentino oder rund um den Gardasee: In diesen Regionen gibt es die **ganze Bandbreite an Unterkünften**. Besonders schöne, extravagante und luxuriöse Herbergen finden sich rund um den Gardasee. Beachten sollte man in den Ferienzentren, dass einige Hotels, Residences, Alberghi und Appartementhäuser je nach saisonaler Situation nur wochenweise vermieten. Außerdem schwanken die Preise saisonal wirklich extrem. Mancherorts gibt es gar sechs Preiskategorien. Im Übrigen neigen die Hoteliers zu hochkomplizierten Preiskonstrukten. **Im Buch sind die günstigen Grundpreise – Doppelzimmer mit Bad – angegeben. In der Hochsaison muss dann vom Doppelten bis Dreifachen ausgegangen werden!** In der Region des Gardasees kann man bei der Hälfte der Luxus- und Mittelklassehotels davon ausgehen, dass ein Swimmingpool zur Hotelanlage gehört und auch eine Klimaanlage. Die meisten Hotels am Gardasee machen über den Winter eine Pause, in der Regel von Ende Oktober bis Mitte März. Eine Ausnahme bilden die Hotels der gehobenen Kategorie. Im gebirgigen Trentino ist das wegen der Skisaison natürlich anders. Dort werden der Oktober/November und Mai/Juni zur Ruhephase erklärt.

Für den Gardasee liegen in den Fremdenverkehrsbüros die **empfehlenswerten Führer** „1. Guida Turistica al Lago di Garda" und „Lago di Garda – Hotels/Residences/Camping" aus. Sie sind mit sehr guten Beschreibungen und Fotos bestückt. In den größeren Ferienorten gibt es außerdem **Anschlagtafeln für Unterkünfte,** die mit Telefonen zum Abfragen ausgerüstet sind und mittels grünen und roten Lämpchen darauf hinweisen, ob die Unterkunft noch Kapazitäten frei hat oder nicht. Die Provinz Trentino hat ebenso Hotelführer, einen Camping-Führer und den Führer „Residence, Appartements & Co.". Erwähnenswert darüber hinaus ist der Führer „Urlaub ohne Barrieren", der für Trentino-Urlauber mit Behinderungen auf den Weg gebracht worden ist. Es handelt sich dabei um einen Guide, in dem ausschließlich Hotels und Campingplätze aufgeführt sind, die über einen hohen Standard an Zugänglichkeit und behindertengerechter Ausstattung verfügen. Berücksichtigt bei der Beurteilung wurden zum Beispiel das Gelände der Anlage, der Parkplatz, der Eingang, der Lift, das Zimmer mit seinen sanitären Anlagen etc.

Hotels

Der Standard der Hotels ist sehr gut – alle Kategorien sind vertreten. Es gibt auch Fünf-Sterne-Hotels, sehr viele Vier-Sterne-Hotels am Gardasee und in den namhaften Gebirgsorten im Trentino, natürlich in Trient, Verona und Brescia – viele mit besonderem Charme. **Die Drei-Sterne-Hotels sind ungezählt** und haben meist den gleichen Stil. Es ist schwer, in dieser Kategorie etwas Ausgefallenes zu finden. Bei Ein- oder Zwei-Sterne-Hotels kann man ab und zu richtig Glück haben. Am sichersten ist es, das Haus vorher zu inspizieren.

Das **Hotelverzeichnis** für Italien ist komplett auf CD-Rom bei der Italienischen Zentrale für Tourismus ENIT erhältlich. Es listet alle Ein- bis Fünf-Sterne-Hotels mit Adressen, Dienstleistungsangeboten und Preisen auf.

●**ENIT,** Kaiserstr. 65, 60329 Frankfurt, Tel. 069/ 23 74 34, Fax 23 28 94, E-Mail: enit. ffm@online.de.

Alberghi

Als Alberghi werden alle Häuser mit weniger als 20 Zimmern bezeichnet. Sie dürfen sich laut italienischem Recht nicht Hotel nennen, auch wenn sie sich in aller Regel von einem Hotel nicht unterscheiden. Manche sind mit Sternen versehen, manche nicht. Jedenfalls kann man bei den Alberghi öfter mal ein Ass ziehen und in traumhaften Unterkünften landen.

Campingplätze

Campingplätze finden sich in allen größeren Ferienregionen, am Gardasee eigentlich überall.

Im Trentino liegen die Plätze häufig sehr weit außerhalb der Ortschaften und zählen nicht gerade zu den luxuriösesten Anlagen.

Im trentinischen Bereich des Gardasees sind die Plätze grundsätzlich extrem klein wegen der steil aufsteigenden Berge. Viele sind für Wohnmobile nicht zugänglich.

Im südlichen Verlauf des Gardasees trifft man auf sehr schöne Wiesenanlagen mit Baumbestand, manche mit Pool, Kinderbecken, Spielplätzen. Viele,

besonders moderne Campingplätze verfügen auch über Zimmer mit Dusche, Appartements und Bungalows.

Wildes Campen ist im Trentino und am Gardasee ausdrücklich **verboten.** Für Caravanfahrer gibt es neben Campingplätzen noch ausgewiesene Stellplätze, auf denen man sich aber nicht länger als 48 Stunden aufhalten darf.

Camping-Verzeichnisse haben die Fremdenverkehrsämter.

Jugendherbergen

Sie sind des Italieners Sache nicht. Am Gardasee gibt es gerade mal eine in Riva und eine in Malcésine, außerdem in Rovereto, Trento und Verona.

Residences

Diese Bezeichnung meint Wohnungen, die aber den Service eines Hotels mit einschließen. Oft sind es auch Hotels, die zudem Wohnungen anbieten.

Ferienwohnungen/-häuser

Appartements oder Häuser werden privat angeboten, z.B. **in den großen deutschen Tageszeitungen** oder **über Agenturen** in Italien. Hierzu gibt es Kataloge, z.B. „Voyages Sud-Soleil" (Tel. 0761/ 70 87 00), „DERTOUR" und „Neckermann" (im Reisebüro erhältlich) oder die Internetseiten www. FeWo-direkt.de und www.casamundo. de. Der Standard der Ferienwohnungen und -häuser am Gardasee ist meist besser als der in den Bergen des Trentino.

Das mag daran liegen, dass die Bergregionen Skigebiete sind. Urlauber, die Geld sparen wollen, gehen in Wohnungen, und das mit so vielen Leuten wie möglich. Entsprechend sehen die Wohnungen auch aus – man sollte sie sich vorher also besser ansehen.

Privatzimmer

Private Zimmervermietung ist in Italien gang und gäbe. Wenn man keine großen Ansprüche stellt, kann man immer ein Zimmer finden. Die Fremdenverkehrsbüros geben Auskunft.

Agriturismo

Der italienische Agriturismo ist etwa das, was wir Ferien auf dem Bauernhof nennen. Wobei es auch Betriebe gibt, die lediglich ihre landwirtschaftlichen Produkte verkaufen, aber keine Zimmer vermieten. Das ist aber in Broschüren ausgewiesen. Im Trentino gibt es 110 landwirtschaftliche Höfe, auf denen man Ferien auf dem Bauernhof machen kann. Die **Betriebe sind überprüft** und einem eigenen Gesetz der Provinz Trient unterworfen. Die Campos in der Lombardei und Venetien sind ebenfalls geprüfte Betriebe. Auch hierzu gibt es Verzeichnisse in den Fremdenverkehrsämtern – nicht immer, aber manchmal. Außerdem kann man sich via Website unter www.agriturismo.com informieren. Auch Bio-Bauernhöfe finden zunehmend Interesse in Italien, so dass es inzwischen auch möglich ist, auf einem solchen Hof die Ferien zu verbringen. Infos dazu gibt es unter www.aiab.it.

Versicherungen

Krankenversicherung

Die gesetzlichen Krankenkassen von Deutschland, Österreich und der Schweiz garantieren eine Behandlung auch im akuten Krankheitsfall in Italien, wenn die medizinische Versorgung nicht bis nach der Rückkehr warten kann. Als Anspruchsnachweis benötigt man seit 2006 die **Europäische Krankenversicherungskarte** statt des bislang erforderlichen Auslandskrankenscheins E111. Nähere Informationen hierzu erteilen die Krankenkassen.

Im Krankheitsfall besteht Anspruch auf ambulante oder stationäre Behandlung bei jedem zugelassenen Arzt und in staatlichen Krankenhäusern. Da jedoch die Leistungen nach den gesetzlichen Vorschriften im Ausland abgerechnet werden, muss man in der Regel zunächst die **Kosten der Behandlung** selbst tragen. Obwohl bestimmte Beträge von der Krankenkasse hinterher rückerstattet werden, kann doch ein Teil der finanziellen Belastung beim Patienten bleiben, also zu Kosten in kaum vorhersagbarem Umfang führen.

Aus diesem Grund ist zusätzlich der Abschluss einer **privaten Auslandskrankenversicherung** dringend empfohlen. Diese sollte außerdem eine zuverlässige **Reiserückholversicherung** enthalten, denn der Krankenrücktransport wird von den gesetzlichen Krankenkassen nicht übernommen. Die Versicherungen sind z.B. in Deutschland ab 5–10 Euro pro Jahr auch sehr günstig.

Reisegepäckversicherung

Der Abschluss einer Reisegepäckversicherung **lohnt sich seltener,** da die Policen zu viele Einschränkungen enthalten. Oft wird nur der Zeitwert nach Vorlage der Rechnung ersetzt. Wurde eine Wertsache nicht im Safe aufbewahrt, gibt es bei Diebstahl auch keinen Ersatz. Gepäck im unbeaufsichtigt abgestellten Fahrzeug ist ebenfalls nicht versichert. Die Liste ist endlos ...

Überdies deckt häufig auch die **Hausratsversicherung** schon Einbruch, Raub und Beschädigung von Eigentum auch im Ausland.

Anbieterauswahl

Der Abschluss einer **Jahresversicherung** ist in der Regel kostengünstiger als mehrere Einzelversicherungen. Günstiger ist auch die **Versicherung als Familie** statt als Einzelpersonen. Hier sollte man nur die Definition von „Familie" genau prüfen.

Eine Privathaftpflichtversicherung hat man in der Regel schon. Diese ist jedoch oftmals in **„Reiseversicherungspaketen"** enthalten, wodurch man unnötig doppelt – aber deswegen nicht besser – versichert ist. Hat man eine Unfallversicherung, sollte man prüfen, ob diese im Falle plötzlicher Arbeitsunfähigkeit aufgrund eines Unfalls im Urlaub zahlt.

Auch durch manche **Kreditkarten** oder **Automobilclubmitgliedschaft** ist man für bestimmte Fälle schon versichert. Das sollte man noch mal klären, bevor man sich unnötig doppelt versi-

Reiserücktrittskostenversicherung

Eine solche Versicherung lohnt sich vor allem, wenn man eine **Pauschalreise** gebucht hat. Ob es sinnvoll ist, die 35–80 Euro auszugeben, hängt nicht zuletzt von der Höhe der Stornogebühr ab, die im Falle des Reiserücktritts fällig würde. Wie hoch diese Gebühr wäre und wann sie fällig würde, sollte man bei Buchung der Reise genau klären.

In jedem Fall muss man eine solche Versicherung je nach Versicherer **binnen 8–14 Tagen nach Reisebuchung** abschließen. Bucht man weniger als 14 Tage vor Reiseantritt Last Minute, kann man diese Reise nicht versichern.

Im Museumsgarten von Torri del Benaco

chert. Achtung: Die Versicherung über die Kreditkarte gilt immer nur für den Karteninhaber!

Die **Stiftung Warentest** in Deutschland und **Konsument.at** in Österreich testen regelmäßig verschiedene Versicherungsarten. Über ihre Webseiten kann man Testberichte herunterladen, Online-Abonnent werden oder Hefte zum Thema bestellen: www.warentest.de, www.konsument.at.

Weitere Infos erhält man in Deutschland auch bei der **Verbraucherzentrale** (www.verbraucherzentrale.com) und in Österreich bei der **Arbeiterkammer** (www.arbeiterkammer.at).

Tipp: Für alle abgeschlossenen Versicherungen die Notfallnummern notieren und mit der Policenummer gut aufheben! Bei Eintreten eines Notfalles sollte die Versicherungsgesellschaft unverzüglich telefonisch verständigt werden.

Wein

von *Christian Ickstadt*

Trentino

Kaum ein Weinland löst mit seinen Produkten so unterschiedliche Reaktionen aus wie Italien. Die Diskussionen um die Qualität und das Preis-Leistungsverhältnis der Gewächse aus Toskana, Piemont, Friaul, Venetien oder Südtirol sind schier endlos und werden nicht selten kontrovers geführt; das Spektrum reicht von bedingungsloser Anhängerschaft bis zu völliger Verdammnis.

Verwundern darf dieses Phänomen nicht. Schließlich hat sich im Laufe der 4000-jährigen Weinbaugeschichte des Landes ein Markt entwickelt, der an Komplexität, ja Unübersichtlichkeit nicht zu übertreffen ist. **Wein ist fester Bestandteil der italienischen Kultur:** Wo sich auch nur halbswegs der Anbau lohnt, ist ein Rebstock zu finden. Tradition und Moderne prallen ungefiltert aufeinander, neben den importierten Modesorten wie Chardonnay oder Cabernet Sauvignon behauptet sich eine Vielzahl regionaler, einheimischer Rebsorten. Die Verwirrung perfekt macht ein typisch italienisches, 1963 geschaffenes Weingesetz, das auch nach mehrmaliger Einsicht den Studierenden staunend zurücklässt (vgl. weiter unten).

Wer in Deutschland zu italienischem Wein greift, bekommt nur einen Bruchteil dieser faszinierend **unübersichtlichen Weinwelt** zu spüren. Und in den seltensten Fällen stößt man hierzulande bewusst auf Weine aus dem Trentino, über das der bekannte Weinautor *Jens Priewe* in seinem Standardwerk „Wein – Die neue, große Schule" ganze zehn Zeilen verliert: *„Die Region wurde zum wichtigsten Chardonnay- und Pinot-Grigio-Anbaugebiet Italiens, wobei Chardonnay vor allem an Italiens Schaumwein-Industrie verkauft wird und Pinot Grigio zu einfachen Leichtweinen vergoren wird. Nur im Einzelfall werden aus diesen Sorten feine Weine gewonnen. Eigenständige rote Sorten sind vor allem Marzemino und Teroldego. In den besten Qualitäten ergeben sie konzentrierte, würzige, charaktervolle Weine – meist jedoch entstehen recht durchschnittliche Weine."* In diesem kurzen Statement steckt viel Wahres. Allerdings lässt es das Weinland rund um Etsch, Val di Cembra, Vallagarina und Valle dei Laghi auch in einem langweiligeren Licht erscheinen, als es dies verdient.

Einen unmittelbaren, unverwechselbaren Eindruck des Trentiner Weinbaus erhält der Besucher, der von Südtirol kommend das Etschtal Richtung Trento herunterfährt. Die Landschaft weitet sich, Hügel von 500 bis 900 Meter Höhe laden geradezu zum Anbau von Wein ein. Der Blick fällt aber zunächst auf die Ebene. Dort, wo der aus dem gleichnamigen Tal herabfließende Fluss Noce noch einmal eine große Kehre nimmt, bevor er schließlich in die Etsch mündet, liegt eines der Hauptanbaugebiete des Trentino, die **Campo Rotaliano** mit den Gemarkungen **Mezzocorona** und **Mezzolombardo.**

Unmittelbar hinter der Autobahnausfahrt, die zu diesen Orten führt, ist der Landeplatz eines gigantischen Wein-Ufos. Es ist die 1998 eröffnete neue Produktionsstätte der **Cantine Mezza-Corona,** in der ausschließlich Schaumwein hergestellt wird, aber in einem etwas nüchternen Verkaufsraum alle Produkte des Hauses angeboten werden. Die Winzergenossenschaft ist Synonym für die Leistungskraft und die modernen Potenziale, die im Weinbau des Trentino stecken. Gleichzeitig erinnert die Tatsache, dass fast 1000 Mitglieder der Genossenschaft angehören, an die Nachteile solcher Produktionskolosse. Immerhin erbringt MezzaCorona neben sehr guten Schaumweinen gerade bei der hier dominierenden Rebsorte Teroldego Qualitäten, die vor allem im Preis-/Leistungsverhältnis kaum zu

schlagen sind. Der **Teroldego** beherrscht die hiesige Ebene und ist ein **typischer Lokalfürst.** Außerhalb des Mikroklimas der Campo Rotaliano bleibt er ein blasser, nichts sagender Massenwein. Hier, im Norden vom steilen Bergrücken der Rocca Piana und im Südwesten von den Ausläufern des Paganella-Massivs geschützt, gibt er den Ton unter den Roten an. Vor allem die Riserva-Qualitäten fallen tiefdunkel aus, besitzen ein von dem feuersteinhaltigen Kiesboden geprägtes, würziges Aroma und gipfeln in einem Ausflug in die einheimische Beerenwelt. Die Preise für ordentlichen Teroldego bewegen sich zwischen 6 und 12 Euro.

Auch einfachere Versionen schmecken mit ihrer angenehmen Säure erfrischend. Sie müssen allerdings in jungen Jahren getrunken werden. Die Riserva-Qualitäten zeigen sogar echte Reifefähigkeit. Wer ältere Jahrgänge entdeckt, bekommt herausragenden Genuss für vergleichsweise wenig Geld.

Wie überhaupt für das gesamte Trentino gilt: Die **Preisgestaltung** ist **moderat,** neben einigen wenigen Spitzenweinen, bewegt sich das Gros des breiten Mittelsortiments zwischen 4 und 12 Euro die Flasche. Was in Pizzerien, Trattorien und Restaurants als Hauswein auf den Tisch kommt, ist in fast allen Fällen anständige Ware. Wunderdinge darf man von diesen Karaffentropfen aller-

Val di Cembra – ideale Weinhanglage

Romantische Spazierwege durch den Weinanbau im Etschtal

018ga Foto: de

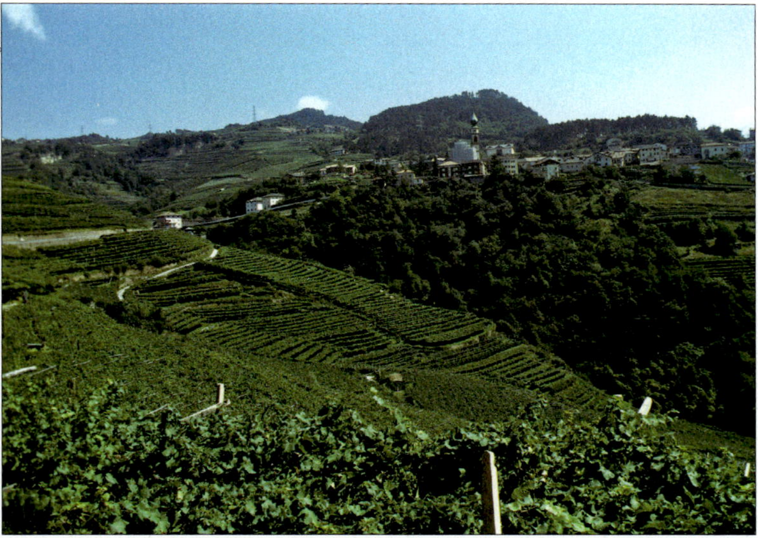

019ga Foto: de

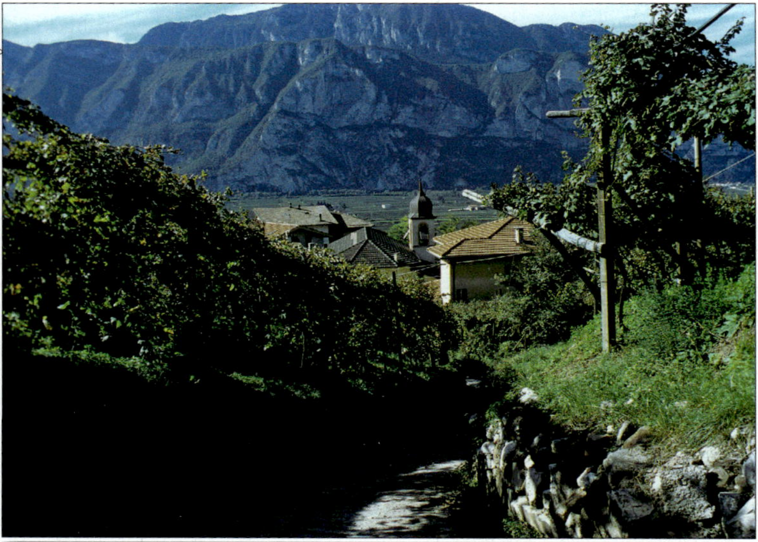

dings nicht erwarten. Vor allem die Weißen, zumal wenn sie Pinot Grigio als Hauptbestandteil führen, entstammen der Abteilung „Flach".

Warum aber schafft ein Gebiet wie das Trentino keine größeren Sprünge als die guten, vor allem im Preis/Leistungsverhältnis überzeugenden Teroldego-Weine? Ein Hauptgrund für die selbst auferlegte Qualitätsbeschränkung des insgesamt über rund 10.000 Hektar Rebbestand verfügenden Gebietes wird in der Campo Rotaliano-Ebene auf den ersten Blick deutlich. **Die Trentiner Winzer huldigen nach wie vor der Pergola Trentina.** Die gute, alte Pergola, in der Ebene eine zweiarmige, in steilem Gelände meist einarmige Holzkonstruktion, prägt seit Jahrhunderten das Bild des Weinbaus im Trentino und im benachbarten Südtirol. Während die cleveren Südtiroler sich aber mit größerer Geschwindigkeit von den optisch herrlichen Laubdächern verabschieden, halten die Trentiner mit mehr Sturheit an dem überkommmenen System fest.

Gewiss hat die Pergola Vorteile: Die Optik ist genannt, nicht umsonst werden die Gärten des Campo Rotaliano und die umliegenden Hügel von Sorni

und des Val di Cembra zu den schönsten in Europa gezählt. Für die lange Jahre vorherrschenden Sorten wie der Südtiroler Vernatsch (in Württemberg als Trollinger der Leib- und Magenwein), der in Trentino Schiava heißt, bieten sie gute Bedingungen. Im Schatten des Laubdaches reifen die Trauben langsam und durch die Gänge der Pergola kann vom Gardasee der erfrischende Wind, die Ora ziehen, und Fäule verhindern. Der Nachteil: Das System ist bedingungslos auf Ertrag ausgerichtet. Die für bessere Qualitäten notwendige Ertragsbeschränkung fällt äußerst schwer.

So bleibt die Revolution, die sich in den Trentiner Weinbergen vollzieht, eine langsame. Aber sie ist spürbar: Nicht nur Genossenschaften wie die von MezzaCorona, die Cooperativa Rotaliana aus dem benachbarten Mezzolombardo und an allererster Stelle die Cantina Sociale Lavis aus dem gleichnamigen Ort, die nach ihrer Fusion mit der Cantina Valle di Cembra vor Expansionskraft nur so strotzt, setzen Jahr für Jahr Akzente. Es sind auch Familienbetriebe, traditionsreiche wie neue, die die Standards allmählich nach oben schrauben. In der Campo Rotaliano sind dies **Conti Martini, Cesconi, Fratelli Dorigati, Marco Donati** und natürlich **Elisabetta Foradori,** die mit ihrem Granato aus Teroldego einen ebenso teuren wie anspruchsvollen Wein kreiert hat, der zu den Spitzengewächsen in Italien zählt.

Ein Mittelpunkt des Weinbaus ist das **Istituto Agrario Provinciale** in San Michele all'Adige, einem kleinen Örtchen östlich der Etsch. Die Schule kann auf eine 125-jährige Geschichte zurückblicken, in der sie allerdings nicht immer zu den Motoren des Fortschritts zählte. Auch heute wird ihr – wie im „Gambero Rosso", einem der bekantesten Weinführer Italiens – ein „Hang zum Konformismus" unterstellt. Dass sie in verschiedensten Projekten zur Qualitätssteigerung und Zonenaufteilung wichtige Anstöße gegeben hat, stellt jedoch niemand in Abrede. Die Weine, die sie auf ihren eigenen 52 Hektar Rebfläche rund um die Schule anbaut und selbst vermarktet, sind stets absolut verlässliche Produkte.

Wer mehr Glanz und Finesse erleben will, muss sich allerdings von San Michele aus einige hundert Höhenmeter nach oben bewegen. Durch die wunderschönen Weingärten an den Hängen oberhalb des Etschtals erreicht man schließlich das auf 750 Metern gelegene Dörfchen **Faedo.** In einer Seitenstraße am Eingang des Ortes ist ein Vorreiter der freien Generation von Weinmachern beheimatet, der Betrieb von Mario Pojer und Fiorentino Sandri.

Pojer & Sandri glänzen seit Jahren nicht nur mit vorzüglichen frischen und aromatischen Weißweinen aus Chardonnay, Sauvignon Blanc, Müller-Thurgau, der einheimischen Nosiola und Traminer Aromatico. Neben einem ordentlichen, etwas zu teuren **Pinot Nero** haben sie mit dem **Rosso Faye** einen großen Roten geschaffen, der sich hinter nichts und niemandem verstecken muss. Bei ihrem unbestrittenen Star setzen sie auf die Bordeaux-Importe Cabernet Sauvignon und Merlot sowie die

aus Südtirol stammende Lagrein. Das Ergebnis ist ein kraftstrotzender Wein mit gut eingebundenen Tanninen, der sich über die Jahre elegant entwickelt. Einziges Problem: Der Tropfen, z. B. aus dem brillanten Jahrgang 2005, ist stets schnell ausverkauft und wird nur in rationierter Menge abgegeben.

Der Rosso Faye ist im Übrigen ein Paradebeispiel für die **Merkwürdigkeiten des italienischen Weinrechts,** das vier Kategorien, DOCG (Denominazione di Origine Controllata e Garantita), DOC (Denominazione di Origine Controllata), IGT (Indicazione Geografica Tippica) und VdT (Vino da Tavola), unterscheidet. Ein längerer Exkurs in dieses 1963 geschaffene und zuletzt 1997 überarbeitete Gesetz hieße die Grenzen dieses Kapitels sprengen. Nur so viel: Immer wieder sind es herausragende Weine, deren Sorten in den entsprechenden Gebieten nicht unter die vermeintlichen Qualitätssiegel DOCG und DOC fallen. So waren es in den 1980er und 90er Jahren die sogenannten Super Toskaner, die im Chianti als VdT ihre steile Karriere machten. Seit 1997 darf auf VdTs kein Jahrgang mehr angegeben werden. Macht nichts: Nun kategorisieren sich Tropfen wie der Rosso Faye eben unter IGT, was übersetzt so viel wie Landwein bedeutet. Dabei hat sich das Gütesiegel DOC Trentino mittlerweile Cabernet und Merlot geöffnet. Pojer & Sandri scheint es nicht zu interessieren. Sie lassen die DOC weiterhin links liegen.

Ein **Besuch bei den** selbstbewussten **Winzern in Faedo** lohnt sich allemal. Erstens ist es ein wunderschönes Fleckchen Erde, zweitens sind die Weine von Pojer & Sandri **im Direktverkauf günstiger als in Enotecas,** was längst nicht für alle Weine in Italien und auch im Trentino zutrifft. Drittens bietet das Programm von Pojer & Sandri für jeden Geldbeutel etwas: Zum Beispiel einen süffigen Schiava für 5 Euro und einen Müller-Thurgau für 6 Euro, der die Produkte gleichen Namens deutscher Provenienz mehr als in den Schatten stellt. Und viertens kann man zu Fuß oder motorisiert Stippvisiten zu anderen kleinen und mittleren Weingütern unternehmen, die wie **Graziano Fontana** und **Arcangelo Sandri** ihren eigenen, unverwechselbaren Stil pflegen.

Von Faedo aus gelangt man über ein hübsches Passsträßchen über den Monte Corona direkt ins **Val di Cem-bra.** Obwohl die dort angebauten Weine (noch) nicht zur Crème de la Crème des Trentino zählen, lohnt der Abstecher aufgrund der herrlichen Landschaft allemal.

Zurück in der Ebene, ist **rund um die Provinzhauptstadt Trient Schaumweinland.** Allein im Vorort Ravina befinden sich auf wenigen hundert Metern drei Hersteller von Format. Die Spitzenposition gehört eindeutig dem 1902 gegründeten **Haus Ferrari,** das heute von der Familie *Lunelli* geführt wird. Auf 20 Hektar Eigenbesitz rund um Trento produziert sie nach dem Champagnerverfahren und muss sich wahrlich nicht hinter den französischen Kollegen verstecken. Qualität hat seinen Preis. Unter 16 Euro ist kein Ferrari zu haben. Wer guten Sekt aus dem

Trentino günstiger kaufen will, deckt sich entweder bei einem Besuch bei Cantine MezzaCorona ein, deren Marke Rotari ab 7 Euro erhältlich ist und als Jahrgangsriserva für 10 Euro echte Freude aufkommen lässt. Oder man geht bei Ferrari um die Ecke, wo mit der **Cavit Consorzio Di Cantine Sociali** eine Genossenschaft und **Cesarini Sforza** ein Privatbetrieb mit guten Angeboten aufwarten. Vor allem der **Jahrgangssekt Trento Graal Brut Riserva**, der Cavit, ist ein echter Kracher.

Die Schaumweinproduktion spielt in der Region insgesamt eine nicht zu unterschätzende Rolle. Immerhin sind ihr knapp 15 Prozent der Rebflächen vorbehalten. Die **Sorten Chardonnay, Pinot Bianco** und **Pinot Nero,** die klassischen Sorten des Champagners also, finden durchweg guten Nährboden. Womit sich die Region wieder einmal schwer tut, ist die gemeinschaftliche Vermarktung. Neben der DOC Trentino, die sich über die Jahre ohnehin fast allen Rebsorten geöffnet hat, wurde für den Schaumwein eigens die DOC Trento ins Leben gerufen. Verwechslung leider nicht ausgeschlossen. Die Hersteller gehen mit dem von ihnen ins Leben gerufenen Istituto Trento DOC Methodo Classico ohnehin eigene Wege und zeigen den Schöpfern des Weingesetzes einmal mehr die kalte Schulter.

Zwei weitere Gebiete des Trentino verdienen besondere Erwähnung. Da ist zunächst einmal das lang gestreckte Gebiet des **Vallagarina,** die Fortsetzung des Etschtals südlich von Trento. Ihren Mittelpunkt hat die Region um die Stadt Rovereto und das Örtchen Isera, wo die einheimische Sorte **Marzemino** zur Hochform aufläuft. Man kann schon fast von einer Analogie zu den Leistungen des Teroldego im Campo Rotaliano sprechen. **Gute Anbieter sind de Tarczal in Isera, Letrari und Castel Noarna in Nogaredo** und **Balter in Rovereto.** Letzterer überzeugt allerdings eher mit einer Cuvee aus Lagrein, Cabernet Sauvignon und Merlot.

Ganz im Süden des Trentino kurz vor der Grenze zu Venetien endet das Vallagarina – mit einem echten Höhepunkt: Die **Tenuta San Leonardo** produziert dort mit dem **San Leonardo** einen der **besten Rotweine der Provinz.** Der Weinführer Gambero Rosso urteilt: „Er kann es jederzeit mit den internationalen Superstars aufnehmen. Sein Rüstzeug sind eine wohl ausgewogene Mischung aus Kraft, Tanninstruktur und weicher Fruchtigkeit." Im Drei-Gläser-Bewertungssystem des Rosso hat er selbstverständlich Jahr für Jahr die vollen drei Gläser. Nur der Rosso Faye von Pojer & Sandri und der Granato von Foradori können da mithalten. Der San Leonardo ist vielleicht noch eine Spur wuchtiger und in jungen Jahren unzugänglicher. Nachteil: Er ist erheblich teurer als seine Rivalen. In manchen Jahren nutzt der treuen Anhängerschaft dieses Spitzenweines aber alles Geld der Welt nichts. Sowohl der 1998er- als

Der Patron der Azienda Costadero di Lonardi erläutert seinen Gästen die neuesten Produkte

auch der 2002er-Jahrgang wurden infolge schwieriger Witterungsverhältnisse erst gar nicht auf Flaschen gefüllt. Auch solch harsche Maßnahmen dienen der Qualitätssicherung.

Parallel zum Vallagarina verläuft das **Valle dei Laghi.** Hinsichtlich der Menge ein begrenztes Anbaugebiet, fällt es durch seine Süß- und Dessertweine, die typisch italienischen **Vin Santo,** auf. Im Trentino werden sie aus der weißen einheimischen Sorte Nosiola gewonnen, die gewöhnlich einen nussigen, etwas bitteren Wein ergibt. Beim Vin Santo werden die Trauben auf Drähten und speziellen Rahmen sechs Monate lang getrocknet. Bei entsprechender Belüftung werden sie klein, runzelig und erst kurz vor der Karwoche als rosinenähnliche Trauben mit Edelfäule gepresst. Daher kommt der Name Vin Santo. Es folgt eine zweijährige Gärzeit im Fass. Insgesamt verbleibt der Wein vier bis fünf Jahre in Fässern, bevor er in Flaschen abgefüllt wird. Das Ergebnis ist ein starker, mindestens 16 Prozent Alkoholvolumen umfassender Dessertwein, der durch seine Zartheit und seinen honigsüßen Geschmack überrascht. Die Italiener trinken ihn liebend gern zum Gebäck, mit bestimmten Käsesorten harmoniert er allerdings auch vorzüglich. **Herausragende Anbieter im Valle dei Laghi** sind **Pravis, Fratelli Pisoni, Francesco Poli** und **Giovani Poli.**

Ein ganz besonderer Tipp ist das Trentino für Liebhaber des Tresterschnapses **Grappa.** Das Destillat, das aus den Schalen, Kernen und Stängeln der Trauben, die bei der Weinerzeugung als Rest verbleiben, gewonnen wird, ist in der Region noch eine ehrliche Haut. Ganz im Gegensatz zu den Angeboten, die in anderen Gegenden Italiens in verzwirbelten, verzweigten und verquasten „Designerflaschen" die Konsumenten in einen Irrgarten der hohen Preise getrieben haben. Die Grappa aus dem Trentino sind sauber, in besseren Qualitäten anspruchsvoll, und werden zu Preisen zwischen 8 und 18 Euro verkauft. Das ist nicht billig für einen Schnaps auf der Basis dieser Rohstoffe. Aber Grappa ist nun einmal eine ganz besondere italienische Geschichte.

Weinerzeuger

- **Tenuta San Leonardo,** Loc. Borghetto All' Aldige, 38060 **Avio,** Tel. 0464/ 68 90 04.
- **Pojer & Sandri,** 38010 **Faedo,** Loc. Molini, 6, Tel. 0461/ 65 03 42.
- **Graziano Fontana,** Via Care Sparse 9, 38010 **Faedo,** Tel. 0461/ 65 04 00.
- **Lavis/Valle di Cembra,** Via Carmine 12, 38015 **Lavis,** Tel. 0461/ 24 63 25.
- **Cantine MezzaCorona,** Via IV Novembre, 38016 **Mezzocorona,** Tel. 0461/ 61 63 99.
- **Foradori,** Via D. Chiesa 1, 38017 **Mezzolombardo,** Tel. 0461/ 60 10 46.
- **Balter,** Via Vallunga 26, 38068 **Rovereto,** Tel. 0464/ 43 01 01.
- **Ferrari,** Via del Ponte 15, Loc. Ravina, 38040 **Trento,** Tel. 0461/ 97 23 11.

Gardasee

Am Gardasee existiert **kein einheitliches zusammenhängendes Weinanbaugebiet.** Die DOCs mit ihren unterschiedlichen Ausprägungen finden sich am Nord-, West- und Ostufer. Am Nordufer in Riva endet die DOC Trentino, ohne dass aus den Weinbergen um Riva erwähnenswerte Qualitäten hervorgingen. Die wichtigsten Zonen sind die sich über das gesamte Westufer erstreckende **DOC Riviera del Garda Bresciano,** die auch Garda Bresciano genannt wird, die DOC Lugana im Süden des Sees um die Orte Desenzano und Sirmione sowie auf venetischer Seite das zur Provinz Verona zählende Bardolino am Ostufer.

Alle drei DOCs wurden Ende der 1960er Jahre gegründet. Ihre Besonderheit liegt weniger im Angebot von teuren, glanzvollen Spitzenweinen, als vielmehr in einer **vielfältigen Auswahl lokal geprägter, preiswerter Weine,** die vor allem am See bei einem schönen Essen hervorragend munden. Ein Musterbeispiel hierfür ist der **Chiaretto,** ein kirschroter, trockener Roséwein, der kühl getrunken vor allem im Sommer eine wahre Wonne ist. Wie die roten Weine der DOC Garda Bresciano ist er eine Mischung aus der einheimischen Sorte Gropello mit kleineren Anteilen der in der Toskana dominierenden Sangiovese, der Barbera aus dem Piemont und der Marzemino aus dem Trentino. Weshalb die DOC-Vorschriften diese Mischung vorschreiben, zählt wieder einmal zu den Geheimnissen des italienischen Systems. Vor allem bei den Rotweinen zeigt die Groppello alleine als VdT erstaunliche Ergebnisse und hätte eigentlich mehr Zutrauen in ihre Leistungskraft verdient.

Obwohl sich die Garda Bresciano auch auf die berühmte Uferregion zwischen Salò und Limone bezieht, ist die wichtigste Teilregion eindeutig das **Valtènesi** um Padenghe, Soiano, San Felice, Polpenazze, Puegnano, Manerba und Moniga. Empfehlenswerte **Erzeuger** sind Cascina la Pertica in Polpenazze, der auch einen sehr guten Cabernet Sauvignon im Angebot hat, und Comincioli in Puegnago, der mit sehr beständigen Chiarettos und Gropellos aufwartet. Wie gesagt, zu viel Glanz darf man auf der Westseite des Gardasees, die zur Provinz Brescia gehört, in deren Gemarkung auch das weiter westlich gelegene, formidable Schaumweingebiet Franciacorta liegt, nicht erwarten. Aber laue Sommerabende am See werden von diesen Weinen allemal veredelt.

Wer Fisch aus dem Gardasee mag, kommt am **Lugana** als stilvolle Begleitung nicht vorbei. Da mögen Weinexperten in deutschen Landen noch so viel über die Schlichtheit italienischer Weißweine und die vermeintliche Komplexität deutscher Gewächse philosophieren: Manchmal ist weniger mehr. Weniger bedeutet im Falle des Lugana laut Weinexperte *Jens Priewe* „relativ stoffige, vollmundige Weißweine aus Trebbiano-Reben". Die Trebbiano ist eigentlich ein typischer italienischer Problemfall. Es gibt zu viele austauschbare Weine, die aus ihr gekeltert werden. Beim Lugana ist es meistens anders. Unkompliziert, aber doch mit Saft und Kraft, ist er allseits beliebt und in der Region um Desenzano und Sirmione unübersehbar und unverzichtbar. Herausragende **Erzeuger** in dem flachen Hügelland mit kalkreichem Lehmboden, der sich über Gletscherschutt erstreckt, sind Ca' del Frati in Sirmione, Provenza in Desenzano sowie Zenato in Peschiera del Garda.

„Edlere" Versionen werden in Barriques, den viel diskutierten neuen, 225

Liter fassenden Holzfässern ausgebaut. Es gibt nette Versuche in diesem Stil, beispielsweise von Ca' del Frati. Am Ende bleiben die Holztöne reine Geschmackssache, teurer sind die Weine ohnehin. Zu einer frischen Forelle aus dem Gardasee leistet die „normale" Version beste Dienste, wie zum Beispiel die von Provenza, einer Kellerei im wimmeligen Städtchen Desenzano. Motto: Heiter und beschwingt. Die Flasche kostet im Handel zwischen 7 und 9 Euro.

Weine aus der Region Bardolino sind im deutschen Handel bestens bekannt. Stets zählen sie zur breiten unteren Mittelklasse, dabei sind sie oftmals von wenig Tiefe und Stil geprägt. Nicht, dass am östlichen Ufer des Gardasees grundsätzlich andere Tropfen auf den Tisch kommen als bei Rewe & Co ins Regal. Vielleicht ist es die anmutige Hügellandschaft, vielleicht der Faktor Ferien, vielleicht passt aber auch der stets ansprechende, verlockende Duft der granat- bis rubinroten Weine nur in diese Umgebung. Jedenfalls schmecken sie rund um das gleichnamige Städtchen, das Namensgeber der DOC ist, weitaus besser als 1000 Kilometer nördlich. Einen großen Fehler haben die Winzer der Gegend in der Vergangenheit gemacht. Sie haben sich zu weit vom See entfernt. Vor allem in Ufernähe erbringen die Sorten Corvina, Rondinella und Molinara Weine, die über einen würzigen, fast salzigen Beigeschmack verfügen, und sowohl als Roter als auch als Chiaretto großen Spaß machen. Und dies zu Preisen im Schnitt zwischen 5 und 9 Euro. Die

Nähe zum See ist also ein **Qualitätsmerkmal.**

Wer sich einen schnellen Überblick über die Weine verschaffen will, schaut sich am besten das **Weingut Zeni** in der Via Costabella 9 in den Hügeln über Bardolino an. Mit dazugehörigem, etwas kitschigem Weinmuseum – Eintritt kostenlos – gibt es einen raschen touristischen Überblick. Zeni zählt zweifelsohne zu den großen Vorzeigegütern der Region, die auch in benachbarten DOCs anbauen. Wer sich hingegen ein eingehendes Bild eines kleineren Weingutes der Region machen möchte, der besuche die nicht unweit gelegene **Azienda Agricola Costadoro di Lonardi.** Ein typischer Familienbetrieb, der mit den eigenen Weingärten verwurzelt ist. Der junge Patron ist scheu, aber sehr freundlich, spricht leider nur Italienisch und baut in modernen Stahltanks wie einigen Fässern Barrique Weine aus seinem 15 Hektar großen Besitz aus. Die Weine sind allesamt sehr ansprechend, im Falle des Chiaretto und des Spumante äußerst süffig, und kosten zwischen 3 und 6 Euro – so schlicht und schön kann italienischer Wein sein.

Im Bardolino gäbe es auch noch etwas zum Kapitel **Novello** zu sagen. Der Novello ist das italienische Pendant zum französischen Primeur, der im Beaujolais seinen Siegeszug begann und als frisch gelesener Jungwein und Marketingmaschine jeden November die Geldbeutel der Winzer füllt. Das ist legitim. Aber mehr Worte braucht man zu den Primeurs und Novellos dieser Welt eigentlich nicht zu verlieren.

Weinerzeuger

- **Cascina la Pertica,** Fraz. Piscedo, 25040 **Polpenazze del Garda,** Tel. 0365/ 65 14 71.
- **Comincioli,** Via Roma 10, 25080 **Puegnago del Garda,** Tel. 0365/ 65 11 41.
- **Visconti,** Via C. Battisti 139, 250150 **Desenzano del Garda,** Tel. 030/ 91 20 681.
- **Ca' dei Frati,** Via Frati 22, Fraz. Lugana, 25010 **Sirmione,** Tel. 030/ 91 94 68.
- **F.lli Zeni,** Via Costabella, 37011 **Bardolino,** Tel. 045/ 72 10 022.
- **Provenza, Viaf Colli Storici,** 25015 Desenzano, Tel. 030/ 99 10 006.

Verona

Verona ist ein **großes Weinzentrum Italiens.** Jährlich im April findet dort die **größte Weinmesse Italiens** statt, die **„Vinitaly".** Verona ist zugleich das **Herz der Valpolicella,** eines der bekanntesten Weingebiete Italiens. Früher beschränkte sich das Gebiet Valpolicella auf die südwestlich gelegenen Hügel von Verona. Die Monte Lessine mit den Tälern Fumane, Marano, Negrar und Novare sind auch heute noch das Herzstück der großen, längst nach Osten erweiterten DOC Valpolicella; vor allem weil hier neben vielen durchschnittlichen Qualitäten ein König des italienischen Weinbaus regiert: der **Amarone.**

Ein König, der ein Zufallsprodukt ist. Sein süßer Geburtshelfer ist der Recioto, ein durch monatelange Trocknung der Trauben mit Edelfäule versehener Wein, der einmal durch zu lange Gärung eine bittere Note erhielt. Geboren war der Amarone. Heute wird stark darauf geachtet, aus welchen Lagen welche Trauben mit wieviel Fruchtzucker gelesen werden – viel Zucker für den süßen Recioto, wenig für den trocke-

nen Amarone –, und seine Trauben werden nur so lange zum Trocknen aufgehängt, bis die Edelfäule Einzug halten kann.

Schwer verkäuflich Anfang der 1990er Jahre, Kult seit Ende des Millenniums, so lässt sich die Karierre des Amarone auf einen Nenner bringen. Liebhaber ziehen ihn sogar den mächtigen, aber oft auch unzugänglichen Superstars des Landes, den Barolos und Barbarescos aus dem Piemont und dem Brunello de Montalcino aus der Toskana, vor. Er entwickelt sich nach Jahren der Reife und Lagerung mehr in Richtung Port als seine berühmten Konkurrenten. Es gibt allerdings auch vergleichsweise weniger Spitzenprodukte. Die Top-Qualitäten wie von Allegrini aus Fumane oder aus Dal Forno aus Illasi begeistern indes in hohem Maße. Das rechtfertigt einen Preis, der über 40 Euro liegen kann. Produzenten wie Lamberti aus Lazise bieten ihren Amarone auch schon für etwa 20 Euro an, und das in guter Qualität. Ein Erlebnis ist ein Amarone allemal.

Weinerzeuger

- **Allegrini,** Corte Giara 7, 37022 **Fumane,** Tel. 045/ 77 01 138, 77 02 306.
- **Dal Forno,** Via Lodoletta 4, Fraz. Cellore, 37030 **Illasi,** Tel. 045/ 78 34 923.
- **Lamberti,** Via Casara di Sotto 1, 37010 **Lazise,** Tel. 045/ 67 70 233.

Outdoor

023ga Foto: de

024ga Foto: de

025ga Foto: de

Canyoning, Segeln, Rafting, Trekking –
der Gardasee und das Trentino sind
ein Paradies für Aktivurlauber

Sowohl das Trentino als auch der Gardasee sind durch ihre landschaftliche Vielfalt ein Eldorado für Outdoor-Freunde. Gebündelte **Informationen** sowie Buchungen für alle Sportarten gibt es über das **Booking Center:**

- Tel. 0464/ 50 51 80, Fax 50 59 31
- Internet: www.trentino.com/gardaviaggi
- E-Mail: gardaviaggi@anthesi.com

Bergsteigen

Bergsteigen hat im Trentino eine lange Tradition. Eingebettet im Herzen der europäischen Alpen finden sich auf dieser Gemarkung so berühmte Dolomitenmassive wie die Brenta-Gruppe, der Adamello-Presanella im Westen, die Sellagruppe, Langkofel und Marmolada im Osten. Diese und andere Gipfel mehr bieten fantastische Möglichkeiten

Buchtipps:
    Zu sportlichen Betätigungen und aktiver Freizeitgestaltung bietet REISE KNOW-HOW einige Praxis-Ratgeber an, z.B.:
- Thomas Gut
Canyoning-Handbuch
- R. Knoller, M. Stritzke, C. Frühwirth
Handbuch Paragliding
- Rainer Höh
Handbuch Kanu
- Gunter Schramm
Trekking-Handbuch

zum Bergsteigen. Schon Ende des 19. Jahrhunderts entwickelte sich deshalb ein reger Bergsteiger-Tourismus. Orte wie Molveno und Andalo oder auch San Martino di Castrozza sind zunächst nur deshalb angesteuert worden, man könnte sogar sagen entstanden. Obwohl die Trentiner ihren Bergen mit Leib und Seele verbunden sind, waren die Engländer und Österreicher die ersten, die sich auf die ganz hohen Gipfel wagten – und diese teilweise auch bezwangen, was ja nicht immer gelingt, wie man beispielsweise vom Erstaufstieg auf den „Turm der Hexen", den legendären Campanile Basso im Brenta-Massiv, weiß.

Aufgrund der stetigen Entwicklung auf diesem Sektor sind die **Bedingungen zum Bergsteigen ausgezeichnet.** Es gibt 153 Schutzhütten, die alle in sehr gutem Zustand sind. Die Mehrzahl der Hütten gehört dem **Verein der Bergsteiger des Trentino,** kurz **SAT** genannt. Der Verein ist schon 1876 gegründet worden und heute mit knapp 20.000 Mitgliedern die größte Abteilung des Italienischen Alpenvereins. Kaum weniger als 200 Bergführer arbeiten im Dienste der SAT.

Schutzhütten

Alle Schutzhütten (*Rifugio*) sind in der Sommersaison, die in der Regel vom 20. Juni bis 20 September dauert, geöffnet. **Viele von ihnen sind bewirtschaftet und bieten Unterkunft,** manchmal mehr, manchmal weniger komfortabel, ab und an sogar mit exzellentem Komfort. Nicht bewirtschaftete

Hütten bieten Schlaf- und Kochmöglichkeiten für den Wanderer. Bei den betreffenden Fremdenverkehrsämtern gibt es eine **Liste der Berghütten** inklusive Höhenangaben und Telefonnummern zwecks Reservierungen.

Für das Trentino gibt es ein kleines, illustriertes, nach Regionen geordnetes Büchlein mit dem Titel „Schutzhütten", in dem sämtliche bewirtschafteten Berghütten mit Beschreibungen, Höhenangaben, Adressen, Zugängen, empfohlenen Touren usw. aufgeführt sind.

Die Ausrüstung

Voraussetzung für das Bergsteigen ist eine gute Ausrüstung. Die **Bergstiefel** müssen nicht nur perfekt sitzen, sondern auch ausreichend eingelaufen sein. Wer in Gletscherregionen aufsteigt, benötigt **Steigeisen,** die man unter die Bergschuhe schnallt. Idealerweise sind das Kunststoff- oder Schalenschuhe. Sie bieten noch mehr Halt und isolieren durch ihren Innenschuh besser gegen die Kälte.

Zwiebelprinzip lautet das Motto in der Kleiderfrage. Es sollte stets möglich sein, sich unkompliziert und schichtweise an- und auszuziehen. Das gilt auch für die Hosen. Die eine sollte warm und atmungsaktiv sein, die andere muss resistent gegen Regen und Wind sein. Außerdem ist wichtig, dass diese Hose einen durchgehenden Reißverschluss hat, damit die Steigeisen problemlos angeschnallt werden können. Den Oberkörper schützt man am besten mittels drei Lagen. Dabei ist zu beachten, dass

der Pullover (mit Reißverschluss zwecks Temperaturregelung) oder die Jacke ausreichend warm ist. Empfehlenswert ist **Fleece-Material,** das es in verschiedenen Stärken gibt; auch für Unterwäsche. Die **Wetterschutzjacke** muss robust, reißfest und regenresistent sein. Von Vorteil sind solche mit weichem Netzinnenfutter, das die Körperflüssigkeit ableitet, und Belüftungsreißverschlüssen im Achselbereich. Notwendig ist außerdem eine im Kragen eingearbeitete **Schirmmütze.** Am besten sind die mit Kordelzug im Genick, wodurch sie besser sitzen und beim Seitwärtsdrehen des Kopfes nicht den Blick versperren. Einen Kälteschutz bietet darüber hinaus ein Kordelzug in der Taille. Nicht vergessen, darauf zu achten, dass an sämtlichen Reißverschlüssen Schlaufen angebracht sind, damit man sie auch mit Handschuhen bedienen kann. Bei extremen Wetterverhältnissen kann ein **Schal** gute Dienste leisten. Das Gleiche gilt für **Handschuhe, Hut, Mütze** oder **Stirnband** und unbedingt ein **zweites Paar Socken.** Alles sollte bequem sitzen. Für Touren in schneebedeckte Regionen können ein Paar **Gamaschen** im Gepäck sinnvoll sein. Für Aufstiege, die in der Nacht starten, ist eine **Stirnlampe** hilfreich. Bei der Taschenlampe ist zu bedenken, dass man bei Schneetouren die Hände für Tour- oder Skistöcke freihaben muss. Zur Sicherheit Ersatzbatterien (am besten Lithiumbatterien, sind im Fotohandel erhältlich) mitnehmen. Nicht nur für Schneetouren steht auch der **Eispickel** auf der Ausrüstungsliste. Der ist nicht nur eine gute Unterstützung in schwierigen Ab-

Outdoor

schnitten; in Notsituationen, wenn man beispielsweise ins Rutschen kommt, dient er als Bremse. Ein **Höhenmesser** ist für alpine Touren unabdingbar. Ein Kompass kann, muss aber in aller Regel nicht mitgeführt werden.

Ausreichend Blocker- oder **Gletschercreme** mitnehmen, denn je höher man aufsteigt, desto intensiver wird die Sonneneinstrahlung. Das gilt auch für den Schutz der Lippen. Für die Augen reicht **keine normale Sonnenbrille,** es muss eine mit besonders gutem Filterfaktor sein.

Besondere Höhen stellen an den Körper besondere Anforderungen. Wichtig ist es, den Salzhaushalt zu regulieren. Am besten ist hier mineralreiches Elektrolytpulver, das es in Ausrüstungsläden und Apotheken zu kaufen gibt. Außerdem muss man sehr viel trinken, um den Körper vor dem Austrocknen zu bewahren. Schon **ab 3000 Meter** Höhe kann es passieren, dass der Körper Probleme bereitet. Diese äußern sich in Kopfschmerzen, Atemnot, Übelkeit und Kreislaufversagen. Wer sich nicht rasch akklimatisieren kann, sollte die Tour unbedingt abbrechen und in tiefere Gefilde absteigen. Mit Höhenkrankheit ist schließlich nicht zu spaßen: Im schlimmsten Fall kann sie zum Tode führen.

Bei **mehrtägigen Besteigungen** sollten außerdem ein warmer Schlafsack, ein Zelt, Kochgeschirr und ausreichend Verpflegung im Gepäck sein. Für die Menge der Verpflegung gilt die Faustregel, dass man sich mindestens einen Tag länger versorgen können muss, als die Tour geplant ist.

Der **Rucksack** muss so ausgestattet sein, dass Eispickel und Stöcke außen vertaut werden können. Um die Sachen im Rucksack trocken zu halten, ist es ratsam, alles in wasserdichte Säcke zu verpacken.

Bergführer/Agenturen

Kosten: Für einen guten Bergführer muss man in Italien mit einem Tagessatz von 150 Euro rechnen.

026ga Foto: de

Schutzhütte im Brenta-Massiv

Outdoor

Für das Trentino insgesamt
● **Multi Sport Centre Fun[3]**
Arco, Via S. Pietro Paolo 5, Tel. 0464/ 50 44 90, www.multisport3.com.

Für das Gebiet um den Lago d'Idro
● Tel. 0365/ 89 65 82.

Für Valle di Sole,
Valle di Rabbi und Valle di Pejo
● **Zentrales SAT-Bergsteigerbüro in Malè**
c/o APT-Info, Piazza Regina Elena, Tel. 0463/ 90 12 80, Fax 90 29 11, Internet: www.valdisole.net.

Für das Pale-Massiv
bei San Martino di Castrozza
● **SAT-Bergsteigerbüro**
Via Passo Rolle, Tel. 0439/ 64 69 95, 76 87 95.

Für das Brenta-Massiv
in Madonna di Campiglio/Pinzolo
● **SAT-Bergsteigerbüro**
Tel. 0465/ 44 03 66, 50 32 18.

Für die erweiterte Gardasee-Region
● **Scuola Guide Alpine Arco**
Via S. Caterina 40, Tel./Fax 0464/ 51 98 05, E-Mail: guidarco@seldati.it; alpine guide in Arco, Tel./Fax 0464/ 42 22 73, Handy 338/ 69 92 778 (Delio), www.alpinguide.com.

Bergtouren

Die Pale di San Martino
Das wunderschöne und spektakuläre Pale-Massiv bei San Martino di Castrozza krönt die kühne Pyramidenform des Cimòn della Pala (3185 m), der in seiner Gesamtkomposition gerne mit dem Matterhorn verglichen wird. In diesem Bereich der Dolomiten gibt es über 200 Steige, gesicherte eingeschlossen. Gesicherte Steige sind teilweise mit Metallseilen ausgerüstet, um die überhängenden und schwierigen Passagen abzusichern. Klettersteige sind mit Seilen, Sprossen und Leitern ausgestattet.

Cimon della Pala (3184 m)
Der anspruchsvollste und spektakulärste Klettersteig in der Pale-Gruppe ist sicherlich der zum Cimon della Pala. In den 1920er Jahren ist er erstmals von den Gebrüdern *Langes* begangen worden. Ihre Route ist 1969 eingeweiht und erst kürzlich neu angelegt worden. Sie verläuft über die Südost-Wand und erreicht das Plateau, auf dem sich heute das Biwak Fiamme Gialle befindet. Von San Martino di Castrozza gelangt man mit der Gondelbahn zum Colvedere (1985 m). Von hier nimmt man den Pfad 712, über den man nach ca. einer Dreiviertelstunde den Bergsockel erreicht hat. Das Felsgestein des Bergsockels, den man überwinden muss, ist nicht gesichert. Doch dann kommen die ersten Metallseile, mit deren Hilfe man die Felsplatten, Kamine und Gürtel gut überwinden kann. Der Klettersteig endet bei einem kleinen Einschnitt zwischen zwei Nadeln. Der Weg setzt sich nun über eine Geröllhalde fort. Bald darauf hat man das Biwak Fiamme Gialle erreicht. Für den Aufstieg benötigt man 4 Stunden. Höhenunterschied: 1000 m. Die Hälfte der Strecke ist gesichert. Für ein kurzes Stück geht es Richtung Gipfel, dessen Besteigung auf dem normalen Wege beachtliche Schwierigkeitsgrade aufweist. Kurz vor dem Gipfel gelangt man an eine Höhle namens Bus del Gat. Sie hat ein kleines

Loch, durch das man kriechen kann und muss, denn es ist der einzige Zugang zum Gipfel.

Klettersteig del Velo

Eine der klassischen Touren der Dolomiten, die sehr anspruchsvoll ist. Es gibt viele freie Wegstücke mit Eisensprossen. Die Tour verbindet sozusagen das Rifugio Pradidali mit dem Rifugio del Velo durch die Forcella di Portòn und dauert drei Stunden.

Cimerlo

Der Schriftsteller *Dino Buzzati* kletterte jahrelang im Val Canali. Ihm zu Ehren wurde der Klettersteig benannt, der das Massiv des Cimerlo überquert. Zumeist ist es aber eine absteigende Tour ab dem Rifugio del Velo bis zum Hotel Cant del Gal. Man muss mit 4 Stunden rechnen.

Sentiero Palmieri

Im Brenta-Massiv verläuft der Palmieri-Weg vom Rifugio Predotti (2439 m) unterhalb des Cima Brenta Alta (2960 m) zum Rifugio Val d'Ambiez S. Agostini (2410 m). Von Hütte zu Hütte braucht man 3 Stunden. Zunächst muss man südlich über das Karstplateau um die Cima Brenta Bassa herumlaufen auf dem Weg 304/320. Nach einer Felsstufe zweigt der Pfad 320 links ab, der am Südrand der Pozza Tramontana entlangführt bis unter die Cima Ceda (2757 m). Von hier geht es stetig in Kehren bergauf und schließlich hinüber zur Forcoletta di Noghera. Hier beginnt nun das Val d'Ambiez und der Pfad verläuft bergab zur Agostini-Hütte, ein kurzes Stück davon auf einem Güterweg, der von San Lorenzo in Banale hinaufkommt.

Die Dolomiti di Brenta

Die Brenta-Gruppe kann mit zahlreichen Wegen für geübte und ungeübte Bergsteiger und Kletterer aufwarten. Von Madonna di Campiglio und Pinzolo oder von San Lorenzo in Banale oder Molveno gelangt man via Bergbahn schnell in die Höhenlagen, wenn man sich lange Aufstiege vom Tal ersparen möchte. Berühmt ist der Bocchette-Weg, der auf einer durchschnittlichen Höhe zwischen 2500 und 2880 m durch viele Scharten und über Felsbänder verläuft. Die einzelnen Abschnitte wurden nach berühmten Alpinisten und Finanziers der Route benannt.

Sentiero Brentari

Schwindelfrei sollte man sein, wenn man den Brentari-Weg vom Rifugio Predotti zum Rifugio Agostini unternimmt. 3 Stunden Gehzeit muss man einplanen. Zu Anfang verläuft der Weg 304 über ein Karstplateau zur Südseite des Cima Brenta Bassa. Dann geht es einige Kehren hinunter und nun ziemlich eben bis unter die Cima Margherita. Hier beginnt der Aufstieg über zunächst schottriges Gelände, dann geht es rechts über ein riesiges Kar. Oberhalb sieht man einen Felskamin mit Klettersteig auf die Cima Tosa. Man hält sich weiter links und kommt so zu einem 1932 erbauten Klettersteig mit einer Hängebrücke und zwei Leitern. Nach der Kletterphase folgt ein ebenes Stück an der Punta dell'Ideale vorbei.

Nun sind zahlreiche Leitern zu überwinden, dann geht es mittels Drahtseilsicherungen hinab zur Vedretta d'Ambiez. Auf dem Ambiezgletscher endet der Sentiero Brentari. Ab hier kann man zur Agostini-Hütte absteigen.

Sentiero delle Bocchette Alte

Die Tour beginnt beim Rifugio Tuckett auf 2200 m und endet nach 5 Stunden beim Rifugio Brentei. Voraussetzung für die Route sind Bergerfahrung und Schwindelfreiheit. Der Weg beginnt ganz harmlos durch Latschen und über die Moräne zum Tuckett-Gletscher, auf dem man zum Tuckett-Pass marschiert. Das ist der Pfad 303, der weiter zum Rifugio Pedrotti führt. Der Bocchette Alte-Weg zweigt rechts ab. Es geht über Felsstufen, Leitern und Seilsicherungen auf den Cima Brenta. Wegnummer ist nun 305. Der erste nun folgende Abschnitt ist *Enrico Pedrotti* gewidmet, dann kommt das sogenannte Garbari-Band, bis man ein Schrofengelände des Cima Brenta erreicht. Hier kann man sein Marschgepäck lassen und den Cima Brenta (3151 m) besteigen. Das dauert eineinhalb Stunden extra. Auf dem Dorotea-Foresti-Weg geht es dann weiter und zwar abwärts durch eine Firnrinne bis zu Spalla di Massodì (3004 m). Hier beginnt das nach Mario Coggiola benannte Wegstück, das über eine teilweise jäh abfallende Steilstelle zur Bocca Alta di Massodì führt. Der Abschnitt ist mit Leitern und Seilen bestückt. Nun kann man auf einer Leiter bis unter den flachen Gipfelaufbau des Spallone di Massodì aufsteigen. Anschließend geht es über mehrere Leitern auf der Südwand zur vergletscherten Bocca Bassa di Massodì zwischen dem Spallone di Massodì und der Cima Molveno entlang. Dann muss man sich entschieden, wie man weitergehen möchte. Die erste Möglichkeit: Rechts entlang den Oliva-Detassis-Weg auf Eisenleitern hinab zum Brentei-Gletscher und um den Fuß des Cima Molvena zum Rifugio Brentei. Die zweite Möglichkeit: der Umberto-Quintavalle-Weg, der zunächst hinauf zur Nordschulter der Cima Molveno führt. Dann geht es hinunter zum Sfulminigletscher oberhalb des Rifugio Alimonta.

Adamello-Presanella-Gruppe

Im Westen und gegenüber der Brenta-Gruppe gelegen sind die Gipfel der Adamello und Presanella. Die Presanella ist der höchste Trentiner Gipfel mit 3556 m. Der Adamello-Gletscher, einst Schauplatz des 1. Weltkrieges, ist heute Forschungsgebiet der Glazialforscher. Sie haben bewiesen, dass es sich um eine geschlossene Gletscherzone und die größte Italiens handelt. Beliebt ist die Hochgebirgsüberquerung der Adamello-Presanella-Gruppe, die vier Tage in Anspruch nimmt. Beginn ist am 1. Tag am Tonale-Pass auf dem Sentiero degli Alpi Nr. 218 und zum Rifugio Franzesca Denza (2298 m). Am 2. Tag geht es zum Passo Cercen, weiter über den Gletscher zum Freshfield-Sattel und auf den Presanella. Von dort zurück zum Passo Cercen und zum Rifugio Città di Trento al Mandron. Von dort wird am 3. Tag der Madrone-Gletscher überquert, dann wird der Pian di Nieve bewältigt und auch der Presanella. Noch

Outdoor

einmal ist Übernachtung im Rifugio Città di Trento al Mandron. Am 4. Tag steht dann der Passo del Lago Scuro (2790 m) auf dem Programm, der Sentiero Attrezzato dei Fiori mit Klettersteig zum Passo Paradiso (2585 m).

Von den SAT-Bergsteigern gibt es eine empfehlenswerte geführte Hochgebirgsüberquerung. Zu buchen ist sie bei der zentralen Alpinschule mit Sitz im Fremdenverkehrsbüro des Val di Sole in Malé.

Die Ortler-Cevedale-Gruppe

An der Grenzlinie der Provinz Trentino liegen einige der höchsten Gipfel des Ortler-Cevedale-Massivs: der Vioz mit 3655 m, der Palon de la Mare mit 3703 m, der Cevedale mit 3769 m, nicht zu vergessen der Cima Venezia (3386 m) und der Cima Sternai (3443 m). Die hohen Gipfel sind sehr gut über die Täler Valle di Rabbi und besonders das Valle di Pejo zu erreichen. Auch dieses Gebirgsmassiv ist gut bestückt mit Pfaden, die bestens markiert sind, so dass man herrliche Touren unternehmen kann. Eine Hochgebirgstour, die auch von den Bergführern des Sole-Tales angeboten wird, ist sehr abwechslungsreich und gut zu machen, auch hinsichtlich der Anstrengungen. Die Tour dauert sechs Tage, und man kann sie wahlweise beginnen. Zum Beispiel am Rifugio Cevedale/G. Larcher (2607 m), das vom Val di Pejo aus zu erreichen ist. Dafür fährt man bis Cogolo di Pejo und zur Malga Mare. Am dortigen Parkplatz kann man sein Fahrzeug abstellen und den Pfad 102 zum Rifugio nehmen. Unterhalb des La-

go di Marmotte geht es hinauf zum Cima Lagolungo (3165 m) sowie auf die Cima Venezia (3386 m) und den Bocca di Saent (3202 m) zur Dorigoni-Hütte. Am nächsten Tag ist das Endziel die Höchster Hütte im Osten auf Südtiroler Gemarkung. Man erreicht sie via Schwarzer Joch, muss die Gleckspitze überwinden und dann entlang einiger Bergseen absteigen. Am dritten Tag steht der Passo di Gioveretto (das Zufritt-Joch) auf dem Tourenprogramm. Durch das Zufritter Tal gelangt man ins Marteller Tal und zur gleichnamigen Hütte. Am Tag 4 marschiert man westwärts über dem Fürkele-Ferner Richtung Cima dei Tre Cannoni (3276 m). Übernachtungsstation ist das Rifugio Gianni Casati. Unterhalb liegt Sulden. Zum krönenden Abschluss steht der Aufstieg auf den Monte Cevedale an; via Grat der Zufallspitze und den gleichnamigen Gletscher. Letztes Rifugio ist noch einmal die Larcher Hütte. Am 6. Tag heißt es nur noch abwärts gehen zum Parkplatz auf der Malga Mare.

Rosengarten

Rundtour vom Monte Ciampediè zur Ostertaghütte, über den Cigolapass und den Gardecia in gut 5 Stunden mittleren Schwierigkeitsgrades.

Man kann mit der Seilbahn vom Fassatal aus auf den Ciampediè (1998 m) fahren. Von dort geht es dann zum gleichnamigen Rifugio und weiter zur Negritella-Hütte. Auf dem Pfad 545 passiert man linker Hand die Skipiste, dann eine Felswand und kommt in einen Wald. Nach einer langen, relativ ebenen Strecke steht man am Fuße der Rosengarten-Gruppe. Die nächste Zielhütte ist die Marino Pederiva, anschließend das Rifugio Vael. Inzwischen ist man auf einer Höhe von 2283 m. Rechts nimmt man den Pfad 541, der die grasbewachsene Hochebene überquert. Jetzt kommt ein Kieselsteinpfad, der in den engen Canyon zwischen den überhängenden Felswänden der Mugogn und der angesplitterten Zigolade eindringt. Nach insgesamt etwa drei Stunden hat man den Passo di Zigolade erreicht. Nun heißt es wieder absteigen, und zwar auf dem gegenüberliegenden Hang über eine Geröllzone und Steilhänge. Kurz vor einer Gabelung wird der Pfad eben. Nun muss man den Pfad 546 gehen bis zu einer Schotterstraße. Rechter Hand geht es abwärts zur Stella Alpina und dem Rifugio Gardecia. Von dort ist der Weg einfach zurück zur Seilbahn.

Passo Pordoi/Piz Boè-Pyramide

Eine mittelschwere Tour, für die, fährt man mit der Seilbahn auf den Sas Pordoi (2950 m), gut drei Stunden Gehzeit einzuplanen sind. Vom Sas Pordoi läuft man zum gleichnamigen Pass und weiter zum Forcela-Pordoi. Jetzt muss man zunächst ein Stück des Weges 627 wählen, bis man zum Pfad 638 kommt, der einen zum Fuße der Piz-Boè-Pyramide bringt. Dessen Südseite kann man recht gut besteigen bis in die Nähe des Capanna-Fassa auf 3152 m. Die Aussicht ist sensationell. Der Abstieg verläuft über die Nordseite. Es ist roter Sandstein, gesichert mit Metallseilen. Man erreicht das Rifugio Boè und kann von hier zurück zur Seilbahn.

Trekking

Wandern gehört zum Leben im Trentino einfach dazu, sodass es **unzählige Trekkingrouten** gibt. Im Trentino ist es eigentlich überall möglich, am Gardasee wird die Region um den Monte Baldo bevorzugt. Sehr schön auch die Berglandschaft hinter den Hochebenen von Tremosine und Tignale im Westen des Gardasees. Der italienische Alpenverein hat überall gute Arbeit geleistet und die Wegstrecken in aller Regel ausgezeichnet markiert. Üblicherweise gibt es eine Nummerierung und rot-weiß-rote Farbmarkierung (vgl. auch „Bergsteigen").

Outdoor

Alpines Notsignal

Wer in Not gerät, sollte den **Notruf** kennen: sechsmal innerhalb einer Minute in regelmäßigen Zeitabständen ein sichtbares oder hörbares Zeichen geben und hierauf eine Pause von einer Minute einlegen. Das Gleiche wird wiederholt, so lange, bis eine Antwort kommt. Diese wird innerhalb einer Minute dreimal in regelmäßigen Abständen mit einem sichtbaren oder hörbaren Signal gegeben.

Wenn ein **Handy** im Gepäck ist, ist es am sinnvollsten, die **Rettungsnummer 113** anzuwählen.

Die Ausrüstung

Perfekt sitzende Wanderschuhe mit einem guten Profil stehen auf Platz eins der Ausrüstungsliste. Wasser abweisendes **Goretex-Material** ist am besten. **Ersatzsocken** mitnehmen. Die Hose sollte bequem sitzen und aus leichtem Material sein, damit sie schnell trocknet. Den Oberkörper in **Zwiebelmanier** kleiden, damit man sich je nach Witterungsverhältnissen an- oder ausziehen kann. Wichtig sind natürlich ein **warmer Pullover** und/oder eine Jacke aus empfehlenswertem Fleece-Material. Das Wetter im Trentino ist zwar einigermaßen berechenbar, aber die Berge können dem Wanderer immer mal ein Schnippchen schlagen. Deshalb: Stets **witterungs- und regenfeste Schutzkleidung** und wenigstens einen wasserdichten Packsack für die wichtigsten Dinge im Gepäck haben.

Wer **mehrere Tage** auf Tour geht, sollte einen warmen Schlafsack und eine Unterlage mitnehmen. Unabhängiger ist, wer ein Zelt dabeihat und einen Kocher. Bei der Planung der Nahrungsvorräte ist generell darauf zu achten, dass man etwas mehr mitnimmt als unbedingt notwendig. Im Übrigen sollte man natürlich darauf achten, dass man sich hinsichtlich des Gesamtgewichts nicht überlastet.

Trekking-Routen

Die folgende Auswahl an Trekking-Touren ist für sportliche Menschen mit guter Kondition und guter Gesundheit zusammengestellt.

Gardasee/Westufer:
Der Sonnenpfad von Limone

● Wanderung entlang des Gardasees durch den Ort Limone und auf dem Sentiero del Sole (Sonnenpfad) zum Punta Reàmol, wo man alte Militäranlagen besichtigen kann.
● **Wanderzeit: 2½ Std.,** Höhenunterschied: 50 m, Schwierigkeitsgrad: leicht.
● Karte VIII/IX.

Ausgangspunkt ist der Parkplatz am Seeufer von Limone. Von hier muss man sich immer in nördlicher Richtung halten, so dass man automatisch durch die Altstadt marschiert und schließlich entlang des einzigen Fuß- und schmalen Fahrweges entlang des Ufers läuft. Auf dieser Strecke passiert man die Kirche San Rocco und kommt zu einem größeren Abschnitt von Zitronengärten, die leider wegen hoher Mauern wenig einsehbar sind. Der Weg führt über den Bach Sé, bis man zu einer Weggabelung kommt; übrigens ein wunderbarer Aussichtspunkt. Links biegt die schmale Straße ab Richtung Gardesana Occidentale, geradeaus führt sie weiter an die Stelle, an der ein Schild Durchfahrt verboten steht. Der zunächst asphaltierte Weg geht in einen unbefestigten über. Außerdem ist zwischendrin eine Wegsperre eingebaut mit dem Hinweis des möglichen Steinschlages. Wer weiterwandern möchte, muss das ignorieren. Nach

Trekking in den Brenta-Dolomiten

weiteren Zitronengewächshäusern und privaten Anwesen gelangt man auf einen Parkplatz an der Gardesana. Bis zur Brücke geht es neben der Straße, die man überqueren muss. Hier beginnt der eigentliche Sonnenpfad bergan bis zu einer Weggabelung. Links ist der Weg ausgewiesen zum Punta Larici, rechts Richtung Sentiero del Sole. Dieser verläuft quasi parallel zur Gardesana. Nach einer Weile teilt sich der Sonnenpfad. Eine Wegstrecke führt steiler hinauf und schließlich auch parallel zur Straße. Hier passiert man schon alte Bunker und Schützengräben. Der andere Pfad verläuft niedriger und ist noch einfacher zu laufen. Beide treffen sich wieder am Zielpunkt Reàmol.

Gardasee/Westufer: Rundwanderung von Sasso auf den Cima Comér (1280 m) zum Monte Denervo (1459 m)

● **Wanderzeit: 5 Std.,** Höhenunterschied: 900 m, Schwierigkeitsgrad: mittel, zuweilen schwieriger.
● Karte VIII/IX.

Los geht es von der Ortschaft Sasso, zu der man von Gargnano über die Bergstraße Richtung Valvestino-See (Abzweig Richtung S. Rocco, Liano, Sasso nicht verpassen) gelangt. In Sasso findet man am Ende der Ortsstraße, die nach links führt, einen Brunnen. Hier beginnt Trail Nr. 31. Er führt nach S. Valentino durch Terrassenfelder, auf denen Wein und Oliven angebaut werden. Besonders schön ist der Blick rückwärts gerichtet auf die Kirche und den Berg Pizzòcolo. Wenn das erste Hochplateau erreicht ist, kommt eine Weggabelung. Zu wählen ist der linke Pfad, auf einem Stein nummeriert. Dann geht der Trail in den Wald und steiler bergan. An einem Bach gibt es einen Abzweig nach rechts Richtung Comér-Berggipfel. Folgt man dem Pfad Nr. 32 nach links, wird man unterhalb des Comér-Gipfels entlanggeführt. Der 31er-Pfad trifft später wieder auf den 32er zum Monte Denervo. Ab hier geht es steil zur Sache. Nach dem Gipfelsturm läuft man den Weg 32 weiter zur Malga Denervo bis zu einer Weggabelung. Man bleibt weiter auf dem 32er Richtung Briano durch einen Buchenwald. Ab Briano müssen etwa 1,3 km Straße zurückgelegt werden bis zu einem Bauernhof. Hier findet man wieder den alten Pfad Nr. 38 nach Sasso.

Gardasee/Westufer:
Rundwanderung und Panoramatour über den Monte Pizzòcolo (1582 m)

● **Wanderzeit: 4 Std.,** Höhenunterschied: 740 m, Schwierigkeitsgrad: mittel.
● Karte VIII/IX.

Anfahrt über Toscolano-Maderno auf der Gardesana bis zum Ortsteil Maclino, über Vigole nach Sanico und weiter über die Bergdörfer Ortello di Soto und Ortello di Sopra bis nach S. Urbano. Vorsicht, der letzte Streckenabschnitt ist sehr steil. In S. Urbano kann man das Fahrzeug auf einem ausgewiesenen Parkplatz abstellen. Von hier führt die Wanderroute 23 zunächst auf den Ci-

ma Prada (1114 m), linker Hand liegt ein hübscher Bergsee. Nach einiger Zeit des Wegverlaufes in westlicher Richtung gabelt sich der Pfad: weiter in westlicher Richtung zum Passo di Spino, in östlicher Richtung geht es auf der Route 5 zum Dosso le Prade auf 1517 m. Nach dem Bergrücken kommt der schönste Part der Tour: die Gratwanderung auf dem Monte Pizzòcolo-Massiv. Bei guter Fernsicht kann man bis auf die Apenninen schauen, unter sich ganz malerisch der Gardasee. Noch vor dem Rifugio des Monte Pizzocòlo führt der Trial, nun Tournummer 11, auf die Malga Valle und das sich anschließende Valle della Préra bis zur Ortschaft Otello di Sopra. Wer mag, kann sich auch noch als Gipfelstürmer betätigen. Zu Beginn des 11er-Weges geht es hinauf zum Gipfelkreuz des Pizzocòlo. Der Abstieg wie beschrieben; das letzte Stück zum Parkplatz geht via Fahrstraße.

Lago di Ledro/Cima Caret:
Fast komplette Rundwanderung zum Monte Caret und via Bocca di Saval zu den Cimas Pari und Sclapa

● **Wanderzeit: 7 Std.,** Höhenmeter: 1100 m, Schwierigkeitsgrad: leicht, aber Ausdauer nötig.
● Karte IV/V.

Der Fahrstraße an der Albergo Alpino muss man aufwärts folgen. Sie geht in einen Forstweg über – es ist die rotweiß-rot markierte Strecke zur Bocca di Saval. Unterwegs hat man einige Panoramablicke auf den Lago di Ledro. Der Weg wird zunehmend schmaler. Man gelangt ins Val di Concei, dann geht es steil bergauf, man muss einen Felsdurchlass passieren. Linker Hand liegt der Tomeabrù (1731 m), wenn der Pfad schließlich durch Wiesen zur Malga Saval (1690 m) führt. Unterhalb des Monte Caret-Gipfels (1841 m) verläuft der Trial dann zur Bocca di Saval (1740 m). Hier muss man an der Weggabelung aufpassen: Rechter Hand hat man sich zu orientieren, vorbei an der Baita Saval, wenn der neue Pfad der Nummer 413 beginnt. Auf ihm umrundet man die Nordosthänge der Cima Pari (1991 m) und Cima Sclapa (1886 m) in stetigem Auf und Ab. Wenn der Wiesensattel des Cima Sclapa abfällt, auf die Wegspur 453 wechseln. Sie führt hinunter zur Dromaè-Alm (1287 m) und durch das gleichnamige Tal nach Mezzolago. Von hier heißt es entweder an der Fahrstraße zurückmarschieren oder den nächsten Bus nach Pieve di Ledro nehmen.

West-Trentino/Stilfser-Joch-Nationalpark: Rundwanderung von der Malga Mare zum Lago di Marmotte, Lago di Nero, Lago di Càreser

● **Wanderzeit: 3½ Std.,** Höhenmeter: 670 m, Schwierigkeitsgrad: mittel.
● Karte XVI/XVII.

In Cogolo di Pejo muss man rechts abfahren zur Malga Mare und bis zum Parkplatz am Elekrizitätswerk (9 km). Nach nur 50 Höhenmetern kommt das erste Rifugio zum Rasten. Aber weiter geht es die Wegroute 102 zum Rifugio Cevedale/G. Larcher durch das Val Venezia, ein Tal mit Hochgebirgscharakter. Vom Rifugio führen die Wege 104 und 123 Richtung Lago di Marmotte. Er heißt nicht nur See der Murmeltiere, sie leben tatsächlich dort, man kann sie gut beobachten. Hier teilt sich der Pfad noch einmal zum Passo Vedretta Alto und zum Lago Lungo. Man muss die Route 146 südwestlicher Richtung wählen. Nach dem Lago Lungo kommt der hübsche kleine Lago Nero auf 2624 m. Hier ist die Landschaft extrem schroff und wild. Der Lago die Càreser ist ein Stausee mit unglaublich türkis schimmerndem Wasser. In aller Regel ist die Staumauer geöffnet, sodass man auf ihr entlang auf die andere Seite laufen kann. Sonst gibt es vorher rechter Hand eine alternative Wegführung durch ein Geröllfeld. Vorsicht ist geboten. Am Verwaltungshaus des Elektrizitätswerkes sind die verschiedenen Wanderwege wieder angezeigt. Die Nummer 123 führt zurück zur Malga Mare etwa 600 Höhenmeter stetig in engen Serpentinen bergab. Kurz vor dem Ziel gabelt sich der Weg noch einmal. Der direkte Pfad zurück zur Alm ist der linke.

West-Trentino/Stilfser-Joch-Nationalpark: Rundwanderung von Pejo zum Covel-See

● **Wanderzeit: 4 Std.,** Höhenmeter: 477 m, Schwierigkeitsgrad: leicht.
● Karte XVI/XVII.

Von der Ortschaft Pejo läuft man in westlicher Richtung einen alten Karrenweg entlang zur Malga Termenago di Sotto (1523 m). Von hier führt ein Weg hinauf zum Wasserfall des Flusses Cadini, zunächst ist das die Route 124, die später in 125 wechselt. Vom Cascate Cadini folgt man dem Pfad 125 ostwärts zum Val Taviela mit dem gleichnamigen Fluss. Am Talende ist die Malga Covel, etwas weiter darüber der Covel-See (2000 m) mit hübscher Sumpfflora. Hier teilt sich der Weg in den 127, der weiter zum Cima Tarlenta führt, und einen, der via Rifugio Predafessa, durch Wälder und über Weiden zurück zum Dorf Pejo geht.

West-Trentino/ Stilfser-Joch-Nationalpark: Vom Valle di Rabbi durch das Valle di Valorz und über den Passo Valetta hinunter nach Mezzana

● **Wanderzeit: 6 Std.,** Höhenmeter: 1600 m, Schwierigkeitsgrad: leicht, aber anstrengend.
● Karte XVI/XVII.

Da es eine Passüberquerung ist, kann man die Tour sowohl von San Bernardo im Valle di Rabbi starten als auch in

Mezzana im Val di Sole. Die Zeitunterschiede dürften unwesentlich sein. Ausgehend vom Valle di Rabbi beginnt die Route 121 durch das hübsche Valle di Vallorz mit dem gleichnamigen Wasserfall sehr steil in den oberen Regionen durch dichtes Himbeergestrüpp (wegen der Beeren ist der August der beste Monat!). Nach zwei Stunden ist der höchste Punkt des Cascata Valorz auf einer Hochebene erreicht. Wenig später ist man am ersten der fünf Seen unterhalb des Cima Mezzana. Es gibt ein Rifugio, das allerdings nicht bewirtschaftet ist. Von hier sieht man auch schon den Passo Valetta auf 2695 m Höhe. Es ist eine sehr abgeschiedene und unberührte Landschaft. Der Pfad 121 führt unproblematisch über den Pass und auf der anderen Seite hinunter bis zu einer Gabelung. Pfad 121b führt

rechter Hand zur Malga Bronzollo und weiter zum Weiler Ortise. Pfad 121 bringt den Wanderer zur Malga del Monte Alta und weiter nach Mezzana.

West-Trentino/Brenta-Massiv: Sentiero Galleria Bogani

● Rundwanderung von der Malga Vallesinella zum Rifugio Casinei zum Rifugio Brentei via Sentiero Violi zurück,
● **Wanderzeit: 4½ Std.,** Höhenmeter: 700 m, Schwierigkeitsgrad: mittel, da Schwindelfreiheit erforderlich, wenn man den Rückweg auf dem Sentiero Violi unternimmt.
● Karte XX/XXI.

Von der Malga Vallesinella läuft man auf dem Pfad 317 gut und stetig bergan bis zum Rifugio Casinei. Oberhalb der Hütte beginnt der Pfad 318 zum Rifugio Brentei, auch Galleria Bogani genannt, da man größtenteils wie auf einer Galerie „lustwandelt", die fantastische Ausblicke vermittelt. In eineinhalb Stunden ist die Brentei-Hütte erreicht. Vor dieser führen die Pfade 323 und 391 zunächst zusammen talwärts. Sie teilen sich alsbald, und man muss den rechten Abzweig wählen. Auf dem Sentiero Violi (391) sind unterwegs Teilstücke mit Metallseilen gesichert, weil der Pfad dann sehr schmal ist und es sehr steil hinuntergeht.

Ost-Trentino: Levico Terme – Colle delle Benne

● **Wanderzeit: 3 Std.,** Höhenmeter: 160 m, Schwierigkeitsgrad: einfach.
● Nicht auf Karte; bei Trento.

In der Ortsmitte von Terme di Levico beginnt die Wanderung an der Via Roma, die man in südwestlicher Richtung hinaufläuft, um dann links in die Via S. Biaggio einzubiegen. Nun geht es auf einer Staubstraße entlang Richtung Colle delle Benne, wobei man linker Hand den Parco Belvedere sieht und die Malga Giovanni passiert. Auf dem Colle delle Benne befinden sich Ruinen der gleichnamigen Festung, die 1890 von den Österreichern errichtet worden war. Vorbei am Maso Lazaretti führt der Weg weiter durch den Wald, bis man die Landesstraße nach Pergine erreicht. Diese muss man überqueren und folgt dann dem Wegweiser zum Weiler Visintainer. Unterhalb des Ortes muss man sich links halten und erreicht auf einer Staubstraße den Levico-See. Hier stößt man auf den Panoramaweg Strada dei Pescatori, der via Taverna zum Ausgangspunkt zurückführt.

Ost-Trentino: Rundwanderung um den Langkofel und den Plattkofel

● **Wanderzeit: 7 Std.,** Höhenmeter: 120 m, Schwierigkeitsgrad: leicht, aber man braucht Ausdauer.
● Karte XXII/XXIII.

Die Wanderung sollte nur bei ausgezeichnetem Wetter unternommen werden, damit man die Ausblicke wirklich genießen kann.

Ausgangspunkt ist die Sela Rodela auf 2318 m Höhe. Um dorthin zu gelangen, gibt es zwei Möglichkeiten. Zum einen mit dem Fahrzeug zum Sella-Joch und von dort auf dem Weg 557/4 aufsteigen. Zum anderen kann man mit der Gondelbahn von Campitello aus zum Col Rodela auffahren und dann den Nordhang hinunterlaufen zur Sela Rodela. Auf dem sehr ebenen Weg

Outdoor

557/4 kommt man an den Rifugi Friedrich Ebert, Pertini und Plattkofel vorbei. Vom Wiesensattel an der Plattkofelhütte geht es bergab bis zu einer Kreuzung. Es geht hier rechts weiter zum Piz da Uridl, von da den Langkofel hinab. In der Langkofel-Schlucht angekommen, geht es ein Stück bergauf. Man kann sich an dem vor sich liegenden Rifugio Vicenzo orientieren. Auf dem gegenüberliegenden Abhang findet sich Pfad 526 zum Wiesensattel des Piz Ciaulonch. Hier gilt es, ein Felsenlabyrinth zu überqueren, dann ein Anstieg bis zum Rifugio Comici (2153 m). Ein leichter Pfad (526/528) führt durch Wiesen und Wälder ins sogenannte Felsenmeer nahe des Sellajoch-Hauses. Zur Gondel nach Campitello muss man eine kleine Straße entlanglaufen, die 300 m oberhalb des Sellajoch-Hauses beginnt. Das dauert eine Dreiviertelstunde.

Sentiero Europeo E 5

Dieser Pfad ist von der Vereinigung Europäischer Exkursionisten angelegt worden und führt über 600 km vom Bodensee bis zur Adria. Er durchquert dabei Österreich, Südtirol und das Trentino. Im Trentino berührt er das obere Valsugana, und zwar vom Erdemolosee nach Terme di Levico und schließlich auf die Hochebene von Vezzene. Früher einmal ist der Weg von Pilgerern und Wanderern bei ihren Europazügen genutzt worden.

Sentiero della Pace (Friedenspfad)

Der Friedenspfad verläuft längs der Frontlinie des 1. Weltkrieges: vom Stilfser Joch im Westen des Trentino bis zur Marmolada im Osten der Provinz. Er hat eine Länge von 450 km. Zahlreiche Schützengräben, Festungen, Gänge, Galerien und Saumpfade zeugen von der kulturhistorischen Vergangenheit des Gebietes. Der Pfad ist mit einer weißen Taube markiert, zum Zeichen des Friedens und als Mahnung an die nachkommenden Generationen. Vom Passo Stelvio durchquert man den Westen des Trentino bis hinunter zum Gardasee. Über den Monte Brione zwischen Riva und Torbole geht es in südlicher Richtung nach Ala und von dort wieder gen Norden nach Rovereto. In südöstlicher Richtung verläuft der Wanderweg schließlich zur Hochebene Vezzene, durchquert das Valsugana. Dabei streift er die beiden Seen Caldonazzo und Levico. Von hier aus geht es recht stetig durch den Osten des Trentino zur Marmolada. Zu dieser Wanderroute gibt es einen speziellen Führer vom Verlag der Weitwanderer: „Der Friedenspfad im Trentino" von *Oskar Schmidt*. Er beschreibt den Sentiero della Pace in 30 Etappen.

Im Trentino wie auch am Gardasee werden immer wieder **kostenlos geführte Touren angeboten.** Informationen dazu finden sich in den jeweiligen Ortskapiteln.

Von den SAT-Bergführern werden **Gletscherwanderungen** angeboten zum Presanella-Gletscher, zum Cevedale, die Überquerung des Careser-Gletschers mit eventuellem Aufstieg auf den Venezia-Gipfel, außerdem die Vioz-Cevedale-Überquerung (Kosten 75 bis 90 Euro pro Person).

Wildwasser

Zwar ist das Trentino unglaublich wasserreich, hat Seen, Flüsse, Bachläufe und Wasserfälle in ungezählten Varianten zu bieten, doch Wildwassersport wird nur auf dem Noce-Fluss im Val di Sole im Westen der Provinz angeboten. Dafür aber gleich optimal. Immerhin ist der **Noce-Fluss** Austragungsort der Kajakweltmeisterschaften, hier befindet sich das nationale Kajak- und Rafting-Zentrum Italiens, und der Gletscherfluss gilt als der interessanteste ganz Italiens. In manchen Abschnitten weist der Noce den maximalen Schwierigkeitsgrad auf.

Darüber hinaus gehen Individualisten auch auf den **Sarca-Fluss,** der von den Brentas herunterkommt und bei Torbole in den Gardasee mündet. Er ist zwischen Pinzolo und Ràgoli auf einer Länge von 23 km zu befahren. Beliebt ist außerdem der **Travignolo-Wildbach** im Panaveggio Pale di S. Martino-Naturpark bei San Martino di Castrozza.

Abgesehen von Rafting und Hydrospeed gibt es für Kajak- und Kanufahrer selbstverständlich weitere Möglichkeiten, sei es auf dem **Gardasee,** dem **Lago di Valvestino,** dem **Lago di Caldonazzo,** dem **Ledro-** und dem **Idro-See** oder kleineren Bergseen wie dem **Pian Palù** und dem **Caprioli.** Entsprechende Touren werden durchaus angeboten. Wegen der Organisation müssen mehrtägige Touren aber vorher angefragt werden. Übernachtungen sind sowohl in Hotels oder Pensionen möglich als auch auf Campingplätzen – eine Frage des Geldes eben.

Die **Ausrüstung** zum Raften, Hydrospeed und Kanu- oder Kajakfahren wird üblicherweise gestellt. Dazu zählen neben den Geräten ein Helm, Neoprenanzug und Schwimmweste, beim Hydrospeed Taucherflossen. Unter den Neoprenanzug zieht man sinnvollerweise einen Badeanzug, Badehose, Bikini. Beim Raften ist dringend davon abzuraten, den Ritt barfuß anzutreten. Falls man über Bord geht, ist die Verletzungsgefahr zu groß. Außerdem gewähren Trekkingsandalen (Wanderschuhe sind auch möglich, sie trocknen ja wieder) einen besseren Halt.

Die Saison auf dem Rio Noce dauert von Juni bis September, und auch sonst gilt dieser Zeitraum.

Kanu und Kajak

Kanu- und Kajak-Kurse werden wöchentlich für jedes Niveau angeboten. Das können Wochenendkurse sein, Slalomkurse oder Einzelstunden. Wer es schon kann, hat auch die Möglichkeit, sich nur das Equipment zu leihen. Die Kosten belaufen sich für eine Einzelstunde auf 28 bis 50 Euro. Eine Woche Anfängerkurs kostet ca. 200 Euro.

Rafting

Der Noce-Fluss bietet fürs Rafting verschiedene Schwierigkeitsgrade und Längen. Das heißt, es handelt sich um Fahrten zwischen zwei und fünf Stunden. Die Distanzen liegen zwischen 4 und 25 km. In jedem Boot sind bis zu fünf Passagiere. Kosten pro Person: zwischen 28 und 75 Euro.

Outdoor

Hydrospeed

Hydrospeed wird erst nach entsprechender Schulung und auch nur mit Führer angeboten. Üblicherweise gibt es Kurse von zwei bis fünf Tagen, in denen man mit der Abfahrt auf einem Wasserbob geschult wird. Etwas anderes ist es, wenn man den Wasserbob bereits beherrscht. Die Abfahrten dauern mindestens zwei Stunden und haben eine Länge von 4 bis 8 km. Eine einzelne Abfahrt mit Führer kostet zwischen 32 und 43 Euro.

Anbieter

● **Centro Canoa Rafting Val di Sole**
Dimaro, Via Gole 105, Tel. 0463/ 97 32 78, Fax 97 43 32/97 32 00, Internet: www.raftingcenter.it; eine Dependance ist in **Mezzana** auf der Straße nach Marilleva, Tel. 0463/ 75 72 11.
● **Rafting Center Marilleva**
Mezzana, Via per Marilleva 50, Tel. 0463/ 97 43 32, Internet: www.marilleva.it.
● **Euro Rafting Center**
Cuisano di **Ossana**, Via Sotto Pila, Tel. 0463/ 75 12 01 und 75 00 65, Internet: www.euro rafting.com.
● **Extreme Waves Val di Sole**
Mestriago di Commezzadura, c/o Bar Bucaneve, Via Nazionale 23E, Tel. 0463/97 08 08, Fax 979957, Internet: www.extremewaves.it. Langjährige Erfahrung.
● **Rafting Val di Sole Sport & Natura**
Monclassico, Molini Rd. 1, Tel. 0463/ 97 33 83.
● **Canyon Adventures**
Torbole, Via Matteotti 5, Tel. 0464/ 50 54 06, Fax 50 56 47, Internet: www.canyonadv. com.
● **Diving Club** in **Peschiera del Garda**
c/o Camping San Benedetto, Via Bergamini 14, Tel. 045/ 75 50 544, Fax 75 51 512. Geführte Kajaktouren und Bootsverleih, Internet: www.lagodigarda-e.com/sanbenedetto.

● **Allgemeine Informationen** gibt das Trentiner Komitee Kanu-Kajakverband in Trento unter der Rufnummer 0461/ 82 34 54.

Canyoning

Das Trentino mit seinen ungezählten Wasserfällen und spektakulären Canyons ist ein Eldorado für diese Sportart. Aufgrund der Vielzahl der Wasserfälle sind zum einen **alle Schwierigkeitsstufen,** zum anderen Touren in stiller Einsamkeit möglich. Das setzt allerdings ein gutes Maß an Können und echtes Interesse voraus. Für all diejenigen, die Canyoning als ein- oder zweimaligen Spaß begreifen, konzentrieren sich die Anbieter auf einige wenige Canyons. Das liegt auch im Sinne des Naturschutzes. Einer der beliebtesten Canyons ist zum Beispiel die **Schlucht von Piovère** mit insgesamt zehn Wasserfällen (für Anfänger geht es erst ab dem sechsten los), zwei von den Wasserfällen sind 50 Meter lang, dreimal muss sich abgeseilt werden, zweimal heißt es sechs Meter tief springen.

Canyoning ist nicht automatisch mit Extremsport gleichzusetzen. Es gibt auch ganz harmlose Varianten. Das ist zum Beispiel **Watertrekking.** Auch hier wird in eine Schlucht gegangen, es wird ein bisschen geklettert, gerutscht, gesprungen, geschwommen, aber ohne abseilen und dergleichen. In dieser Art

gibt es auch das sogenannte **Baby-Canyoning** für Kinder zwischen 10 und 15 Jahren. Damit alle Eltern gleich wissen, worauf sie sich einlassen: Es ist ohne elterliche Begleitung. Last but not least steht auch **Night-Canyoning** auf der Angebotspalette mit dem besonderen Kick. Mit Stirn und Taucherlampen ausgerüstet geht es nächtens in die steile Schlucht.

Canyoning wird in Trentiner Gefilden seit mehr als zehn Jahren angeboten. Beim Aussuchen des Anbieters sollte man drei **goldene Regeln** beachten:

1. Niemals mit mehr als 15 Personen und weniger als zwei Führern in einen Canyon gehen!

2. Bei keiner Agentur buchen, die die Einschätzung Ihres Könnens Ihnen selbst überlässt. Seriöse Anbieter gehen das erste Mal in einen „Test-Canyon", um sich ein Bild machen zu können. Der Fun ist trotzdem garantiert!

3. Wird die Wettervorhersage ernsthaft berücksichtigt?

Die **Preise differieren** hinsichtlich der Dauer und des Schwierigkeitsgrades des Canyoning. Für die Fahrt, das Umziehen, den Anmarsch, das Canyoning selbst, anschließendes Picknick oder Mittagessen in einer Bar/Ristorante sowie Rückfahrt muss man mit ungefähr fünf Stunden rechnen. Der Zeitfaktor ist immer auch abhängig von Können und Kondition der Leute und ihrer Anzahl. Kosten: zwischen 39 und 95 Euro pro Person.

Anbieter

- **Alpinando** (*Guido Bonvicini*)
  in **Piovère,** Tel./Fax 0365/ 52 19 45, Handy
  0335/ 82 39 808, Internet: www.exploring.it.
  Allesamt geprüfte Bergführer.
- **Canyon Adventures**
  in **Torbole,** Via Matteotti 5, Tel. 0464/ 50 50
  72 und 50 54 06, Fax 50 56 47, Internet:
  www.canyonadv.com.
- **Multi Sport Centre Fun³**
  in **Arco,** Via S. Pietro Paolo 5, Tel. 0464/ 50
  44 90, Internet: www.multisport3.com.
- **alpine guide**
  in **Arco,** Tel./Fax 0464/ 42 22 73, Handy
  338/ 69 92 778 (*Delio*), Internet: www.alpin
  guide.com.

Eisklettern

In vielen Winterprospekten der Bergregionen wird auch auf die Möglichkeit des Eiskletterns hingewiesen. Die Sportart war zwar schon in den 1970er Jahren ein Thema, aber erst jetzt liegt sie in der Outdoor-Szene so richtig im Trend, auch wenn die Saison verhältnismäßig kurz ist – Januar und Februar. Schließlich ist eine lang anhaltende Kälteperiode notwendig, damit die Wasserfälle zu Eis und einer stabilen Masse gefrieren können. Außerdem darf die Temperatur null bis maximal zwei Grad nicht überschreiten. Ist es kälter, dann wird das Eis spröde; ist es wärmer, wird das Eis zu weich.

Durch seinen Wasserreichtum, sprich die unzähligen Wasserfälle, bietet das Trentino gute Gelegenheiten zum Eisklettern. **Am beliebtesten ist das Val di Daone,** ein Seitental der Valle di Giudicarie (Judikarischen Täler), im Südwesten des Trentino gelegen. Es gibt hier **mehrere hundert Wasserfälle.** Doch sei an dieser Stelle gewarnt: Dieser Sport ist gefährlich, also nichts für schwache Nerven. Das wird jeder Bergsteiger bestätigen. Man braucht sehr viel Erfahrung, eine gute Technik, die bis zu akrobatischen Fähigkeiten reicht, und viel Kraft. Im Allgemeinen wird vorausgesetzt, dass man **Erfahrungen im Fels bis zum 4. Schwierigkeitsgrad** mitbringt.

Wer sich in der Sicherheit eines Bergführers wiegen möchte, muss mit ca. 180 Euro für einen ganzen Tag Eisklettern rechnen (Ausrüstung, Anfahrt etc. inklusive).

Anbieter

- **Red Point**
in **Arco,** Via Arcipretale Santoni 15, Tel. 0464/ 51 96 68.
- **Multi Sport Centre Fun³**
in **Arco,** Via S. Pietro Paolo 5, Tel. 0464/ 50 44 90, Internet: www.multisport3.com,
- **alpine guide**
in **Arco,** Tel./Fax 0464/ 42 22 73, Handy 338/ 69 92 778 *(Delio),* Internet: www.alpin guide.com.

Freeclimbing

In den 1970er Jahren war Freeclimben in Arco, Riva und Torbole noch ein echter Geheimtipp. Inzwischen haben sich die beeindruckenden Felswände zum weltbekannten Kletterspaß gemausert. Männer, Frauen, Kinder, ganze Familien kommen für diesen Freizeitspaß an den Gardasee. **Höhepunkt jeder Saison** ist der **Event Rock Master,** für den seit 1987 die zehn besten Sportkletterer der Welt nach Arco reisen. Unter dem Jubel abertausender Zuschauer, Journalisten und Kamerateams aus der ganzen Welt messen sie am zweiten Wochenende im September ihre Kletterkünste.

So ist **Arco** die **erste Anlaufadresse** für Climber geblieben. Deshalb gibt es auch eine fest installierte Indoor-Kletterwand in Arco (neben dem Campingplatz Prado im gleichnamigen Stadtteil) und überdachte Klettertürme an der Via Caproni Maini, die von der Agentur Friends of Arco betrieben werden.

Es gibt nichts, was es nicht gibt, lautet denn auch das Motto für den **Free-climber-Laden Sint Roc** in Arco, Via Fornaci 27, Tel. 0464/ 96 50. Wer auch zu Hause an den Wänden hochgehen will, kann sich bei Sint Roc eine am Computer entwickelte, „persönliche" Kletterwand mitnehmen. Die Firma hat in Imst die größte Kletterwand Europas gebaut.

Es gibt natürlich ausnehmend leichte Kletterwände, oder besser **Klettergärten** genannt, die mit Sicherungen versehen sind, sodass man sich hier auch als Anfänger alleine versuchen kann. Sonst sollte man besser in Begleitung gehen. Seriöse Anbieter gibt es genug. Hinsichtlich der Kosten muss sich auf durchschnittlich 40 Euro pro Person und Klettertag einstellen.

Freeclimbing-Agenturen

In Arco:
- **Friends of Arco**
Via Segantini 64, Tel./Fax 0464/ 53 28 28, Handy 0333/ 16 61 401, Internet: www.friendsofarco.it.
- **Red Point** *(Diego Mabboni)*
Via Arciprete Santoni 15, Tel. 0464/ 51 96 68, www.climbingarco.it.
- **Multi Sport Centre Fun³**
Via S. Pietro Paolo 5, Tel. 0464/ 50 44 90, www.multisport3.com.
In San Martino di Castrozza:
- **Örtliche Bergführer,** Tel. 0439/ 76 87 95. Kurse gibt es täglich von 17.30–19.30 Uhr.
In Deutschland:
- **DAV Summit Club München**
Perlacher Forst 186, 81545 München, Tel. 089/ 65 10 720, Fax 65 10 72 72, Internet: www.dav-summit-club.de.

Kletterwände bei Riva

Berühmt-berüchtigt sind die Gipfel und Wände des **Monte Rocchetta-Massivs** direkt bei Riva. Es ist zum einen der Cima SAT (1256 m) mit seinen langen Kletterleitern namens **Via Dell'Amici-**

Outdoor

zia; über die Eisenleitern auf einer Strecke von etwa 500 Metern erreicht man ein Gipfelplateau. Der Einstieg erfolgt über den Wanderweg 404 zur Berghütte Capanna Santa Barbara. Nichts für Anfänger! Noch schwieriger ist der **Cima Capi** (970 m), dessen Gipfel ebenfalls über Eisenleitern zu erreichen ist. Der Einstieg hierfür ist via alte Ponale-Straße zum Ledro-See. Vor dem ersten Tunnel der Gardesana Occidentale nach Limone zweigt die Ponale-Straße rechts ab und ist nach ca. 150 Metern mit einer Barriere für motorisierten Verkehr gesperrt. Biker und Fußgänger können aber locker drüber. Nach dem 4. Tunnel dieser alten Straße gibt es einen Wegweiser zu den Klettersteigen.

Kletterwände bei Arco

Nicht minder attraktiv sind die Wände bei Arco. Bei den guten bis Topleuten steht die überhängende Wand im Stadtteil Massone hoch im Kurs. Außerdem gibt es den unter guten Leuten bekannten Klettersteig **Rino Pisetta** auf den Dain Picol, dessen Spitze 967 Meter zählt. Man gelangt dorthin über die Ortschaft Sarche, nördlich von Arco. Viele gute Klettersteige der verschiedensten Schwierigkeitsgrade bietet die **Placche Zebrate,** die Sonnenplatte, die zwischen 200 und 500 Metern hoch ist. Man findet sie ungefähr 15 km nördlich gelegen von Arco bei dem Dorf Pietra Murata. Das ist an der Straße von Arco nach Trient.

Kletterwände über dem Gardasee

Eine besondere Attraktion ist es natürlich auch, direkt über dem Gardasee zu klettern. Am Strand der Eidechsen, dem **Spiaggia delle Lucertole,** nach dem 2. Tunnel auf der Straße von Torbole nach Malcesiné, hat man dazu die Gelegenheit. Beliebt sind außerdem die **Marmitte dei Giganti,** zu deutsch Gletschermühlen der Riesen, zwischen Torbole und Nago. Durch die Drehbewegungen eines Gletschers in der Eiszeit sind hier am Fuße eines fast senkrechten Felshanges kreisrunde Vertiefungen entstanden. An der Wand namens **Palestra di Roccia** trifft man sogar ganze Familien, die das Aufsteigen und Abseilen üben. Dass Freeclimbing zu den Trendsportarten zählt, lässt sich unschwer an der partyähnlichen Stimmung erkennen. Auf der gegenüberliegenden Straßenseite liegt die Bar 6 Grado, die den Kletterern mit dröhnender Popmusik einheizt. Eine weitere Kletterwand ist die **Corno di Bó** an der Uferstraße von Torbole nach Malcesiné.

An der Straße von Nago Richtung Monte Baldo befindet sich der Klettergarten namens **Nago** mit rund 100 Routen; größtenteils kurze, dafür in allen Schwierigkeitsgraden.

Auf der anderen Gardaseeseite finden sich zwischen Gargnano und Toscolano-Maderno weitere Kletterwände. Eine davon ist direkt bei dem Weiler **Sasso** oberhalb von Gargnano. Die Wand ist knapp 25 m hoch und mittelschwer bis schwierig. Der **Monte Castello** (866 m) beim Dorf Gaino bietet

031ga Foto: de

vielfältige Möglichkeiten für Kletterer. Die Kletterstrecke mit einer Steilwand von 300 m ist insgesamt 800 m hoch und hat Schwierigkeitsgrade von leicht bis mittelschwer zu bieten. Um bis auf den Gipfel zu gelangen braucht man allerdings einiges an Erfahrung. Etwas weiter westlich ist der **Monte Pizzòcolo** (1582 m) mit einer Kletterstrecke von 200 m des mittleren Schwierigkeitsgrades. Weiter gen Süden bei Manerba del Garda ist **Sasso de la Rocca** eine erste Adresse für Könner unter den Freeclimbern. Im Einschnitt des Berges ist eine Sandsteinwand. Und genau diese Gesteinsart macht das Klettern natürlich sehr schwierig. Die ultimative Kletterwand allerdings ist ungefähr 5 km entfernt von Brescia bei **Villa Nuova.** Man

kann zwar nicht gerade behaupten, dass es sich um ein landschaftlich schönes Fleckchen Erde handelt, denn die Steilwand ist direkt über der Schnellstraße Nr. 5 nach Brescia. Dafür sind die Bedingungen der Wand Extraklasse. Schwierigkeitsgrad: schwer bis extrem!

Beeindruckende Felswand bei Arco

Kletterwände
Altopiano della Paganella

Wenige Minuten vom Zentrum der Ortschaft Ischia gibt es die Kletterwand **San Antonio.** Sie ist jüngst komplett neu mit Steigen versehen worden. Insgesamt sind es 50 Steige vom 4. bis zum 8. Schwierigkeitsgrad. Bei Wind und Wetter klettern kann man in Andalo und Molveno. In Andalo gibt es ein riesiges Sportzentrum. In einer Halle ist ein **künstlicher Klettersteig** auf 6 m Höhe. Es sind sechs Klettersteige mit Schwierigkeitsgraden von 5 bis 7. In Molveno in der Sporthalle steht den Freeclimbern eine 12 m hohe Wand mit drei Steigen zur Verfügung.

Kletterwände am Pale-Massiv

Nahe der Ortschaften Fiera di Primiero, San Martino di Castrozza und Passo Rolle gibt es zehn Klettergärten der verschiedensten Schwierigkeitsgrade. Es sind dies **Totoga, Castelpietra, San Silvestro** und **Tognazza,** um nur einige zu nennen. Eine besondere Herausforderung für Cracks ist die Wand „The dream is free" im Gebiet **Goblin** im Val di Noana. Sie gilt als die schwierigste Strecke in ganz Italien. Es ist eine 35 m steil abfallende Felswand mit minimalen Haltepunkten. Stützpunkte gibt es nicht. Der Schwierigkeitsgrad ist mit 11 beziffert. In den anderen Arealen sind erst jüngst einige Wände neu gerüstet worden, sowohl für Anfänger als auch für Experten. Übrigens: Der Name Manolo wird Freeclimbern ein Begriff sein. Er hat Primiero zu seinem Wohnsitz

auserkoren und ist in den hiesigen Wänden anzutreffen.

Kletterwände im Val di Sole

„C. Constanzi" heißt die Kletterwand in der Nähe vom Hauptort Malè. Sie liegt fünf Minuten Fußmarsch entfernt beim Weiler Regazzini und bietet 40 unterschiedliche Routen der Schwierigkeitsgrade mittel bis schwierig. Für Kinder und Jugendliche gibt es noch eine kleinere Wand zum Ausprobieren. Auf dem Weg nach Madonna di Campiglio liegt Folgarida. 20 Min. Fußmarsch von diesem Ort entfernt ist der Hang **„Doss di S. Brigida".** Das dortige Gebiet heißt Belvedere. Die Wand hat zwölf mittelschwere Routen. Im Val di Pejo auf dem Weg zur Alm von Pontevecchio (Richtung Cogolo) findet sich die Wand **„Ai Crozi di Cisa"** mit zehn Klettermöglichkeiten der verschiedensten Schwierigkeitsgrade. Auch auf dem **Passo Tonale** kann man sich im Freeclimbing verdingen. Dafür muss man allerdings erst hoch hinaus. Am schnellsten geht es mit der Gondelbahn Paradiso. Direkt an der gleichnamigen Bergstation befindet sich auch die Wand. Es sind 15 Wege ausgelegt, vernagelt und als mittelschwer zu bezeichnen.

Eine **künstliche Kletterwand** gibt es z.B. in Campitello di Fassa im Freien im Centro Sportivo Ischia. Sie hat einen Höhenunterschied von 14 Metern und ist auf 20 Meter ausgebaut. Geöffnet ist die Wand aber nur im Sommer. Das gilt auch für die Wand in der Palestra Scuole Medie in Pozza di Fassa, auch wenn sie überdacht ist. Infos bei den Bergführern unter Tel. 0462/ 76 33 09. Auch in Vigo di Fassa ist die künstliche Kletterwand im Freien nur sommers geöffnet. Sie findet sich im Centro Sportivo, Via Nuova, Tel. 0462/ 76 35 57. Die überdachte Kletterwand in Moena ist das ganze Jahr über geöffnet. Sie ist in der Palestra Scuole Medie, Via D.G. Iori, Tel. 335/ 70 00 082.

Es gibt natürlich noch weit mehr Möglichkeiten zum Klettern. Bei den Fremdenverkehrsämtern des Trentino sind ausgezeichnete Freizeitkarten erhältlich, auf denen die Klettersteige eingezeichnet sind (Carta Territorio Garda Trentino).

Soweit bekannt, wird **spezielles Kartenmaterial** für Kletterer jedes Jahr aktualisiert. Es gibt sie bei Gobbi Sport in Arco (s.o.) oder im Zeitungsladen.

Im Higas Verlag ist außerdem ein **Buch** erschienen mit Tourenvorschlägen, der Titel lautet: „Arco, die neuen Kletterfelsen".

Mountainbiking

Inzwischen lässt sich getrost feststellen: Mountainbiking ist zum Top-Sport am Gardasee bzw. im Trentino avanciert. Natürlich zählen Bergsteigen und Trekking wie auch Surfen nach wie vor zu den beliebtesten Sportarten. Aber auf diesen Sektoren sind alle Möglichkeiten ausgeschöpft, Neues gibt es nicht mehr zu entdecken. Das ist beim Mountainbiking anders, auch wenn man das angesichts der vielen neu erstellten Karten kaum glauben mag. Doch gerade das

Trentino mit seinen vielen Tälern, Hochebenen und Bergen ist noch lange nicht „abgefahren". Selbst echte Mountainbike-Cracks geraten ins Schwärmen, weil sie „mal wieder eine sagenhafte Tour entdeckt haben, auf der du nicht alle paar Meter auf einen anderen Biker triffst".

Sehr gut erschlossen und besonders beliebt ist die nördliche Gardaseeregion, gerade die Gemeinde **Torbole** am Ufer des Sees hat sich in den vergangenen Jahren zu einer **Biker-Hochburg** entwickelt. Hier gibt es natürlich die meisten Läden für Mountainbiker, der Standard der Räder ist ausnehmend gut. Biker-Laden ist nicht gleichbedeutend mit geführten Touren, was viele Leute irrtümlich annehmen. Wenn der Verleih gut ist, dann bekommt man Karten und Tourbeschreibungen mit auf den Weg. Wenn man extreme Touren mit einem Guide oder längere Bike-Safaris unternehmen möchte, muss man sich rechtzeitig erkundigen (in den Fremdenverkehrsämtern; im Trentino gibt es besonders attraktive Angebote) bzw. anmelden. In der Hochsaison haben die Läden derart viel zu tun, dass normalerweise kurzfristig nichts läuft. In der Nebensaison gelten natürlich andere Regeln.

Etwas ganz anderes ist es, wenn man den sogenannten Bike-Thrill sucht und nur **downhill rasen** möchte. Hierfür gibt es selbstverständlich Anbieter, die die Biker z.B. per Allrad-Shuttle in entsprechende Höhen transportieren. Von dort geht es in rasantem Tempo mit Guide den Berg hinunter. Man kann es auch selbst organisieren: mit dem „**Bus**

& Bike"-Programm am Gardasee; der Bus dient als Aufstiegshilfe, wenn man ein entsprechendes Ticket „Bus & Bike" gekauft hat. Es gilt ein Einheitspreis von 4,20 Euro ab allen Ortschaften. So kann man je nach Lust eine Route von San Zeno di Montagna, Prada oder Costabella beginnen.

Eine weitere Möglichkeit, mit dem Bike beispielsweise lässig den Gipfel des Monte Baldo zu erklimmen, bietet die Seilbahn von Malcésine, für die der Biker 10 Euro zahlen muss (siehe dort).

Nicht zuletzt haben auch **Shuttle Services** den Markt entdeckt, Kundschaft mit Kleinbussen zu angesagten Strecken zu bringen. Gut im Geschäft ist Coast to Coast in Torbole, Piazza Alpini 5, Tel. 50 61 15 oder 55 63 89, Handy 0360/53 90 90.

Bike-Verleih

Am Gardasee gibt es **in nahezu jedem Ort** einen Mountainbike-Verleih, sonst in allen Ferienhochburgen des Trentino. Anlaufadressen finden sich in diesem Buch bei den jeweiligen Ortschaften. Preislich muss man für einen halben Leihtag im Schnitt mit 6 Euro rechnen, der ganze Tag liegt zwischen 10 und 15 Euro, bei fünf Tagen kostet es durchschnittlich 35 Euro.

Ausrüstung

Wer längere Touren im Gelände unternimmt, muss gut ausgerüstet sein. Wichtig sind bequeme Hosen, am besten natürlich **Radlerhosen.** Ein **Sturzhelm** sollte sein, eine gute **Sonnenbril-**

le, evtl. Handschuhe sowie regen- und windfeste Kleidung. Je nachdem, in welchen Höhenlagen man sich bewegt, muss man einen warmen Pullover dabeihaben. Ausreichend zu **trinken** und Kleinigkeiten zum Essen gehören ebenso zur Ausrüstung. All das verstaut man in einem kleinen Rucksack respektive einer Gürteltasche. Fehlen noch die passenden **Karten, Wegbeschreibungen** und am besten auch ein Kompass. **Ersatzteile** und Flickzeug wie selbst klebende Schlauchflicken, Schraubenzieher, Klebeband, Gummibänder etc. verstehen sich von selbst.

Events

- **Internationales Bike-Festival** in Riva im Frühjahr, Internet: www.bikefestival.de.
- **Transalp Challenge** von Mittenwald nach Riva: Orientierungsfahrt für Mountainbiker, üblicherweise in den Sommermonaten.
- **Val di Rabbi und Val Daone** stehen für **Mountainbike-Cross-Wettbewerbe,** die im Sommer stattfinden.
- **Giro del Trentino** im Frühling in Arco – ein Radrennen für Profis.
- **Internationales Mountainbike-Rennen** im Oktober in Limone sul Garda.
- **Rampikissima** im Val di Primiero: 47 km, 1400 m Höhenunterschied, Gefälle bis zu 10 %, atemberaubende Abfahrten – immer im Juni.
- **Coppa Europa – Mountainbike Cross Country E1** im Juni in Malé mit Beteiligung europäischer Cracks.

Bike-Touren

Gardasee/Westufer:
Monte Tremalzo (1974 m)

- Rundtour von Limone über Bassanega, Polzone zum Monte Tremalzo und zurück über den Passo Nota und Tremosine.

● **Fahrtzeit: 5 Std.,** Streckenlänge: 50 km, Höhendifferenz: 1000 m, Schwierigkeitsgrad: technisch anspruchsvoll und anstrengend (ein Klassiker für Könner mit einer der schönsten Abfahrten).
● Karte VIII/IX.

Ausgangspunkt ist der Parkplatz in Limone bei der Carabinieri. Man nimmt die asphaltierte, stetig ansteigende Straße nach Bassanega, weiter nach Ustecchio und Voltino. Bis zur Ortschaft Vesio ist die Straße gerade oder leicht abschüssig. Man durchquert den Ort auf der Hauptstraße, weiter geht es nach Polzone bis zu einer Kreuzung, an der es rechts nach St. Michele abzubiegen gilt. Die Straße ist nun unbefestigt, aber gut befahrbar. Nach St. Michele muss eine Brücke überquert werden und dann immer Richtung Passo Tremalzo (Nr. 222) halten. Nebenstrecken ignorieren. Zur Orientierung: Man passiert die Malga Prà Pia (1352 m), Malga dell'Era (1330 m). Nach dieser folgt die Wegstrecke Nr. 224 (gepflastert) über die Malga Ciapa (1617 m). Der fortwährend nicht geteerte Weg führt Richtung Norden ins Val di Marza und trifft unweit des Rifugio Garda (1702 m) auf die Teerstraße zum Passo Tremalzo. Es geht rechts weiter auf einem nicht geteerten, langen, geraden Weg zur Bocca di Val di Marza (1784 m). Über eine Serpentine und nach einer Tunnelpassage erreicht man den höchsten Punkt der Tour auf 1863 m. Von hier an beginnt die traumhafte Abfahrt zum Passo Nota (1240 m), die in ihrem ersten Teil in den Fels gehauen ist. Man fährt links an der Hütte Toflungo vorbei bis zum Passo Pra' della Rosa und zum Passo

Nota (1198 m) mit der gleichnamigen Schutzhütte. Hier nimmt man die rechts talwärts führende Straße, die nach Limone ausgeschildert ist. Im Schatten des Waldes geht es ins Valle di Bondo. Nach der Abfahrt geht der Weg kurz vor einer Brücke in eine Teerstraße über, die anfangs steil abfällt und dann nach einigen angenehmen Auf- und Abfahrten in eine größere Autostraße mündet. Nach kurzer Zeit hat man Vesio erreicht und folgt von hier der Fahrstraße zurück nach Limone.

Gardasee/Westufer: Muslone

● Rundtour von Gargnano über Muslone und Piovère.
● **Fahrtzeit: 1 Std.,** Streckenlänge: 15 km, Höhendifferenz: 480 m, Schwierigkeitsgrad: technisch anspruchsvoll.
● Karte VIII/IX.

Start ist am nördlich gelegenen Parkplatz in Gargnano gegenüber des Parkes Fontanella die Ortsstraße hinauf zur Gardesana. Hier am Hotel Meandro geht es rechts die Gardesana 1 km bis zum Abzweig linker Hand zur Ortschaft Muslone. Das sind etwa fünf Kilometer stetig bergauf. In Muslone passiert man automatisch die örtliche Kirche, nach der man durch einen Torbogen fährt und dem markierten Wanderweg (rotweiß) nach Piovère folgt. Dieser Pfad wird alsbald sehr steil, so dass Absteigen anzuraten ist. Nach etwa 2 km ist eine Kreuzung, an der rechts ins Tal abgebogen werden muss. Bei der Haarnadelkurve nach etwa 50 Metern rechts abbiegen. Bei einer Häusergruppe geht der Pfad in einen Teerweg über. Die nächste Möglichkeit rechts und man

Outdoor

befindet sich nach einigen Kurven auf der Gardesana. Dann wird man jäh von einer Schranke ausgebremst, über die man das Bike heben muss. Der folgende Weg führt bald am See entlang nach Gargnano zurück zum Ausgangspunkt.

Gardasee/Westufer: Costa

● Rundtour von Gargnano zum Bergdorf Costa und ins Valentino.
● **Fahrtzeit: 3½ Std.,** Streckenlänge: 50 km, Höhendifferenz: 1300 m, Schwierigkeitsgrad: technisch einfach, aber anstrengend.
● Karte VIII/IX.

Ausgangspunkt ist die Kreuzung von Gargnano an der Gardesana an der Straße hinauf zum Lago Valvestino. Nach 7,7 km stetigen Bergauffahrens kommt man zur Kreuzung Navazzo/ Costa. Hier rechts abbiegen und nach Costa fahren. Das dauert 11 km. Gleich am Ortseingang steht ein Kriegerdenkmal. Wenn man sich hier nach rechts wendet, gelangt man an eine Kreuzung, an der eine Schotterpiste beginnt zum Berg namens Bocca Paolane (1076 m). An der folgenden Kreuzung nimmt man den mit der Nr. 51 markierten Weg linker Hand steil bergab. Die Absperrung nach 200 m muss man überwinden und dem Weg bis in den Talboden folgen. Dort kommt wieder eine Kreuzung, an der man links abbiegen muss und so talauswärts fährt. Nach 4,4 km gelangt man auf die Hauptstraße, der man nach links folgt. Nach 3,3 km erfolgt die An-

032ga Foto: de

kunft in Navazzo. Wenn man dem Fortlauf der Hauptstraße folgt, erreicht man wieder die Aufstiegsroute, die einen an den Startpunkt bringt.

Gardasee/Westufer: Tal der Papiermühlen

● Fahrt von Bogliaco (Ortsteil Gargnano) ins Valle delle Cartiere, das Tal der Papiermühlen.
● **Fahrtzeit: 2 Std.,** Streckenlänge 18 km, Höhendifferenz: 200 m, Schwierigkeitsgrad: leicht.
● Karte VIII/IX.

Am Ende von Bogliaco und vor dem Ortseingangsschild von Toscolano-Maderno an der Gardesana Occidentale geht es Richtung Landesinnere zum Golfplatz von Bogliaco (s.a. braunes Hinweisschild). Die asphaltierte Straße führt nach wenigen 100 m immer am Golfplatz entlang bis zur Ortschaft Cecina. Man folgt dem Verlauf der Straße nach Pulciano. Rechts zweigt die Straße hinauf nach Gaino ab, linker Hand nach Toscolano. Hier abbiegen. In leichter Schussfahrt gelangt man in die Ortsmitte von Toscolano zum gleichnamigen Fluss. An diesem geht es westwärts in das Tal der Papiermühlen auf unbefestigter Straße. Hier wurde früher das beste Papier Italiens hergestellt. Nun sind die Mühlen nur noch Ruinen. Am Ende des Tales ist ein Campo, das man über eine Holzbrücke erreicht. Dort sind Picknickplätze. Bewirtschaftung ist nur in den beiden Hochsommermona-

ten. Im Fluss unten lässt sich wunderbar baden. Zurück fährt man entweder dieselbe Strecke oder via Gardesana.

Gardasee/Westufer: Navazzo

● Rundtour von Gargnano über Navazzo, Gaino und Fornico.
● **Fahrtzeit: 80 Min.,** Streckenlänge: 21 km, Höhenunterschied: 450 m, Schwierigkeitsgrad: mittelschwer.
● Karte VIII/IX.

Von der Gardesana in Gargnano an der Pfarrkirche in die Berge nach Valvestino abbiegen. Nach 7,7 km gelangt man an die Kreuzung Navazzo/Costa, an der man sich nach links wendet und nach ca. 600 m Navazzo erreicht hat. Der Ort wird durchfahren, bis man linker Hand eine Reihenhaussiedlung sieht. An der dortigen Kreuzung geht es links eine kurze Rampe hinunter. Schon nach 300 m, jetzt steigt die Straße wieder an, befindet sich rechts zwischen zwei Häusern ein Schotterweg. Dem muss man folgen und hat eine herrliche Trialabfahrt. Vorbei an alten Ruinen geht es in das Tal Toscolano, das man durchfährt. Wer nicht vom Pfade abweicht, gelangt auf asphaltiertes Gelände, das steil ansteigt und nach Gaino führt. Die nächste Kreuzung gegenüber einer Bar links abbiegen, 600 m geradeaus, bis man zu einer Gabelung kommt. Hier steht unübersehbar eine Zypresse, an der es rechts geht, etwa 700 m bis zu einer Steigung. Vor dieser Steigung rechts 300 m steil bergab fahren bis zu einem Haus. Nach diesem wieder links abbiegen. Stets der Hauptstraße folgen, so gelangt man nach 2 km nach Fornico. An der hiesigen Kreuzung an einem

Bestens gerüstet zur Passüberquerung

Heiligenschrein rechts steil bergab fahren und nach 200 m auf der Teerstraße weiter bis zur ersten scharfen Rechtskurve. Achtung, in der Kurve kommt ein Pfad, der in steiler Abfahrt auf die Gardesana führt. Rechter Hand kann man dann auch durch Villa und Gargnano zurück zum Ausgangspunkt fahren.

Gardasee/Nordufer: Die alte Ponale-Straße

● Rundtour von Riva auf die Hochebene des Monte Rocchetta und über die Ortschaft Pregàsina zurück.
● **Fahrtzeit: 2 Std.,** Streckenlänge: 20 km, Höhenunterschied: 460 m, Schwierigkeitsgrad: leicht, aber anstrengend.
● Karte VIII/IX.

Die alte Ponale-Straße (Alpiner Höhenweg D 01) westlich von Riva zählt zu den Traumtouren der Biker. Immer entlang des Steilhanges schraubt sich diese Straße in unzähligen Steilkurven mit vielen Tunnels, in die Panoramalöcher geschlagen wurden, und Brücken die Hochebene hinauf. Die Serpentinenstraße zum Ledro-See wurde im 19. Jahrhundert in den Fels der Rochetta gesprengt, ist heute aber für Motorfahrzeuge nicht mehr befahrbar. Von Riva Richtung Limone geht schon nach etwa 200 m die alte Ponale-Straße rechts ab. Nach dem ersten Tunnel nach etwa 150 m kommt eine Schranke, über die man sein Bike heben muss. Dann folgt man einfach nur dem vorgegebenen Weg nach Pregàsine, bis man erneut auf eine Schranke stößt. Hier an einem Tunnel mündet die Ponale auf die legale Straße und man kann rechts hinunter zur Straße ins Valle di Ledro fahren.

Gardasee/Ostufer: Monte-Baldo-Massiv

● Rundtour von Torbole über Nago auf den Dos Casina und via Malga Rigotti, Citterini und Mala zurück.
● **Fahrtzeit: 3½ Std.,** Streckenlänge: 25 km, Höhenunterschied: 1062 m, Schwierigkeitsgrad: leicht, aber zuweilen sehr anstrengend.
● Karte VIII/IX.

Ausgangspunkt ist der große Platz im Zentrum von Torbole. Von hier führt eine alte Straße ostwärts nach Nago hinauf. Zunächst geht es dafür durch das Valle di Santa Lucia mit der Ruine des Castel Penede. Immer weiter ansteigend trifft man rechts auf das erste Haus von Nago. Hier biegt man rechts in die Straße zum Monte Baldo ein. Weiter bergan geht es zur Malga Zures. Hier kommt die erste fast ebene Strecke entlang einiger Stellungen aus dem 1. Weltkrieg. Ohne Pause bergan führt die Straße nun bis zur Malga Casina. Kurz danach, noch bevor eine große Rechtskurve und der Dos Remit nahen, muss man links in einen Waldweg einbiegen. Dieser umgeht gen Norden den Höhenzug und stößt auf die Straße nach Brentegana. Man durchquert das Val Grande, bis ein steiler Weg links zur Malga Cavril führt. Nahe des obigen Rifugio trifft man auf die Staatsstraße. Sie weist den Weg links nach Riva. Auf halber Höhe des leichten Anstiegs auf den Passo di San Giovanni kommt ein Weg zum Weiler Mala, den man durchquert. Am örtlichen Sportplatz biegt man links

auf einen Weg, der durch Weinberge zurück nach Nago bzw. Torbole führt.

Ost-Trentino:
Passo Cereda und Val di Canali

● Rundtour von Fiera del Primiero über den Passo Cereda ins Val di Canali, zurück über Piereni.
● **Fahrtzeit: 3 Std.,** Streckenlänge: ca. 25 km. Höhenunterschied: 750 m. Schwierigkeitsgrad: anstrengend, aber ohne besondere technische Herausforderungen.
● Karte XXIV.

Von Fiera di Primiero geht es nordöstlich auf der Landstraße 347 zum Passo Cereda. Nach etwa 4 km Bergfahrt mit einigen heftigen Steilstücken biegt man beim Restaurant La Baita del Vecio links in die Straße Naoliri ein. Hier geht es weiter auf Asphalt immer bergauf. Man kommt zu den Wiesen von Colzoncai, von wo aus man den Passo Cereda schon sehen kann. Wieder links fahrend trifft man auf die Hütten von Dalaibi, immer links haltend geht es abwärts auf der Straße, die durch den Welsbergwald führt bis zur gleichnamigen Villa im Val di Canali. Ab hier muss man die Straße wieder hinauffahren zur Albergo La Ritonda. Von hier geht eine kleine Straße rechts nach Piereni – in einer Wiesenmulde gelegen. Bei einer Holzbrücke stößt man auf den Pfad 719. Auf diesem muss der Weg fortgesetzt werden bis zur nächsten Asphaltstraße, die einen in südwestlicher Richtung nach Tonadico und somit zurück nach Fiera di Primiero bringt.

Outdoor

033ga Foto: de

West-Trentino: Lago delle Malghette

● Rundtour von Madonna di Campiglio zum Lago delle Malghette und über den Passo Campo Carlo Magno zurück.
● **Fahrtzeit: 1½ Std.,** Streckenlänge: 13 km, Höhenunterschied: 330 m, Schwierigkeitsgrad: leicht.
● Karte XX/XXI.

Von Madonna di Campiglio auf 1522 m geht es zunächst auf der Fahrstraße nach Passo Campo Carlo Magno, bis man zum Rio Force kommt. Hier geht ein Weg links ab zu den Kleinalmen und der Talstation der Drahtseilbahn Rifugio Malghette (1782 m). Wenige Meter weiter folgt der kleine See, an dem sich rasten lässt. Vom Rifugio geht es wieder links bis zu einer Kreuzung. Ein Schotterweg verläuft knapp 9 km bis zur Malga Zeledria. Der Weg ist sehr uneben, so dass man ab und an zu Fuß gehen muss. Bei der Malga Zeledria (1767 m) angekommen, wieder links abbiegen und den Weg hinunter bis nach Madonna di Campiglio fahren. Das letzte Stück ist eine wunderbare Schussstrecke.

West-Trentino: Val Rendena

● Rundtour von Pinzolo über Caderzone und Bocenago zurück.
● **Fahrtzeit: 2 Std.,** Streckenlänge: 17,5 km, Höhenunterschied: 400 m, Schwierigkeitsgrad: leicht.
● Karte XVIII/XIX.

Am Sportparkgelände von Pinzolo im Westen des Ortes startet die Tour und führt auf einem Fahrradweg entlang des Flusses Sarca nach Caderzone und Strembo. Man kommt quasi automatisch an einem Brunnen vorbei. Kurz

dahinter endet der asphaltierte Weg, und man muss rechts einen Steig hinauffahren, der in eine Wiesen-Karrenspur mündet. Sie führt nach Mortaso. Beim Ristorante Mezzosoldo links fahren bis zur Brücke in Spiazzo. Noch einmal links und dann bis zu einem Abzweig am Schwimmbad. Hier geht es rechts gleich bergauf und dann links auf eine Asphaltstraße bis zu einem Schotterweg linker Hand; links dem Wegweiser ins Val Daliscali folgen. Jetzt wird es steil bis zu einem Hinweisschild nach Bocenago. Die Anstrengung wird belohnt: Schussfahrt nach Bocenago. Durch die Wiesen geht es zurück nach Massimeno, Guistino und Pinzolo.

West-Trentino: Lago di Molveno/ San Lorenzo in Banale

● Rundtour von Molveno am Lago di Molveno entlang zum Lago di Nembia, über Deggia Moline und San Lorenzo in Banale zurück nach Molveno.
● **Fahrtzeit: 2½ Std.,** Streckenlänge: 23,5 km, Höhenunterschied: 325 m, Schwierigkeitsgrad: mittel.

Ausgangspunkt ist der Strand von Molveno. Von hier geht es am rechten Seeufer Richtung Lago di Nembia. An der Kreuzung mit der Staatsstraße liegt rechts das Café Nembia. Von hier nach 20 m weiter Richtung San Lorenzo in Banale, dann aber links dem Wegweiser zur Wallfahrtsstätte von Deggia folgen. Hinunter zur Brücke Moline, dann die geteerte Straße bis zur Wallfahrts-

Bei der Talfahrt das Ziel vor Augen: das Bergdorf Andalo

stätte und schließlich die Pflasterstraße fahren. Nach der Brücke des Bondai-Wildbaches beginnt eine Steigung bis zum Sportplatz Promeghin. Weiter geht es auf einem ebenen Abschnitt, dann 50 m bergauf und eben weiter zum Beo-Hotel. An diesem Hotel muss man rechts in eine kleine Gasse einbiegen, die einen zur Ortschaft Giolo bringt. Hier angekommen, biegt man links ab und kommt auf die Staatsstraße. Man fährt wieder rechts ab und entfernt sich auf einer kurzen Steigung von der Ortschaft San Lorenzo in Banale. Nun führt die Fahrstraße immer geradeaus auf der anderen Seite der jeweiligen Seeufer zurück zum Ausgangspunkt.

West-Trentino:
Altopiano della Paganella

● Rundtour von Andalo über Molveno nach Nembia weiter nach Ranzo und zum Passo di S. Giovanni sowie den Passo S. Giacomo zur Malga Terlamo und zurück nach Molveno.
● **Fahrtzeit: 7 Std.,** Streckenlänge: 54 km, Höhenunterschied: 1213 m, Schwierigkeitsgrad: schwer.

Von Andalo geht es zunächst über die Staatsstraße nach Molveno bis man alternativ am Rio di Lambin entlang auf einer Fahrstraße durch den Wald fahren kann. Man fährt bis zur Ortschaft Ranzo. Ab dem örtlichen Dorfplatz geht es 2 km weiter auf der Staatsstraße bis zu einer Kreuzung, an der man links Rich-

tung Margone abbiegt. Man durchquert das Dorf und passiert eine Kirche und einen Friedhof. Bergauf geht es durch den Wald, an einem Felshang vorbei bis zur Weide der Malga Ranzo. Bis zur Alm ist es extrem steil. Die Strecke zum Passo di S. Giovanni führt dann durch Wiesengelände mit mäßigen Steigungen. An der ersten Abzweigung biegt man links in eine kleine holprige Straße ein, die 50 m steil bergab führt. Die nächste Möglichkeit erneut links und weiter auf rot-weiß markiertem Weg. Hier gibt es schwierige Stellen, wo man absteigen muss. Am Ausgang des Waldes auf einem Hügel angekommen, geht es nun bergab zum San-Giovanni-Pass. Von hier wird der Weg steil zur Malga Covelo auf 1781 m. Der Weg 602 führt zum Passo di S. Giacomo. Auch dieser Abschnitt ist steil und holprig, in den Kehren sollte man absteigen. Der Pass selbst ist ein Wiesengelände, das allerdings nicht einfach ist. Teilweise muss man das Rad sogar tragen. Hat man den Pass erreicht, schreit es nach Talfahrt bis nach Andalo. Der erste Abschnitt verläuft über die Skipiste S. Antonio, dann über die Piste Concad'Argento, die an der Malga Terlago vorbeiführt. Am Ende der Piste fährt man links auf den Weg, der in den Wald hineinführt. Dabei kommt man an der Ortschaft Pian del Dosson vorbei. Nach ca. 50 m geht es wieder 4 km bergab. Hat man die Kreuzung mit der Landesstraße erreicht, biegt man links nach Andalo ein.

West-Trentino: Die Kaiser-Route durch den Adamello-Brenta-Nationalpark

● Rundfahrt von Dimaro über die Cascate Meledrio hinauf zum Passo di Campo Carlo Magno und über die Alm Daré Dimaro und die Ortschaft Marilleva zurück.
● **Fahrtzeit: 6 Std.,** Streckenlänge: 45 km, Höhenunterschied: 1400 m, Schwierigkeitsgrad: sehr schwer.
● Karte XVI/XVII.

Von Dimaro-Carciato geht es am Kruzifix hinauf in den Westen des Ortes auf asphaltierter Straße bis zum Ende. Ein Schotterweg führt weiter in den Wald hinauf, bis man zum Wildbach Meledrio kommt. Man überquert ihn auf einer Holzbrücke, entlang alter Kalköfen auf einem Erdweg geht es zu dem Wasserfall Meledrio. Von hier führt eine feste, steile Straße in vielen Kehren den Berg hinauf. An einer Gabelung rechter Hand findet man den Hinweis zum Campo Carlo Magno-Pass. Man erreicht die Brücke hoch über dem Wasserfall. Auf der gegenüberliegenden Hangseite bergauf fahrend geht es weiter bis zu den Weidegründen der Malga Mondifrà (1632 m). Der Weg auf ebener Strecke führt in den Wald und kommt dann bei einer weiten Kurve auf eine Weide. Ein wenig bergab folgt man rechts einer deutlichen Spur, die zur Weide hinaufführt und dann über einige steile Teilstücke mit Wurzeln zum Golfplatz. Man folgt den Loipenspuren in den Wiesenflächen und erreicht die Staatsstraße 239. Kurz bevor man diese kreuzt, kommt scharf rechts ein kleiner Weg, zwischen Bäumen bergab zu einer kleinen Brücke über den Rio Falzè

Outdoor

und parallel zur Staatsstraße Richtung Dimaro. Diese ist schließlich bei einer Kurve zu kreuzen. Auf der anderen Straßenseite zweigt eine Schotterstraße mit dem Hinweis Malga Darè ab, die man nach einigen Kilometern erreicht. Danach kommt man in ein sumpfiges Gebiet mit wenig Markierungen, aber deutlichen Spuren eines Pfades, die zur Malga di Dimaro bringen. Dort wendet man sich links auf einer Schotterstraße zur Malghet Haut mit Rifugio. Von hier geht es links Richtung Monte Vigo und Rifugio Orso Bruno. Von der Schutzhütte geht es auf steiniger Straße bergab zur Malga Panciana. Dann winkt eine schnelle Fahrt zur Kreuzung der Landstraße 206 nach Marilleva. Nach ca. 1 km kommt man auf die Weiden von Malghetto di Mestriago, wo diese eine weite Kehre zieht mit tollem Blick auf das Val di Sole. Nun steigt die Schotterstraße noch einmal an, man passiert einige Bäche, bis es schließlich mit mäßigem Gefälle hinab zum Weiler Costa Rotian und zurück nach Dimaro geht.

West-Trentino:
Die ehemalige Militärstraße im Stilfser-Joch-Nationalpark

- Rundfahrt von Pejo Fonti über die Almen Termenago di Sotto, Giumella, Palù, Cellentina und über Fontanino zurück nach Pejo.
- **Fahrtzeit: 3 Std.,** Streckenlänge: 20 km, Höhenunterschied: 600 m, Schwierigkeitsgrad: mittelschwer.
- Karte XVI/XVII.

Von Pejo Fonti geht es hinauf Richtung Pejo Paese. An der ersten Kehre schlägt man linker Hand in eine asphaltierte Straße mit Hinweisschild nach Pian Plù

ein. Nach dem weiten Wiesengelände im Val del Monte führt der Weg steil bergan in einen Nadelwald. Man gelangt zu einer Lichtung nahe der Malga Termenago di Sotto. Links erkennt man die Umrisse der kleinen Festung Barba di Fior von 1910. Nach der Straße folgt ein stark befestigter Waldweg. Es ist die von den Österreichern gebaute Militärstraße. Die höchste Stelle der Tour, Pian di Vegaia (1957 m), hat man bald erreicht. Dann durchquert man den unteren Teil des Val degli Orsi und gelangt zur Malga Giumella hoch über dem Lago di Pian Palù. Auf einem Schottersträßchen fährt man ihm entgegen, bis man ein anderes Sträßchen mit dem Hinweis zur Malga Palù kreuzt, die am Ufer des Flusses Noce liegt. Der Pfad wird zu einem breiten Weg mit sehr schwierigen Stellen. Hat man die Malga Palù erreicht, fährt man zum gegenüberliegenden Seeufer. Von hier führt ein regulärer Weg zur Malga Cellentino. Auf der nun folgenden steilen Abfahrt nach Fontanino ist Vorsicht geboten. Eine Asphaltstraße ist die Verbindung zurück nach Pejo.

Valle di Ledro: Passo Giovo

- Rundtour von Tiarno di Sotto über Alpenweiden und Almen auf den Passo Giovo (1550 m) und zurück nach Tiarno di Sopra.
- **Fahrtzeit: 3 Std.,** Streckenlänge: 14 km, Höhenunterschied: 820 m, Schwierigkeitsgrad: mittel und anstrengend.
- Karte VIII/IX.

Bei der Tankstelle hinter der Kirche in Tiarno di Sotto beginnt die Tour über die Via alla Sega Richtung örtlichem Fußballplatz. Auf Teerstraße geht's weiter bergauf zu der kleinen Kirche S. Giorgio auf dem gleichnamigen Hügel. Bei der nächsten Möglichkeit rechts und nochmals rechts, dann stetig bergauf der Bergstraße folgen. Nach vielen Kehren kommt man an den Bocca Giumela. Bei der Kreuzung am Pass fährt man links, dann ein kurzes Stück bergab und wieder hinauf zur nächsten Alm, der Malga Cap. Hier hat man einen fantastischen Blick auf die Trentiner Bergwelt. Von der Alm führt eine Trasse bergauf, die dann rechts über die Wiese in einen Wald führt. Zur Malga Pralone ist die Fahrt ausgeschildert. Ist man richtig, sieht man das Val Daone und das Wasserkraftwerk von Cimego. Nach vielen Kehren im Wald und einer Wiese kommt man an die Fahrstraße zur Pralone-Alm. Auf der Alm findet sich wieder ein Hinweisschild zum Passo Giovo, auch dieser ist nicht zu verfehlen. Hier angekommen, führt der Weg einen Grat entlang, den man aber nach einem kurzen Stück wieder verlässt, und zwar links quasi kopfüber ins Tal. Es handelt sich hierbei um eine römische Verbindungsstraße aus dem 1. Jahrhundert v. Chr.; an manchen Stellen sind noch Pflastersteine zu erkennen. Alsbald kommt eine Forststraße, der man rechter Hand folgt. Sie führt nach Tiarno di Sopra; von dort kann man an den Ausgangspunkt zurückfahren.

Ost-Trentino/Valsugana: Valle dei Mocheni

● Rundtour von Pergine über den Cima Esi und via Vetriolo Terme zurück.
● **Fahrtzeit: 4½ Std.,** Streckenlänge: 50 km, Höhenunterschied: 1670 m, Schwierigkeitsgrad: schwierig.

Von Pergine geht es zunächst über die Landesstraße 8 nach Canezze ins Valle dei Mocheni. Dann entlang des Bachlaufes auf seiner rechten Seite nach Fersina, von dort nach Frassilongo, San Francesco und San Felice. Ab hier rechts halten, ein sehr steiles Sträßchen hinauf, wieder rechts ins Val Cava. Hier endet der asphaltierte Belag. Jetzt führt die Strecke Richtung Erdomolosee. Auf ebener Strecke fährt man erst zum Weiler Prati Imperiali. Unterhalb davon ist eine Gabelung, an der man links bergauf fahren muss nach Kamauz. Linker Hand fahren zur Malga Stoana. Man stößt auf den Europäischen Fernwanderweg E 5. Hier kommt ein sehr steiles Stück zur Seilbahnstation des Cima Esi. Weiter geht es zu den Vetriolo Termen. Nun nimmt man die Landstraße nach Levico bis zur Ortschaft Compet. Hier auf die Landstraße 12 nach Pergine abbiegen. Nach einem Waldstück trifft man auf das Dorf Vignola. Man muss die Landesstraße wieder verlassen und scharf rechts nach Falesina abbiegen. Auf der Landesstraße 932 entlang, an einigen Bauernhöfen vorbei, muss man an der kommenden Kreuzung wieder links abbiegen. Ein Saumweg führt nach Pergine zurück.

Fischen

Sage und schreibe 297 Seen im Trentino und auch noch der große Gardasee – da bleibt die Qual der Wahl, wo man auf die Jagd nach **Bach- oder Seeforelle, Karpfen, Hecht, Barsch und Felchen** gehen soll. Fischen erfreut sich je-

Outdoor

denfalls großer Beliebtheit, so sehr, dass man beispielsweise aus dem Lago Tenno pro Tag nicht mehr als sechs Forellen angeln darf oder am Fiume Sarca pro Tag nicht mehr als 15 Erlaubnisscheine ausgehändigt werden. Wer also die Angelschnur auswerfen will, der muss sich vorher bei der jeweiligen Gemeinde oder in einem Tourismusbüro nach den Vorschriften erkundigen. Immer muss ein Formular ausgefüllt und eine **Gebühr,** die sogenannte **tassa per la pesca,** bezahlt werden (siehe folgenden Überblick). Verboten ist das Fischen ab einer Stunde nach Sonnenuntergang bis eine Stunde vor Tagesanbruch. Es sei denn, man will am Ufer mit der Nut und zwei Angelruten nach Aalen fischen.

Die beliebtesten Seen zum Fischen

● Für den **Lago di Garda** kostet der Angelschein ca. 21 Euro (drei Monate gültig); die Angelerlaubnis gilt dann auch für andere Seen und Flüsse Italiens. Die Lizenz gibt es in Riva im Liberty Center, Via S. Nazzaro 2D, Tel. 0464/ 55 23 38.

● Beim **Lago di Tenno** muss man ca. 9 Euro für die Lizenz berappen, die es in der Albergo Stella Alpina, nicht zu verfehlen, direkt am See, Tel. 0464/ 50 21 21, und in der Albergo Bella Speranza, Localita del Monte, Tel. 0464/ 50 21 20, gibt.

● Am **Lago di Ledro** ist der Erwerb des Angelscheins zeitlich gestaffelt. Für einen Tag kostet er 3 Euro, für eine Woche 9 Euro, für zwei Wochen 17 Euro, für drei Wochen 24 Euro und für einen Monat 30 Euro. Zu erstehen ist der Schein beim Ufficio Turistico, Bezzecca, Via Nuova 9, Tel. 0464/ 59 12 22, in der Bar Central, Bezzecca, Piazza Garibaldi 3, Tel. 0464/ 59 15 30, und im Sport Bazar, Molina, Via Maffei 85, Tel. 0464/ 50 81 97.

● Für den **Lago Bagatol** ist kein Angelschein notwendig. Man darf nur sechs Exemplare aus dem Wasser fischen, was 12 Euro kostet;

fängt man nur drei Forellen, sind 8 Euro zu bezahlen.

● **Lago di Toblino:** Malerischer See, der leider direkt an der Staatsstraße liegt. Dafür ist das Castel Toblino, das sich auf einem großen Felsen über dem Wasser erhebt, umso romantischer und Reisenden immer ein Foto wert. Berühmt geworden ist das Schloss durch eine Legende, die von der tragischen Leidenschaft zwischen dem Fürsten und Bischof Carlo Emanuele und der jungen Claudia Particella erzählt. Heute ist das Anwesen zum Teil in einen Restaurantbetrieb umgebaut worden.

Windsurfing

Der Gardasee bzw. der nördliche Bereich gilt als eines der Topgebiete in Europa. Das liegt unter anderem daran, dass der Wind täglich nahezu garantiert werden kann. Das gibt es sonst kaum auf der Welt. Zumeist sind **85 % Gleitwind Minimum** am Gardasee. Nach dem Wechsel der Winde kann man sogar die Uhr stellen. Morgens weht der Alpenwind aus den Bergen, ein angenehmes Lüftchen für Anfänger. Er wird Vento oder Pelér genannt und hat nur nach Gewittern mehr Speed drauf. Das lockt auch die Fortgeschrittenen früher aus den Federn. Man trifft sie dann zwischen Malcésine und Campagnola. Sonst können sie locker bis 12 Uhr im Bett bleiben. Erst gegen 13 Uhr wird es mit dem sogenannten Ora interessant, der aus Süden kommend und unvermittelt einsetzt.

Die meisten Surfspots finden sich auf der Ostseite in der Region von Riva, Torbole und Malcésine. Hier haben sich deshalb auch die Surfstationen mit Bretterverleih und Schulung (sehr oft auch unter deutscher Leitung) angesiedelt. Auf der Westseite sind die Surfspots wegen der Berge sehr rar und grundsätzlich schon in den frühen Morgenstunden hoffnungslos belegt. **Zu den offiziellen Surfspots gehören stets auch Parkplätze,** die kostenpflichtig sind. In den Haltebuchten und Seitenstreifen ist das Parken für Surfer verboten. Es quetschen sich trotzdem alle irgendwie hinein. Besonders beliebt ist der **Surfspot Al Prà,** drei Kilometer südlich von Campione an der Gardesana gelegen. Der Strand ist nur 50 Meter lang. Parkflächen gibt es kaum. Teure Plätze (6 Euro pro Tag) bietet die Albergo Prà an. Sie ist eh Monopolist in Sachen Unterkunft, Essen und Trinken und Parkplätzen

Wissen sollte jeder Surfer, dass die Fährschiffe und Schnellboote auf dem Gardasee generell Vorfahrt haben. Vorsicht ist deshalb dringend angeraten. Es haben schon einige Surfer aus Unachtsamkeit ihr Leben gelassen.

Ausrüstung

Im Frühling liegen die Wassertemperaturen nur zwischen 9 und 15 Grad, so dass ein Anzug, mindestens ein Semianzug, angeraten ist. Im Sommer reicht ein Vario, wenn es sehr heiß ist, auch nur ein Shorty. Schwimmwesten sind absolutes Muss. Die Carabinieri sind mit Schnellbooten auf Kontrollfahrt. Man kann die Westen überall leihen (ca. 5 Euro) oder kaufen (ca. 35 Euro). Für die Winde braucht man unterschiedliche Boards: für den Vento ein

Wave-Slalomboard von ca. 265 cm, Finne 26 cm, Segel 4,2–5 m², für den Ora ein Slalomboard von 280–290 cm, Finne 35 cm, Segel 5,5–6,5 m².

Veranstaltungen

Events und Windsurfregatten in Riva, Torbole und Arco sowohl nationaler als auch internationaler Art sind ungezählt. Die ersten finden im März statt, die letzten Anfang Dezember. Wer die Daten der **Veranstalter** abfragen möchte, kann sich wenden an:

- **Fraglia della Vela Riva del Garda** Tel. 0464/ 55 24 60, Fax 55 71 20.
- **Circolo Vela Torbole** Tel. 0464/ 50 62 40, Fax 50 60 76.
- **Circolo Vela Arco** Tel./Fax 0464/ 50 50 86.
- **Lega Navale Italiana Riva del Garda** Tel./Fax 0464/ 55 60 28.
- **Circolo Surf Torbole** Tel. 0464/ 50 53 85, Fax 54 85 92.

Surfschulen

Surfschulen gibt es am Gardasee wie Sand am Meer, daher an dieser Stelle nur einige Empfehlungen:

- **Nautic Club, Riva** Viale Rovereto 44, Tel./Fax 0464/ 55 24 53, Internet: www.nauticclubriva.com; deutschsprachig.
- **Windsurfing Center, Riva** *Michael Bouwmeester,* c/o Hotel Pier, Tel. 0464/ 55 17 30, Fax 55 26 67, Internet: www.windsurfMB.it; deutschsprachig, sehr professionell, jede Menge Angebote.
- **Surf Center Marco Segnana, Torbole** c/o Hotel Paradiso, Tel. 0464/ 50 59 63, Internet: www.surfsegnana.it; Surfkurse auf dem Lago di Garda oder dem Lago di Mol-

veno, sehr professionell, gut organisiert, gute Kompaktangebote, nach den „Blue Weeks" fragen.

●**Surfcenter Lido Blu, Torbole**
Via Foci del Sarca 1, Tel. 0464/ 50 63 49, Fax 50 59 31, Handy +39/ 349/ 88 00 068, Internet: www.surflb.com.

●**Windsurfing Center Conca D'Oro Torbole,** Tel. 0464/ 50 62 51, Fax 50 50 16, www.windsurfconca.com.

●**Vasco Renna Professional Surf Center Torbole,** Parco Pavese, Tel. 0464/ 50 59 92, Fax 50 62 54, Internet: www.vacanzekitesurf. com.

●**WWWind Square
Malcésine Wassersportcenter**
Loc. Sottodossi, Tel./Fax 045/ 74 00 413, Internet: www.wwwind.com; Surfen, Segeln und Katamaran, deutsche Leitung.

●**OK-Surf Center** (Kurt Oberrauch)
Gargnano, Parco Fontanella, Tel. und Fax 0365/ 79 00 12, Handy +39/ 328/ 47 17 777, Internet: www.oksurf.it. Der Südtiroler ist seit zehn Jahren am Gardasee, führt die Schule überschaubar (kein Massenbetrieb!), wegen des Standortes ideal für Anfänger.

●**Stickl Sportcamp, Malcésine**
Val di Sogno, Tel./Fax 045/ 7 40 16 97, Internet: www.stickl.com. Heinz Stickl ist der Chef der Schule und ein absoluter Profi. Er ist mehrfacher Europa- und Weltmeister. Man kann bei ihm Sportcamp-Urlaub buchen und ist dann in einem nahe gelegenen Hotel untergebracht.

Die angekündigte Professionalität der Schulen am Gardasee hält sowohl im Allround-Angebot als auch in der Ausführung, was sie verspricht. Die Kosten differieren von Ort zu Ort, insofern können nur **durchschnittliche Preise** angegeben werden.

Sich ein Brett samt Rigg zu leihen, kostet pro Stunde 15 Euro, bei einem ganzen Tag wird es günstiger: 35 Euro.

Die Kosten für eine Woche belaufen sich auf 150 Euro. Ein Schnupperkurs macht 45 Euro, ein viertägiger Anfängerkurs 170 Euro. Es gibt natürlich auch Komplettwochenangebote, z.B. ein 3-Sterne-Hotel mit sieben Übernachtungen, Halbpension, fünf Tagen Surfkurs und Brettmiete für 433 Euro.

Wer sein Brett selbst mitbringt und lediglich unterstellen will, muss mit 6–8 Euro am Tag rechnen, für die Saison wird der Pauschalpreis von 210–285 Euro genommen.

Beachtenswert sind außerdem **Kombi-Angebote** mit anderen Sportarten, das betrifft besonders die Kombination mit Mountainbiking: z.B. 7 Tage Surfboard, 3 Tage Surf-Kurs und 7 Tage Bike-Verleih für 250 Euro.

035ga Foto: de

Outdoor

Täglich Wind ist am Gardasee garantiert

Reparaturwerkstätten

In Riva
- **Danilo Feltrinelli**
Via Martini 1, Tel. 0464/ 55 49 33.
- **Off Hawai**
Via S. Nazzao 10b, Tel. 0464/ 55 67 25.

In Torbole
- **Mermaid**
Via Sarca Vecchio 1, Tel. 0464/ 50 62 45.
- **Seatex**
Via Strada Granda 25, Tel. 0464/ 50 60 50.
- **Raf Wind Service**
Via Matteotti 19a, Tel. 0464/ 50 55 55.

In Arco
- **Velerie Garda**
Via Linfano 70, Tel. 0464/ 50 50 80.
- **Speeding/Gahler**
Via A. Moro 36, Tel. 0464/ 53 13 31.

Kitesurfing

Als *Robby Naish* mal wieder am Gardasee eintraf, verbreitete sich diese Nachricht wie ein Lauffeuer in der Szene. Der **weltbekannte Surfer** war eigens angereist, um das Kitesurfing auf dem Lago di Garda zu inszenieren. Kitesurfing, für das man ein Surfbrett – das allerdings deutlich kürzer ist als das zum Windsurfing – mit einem kleinen **Gleitschirm** einsetzen muss, gibt den ultimativen Kick beim Wellenritt über den See, denn durch den Drachen wird das Board ungleich schneller als beim Windsurfing. Gleich einem Zirkusartisten kann man bei der Geschwindigkeit faszinierende Sprünge und Figuren wagen. Mit Abstand die besten Winde für Kitesurfing wehen vor Brenzone an der Ostküste. Außerdem gibt es hier gute Plätze zum Starten, denn auch das will gelernt sein.

Wie beim Windsurfing auch offerieren Agenturen Tagesschulungen mit Leihmaterial (70 Euro für Kurs, Material, Schulung, Betreuung und Bootsservice) oder mit eigenem Material. Das Gleiche gilt für Wochenendbuchungen (Kursgebühr 200 Euro) oder Wochenkurse (Kursgebühr 325 Euro). Manche Anbieter haben auch Packages im Portfolio mit Übernachtung im Hotel oder Appartement. Bei einem Wochenkurs mit Übernachtung in einem Appartementhaus macht das z.B. 405 Euro.

Ein guter Anbieter ist **Fly for Fun,** die von München aus tätig sind: Corneliusstraße 6, 80469 München, Tel. 089/ 26 03 200, Fax 26 03 338, www.flyforfun.com; oder am Gardasee direkt das unter deutscher Führung stehende **Stickl Sportcamp** in Malcésine, Val di Sogno, Tel./Fax 045/ 74 01 697.

24-Stunden-Seenot-Rettungsdienst

Es gibt einen Seenotrettungsdienst rund um die Uhr. Festnetz-Rufnummer: 1530, Mobilfunk-Rufnummer: 167-090-090 – beide kostenfrei. Stationiert ist die Truppe im Hafen von Gargnano-Bogliaco mit einem Schnellboot der Extraklasse, unsinkbar und kentersicher. Es ist mit 420 PS-Jetmotoren ausgestattet und fährt eine Spitzengeschwindigkeit von 32 Knoten. Das Schnellboot ist in der Lage, auch bei extrem schlechten See- und Wetterbedingungen zu fahren.

Segeln

Das Trentino wirbt gern für seine vielen Seen in den verschiedensten Höhenlagen, auch dann, wenn es ums Segeln geht. Tatsächlich aber tummeln sich auf nur etwa zehn von ihnen die bunten Segelboote. Schließlich handelt es sich bei den meisten Seen um Berg- und Gletscherseen, und die sind mit einem Segelboot im Gepäck gar nicht zu erreichen. Ein Extra-Bonbon haben die Trentiner dennoch für die Segler: **Auf allen Seen sind Motorboote verboten.** Das gilt auch für den Gardasee auf Trentiner Gemarkung. Der **Gardasee** zählt zweifellos zum beliebtesten Revier der Segler. Auf der Liste fügen sich an der **Lago di Caldonazzo** und der **Levico-See** im Valsugana, dem Osten des Trentino. In dieser Richtung liegt auch die Hochebene von Piné mit dem **Lago di Serràia** bei Baselga di Piné. Auf der Hochebene von Paganella in westlicher Richtung ist der **Lago di Molveno** bei der gleichnamigen Ortschaft auch sehr beliebt, nicht zu vergessen der **Lago di Giustina** im Val di Non, der **Lago di Ledro** im Valle di Ledro westlich vom Gardasee und der **Idrosee** an der Provinzgrenze zur Lombardei. Wo sich Segler tummeln, siedeln sich natürlich auch Segelschulen an. Das Angebot kann sich sehen lassen.

Die **Kosten** für das Segeln und Katamaranfahren sind natürlich nicht überall gleich, aber man kann sich an folgenden durchschnittlichen Preisen orientieren: Einzelne Kursstunden fürs Segeln belaufen sich auf 50 Euro, ein Kompaktkurs in drei Tagen mit insgesamt neun Stunden macht 250 Euro, wer mit Skipper für drei Stunden auf Kurs gehen möchte, der muss mit 60 Euro rechnen, der Tagesausflug macht 75 Euro. Die Ausleihe eines Katamarans für zwei Personen kostet etwa 33 Euro die Stunde, für einen halben Tag muss man 83 Euro berappen. Für einen Kat-Kurs von fünf Tagen wollen die Veranstalter im Schnitt 240 Euro haben.

Besonders erwähnenswert ist das **Projekt: „Homerus – selbstständiges Segeln für Blinde".** Ein Geschäftsmann aus Gargnano macht es möglich, dass Blinde auf dem Gardasee selbstständig segeln können. Für sie gibt es summende Bojen. Außerdem sind die Boote für alle anderen gut sichtbar. Wenn man ein **Boot mit zweifarbigem Segel** sieht, oben braun und unten weiß, sollte man besonders aufmerksam sein und in jedem Fall Vorfahrt gewähren. Die Homerus-Segler sind inzwischen so gut, dass sie bei Regatten im In- und Ausland teilnehmen. Wer sich über das beispielhafte Projekt informieren möchte, kann dies tun bei Circolo Vela Gargnano, Tel. 0365/ 71 433, Fax 71 028 oder unter www.homerus.it.

Gerade am Gardasee gibt es zahlreiche Reparaturwerkstätten (vgl. die Liste der Segelschulen).

Segelschulen

● in **Garda: Gardasee-Segelschule Garda,** Via Albisano 4, Tel. 045/ 72 55 443.
● in **Riva: Gardasee Charter Nautic Club Riva** *(Franz Gottfried)*, Porto S. Nicolo, Tel./Fax 0464/ 50 60 18, Internet: www.visittrentino.it; deutschsprachig.
● in **Riva: Nautic Club Riva,** Viale Rovereto 44, Tel./Fax 0464/ 55 24 53, Internet: www.

nauticclubriva.com; Segeln und Katamaran, deutschsprachig.

● in **Brenzone: Segelschule Brenzone,** Hotel Santa Maria, Tel. 74 20 550; mit Agentur in Deutschland, Tel. 08026/ 74 16 und 71 321.

● in **Torbole: Surfcenter Lido Blu,** Via Foci del Sarca 1, Tel. 0464/ 50 51 80.

● in **Torbole: Windsurfercenter Torbole,** Fanatic Fun Center Parco Pavese, Tel. 0464/ 50 59 63.

● in **Arco: Marco Segnana Sail & Catamaran Center,** Foci del Sarca, Tel. 0464/ 50 59 63, Handy 335/ 52 22 212.

● in **Torbole: Circolo Vela Torbole,** Via Lungolago Verona 6, Tel. 0464/ 50 62 40, Fax 50 60 76.

● in **Arco: Circolo Vela Arco,** Via Lungo Sarca 20, Tel. 0464/ 50 50 86, Handy 337/ 98 40 34.

● in **Gargnano: OK-Surf Center** *(Kurt Oberrauch),* Parco Fontanella, Tel. 0365/ 79 00 12, Handy +39/ 328/ 47 17 777; nur Katamaran-Segeln.

● in **Malcésine: WWWind Square Malcésine Wassersportcenter,** Loc. Sottodossi, Tel./Fax 045/ 74 00 413, Internet: www.wwwind.com; Segeln und Katamaran, deutsche Leitung.

● in **Caldonazzo: Wassersportclub Caldonazzo,** Loc. Lungolago südlich, Tel. 0461/ 72 45 80.

● in **Baselga di Piné,** Lungolago, Tel. 0461/ 55 70 98.

● in **Molveno: Surf Center Marco Segnana,** Lido, Tel. 0335/ 52 22 212.

Motorboot

Wegen seiner Größe und der landschaftlichen Reize ist der Gardasee auch für Motorbootfreunde ein beliebtes Revier. Es gibt allerdings eine **Einschränkung:** Im nördlichen Teil, vor Riva und Malcésine, haben Surfer und Segler das Hoheitsrecht. Die Grenze des Fahrverbots muss man sich vorstellen als eine imaginäre Linie, die zwischen Limone auf der westlichen Seite und Malcésine auf der östlichen verläuft.

Wer nicht stolzer Besitzer eines eigenes Bootes ist, kann sich – entweder mit oder ohne Kapitän – in fast allen Orten, die direkt am Gardasee liegen, eines leihen. Angaben darüber finden sich in diesem Buch unter den Outdoor-Rubriken der jeweiligen Orte.

Auf den übrigen Seen im Trentino braucht man sein Motorboot erst gar nicht zu Wasser lassen – es ist schlichtweg überall verboten.

Anlaufstationen für Treibstoff, Kran und Service

● **Cantiere Nautico Dal Ferro, Garda** Via Pimazzoni 9, Tel./ Fax 045/ 72 56 600.

● **Cantiere Nautico Casarola, Peschiera** Viale Venezia 38, Tel. 045/ 75 53 111, Fax 75 53 190.

● **Cantiere Nautico Bisoli, Sirmione** Via XXV April 29, Tel. 030/ 91 60 88.

Tauchen

Beim Thema Tauchen denken die meisten zunächst einmal an glasklares blaues Wasser und bunte Fische. Als besonders bunt kann man die Fische im Gardasee und den anderen Seen im Trentino nicht bezeichnen. Der Gardasee kann nicht einmal mit glasklarem Wasser aufwarten. Doch es gibt noch ganz andere Reize, einmal abzutauchen. Da viele Orte am Gardasee in früheren Zeiten bei kriegerischen Auseinandersetzungen strategisch wichtige Punkte waren und man auch mit Flotten gegeneinander kämpfte, kann man auf dem Grund des Gardasees erstaunliche

Tauchkurs für Blinde – „wie fliegen unter Wasser"

„Blinde gehen tauchen?" Unter Sehenden herrscht erst einmal verständnisloses Kopfschütteln. Das passt doch gar nicht zusammen. „Und ob", entgegnet da Luigi energisch. Tauchen sei ja kein Synonym für das Beobachten bunter Fische und Korallenriffe. „Tauchen ist für Blinde wie fliegen unter Wasser – ein Gefühl von Freiheit und der Leichtigkeit des Seins", stellt er fest. *Luigi* ist Tauchlehrer in Peschiera del Garda am Gardasee, und er weiß, wovon er spricht. Mit der aktiven Unterstützung der Campingplatzleiterin von San Benedetto, *Anna Chieregalo,* bietet er im hiesigen Diving Club Tauchkurse für Blinde und auch anders körperlich Behinderte an. *Luigi* ist für diesen Job speziell ausgebildet und aufgrund eines eigenen, leicht körperbehinderten Kindes besonders sensibilisiert. Weil Blinde die Sprache des Wassers viel intensiver spüren und wahrnehmen, „können sie jeden Moment im Wasser kontrollieren", hat *Luigi* beobachtet. Er sagt sogar soweit zu sagen, dass der erste Tauchgang mit einem Blinden gerade deshalb viel einfacher sei als mit sehenden Menschen. Außerdem habe man als Tauchlehrer zu einem Blinden eine Art symbiotisches Vertrauensverhältnis, vorausgesetzt die Chemie stimme. Das wiederum führe dazu, dass die Hemmschwelle des Schülers sinke. Und die Verständigung? „Ganz einfach", sagt *Luigi* lächelnd, nimmt meine Hand, dreht sie um und zeichnet mit dem Finger einen Kreis hinein. Das Zeichen für Luft. *Luigi* hat die Zeichensprache der Blinden gelernt. Sie ist international, jeder versteht sie. So können Italiener, Deutsche und Holländer miteinander tauchen.

„Leider machen zuwenige Behinderte von der Möglichkeit, tauchen zu lernen, Gebrauch", bedauert *Anna,* „sie trauen es sich nicht zu." Das wiederum liege oft genug nur daran, dass die Eltern Ängste haben, die sie auf die Kinder übertragen. „Dabei können sie das gar nicht einschätzen", sagt *Luigi.* Zwei Dinge müsse man sich stets klarmachen: Behinderte leben nicht in einer völlig separierten Welt, sie wollen teilhaben wie andere auch. Und deshalb müssen sie von Anfang an lernen, in unserer Welt möglichst normal zu leben. Das gilt auch für das Element Wasser.

Funde machen. Vor dem Hafen von Lazise am östlichen Ufer z.B. liegen immer noch Überreste von versenkten Galeeren. Vor Riva ruht in den tiefen Fluten die Statua del Christo Silente, die „Statue des schlafenden Christus". Vor der nördlichen Uferpromenade in Torri del Benaco ist eine geweihte Krippe im Gardasee verankert worden, auch ein begehrtes Ziel für Taucher.

Wer schon tauchen kann: Eine Flaschenfüllung kostet ca. 4,20 Euro, eine Tauchstunde pro Person ca. 21 Euro. Wer es lernen möchte, kann am Gardasee auch richtige **Tauchkurse** belegen. Los geht es schon für Kinder ab 12 Jahren. Für Erwachsene gibt es diverse Kurse: für Anfänger und Fortgeschrittene, man kann den Dive-Master machen (15 Tage), es gibt Spezialkurse, z.B. Sicherheitstraining, Nacht-Tauchen, Spürkurs (man lernt, unter Wasser Gegenstände aufzuspüren) oder Tiefsee-Tauchen. Ein „normaler" Tauchkurs nach der amerikanischen Methode „Idea" mit 6 Stunden Theorie, 6 Stunden Praxis, 4 Stunden mit Lehrer unter Wasser und einer abschließenden Prüfung kostet im Schnitt 284 Euro. Diese Tauchlizenz ist dann weltweit gültig.

Allgemeine **Informationen** erteilt der Italienische Sportangel- und Taucherverband in Trento unter der Tel.-Nummer 0461/ 23 22 93.

Anbieter

● **Diving Club, Peschiera del Garda**
auf dem Campingplatz San Benedetto, Tel.
045/ 75 52 707.
● **Fips, Riva**
Porto San Nicolò, Tel. 0464/ 55 51 20,
51 74 83. Tauchkurse den ganzen Sommer
über, sonst an den Wochenenden.
● **Sub Valsugana, Levico**
Lago di Levico, Tel. 0461/ 70 14 73.
● **Diving Center Moniga, Moniga del Garda**
Sporting Club Porto Moniga am Hafen, Tel.
0365/ 50 23 64, Fax 50 20 65, Internet:
www.gardavacance.com/divingmoniga. Neben Tauchkursen werden auch Tauchexpeditionen angeboten.
● **Sub Club Signorelli, Peschiera del Garda**
Viale delle Rimembranze, Tel. 045/ 75 52 758.

Schwimmen

Einen üblichen Badeurlaub mit feinem Sandstrand in endloser Weite darf man für den Gardasee nicht erwarten. **Vorherrschend gibt es hier feinen bis groben Kies, gelegentlich Erde, im Übrigen Felsen,** wenn man überhaupt ans Wasser gelangt. Hotels und Campinganlagen bieten meistens Rasenflächen auf ihren Anlagen, die sich bis dicht ans Ufer ziehen, und **lange Holzstege in den See** hinein. Hin und wieder sieht man auch **Betonmolen**, an denen Leitern ins Wasser führen. Zumindest für Kleinkinder sei angeraten, ihnen Kunststoffsandalen mitzunehmen, da auch im Wasser steiniger Untergrund die Regel ist. Die öffentlichen Strände werden von Bademeistern überwacht, für einige muss Eintritt gezahlt werden.

Die **besten Bademöglichkeiten** findet man in Riva, Limone, Garda und Bardolino. Der Strand von Torbole ist auch gut. Allerdings wimmelt es hier geradezu von Surfern. Sirmione auf der südlichen Halbinsel ist u.a. deshalb so begehrt, weil es hier flache, glatte Kalkplatten gibt, über die man ins Wasser gelangt.

Im Süden ist außerdem die **Wassertemperatur höher** als im Norden. Dafür ist die Qualität des Wassers im Norden besser. Es wird behauptet, der See habe dort Trinkwasserqualität. Damit wird geworben, seit es regelmäßige Überprüfungen gibt. Im Jahre 1992 waren nämlich im südöstlichen Bereich des Sees Fäkalstreptokokken festgestellt worden, weshalb streckenweise Badeverbot erteilt werden musste.

Wer eine Mitgliedschaft beim ADAC hat, der kann die **Wasserqualität** am Gardasee telefonisch und unter Angabe der Mitgliedsnummer unter 089/ 76 76 25 63 erfragen. Am Gardasee direkt bietet die Hotline des Secretaria Ambientale-Turistica unter der Rufnummer 0365/ 29 04 11 dieselben Informationen.

Reiten

Trekking hoch zu Ross ist im Trentino und in den bergigen Regionen des Gardasees ein beliebtes Urlaubsvergnügen. Abgesehen vom Spaß des Reitens ist es auch eine schöne Möglichkeit, in die **entlegeneren Winkel der Landschaften** vorzudringen. Touren werden sowohl stunden- als auch tageweise angeboten. Am Gardasee gibt es

Mehrtagestouren wegen der Sommerhitze jedoch nur außerhalb der Hochsaison. Das Tagespensum von Exkursionen liegt bei sieben bis acht Stunden auf dem Pferd. Übernachtet wird am Gardasee üblicherweise in Pensionen, im Trentino auch in Rifugios. Reiterliche Vorkenntnisse sind bedingt notwendig, **man sollte auf jeden Fall sattelfest sein.** Wer nicht aufsitzen, ein Pferd nicht führen und sich bei Trab mehr schlecht als recht im Sattel halten kann, sollte ein paar Reitstunden vorab in Erwägung ziehen. Reitstunden erteilen fast alle Pferdehöfe. In viele Reiterhöfe kann man übrigens auch sein eigenes Pferd mitbringen, ein Angebot, das durchaus genutzt wird. Hinsichtlich der **Kosten** muss man durchschnittlich mit 13 Euro pro Reitstunde rechnen, eine eintägige Trekking-Tour beläuft sich meist auf 60 Euro inklusive Verpflegung, bei zwei Tagen kommt es auf ca. 200 Euro, was immer auch von der Art der Unterkunft abhängt. Für einen Pferde-Boxenplatz muss man etwa 10 Euro am Tag berappen oder 200 Euro pro Monat.

Allgemeine **Auskünfte** einholen kann man beim Trentiner Komitee des italienischen Reitsportverbandes in Trento, Tel. 0461/ 23 40 94, und beim Verband der Gebirgsreitzentren des Trentino, ebenfalls in Trento, Tel. 0461/ 91 56 74.

Ausrüstung

Stunden- oder Tagesritte erfordern keine besondere Ausrüstung. Man sollte lediglich an **festes Schuhwerk** (am besten natürlich Stiefel) und eventuell eine **Regenjacke** denken. Wer auf Nummer sicher gehen möchte, hat wohl einen **Reithelm** dabei. Für mehrtägige Touren braucht man auf jeden Fall ausnehmend **bequem sitzende Hosen,** einen **dicken Pullover** (empfehlenswert ist Fleece-Material) sowie absolut regensichere Oberbekleidung. Finden die Übernachtungen der Touren in Rifugios statt, müssen ein Schlafsack und eine Unterlage im Gepäck sein. Üblicherweise bekommt jeder Teilnehmer eine regenfeste Packtasche für seine persönlichen Sachen. Für die Verpflegung ist gesorgt. Meist fehlt es an Taschenlampen, besser ist es, eine eigene dabeizuhaben.

Outdoor

© foga Foto.de

Kleine Auswahl an Reiterhöfen

In der Region des Gardasees liegen die Reitclubs zumeist im Hinterland. Mehr als dreißig sind es an der Zahl. Im Trentino liegen die Reitställe sehr verstreut, aber stets in landschaftlich sehr reizvollen Gebieten.

●**Scuderia Castello am Gardasee-Westufer**
Gaino (Toscolano-Maderno), Tel. 0365/ 64 41 01, Internet: www.scuderiacastello.it; Scuderia Castello ist nicht nur Reiterhof, sondern auch ein Agriturismo-Betrieb mit 7 Zimmern (4 Doppelzimmer und 3 Vierbettzimmer ab 20 Euro), der sehr hübsch gestaltet und eingerichtet ist. Er liegt hoch oben auf dem Berg mit wunderschönem Blick auf den Gardasee. Das Dorf Gaino ist etwa 10 Min. Fußweg entfernt. Pferde-Trekking wird angeboten zwischen 1 und 3 Stunden oder ganztägig z.B. nach Costa und auf den Monte Pizzòcolo. Zwei-Tages-Touren führen nach Tignale-Megasa oder ins Valtenesi bis nach Desenzano. Für 3 Tage ist man ins Valle di Michele unterwegs. Übernachtet wird üblicherweise in Pensionen. Die Touren werden deutschsprachig geführt. Es wird auch Reitunterricht offeriert; der für Erwachsene allerdings nur in englischer Sprache. Das Reitangebot richtet sich auch an Behinderte, deren psychischen wie physischen Defizite hier therapiert werden. Das gilt zum einen für die Verbesserung des Gleichgewichtssinns, des Muskelaufbaus, des Koordinationsvermögens sowie der Präzisierung der eigenen Bewegungen. Zum anderen fördert der direkte und enge Kontakt mit dem Pferd und seine Pflege das Selbstbewusstsein und die psychische Kraft der Reiter. Zuständig für das Behindertenreiten ist Giorgio Bulgari, der mit seinen Helfern Kurse für alle Altersgruppen anbietet.

●**Agriturismo Al Lambic,** Via S. Zenone 1, Prabione di Tignale, Te./Fax 0365/ 73 402, Handy 0335/ 58 26 284, www.agrilambic.it. Zum Agriturismo-Betrieb gehört auch ein Reiterhof, der unter der Anleitung zweier Reitlehrer Reitunterricht und Ausritte für erfahrenere Reiter anbietet. Der Hof ist herrlich gelegen auf der Hochebene von Tignale und bietet somit im Naturpark Alto Garda Bresciano wunderbare Möglichkeiten Ausritte zu unternehmen. Diese werden in unterschiedlicher Dauer angeboten, von einer Stunde Ausritt (15 Euro) bis zu einem Tag (80 Euro); nach Absprache auch länger. Darüber hinaus wird Kinderreiten angeboten (15 Min. für 6 Euro), Einzel- wie auch Gruppenunterricht (20 Euro respektive 16 Euro). Der Unterricht und die Begleitung beim Ausritt ist auch in deutscher Sprache möglich. Ansprechpartner sind Veronika +39/ 333/ 66 83 256 und Alessandro +39/ 335/ 58 26 284.

In den Bergen des Trentino finden sich weit verstreut einige Reitställe:

●**Alpines Reitzentrum Val di Sole**
Pellizzano, Loc. Prassenago, Tel. 04637/ 75 15 52, Handy 0338/ 60 78 681; Reitstunden werden hier täglich von 8 bis 12 und 14 bis 19 Uhr erteilt. Außerdem werden nach Bedarf Tagesausritte oder Exkursionen über mehrere Tage organisiert.
●**Reitzentrum Happy Ranch im Valle di Cembra**
Am Lago Santo, Tel. 0461/ 68 35 18, Internet: www.happy-ranch.it; nach fünf Kilometern mitten im Wald stößt man auf eine riesige Ranch mit Saloon, Pferdeboxen, Plätzen zum Zureiten etc. – eben alles, was zu einer „echt amerikanischen" Ranch dazugehört. Man kann sein eigenes Pferd mitbringen und Exkursionen unternehmen. Oder man bucht Pferdetrekking für einen oder mehrere Tage.
●**Ippocampo**
Candriai auf dem **Monte Bondone,** dem Hausberg von Trient, Tel. 0462/ 94 75 26; Freunde von Haflinger-Pferden sind in diesem Reitstall genau richtig. Hier wird diese Gattung sogar gezüchtet. Außerdem stehen Reitunterricht und Ausflüge auf dem Programm.
●Im **Val Rendena** gibt es gleich drei Reitzentren: in Caderzone den **Reitclub Adamello-Brenta,** Tel. 0465/ 80 45 66; in Madonna di Campiglio den **Reitstall La Staffa,** Tel. 0337/

50 49 60; das **Reitzentrum Pinzolo,** Tel. 0465/ 50 23 72. Ausflüge hoch zu Ross in die Brenta-Berge oder ins Val di Genova sind wirklich ein Genuss.

Paragliding

Sich frei wie ein Vogel von den Winden tragen lassen, grandiose Landschaften von oben genießen – ein Lustgefühl, das immer mehr Menschen suchen. Am Gardasee ist der Anblick fliegender Menschen mit bunten Schirmen nichts Ungewöhnliches mehr. Im Trentino hingegen führt diese Sportart eher noch ein Schattendasein. In den vergangenen Jahren ist mit deutscher Unterstützung etwas mehr Infrastruktur geschaffen worden. Das betrifft vor allem das **Val Rendena bei Pinzolo** und die **Hochebene von Molveno** auf der anderen Seite des Brenta-Massivs. Im Osten des Trentino auf eigene Faust loszuziehen, hat hingegen Pioniercharakter. Man sollte sich stets eingehend informieren.

Am sichersten ist es, am Gardasee oder im West-Trentino zu fliegen und bewährten Agenturen zu vertrauen. Abgesehen vom Gardasee und der Agentur Top Gliders sei für das Trentino auch noch die Warnung ausgesprochen: Mit Deutschkenntnissen darf auf diesem Sektor nicht gerechnet werden.

Flugschulen

● **Top Gliders Gleitschirmschule**
(*Andreas Breuer/Richard Schneider*) 93059 **Regensburg,** Schwandorfer Str. 24, 01159 **Dresden,** Kesseldorfer Str. 42, Tel. 0351/ 49 40 351, Fax 49 40 361, Handy 0171/ 36 69 980, Internet: www.topgliders.de. Die Agen-

tur organisiert von Januar bis März und Juni bis Okt. Flugwochen im gesamten Trentino (für Anfänger, Fortgeschrittene, Cracks). Stützpunkt in Italien ist Garni Bonsai in **Pinzolo** im Val di Rendena, Tel. 0465/ 50 11 73. Auch hier werden Anmeldungen entgegengenommen, außerdem ist es Infopoint und Wetterauskunft. Die Agentur kooperiert zudem mit dem örtlichen Verein Par Aria.

● **Multi Sport Centre Fun[3]**
In **Arco,** Via S. Pietro Paolo 5, Tel. 0464/ 50 44 90, Handy 0348/ 70 97 989, Internet: www.multisport3.com.

● **Arcobaleno Fly**
In **Mori,** Via Ravazzone 87, Tel. 0464/ 91 05 79, Handy +39/ 335/ 67 66 891, Internet: www.arcobalenofly.com. Lizenzvergaben, Informationen, Flugunterricht für Anfänger und Fortgeschrittene.

● **Paragliding Club**
In **Malcésine,** Via Gardesana 36, co/ Hotel Ideal, Ansprechpartner Flavio unter +39/ 339/ 16 67 143, Claudio unter +39/ 335/ 61 12 902, Internet: www.paraglidingmalcesine.it.

● **Club Vola Bass**
In **Molveno,** Tel. 0338/ 48 46 663, Internet: www.volabass.it.

● **Lilienthal Club – Scuola di Parapendio**
Lago di Lagolo, **Monte Bondone,** Tel. 0336/ 30 61 71.

● **Ikarus Club Fassa**
Im **Val di Fassa,** Via Pareda 38/A Canazei, Tel. 0462/ 60 16 56.

● **Volere Volare**
In **Gardone** am Gardasee, *Angelo Contini* in Zusammenarbeit mit der Flugschule Aero Club d'Italia, Tel. 0348/ 51 12 073; auch Tandem-Paragliding, Flugkurse für Anfänger und Fortgeschrittene.

● **Dolomiti High Fly**
Bei **San Martino di Castrozza,** Strada del Pordo 11, Tel. 0462/ 60 15 45, Handy 338/ 68 00 34, Internet: www.dolomitihighfly.com.

Flüge

Nomesino – Mori (leicht)

Es handelt sich um einen Thermikflug auf 900 m Höhe bei Località Corniano.

Outdoor

Zu dem Weiler gelangt man von Arco aus über die Straße Richtung Valle di Gresta. Nach zwei Kilometern rechts abbiegen Richtung Nomesino. Diesen Ort und auch Manzano passieren und links zur Malga (Alm) Somator abbiegen. In dem verlassenen Dorf Corniano muss man das Auto abstellen. Noch ein paar Schritte per pedes sind notwendig, dann kann es Richtung Süden losgehen. Die Landung bei Mori ist auf Privatbesitz. Die Lizenz dafür kann man sich bei der Flugagentur Arcobaleno Fly in Arco besorgen. Diese Strecke ist das ganze Jahr über zu fliegen. Der Höhenunterschied beträgt 700 m. Flugverbot herrscht nur bei Westwind. Empfehlenswert ist der Start morgens, da nachmittags der Ora aufkommt.

Malga Trat – Val di Ledro (leicht)

Bei dem landschaftlich sehr reizvollen Flug wird ein Höhenunterschied von 1000 m überwunden. In den Abendstunden ist es ein völlig problemloser Flug, zwischen 12 und 15 Uhr ein Thermikflug. Bei Nordwind ist der Abflug verboten. Start ist auf der Malga Trat (1500 m), die man vom Val di Concei und der Ortschaft Lenzumo erreicht. Von der Malga Trat sind es noch 20 Minuten Fußweg. Der Flug verläuft in süd-südwestlicher Richtung in den Talboden bei der Ortschaft Lenzumo auf 500 m. Die Saison geht von März bis Oktober.

Monte Altissimo – Riva (mittelschwer)

Ein abendlicher Gleitflug nach 19 Uhr im Sommer, im Übrigen das ganze Jahr.

Höhenunterschied: 1900 m. Auf den Gipfel des Monte Altissimo von Nago auf 2000 m gelangt man von Nago aus über die Straße Richtung Altissimo. Wenn der Weg endet, stehen noch ca. 45 Minuten zu Fuß auf markiertem Pfad bevor. Flugrichtung Südwest. Landung ist auf dem Sabbionistrand bei Riva. Wegen des starken Windes kann die Landung schwierig sein, weshalb angeraten ist, eine Schwimmweste zu tragen. Flugverbot herrscht bei Nordwind.

Monte Stivo – Arco (mittelschwer)

Der thermodynamische Gleitflug beinhaltet 1900 m Höhenunterschied, fantastische Panoramen und in den Sommermonaten starke Turbulenzen. Los geht's auf 2000 m Höhe, auf dem Monte Stivo. Dorthin gelangt man von Arco über die Straße nach Val di Gresta und fährt bis nach Ronzo, links führt eine Straße nach S. Barbara und weiter zum Monte Stivo. Wenn die Straße endet, muss noch eine Stunde Marsch auf dem ausgeschilderten Weg zurückgelegt werden, bis man sich in südwestlicher Richtung ins Tal aufschwingt. Die Landung ist auf dem Sportplatz von Arco. Bei Nordwind ist der Flug generell verboten, im Sommer nur abends erlaubt, im Übrigen das ganze Jahr.

Malga Campo – Altissimo – Mori (mittelschwer bis schwierig)

Mittelschwer ist der Thermikflug vormittags, sonst sehr anspruchsvoll bei einem Höhenunterschied von 1400 m. Abflugverbot ist bei West- und Südwestwind. Startpunkt ist auf der Malga Campo (1600 m) in süd-südöstliche

Richtung nach Mori. Details kann man bei der Flugschule Arcobalino Fly erfragen, sie vergeben die Landelizenzen auf dem Clubgelände von Ali Azzurre Trentine. Zum Abflugsort geht es von Mori Richtung Bretonico/Monte Baldo. Nach Bretonico führt eine Straße rechts nach S. Valentino bis zur Hütte Graziani. Rechts der Hütte verläuft ein Weg, über den man zur Malga Campo gelangt. Saison ist von April bis Oktober.

Pradel/La Montanara – Molveno (einfach)

Mit der Seilbahn entschwebt man zwei Sektionen auf den Berg Pradel zum Rifugio La Montanara auf 1460 m Höhe. Von Pradel ist ein sehr thermischer Flug mit gutem Soaring möglich. Vorsicht ist geboten am Nachmittag, wenn starker Talwind weht. Wenn die Bedingungen gut sind, kann man von La Montanara über Molveno und den See segeln bis auf Höhen von 2000 m. Landungen sind auf einem kleinen Platz am Molveno-See oder auf der Hochebene Paganello bei Andalo möglich.

Dos del Sabion – Pinzolo (einfach)

Der Startplatz ist der Dos del Sabion auf 2100 m mit einem großen Wiesengelände. Die Startrichtung ist Süd, Südwest, West, aber nicht bei Nord- oder Ostwind. Auf den Berg kommt man via Seilbahn von Pinzolo aus. Der Flug bietet eine grandiose Kulisse der Brenta-Dolomiten, hat eine gute Soaring-Möglichkeit am Hang, bietet eine Höhendifferenz von 1320 m und ist mitunter anspruchsvoll. Für die Landung gibt es zwei Möglichkeiten. Die einfache Variante ist eine große Wiese beim Hubschrauberlandeplatz von Carisolo. Deutlich schwieriger ist die Landung neben der Seilbahnstation in Pinzolo. Hier muss außerdem ein starker Talwind beachtet werden.

Monte Baldo – Malcésine (mittelschwer)

Der Höhenunterschied für diesen Flug ist mit 1700 m gewaltig. Von Malcésine geht es via Seilbahn auf den Monte Baldo. Der Blick von hier oben ist spektakulär. Beim Talwind muss man aufpassen, da dieser in der Regel sehr stark ist. Der Landeplatz 1 km nördlich von Malcésine ist sehr klein.

Events

- **Paragliding-Wettbewerbe** in Molveno im Juli und August.
- **Campionato Triveneto** im Val Rendena.
- **Paragliding World Cup** im Val Rendena.

Golf

Golfen hat Tradition im Trentino. Die Anlage in Madonna di Campiglio ist die älteste der Alpenkette. Schon 1923 haben die Ersten hier ihren Schläger geschwungen. Insgesamt sind es drei Plätze in den Bergen. Hinzu kommen vier Anlagen am Gardasee und jeweils einer unmittelbar bei Verona und bei Brescia – genug Möglichkeiten also, auch im Urlaub dem Hobby Golfen zu frönen.

Die **Preise** betragen wochentags 20 bis 45 Euro, am Wochenende und feiertags 35 bis 60 Euro.

Golfplätze

●Golf Club Campo Carlo Magno
9-Loch, auf 1600 Metern Höhe gelegen, Saison vom 1. Juli bis 30. September, montags Ruhetag. Madonna di Campiglio, Via Cima Tosa 3, Tel. 0465/ 44 06 22 (vom 01.07. bis 30.09.) und 0465/ 44 02 67 (vom 01.10. bis 30.06.), Fax 44 02 98, www.golfcampocarlo magno.com.

●Golf Club Folgaria
9-Loch, auf 1200 Metern Höhe gelegen. Die 9-Loch-Anlage soll auf eine 12-Loch verlängert werden, Saison vom 1. Mai bis 31. Oktober. Maso Spilzi – Località Costa, Folgaria, Tel./Fax 0464/ 72 04 80, www.golfclubfolgaria.it.

●Golf Club Dolomiti
9- und 4-Loch, sehr welliges Gelände auf einer Hochebene nahe des Monte Penegal, Saison von 1. April bis 30. November. Loc. Centro Sport Verde 1, Sarnonico, Tel./Fax 0463/ 83 26 98, www.dolomitigolf.it.

●Circolo Golf Bogliaco
9-Loch, ältester Golfclub am Gardasee in einem ruhigen und grünen Tal unweit des Sees. Toscolano-Maderno, Via Golf 21, Tel. 0365/ 64 30 06, Internet: www.golfbogliaco.com.

●Ca'degli Ulivi Country Golf
18- und 9-Loch, ganzjährig geöffnet. Marciago di Costermano, Via Ghiandare 2, Tel. 045/ 62 79 030, Fax 62 79 039, www.golf cadegliulivi.it.

●Gardagolf Country Club
27-Loch, ganzjährig geöffnet. Schule und Vermietung. Localita Soiano del Lago (Moniga del Garda), Via A. Omedeo 2, Tel. 0365/ 67 47 07, Fax 67 47 88, www.gardogolf.it.

●Verona Golf Club
9- und 18-Loch, superromantisches altes Clubhaus, Saison ganzjährig, dienstags Ruhetag, falls kein Feiertag. Sommacampagna, Ortsteil Cà del Sale 15, Tel. 045/ 51 00 60, Fax 51 02 42, www.golfclubverona.com.

●Arzaga Golf Club
18- und 9-Loch-Anlage um den Palast Arzaga aus dem 15. Jahrhundert. Tennisplätze und Schwimmbad. Saison ist das ganze Jahr über. Carzago di Calvagese della Riviera Brescia, Tel. 030/ 99 13 947, Fax 99 13 671, www.palazzoarzaga.it.

Tennis

Wie in allen Urlaubsregionen können die Plätze der Hotels oder Sportanlagen genutzt werden. Die Preise variieren zwischen 8 und 15 Euro die Stunde. Der Gardasee ist obendrein ein Refugium für Tenniscamps, das gilt vor allem für die Hochplateaus im Westen des Gardasees, Tremosine und Tignale, außerdem für die Hügellandschaft auf der Ostseite des Gardasees.

Tenniscamps

Man erkundige sich nach den genauen Arrangements.

●Clubhotel Olivi**** in Malcésine.
●Hotel Le Balze**** Tremosine, Via delle Balze 8, Tel. 0365/ 91 71 55, Fax 91 70 33.
●Tennis-Hotel Pineta Campi***
Voltino di Tremosine, Loc. Campi, Tel. 0365/ 91 20 11, Fax 91 70 15, Internet: www.pineta campi.com. Riesiger Hotelkomplex, in dem es auch Appartements zu mieten gibt; zwölf Tennisplätze, Trainer, Fitnesscenter, großes Hallenbad, Freischwimmbad, Wellnessbereich, Bar, Kinderanimation. Die Kursprogramme umfassen alle Leistungsstufen bis hin zum Turnierspieler.

Skifahren

Skifahren im Trentino hat eine lange Tradition – im vergangenen Jahrhundert noch mit Steigfellen unter den Skiern, was sich besonders in den Dolomiten auch heute wieder großer Beliebtheit erfreut. Oder in alpiner Rasanz auf Carvern. Insgesamt hat das Trentino **600 km Abfahrtspisten** mit 300 Liftanlagen, 480 km Langlaufloipen, Sommerski und im Winter viele Schneevergnügungen mehr zu bieten. Die landschaftliche Schönheit und das breitgefächerte Angebot für Winterurlauber machen das Trentino zu einer begehrten Region. Das schlägt sich auch in den steigenden Übernachtungszahlen nieder, die das Fremdenverkehrsamt präsentiert. Unangefochten an der Spitze der ausländischen Gäste stehen die Deutschen, Tendenz weiter steigend. In der Beliebtheitsskala an erster Stelle steht das Valle di Fassa mit seinem Hauptort Canazei, gefolgt von Valle di Rendena, besser bekannt durch Madonna di Campiglio, und als nächstes das Altopiano della Paganella. Begehrtester Standort der Langläufer ist der Hauptort Moena. Einen Überblick über die gesamten Skiregionen im Trentino mit Kartenmaterial, Detailinformationen zu den Abfahrten, Höhenlagen, Kultpisten, Skipässen und Sportevents bietet der „Schneewelt-Guide", der unter der gebührenfreien Servicenummer des Staatlichen Italienischen Fremdenverkehrsamtes 00 800/00 48 25 42 bezogen werden kann.

Kosten: In den großen Skigebieten kostet die Tageskarte 27 bis 34 Euro, in den kleinen um die 17 Euro. Ein Preisbeispiel für eine sechstägige Skihochtour in den Gebieten Ortler-Cevedale, Adamello-Presanella, Brenta-Dolomiten: pro Person ca. 52 Euro, Übernachtung in Schutzhütten mit Halbpension und Bergführer inklusive. Die Touren sind in der Regel auf gute Skifahrer mit mittlerer körperlicher Kondition ausgerichtet. Hinsichtlich der Unterkünfte sind alle Preisniveaus vorzufinden. Die Hoteliers sind es gewöhnt, dass ihre Gäste während des Wintersports zu-

weilen wie die Ölsardinen leben, und sind auf derlei Wünsche eingerichtet. Also ruhig fragen, wie viele Personen ins Zimmer oder die Wohnung passen.

Tipp: Das Landesfremdenverkehrsamt Trentino gibt für die **Wintersaison** ein **spezielles Heft** heraus mit Angebotspaketen jedweder Art. Ob Werbewochen in Appartementhäusern, Snowboard-Camps, Skiferien für Blinde, Skiurlaub für Frauen oder Skiwochen für Feinschmecker – es ist für jeden eine Offerte dabei. Die Ansprechpartner für das jeweilige Angebot finden sich im gut geordneten Heft. Die Broschüre selbst gibt es bei den im Buch angegebenen Fremdenverkehrsämtern.

In einigen italienischen Skiorten kann **Cluburlaub des Club Vacanze** gemacht werden; für alles wird gesorgt – neben der Unterkunft auch für den Skipass oder den Skilehrer, das Mittagsbuffet, den Mitternachtszauber und die Kinderanimation. Informationen bei Studio Delta ReiseService, Kreuzberger Ring 44a, 65205 Wiesbaden, Tel. 0611/ 97 63 977, Fax 97 63 970.

Helmschutz: Seit 2005 gilt für alle Kinder unter 14 Jahren Helmpflicht auf italienischen Pisten. Das Gesetz wurde vom Italienischen Skiverband angeschoben. Wer es missachtet und erwischt wird, muss mit einem Bußgeld zwischen 30 und 150 Euro rechnen.

● Skifahrer, die lieber mit dem Flugzeug anreisen, können vom 16. Dezember bis 7. April den **Fly Ski Shuttle-Service** nutzen. Für die Zielorte Val di Sole, Val di Fassa, Val di Fiemme und San Martino di Castrozza wird der Pendelbus von Flughäfen Bergamo, Verona, Brescia und Venedig angeboten. Kosten: 22 Euro hin und zurück pro Person, Kinder bis

Outdoor

12 Jahre fahren kostenlos. Die Fahrkarten können am Flughafen gekauft und täglich zwischen 9 und 18 Uhr über die Hotline 0039-0461/ 39 11 11 sowie im Internet unter www.trentinoviaggi.net gebucht werden.

Wer den Winterurlaub in Madonna di Campiglio verbringen möchte, kann den Shuttle-Service vom 2. Dezember bis 22. April samstags von den Flughäfen Verona und Brescia nutzen (47 Euro), sonntags fährt der Bus die Flughäfen Mailand Limate, Mailand Malspensa und Bergamo (54 Euro) an. Kinder unter sechs Jahren fahren kostenlos. Weitere Informationen gibt es telefonisch unter 0039-0465/ 44 75 01 oder im Internet unter www.campiglio.to.

Skigebiete

Valle di Rendena, Val di Sole

Für internationales Flair mit Gesichtern aus aller Herren Länder steht das Valle di Rendena, das üblicherweise schon im November Schneehöhen von etwa drei Metern zu vermelden hat. Der Ort **Madonna di Campiglio** gibt hier mit Abstand den Ton an, nicht zuletzt deshalb, weil sich hier auch immer die Weltelite der Skifahrer zu Weltcuprennen trifft, beispielsweise im Dezember zum Weltcup-Slalom 3-Tre oder zu den Cross-Ski-Meisterschaften, nicht zu vergessen die Snowboard-Meisterschaften. Zwischen den Gipfeln der Dolomiten von Adamello und der Brenta-Gruppe gibt es 120 km Pisten aller Schwierigkeitsgrade mit 37 Liftanlagen. Außerdem verbindet das **Skikarussell Skirama Dolomiti di Brenta** das Bergdorf Madonna di Campiglio mit dem Val di Sole, wo man am Passo Tonale das ganze Jahr hindurch auf dem Presena-Gletscher Skilaufen kann. Das bedeutet 45 km Abfahrtspisten zusätzlich.

Der **Skipass** für alle Gebiete nennt sich **Skirama Tonale.** Die Verbindung des großen Skigebietes von Madonna di Campiglio mit dem kleinen von Pinzolo ist in Planung.

Der über 3500 Meter hohe **Presanella** und die **Brenta-Höhen** im Osten sind beliebte Aufstiege mit Steigfellen und garantieren super Tiefschnee-Abfahrten. Die Langläufer finden im Val Meledrio 30 km Loipen durch dichte Nadelwälder, außerdem in Cogolo. In Madonna di Campiglio und Pinzolo gibt es Eisstadien. Hier ist das Eisfallklettern sehr beliebt. Und auch, was **Hundeschlitten-Rennen** anbelangt, hat sich die Region einen Namen gemacht.

●**Informationen:** Funivie Madonna di Campiglio, Tel. 0465/ 44 10 01 u. 44 13 73; Campo Carlo Magno Spa, Tel. 0465/ 44 02 67; Funivie Pinzolo, Tel. 0465/ 50 12 56; Funivie Folgarida-Marivella, Tel. 0463/ 98 62 22, Marivella 900, Tel. 0463/ 75 71 03; Marivella 1400, Tel. 0463/ 79 61 90; Peio Funivie, Tel. 0463/ 75 32 38; Consorzio Skirama Tonale-Ponte di Legno, Tel. 0364/ 92 097; Bergführer: Guide Madonna di Campiglio, Tel. 0465/ 44 13 44 u. 44 26 34; Guide val di Sole, c/o A.P.T. Val di Sole, Malè, Tel. 0463/ 91 11 51 und 90 21 19.

Andalo-Molveno, Fai della Paganella

Mit Blick auf den Lago di Molveno läuft man auf den Pisten von Andalo-Molveno und Fai della Paganella am Fuße des Osthanges der Brenta-Gruppe. Pisten, die nicht direkt miteinander verbunden sind, erreicht man per Ski-

Winterfreuden in Madonna di Campiglio

Outdoor

bus. So kommt das Gebiet auf 50 km Pisten, meist mittelschwer, 20 km können künstlich beschneit werden. Die Zahl der Lifte liegt bei 20 Schleppern, Gondeln und Doppelsesseln. Langläufer treffen auf 25 km Loipen. Berühmt ist der internationale 24-Stundenlauf für Gruppen und Solisten. Außerdem gibt es ein Eisstadion und Eisfallklettern.

Valle di Fiemme

Das Valle di Fiemme mit Blick auf die Lagoraikette bietet 150 km Top-Loipen und neun Langlaufzentren. 2003 wurden hier die nordischen Skiweltmeisterschaften ausgetragen. Für Alpin-Skifahrer gibt es das Skigebiet von Lusia und Passo Rolle mit 44 Liftanlagen und 150 km Pisten, 80 davon mit modernen Beschneiungsanlagen ausgerüstet. Hoch über die östliche Talseite ragen die Gipfel der **Pale di San Martino di Castrozza** und **Passo Rolle.** Schon 1936 wurde hier der erste Slittone in Betrieb genommen, Vorreiter für die heutigen 26 modernen Lifte für 60 km Pisten jeden Schwierigkeitsgrades. Besonders beliebt bei Könnern: die Direttissima des Tagnola, eine 3 km steile Abfahrt mit Blick auf die Zacken der Pale di San Martino. In der Gunst der Skifahrer ganz oben steht der Ort **San Martino di Castrozza** mit schicken Läden und eleganten Hotels. Am Fuße der Berge sind 150 km Langlaufloipen angelegt. Alljährlich messen sich am letzten Januarsonntag die Langläufer bei der **„Marcialonga",** der ältesten Langlaufveranstaltung Italiens, bei der 5000 Teilnehmer in Folkloregewändern über eine Distanz von 70 Kilometern in Wettstreit miteinander treten.

● **Informationen:** Consorzio Fiemme Obereggen Tesero, Tel. 0461/ 81 31 56; Bergführer: Guide Alpine Valle di Fiemme; Predazzo; Tel. 0462/ 50 15 73. Consorzio Impianti a Fune-San Martino, Tel. 0439/ 6 85 05; Bergführer: Guide Alpine San Martino di Castrozza, Tel. 0439/ 76 87 95.

Valle di Fassa

Das Valle di Fassa liegt im Herzen der Dolomiten und bildet mit den Skiorten **Canazei, Alba, Campitello, Vigo, Pozza di Fassa und Passo Costalunga** das sogenannte Alta Val di Fassa. Diese Skigebiete verfügen über 127 km Pisten inklusive 76 km Beschneiung und 54 Lifte. Der Schwierigkeitsgrad der Pisten reicht von leicht bis sehr schwer, legendär ist die **Langkofelscharte.** Bekannt ist der Sellaronda Ski Marathon, bei dem die Teilnehmer den Berg mit Skifellen hinauf müssen und des nächtens für die Abfahrt nur auf ihre Stirnlampe und das Mondlicht vertrauen können.

Auch den Fans des Sleddog-Sports ist das Valle di Fassa ein Begriff. Alljährlich treffen sich dort im Dezember die Schlittenhunde-Führer zum europäischen Wettstreit, dem „**Val di Fassa Sleddog Race".**

Zum Valle di Fassa gehören außerdem die Alpe di Luisa, der Passo San Pellegrino und Falcade, die die Pole für den Tre Valli-Bezirk bilden mit 26 Liftanlagen auf 75 km Skipisten; 48 km werden mit Beschneiungsanlagen versorgt.

● **Informationen:** San Pellegrino, Tel. 0462/ 57 30 16; Moena, Tel. 0462/ 57 34 40; Falcade, Tel. 0437/ 59 90 68; Carezza, Tel. 0462/ 60 15 83; Bergführer: Guide Alpine Campitello, Tel. 0462/ 75 04 59.

Monte Bondone

Auf dem Monte Bondone wurden die ersten Skifahrer gesichtet, die noch mit Telemarkschwüngen ins Tal glitten. Das war vor dem 1. Weltkrieg, als Trient noch Österreich angegliedert war. Heute gibt es hier zwischen 1350 und 2100 Metern Höhe 15 km rote und schwarze Pisten und neun Liftanlagen. Langläufer finden am Monte Bondone und der Berggruppe Tre Cime insgesamt 26 km Loipen. Der Monte Bondone ist quasi der **Hausberg der Trienter,** da die Skigebiete in nur einer halben Stunde mit dem Auto oder Bus zu erreichen sind.

● **Informationen:** Funivie Monto Bondone; Loc. Vason; Tel. 0461/ 94 81 87; Bergführer: Guide Alpine „Citta di Trento"; Trento, Tel. 0461/ 81 13 62.

Die Panarotta

Der südlichste Bereich der Lagoraigruppe hoch über den Seen Caldonazzo und Levico liegt ca. 30 km entfernt von Trient. In dem kleinen Skigebiet führen fünf lang gezogene Pisten sehr romantisch und beschaulich durch dichte Tannenwälder; teilweise Beschneiungsanlagen. Sechs Schlepper und Doppelsessellifte bringen die Skifahrer nach oben.

● **Informationen:** Ufficio Informazioni Monte Bondone, 38040 Veneze, Tel. 0461/ 94 71 28, Fax 94 71 88; Scuola Italiana Sci M.B., Tel. 0461/ 94 28 11.

Folgaria, Lavarone, Luserna

Die Hochebenen von Folgaria, Lavarone und Luserna sind vor allem ein Eldorado für Langläufer. **70 km Loipen** führen durch eine abwechslungsreiche Landschaft, die alle Schwierigkeitsgrade bietet. Bekannt ist der Wettstreit „Mille-grobbe" Ende Januar, der drei Durch-gänge von jeweils 30 Kilometern Länge innerhalb von drei Tagen hat. Für alpine Fahrer bietet das Gebiet **60 km Pisten** mit 40 Liften. Die Abfahrten sind prä-destiniert für Anfänger und Familien mit kleinen Kindern. Außerdem ist Altipiani ein Gebiet für Sleddog-Races über alte Militärstraßen und Waldwege.

●**Informationen:** Folgeria, Tel. 0464/ 72 19 69; Lavarone, Tel. 0464/ 78 32 26.

La Polsa, San Valentino

Die zwei kleinen, miteinander ver-bundenen **familiären Skigebiete** liegen auf der Hochebene von Bretonico, qua-si am Osthang des Monte Baldo. Hier gibt es schwere und leichte Pisten auf insgesamt 40 km Länge und 15 Liftanla-gen. Wer Langlauf machen möchte, fin-det 20 km Loipen im Langlaufzentrum von San Giacomo.

●**Informationen:** Sciovie San Valentino, Tel. 0464/ 39 15 25; Bergführer: Guide Montrek-king-Rovereto, Via della Terra 42, Tel. 0464/ 83 84 30.

Kleine Skigebiete

Neben den genannten größeren Ski-gebieten hat das Trentino noch zehn kleine im Angebot. Zumeist sind es so-genannte Hausberge mit zwei bis sechs Liftanlagen. Das **Alta Valle di Non** fin-det sich an den Hängen des Monte Roen und Monte Penegals, eine halbe Stunde Autofahrt von den Orten Maril-leva und Paganella entfernt. **Altopiano di Pinè** liegt nordwestlich von Trient und ist ein recht nettes Gebiet für Alpi-nisten wie Langläufer. An den Hängen

des **Valle del Torrente Vanoi** bei den Orten Pieve Tesino, Cinte Tesino und Bieno westlich von Trient gibt es einige Liftanlagen für Alpinfahrer. In einem Seitental des östlichen Valsugana, das ist die Hauptverbindung zwischen dem östlichen Trentino und Venetien, findet man das **Val Calamento.** Die **Lagorai-kette** bietet im Winter sehr schöne Hänge zum Skifahren. Am beliebtesten sind die Abfahrten bei der Ortschaft **Borgo Valsugana,** auch die Loipen für die Langläufer. Die Tannenwälder zwi-schen dem Cima 12 und dem Cima Vezzena sind ein echter Tipp. Die Staatsstraße 421 von Riva führt nach Fiavè am Fuße der Berge **Misone** und **Cogorna.** Der einzige Hang ist eher et-was für Kinder. Aber die Langlaufloipen (15 km) sind empfehlenswert.

Ein **Tipp für Skitouren** sind die **Berge rund um Tione, Bolbeno und Prezzo** an der Einmündung des Tales Rendena. Bei Prezzo und Bolbeno gibt es jeweils eine Liftanlage. Immerhin ein Fünfer-Ka-russell (vier Skilifte und ein Sessellift) hat Tremalzo auf der westlichen Hoch-ebene des Gardasees zu bieten.

Das **südlichste Skigebiet des Trenti-no** liegt an den Hängen des Monte Bal-do an der Grenze zur Provinz Verona, zu erreichen von Avio oder Bretonico und San Valentino – klein, aber nett.

Es gibt zwar einige Liftanlagen am Monte Biaèna, bekannter ist das **Valle di Gresta** mit dem größten Ort Ronzo Chienis jedoch wegen seiner Lang-laufrouten. Vallarsa heißt das Tal unweit von Rovereto an der Grenze zu Vene-tien, das allerdings wenig frequentiert wird, weil es nicht viel zu bieten hat.

Outdoor

Gardasee

040ga Foto: de

041ga Foto: de

Italienisches Bilderbuchambiente –
die Villa Baia d'Oro in Gargnano

Ferienziel Gardasee – angeln
und am See promenieren (hier in Torbole)

Einleitung

„Ein köstliches Schauspiel, der Gardasee, den wollte ich nicht versäumen, und ich bin herrlich für meinen Umweg belohnt worden", schwärmte schon *Goethe* im September 1786 auf seiner Italienreise, als er in abenteuerlicher Weise auf dem größten der italienischen Seen mit dem Boot unterwegs war. **Bis 1929** gab es hier **keine Uferstraßen**, aber auch damals schon den berühmt-berüchtigten Wind Ora, der den Gardasee heute zum beliebtesten Surfrevier im mittleren Europa gemacht hat. Der Lago di Garda, im Norden wildromantisch eingebettet zwischen den Bergen des Trentino, im Süden offen und breit, umfasst **370 Quadratkilometer** und ist **bis zu 346 Meter tief.** Wegen seines angenehmen Mittelmeerklimas und der reizvollen, sehr unterschiedlichen landschaftlichen Strukturen können die Ortschaften am Gardasee auf eine **lange Fremdenverkehrs-Tradition** zurückblicken. Bereits im 19. Jahrhundert avancierten insbesondere die am Westufer gelegenen Orte Gardone, Salò und Sirmione zu beliebten Ferienzielen bei den Mailändern. Riva und auch Limone waren wegen ihrer nördlichen Lage vor allem bei den Österreichern sehr begehrt. Die Schönheit des Gardasees, verbunden mit der italienischen Lebensart, wirkte auf Künstler, Schriftsteller und andere Berühmtheiten gleichermaßen inspirierend. Riva zum Beispiel bevorzugten *Thomas Mann, Franz Kafka* und *Friedrich Nietzsche, Henrik Ibsen* steuerte Limone an. Locanda San Virgilio war bei *Vivien Leigh* und *Laurence Olivier* sowie *Winston Churchill* begehrtes Urlaubsziel wie auch heute noch bei *Prinz Charles* von England und *König Juan Carlos* von Spanien.

Mit dem Gardasee ist es im Grunde wie mit allen besonders beliebten Ferienregionen: Wer die Stille und den ursprünglichen Charakter sucht, wird das etwas abseits immer finden. Wer sich ins Getümmel stürzen möchte, muss sich auf gewisse Auswirkungen des Massentourismus einstellen.

Rund um den Gardasee wurde eine geschlossene Ringanlage für Abwässer installiert. Die **Kläranlage** ist südlich von Peschiera del Garda 1981 in Betrieb genommen worden. Insofern ist die Qualität des Wassers im Gardasee gut bis sehr gut, abgesehen von drei Abschnitten, für die 1999 keine Unbedenklichkeitserklärung des italienischen Gesundheitsministeriums gegeben wurde: Barbarano, Gardone Riviera und Toscolano. Wer sich über den Zustand des Wassers intensiver erkundigen möchte, kann das telefonisch beim **Sommerservice** des ADAC unter der Rufnummer 089/ 76 76 25 63 oder bei der Comunità del Garda unter der Rufnummer 0039/ 365/ 29 04 11. Im Internet ist der Sommerservice unter www.lagodigarda.it abrufbar.

Die Menschen

Grundsätzlich sind die Menschen sehr freundlich und Fremden gegenüber offen und entgegenkommend. Das liegt natürlich auch an der langen Tradition des Tourismus am Gardasee. Schließlich ist der Fremdenverkehr die Haupteinnahmequelle der Menschen, die hier leben. In ihrem Wesen gibt es natürlich regionale Unterschiede wie überall. In den Bergen sind die Menschen zurückhaltender, bodenständiger, introvertierter als unten an den Ufern des Gardasees. Kaum Unterschiede gibt es jedoch hinsichtlich der Bedeutung, die der Familie zuteil wird. Auch die Religiosität ist tief im Bewusstsein der Menschen verankert. Allerdings versucht die jüngere Generation mit zunehmendem Erfolg, vor allem gegen familiengesteuerte Traditionen und Zwänge zu opponieren.

Verwaltung und Bevölkerung

Der Gardasee zählt zu drei verschiedenen Provinzen. Der Norden des Sees mit den beiden am See liegenden Städten Riva und Torbole-Nago gehört zur unabhängigen **Provinz Trentino,** die wiederum eine Region mit Südtirol bildet. Im Trentino leben 499.000 Menschen, 108.500 davon in der Hauptstadt Trento. Die Westseite des Gardasees ist der **Provinz Brescia** zugehörig, die einen Teil der Lombardei (Hauptstadt: Mailand) ausmacht, eine der größten Regionen Italiens. Die Provinz Brescia mit der gleichnamigen Provinzhauptstadt verzeichnet mehr als 1 Mio. Einwohner, 200.000 davon für die Stadt Brescia. Der östliche Part des Gardasees gehört zur **Provinz Verona** (mit Verona als Hauptstadt). Die Provinz zählt zur Region Venetien (Hauptstadt: Venedig) und ist ebenso wenig unabhängig wie die Provinz Brescia. Gut 800.000 Menschen leben auf Veroneser Gemarkung, 256.000 allein in der Stadt Verona.

Hinsichtlich der administrativen Autonomie haben die Provinzen Südtirol und Trentino als gemeinsame Region einen Sonderstatus wie auch Sardinien, Sizilien, Friaul-Julisch-Venetien und das Aostatal. Die Regionen haben eigene gesetzgebende Organe, die sogenannten **Regionalkammern,** und Exekutivorgane, die sogenannten **Regionalausschüsse.** Jede Region hat ein Grundstatut, das durch die regionale Gesetzgebung ergänzt wird. An der Spitze der Region steht ein **Kommissar,** der die regionale Verwaltungstätigkeit überwacht. Trotzdem ist der Regionalismus in Italien kein Föderalismus im deutschen Sinne, es geht lediglich um die Dezentralisierung der Verwaltung.

Geografie und Geologie

65 m über dem Meeresspiegel gelegen, nimmt der Gardasee eine Fläche von 370 km² ein und umfasst 160 km Uferlinie. An seiner tiefsten Stelle misst er 346 m. Im Norden ist der See nur 4 km breit, im Süden sind es 17,2 km. Die angrenzenden Bergzüge gehen bis auf über 2100 m Höhe.

Der Gardasee ist, wie all die anderen oberitalienischen Seen auch, das **Ergebnis der letzten Eiszeit** vor etwas mehr als 10.000 Jahren. In der geologischen Geschichte der Südalpen nimmt er quasi eine Schlüsselfunktion ein. Die Gletscher aus dem hohen Norden kamen stetig auch nach Südeuropa und drückten sich durch die tiefen Täler der Alpen. Riesige Gesteinsmassen sind da-

Gardasee

bei abgehobelt, abgeschliffen worden. Die Gletscher schoben sie dann immer weiter vor sich her, sodass sich am Ende der Gletscher die sogenannten Moränen bildeten. Da es in den südlichen Alpen wärmer war, schmolz das Eis in ihren Ausläufern auch recht schnell und hinterließ die kennzeichnenden Hügellandschaften wie beispielsweise im Hinterland der südlichen Gardaseeregion. Mit dem Ende der Eiszeit setzte das große Tauen ein. Die Wassermassen rauschten durch die Täler in die Ebenen, die wiederum von den Moränenhügeln versperrt worden waren. Somit entstanden große und kleine Seen.

Wirtschaft

Am Gardasee ist der **Tourismus** seit den 50er Jahren des 20. Jahrhunderts die Haupteinnahmequelle für die Menschen. In den vergangenen Jahren lagen die Besucherzahlen ausländischer Touristen stetig über der Zwei-Millionengrenze, und das mit steigender Tendenz. Allein eine Million Touristen kommen aus Deutschland angereist.

Der umsatzträchtige Tourismus hat zur Folge, dass das **Kunsthandwerk** in den Regionen um den Gardasee wieder verstärkt zu Ehren kommt. In den Läden und auf Märkten in großen und kleinen Ortschaften werden viele Töpferarbeiten, Lederwaren und Holzkunst verkauft.

Wirtschaftlich von Bedeutung ist des Weiteren die **Landwirtschaft.** In den Ebenen des Trentino werden vor allem Äpfel und Birnen in großem Stil angebaut. Das gilt auch für Wein. An der Ostseite des Gardasees am Fuße des

Stockenten-Plage

Stockenten sind nicht nur Allesfresser, sie vermehren sich auch so rasant wie Tauben in den Großstädten. Und nicht nur das haben sie mit den Tauben gemein. Stockenten – kommen sie in großen Ansammlungen vor, in denen sich leicht Krankheiten und Parasitosen ausbreiten – können Viren und Bakterien auf den Menschen übertragen. Am Gardasee hat sich das zunehmend größere Vorkommen dieser Wasservögel zu einem echten Problem ausgewachsen. Deshalb wird dringend darum gebeten, Stockenten nicht zu füttern. Zum einen, damit sie sich nicht noch schneller vermehren. Zum anderen, weil nicht alle Nahrungsmittel, die an sie verfüttert werden, für die wilden Enten geeignet sind. Schlimmer noch, sie verursachen unter Umständen Vitaminmangel und bereiten damit den Nährboden für Krankheiten. Die Landesverwaltung Verona appelliert darüber hinaus, keine Küken oder auch ausgewachsene Enten anderer Rassen am Gardasee auszusetzen. Erstens verschlimmert es die Stockentenplage, zweitens sorgt das möglicherweise für das Aussterben der Stockente, weil sie sich mit den anderen Enten ungehindert kreuzen kann.

Aussehen der Stockente: Das Männchen hat einen grünen Kopf, gelben Schnabel und ein enges weißes Halsband. Sein Federkleid ist grau bis kakifarben. Die Flügel schimmern bläulich, die Schwanzfedern sind auffällig gelockt. Das Weibchen ist im Ganzen nussbraun mit schwarzen Sprenkeln. Sein Schnabel ist orange mit schwarzen Einfärbungen.

Monte Baldo-Massivs finden sich riesige Haine mit Olivenbäumen für die Produktion von Olivenöl. Noch weiter südlich bei Lazise und Bardolino herrscht Weinanbau vor, genauso wie in der Landschaft bei Sirmione am Südzipfel des Gardasees.

Geschichte

Wie auch das Trentino, kann die gesamte Gardaseeregion mit Verona im Südosten und Brescia im Südwesten auf eine bewegte Vergangenheit blicken. Funde von Pfahlbauten weisen daraufhin, dass hier **schon vor 4000 Jahren Menschen gesiedelt** hatten. Nach ligurischen und wahrscheinlich auch venetischen Stämmen kamen die Etrusker an den Gardasee, im 4. Jahrhundert v. Chr. die Gallier. Dann war die große Zeit der Römer, von denen in einigen Ortschaften historische Funde zeugen. Der Gardasee soll ursprünglich Benacus geheißen haben – nach einer im See beim heutigen Maderno-Toscolano versunkenen Stadt benannt. Ganz Oberitalien war damals eine römische Provinz. Es folgte die Zeit der Langobarden und Franken, die die Macht der Veroneser Bischöfe stärkten. Aber auch Brescia fing langsam an, seine Macht auszudehnen und sich ins Spiel zu bringen.

Anno 774 erobert **Karl der Große** das Langobardenreich und macht seinen Sohn *Pippin* zum König von Italien. *Otto der Erste* betritt die italienische Bühne und wird vom Papst zum Kaiser gekrönt. Die Mark Verona und der Gardasee fallen an das Herzogtum Bayern und sind damit ein strategisch äußerst wichtiger

Stützpunkt. Wenige Jahre später entstehen Stadtstaaten. Eine neue Kluft tut sich auf: die kaisertreuen **Ghibellinen** gegen die papsttreuen **Guelfen.** Nach vielen Wirrungen schlägt 1154 die Stunde für *Kaiser Barbarossa*. Es gelingt ihm, viele lombardische Städte zu erobern. Aber auch er kann sich nicht ewig halten. Nachdem sich ein lombardisches Bündnis und ein Veroneser Städtebündnis gegründet und die beiden sich schließlich zusammengetan haben, ist *Barbarossas* Ende besiegelt.

Das **Mittelalter** wird geprägt von den Dynastien der berühmten *Scaligeri* aus Verona und der *Visconti* aus Mailand, die sich untereinander erbitterte Schlachten liefern.

1796 betritt *Napoleon* die italienische Bühne und erobert die Lombardei und Venetien. Nach *Napoleons* Untergang anno 1814 wird beim berühmten **Wiener Kongress** beschlossen, dass Venetien und die Lombardei an Österreich gehen. Eine gewisse Ruhe währt nur bis 1848. In Frankreich, Deutschland und Österreich begehrt das Bürgertum auf, auch Italien wird erfasst. Das Stichwort lautet: **Risorgimento – Wiederauferstehung.** Im Bündnis mit den Franzosen besiegen die oberitalienischen Truppen in einer der schlimmsten Schlachten bei San Martino und Solferino im Süden des Gardasees die Österreicher. Die Lombardei und Venetien werden nun an Italien angegliedert.

Anfang der 1920er Jahre setzt sich der **Faschismus** in Italien durch. **Benito Mussolini** reißt die Macht an sich und regiert diktatorisch. 1943 wird er gestürzt und gefangen gesetzt, von deut-

Gardasee

schen Truppen aber wieder befreit. In Salò gründet er sogleich die Gegenregierung der Repubblica Sociale Italiana. Zwei Jahre ist *Mussolini* noch eine Art Marionette *Adolf Hitlers*, dann befreien die Alliierten den Gardasee. Auf der Flucht wird *Mussolini* von Partisanen erschossen.

1946 wird in Italien als Ergebnis einer Volksabstimmung die **Republik** ausgerufen. Die erste **Verfassung** tritt 1948 in Kraft. Politisch können sich die Christdemokraten *(Democrazia Cristiana)* mit ihrem Frontmann *Alcide de Gasperi* gegen die Volksfront aus Kommunisten und Sozialisten durchsetzen, die aber dennoch an der Regierung beteiligt sind. In den folgenden Jahren macht der Vatikan Stimmung gegen die Volksfront, was in einer regelrechten Hetzkampagne ausartet. Mit Erfolg: Im Jahr 1948 siegen die Christdemokraten mit überwältigender Mehrheit.

In den 1950er Jahren erlebt Italien ein **Wirtschaftswunder,** wobei allerdings das Nord-Südgefälle immer gravierender wird. Auch die Einrichtung der legendären „Cassa per il Mezzogiorno", die als wirtschaftliche Unterstützung für den Süden gedacht ist, schafft keine wirkliche Abhilfe. 1957 ist Italien Gründungsmitglied der Europäischen Wirtschaftsgemeinschaft.

1970 greift der **Dezentralisierungsgedanke** um sich, und Italien wird in **20 Regionen** aufgeteilt. Den Regionen Südtirol und Trentino, dem sogenannten Alto Adige, wird aufgrund ihrer Historie eine größere Unabhängigkeit eingeräumt. Sie sind autonom und haben ein eigenes Statut. Sie dürfen eine eigene Regionalkammer mit den entsprechenden Aus-

042ga Foto: de

schüssen gründen. In dieser Phase gelingt Italien der Sprung zu einer der führenden Industrienationen der Welt.

In den folgenden Jahren erschüttern immer wieder neue **Regierungskrisen** mit stetig wechselnden Koalitionsregierungen das Land. Erst 1993 wird die Parteienlandschaft grundlegend neu geordnet, weil Korruptions- und Parteienfinanzierungsskandale aufgedeckt werden.

Die 1990er Jahre werden bestimmt von der Diskussion um den Anschluss an die Europäische Währungsunion, der nach heftigen Auseinandersetzungen schließlich unter Dach und Fach gebracht wird und 2002 die Einführung des Euro zur Folge hat.

Spektakulär ist 1994 der Einstieg des Medienzars **Silvio Berlusconi** in die Politik mit seiner neu gegründeten Partei „Forza Italia". Gemeinsam mit dem rechten Bündnis, an dem die italienischen Faschisten (MSI) und die regionalistische „Lega Nord" beteiligt sind, bildet er die Regierung. Nach nur sieben Monaten muss *Berlusconi* seinen Stuhl wieder räumen, weil die Lega Nord die Koalition verlässt. Nach unterschiedlich stabilen Phasen der italienischen Regierung gelingt dem Medienmogul dann 2000 endgültig der Durchbruch. Seine Forza Italia wird stärkste politische Kraft im italienischen Parlament. Zusammen mit dem Chef der ehemals neofaschistischen „Alleanza Nazionale", *Gianfranco Fini,* und einigen kleineren Parteien bildet *Berlusconi* eine rechte Koalition.

Für nationalen und auch internationalen Aufruhr sorgt *Berlusconi,* als er eine Änderung des Immunitätsgesetzes durchpeitscht, um so der drohenden Verfolgung durch die Strafbehörden wegen Steuerhinterziehung und ungeklärter Mafiabeziehungen zu entgehen. Dass er damit gegen die Gewaltenteilung verstößt, ist *Berlusconi* gleichgültig.

Im Jahr 2005 dann wird *Berlusconi* gestoppt. Im Frühjahr gewinnt sein Rivale, **Romani Prodi,** Jahrgang 1939, der sich als „Konsenspolitiker" einen Namen gemacht hat, mit einem Mitte-Links-Bündnis die Wahlen, wenn auch nur knapp. *Berlusconi* tobt und spricht von Betrug, obwohl es deutliche Hinweise darauf gibt, dass er das Wahlergebnis mittels eines manipulierten Computersystems zu seinen Gunsten hat fälschen lassen.

Romani Prodi, Wirtschaftswissenschaftler und Vollblut-Politiker, der von März 1999 bis November 2004 Präsident der EU-Kommission war, lässt sich nicht beeindrucken und geht, unbeirrt aller Kampfansagen, Drohungen und rechter Massendemonstrationen, seinen Weg.

Dennoch, *Berlusconi* ist nicht zu stoppen, im Mai 2008 feiert der Rechtspopulist und einer der reichsten Männer Italiens ein triumphales Comeback. Mit dem Mitte-Rechts-Bündnis aus „Popolo della Libertà", „Lega Nord" und „Movimento per l'Autonomia" schafft er es, die Mehrheit im Parlament zu bilden und zum dritten Mal zum Ministerpräsidenten gewählt zu werden.

Gardasee

Panoramablick auf Riva

Das Nordufer: von Riva nach Torbole

Eng, schmal und doch majestätisch wirkt das Nordende des Lago di Garda, das zur Trentiner Gemarkung gehört. Die Alpen mit ihren Ausläufern dominieren hier das landschaftliche Bild, die senkrechten Wände des Rocchetta-Massivs auf der einen, der mächtige Monte Baldo-Gebirgszug auf der anderen Seite. Dazwischen liegt die fruchtbare und weite Flussebene des Sarca, der bei Torbole in den Gardasee mündet. Nicht zu vergessen der Monte Brione, der sich dominant zwischen Torbole und die Hafenstadt Riva schiebt. Die beiden malerischen Dörfer Arco und Nago liegen etwas abseits im Hinterland der nördlichen Gardasee-Region.

Riva ↗ II/III

14.734 Einwohner

„Riva, die Schöne" wird bei dieser Stadt gerne getitelt. Zu Recht. Riva ist schön – wegen der gut erhaltenen historischen Altstadt und der farbenfrohen Häuserfassaden mit den barocken Fensterrahmen, wegen des Wasserschlosses, des Wachturmes sowie des Jachthafens und der Seepromenade, wegen der belebten Gassen und Plätze mit vielen Lokalen und Geschäften. Sogar der sonst mit so düsteren Fantasien gesegnete *Franz Kafka* schrieb seinerzeit: *„In Riva war ich des Südens*

Gast, der mir nie wieder so liebenswürdig und großzügig begegnete." Auch *Arthur Schopenhauer* war begeistert und wollte sein weiteres Leben gar als Eremit auf dem Torre Apponale in Riva bestreiten. Daraus wurde dann aber irgendwie doch nichts. *Thomas Mann* war von Riva inspiriert und hat an seinem Buch „Tonio Kröger" geschrieben. *Rainer Maria Rilke* war hier, *Friedrich Nietzsche*, und noch immer sind nicht alle der namhaften Reisenden aufgelistet. Im 19. Jahrhundert avancierte Riva zu einem der beliebtesten Kurorte dieser Region. Auch heute erfreut sich die Stadt alljährlich vieler Urlauber, wobei sich der Typus geändert hat. Kurgäste trifft man eher in der Nebensaison. Die Hauptsaison gehört, abgesehen von den vielen verschiedenartigen Tagesgästen, den sportlich Ambitionierten; und zwar solchen, die eine wohlhabende Kleinstadt mit Flair dem turbulenten Torbole vorziehen. Bei aller Liebe sollte natürlich der industrielle Part der Stadt nicht unerwähnt bleiben. Doch liegt dieser im nördlichen Hinterland, das ansonsten von Wein-, Obst- und Olivenanbau geprägt ist.

Geschichte

Schon die alten Römer erkannten: Auf dem Gardasee vor Riva gibt es die schwierigsten Winde, ideale Bedingungen, das Segeln zu erlernen. Tatsächlich ist eine **römische Nautikerschule** historisch belegt, als Riva noch Ripa hieß. Im Zuge der Völkerwanderung war Riva stets in anderen Herrscherhänden, aber nie von wirklich strategischer Bedeutung. Die eigentliche Geschichte der Stadt beginnt am 31. Mai 1027, als der deutsche Kaiser *Konrad II.* das Bistum Trient gen Süden erweitert. Der Hafen in Riva wird zum wichtigsten der nördlichen Seehälfte und ist deshalb über die Jahrhunderte schwer umkämpft. Denn wer über Riva herrscht, hat auf dem Wasser den einzigen Zugang zur Poebene. Besonders heftig sind die Kriege zwischen den *Visconti* aus Mailand und den Venetiern, die schließlich in einer atemberaubenden Aktion ihre Gegner in die Flucht schlagen können (siehe Exkurs „Als die Schiffe über den Berg fuhren"). Nach 70 Jahren fällt Riva wieder an Trient, bis das Bistum nach einem französischen Intermezzo in die Macht der Österreicher gelangt. Erst mit dem Ende des 1. Weltkrieges gehört die Stadt zum italienischen Staat.

Stadtrundgang

Hinweis: Riva ist verkehrsberuhigt in der Altstadt, was bedeutet, dass man außerhalb parken muss oder sein Fahrzeug an dem ausgewiesenen Großparkplatz abstellt.

Das Herz der Stadt bildet die große **Piazza 3. Novembre** direkt am See, die von Laubengängen gesäumt ist. Die vielen Freiluftlokale und -cafés laden zum Genießen des herrlichen Seeblicks ein. Hier steht auch das nicht zu übersehende **Wahrzeichen von Riva,** der **Torre Apponale.** Der 34 m hohe Stadtturm wurde im 14. Jahrhundert zur Überwachung und Verteidigung des Hafens gebaut. Auf seiner Spitze dreht

sich der eiserne Engel Anzolim nach der Windrichtung.

Auf der Uferpromenade in östlicher Richtung gelangt man zur **Rocca,** einer mächtigen **Wasserburg** aus dem 12. Jahrhundert, als die *Scaligeri* über Riva herrschten. Im Wassergraben tummeln sich ganz idyllisch Schwäne und anderes Federvieh. Das Schloss wurde über die Jahrhunderte immer wieder umgebaut. Einen Frevel begingen die Österreicher, die es zu einer Kaserne umgestalteten. Heute ist in der Burg das **Stadtmuseum** mit Sammlungen der Archäologie, der Malerei und Wissenschaft untergebracht. Öffnungszeiten: Dienstag bis Sonntag 9.30–12.30 und 14.30–18.30 Uhr, Eintritt ca. 2 Euro, Tel. 0464/ 57 38 69. Außerdem finden hier im Sommer Freiluft-Konzerte statt.

Im Westen der Piazza 3. Novembre erheben sich über mächtigen Kolonnaden der **Palazzo Pretoriale** (13. Jahrhundert) und angebaut der **Palazzo del Provveditore** (14. Jahrhundert). Im Anschluss daran folgt noch der Palast der venezianischen Gouverneure. Wenn man die Verlängerung des Kolonnadenganges durchläuft, steht man vor dem Stadttor zur Piazzetta San Rocco. **Porta Bruciata,** das „verbrannte Tor", ist deshalb so benannt worden, weil es die Visconti-Soldaten in Brand geschossen hatten. Darüber hinaus gibt es noch zwei Stadttore, die **Porta San Michele** an der Piazza Cavour und die **Porta San Marco** am Ende der Via Fiume.

Das größte Kunstwerk, das Riva zu bieten hat, steht an der Straßengabelung nach Arco und an das Westufer: die **Chiesa dell'Inviolata,** die anno

1603 von einem unbekannten portugiesischen Architekten errichtet worden ist. Von außen würde man gar nicht auf die Idee kommen, dass es eine besondere Kirche ist. Doch sobald man den Fuß in den Innenraum gesetzt hat, überwältigt die schmuckreiche Ausgestaltung, die üppig, aber nicht erdrückend ist. Besonders schön sind die Kuppel und die Seitenkapellen. 100 Jahre später wurde die Pfarrkirche dell'Assunzione della Maria an der Piazza Cavour gebaut. Sie ist monumental und von düsterem Prunk – Ausdruck der Entwicklung italienischen Barocks.

Besonders von der Piazza 3. Novembre fällt die **Bastione am Hang des Monte Rocchetta** ins Auge. Hoch über der Stadt hatten die Venezianer (1509) einen runden Geschützturm gebaut, der von *General Vendôme* zerstört wurde. Mit einem Fahrzeug ist die Turmruine nicht zu erreichen. Man kann über einen gepflasterten Serpentinenweg in etwa 30 Minuten dort hoch marschieren. Am Turm angebaut ist ein Restaurant mit Panoramaterrasse. Der Blick von hier ist herrlich.

Ein weiterer, fantastischer Panoramablick eröffnet sich vom **Sentiero Ponale.** Die nicht weit südlich von Riva beginnende alte Ponale-Straße zählt zu den schönen Wander- und Bikerrouten am Gardasee. In mühsamer, über fünf Jahre währender Arbeit war 1842 ein 4,5 Kilometer langer Weg in den Fels als Verbindung zum Valle di Ledro gesprengt und geschlagen worden. Nachdem dann in der Neuzeit moderne Tunnel ins Valle di Ledro gebaut worden waren, verfiel die alte Ponale-Straße zu-

nehmend und wurde für den Straßenverkehr gesperrt. Trotz der Steinschlagrisiken erfreute sie sich vor allem bei Bikern wegen ihrer spektakulären Streckenführung und Ausblicke größter Beliebtheit. Nach umfangreichen Rekonstruktionsarbeiten im Jahr 2000 ist die Strecke für Radfahrer und Wanderer heute uneingeschränkt freigegeben; sie nennt sich jetzt offiziell Alpiner Höhenweg D 01.

Praktische Informationen

APT-Touristeninformation

● Largo Medaglie d'Oro al Valor Militare 5, 38066 Riva del Garda, Tel. 0464/ 55 44 44, Fax 52 03 08, Internet: www.rivadelgarda.com.

Unterkunft

● **Hotel du Lac et du Parc****, Viale Rovereto 44, Tel. 0464/ 52 02 02, Fax 55 52 00, Internet: www.hoteldulac-riva.it. Der Park mit kleinen Seen, Palmen und Pinien, der das Exklusiv-Hotel umgibt, umfasst 70.000 Quadratmeter direkt an der Promenade im nördlichen Riva. Neben dem Hotelkomplex gibt es noch 33 Bungalows mit Kochnische für zwei bis fünf Personen. Das Freizeitangebot beinhaltet Frei- und Hallenbad, Tennisplätze, Fitnessstudio, Sauna, Solarium, Mountainbikes, Surf- und Segelschule. Hunde erlaubt (15 Euro/Tag). DZ ab 85 Euro.

● **Parc Hotel Flora****, Viale Rovereto 54, Tel. 0464/ 55 32 21, Fax 55 44 34, Internet: www.parchotelflora.it. Komplett neu renoviertes, elegant und modern durchgestyltes Hotel mit großzügigen Zimmern. Großer Wellnessbereich mit vielen Angeboten und Anwendungsmöglichkeiten. Der beheizte Pool liegt inmitten eines mediterranen Gartens mit Parkcharakter. Verkehrsgünstige Lage nördlich des Stadtzentrums, gerade so weit, dass man noch gut zu Fuß in die Altstadt laufen kann. Hunde erlaubt (8 Euro). Zum See sind es nur drei Minuten. DZ ab 129 Euro.

●**Lido Palace Hotel******, Viale Carducci 10, Tel. 0464/ 55 26 64, Fax 55 19 57. Das Hotel liegt direkt am Hafen und erinnert in seiner Atmosphäre an einen Kurort des 19. Jahrhunderts. Dennoch ist der Stil des Hauses ungezwungen. Kleine Hunde erlaubt (7,50 Euro/ Tag). Tennisplatz, Schwimmbad, Parkplatz. DZ ab 91 Euro.

●**Park Hotel Astoria******, Viale Trento 9, Tel. 0464/ 57 66 57, Fax 52 12 22, Internet: www.relaxhotels.com/ita/astoria. Der Hotelkomplex ist im mediterran-modernen Stil gehalten. Im 15.000 m² großen Park findet sich ein herrliches Schwimmbad samt Whirlpool und Poolbar. Ein Hallenbad ist ebenso vorhanden. Die Lage ist ruhig mit Blick auf die Bergwelt, dafür sind der Gardasee und das Stadtzentrum einen ordentlichen Fußmarsch entfernt. Es gibt ausreichend Parkplätze, eine Tiefgarage und Fahrradverleih. DZ ab 98 Euro.

●**Hotel Antico Borgo******, Via A. Diaz 15, Tel. 0464/ 55 22 77, Fax 55 43 67, Internet: www.bluhotels.it. 2008 hat das zu der Blu-Hotelgruppe zählende Antico Borgo seine Pforten geöffnet. Es ist rundherum ein Hotel zum Wohlfühlen, das sich obendrein in perfekter Innenstadtlage befindet. Durch die herrliche Dachterasse hat man dennoch einen wunderschönen Blick auf den Gardasee. DZ ab 58 Euro.

●**Hotel Centrale*****, Piazza 3. Novembre 27, Tel. 0464/55 23 44, Fax 55 21 38, Internet: www.welcometogardalake.com/centrale/. Architektonisch ein venezianischer Bau in zentraler Lage zu Beginn der langen Uferpromenade am Hafen. Die Inneneinrichtung ist nüchtern mit eleganten Elementen. Freundlicher Service. Das Freiluftrestaurant ist mittelmäßig, die Pizza leider sogar geschmacklos. DZ ab 80 Euro.

●**Hotel Bellariva*****, Viale Rovereto 58, Tel. 0464/ 55 36 20, Fax 55 66 33, Internet: www.hotelbellariva.com. Die Lage ist angenehm abgerückt nördlich vom Zentrum und dennoch an der Promenade. Die Einrichtung ist kitschig, aber gepflegt, das Management freundlich. Hunde erlaubt. DZ ab 100 Euro.

●**Residence Centro Vela**, Viale Rovereto 101, Tel. 0464/ 55 60 55, Fax 55 38 07, Internet: www.residencecentrovela.it. Gegenüber des Hafens San Nicolò gelegener Gebäudekomplex mit modernen Ferienwohnungen, Bar, Restaurant, Fitnesscenter und Geschäften. Die 100 dazugehörigen Parkplätze sind kostenlos. Tiefgarage für Mountainbikes und Surfbretter ist vorhanden. Wohnung pro Nacht ab 60 Euro.

●**Casa Francesca**, Via del Corvo 9, Internet: www.immobiliarefrancesca.com. Hübsche, sehr ordentlich eingerichtete Ferienwohnungen mit einem, zwei oder drei Zimmern. Das mehrstöckige Haus mit Aufzug liegt mitten im historischen Zentrum. Wohnung für 2 Personen ab 55 Euro pro Tag.

●**Villa Bellaria**, Via Ardaro, Tel. 0464/ 55 60 94, Fax 55 98 76, mobil 0346/ 23 12 253, Internet: www.villabellaria.com. Vier Wohnungen für zwei Personen (plus zwei Zustellbetten) und sieben Doppelzimmer offeriert die 2006 renovierte Villa nahe der Stadtmauer von Riva. Die Ausstattung ist sehr gut, es gibt auch eine Sauna und ein türk. Dampfbad, einen Garten mit Kinderspielgeräten. DZ ab 60 Euro, Appartement ab 80 Euro.

●**Residence Marina**, Via M. Brione 6, Tel. 0464/ 55 27 36, Fax 55 32 11, Internet: www.relaxhotels.com/ita/marina. Ein- bis Drei-Zimmer-Appartements in modernem Haus mit schöner Grünanlage, Schwimmbad und Bootsanlegestelle. Super Blick ab dem 2. Stock aufwärts. Zwei-Zimmer-Wohnung pro Tag ab 45 Euro.

●**Residence La Colombera**, Fraz. S. Allessandro, Via Rovigo 30, Tel. 0464/ 55 60 33, Fax 56 15 06, mobil +39/ 338/ 24 01 421, Internet: www.lacolombera.it. In einem ehemaligen Verteidigungsturm aus dem 5. Jahrhundert, der später als Taubenhaus diente, ist ein Apartmenthaus mit Wohnungen für 2 bis 6 Personen entstanden. Das Anwesen, das von Weinreben und Olivenhainen umgeben ist, liegt zwar etwas außerhalb von Riva am Fuße des Monte Brione, dafür ist es wildromantisch und ruhig. Die Wohnungen sind allesamt dem Stil des Hauses entsprechend mit viel Holz und Fliesen komfortabel ausgestattet. Kleinere Hunde sind erlaubt. Zwei-Zimmer-Wohnung ab 50 Euro pro Tag.

Agenturen für Wohnungsvermietungen:
●**Agenzia Viaggi All Ways**, Piazza Cavour 4a, Tel. 0464/ 55 18 72, Fax 55 18 51.

Gardasee

●**Agenzia Viaggi Grada,** Piazza Garibaldi 7, Tel. 0464/ 55 40 18, Fax 55 44 76.

Jugendherberge

●**Ostello Benacus,** Piazza Cavour 10, Tel. 0464/ 55 49 11, Fax 55 65 54; komplett renoviert und behindertengerecht. IYHF-Mitglieder werden bevorzugt behandelt.

Camping

●**Monte Brione**********, Via Brione 32, Tel. 04363/ 52 08 85, Fax 55 31 78, Internet: www.campingbrione.com. Der Platz liegt sehr idyllisch an einem Olivenhain etwa 250 m entfernt vom Gardasee. Die Anlage ist jüngeren Datums, luxuriös und mit Swimmingpool.

●**Bavaria***, Viale Rovereto, Tel. 0464/ 55 25 24, Fax 55 36 36. Das Areal ist direkt am See, nichts für Ruhe suchende Gemüter. Hier sind viele Surfer anzutreffen, also junges und heiteres Publikum.

●**Al Lago***, Viale Rovereto 112, Tel./ Fax 0464/ 55 31 86, Internet: www.campingal lago.com. Moderner Campingplatz direkt am See und in der Nähe des Zentrums.

●**Garda***, Via Brione 30, Tel./ Fax 0464/ 55 20 38, Internet: www.campingbrione.com. Kleines Areal mit nur 19 Stellplätzen unter Olivenbäumen, 200 m vom Strand entfernt, aber sehr nah zum Zentrum von Riva. Auch Zimmer mit Duschen sowie Appartements werden vermietet.

Essen und Trinken

●**Al Volt,** Via Fiume 73, Tel. 55 25 70. Hier sollte man unbedingt ein Nudelgericht essen oder eine Forelle vom Grill/aus der Folie.

●**Bastione,** Via Bastione 19a, Tel. 55 26 52. Sehr angenehmes Etablissement mit typisch trientinischen Gerichten. Es ist angeraten, vorher zu reservieren.

●**Leon d'Oro,** Via Fiume 73. Atmosphärisch das Schönste, was Riva zu bieten hat, ganz nostalgisch in der Altstadt in einer Seitengasse, gute Küche.

●**Casa del Caffè,** Via Maffei Andrea 13, Tel. 0464/ 55 78 39. Mitten in der Altstadt nahe des Seeufers gibt es den wohl besten Espresso, Cappuccino etc der Stadt. Das stylische Café ist vor allem Anziehungspunkt für junge Leute.

●**Caffè Italia,** Piazza Cavour 8, Tel. 0464/ 55 25 00. Beliebter Treffpunkt der Einheimischen im Zentrum der Stadt.

●**Villa Aranci,** Viale Rovereto (Höhe Sportplatz). Beliebte Pizzeria mit Pizzen in allen Variationen. Der Bau ist zwar klassizistisch, serviert wird aber an rustikalen Holztischen. Nebenan ist ein Kinderspielplatz.

●**La Rocca,** Piazza C. Battisti, Tel. 0464/ 55 22 17. Nettes Veranda-Restaurant in der Burg am Hafenbecken.

●**Pan e Salame,** Via Marocco 22. In einem Seitenarm des historischen Stadtkerns jenseits des großen Trubels sind die Einheimischen in dieser urigen Osteria im Großen und Ganzen noch unter sich. Und die Stimmung ist gut.

●**La Contrada,** Via Bastione 1, Tel. 0464/ 52 16 95. Schöne, moderne Osteria am Rande des Ortskerns, die auch einen großzügigen Innenhof hat, in dem sich vortrefflich Wein probieren und speisen lässt. Besondere Spezialität: Strangolapetri, Backkaninchen.

Nachtleben

●**Maracaibo,** Via Monte Oro 14, 0464/ 55 73 80, Internet: www.maracaibodisco.com. Wechselnder Musictype, immer neue Events. Die allererste Adresse, um zu tanzen und Leute zu treffen. Und die trifft man in Massen. Man kommt von Trento, Rovereto und den umliegenden Ortschaften hierher.

Die alte Ponale-Straße

●**Discoteca Tiffany,** Giardini di Porta Orientale, Tel. 0464/ 55 25 12. Hier wird von Techno bis Pop fast alles aufgelegt. Getanzt wird auch draußen auf der Terrasse.

●**Pub All'Oca,** Via Santa Maria 9. Sehen und gesehen werden gilt hier für Einheimische und besonders für Segler. Hier geht es bedeutend ruhiger zu.

Outdoor

●**Tauchen:** Porto San Nicolò, Tel. 0464/ 55 51 20 u. 51 74 83; vom 1. Juli bis 15. Sept. tägl. von 9 bis 12.30 Uhr geöffnet, sonst nur an den Wochenenden von 9 bis 12.30 Uhr.

●**Mountainbike:** Girelli Mountain Bike, Viale Damiano Chiesa 15/17, Tel. 0464/ 55 66 02; Surf Segnana Windsurf Catamaran Bike Center, Lungolago di Pini 19, c/o Camping Bavaria, Tel. 0464/ 50 59 63, Fax 50 54 98, Handy 335/ 52 22 212, Internet: www.surf segnana.it.

●**Rosà Bikes & Scooters Bikeshop,** Viale Dante 4, Tel. 0464/ 56 21 57, www.rosabike.it.

●**Windsurfing:** Nautic Club Riva, Viale Rovereto 44, Tel./Fax 0464/ 55 24 53, Internet: www.nauticclubriva.com; Surf Segnana Windsurf Catamaran Bike Center (s.o.).

●**Segeln:** Nautic Club Riva (s.o.); Jachthafen Riva, Porto S. Nicolo, Tel. 0464/ 55 12 58.

●**Baden:** Vom Zentrum in östlicher Richtung entlang der Seepromenade zieht sich mehrere Kilometer ein sehr gepflegter Kieselsteinstrand, der sein Ende beim Jachthafen Porto San Nicolò findet. Hinter dem Promenadenweg sind auch Rasenflächen zum Liegen.

Agenturen für organisierte Ausflüge

●**All Ways,** Piazza Cavour 4a, Tel. 0464/ 55 18 72, Fax 55 18 51.

●**Atesina,** Piazza Stazione 2, Tel. 0464/ 55 20 95, Fax 55 18 08.

●**Benacus,** Viale Rovereto 47/49, Tel. 0464/ 55 27 27, Fax 55 44 78.

●**Garda,** Piazza Garibaldi 7, Tel. 0464/ 55 40 18, Fax 55 44 76.

●**Riva Aura Viaggi,** Viale dei Tigli 18, Tel. 0464/ 55 19 25, Fax 55 69 19.

●**Michelangelo Intern. Travel,** Loc. S. Tomaso 3a, Tel. 0464/ 57 11 11, Fax 52 04 17.

Shopping

●**Martinelli & Co.,** Via Liberazione 2. Guter Laden für Sportklamotten.

●**North Sails,** Viale Rovereto 11. Outdoor-Mode vom Feinsten.

●**Enoteca Bacchus,** Via Fiume 35. Gut sortierter Weinladen mit feinen Köstlichkeiten, in dem echte Schnäppchen zu machen sind.

●**Morghen Fabio,** Via Diaz 18. Das Lebensmittelgeschäft für den gehobenen Anspruch mit ausgesuchten Delikatessen.

●**Crystal,** Via Antonio Gazzoletti 17. Vor allem Muranoglas.

●**Bresciani,** Piazza Cesare Battisti. Es gibt nichts, was es nicht gibt – von der Ritterrüstung bis zum alten Fischbesteck.

●**Dentro Lemura,** Via Disciplini 7. Ausgefallener Schmuck, vorzugsweise aus Silber.

Gardasee

043ga Foto: de

●**Artigiano,** Via Fiume 35. Leder ist seine Leidenschaft und seine Profession gleichermaßen. Bei *Leonardo Guizetti* kann man wunderschöne, Taschen, Gürtel und Büchereinbände, aber auch Sessel oder Hocker erwerben.

●**Fronte,** Viale San Francesco 11. In diesem kleinen Laden gibt es alles aus Filz und das für jeden Geschmack: Taschen, Schals, Tücher, Hüte, Decken, Mützen, Hausschuhe, Blumen, Eierwärmer und viele Dekosachen mehr.

●**Lorenzo Lorenzi,** Viale Dante Alighieri 31. Ein Geschäft für edle Geschenkideen und feines Porzellan in großer Auswahl.

Märkte

●**Obst- und Gemüsemarkt:** montags bis samstags auf der Piazza delle Erbe (Altstadt).
●**Kleidermarkt:** jeden 2. Mittwoch im Monat, von Juni bis September auch jeden 4. Mittwoch, in der Via Dante und rundherum.

Busstation

Viale Trento (Neustadt), Tel. 0464/ 55 23 23; weitere Bushaltestellen: Viale Martiri und an der Fähranlegestelle für Busse nach Limone. APTV-Busse fahren jede Stunde am Ostufer entlang nach Verona zum Hauptbahnhof. Bus 82 fährt diese Strecke und am Südufer nach Desenzano. Bus 80 verbindet Riva mit Desenzano auf der Westseite 10 Mal am Tag. ATESINA-Busse pendeln im Norden. Bus 1 verkehrt zwischen Riva und Arco, Bus 2 versorgt zusätzlich Varone. Bus 3 bedient die Strecke Riva – Nago – Torbole – Riva – Arco.

Taxis

●**Taxi-Service:** Tel. 0464/ 55 22 00 und 55 14 00.
●**Taxi-Boat-Service:** Tel. 0464/ 55 41 19.

Autovermietung

●**Avis,** Viale Madruzzo 6, Tel. 0464/ 55 95 53.
●**Autocentro-Riva rent a car,** Via S. Nazzaro 2, Centro Commercial 2000 (Staatsstraße nach Arco), Tel. 0464/ 55 35 50, Fax 55 60 42, Handy 0336/ 45 28 26.

●**Santorum Autonoleggio** (verleihen auch Vespas!), Viale Rovereto 76, Tel. 0464/ 55 22 82, Handy 0335/ 53 59 016.
●**Sembenini Moto** (verleihen auch Vespas!), Viale Dante 7, Tel. 0464/ 55 45 48, Handy 0335/ 61 83 001.

Events

●**Segel- und Windsurfregatta** von März bis Dezember.
●Internationaler **Blasorchester-Wettbewerb** im Frühjahr.
●**Internationales Mountainbike-Meeting** im Frühling.
●**Internationale Begegnung junger Musiker** im Frühsommer.
●**Mountainbike-Orientierungsfahrt** von Mittenwald nach Riva im Sommer.
●**Notte di Fiaba,** traditionelles Sommerfest mit Theateraufführungen, Musik, Spielen und einem großem Feuerwerk auf dem See Ende August.

Ausflüge in die Umgebung

Lago di Tenno

Es passiert immer wieder auf der Staatsstraße 421 von Riva Richtung nördliches Trentino, dass Autofahrer nach der Ortschaft Villa del Monte völlig unvermittelt auf die Bremse treten. Der Blinker wird gesetzt, das Fahrzeug gewendet. Zurück zur Ursache, diesem **unglaublich grün-türkis schimmernden Wasser** unterhalb der Straße. Der Lago di Tenno auf 570 m Höhe ist gegen seinen namhaften Verwandten Gardasee winzig klein, kann dafür aber mit traumhaften Farbspielen aufwarten. Er liegt eingebettet in Nadel- und Laubwälder. Knapp eine Stunde dauert es, ihn zu umrunden. Unter der Woche ist wenig los, und man kann einen Spaziergang richtig genießen. An den Wochenenden kommen vor allem Angler

wegen der leckeren Forellen. Parken kann man direkt an der Straße, ein Parkplatz ist in 700 Meter Entfernung ausgeschildert. Die Fahrt von Riva hierher dauert etwa 20 Minuten.

Fischen darf man täglich außer freitags (Ausnahme bei Feiertag), aber nur maximal sechs Fische am Tag. Die Genehmigung fürs Angeln erhält man bei der Albergo Stella Alpina für ca. 9 Euro. Schwimmen ist in diesem smaragdgrünen Gewässer erlaubt, aber nur an den gekennzeichneten Stellen.

● **Clubhotel Lago di Tenno*****, Tel. 0464/ 50 20 31, Fax 50 21 01, Internet: www.clubhotel tenno.com. Im Verhältnis zum See sehr großer Hotelkomplex mit Tennisplätzen und Schwimmbad, zudem kann man Mountainbikes leihen. DZ ab 80 Euro.
● **Albergo Stella Alpina*****, Tel./ Fax 0464/ 50 21 21, Internet: www.stellaalpinatenno. com. Schlichtes, sehr sauberes, familiengeführtes Hotel. Unten im Haus befindet sich eine typische italienische Dorfbar, in der man sich auch schon morgens auf ein Hallo trifft. Einige Zimmer haben einen kleinen Garten oder Balkon. DZ ab 35 Euro.
● **Campingplatz:** Lago di Tenno, Tel. 0464/ 50 21 27. Kleine, feine Anlage direkt am See mit Kinderspielplatz, sehr ruhiges, sehr naturverbundenes Campen, ohne auf Komfort verzichten zu müssen.

Tenno   ♫ C1

Auf dem Weg zum Lago di Tenno kommt man zunächst an dem Ort Tenno vorbei, einem Dorf mit urigem Flair, denn viele Häuser sind sehr verwittert. Reste einer alten Stadtmauer schmiegen sich an den Berg, auf dem außerdem ein früher **mächtiges Kastell** thront. Es stammt aus dem 12. Jahrhundert, fiel aber auch *General Vendômes* Vernichtungsfieber zum Opfer. Am interessantesten ist der verschachtelte Ortsteil Frapporta, der um den Fuß des Burgfelsens herum gebaut wurde. Die **Kirche San Lorenzo** (13. Jahrhundert) unterhalb von Frapporta ist wegen ihrer Apsis berühmt. Hier wurden die ältesten Fresken des Trentino entdeckt.

● Ein echter Tipp zum Einkehren ist die **Trattoria Pie' di Castello** im nahe gelegenen Weiler Cologna, Via Diaz 55, Tel. 0464/ 52 92 01. In dem geschmackvoll sanierten alten Haus wird nach traditionellen Rezepten gekocht. Der Koch liebt vor allem Fleischgerichte – darauf sollte man sich einstellen. Wochenends sollte man reservieren, da die Einheimischen hier sehr gerne hingehen.

Canale del Monte   ♫ C1

Nördlich des Dorfes Villa del Monte geht es nach Canale, einem Ortsteil mittelalterlichen Ursprungs, seit jeher Anziehungspunkt für viele Künstler. Das **Casa degli Artisti,** das Künstlerhaus, ist weit über die Dorfgrenzen hinaus bekannt geworden. Hier werden nicht nur regelmäßig bedeutende Ausstellungen initiiert, u.a. mit Werken so bedeutender Maler wie *Goya, Miró* und *Dalí.* Das Haus mit seinen Werkstätten steht außerdem in- und ausländischen Künstlern zur Inspiration offen.

Gegenüber liegt das **Museo degli Attrezzi Agricoli di Tenno** mit einer Ausstellung alter Ackergeräte. Öffnungszeiten: 15. Juni bis 15. September von 15 bis 19 Uhr an Samstagen und Sonntagen und auf Nachfrage, in den Monaten Juli und August zusätzlich von 10 bis 12 Uhr. Der Eintritt ist frei.

Ein besonderes Ereignis gibt es im August, den **Rustico Medioevo.** Dann erwacht das so beschauliche Dörfchen

Gardasee

zu mittelalterlichem Leben mit Tanzaufführungen und anderen Darbietungen aus dieser Zeit.

Cascata Varone   ⤢ C1

Über 20.000 Jahre hat sich der Wildbach Varone einen tiefen Schlund durch die Felswände gegraben. Das Ergebnis ist ein spektakulärer **Wasserfall,** der unter Getöse in die Tiefe stürzt. Verschiedene Öffnungen im Schlund, durch die Sonnenstrahlen fallen, machen den Varone erst recht zu einem Naturschauspiel. Es ist ratsam, regendichte und wärmende Kleidung mitzunehmen.

Vom Zentrum in Riva muss man die gut ausgeschilderte **Route Varone** in nordwestlicher Richtung nehmen. Varone ist übrigens die Papierhochburg der Region, da hier die erste Papierfabrik entstand. Deshalb findet man in den Geschäften am nördlichen Gardasee auch ausnehmend schöne Papierartikel. Ein kostenloser Parkplatz ist vorhanden.

Öffnungszeiten: Von Mai bis August täglich 9–19 Uhr, April und September täglich von 9–18 Uhr, März und Oktober täglich von 10–12.30 und 14–17 Uhr, Internet: www.casata-varone.com. Eintrittspreis: 5 Euro.

Chiesa Santa Barbara

Die niedliche Kapelle Santa Barbara auf 625 m Höhe in den Hängen des Rocchetta-Massivs ist von Riva aus sehr gut zu sehen. Es ist eine schöne, wenn auch **anstrengende Wanderung,** die in 1¾ Stunden (einfache Strecke) gut zu bewältigen ist. Es ist der Wanderweg 404, der unterhalb des ebenfalls gut zu sehenden Geschützturms Bastione beginnt. Bis dorthin muss man zunächst einen gepflasterten Serpentinenweg durch den Wald laufen. Von dort steigt man einen gut markierten Wanderpfad zur Berghütte Capanna Santa Barbara (560 m) auf. Ein steiler Weg bringt den Wanderer dann zur Kapelle, die auf einem Felsvorsprung steht.

Ponale-Straße   ⤢ B,C3

Regelrecht in die Höhe schrauben können sich Mountainbiker auf der alten Ponale-Straße zum Ledro-See, der westlich von Riva liegt. Im 19. Jahrhundert war dieser Serpentinenweg in den Fels des Monte Rocchetta-Massivs gesprengt worden, mit vielen Brücken und Tunnels versehen. Das Schöne an der Strecke ist, dass sie für den motorisierten Verkehr gesperrt ist. Außerdem wartet oben ein wunderschöner Panoramablick und Service-Stationen in der Ortschaft Pregàsine (Bar Rosa Alpina und Bar Panorama).

Der **Einstieg für die Route** ist leicht zu finden. Man muss die Gardesana Occidentale Richtung Limone fahren. Kurz vor dem ersten Tunnel zweigt rechts eine Straße ab. Nach 150 Metern folgt eine Barriere, über die das Rad gehoben werden muss. Dann kann es losgehen. Einige Fußgänger sind auch anzutreffen, da die Route sehr schöne Aussichtspunkte aufzuweisen hat.

Monte Brione   ⤢ D2

Um den **Hausberg von Riva und Torbole** kommt man nicht herum – und das im doppeldeutigen Sinne. Der 376 m hohe Monte Brione schiebt sich

Gardasee

wie ein Querriegel zwischen die beiden Ortschaften. So konnte eine Verbindung von Torbole und Riva nur mittels eines Tunnels geschaffen werden. Und da der Riegel einen malerischen Bergrücken vorzuweisen hat, ist der Monte Brione ein Ausflugsziel, das für jeden Urlauber ein Muss ist. Außerdem war der Berg – wie sollte es angesichts der kriegerischen Auseinandersetzungen der vorigen Jahrhunderte auch anders sein – ein militärstrategisch wichtiger Verteidigungspunkt. Den Bau der Befestigungsgürtel, Festungen, Bunkeranlagen und Schießstellungen, die sich dort oben in größerem Ausmaß finden, hatte der österreichische Kaiser seinerzeit veranlasst. Heute sind sie beliebtes Refugium der Mountainbiker, die ideales Übungsgelände vorfinden.

Den **Einstieg als Radfahrer** findet man von Riva kommend vor dem Tunnel linker Hand. Von dieser asphaltierten Straße zweigt nach wenigen Metern an einer Marienstatue eine Straße rechts ab, die bis zum Hotel Benacus führt. Danach ist die Straße für motorisierte Fahrzeuge gesperrt.

Wer **per pedes** unterwegs ist, findet den Einstieg rechts vom Straßentunnel mit einem Stufenweg beginnend. An einer großen rosafarbenen Villa trifft man auf die Straße, und hier startet auch der berühmte Sentiero della Pace, der „Friedenspfad". Der Weg verläuft entlang der Steilkante des Felsens hin zu den Militäranlagen.

Mit dem Katamaran vor der historischen Kulisse Rivas

Die Seen Ledro, Idro und Valvestino

Für all diejenigen, die am Gardasee residieren, ist es eine **Rundreise (80 km) von Riva nach Gargnano und zurück** über die Gardesana Occidentale, mit Abstechern nach Pregasina, ins Valle di Concei, nach Bagolino und auf den Monte Stino. Dafür sollte man einen ganzen Tag einplanen. Darüber hinaus sind der Lago di Ledro und der Lago d'Idro sehr beliebte Ferienziele, wo man durchaus länger verweilen kann. Der Lago di Valvestino kann nicht mit größeren Ansiedlungen aufwarten, wenn man von einer Albergo mit Snack-Bar einmal absieht.

Valle di Ledro   ⤢ B1

Zwei lange finstere Tunnel, der Agnese mit 3600 m und der Dom mit 1100 m, weisen im Westen von Riva leider wenig euphorisierend den Weg ins Valle di Ledro. Noch bis Mitte des 19. Jahrhunderts war das Ledro-Tal vom Gardasee aus unerreichbar. Dann führte ein schmaler Saumpfad entlang der **Ponale-Schlucht**. In fünfjähriger Arbeit wurde 1847 von den Österreichern eine abenteuerliche Trasse in die senkrechten Felswände gesprengt. Die für Autos abgesperrte Straße zählt zu den attraktivsten Routen für Mountainbiker. Die Strecke kann man sehen, wenn man einen Abstecher nach Pregasina (2,5 km) unternimmt. Die Abfahrt kommt 400 m linker Hand nach dem Agnese-Tunnel. Auf dem Weg dorthin passiert man erneut einen Tunnel, so natürlich formvollendet, als sei er für eine Modelleisenbahn angefertigt worden. Gleich links mündet die alte Ponale-Straße in die Straße nach Pregasina. Erschöpfte Krieger auf dem Drahtesel hangeln sich durch die Straßenabsperrung. Hier hat man schon Pferde kotzen sehen ...

Wenige Meter weiter oben ist die **Panorama-Stelle** mit einem tollen Blick auf den Trentiner Bereich des Gardasees. Pregasina ist so eine Art Treff für Mountainbiker. Am beliebtesten sind die Bar/Trattoria der **Albergo Rosalpino**** (Tel. 0464/ 55 42 93, DZ ab 51 Euro) und die Bar/Trattoria der **Albergo Panorama*** (Tel. 0464/ 52 03 44, DZ ab 45 Euro). Der Hin- ist auch der Rückweg, und nach weiteren sechs Kilometern ist man an dem wundervoll smaragdgrünen Ledro-See angekommen.

Lago di Ledro   ⤢ B1

All jene, denen es am Gardasee zu heiß und zu umtriebig ist, tummeln sich in den glasklaren Fluten des 400 m hoch gelegenen Ledro-Sees. Vier Ortschaften haben sich an den Ufern des Sees angesiedelt und ein reines Feriendorf im südlichen Abschnitt mit zwei Imbisslokalen am Strand namens Pur. Landschaftlich bietet sich dem Betrachter sogar **ein dem Gardasee brüderliches Bild:** im Osten weitläufig, im Westen eng gefasst durch die hohen Gebirgszüge, steil die dicht bewaldeten Abhänge an den seitlichen Ufern. Nun, die beiden Seen enstanden schließlich auf die gleiche Weise. Die Gletschermassen über Riva, etwa 1100 m dick, schoben sich auch in das Ledro-Tal hinein und versperrten den Ausgang. An der Moräne staute sich ein See auf. Der klägliche Rest vom Abfluss ist der (dennoch) berühmte **Ponale-Wasserfall.** Sein Versickern erklärt sich aus dem Umstand, dass der hoch gelegene See 1929 für die Wasserversorgung von Riva angezapft und dem Wasserfall sozusagen der Hahn abgedreht wurde. Manches Schlechte aber hat auch sein Gutes. Hatten sich die Fischer schon immer über diese eigenartigen Pfähle am westlichen Uferrand des Ledro-Sees geärgert, die ihnen das Einholen der Netze so beschwerlich machten, so stellte sich dank des gesunkenen Wasserpegels heraus: Dies sind die **Reste eines großen Pfahlbautendorfes** aus der Zeit um 1700 v. Chr. Auf 4500 m² fand man über 10.000 Pfähle und weitere Exponate. Leider ist aufgrund des Wasserkraftwerks und des reduzierten Wasserdrucks der größte Teil des Ausgrabungsareals wieder abgerutscht. In einem Museum in Molina di Ledro wurde das Pfahlbautendorf rekonstruiert.

Molina di Ledro   ⬀ B1

Molina di Ledro (1500 Einwohner) am Westufer des Ledro-Sees besteht im Wesentlichen aus Ferienwohnungen und -häusern. Bedeutend ist nur das **Museo de Palafitte,** das sich links der Hauptstraße am Seeufer (Via Lungolago) befindet. Dort ist ein **Pfahlbau**

nachgebildet worden. Im Museumshaus sind Exponate ausgestellt, die zwischen den Pfählen gefunden wurden. Es handelt sich um Werkzeuge, Holzgegenstände, Steingeräte, Keramiken, Bernsteinarbeiten u.v.m. Außerdem ein Kanu, das aus einem Baumstamm geschnitzt ist. Die Radiokarbon-Datierung ist mit 3642 Jahren plus-minus 36 Jahre beziffert. In den Sommermonaten gibt es ein **Kinderprogramm namens „Palafittando".** Hier wird z.B. gemeinsam eine Pfahlhütte gebaut oder unter dem Motto „Ein Nachmittag bei den Flintstones" ein Tag im Leben der Pfahlbautenbewohner nachgespielt – mit Brotbacken, Tellerschnitzen, Kleidernähen etc. Öffnungszeiten: 1. März bis 30. Juni und 1. September bis 30. November täglich (außer montags) von 9–13 und 14–17 Uhr, 1. Juli bis 31. August täglich

Gardasee

045ga Foto.de

Lago di Valvestino

(außer montags) von 10–18 Uhr. Am 1. November, an Weihnachten und Neujahr ist das Museum geschlossen. Internet: www.palafitteledro.it. Eintritt: 2,50 Euro, Familienkarte 5 Euro.

APT-Touristeninformation

● 38060 Molina del Ledro, an der Straße nach Pieve, Tel. 0464/ 55 12 22, Internet: www.valledilredro.com.

Unterkunft

● **Locanda alle tre Oche***, Via Maffei 37, Tel. 0464/ 50 90 62, Fax 50 81 77, Internet: www.treoche.it. Nicht am See, dennoch schön gelegen und hübsch ländlich eingerichtet, guter Service. DZ ab 70 Euro.
● **Cima d'Oro***, Tel. 0464/ 50 81 10, Internet: www.gardalake.it/hotelcimadoro. Ganz hübsch, in Seenähe, entgegenkommende Hotelführung. Radfahrer sind gern gesehen, Hunde willkommen. DZ ab 32 Euro.

Agenturen für Ferienwohnungen und -häuser
● **Ledro Service Tour,** Via al Lago 7, Tel. 0464/ 50 82 76, Fax 50 85 01.
● **Budget Tour,** Via Maffei 108, Tel. 0464/ 50 84 35, Fax 50 81 50, Internet: www.gardaledro.com.
● **Green Holiday,** Via Maffei 3, Tel. 0464/ 50 83 99, Fax 50 86 50, Internet: www.greenholiday.com.

Camping

● **Al Sole,** an der Straße nach Pieve, Tel. 0464/ 50 84 96, Internet: www.campingalsole.it. Grasgelände mit hohen Bäumen, Kiesstrand steil abfallend. Hunde erlaubt

Essen und Trinken

● **Ristorante Spaghetti-House Al Lago,** Tel. 0464/ 50 82 02. Rustikal eingerichtet, vielfältige Auswahl an Nudelgerichten und Pizzen. Außerdem hat man von der Terrasse den schönsten Blick.
● **Caffe/Gelateria Mary Poppins,** Via Al Lago. Tel. 0464/ 50 84 20. Der Treffpunkt in Molina.

Outdoor

● **Reiten:** Azienda Agricola H-Cadre, Tel. 0464/ 50 82 92, Handy 0338/ 52 13 987. Ausritte auf Haflinger-Pferden.
● **Trekking:** Auch der Lago di Ledro bietet vielfältige Möglichkeiten für Wandertouren. Wer nicht allein losziehen will, kann sich einer Gruppe anschließen. Beim Fremdenverkehrsamt gibt es eine Wanderkarte mit den Terminen für die zwölf ausgewiesenen und geführten Routen von Mai bis September.
● **Canyoning:** Mountain Life, Via La Van 9A, Tiarno di Sotto, Tel./Handy 0380/ 70 97 00, Fax 0464/ 59 55 28. Die Agentur konzentriert sich mit ihrem Angebot im Wesentlichen auf Canyoning im Valle di Ledro sowie im Valle del Chiese.
● **Bootsverleih:** Ledro-Boats, Loc. Mezzolago, an der Straße nach Pieve, Tel. 0347/ 07 38 430.
● **Mountainbike:** Ledro Service Tour, Via al Lago 7, Tel. 0464/ 50 82 76. Es ist die Dependance von „3S Bike Scott Tour" in Torbole.
● **Geführte Touren:** Agentur Mountain Life (siehe oben).

Pieve di Ledro B1

Der weit auseinandergezogene Ort am Nordufer (750 Einwohner) wird von Campingplätzen mit **grünen Wiesen** dominiert und hat einen **schönen Strand.**

APT-Touristeninformation

● 38060 Pieve di Ledro, Via Nuova 9, Tel. 0464/ 59 12 22, Fax 59 15 77.

Unterkunft

● **Hotel Lido***, Via al Lago 1, Tel. 0464/ 59 10 37, Fax 59 16 60, Internet: www.hotellido-ledro.it. Ausnehmend schönes Haus am See, schöne Lage am Strand, deshalb ruhig, gut geführt. Hunde auf Anfrage. DZ ab 67 Euro.
● **Hotel Sport***, Via Cassoni 14, Tel. 0464/ 59 10 30, Fax 59 22 00, Internet: www.trentino.to/sport. Durchschnittliches Haus, an der

Straße gelegen, gut geführt, vor kurzem renoviert, sehr freundlich. DZ ab 51 Euro.

●**Casa Boccagni,** Via Pur 66, Tel. 0464/ 50 86 16. Ferienwohnungen, 100 m vom See entfernt. Einfach und ländlich.

Camping

●**Azzurro,** Via Alzer, Tel. 0464/ 59 12 76, Fax 50 81 50, Internet: www.campingazzurro. net. Gut ausgestatteter Campingplatz mit kleinen Badebuchten. Hunde erlaubt.

Essen und Trinken

●**Pizzeria Franco & Adriana,** Viale Foletto, Tel. 0464/ 59 11 27. Recht beliebtes Ausflugslokal. Biker sind besonders willkommen und erhalten Spezialpreise.

Outdoor

●**Mountainbike-Verleih:** Enzo Tarolli, Via Foletto 10, Tel. 0464/ 59 14 90; Borciol-Bike, Via Vittoria 12, Tel. 0464/ 59 11 26.

●**Surfen:** Enzo Tarolli (s.o.).

Bezzecca ↗B1

Klein und eher unscheinbar wirkt der Hauptort des Ledro-Tales (590 Einwohner). Dabei hat er extrem unruhige und kriegerische Zeiten hinter sich. Die Schlacht von Bezzecca am 21. Juli 1866 hat weit über die Talgrenzen hinaus von sich reden gemacht. In jenem Jahr begann der **Krieg zwischen Preußen und Österreich.** Die Italiener hatten sich mit den Preußen verbündet, in der Hoffnung, die hiesige Region von der habsburgischen Herrschaft zu befreien. Das war der Beginn des 3. Einigungsund eines lang anhaltenden Stellungskrieges, in dessen Verlauf sich der legendäre Haudegen *Giuseppe Garibaldi* wieder mal einen Namen machte. Der Feldherr kämpfte mit 40.000 freiwilligen Soldaten um das Trentino. Einen

Monat dauerte das Gemetzel, fünf Tage Belagerung der Österreicher folgten. *Garibaldi* und seine Mannen gewannen. Die Österreicher, die die Festung im Ampola-Tal besetzt hielten, mussten sich ergeben und zogen sich in die Berge zurück. Das war für *Garibaldi* das Zeichen, ins Ledro-Tal vorzudringen. Da erreichte ihn auf dem Dorfplatz von Bezzecca die Nachricht, dass Italien und Österreich einen Waffenstillstand abgeschlossen hatten. *Garibaldi* wurde befohlen, sich aus dem Trentino zurückzuziehen. Sein Telegramm wurde berühmt: „Obbedisco" (Ich gehorche!), war alles, was er sagte. Bis zum 1. Weltkrieg beherrschten die Habsburger weiterhin das Trentino.

Dann lag das Ledro-Tal erneut im Frontgebiet zwischen Österreich und Italien. Militäranlagen wurden gebaut, Schützengräben gezogen. Ende Mai 1915 wurde das Valle di Ledro gänzlich evakuiert. Rund 70.000 Menschen mussten nach Böhmen und Mähren auswandern (deshalb hat das Essen hier im Tal auch böhmischen Einfluss). Die Kämpfe der Kriegsgegner waren fürchterlich, das gesamte Ledro-Tal mit seinen Ortschaften wurde vollkommen zerstört. Aus diesem Grund gibt es hier auch keine kulturellen Schätze zu besichtigen. Einzig sehenswert ist das **Sacriario Militare** auf dem Hügel am Ortsausgang von Bezzecca Richtung Valle di Concei. Der gesamte Berg ist mit Schützengräben, Laufgängen und Truppenunterkünften durchzogen, die man heute noch durchwandern kann. Seitlich des Gipfels steht die **Gedenkkirche Santo Stefano** mit einem Denk-

Gardasee

mal für den unbekannten Soldaten. In Eintracht ist ein Kreuz für die österreichischen und die italienischen Gefallenen aufgestellt.

Pro Loco-Touristeninformation

● 38060 Bezzecca, Piazza Garibaldi 14, Tel. 0464/ 59 00 47, Fax 59 15 77, Internet: www. vallediledro.com. Hier wird die **Touristenzeitung „Valle di Ledro News"** herausgegeben. In italienischer, deutscher und englischer Sprache wird v.a. über Historisches und Kulturelles berichtet. Darüber hinaus gibt es Veranstaltungshinweise und Freizeittipps. Die Zeitung liegt in allen Fremdenverkehrsämtern am Ledro-See aus.

Ausflug ins Valle di Concei ⬀ B1

Hinter Bezzecca zweigt das Concei-Tal nördlich ab. Es ist ein beliebtes Ausflugstal, an dessen Ende das hübsche Chalet und **Rifugio al Faggio** mit großer Terrasse liegt (Tel. 0464/ 59 11 00, Internet: www.hotelalfaggio.it, schöne Zimmer ab 35 Euro). Für Wanderer, Mountainbiker und Spaziergänger ist das Haus oft Ziel oder Zwischenstation.

Lago d'Ampola ⬀ B1

Auf den kleinen See an der Straße zum Lago d'Idro, der ausschließlich von Wildbächen gespeist wird, sind die Trentiner ganz stolz. 1989 ist dieser zum **Naturreservat** erklärt worden. Ein Naturlehrpfad mit Tafeln erklärt die Einzigartigkeit dieses Biotops. Um ihn zu schützen, ist der schilfumgebene See, der größtenteils mit gelben Seerosen bedeckt ist und an dem u.a. seltene Orchideenarten wachsen, lediglich via Bretterstegen zu besichtigen. Im **Besu-**cherzentrum und in den Fremdenverkehrsämtern ist ein Heft zum d'Ampola-See erhältlich, das ausführliche Beschreibungen enthält sowie Aufforderungen an die Besucher, ihre Eindrücke, Kritik und Anregungen aufzuschreiben. Außerdem gibt es naturkundliche Führungen für Kinder und ihre Eltern.

Der Weg zum Lago d'Idro führt in Serpentinen weiter zur Ortschaft Storo, der ersten der sogenannten Judikarischen Täler. Bekannt sind hier die Freskenmalerien der Malerfamilie der *Baschenis*. Man findet sie in einer Kapelle (1515) auf dem Berg. Von der örtlichen Pfarrkirche führt ein Wanderweg (ca. ½ Std.) hinauf. Hinter Storo zweigt die Straße zum Idro-See südwärts ab, und man erreicht alsbald Lodrone mit den Ruinen des **Castel Lodron.** Hier war der Stammsitz dieser gefürchteten und brutalen Adelsfamilie. Fern der bischöflichen Macht in Trient raubten, mordeten und plünderten sie über Jahrhunderte hinweg in der gesamten Gegend. Am südlichen Ende von Lodrone führt eine Brücke nach Ponte Caffaro. Der Ort war bis 1918 die Grenze zwischen Italien und Österreich.

Lago d'Idro ⬀ A1,2

Mit seiner Höhenlage von 368 m zählt der langgezogene Lago d'Idro in der Lombardei schon zur Kategorie Bergsee. Auch optisch macht er seinem Rang alle Ehre. Eingebettet in steile bewaldete Berghänge, mit vielen Wiesenflächen an seinen Ufern, ist er ein **idealer See für Camper,** was die Holländer sehr früh entdeckt haben: „Die Holländer haben den See seit Anfang der 1950er Jahre fest im Griff", sagt der Chef des Hotel Alpino. Außerdem gibt es Feriendörfer und viele private Urlaubsdomizile.

Um den See fahren kann man nicht. Es gibt lediglich die nördliche Trassenführung von Lodrone/Ponte Caffaro zu den Ortschaften Anfo und Idro.

Ausflug nach Bagolino ⟋ A1

Dieses **traumhafte Bergdorf,** ganz einzigartig in seiner Erscheinung, ist unbedingt einen Abstecher (9 km) wert. Um nicht denselben Weg hin- und zurückzufahren, kann man schon in Lodrone in eine winzige Nebenstraße nordwärts Richtung Riccomassimo abbiegen. In etlichen Kurven geht es durch den Wald und das Dörfchen Cerreto mitten ins verschachtelte Herz von Bagolino. Auf der schmalen Hauptstraße biegt man am besten nach links, um auf der Piazza G. Marconi zu parken. Das Dorf erkundet man eh besser zu Fuß. Außerdem bietet sich von der Piazza der schönste Blick auf das Zentrum der festungsartigen Ortschaft, überragt von einer der prachtvollsten Barockkirchen, der **Pfarrkirche San Giorgo.**

Eisenerz war der Grund, warum dieses Dorf hoch oben im Gebirge früher so reich und bedeutungsvoll war. Als die hiesige Region zur Republik Venedig gehörte, konnte die Seemacht in Bagolino ihren immensen Bedarf an Schiffsnägeln zum Bau ihrer Kriegsflotte stillen. Das brachte Bagolino überdurchschnittlichen Wohlstand und viele Kunstschätze. Auch die **Kirche San Rocco** ist reich an Malereien. Sehens-

wert ist zudem der Friedhof am nördlichen Ende des Dorfes.

Es gibt noch einen weiteren Grund, diesem Bergdorf einen Besuch abzustatten: das alljährliche **Karnevalsfest,** das hier in Bagolino auf eine lange Tradition zurückblickt (erstmals urkundlich erwähnt wurde es anno 1518). Dann tanzen die Menschen in herrlichen Kostümen und getarnt mit fantastischen Masken, die schon im 16. Jahrhundert als wahre Meisterwerke der örtlichen Handwerkskunst galten, in den Gassen. Sie tragen alte Spinnräder, Heugabeln, Rechen, Weidenkörbe und Kuhglocken, um die Zünfte zu vertreten. Heitere Melodien erfüllen die Berggemeinde.

Über die Ursprünge des außergewöhnlichen Karnevalsfestes ist viel spekuliert worden. Eindeutige Zeugnisse darüber gibt es nicht. Es wird lediglich vermutet, dass die Karnevalstraditionen auf Tiroler Einflüsse zurückgehen.

● **Pro Loco-Touristeninformation,** 25072 Bagolino, Via San Giorgio 5, Tel./Fax 0365/ 09 99 04, Internet: www.bagolino.web.it.
● **Hotel Tre Valli*****, Via San Rocco 56, Tel. 0365/ 99 109, Fax 93 665, Internet: www. hotel-trevalli.it. DZ ab 60 Euro.
● **Albergo Al Cavallino,** Via San Giorgio 162, Tel. 0365/ 99 103, DZ ab 30 Euro.

Von Bagolino führt eine neu ausgebaute breite Straße zurück auf die Uferstraße des Lago d'Idro und nach Anfo.

Anfo ⟋ A2

Das Dörfchen Anfo wartet mit einer nahezu übermächtigen venezianischen Festung auf. Anno 1866 wurde sie zum Hauptquartier des Feldherrn *Garibaldi*

Gardasee

ausgebaut und im 1. Weltkrieg als italienische Kanonenstellung genutzt. Heute ist Anfo das Hauptquartier der Camper mit zwei gleich schönen Zeltplätzen.

Camping

● **Palafitte****, Via Calcaterra sul Lago, Tel./Fax 0365/ 80 90 51.
● **Pilu****, Via Venturi 4, Tel. 0365/ 80 90 37, Fax 80 92 07, Internet: www.pilu.it.

Idro A2

Idro ist ein auseinandergezogenes Dorf. Das meiste Leben spielt sich im Ortsteil Crone ab. Hier am Lungolago ist **mittwochs** zum **Markt** viel los.

Unterkunft

● **Hotel Alpino*****, Loc. Crone, Tel. 0365/ 83 146, Fax 83 98 87, Internet: www.hotelalpino.net. Das Haus liegt nett am Lungolago und hat ein beliebtes Café und Ristorante. Freundlicher Service. DZ ab 72 Euro. Familie *Pizzoni* vermietet auch Wohnungen in Idro.
● **Residence Wanna's Park Vesta*****, Via Vesta, Tel. 0365/ 82 32 83, Fax 82 31 21. Die Anlage verfügt über viele Sportmöglichkeiten und offeriert „Wochen der Gesundheit", die von einem speziellen Team begleitet werden. DZ ab 50 Euro.

Camping

● **Camping Venus****, Via Trento 90, Tel. 0365/ 83 190, Internet: www.campingvenus.it. Nette kleine Anlage auf einer Landzunge. Hunde erlaubt.
● **Camping Belvedere****, Via Capovalle, Loc. Vantone, Tel./Fax 0365/ 83 303, Internet: www.camping-belvedere.com. Schöner Platz mit lockerer Anordnung und Begrünung.

Ausflug zum Monte Stino (1467 m)

In Serpentinen schraubt man sich 8 km den Berg hinauf nach Capovalle. Hier öffnet sich die Landschaft zu einer Art Hochebene. Wer den ultimativen Panoramablick haben möchte, sollte sich den Abstecher auf den Monte Stino nicht entgehen lassen. In der Ortschaft Capovalle am großen Parkplatz zweigt der ausgeschilderte schmale Fahrweg zum Monte Stino ab. Über 5 km geht die Strecke auf asphaltiertem Weg. Dann muss man das Fahrzeug parken und die letzten Meter zum Gipfel zu Fuß (5 Min.) zurücklegen.

Man erfährt es durch das Hinweisschild „Museo Reperti/Storici/Guerra 1915–18 é 1940–45" schon am Parkplatz: **Monte Stino war immer ein wichtiger Stützpunkt bei kriegerischen Auseinandersetzungen.** Überall finden sich Kanonenstandorte, in einem alten Bunker sind die Ausrüstungsgegenstände der Soldaten wie Steigeisen, Kochgeschirr, Stellungsbeschreibungen etc. ausgestellt. Am höchsten Punkt weht die italienische Flagge. Und hier eröffnet sich dieses wunderbare Panorama: Unten schillert friedlich und grün der Idro-See, über ihm auf der gegenüberliegenden Seite des Monte Stino der Monte Guglielmo (1949 m), der Passo Cavallino Fobbia (1100 m), der Monte Manos (1517 m), um nur einige Berge zu nennen. Eine Tafel unter dem Banner listet sie alle ordentlich auf.

Lago di Valvestino A2

Zurück in Capovalle ist nach weiteren 6 km der wunderschöne Lago di Valestino erreicht. Zwei einsame Häuser stehen an der Nordseite, eines davon die Bar Mulí, sonst zunächst kein Anzeichen von Zivilisation. Wären da nicht die riesige Staumauer und die zwei

Brücken, die über die Seitenarme des Sees führen, **man könnte meinen, man befinde sich in tiefer Wildnis.** Tiefgrün ist das Wasser, dicht bewaldet die Berghänge, keine Surfer, keine Segler, keine Badegäste – alles wirkt ganz unberührt. Nur wenn der Wasserstand besonders niedrig ist, so wie manchmal im September, dann sieht man die Dächer der ehemaligen österreichichen Grenzposten durchschimmern. Es ist eben doch nur ein Stausee, und alles hat einmal ganz anders ausgesehen hier oben.

Am anderen Ende des Valvestino-Sees wird die Straße schließlich sehr kurvenreich und führt unaufhörlich in Serpentinen 13 km die Berge hinunter nach Gargnano. Wer wieder nach Riva zurück möchte, hat nun noch 15 km Gardesana Occidentale vor sich.

Arco ↗ VI

13.600 Einwohner

Weithin sichtbar erhebt sich der mächtige und bekannte Burgfelsen von Arco über das Kurstädtchen am Rande der Busa. Schon *Albrecht Dürer* hat diese während seiner Italienreise 1495 zu einem Aquarell inspiriert. Busa wird die fruchtbare Ebene nördlich von Riva genannt, in der vor allem Obst und Wein angebaut werden. Bei Arco rücken auch die von den eiszeitlichen Gletschern glattgeschliffenen Berge wieder zusammen und bilden das Tal des Flusses Sarca. Die Geschichte der Besiedelung Arcos, zumindest hoch droben auf dem Felsen, reicht weit zurück. Den

tatsächlichen Aufschwung für seine heutige Größe erlebte Arco im Verlauf des 19. Jahrhunderts. Der österreichische Erzherzog *Albrecht von Habsburg* zeigte sich so begeistert von dem milden Klima, dass er die im südlichsten Zipfel seines Reiches liegende Stadt zum **Wintersitz** auserkor. Er ließ einen Palast mit Park bauen. Das wiederum zog Adlige und wohlhabende Bürger an. Es entstanden immer neue schöne Villen, üppige Gärten mit schmiedeeisernen Pavillons und Palmenpromenaden. Noch heute wird in Arco gerne gekurt, vornehmlich von den Italienern. Darüber hinaus ist Arco wegen seiner Lage zu einer Hochburg der Kletterer und Mountainbiker geworden. Krönendes Event eines jeden Jahres im September sind die **Rock Masters,** die Weltmeisterschaft der Freeclimber.

Sehenswertes

Castello di Arco (278 m)

Der Burgfelsen mit dem Castello di Arco ragt weithin über das Tal des ehemals wilden Sarcaflusses und regt durch sein Anlitz schon gleich die Fantasie eines jeden an, der ihn erblickt. Was diese Trutzburg wohl schon alles erlebt haben mag? Und tatsächlich gibt es nichts, was die Grundfesten dieser Burg nach weit mehr als 1000 Jahren Geschichte und Geschichten noch erschüttern könnte. Die Goten sollen zunächst den Renghera-Turm mit seiner Ringmauer schon um das Jahr 500 errichtet haben. In jenen Zeiten der Völkerwanderungen diente er vornehmlich als Fluchtburg. In den Folgejahren wur-

Gardasee

de die Burg immer wieder bitter umkämpft. Jedes Mittel war recht, um Herr
der Burg zu werden – ob mit Urkun-
denfälschung oder mittels Gewalt. Aus
dem Kerker sollen so einige nicht mehr
lebend herausgekommen sein. Erst im
16. Jahrhundert ließ das Interesse an
der Festung nach, der Wohnsitz hoch
droben auf dem steilen Felsen war den
Herrschaften zu unbequem. Man baute
sich lieber Residenzen zu Füßen des
Berges. Nachdem 1542 obendrein ein
verheerendes Feuer einen Großteil der
Burg zerstört hatte, diente sie lange Jahre nur noch als **Unterschlupf für Ban-
diten.** Es sollte noch schlimmer kommen: Im Zeichen des spanischen Erbfol-
gekrieges zog 1703 ein französisches
Heer unter *General Vedôme* gen Trient,
das die Burg kurzerhand sprengte. Die

700 Mann aus dem Ledro-Tal, die sich
vor den nahenden Truppen dort ver-
schanzt hatten, wurden ausgehungert
und mussten ausgezehrt kapitulieren.
Das war das erste Mal, dass die scheinbar uneinnehmbare Festung erobert
wurde. Seitdem existieren von der Festungsanlage noch die beeindruckenden
Mauergürtel, hoch droben der alte Torre Renghera und der Torre Grande mit
seinen Zinnen. Die Besitzer, Verwandte
des Grafen *d'Arco* aus Mantua und
München, konnten der Ruine nichts ab-
gewinnen. 1927 erwarb *Gräfin Giovan-
na d'Arco* die verfallene Festung, **1982**
kam sie schließlich in den **Besitz der
Gemeinde Arco.** Vier Jahre später wurden unter der Obhut des Denkmal-
schutzamtes der Provinz Trient radikale
Renovierungsarbeiten unternommen

046ga Foto: de

und vieles wiederhergestellt. Herausragend innerhalb der Anlage ist der **Saal der Spiele** (Stanza dei Giochi) mit wunderschönen Fresken, die von Rittern und schönen Frauen erzählen.

Öffnungszeiten: April bis September 10–19 Uhr, im Oktober 10–17 Uhr, November bis März 10–16 Uhr, Tel. 0464/51 01 56. Eintritt: 2,50 Euro. Zu erreichen ist die Festungsanlage nur per pedes, und dabei ist zu bedenken, dass 120 Höhenmeter bewältigt werden müssen. Der Fußweg startet am westlichen Ende der Via Vergolano und ist ausgeschildert.

Das Arboretum

Wer hat das höchste Exemplar seiner Gattung, wer das seltenste, wer das mit dem dicksten Umfang in seinem Park? Die Mitglieder des österreichischen Kaiserhofes taten alles, um sich bei der Gestaltung ihrer Parkanlagen gegenseitig auszustechen. Vom Jahr 1872 an, als das erste Arboretum vom österreichischen Kaiser angelegt wurde, wetteiferten die Besitzer der prachtvollen Jugendstilvillen um die schönsten Bäume – Lebensbaumzypressen, Mammutbäume, Zedern und Monterey-Zypressen, Steineichen und Palmen. Durch das milde Übergangsklima zwischen mediterranen und mitteleuropäischen Strömungen gediehen die Baumgärten prächtig. Und so kann sich Arco noch heute historischer wie auch wissenschaftlich bedeutender Arboreten rühmen. Übrigens hatten die Österreicher auch später noch ihre Finger im Spiel: *Prof. Walter Larcher* von der Universität Innsbruck gebot dem Verfall der Arboreten im 20. Jahrhundert Einhalt und trug maßgeblich dazu bei, dass sie sich wieder ursprünglicher Größe und Schönheit erfreuen. Außerdem legte er zwei beschriftete Pfade an, die den Besucher über die Pflanzen informieren.

Anfahrt: Das Arboretum befindet sich am oberen Ende der Via Fossa Grande im Nordwesten der Stadt. Man kann mit dem Wagen über die Via C. Battisti und die weiterführende Via Porta Scaria fahren, von der dann die Via Fossa Grande linker Hand abzweigt. Das Abstellen des Fahrzeuges kann aber zum Problem werden. Es gibt hier nicht viele Möglichkeiten. Aus diesem Grunde bietet es sich an, den ausgewiesenen Parkplatz am Casino anzusteuern und von dort per pedes durch den Ort zum Arboretum zu laufen.

Öffnungszeiten: Oktober bis März täglich von 9–16 Uhr, April bis September täglich von 9–19 Uhr.

Der Dom della Collegiata Santa Maria Assunta

Auf dem Hauptplatz, der Piazza 3. Novembre, laufen alle Wege zusammen, und hier steht auch das bedeutendste Zeugnis der Trienter Spätrenaissance, die Pfarrkirche Collegiata. Es ist ein unglaublich monumentaler Bau mit einer strengen Fassade und einer geschnitzten Kassettentür. Innen säumen prunkvolle Altäre die Kirchenwände, und der Blick fällt auf die schöne Orgelempore.

Gardasee

Das Castello di Arco auf dem Burgfelsen

Der erzherzögliche Palast

Den Palast der k.u.k-Monarchie findet man nordwestlich von der Altstadt an der Via Fossa Grande. Allerdings kann man ihn nicht besichtigen, da er sich in Privatbesitz befindet. Nur ein Teil der Gartenanlage wurde seinerzeit öffentlich gemacht – das Arboretum (s.o.)

Kirche Sant'Apollinare, Kirche San Rocco, Convento San Martino

In Arco gibt es viele Kirchen, u.a. die Sant'Apollinare mit schönen Fresken, die San Rocco, die im 16. Jahrhundert einem gräflichen Hochzeitspaar gewidmet worden war, und die Convento San Martino im Ortsteil Caneve. Sie steht auf einer Anhöhe und enthält einen eindrucksvollen Freskenzyklus aus dem 14. Jahrhundert.

Praktische Informationen

APT-Touristeninformation

● 38062 Arco, Via delle Palme 1, Tel. 0464/ 53 22 55, Fax 53 23 53, Internet: www.citta diarco.com.

Unterkunft

● **Villa delle Rose******, Via S. Caterina, Tel. 0464/ 51 90 91, Fax 51 66 17, Internet: www.villadellerosearco.it. Modernes Haus mitten im Zentrum mit Garten, Swimmingpool und Hallenbad, Sauna, Fitnessraum und Wellnessbereich. Hunde erlaubt. DZ ab 104 Euro.

● **Hotel Angelini*****, Via Gardesana 19, Tel. 0464/ 50 52 79, Fax 50 52 84, Internet: www.hotel-angelini.com. Modernes, familiengeführtes Haus mit Schwimmbad, sehr gepflegt, Hunde erlaubt. DZ ab 62 Euro.

● **Hotel Marchi*****, Via Ferrera 22, Tel. 0464/ 51 71 71, Fax 51 96 92, Internet: www.hotel marchi.com. Das Haus in der Altstadt war einmal eine Weinhandlung, bis zwei Schwes-

tern ein Hotel daraus machten. Für seine drei Sterne vielleicht ein bisschen einfach, dafür aber mit ausnehmend netter Atmosphäre. Leider gibt es keinen hauseigenen Parkplatz. Hunde willkommen. DZ ab 70 Euro.

● **Albergo Pace*****, Via Vergolano 50, Tel. 0464/ 51 63 98, Fax 51 84 21, Internet: www. hotelpace.net/it. In der jüngst renovierten Herberge in strahlendem Gelb findet sich auch eines der beliebtesten Restaurants nebst Pizzeria der Stadt. Die Zimmer sind sehr ordentlich, der Service freundlich. DZ ab 70 Euro.

● **Hotel Garden***, Loc. Prabi, Tel. 0464/ 51 63 79, Fax 51 75 12, Internet: www.hotel gardenarco.com. Recht große Unterkunft mit Schwimmbad und besonders bei Freeclimbern beliebt, weil die Colodri-Wand nur 200 m und die künstliche Rock Master-Wand nur 50 m entfernt sind. DZ ab 52 Euro.

● **Villa Italia,** Viale delle Magnolie 29, Tel./ Fax 0464/ 51 65 29, Internet: www.zanella hotels.com. Herrliche sonnengelbe Stadtvilla, die komplett renoviert worden ist und nun mit Ferienwohnungen für 2 bis 5 Personen aufwartet. Netter Garten. Wohnungen für 2 Pers. für 5 Tage ab 385 Euro.

● **AppartHotel Vivere,** Via Gobbi, Tel. 0464/ 51 47 86, Fax 51 07 98, Internet: www.agri vivere.com. Auf dem Gelände eines alten Weingartens ist ein modern designtes und mit neuen Technologien ausgestattetes Aparthotel entstanden, zu dem außerdem eine schöne Poolanlage gehört. Hunde erlaubt. Die Suiten bis maximal vier Personen kosten 115 Euro pro Tag.

● **Residences Cà Rossa,** Loc. Linfano 45, Tel./Fax 0464/ 50 54 27, Internet: www. gardaqui.net/carossa. Kleine Wohnungen mit Schlaf- und Wohnzimmer mit Schlafcouch, Dusche, WC, TV und Telefon. Sehr neu, empfehlenswert für Biker. 3 Tage für 2 Personen kosten 206 Euro.

● **Guesthouse Arco 1,** Via Fabbri 18 und Guesthouse 2, Loc. Chiarano, Via Ronchi 4, Handy +39/ 335/ 52 41 312, www.guest house-arco.com. Moderne und chic gestylte Wohnungen in unterschiedlichen Größen für 2 bis 6 Personen. Besonders günstig ist es für Familien mit Kindern unter 12 Jahren, denn die logieren kostenlos. Hunde erlaubt. Apartment für 2 Personen ab 75 Euro bei mind. 3 Nächten.

Camping

● **Arco*****, Località Prabi, Tel./Fax 0464/ 51 74 91, Internet: www.camping.it/trentino/ arco. Noch recht neuer Campingplatz an der unter Freeclimbern bekannten Übungswand Colodri. Neben 174 Stellplätzen gibt es auch 14 Bungalows.

● **Bellavista****, Località Linfano, Tel. 0464/ 50 56 44, Fax 50 51 66, Internet: www. campingbellavista.com. Unter „alten" Gardasee-Urlaubern und Dauergästen bekannter Campingplatz am See, der vor 40 Jahren eingerichtet worden ist. Ein echtes Highlight ist die üppige Vegetation mit vielen Pinien und Olivenbäumen. Vor einigen Jahren sind die Sanitäranlagen und die Rezeption renoviert worden.

● **Maroadi****, Loc. Linfano, Tel. 0464/ 50 51 75, Fax 50 62 91, Internet: www.campingma roadi.it Sehr moderner und sportlich ausgerichteter Platz mit Mountainbike-Verleih, Surfschule und Tennisplätzen sowie Hafen mit Rampe. Am See gelegen mit 275 Stellplätzen und acht Bungalows.

● **Zoo Camping****, Loc. Prabi, Tel. 0464/ 51 62 32, Fax 51 96 73, Internet: www.camping. it/trentino/zoo. Idealer Campingplatz für Familienurlaube, der herrlich zwischen dem Monte Colodri und dem Rio di Sarca und nahe der Burg von Arco liegt. Günstig gelegen auch für die Sportangebote rundherum.

● **Lido di Arco****, Località Linfano, Tel. 0464/ 50 50 77, Fax 51 76 91, Internet: www.cam ping.it/trentino/arcolido. Alter Platz, der allerdings generalüberholt worden ist, schöner Baumbestand, wunderbarer Rasen am See mit direktem Zugang. Für Surfer ideal.

Essen und Trinken

● **Cantina Marchetti**, Piazza Marchetti 1, Tel. 0464/ 51 62 33. Wunderschöner, stimmungsvoller Weinkeller (16. Jahrhundert) im Palazzo mit Wandmalereien und Kaminen. Man kann auch im Innenhof sitzen, der den Flair eines Biergartens besitzt und große Kapazitäten hat. Die Küche ist trentinisch-traditionell und gut. Hier ist eine gute Gelegen-

heit gegeben, einmal Pferdefilet zu probieren. Die Cantina ist ein absolutes Muss für Arco-Besucher.

● **Alla Lega**, Via Vergolano 8, Tel. 0464/ 51 62 05, Internet: www.ristoranteallalega.com. Manchmal macht Modernisierung keinen Sinn. Die Fresken sind weg. Dennoch – der mit Weinreben über und über bewachsene Innenhof ist ein Traum zum Sitzen. Hervorragende Trentiner Gerichte werden serviert.

● **La Lanterna,** Via L. Cecoslovacchi 30, Tel. 0464/ 51 70 13. Fein und edel ist dieses Restaurant, im Grünen gelegen im Ortsteil Prabi.

● **Pace,** Via Vergolano 50, Tel. 0464/ 51 63 98. Beliebteste Pizzeria der Stadt (gehört zu einem Hotel, s.o.).

● **Caffè Trentino,** Piazza III Novembre, Tel. 0464/ 51 61 70. Hier sollte man frühstücken gehen. In-Treff der Freeclimber-Szene. Im Hinterzimmer treffen sich die Alten von Arco auf ein Gläschen oder mehr ...

● **Gelateria Il Gelatiere,** Piazza III Novembre; Riesenauswahl an Eissorten, Genuss garantiert.

● **Carpe Diem,** Viale delle Magnolie 29, Tel. 0464/ 51 40 49. Restaurant in einer renovierten, wunderschönen Villa etwas außerhalb des Zentrums mit herrlichem Garten.

● **Café Nardi,** Via Segantini 114. In-Treff für die jüngere Szene.

Nachtleben

● **Don Carlos,** Via S. Caterina 84 (Centro Commerciale Green Center zwischen Riva und Arco), Tel. 0464/ 51 47 66, Internet: www.discodoncarlos.com. Angesagte Vintage Disco und Dinner Club.

● **Bar Centrale,** Via Bruno Galas 2, Tel. 0464/51 64 63. Besonders unter Freeclimbern ein beliebter Treffpunkt – nicht nur abends.

● **Disco Spleen,** Via Aldo Moro-San Giorgio, Tel. 0464/ 53 26 27. Viel Jungvolk.

● **La Capannina,** Via S. Caterina 91, Tel. 0464/ 52 12 47.

● **Euphoria,** Via A. Moro 37, Tel. 0464/ 53 26 27, Internet: www.euphoria.it. Neuer Disco-Schuppen mit Lifestyle-Events.

● **Pub Il Gatto Nero,** Piazza San Giuseppe/ Vicolo delle Ere. Klassischer Pub.

Gardasee

Outdoor

●**Canyoning:** Multi Sport Center Fun[3], Via S. Pietro Paolo 5, Tel. 0464/ 50 44 90, Handy: 0347/ 27 89 625 und 0335/ 64 95 995; Scuola Guide Alpine Arco, Via S. Caterina 40, Tel. und Fax 0464/ 50 70 75, Internet: www.guidealpinearco.com.

●**Paragliding:** Time to fly Paragliding-Schule, Via Segantini 28, Tel. 0348/ 70 97 989, Internet: www.timetofly.net. Informationen, Flugunterricht für Anfänger und Fortgeschrittene.

●**Freeclimbing:** Red Point, Viale Santoni 15b, Tel. 0464/ 51 96 68, Internet: www.climbing arco.it; Gobbi Sport, Via Segantini 72, Tel. 0464/ 53 25 00; Associazione Arrampicata Sportiva, Via Bruno Galas 31, Tel. 0464/ 51 80 94, Fax 51 90 10; Multi Sport Center Fun[3] (s.o.); im Ortsteil Pragó gibt es neben dem Campingplatz in der Via Paolina Caproni Maini eine Indoorkletterwand; Scuola Guide Alpine Arco, s.o; Friends of Arco, Via Fabbri 18, Handy 0333/16 61 401, Internet: www. friendsofarco.it.

●**Reiten:** Club Ippico S. Girogio, Loc. San Giorgio Arco, Tel. 0464/ 55 69 42.

●**Tennis:** Irc. Tennis Arco, Via Garberie, Tel. 0464/ 51 68 24.

●**Beach Volley:** Camping Arco, Loc. Prabi, Tel. 0464/ 51 74 91.

●**Windsurfing:** Surf Segnana Windsurf Catamaran Bike Center, Via Foci del Sarca, Tel. 0464/ 50 59 63, Fax 50 54 98, Handy 335/ 52 22 212, Internet: www.surfsegnana.it.

●**Fahrrad und Mountainbike:** BikBike Bikeshop, Via Santa Caterina 9, Tel. 0464/ 51 43 85, Internet: www.bikbike.com; Ufficio delle Guide Alpine (s.o.); Votec for Fun Giuliani Biciclette, Via Bruno Galas 29a, Tel. 0464/ 51 83 05, Internet: www.bikegiuliani.com; Moser Sport, Via Marconi 15, Tel. 0464/ 51 62 51; Ugo Bike, Loc. S. Giorgio-Via Passirone, Tel./Fax 0464/ 52 11 89; Centro Internaz. Mountainbike, Lido di Arco, Tel. 0464/ 50 59 63.

Parken

Die Parksituation ist schwierig. Deshalb sind **sieben Auto-Parkplätze** in der Stadt eingerichtet worden, alle namentlich ausgewiesen und einfach zu finden.

Märkte/Shopping

●Jeden 1. und 3. Mittwoch im Monat (von Mai bis Sept.) ist der übliche **Wochenmarkt.**

●Jeden Samstag im Monat wird ein **Flohmarkt** *(mercato delle pulci)* abgehalten.

●**Cucina Mediteranea,** Via Segantini 8. Feinkostladen.

●**Gobbi Sport,** Via Segantini 2. Das Sortiment ist besonders auf Bergsteiger und Kletterer zugeschnitten.

●**Lost Arrow,** Piazza San Guiseppe. Ausrüstung für Climber von A bis Z.

●**Enoteca Archileja,** Via Vergolano 77. Typische italienische Produkte, vorzugsweise aus der Trentiner Region.

●**Towanda,** Via Segantini 26, Kunst und Geschenkideen.

●**Moratti,** Via Vergolano 43. Keramikarbeiten – Geschirr, Vasen, Platten, Schalen, Amphoren.

Events

●**Rockmaster:** Internationaler Freeclimbing-Wettkampf Mitte September.

●**Giro Podistico:** Internationaler Wettlauf im August.

●**Giro del Trentino:** Radrennen für Berufssportler im April.

●**Gran Carnevale:** Traditionsreicher Karneval mit fantastischen Kostümen und Veranstaltungen im Februar.

Ausflüge in die Umgebung

Die Steinwüste Marocche

Gigantische Felsbrocken türmen sich kreuz und quer auf einer Fläche von rund 15 km^2 nahe des Lago di Cavedine. Es ist eine faszinierende, wenn auch öde Trümmerlandschaft mit mehreren Seen. Sie entstand in der Eiszeit, als sich die Gletscher ins Sarcatal zurückzogen und hohe felsige Wandabschnitte ins Tal stürzten.

Zu dieser **Mondlandschaft** gelangt man über die Staatsstraße 45 über Drò und Drena, wo man links zum Lago di

Cavedine abbiegt. **Drò** wäre eigentlich nicht der Rede wert, gäbe es dort nicht die **besten Pflaumen in ganz Europa.** Sie sind unglaublich groß, schmecken fantastisch, und man sagt ihnen heilende Wirkung nach. Zur Erntezeit werden sie an Straßenständen verkauft. **Drena** wird von einer wildromantischen Burgruine überragt, von der man einen tollen Blick über die felsige Mondlandschaft hat. Die Burg gehörte auch dem Grafen von Arco und wurde von *General Vendôme* zerstört. Ein Museum dort zeigt eine Ausstellung zur Geschichte der Burg und der Region. Öffnungszeiten: 1. März bis 31. Okt. Dienstag bis Sonntag von 10–18 Uhr; vom 1. Nov. bis 28. Feb. nur an den Wochenenden von 10–18 Uhr. Eintritt: 2,50 Euro.

Und auch Drena hat eine kulinarische Köstlichkeit zu bieten: die **Marroni di Drena.** Die Esskastanien sind hier besonders schmackhaft.

Der beschriebene Ausflug eignet sich **gut als Radtour,** da man auch auf Nebenstraßen zur Marocche gelangen kann. Außerdem ist es möglich, eine Wanderung zu den anderen Seen in der Marocche zu unternehmen. Der **Lago Solo, Lago Nero** und **Lago dei Bagatoi** liegen in wilder Einsamkeit und sind nur zu Fuß (für Cracks natürlich auch mit dem Rad) zu erreichen.

San Giovanni al Monte

Der Weiler San Giovanni al Monte am gleichnamigen 1126 m hohen Berg ist als Ausflugsziel in aller Munde. Nicht zuletzt deshalb, weil es ein Rifugio desselben Namens gibt, in das sich einzukehren lohnt. Die Anfahrt von Arco geht in westlicher Richtung zunächst zur Ortschaft Varignano. An der größeren Kreuzung hinter Varignano folgt man dem Hinweisschild nach Padaro. Die Straße führt nun stetig steil bergauf bis nach San Giovanni al Monte. Mountainbiker können eine andere Rückfahrt wählen, z.B. die Wegmarkierung 401 über Gorghi, Bondiga, Calino und Tenno.

Torbole ↗ VII

2592 Einwohner

In Torbole war *Goethe* am 12. September 1786 der viel zitierte „belebende Hauch der Antike" begegnet. Italien stand zu *Goethes* Zeiten quasi stellvertretend für Griechenland, das wegen der türkischen Herrschaft nicht bereist werden konnte. Insofern war Italien die Versinnbildlichung der intellektuellen Ideale persönlicher Freiheit und Tragik. Nicht umsonst hatte *Goethe* das Werk „Iphigenie auf Tauris" in der Tasche, das er in Torbole überarbeitete. Deshalb erinnert auf der Piazza Vittorio Veneto auch eine Bronzemedaille an seinen Aufenthalt. *Goethe* war so begeistert von der Aussicht auf Torbole und den Nordteil des Gardasees, die sich ihm in der Höhe des etwas oberhalb liegenden Örtchens Nago bot, dass er schrieb: *„Wie sehr wünschte ich meine Freunde einen Augenblick neben mich, daß sie sich der Aussicht freuen könnten, die vor mir liegt!"*

Torbole selbst allerdings hat wenig Schönes zu bieten. Kommt man von Norden, ist der Ort alles andere als ein-

Gardasee

Als die Schiffe über die Berge fuhren

Man schrieb das Jahr 1437, als ein Krieg zwischen der Serenissima und den *Visconti* tobte. Der gesamte Gardasee und das strategisch äußerst wichtige Brescia wurden von den Venetiern besetzt gehalten. Die Mailänder hatten es geschafft, durch das Ledro-Tal zu kommen und Riva für sich einzunehmen. Dort hatten sie unbemerkt eine Kriegsflotte bauen können. Für die Mailänder war nun die Zeit reif, Brescia zu attackieren, erst recht, weil sie die Gegenseite außerstande sahen, Truppenverstärkung auf dem Wasserweg heranzuschaffen. Der einzig mögliche direkte Wasserweg von Venedig zum Gardasee war nämlich der Fluss Mincio, und der war bei Valleggio sul Mincio wegen der riesigen Staumauer versperrt. Für die Venetier stellte sich also die Frage: Was tun? – Über die Etsch nach Mori! Und tatsächlich realisierten sie die wahnwitzige Idee, ihre Kriegsflotte vom Mittelmeer über die Etsch bis nach Mori zu schiffen, von dort auf dem Landweg (heute die Abfahrt Gardasee Nord) durch das Valle di Loppio quer über die Berge und die Passhöhe von Nago zu schleppen, und schließlich hinunter nach Torbole zu ziehen. 2000 Ochsen und Pferde waren im Einsatz, um die sechs Galeeren, zwei Fregatten und 26 Kriegsbarken über eine in den Fels gesprengte Route zu wuchten. Die „Fahrt" nach Torbole hinunter machten Seilschaften möglich. An starken Tauen aufgehängt, rutschten die Schiffe über unzählige Baumstämme hinunter in den Gardasee. Der immense Aufwand wurde tatsächlich belohnt: Am 10. April 1440 enterten die Venetier die Flotte der Visconti, stürmten Riva und vertrieben die Mailänder endgültig vom Gardasee.

Eine Dokumentation dieser Aktionen mit zeitgenössischen Darstellungen ist in der Burg von Malcésine zu sehen (vgl. dort).

ladend. Lediglich der Blick von der Ostseite des Gardasees ist beschaulich. Das stört aber niemanden wirklich. Schließlich hat Torbole einen ganz anderen Trumpf in der Hand: die **fantastischen Windzyklen.** Von den Schiffern früher gefürchtet, sind sie für die Surfer der absolute Hype. Seit diese Sportart in Mode ist, haben die Surfer die Ortschaft fest im Griff. Echte Konkurrenz sind da nur noch die Mountainbiker. Und so haben sich die Einwohner auf ihre jugendliche Klientel eingestellt. Es gibt Hotels, Residences, Campingplätze, Surf- und Bikeschulen wie Kieselsteine am Ufer. Leider macht Masse meist keine Klasse.

Torboles Hafenbecken

Sehenswertes

Den netten, kleinen Hafen von Torbole ziert ein kleines österreichisches **Zollhäuschen** auf der Mole. Einst soll es auf venetianischen Palafitten erbaut worden sein. Unweit davon findet sich auch das **Casa Beust** mit einem verblassten Fresko des aus Berlin stammenden Malers *Johann Lietzmann.* Das heutige Ristorante und Café war vor dem 2. Weltkrieg ein Künstlertreff. Besonders deutsche Maler kamen wegen der inspirierenden Lage gerne nach Torbole. In seiner Mächtigkeit auffällig ist der Bau **Colonia Pavese,** der einmal ein Grand Hotel, dann Kaserne und Lazarett gewesen ist. Zwei Jahrzehnte stand der Komplex inmitten des Parks in exponierter Lage direkt am Hauptstrand zum Ärger der Gemeinde leer. Nun soll das komplett renovierte Gebäude inklusive einer neuen Bühne, die bei Regen überdacht werden kann, als Veranstaltungsort für Konzerte und Events dienen.

Beim Gang durch die Altstadt durch die Fußgängerzone kommt man unweigerlich zur **Pfarrkirche St. Andrea** (18. Jahrhundert), bekannt wegen eines großen Ölbildes von *Cignaroli*. Laut Kunstexperten ist der Blick von der Kirchterrasse auf den Gardasee aber weitaus schöner. Wer noch höher hinaus möchte, kann von hier nach Nago laufen.

Praktische Informationen

APT-Touristeninformation

● 38069 Torbole, Via Lungolago Verona 19, Tel. 0464/ 50 51 77, Fax 50 56 43, Internet: www.torbole.com, www.info-torbole.it.

Unterkunft

Die Hotelanlagen bestechen äußerlich nicht gerade durch Schönheit. Wer „Villa" vor dem Namen stehen hat, hat in Torbole nicht auch einen Prachtbau der Belle Epoque zu bieten. Vielmehr erwartet den Reisenden ein schlichtes Haus, das deshalb als Hotel zu erkennen ist, weil es draußen angeschrieben steht. Dennoch ist Torbole wegen seiner Lage als Stützpunkt für Outdoor-Aktivitäten und als Vergnügungsort sehr beliebt.
● **Hotel Lido Blù******, Via Foci del Sarca, Tel. 0464/ 50 51 80, Fax 50 59 31, Internet: www.lidoblu.it. Im Entree elegantes Hotel mit exzellenter Lage am Strand, Hallenbad mit Gegenstromanlage, Fitnessraum und Sauna. Die Zimmer sind nicht gerade groß, dennoch beliebte Herberge, deshalb rechtzeitig buchen. DZ ab 50 Euro.
● **Hotel Piccolo Mondo******, Via Matteotti 7, Tel. 0464/ 50 27 71, Fax 50 52 95, Internet: www.hotelpiccolomondotorbole.it. Schlich-

ter Bau, innen lassen die 70er Jahre grüßen, Fitnessraum mit Sauna, schönes Schwimmbad, Tennis, Hunde erlaubt. DZ ab 58 Euro.
● **Hotel Santoni*****, Via Strada Granda 2, Tel. und Fax 0464/ 50 59 66, Internet: www. hotelsantoni.com. Auf Surfer, Segler und Biker spezialisiert. DZ ab 78 Euro.
● **Hotel Villa Stella*****, Via Strada Granda 42, Tel. 0464/ 50 53 54, Fax 50 50 53, Internet: www.villastella.it. Für Torbole typisch schlichter Gebäudekomplex, in dem es auch Ferienwohnungen zu mieten gibt. Großer Freipool, lockere Atmosphäre. Die meisten Gäste kommen zum Segeln, Surfen und oder Biken. Hunde erlaubt. DZ ab 70 Euro.
● **Hotel Paradiso*****, Via Lungolago Verona 43, Tel. 0464/ 50 51 26, Fax 50 51 19, Internet: www.paradisohotel.org. Traditionsreiches Haus direkt am See in einem Olivenhain gelegen. Ideal für Segler und Surfer. DZ ab 40 Euro.
● **Hotel al Caminetto****, Via al Cor 6, Tel. 0464/ 50 52 14. Jüngst renoviertes klassisches Familienhotel und auch für Surfer eine gute Adresse. Etwa 100 Meter vom Gardasee und Surfzentrum entfernt. Hunde erlaubt. DZ ab 78 Euro.

●**Hotel Villa Rosa und Villa Maria*****, Via Sarca Vecchio, Tel. 0464/ 50 51 02, Fax 50 51 03, Internet: www.villarosamaria.com. Treffpunkt für Biker. Ruhiges familiengeführtes Hotel mit Garten, Pool, türkischer Sauna, Bikes zum Leihen, Surf- und Bikegarage. DZ ab 90 Euro.

●**Residence Toblini,** Via Al Core 23, Tel. 0464/ 50 51 23, Fax 50 58 61, Internet: www.toblini.com. Zwei- und Vier-Personen-Appartements nahe des Sees, Hallen- und Freibad samt Sauna, Werkbank und Montageständer, Tiefgarage für Bikes und Surfbretter. 2-Pers.-Wohnstudio ab 300 Euro.

●**Residence Casa al Sole,** Via al Cor 14, Tel. 0464/ 50 54 34, Fax 50 55 10, Internet: www.casaalsole.it. Super Lage, sehr freundlich, die Wohnungen spartanisch und überholungsbedürftig. Wochenpreis für 2 Personen ab 340 Euro, 2-Zimmer-Wohnung für 4 Personen ab 520 Euro.

●**Bungalowpark Rita & Vico,** Lungolago, Tel. 0464/ 50 55 21, Internet: www.bungalowpark.it. Die Lage ist perfekt, der Garten schön angelegt, die Bungalows entpuppen sich als Flachdach-Reihenhäuschen mit Schrankbetten, die Einrichtung ist leider kitschig; dennoch beliebt. Surfbrett-Lagerung. Wochenpreis für 2 Pers. ab 365 Euro.

Camping

●**Europa****, Lungolago, Tel. und Fax 0464/ 50 58 88. Direkt am See gelegen mit breitem Strand, der in den öffentlichen von Torbole übergeht. Außerdem ist das Campinggelände Teil einer schönen großen Parkanlage. Gute Adresse für Segler, Surfer und Mountainbiker.

●**Al Cor***, Lungolago, Tel. und Fax 0464/ 50 52 22, Internet: www.camping-al-cor.com. Nicht direkt am Strand, Baumbestand, kleine Bungalows zu vermieten.

●**Al Porto***, Lungolago, Tel. und Fax 0464/ 50 58 91, Internet www.campingalporto.it. Kleiner, netter Platz in der Nähe des Zentrums. Spielpark für Kinder.

Essen und Trinken

●**La Terrazza,** Via Pasubio 15, Tel. 0464/ 50 60 83. Torboles Toplokal, an der Promenade gelegen, mit Glasterrasse, deshalb äußerst beliebt, ausgezeichnete Speisekarte, man sollte Fisch bestellen.

●**Centrale,** Piazza Vittorio Veneto 14, Tel. 0464/ 50 52 34. In der Altstadt, gemütliches Ambiente, gut frequentiert, gutes Preis-Leistungs-Verhältnis.

●**Parco Busatte,** Loc. Busatte, Tel. 0464/ 50 61 12. Über dem Wohngebiet auf dem Berg im Grünen mit großer überdachter Terrasse. Lockere Atmosphäre, gute Pizza, feine Nudelgerichte und klasse Salate und unbedingt die Bruschetta essen. Häufig sind hier auch Veranstaltungen mit Musik und Disco.

●**Speckhaus,** Loc. Linfano, Via Linfano 83, Tel. 0464/ 50 55 58. Die Trentiner Bergwelt lässt grüßen mit Speckgerichten, Canederli, Gulasch und Würstel.

●**Casa Beust,** Via Benaco 13, Tel. 0464/ 50 55 76. Speisen unter einer Freskenwand als letztem Indiz eines früheren Künstler- und

Angeln vor Torboles Promenade

048ga Foto: de

Szenetreffs. Heute ist das Casa Beust Café und Restaurant, in dem man so ziemlich alles haben kann.
● **Cin Cin,** Via Matteotti 38, Tel. 0464/ 50 52 38. Ein Ristorante, das ganz auf Pizzavariationen ausgerichtet ist – mit einer Hommage an die Gäste: „Pizza Windsurf"!
● **Mecki's Bike & Coffee,** Via Gardesana kurz hinter der Sarca-Brücke. Kultbar der Biker-Szene, in der sich wirklich alles trifft, was Rang und Namen hat. Laut, aber schrill. Dazu gehören ist eben alles!

Nachtleben

● **Moby Dick,** Via Matteotti 60. Hier kann man so richtig „abtauchen", und das machen die Surfer und Biker besonders gern ... Wenn man keinen Platz mehr in der kombüseartigen Kneipe finden konnte, schart man sich vor der Tür zusammen.
● **Cutty Sark,** Via Pontalti 2. Ein weiterer In-Treff der Surfer-und Biker-Szene, Nautik-Atmosphäre garantiert.
● **Disco Pub Conca D'Oro,** Lungolago Verona 2 (Ostufer Richtung Malcesine). Die Diskothek gehört zum gleichnamigen Windsurfing-Club – hier wird heftig abgehottet.
● **La Guillotine,** Via Scuole 22. Wer den Tag etwas ruhiger ausklingen lassen will, als es in den Szene-Treffs geschieht, ist in diesem Pub gut aufgehoben.
● **Windsbar,** Via Matteotti 72a. Dauerbrenner unter den angesagten Bars in der Stadt.

Agenturen für Exkursionen

● **Agenzia Garda,** Via Matteotti 37, Tel. 0464/ 50 56 01, Fax 50 59 78.
● **Agenzia Morenica Holidays,** Via Sarca Vecchio 1, Tel. 0464/ 50 55 70, Fax 50 55 77.

Taxi-Service und Bike-Shuttle

● **ETS Autoservizi,** Tel./Fax 0464/ 55 60 65, Handy: 0335/ 80 01 030, E-Mail: eurotu@tin.it.

Markt/Shopping

● **Santoni,** Via Matteotti 56. Juwelier und Modeschmuck.
● **Yachting und Sport,** Piazza Benacense 1. Eldorado für Wassersportler.

● **Barca Tutto Sport,** Via Matteotti 57. Zubehör rund ums Surfen und Segeln.
● **Arcobaleno,** Via Matteotti 50. Geschenkideen.
● **Markt:** jeden Dienstag vom 1. April bis 30. Sept. im Zentrum.

Outdoor

● **Windsurfing:** Vasco Renna Professional Surf Center, Parco Pavese, Tel. 0464/ 50 59 93, Fax 50 62 54, www.vascorenna.com; raf wind service, Via Matteotti 19a, Tel./Fax 0464/ 50 55 55, Internet: www.rafwind.com; Surf Segnana Windsurf Catamaran Bike Center, Via Foci del Sarca, Tel. 0464/ 50 59 63, Fax 50 54 98, Handy 335/ 52 22 212, www.surfsegnana.it; Circolo Vela Via Lungolago 6, Tel. 0464/ 50 54 20, Fax 50 60 76, www.circolovelatorbole.com; Conca d'Oro Windsurfing Center, Lungolago Verona 6, Tel./Fax 0464/ 54 81 92, Internet: www.windsurfconca.com.
● **Canyoning:** Canyon Adventures, Via Matteotti 22 und 57b, Tel. 0464/ 50 50 72 und 50 54 06, Fax 50 56 47, Internet: www.canyonadv.com, deutschsprachig, die erste Agentur am Gardasee, die Canyoning anbot. Breit gefächertes Angebot, inkl. Specials und Kinder-Canyoning.
● **Fahrräder und Mountainbikes:** Bike Scott Tour & Test Center, Via Matteotti 5b, Tel. 347/ 47 13 748, Fax 55 60 35, Internet: www.3s-bike.de, sehr guter Qualitätsstandard, unter deutscher Leitung *(Wolfgang Merz),* Transferservice nach Bedarf auch nach Madonna di Campiglio; Carpentari Bike Shop, Via Matteotti, Tel. 0464/ 50 55 00; Bike Shop Carpentari, Via Matteotti 16, Tel. und Fax 0464/ 50 55 00, Internet: www.carpentari.com; Shuttle Bike Service, Via Lungolago Verona 9, Tel. 0464/ 50 61 15; Shuttle Service „Coast to Coast", Piazza Alpini 5, Tel. 0464/ 50 61 15, Handy 0360/ 53 90 90, dreimal täglich werden Bike-Touren u.a. auf den Tremalzo, nach Pregasine und Permici angeboten.
● **Sportpark Le Busatte:** Gelände am Fuße des Felssteilhanges von Torbole mit zwei Tennisplätzen, einem Fußballfeld, einer Mountainbike-Strecke, Trimm-Dich-Pfad, Volleyball- und Kinderspielplatz sowie Rollschuh-

Gardasee

und Bocciabahn. Außerdem gibt es ein Restaurant und eine Bar, Tel. 0464/ 50 61 12.
● **Baden:** Bis zur Sarca-Mündung verläuft der örtliche Strand vor Torbole etwa 1 km, parallel gibt es einen Promenadenweg. Größtenteils ist der Strand von Surfern besetzt. Auf der anderen Seite der Sarca liegt der Lido Foci del Sarca. Auch hier muss man sich auf Surfer einstellen. Dafür finden sich hier angenehme Rasenflächen. Jeder Meter Strand zählt: südlich von Torbole nach der Schiffsanlegestelle 100 m Kiesstrand.

Events

● **Segel- und Windsurfregatta** im März und Dezember.
● **Jazz-Festival** im Juli und August im Parco della Colonia Pavese.

Ausflüge in die Umgebung

Fahrradtour nach Arco und Lago di Toblino

Eine leicht zu bewältigende Radstrecke führt am westlichen Ufer der Sarca über etwa 6 km nach Arco. Zunächst geht es durch Weinbaufelder, man passiert eine Fischzucht, eine Fabrik für Mineralwasser und beim Sportplatz und der Straße Pomerio hat man Arco erreicht. Wer weiterfahren möchte, radelt zum Stadtteil Prabi auf der rechten Seite der Sarca. Wenn man die Kirche St. Apollonia hinter sich gelassen hat, wird die Strecke enger und ruhiger. Durch Weinberge kommt man nach Ceniga, dann etwa 1 km rechts Richtung Dró halten. Nach der Ortschaft Dró geht es am Kreisel auf der Straße Richtung Trient rechts ins **Valle dei Laghi** (Tal der Seen). Nach einigen Kilometern Steigung zwischen Mäuerchen, die die Olivenhaine stützen, gibt es einen Feldweg von Fies über Gaggio Ma-

rocche nach Pietra Murata, das kurz nach einem Wasserkraftwerk erreicht ist. Nun bleibt nichts anderes, als auf der Provinzstraße, die Riva mit Trient verbindet, weiter zum Lago di Toblino zu fahren. Alles in allem braucht man eine knappe Stunde. Im Burgrestaurant lässt sich herrlich speisen.

Die „Gletschermühlen der Riesen"

Die **Marmitte dei Giganti** finden sich unterhalb der Straße nach Nago und sind attraktive Zeitzeugen der Erdgeschichte. Diese enormen Höhlungen und einige Höhlengänge im Kalkgestein entstanden in der Würmeiszeit durch die Drehbewegungen des Gletschers. Hier ist auch die unter Freeclimbern bekannte **Kletterwand Palestra di Roccia,** eine gute Übungswand für die gesamte Familie. Unweit hiervon befindet sich eine auf diese Klientel eingestimmte Bar („6 Grado").

Strada Santa Lucia nach Nago ⬈ D3

Der gepflasterte Fußweg führt durch Olivenbaumterrassen unterhalb der senkrecht ansteigenden Felsen von Torbole hinauf in die Ortschaft Nago. Man braucht etwa eine Dreiviertelstunde und hat immer wieder schöne Ausblicke. Außerdem wandelt man auf historisch äußerst kuriosem Boden (siehe Exkurs oben). Von Nago zurück kann man einen anderen Fußweg nehmen, der an den Marmitte dei Giganti herauskommt.

Die Gletschermühlen
auf dem Weg nach Nago

Nago

🔖 **D3**

2409 Einwohner

Den Gardasee nach der langen Anreise endlich zum Greifen nah vor sich, jagt die Masse der Touristen erst einmal an dem pittoresken Bergdorf vorbei. Man sollte wiederkommen. Der Ort hat wunderschöne verwinkelte Gassen, wuchtige Häuser mit weit vorstehenden Dächern, eine Pfarrkirche (16. Jahrhundert) mit einem hübschen alten Portal und ein beeindruckendes **Castel Pénede.** Die Schlossruine (1210) thront über dem See auf einem vorspringenden Felsen und war bis zu ihrer Zerstörung durch die Franzosen anno 1703 von großer Bedeutung. Von hier aus beherrschte man die nördliche Zugangsstraße zum Gardasee.

Nago erreicht man mit fahrbarem Untersatz über die SS 240 oder über zwei Fußwege von Torbole aus.

Praktische Informationen

Touristeninformation

Torbole und Nago bilden eine uralte Gemeinschaft. Die Grafen von Tirol legten schon 1647 die Statuten dafür fest. Touristische Auskünfte erteilt deshalb auch für Nago das **Fremdenverkehrsamt in Torbole.**

Unterkunft

● **Hotel Continental Nago******, Via Stazione 35, Tel. 0464/ 54 00 33, Fax 54 00 70. Gut geführtes Haus, Schwimmbad, Liegewiese. DZ ab 80 Euro. Internet: www.tonellihotels.com/continental.

● **Albergo Doria*****, Via de Bonetti 10, Tel. 0464/ 54 00 54, Fax 54 01 77, Internet: www.torbole.com/doria. Das alte Haus ist kürzlich renoviert worden; behinderten-

gerecht, hübsche Terrasse, Hunde erlaubt. DZ ab 75 Euro.

● **Hotel Zanella****, Via Sighelle 1, Tel. 0464/ 50 51 54, Fax 50 60 39. Altmodisches Haus im Ortskern, das vor nicht allzu langer Zeit renoviert wurde. Stimmungsvoll, mit Pool. Hunde erlaubt. DZ ab 30 Euro. Internet: www.torbole.com/zanella.

Essen und Trinken

● **Locale Tipico Morena,** Via Rivana 30, Tel. 0464/ 54 01 54. Außerhalb des Zentrums an der Straße nach Mori. Nett rustikal eingerichtet, führt *Bertoldi* das Lokal mit seiner Mutter sehr fürsorglich. Meistens kommen hier Einheimische zum Essen.

Outdoor

● **Fahrradverleih:** Toresela-Bike, c/o Garni Toresela-Via Rivana, Tel. 0464/ 50 50 56.

● **Klettern:** Kletterwände von Marmitte dei Giganti an der Straße zwischen Torbole und Nago; Klettergarten Nago an der Panoramastraße zum Monte Baldo (die Straße zum Monte Baldo ist am Ortseingang von Nago ausgeschildert).

Gardasee

Das Westufer: von Riva nach Desenzano

Mehr als 2000 Männer schufteten dreißig Monate lang, viele ließen dabei ihr Leben (ein Denkmal am Ponale-Wasserfall erinnert daran), um auf der 40 Kilometer langen Strecke zwischen Riva und Salò genau vierzig Tunnel in die steilen Felswände zu schlagen – die **Gardesana Occidentale.** Man schrieb das Jahr 1926! Unvorstellbar, ein Paukenschlag in der Geschichte der Straßenbautechnik! Das Projekt verschlang Unsummen, ganze 31 Millionen Lire (damals viel Geld). Bis dahin hatte man, so wie es 1786 schon *Goethe* beschrieb, entweder ein Schiff nehmen oder mühselig auf Pfaden den Weg gen Süden finden müssen. Nun aber konnten die Reichen und Schönen in ihren offenen Karossen sanft durch die atemberaubende Kulisse entlang des Gardasees gleiten, begleitet von dem wunderbaren Wechselspiel von Licht und Schatten. Die Gardesana Occidentale war und ist eine Berühmtheit. Und das, obwohl Faschistenführer *Benito Mussolini* eigentlich militärische Hintergedanken gehabt hatte. Nun, heute plagen sich die Anwohner und Touristen in der Hochsaison mit heftigen Staus, da die enge und kurvenreiche Straße für die Unzahl an doppelstöckigen Omnibussen von Baumeister und Ingenieur *Riccardo Cozzaglio* wirklich nicht konstruiert worden war, auch wenn beispielsweise die Strecke Riva – Limone auf-

grund schwerer Steinlawinen in den Jahren 2001/2002 erneuert worden ist.

Es bleibt also nicht aus, dass aus der anvisierten Traumfahrt im Cabriolet ein Alptraum werden kann. Für die Wochenenden in der Hochsaison bleibt festzustellen: Wohl dem, der einen geschlossenen, klimatisierten Wagen fährt. Sonst aber ist und bleibt die Gardesana Occidentale ein Traum.

Hat man die Tunnelpassage durchfahren, öffnet sich die Landschaft, sie ist dann nicht mehr so schroff und unbändig. Mehr noch. Je weiter man gen Süden rollt, desto mehr weht der Duft der großen alten Welt: prächtige Grand Hotels, Seepromenaden, Palmenalleen, Belle-Epoque-Villen. Um die Jahrhundertwende hatten die Reichen und Mächtigen aus Mailand und Brescia die verträumte Ecke zwischen Gargnano und Salò entdeckt. Der Gardasee wurde so richtig schick. Irgendwann lockte das auch noch eine der schillerndsten Figuren der Epoche hierher: *Gabriele d'Annunzio*, Literat und Soldat, Philosoph und Nationalist, Männerbündler und Frauenheld, blutrünstiger Schwadroneur und Ästhet. Er ließ sich in Gardone nieder, wo er sich ein eigenwilliges Denkmal schuf (vgl. dort).

Limone ⬈ B1

1108 Einwohner

Bei der Ankunft an der Gardesana wirkt Limone wenig ansprechend und sehr unübersichtlich. Und wohl kaum einer würde es zunächst für möglich halten, dass sich hier in der Hochsaison täglich

Parco dell'Alto Garda Bresciano

Das **Naturschutzgebiet von Limone bis Saló** inklusive den Hochebenen von Tremòsine und Tignale bis nach Valvestino und Magasa ist noch jungen Datums. Erst 1989 wurde das 38.000 ha umfassende Gebiet auf lombardischem Territorium für schutzwürdig erklärt. Nicht nur mit dem Ziel, den landschaftlichen Bestand zu pflegen. Es sollte auch eine Basis geschaffen werden, eine vernünftige Verwaltung der Umwelt zu realisieren. Der Park ist landschaftlich von ganz unterschiedlicher Struktur: unten die Ufer des Gardasees mit den touristisch hochentwickelten Ortschaften, oben die Bergregion mit Gipfeln, die bis zu knapp 2000 m hoch sind, Hochplateaus und tiefen Schluchten, die auf die Zeit der Erosion vom großen Gletscher im Gardaseebecken zurückzuführen sind.

Den Parco dell'Alto Garda Bresciano kann man im Allgemeinen als recht **komplexes Ökosystem** bezeichnen. Wissenschaftler nennen eine solch landschaftlich vielfältige Gegend Insubria. Der Name ist auf ein keltisches Volk zurückzuführen, das sich im 5. Jahrhundert v. Chr. hier niedergelassen hatte und sich den natürlichen Reichtum zunutze machte. Angesichts der seltenen Orchideenarten wie Madonnenschuh oder raren Sorten Fleisch fressender Pflanzen werden Botanikerherzen höher schlagen. Nicht zu vergessen die „obligate" Flora wie Alpenveilchen, Mäusedorn, Weihnachtsrose, Ysop, Lavendel und vieles mehr. Eine artenreiche Pflanzenwelt lässt natürlich auch viele Vogelarten, Insekten und Kriechtiere zu. An größeren Tieren sind nur der Steinbock und einige Hirsche zu verzeichnen.

Im **Besucherzentrum** des Naturparks in Prabione di Tignale kann man sich das vielfältige Ökosystem im Rahmen eines Outdoor-Museums anschauen. In einem riesigen Garten sind die jeweiligen landschaftlichen Höhepunkte des Nationalparks wiedergegeben und man kann sie mit allen Sinnen erforschen. Selbst ein Aussichtsturm wurde gebaut, von dem aus man sämtliche bedeutenden Gipfel des Naturparks im Auge hat. Im Besucherzentrum gibt es außerdem weitere Hinweise auf andere mit dem Naturpark in Zusammenhang stehende Museen, z.B. die Limonaia del Castel in Limone oder das Ökomuseum im Zitronengewächshaus der Lomonaia Pra dela Fam am Hafen von Tignale (vgl. den Exkurs „Die Zitronenepoche der Bresciander Riviera").

Localito Prabione di Tignale, Tel. 0365/ 76 16 42, Internet: www.parcoaltogarda.eu.
Öffnungszeiten vom 17. März bis 31. Mai und vom 1. Oktober bis 14. Dezember täglich von 9 bis 13 Uhr und von 15 bis 17 Uhr außer freitags, vom 1. Juni bis zum 30. September täglich außer freitags von 13.30 bis 17 Uhr.

Gardasee

10.000 (!) Touristen tummeln. Warum nur? Die Antwort findet, wer sich seewärts wendet und den riesigen Parkplatz am Gardasee hinter sich gelassen hat. Jetzt zeigt sich **Limone von seiner Schokoladenseite:** Terrassenbauten, Häuser, die sich an die Felsen des mächtigen Dosso dei Roveri (827 m) schmiegen, enge Gassen und natürlich die legendären Zitronengewächshäuser mit den hohen Pfeilern. Denn erst die **Limonaie** haben Limone ihr Gesicht verliehen und den Ort berühmt gemacht, auch wenn die Zitronenepoche lange vorüber ist. Einige der Zitronengärten sind in den letzten Jahrzehnten reaktiviert worden. Besichtigen kann man leider kaum einen. Dafür verkauft sich der Kult um die Zitrone gut, auf Tellern, Tassen, Kacheln und Schürzen.

Amüsanterweise hat der Ursprung des Städtenamens rein gar nicht mit der Zitruskultur zu tun. „Limes", das lateinische Wort für Grenze, hat dem Städtchen seinen Namen gegeben. Denn nur wenige Kilometer nördlich verlief die Grenze zwischen Italien und Österreich.

Wie man an dem winzigen Ortskern erkennen kann, hatte Limone in früheren Zeiten keine besondere Bedeutung, abgesehen von der Zitronenkultur und dem Hafen als strategischem Stützpunkt.

Mit Beginn des **Tourismus** in den 1950er Jahren veränderte sich das Dorf eklatant. Es wuchs stetig um Hotels, Restaurants und Geschäfte, sodass die nette Altstadt inzwischen vom Massentourismus erdrückt wird. Besonders die Deutschen zieht es an diesen Ort, was zur Folge hat, dass insbesondere an den unzähligen Souvenirläden und Lokalen nur noch in deutscher Sprache zu lesen steht, was im Angebot ist.

Sehenswertes

Die barocke **Pfarrkirche San Benedetto** stammt aus dem 17. Jahrhundert und wurde auf der Ringmauer eines alten Bauwerkes über der Altstadt errichtet. Hier gibt es ausgewählte Kunstwerke zu sehen, allen voran die des Gardasee-Hofmalers *Andrea Celesti*.

Die kleine **Kirche San Rocco** (14. Jahrhundert) steht oberhalb der Schiffsanlegestelle und könnte ein bisschen Renovierung gebrauchen. Sie ist fast immer verschlossen, hat aber eine bedeutende Altartafel von 1700 und einige Freskenreste. Nur im Juli und August jeden Montag von 17.30 bis 18.30 Uhr ist eine Besichtigung möglich.

An der Straße nach Tremòsine steht die **Steinkapelle S. Pietro** in Oliveto mit sehr schönen Fresken, die erst 1989 entdeckt wurden. Sie erzählen von herausragenden Ereignissen, beispielsweise der Pest, der Niederlage *Napoleons* und besonders reichen Olivenernten.

Ganz schlicht ist sein Geburtshaus in einem Zitronengarten unterhalb der Steinhänge in der Via Tovo. Dabei ist der Mann weit über die Landesgrenzen hinaus berühmt geworden: der 1996 selig gesprochene Bischof *Monsignor Daniele Comboni* (1831–1881). „Afrika durch Afrika zu retten" – dieser Wunsch trieb ihn frühzeitig um und ließ ihn schon nach seinem Studium in Verona auf den Schwarzen Kontinent reisen. Er kam nur noch einmal nach Limone, um die Pfarrkirche des Hl. Benedikt zu weihen. Sein Geburtshaus kann man besichtigen, ebenso wie eine kleine Gedächtniskapelle unterhalb gelegen. In dieser gibt es eine Ausstellung zur Mission in Afrika. Der gesamte Komplex nennt sich etwas übertrieben „Centro Comboniano Tesöl".

Die **alte Ölmühle** der Cooperativa Agricola Posidenti Oliveti, Via Campaldo 2, ist durchaus einen Besuch wert, auch wenn heutzutage die Mühlsteine elektrisch betrieben werden. Bei der Berufsgenossenschaft der Olivenbauern kann man sich eingehend über die Produktion des Öls informieren, riechen, testen und schmecken. Ein angegliedertes **Olivenölmuseum** ist von März bis Nov. immer montags bis freitags von 16–18 Uhr geöffnet. Außerdem werden im Verkaufsraum neben Ölen Weine, Honig, Steinpilze, Essig und eingelegte Früchte angeboten.

Praktische Informationen

IAT-Touristeninformation

- 25010 Limone, Via Comboni 15, Tel. 0365/ 95 40 70, Fax 95 46 89.
- 25010 Limone, Piazzetta Erminia, Tel. 0365/ 95 40 08, Fax 95 46 89.
- 25010 Limone, Via IV Novembre 2/c, Tel. 0365/ 91 89 87, Fax 95 47 20.
- 25010 Limone, Ple. de Gasperi (am Hafenparkplatz), Tel. 0365/ 95 42 65.
- www.limonehotels.com, www.limone.com

Unterkunft

- **Hotel Imperial*******, Via Tamas, Tel. 0365/ 95 45 91, Fax 95 43 82, Internet: www.park hotelimperial.com. Das supermoderne Hotel direkt am See bietet alles, was gestresste Business-Leute zur Entspannung brauchen: Gesundheitszentrum Tao, zwei geheizte Swimmingpools, Hallen- und Dampfbad, Whirlpool, Tennisplatz. Hunde erlaubt. DZ ab 180 Euro.
- **Hotel Leonardo Da Vinci******, Via IV Novembre 3, Tel. 0365/ 95 43 51, Fax 95 44 32, Internet: www.parchotels.it. Schöne, große Anlage mit See mit Pools und Spielplatz. Hunde erlaubt. DZ mit HP ab 120 Euro.
- **Hotel du Lac******, Via Fasse 1, Tel. 0365/ 95 44 81, Fax 95 42 58, Internet: www.limo ne.com/dulac. Großzügiges Gelände am Strand, fast pedantisch gepflegt, sehr freundlich, familiengeführt, gutes Preis-Leistungsverhältnis. DZ ab 84 Euro. .
- **Hotel Lido*****, Via IV Novembre 34, Tel. 0365/ 95 45 74, Fax 95 46 59, Internet: www. lidohotel.com sehr schön gelegenes, ruhiges Hotel direkt am See, beheizter Swimmingpool. Hunde erlaubt. DZ mit HP ab 104 Euro.
- **Hotel Coste*****, Via Tamas 11, Tel. 0365/ 95 40 42, Fax 95 40 63, Internet: www.hotel coste.com. In der Altstadt unterhalb der Steilhänge gelegenes, familiäres Haus mit schö-

nem Olivenhain. Schwimmbad und Liegewiese. Hunde erlaubt. DZ ab 70 Euro.
- **Hotel La Pergola*****, Via IV Novembre 66, Tel. 0365/ 95 46 31, Fax 95 41 20. Da die Zimmer alle Richtung See sind, stört die Gardesana nicht. Außerdem ist es dadurch gut anzufahren. Toller Blick, schöner Pool mit Liegeflächen. Zum Anwesen gehört ein Zitronengewächshaus, das auch bewirtschaftet wird. Hunde erlaubt. DZ ab 80 Euro.
- **Hotel Italia Bel Paese****, Via Nova 18, Tel. 0365/ 95 40 80, Fax 95 43 57. Mehrgeschossiges Haus, das neben der alten Limonaie im Norden der Stadt liegt. Unverbauter Blick, der Strand erstreckt sich unterhalb des Hauses. DZ ab 65 Euro.
- **Residence Centro Vacanze*****, L'a Limonaia, am Ortseingang von Riva kommend rechter Hand der Gardesana, Tel. 0365/ 95 42 21, Fax 95 42 27. Große Anlage am Hang mit 52 Einheiten und einem Pool, verkehrsgünstig gelegen und abseits vom Haupttrubel. Mit Restaurant. DZ ab 54 Euro.
- **Ferienwohnungen La Milanesa**, Via Milanesa 12, Tel./Fax 0365/ 95 41 07, Internet: www.limonelamilanesa.com. Ruhig, wunderschön am Ende der Via Panoramica gelegen. Ideal für Trekker, denn hier beginnen einige Touren. Die Wohnungen sind einfach, aber ordentlich eingerichtet und mit Balkon. Ein Hund erlaubt. Wochenpreis ab 400 Euro.

Camping

- **Miralago****, Lungolago Marconi 60, Tel. 0365/ 95 44 38, Fax 95 46 59. Der am nächsten zum Zentrum liegende Platz, zu erreichen über die Abfahrtsstraße zum Hafen. Verkehrslärm muss man einkalkulieren.
- **Garda****, Via IV. Novembre 10, Tel. 0365/ 95 45 50, Fax 95 43 57. Direkt am See, viele Bäume, etwa 500 m vom Zentrum entfernt, sehr groß.
- **Nanzel,** Via IV. Novembre 3, Tel. 0365/ 95 41 55, Fax 95 43 57. Platz in Terrassenbauweise mit Olivenbäumen, unterhalb liegt der Badestrand, 1 km ins Zentrum.

Essen und Trinken

- **Osteria da Livio,** Via Tovo, Tel. 0365/ 95 42 03. Wenn man nicht in der Nähe wohnt, will das Essen durch einen Fußmarsch verdient werden. Das Lokal liegt oben am Hang. Der wunderschöne Olivenbaumgarten entlohnt aber. Gute, einfache Gerichte kommen auf den Tisch.

●**Bar und Spaghetteria Titano,** Via Corda 9, Tel. 0365/ 95 45 68. Nudelgerichte rauf und runter und vor allen Dingen ruhig gelegen.

●**Ristorante und Bar Gemma,** Piazza Garibaldi 11, Tel. 0365/ 95 40 14. Wer auf Forelle steht, ist hier bestens aufgehoben. Sie werden in fünf verschiedenen Variationen offeriert – wie wär's mit Mandeln?

●**Bar Campaldo,** Via Campaldo 28. Die Bar ist eigentlich eine Speck- und Weinstube (von den Trentinern abgeschaut).

●**Ristorante Le Palme,** Via Porto 36, Tel. 0365/ 95 46 81. Das Essen ist mittelmäßig, dafür besticht die Lage auf dem Wasser mit dem wohl schönsten Blick auf Limone.

Nachtleben

●**Jimmy Bar,** Foce San Giovanni. Nette Bar am Strand mit Kneipencharakter.

●**Discoteca ALÌ BABÀ,** Via Einaudi 4, Tel. 0365/ 95 40 76. Oben am Hang gelegen, also gut aufpassen beim Heimweg.

●**Incontro Sera,** Via IV Novembre 13. In diesem auf American Bar gestylten Etablissement wartet man mit 40 verschiedenen Biersorten auf. Richtig aufgedreht wird hier erst ab Mitternacht.

●**Winebar Gato Borracho,** Via Caldogno 1/1, Tel. 0365/ 91 40 10. Gemütliche, gleichsam schicke Weinbar, die neben italienischen Weinen auch eine große Auswahl französischer, australischer und kalifornischer Weine anbietet.

Markt/Shopping

●In Limone reihen sich unzählige **Geschäfte** aneinander, die von Souvenirs, Lederwaren, Designerklamotten, Keramik, Kunsthandwerk, Schmuck bis hin zu kulinarischen Köstlichkeiten alles anbieten. Fast alle Läden sind auf den Tourismus ausgerichtet. Man vergleicht am besten selbst Ware und Preise.

●**Cooperative Agricola Possidenti Oliveti,** Via Campaldo 2 und Via IV Novembre 29. Die Genossenschaft der Olivenhainbesitzer dieser Gegend verkaufen hier ihre verschiedenen Olivenölsorten und Olivenpasten.

●**Markt:** jeden 1. und 3. Dienstag im Monat an der Seepromenade.

Bushaltestelle

●An der Bar Turista, Via IV Novembre 29.

Taxi

●Tel. 0365/ 95 42 99 und 95 45 88.
●**Taxi-Boat:** Tel. 0365/ 95 42 10.

Outdoor

●**Mountainbike-Verleih:** Tombola Rent, Via L. Einaudi 1/B, Richtung Bazzanega, Tel. 0365/ 95 40 51 und 0365/ 95 44 75, Internet: www.tombolarent.it. Auch Vespas im Angebot.

●**Motorbootfahren:** Noleggio Motoscafi Limone Jet, Al Porto Vecchio, Tel. 0330/ 21 62 16, auch Mountainbike im Repertoire. Navitur, Via Porto Ragni 6, Tel. 0365/ 95 42 10, Fax 91 89 78.

●**Leichtathletik:** Südlich des Zentrums gibt es ein großes Leichtathletikzentrum, das für die Allgemeinheit von April bis Okt. geöffnet hat, täglich von 7–11 und 17–20 Uhr.

●**Tennis:** Tennis Center Torcol, Via Novembre 44, Tel. 0365/ 95 45 60, geöffnet März bis Nov. tägl. von 8–22 Uhr; Circolo Tennis Limone, Via Fasse, Tel./Fax 0365/ 95 42 80, März bis Nov. tägl. von 8–22 Uhr.

●**Windsurfing:** Windsurfing Lino, Foce San Giovanni, Tel. 0338/ 40 97 490. Geri Surf Center Capo Reamol (am Hotel Panorama an der Gardesana), Tel. 0365/ 95 40 40.

●**Segeln:** Circolo Vela Limone, Info-Büro, Via IV Novembre 2c (am Parkplatz Caldogno), Tel. 0365/ 91 89 87, Kurse von Juni bis September für Erwachsene und Kinder.

●**Reiten:** siehe bei Tremòsine.

●**Wandern:** Die Alpenjägergruppe organisiert kostenlos geführte Wanderungen und Spaziergänge. Im Juli und August wird ein Spaziergang durch die Olivenhaine von Limone angeboten. Treffpunkt ist jeden Donnerstag um 8.30 Uhr an der Piazza Garibaldi, Rückkehr gegen 12 Uhr. Jeden Sonntag (von Juni bis September) kann man sich den Wanderern zur Bonaventura Sengala-Hütte auf 1215 m Höhe anschließen. Treffpunkt ist um 8 Uhr an der Bar Turistica, Anmeldungen

Gardasee

nimmt das Touristen-Büro entgegen. Wer lieber alleine marschieren möchte, kann dies unbedenklich tun. Der Weg Nr. 101 ist gut ausgeschildert und durchweg markiert. Die Tour startet am Parkplatz bei der Busstation, dann geht es durch Wohngebiet in das Singol-Tal hinein. Kartenmaterial gibt es beim Touristen-Büro. Auch für den Sonnenpfad (Sentiero del Sole) steht eine geführte Wanderung auf dem Programm, dies im Juli und August donnerstags nach Vereinbarung mit dem Touristen-Büro. Treffpunkt auch die Piazza Garibaldi.

Events

● **Volksfest** mit Polenta und gebratenem Fisch im März.
● **Wettfischen** im Juni und Dezember.
● **Bergfest** mit Wettlauf im Gebirge im September.
● **Internationales Mountainbike-Rennen** im Oktober (Infos bei Art Club Limone sul Garda, Tel. 0365/ 945 47 81, Fax 95 43 55, E-Mail: booking@telmec.it.

Die Hochebene von Tremòsine ↗ B1,2

1919 Einwohner

Das Plateau von Tremòsine (400–680 m) wirkt wie eine **Hochterrasse des Gardasees,** umgeben von üppig grüner Vegetation einer alpinen Bergregion. Hat man sich über die Serpentinenstraßen nach oben gekämpft, ist ein atemberaubender Blick garantiert. Und Abgeschiedenheit ebenfalls. Es gibt insgesamt 17 Dörfer, manche sind reine Feriensiedlungen. Bazzanega zum Beispiel besteht aus einem einzigen Hotel-,

Blick von der Hochebene Tremòsines auf den Monte Baldo

Bungalow- und Appartement-Komplex mit Schwerpunkt Tennis. Apropos **Tennis** – sowohl Tremòsine als auch Tignale gelten als Tennishochburgen.

Doch den großen Trubel muss niemand befürchten. Die paar hundert Meter über dem Gardasee schlagen sich übrigens auch gleich bei der Preisgestaltung nieder. Und auch in den Temperaturen. Während man unten in den Hochphasen des Sommers auch nachts noch mit der Hitze zu kämpfen hat, braucht man oben stets eine wärmende Bettdecke.

Zwei Anfahrtswege gibt es auf das Tremòsine-Plateau. Von Norden kommend, zweigt die erste Abfahrt von der Gardesana bei Limone rechts ab und führt rund 5 km durch Olivenhaine recht gemächlich hinauf nach Bazza-

nega und Voltino bis nach Vésio. Die andere Route beginnt 2 km vor Campione. Wieder geht es rechts ab von der Gardesana, diesmal aber steil und eng **durch die Brasa-Schlucht nach Pieve.** Die atemberaubende Strecke mit vielen landschaftlichen Highlights – sogar ein Wasserfall wird über die Straße geleitet –, zählt zu den schönsten am Gardasee. Gutes Fahrkönnen ist nötig! An vielen Stellen haben zwei Autos nebeneinander keinen Platz. Dennoch fahren auf dieser Route größere Transportfahrzeuge. Also Vorsicht!

Tremòsine und Tignale sind durch eine Straße verbunden. Man muss aber nicht wieder hinunter an den Gardasee fahren, sondern kann eine Bergstraße nehmen, die die Plateaus miteinander verbindet.

051ga Foto: de

Pieve di Tremòsine

Pieve ist ein **pittoresker Ort,** der größtenteils am Rand der Steilfelsen klebt. So auch die Pfarrkirche (14. Jahrhundert), die besonders schöne, barocke Schnitzarbeiten am Hochaltar, der Orgel und dem Chorgestühl zu bieten hat. Einen Besuch wert ist auch die **„Schauderterrasse" des Hotels Paradiso.** Man kann sich ob der häufigen Ankündigung am Straßenrand und der Wahl des Namens eines gewissen Anflugs von Vorurteilen à la Touristennepp nicht erwehren. Doch die Terrasse ist wirklich sensationell. Viel Betonmasse machte es möglich, einen Balkon über dem Abgrund zu bauen. Das Panorama ist atemberaubend. Wer nicht schwindelfrei ist, sollte seinen Cappuccino allerdings woanders zu sich nehmen.

Pro Loco-Touristeninformation

● 25010 Pieve, Piazza G. Marconi, Tel. und Fax 0365/ 95 31 85, Internet: www.infotremosine.com, www.tremosine.de.

Unterkunft

● **Hotel Le Balze******, Loc. Campi, Via delle Balze 8, Tel. 0365/ 91 71 55, Fax 91 70 33, Internet: www.hotel-lebalze.de. Auf einem Felsvorsprung gelegene, sehr schöne Anlage mit Pools drinnen und draußen, Sauna, Fitnessraum, Tenniscenter, Mountainbike-Vermietung. Hunde erlaubt. DZ ab 100 Euro.
● **Residence Piccola Italia******, Pieve, Via di Mezzema, Tel. 0365/ 91 81 41, Fax 91 81 70, Internet: www.piccola-italia.it. Riesiges Areal mit verschiedenen Wohneinheiten und -häu-

sern (behindertengerecht) mit kitschig-verspieltem Ambiente, Pool, Kinderbecken, Fitnessstudio, Sauna, Kosmetikstudio, Tischtennis und Minigolfanlage, Grillplatz. Appartement ab 110 Euro, Bungalow ab 130 Euro.
● **Hotel Miralago*****, Loc. Pieve, Piazza Cozzaglio, Tel. 0365/ 95 30 01, Fax 95 30 46, Internet: www.miralago.it. Berühmt- berüchtigt wegen des Schwindel erregenden Wintergartenanbaus (ähnlich wie die Schauderterrasse) und des grottenähnlichen Ristorante. Herrliche Aussicht, Schwimmbad, Tenniscenter. Hunde erlaubt. DZ ab 64 Euro.
● **Hotel Paradiso*****, Loc. Pieve, Viale Europa 19, Tel. 0365/ 95 30 12, Fax 91 80 90, Internet: www.terrazzadelbrivido.it. Super gelegen mit schönem Pool, von dem man auch einen fantastischen Ausblick hat. Das Interieur des Hauses ist zuweilen etwas überladen. Sehr freundliches Management. DZ ab 70 Euro.
● **Hotel Bazzanega*****, Loc. Bazzanega, Via A. Volta, Tel. 0365/ 91 71 28, Fax 91 70 53, Internet: www.montagnoligroup.it/hotelbazzanega. Die Hotelanlage, auf der auch Bungalows und Ferienappartements vermietet werden, macht den Ort Bazzanega aus. Es ist ein ausgesprochenes Sportcamp mit Schwerpunkt auf Tennis. Entsprechend viele Plätze und Unterrichtsmöglichkeiten gibt es und auch diverse Preisstaffelungen. Als Anhaltspunkt: DZ ab 58 Euro, Bungalow für 4 Personen pro Woche 340 Euro.
● **Hotel/Residence Pineta Campi*****, Voltino, Via Campi 2, Tel. 0365/ 91 70 36, Fax 91 70 15, Internet: www.pinetacampi.com. Riesiger Komplex, der vor allem für Tennis-Freaks angelegt ist, mit Hotelzimmern und 2- bis 6-Personen-Ferienwohnungen, die modern und sauber sind. Tolles Hallenschwimmbad, großes Freibad mit Liegewiese. 10 Tennisplätze und meist fünf Tennislehrer. Man fühlt sich wie in einem Clubhotel. Hunde erlaubt. DZ ab 72 Euro, Appartement 280 Euro die Woche.
● **Bel Sito****, Via Castel Garda 1, Voltino, Tel./ Fax 0365/ 91 71 14, Internet: www.belsito hotel.it. Beschauliches kleines Haus unter freundlicher Leitung, vermitteln Sportmöglichkeiten. Mit Pool. Hunde erlaubt. DZ ab 32 Euro.

Gardasee

Blick von der Hochebene
über den Gardasee gen Süden

●**Agriturismo La Zangola,** Sompriezzo di Tremòsine, Tel./Fax 0365/ 95 32 29. Familiengeführter Hof, mit herrlichem Pool; sehr freundlich, gute landwirtschaftliche Produkte. DZ ab 52 Euro.
●**Casa Katia,** Loc. Pieve, Tel./Fax 0365/ 91 80 07, Handy: 0338/ 72 50 820, Internet: www.stelladoro.org. Ferienwohnungen für 2 bis 6 Personen – einfach, aber ordentlich. An der Straße gelegen. 2-Zimmer-Wohnung ab 190 Euro pro Woche.

Essen und Trinken

●**Trattoria La Brasa,** Brasa-Schlucht. In einer Kurve der Straße nach Pieve, nicht zu verfehlen. Neu und sehr schön gemacht, mit leckeren Gerichten aus der Region.
●**Ristorante Miralago,** Loc. Pieve, Tel. 0365/ 95 30 01. Fantastischer Blick vom Wintergarten des Restaurants. Allein das ist ein Grund, dorthin zu gehen.
●**Bar/Pizzeria Ander,** Piazza G. Marconi. Im Zentrum von Pieve gelegene Pizzeria mit einer gigantischen Auswahl.
●**Ennios Pub,** in der Altstadt. In einem historischen Innenhof kann man ganz zauberhaft sitzen und Kleinigkeiten essen.
●**Bar & Tavernetta Fucine,** Via Fucine, an der ersten scharfen Kurve nach Voltino Richtung Bazzanega. Das hübsche Lokal in rustikalem Stil kommt auf der Fahrt wie gerufen, eine Pause einzulegen. Nebenan gibt es frische Forellen zu kaufen!

Outdoor

●**Canyoning:** Nature Feelings, c/o Tenniscenter Prese, Base Pieve di Tremòsine, Handy 0338/ 5316251, Internet: www.nature-feelings.de.
●**Klettern:** SKYclimber, Via Dalco 3, Tremòsine, Tel. 0365/ 91 70 41, Fax 91 72 29, www.skyclimber.de; Nature Feelings (s.o.).
●**Trekking:** SKYclimber, (s.o.); Nature Feelings (s.o.).
●**Mountainbike:** SKYclimber (s.o.). Die Agentur bietet sowohl klassische Radwanderungen als auch anspruchsvolle Touren mit dem Mountainbike an. Sie arbeitet eng mit den örtlichen Hotels und Residences zusammen, also ruhig auch dort nachfragen.

Die Hochebene von Tignale B2

1292 Einwohner

Im Vergleich zu Tremòsine ist diese Hochebene deutlich geringer besiedelt. Ganz verstreut sind hier nur sechs Ortschaften entstanden, von denen Gardola auf 550 m Höhe die größte und bekannteste ist. Über Gardone Richtung Prabione gelangt man auch zur größten Sehenswürdigkeit des Hochplateaus, der **Wallfahrtskirche der Madonna di Monte Castello** aus dem 17. Jahrhundert. Sie wurde auf den Überresten eines Scaliger-Schlosses gebaut. Das Castello hängt im wahrsten Sinne des Wortes in einer Höhe von 691 Metern über dem See. Wer sich hinein traut, wird mit wunderschönen Fresken belohnt, die der Schule *Giottos* zugeschrieben werden. Hinter der Kirche liegt noch ein Kloster. Von dort kann man zu einem **Gipfelkreuz** klettern und sich an einem der schönsten Panoramen des Gardasees erfreuen: Es reicht bis weit über das südliche Ufer und hinüber zum Monte Baldo-Massiv.

Man kann den Ausflug zum Gipfelkreuz des Monte Cas in eine wunderschöne Wanderung einbinden, die für ca. eine Stunde auf dem Wanderweg 266 um den Gipfel und durch Esskastanienwälder führt. Besonders Kinder werden ihre Freude an der Tour haben, weil der Wanderpfad gesäumt ist von „Höhlen", genauer gesagt alten Schützengräben, von denen am Wendepunkt der Rundwanderung zwei miteinander verbunden sind und so durch den Berg führen. Vorsicht aber, wenn Kinder dabei sind, bei den spektakulären Panoramastellen des ehemaligen Maultierpfades, die nicht gesichert sind und an denen der Monte Cas steil in den Gardasee abfällt. Die Tour endet an der Straße nach Gardola. Von dort geht es linker Hand entlang der Straße in wenigen Minuten zurück zum Parkplatz.

Die Anfahrt dorthin ist motorisiert möglich (1 km bei 25%iger Steigung). Oben steht nur ein sehr kleiner Parkplatz zur Verfügung. Deshalb gibt es entlang des Fahrweges eine Treppe.

Pro Loco-Touristeninformation

● 25080 Tignale, Piazza Umberto 1, Tel. 0365/ 73 462, Internet: www.info-tignale.it, www.tignale.de.

Unterkunft

● **Park Hotel Zanzanù******, Loc. Oldesio, Tel. 0365/ 73 059, Fax 73 359, Internet: www. zanzanu.it. Ein abseits gelegener Hotelkomplex mit super Blick, Tennisanlagen, Schwimmbad, Sauna, Fitnessbereich, behindertengerecht. Hunde erlaubt. DZ ab 31,50 Euro.
● **Hotel Gallo*****, Loc. Gardola, Tel. 0365/ 73 010, Fax 73 230, Internet: www.hotelgallo. it. Gepflegte Anlage mit Garten und Pool, behindertengerecht, Hunde erlaubt. DZ ab 37 Euro.
● **Residence Panorama,** Loc. Olzano, Tel. 0365/ 76 00 82, Fax 76 01 05. Tennisorientiertes Haus mit Sauna- und Fitnessbereich, Schwimmbad drinnen und draußen, Kinderanimation, Hunde erlaubt. Appartement ab 42 Euro pro Tag.
● **Albergo Castello****, Gardola di Tignale, Via Castello 16, Tel./Fax 0365/ 73 041, Internet: www.albergocastello.it. Eine klassische Bed-and-Breakfast-Unterkunft, die von außen deutlich hübscher ist als von innen. Dennoch: Die Zimmer sind sauber und ordentlich und die Familie Berlanda ist äußerst nett und zuvorkommend. Hunde erlaubt. DZ ab 25 Euro.

● **Agriturismo Al Lambic,** Via S. Zenone 1, Prabione di Tignale, Tel./Fax 0365/ 73 402, Handy 0335/ 58 26 284, Internet: www.agrilambic.it. Hier findet man Agriturismo in seiner schönsten Form. Familie Bettanini Virdia hat das alte Gutshaus mit viel Liebe und Aufwand wunderschön renoviert, sodass sich Gäste in den Doppelzimmern im Gästehaus wie auch in den Zwei- und Dreizimmer-Wohnungen auf jeden Fall wohlfühlen. Das Gästehaus hat eher Gutsherrencharakter, die Wohnungen sind bäuerlichen Ursprungs, dennoch geschmackvoll und hochwertig eingerichtet. Zum Anwesen gehören ein Restaurant, das aber nur in den Sommermonaten geöffnet ist, ein Jacuzzi mit Relax-Zone im Garten, eine Grappa-Brennerei und ein kleiner Reiterhof. Hunde sind erlaubt. DZ ab 30 Euro, Zwei-Zimmer-Wohnung ab 43 Euro pro Tag. (Reiten siehe unter „Outdoor")

Essen und Trinken

● **Osteria Miniera,** Via Chiesa 9a, Tel. 0365/ 76 02 25, Internet: www.gardaminiera.it. Die sympathischen Cousins Bruno und Sergio Demonti haben in ihrem Heimatdorf in einem alten Rustico mit schönem Garten und Blick auf die Dorfkirche eine Osteria etabliert, die sich weit über die Ortsgrenzen hinaus großer Beliebtheit erfreut. Hervorragende, unprätentiöse Küche mit Zutaten aus der Gegend. Besonders göttlich ist der Vorspeisenteller ab zwei Personen. Das kommt nicht von ungefähr, schließlich haben die beiden nicht nur in den Luxusherbergen von Como und St. Moritz gekocht, sondern tatsächlich auch schon für den Heiligen Vater in Rom.
● **Ristorante Lambic,** Via S. Zenone 1, Prabione di Tignale, Tel./Fax 0365/ 73 402. Romantisches kleines Lokal, in dem der Koch vorzugsweise mit Produkten aus dem eigenen landwirtschaftlichen Betrieb kocht und dementsprechend traditionell. Krönender Abschluss eines jeden Menüs ist der Grappa Rugiada delle Alpi, der Morgentau-Grappa aus der hauseigenen Brennerei. In der Hochsaison ist eine Reservierung empfehlenswert.
● **El Torchio,** Via Roma 41, Tel. 0365/ 76 02 96, Internet: www.altorchiotignale.it. Man kann wohlgemut sagen, dass die Pizzen zu

Gardasee

den besten am Gardasee zählen, insbesondere die hauseigene Kreation. Man kann auch alles andere rauf und runter essen – es schmeckt immer. Wirklich gute Mittelklasseküche. Deswegen brummt das Lokal auch immer, ob zur Mittagszeit oder am Abend. Obendrein kommen viele zum take away.

Events

● **Palio dei Asini** – Esel treten am 15. August gegeneinander an und rennen um die Wette.

Campione 🡕 B2

Am schönsten präsentiert sich Campione (150 Einwohner) vom Wasser aus. Senkrecht steigen riesige Felswände auf, ein paar Häuser kleben auf der schmalen Landzunge. Wirklich fotogen, denkt man – bis man näher kommt. Das ehemalige Arbeiterdorf im Kasernenbaustil, das bis 1930 ausschließlich vom See aus zu erreichen war, ist in weiten Teilen immer noch ziemlich verfallen. Eine italienische **Baumwollspinnerei,** die 1980 stillgelegt worden war, ist nach wie vor ungenutzt. Die Pläne einer französischen Unternehmerfamilie, eine Art Monte Carlo am Gardasee mit Luxusresidenzen, Einkaufszentrum, der größten Beautyfarm Europas, schickem Jachthafen, Helikopterlandeplatz und Seilbahn zu einem Golfplatz auf der Hochebene von Tremòsine aus der Taufe zu heben, sind bis auf Weiteres auf Eis gelegt worden. Dafür hat sich der kleine **Ortskern** ein wenig gemausert. Sukzessive sind Häuser saniert worden, haben kleine Geschäfte und Bars Einzug gehalten und hauchen Campione wieder ein bisschen mehr Leben ein. Die meisten Touristen, die

durch die dunklen Tunnelstraßen von der Gardesana gefahren kommen, drehen aber dennoch recht schnell wieder ab. Das liegt wohl auch daran, dass Campione obendrein ein sehr schattiges Fleckchen Erde ist. Um 16 Uhr schon verschwindet die Sonne hinter den Felswänden der Hochebene.

Nur eine Menschengruppe schert all das wenig, denn schließlich gibt es guten Wind. Also trifft man hier zumindest in den Hochsaisonmonaten Segler und Surfer. Und wo eine Zielgruppe ist, ist auch eine **Segel- und Surfschule:** Vela Club Campione del Garda, Via Olcese 10, Tel./Fax 0365/ 91 69 08, und Windsurfing Campione, Piazza Arrighini 3, Tel. 0365/ 91 69 00. In diesem Zusammenhang sollte noch ein Sommer-Event erwähnt werden: In der heißen Phase im Juli veranstaltet Campione eine hippe **Beach-Party.** Einen festen Termin dafür gibt es nicht, in der Szene spricht sich das Datum sowieso herum. Man kann es auch bei den Tourismusbüros an der Westküste erfragen.

Gargnano 🡕 B2

3279 Einwohner

Wenn der letzte stockfinstere Tunnel der Gardesana Occidentale durchfahren ist, öffnet sich der Blick auf Gargnano, den nördlichsten Ort der berühmten **Brescianer Riviera.** Obwohl das einstige Fischerdorf eine nette kleine Altstadt, einen malerischen Hafen und eine hübsche Seepromenade mit Orangenbäumen hat, hat der Tourismus hier nur bedingt Einzug gehalten.

Aber genau das macht den Ort so angenehm. Hier sind die Straßen nicht nur im Hochsommer bevölkert, und dann gleich in gigantischem Ausmaß. Hier pulsiert immer ein bisschen das Leben, hat sich Ursprünglichkeit bewahrt, egal zu welcher Jahreszeit. Morgens trifft man sich für die neuesten Nachrichten – die Damen beim Cappuccino im Café, die Männer stehen eher mit gewichtiger Miene am Hafen und am Zeitungsladen. Die wenigen Geschäfte sind bis zur Mittagszeit immer frequentiert, genauso wie am Nachmittag und abends die Kneipen. Außerdem hat die Mailänder Universität in Gargnano eine kleine Dependance fürs **Sprachstudium,** sodass abends oft heiteres Lachen durch die engen Gassen schallt. Früher lernten die Studenten übrigens in der

direkt am See liegenden neugotischen ehemaligen Industriellenvilla Feltrinelli und späteren Residenz *Mussolinis*. Tatsächlich saß hier zwischen 1943 und 1945 der Duce fest, bewacht von der SS seines Verbündeten *Hitler,* und suchte sich immer wieder geheime Wege zu seiner Geliebten *Claretta Petacci*. Zur Empörung seiner Frau *Donna Rachele* hatte sich die Mailänder Schönheit nur wenige 100 Meter von seinem Anwesen entfernt niedergelassen, in der Villa Giulia, einem heutigen Hotel. Das blieb

Die Basilika von Gargnano

nicht ungestraft. Beim gemeinsamen Fluchtversuch nach dem Fall der deutschen Front in Norditalien fanden der Duce und seine Mätresse den Tod. Nunmehr ist der Zutritt zur **Villa Feltrinelli** nur noch besonders zahlungskräftigen Gästen vorbehalten. Der amerikanische Unternehmer *Robert H. Burns,* seines Zeichens Gründer der Regent International Hotels, hat das Anwesen für viel Geld in ein luxuriöses Traumhotel verwandelt, in dem man für eine Nacht mindestens 500 Euro berappt.

Und gleich noch eine geschichtsträchtige Episode: Die in zahlreichen Häusern **an der Hafenmole eingemauerten Kanonenkugeln** erinnern an den einzigen heftigen Kampf, den die Bewohner des Fischerdorfes je erlebten. Als sich 1866 während der Kämpfe des Risorgimento französische und italienische Schiffe hierher zurückgezogen hatten, wurden sie von einem österreichischen Geschwader beschossen. Der Erfolg war allerdings mäßig.

Sehenswertes

Gargnano hat auch echte Kulturgüter zu bieten. Im Norden des Dorfes, direkt an der Gardesana Occidentale, steht die mächtige **Pfarrkirche San Martino,** erbaut anno 1837. Kunstexperten rühmen sie wegen ihrer Ölgemälde und der Jungfrau von Moretto im Hochaltar. Südlich vom Hafen findet man die Kirche und das **Kloster San Francesco** von 1289 mit einem schönen Kreuzgang romanischer und spätgotischer Architektur. Sehr bekannt ist der **Palazzo Bettoni,** im 18. Jahrhundert in An-

lehnung an Schloss Schönbrunn in Wien gebaut. Er zählt zu den größten am Gardasee. Leider hat man hier einen nicht wieder gutzumachenden Frevel begangen: Die Gardesana verläuft durch das Anwesen, und zwar auf der Rückseite der Villa und der Vorderseite des prunkvollen Gartens, des sogenannten Gloriette. Da alles in Privatbesitz ist, kann man lediglich durch die Gitter schauen und die wunderschöne Treppenanlage mit Balustraden und Marmorfiguren bestaunen.

Praktische Informationen

Pro Loco-Touristeninformation

● 25084 Gargnano, Piazza Mario Bollini/ Gardesana, Tel. 0365/ 71 222, Internet: www.info-gargnano.it.

Unterkunft

●**Hotel Villa Giulia***, Viale Rimembranze 20, Tel. 0365/ 71 022, 71 289, Fax 72 774, Internet: www.villagiulia.it. Sehr gepflegte Villa im viktorianischen Stil inmitten eines Parks mit Schwimmbad und Wellness-Bereich direkt am See. Hier residierte seinerzeit die Geliebte von *Mussolini* (s.o.). Bei der Einrichtung des Hauses, das noch über sehr viele Originalmöbel verfügt, bewies sie unbestritten Geschmack. Das heutige Hotel ist sehr gut geführt, sehr beliebt und stark von Stammgästen frequentiert. Familien mit Kindern und/oder Hunden sollten wissen: Hier wird auf Ruhe und Ordnung geachtet. DZ ab 220 Euro.

Im Ortskern von Gargnano hat die Villa Giulia ein ausnehmend schönes, mit viel Liebe zum Detail eingerichtetes **Appartement** zu vermieten mit zwei Schlafzimmern, Küche und Bad. Kleine Hunde erlaubt. Reinigungsservice inkl. Wäschewechsel zweimal wöchentlich. Die Woche ab 1100 Euro.

●**Hotel Villa Sostaga****, Via Sostaga 19, (Loc. Navazzo), Tel. 0365/ 79 12 18, Fax 79

Die Zitronenepoche der Brescianer Riviera

Es muss Liebe zu den gelben Früchten gewesen sein, die den Grafen *Carlo Bettoni-Cazzago* zur wichtigsten Erfindung des 18. Jahrhunderts am Gardasee inspirierte: der **Limonaia,** einem Treibhaus für Zitronen. Bis dato waren die gelben Früchte nur spärlich an den Westhängen über Bogliaco, heute ein Ortsteil von Gargnano, gewachsen. Hier residierte der Graf, dessen Nachkommen immer noch in dem berühmten Palazzo leben. Das Klima am Gardasee war und ist früher mediterran als anderswo. Trotzdem treibt der Winter die kalten Temperaturen über den Südrand der Alpen. Empfindliche, davor ungeschützte Pflanzen überleben das nicht. Und so kam der Graf auf die Idee, terrassierte, lang gezogene Treibhäuser für die Zitronenbäume zu bauen. Sie hatten hohe, Wärme speichernde Wände und Holz- oder Glasabdeckungen zum Schutz vor Kälte. Wenn es richtig gefror, wurden die Limonaie mit Holzfeuern beheizt. Und so konnten die Zitronenbäume, die gleichzeitig blühen und Früchte tragen, das ganze Jahr über für Nachschub sorgen. Des Grafen Erfindung machte Schule, sodass von Limone bis Gardone, selbst im Hinterland, immer neue Limonaie entstanden.

In Spitzenzeiten sind im Jahr sechs Millionen Früchte geerntet worden. Viele wurden in den Norden, in Städte wie Dresden, Berlin, München und Innsbruck, exportiert. Immerhin 150 Jahre lang blühten am Westufer des Gardasees die Zitronenbäume und die Umsätze. Als dann aber Ende des 19. Jahrhunderts Zitronen in Massen aus dem tieferen Süden importiert wurden, standen die Zeichen bereits auf Untergang. Das endgültige Aus des Zitronenanbaus kam im Gefolge eines Jahrhundertfrosts im Winter 1928/29. Von diesem Zeitpunkt an lagen die Limonaie brach. Nur wenige sind restauriert, anders genutzt (Wohneinheiten) oder neu bepflanzt worden. Die schönsten „renaturierten" Exemplare finden sich in Gargnano oberhalb der Gardesana bei *Giuseppe Gandossi* und *Lorenzo Trevisani,* in Maderno seitlich der Piazza Salvo d'Acquisto, in Fasano hinter dem Krankenhaus S. Anna, in Gardone hinter der Kirche S. Nicolò. Romantisch verwilderte Limonaie kann man z.B. beim Surf-Point Al Prà, am Punta Reàmol und bei Limone direkt sehen.

053ga Foto: de

11 77, Internet: www.hotelvillasostaga.it. Umgeben von einem riesigen Park in den Bergen über Gargnano ist das ehemalige Ferienhaus der Familie *Feltrinelli* 2006 in eine luxuriöse, dennoch ländliche Herberge mit Pool, Wellness-Center, Pavillon und Restaurant verwandelt worden. Der Panoramablick auf den Gardasee ist grandios, ebenso der Erholungswert. Hunde erlaubt. DZ ab 130 Euro.

● **Hotel du Lac*****, Via P. Colletta 21, Tel. 0365/ 71 107, Fax 71 055, Internet: www.hotel-gardenia.it. Die kleine rote Jugendstilvilla am See mit Patio, Musikzimmer, Wintergarten und Hochterrasse ist wirklich wie aus Zuckerguss und gerade erst wieder renoviert worden. Man kann sich gut vorstellen, wie der Schriftsteller *D.H. Lawrence* hier an seinem Buch „Twilight in Italy" geschrieben hat. Ein Haus zum Wohlfühlen, das eine etwas steife Atmosphäre leider nicht ganz verhehlen kann. So manchen wird auch ein fehlender Direktzugang zum See stören. Den gibt es nur in 100 m Entfernung vom Hotel. Dennoch bietet das Hotel viel für seinen Preis. DZ ab 46 Euro.

● **Hotel Gardenia***** Via Coletta 53 (in Villa), Tel. 0365/ 71 195, Fax 72 594, Internet: www.hotel-gardenia.it. Früher war das direkt am See liegende Hotel einmal die Sommerresidenz der Familie *Arosio*, seit 1955 dient es als Urlaubsdomizil für alle, die es romantisch und behaglich lieben. Die Einrichtung ist mit viel Liebe zum Detail vorgenommen worden und lässt Vergleiche mit dem Hotel du Lac zu, das ebenso zum Besitz der Familie *Arosio* zählt. Die Zimmer sind sehr unterschiedlich in ihrer Lage und Ausstattung, sodass die Preisspanne groß ist. DZ ab 39 Euro.

● **Agritur Cristina Hotel Mariano**** Via Sasso 8, (Sasso), Tel. 0365/ 71 689, Fax 79 15 55, Internet: www.hotelmariano.it. Hübsch gemachte, ländliche Unterkunft mit zehn Zimmern, die sogar mit einem Swimmingpool aufwarten kann. Am Wochenende füllt sich das dazu gehörige Restaurant obendrein mit vielen Ausflüglern. DZ ab 38 Euro.

● **Appartements Fondo la Campagnola**, c/o Hotel Europa, Via Republicca 38, Tel. 0365/ 71 191, Fax 72 095, Internet: www.gardasee.eu/lacampagnola.de. Drei geschmackvoll eingerichtete 60-Quadratmeter-Wohnungen in alten Limonaie oberhalb der Gardesana mit Blick auf die Pfarrkirche San Martino. Im Parterre gehört eine Terrasse dazu. Im Garten mit Pool steht für alle auch ein Grillplatz zur Verfügung. Hunde erlaubt. Zum Anwesen gehört auch ein kleiner Restaurant-Betrieb, sodass man abends weder kochen noch woanders hingehen muss. Die Appartements (2–4 Personen) kosten ab 370 Euro pro Woche.

● **La Limonaia by Liana,** Via Rimembranze 18, Tel./Fax 0365/ 71 694, Internet: www.apartmentslalimonaia.com. Die ordentlich eingerichteten Appartements (z.T. mit eigenem Garten) in einer kleinen alten Limonaia liegen direkt am Wasser, zwischen dem Zentrum von Gargnano und der Villa Feltrinelli. Wohnungen ohne Garten ab 350 Euro, mit Garten ab 400 Euro pro Woche.

Camping

● **Rucc****, gegenüber des Parco la Fontanella, Tel. 0365/ 71 805. Sehr kleiner Rasenplatz mit Bäumen, 50 Meter zum See.

● **Paradiso***, an der Straße nach Muslone, also etwa 3 km außerhalb von Gargnano, Tel. 0365/ 71 223.

● **Lefa****, Tel. 0365/64 31 65, und **Chiaro di Luna****, Tel. 0365/ 64 11 79, beide am Ufer an der Straße nach Maderno-Tosolano.

Essen und Trinken

● **Trattoria la Tortuga,** Via XXIV Maggio 5, Tel. 0365/ 71 251. Der Küche eilt ein ausgezeichneter Ruf voraus, der sich absolut bestätigt. Die Tische sind liebevoll gedeckt, die Atmosphäre ist behaglich. Reservierungen sind unbedingt notwendig, da das Lokal sehr klein ist.

● **Riviera da Giorgio,** Via Marconi 1. Pizza backen zwar alle, aber die hier zählt zu den Top Ten. Außerdem liegt die Terrasse des Hotelrestaurants an einem Bootssteg gleich über dem See, und man genießt einen schönen Ausblick.

● **Restaurante Centromiglia,** Via Lungolago Zanardelli 13, Tel. 0365/ 72 656. Exponierte Lage am Hafen, deshalb auch etwas teurer als innerorts. Die sehr gute Mittelklasseküche bietet beispielsweise besten Coregone (Renke) vom Grill oder köstliche Crespelle.

●**Osteria del Restauro,** Piazza Villa 1, Tel. 0365/ 72 643. Zählt zu den beliebtesten Restaurants mit maßvollen Preisen, liegt am Hafenbecken des Ortsteils Villa, am Wochenende unbedingt reservieren.

●**Ristorante La Pirata,** Via Gamberera/Gardesana, Tel. 0365/ 71 574. Am Wochenende ist hier die Hölle los, wie der Name schon impliziert. Außerdem ist dann bis 2 Uhr geöffnet. Andere Gastronomen liegen dann schon im Bett. Ab und an spielen auch Live-Bands auf.

●**Osteria al Baccaretto,** Lungolago Zanardelli 10. Eher eine Weinbar, denn eine Osteria, aber hübsch gelegen an der Seepromenade und perfekt, um sich auf den Abend einzustimmen oder ihn bei einem Glas ausklingen zu lassen.

●**Campo Bertansi,** Via el Golf. Beliebtes Ausflugsziel in den oberen Regionen 1 km von Bogliaco im Olivenhain (nahe des Golfplatzes), wunderschöner Blick, feine Speisekarte, auch Pferdefleisch im Angebot, unbedingt reservieren.

●**Bar und Gelateria Azzurra,** Zanardelli 10. Morgens kommt man hierher, um seinen Cappuccino zu trinken, nachmittags, um sein Eis zu essen (eines der besten von Gargnano), und abends auf ein Glas Wein oder Bier. Das Azzurra ist schließlich der Umschlagplatz für Neuigkeiten. Und so muss man hier wenigstens einmal am Tag vorbeischauen.

●**Bar Nobile,** Via Libertà 17. Es ist eine Bar und gleichermaßen Paninoteca, also ein Eldorado für leckere Brötchen. Außerdem ist Besitzer *Alfredo Zwerneri* besessen vom Wetter. Seit bald 20 Jahren notiert er peinlich genau jeden Tag alle Daten über das Wetter. Ob Weihnachten 1986 oder Pfingstsonntag 1999 – der Hobbymeteorologe weiß sowohl die Temperatur der Luft und des Wassers als auch Niederschlagsmengen an diesen Tagen.

Markt

●Jeden zweiten Mittwoch am Hafen.

Bushaltestelle

●Neben der Tankstelle zwischen den Ortsteilen Gargnano Stadt und Villa direkt an der Gardesana.

Outdoor

●**Baden:** im Parco la Fontanelle, einer öffentlichen Badeanstalt 500 m nördlich vom örtlichen Hafen. Hier gibt es Rasenplätze mit altem Olivenbaumbestand und einen Treppeneinstieg zum Gardasee. Außerdem verfügt die Anlage über einen ansprechenden Kinderspielplatz und ein Volleyballfeld. Besonders am Wochenende tummeln sich hier die Einheimischen zuhauf. Die Sauberkeit lässt manchmal zu wünschen übrig.

●**Surfen:** OK-Surf *(Kurt Oberrauch),* Parco la Fontanella, Tel. 0365/ 79 00 12, Internet: www.oksurf.it.

●**Segeln:** OK-Surf. Die Katamarane liegen im Hafen von Villa. Circolo Vela Gargnano, Via Conte Bettoni 23, Tel. 0365/ 71 028. 43 Parallelo, Via Bettoni 25a, Marina di Bogliaco. Segelschule, Vermietung von Jachten.

●**Mountainbike:** OK-Surf. *Kurt Oberrauch* bietet Fahrräder zum Verleih und organisiert Touren, wenn man sich rechtzeitig anmeldet.

●**Golf:** Campo di Golf, Via Golf 21, Ortsteil Bogliaco, Tel. 0365/ 64 30 06, Internet: www.golfbogliaco.com. Der älteste Golfplatz am Gardasee hat eine 9-Loch-Anlage, die sehr idyllisch gelegen ist.

Event

●**Centomiglio-Regatta** im September, die zu den bedeutendsten ihrer Art auf europäischen Inlandsgewässern zählt. In der Regel nehmen mehr als 400 Segelboote daran teil.

Ausflug

Zum Valvestino-, Idro- und Ledro-See

Von Gargnano führt eine Straße ins Inland direkt zum Lago di Valvestino, und von dort aus kann man weiter zu den Seen Idro und Ledro fahren. Über Riva und entlang der Gardesana geht es zum Ausgangspunkt wieder zurück. Es handelt sich um eine sehr schöne Tagestour, die in diesem Buch von Riva aus beschrieben wird (siehe dort).

Gardasee

Toscolano-Maderno A3

7436 Einwohner

Im Lauf der Jahre sind die beiden Ortschaften Toscolano und Maderno zusammengewachsen, auch wenn sie von dem Fluss Toscolano durchschnitten werden. Er kommt aus einem wunderschönen Tal geflossen und hat vor der Zeit des Valentino-Stausees oben in den Bergen so viel Erosionsmaterial an den Gardasee geschwemmt, dass hier eine großzügige Landzunge entstand.

Geschichte

Es wird vermutet, dass sich schon die **Römer** hier niedergelassen hatten, ihre Siedlung aber im Jahre 243 durch einen gewaltigen Bergsturz dem Erdboden gleichgemacht wurde. Benacus soll sie geheißen und dem Gardasee seinen ursprünglichen Namen gegeben haben: Lacus Benacus. Bis heute ist das alles aber nicht erwiesen, da keine Überreste gefunden worden sind.

Die Energie des Wildbaches machten sich die Menschen im 14. Jahrhundert zunutze und bauten **Papiermühlen** in das Flusstal. Ihr feines Papier mit dem Ochsenkopf als Druckmarke wurde so berühmt, dass fortan kein Monarch mehr darauf verzichten wollte. Auch *Martin Luthers* Bibelvorlage für seine deutsche Übersetzung kam aus Toscolano. Heute kann man neben den Ruinen der berühmten Produktionsstätten im Valle delle Cartiere auch ein Museum besichtigen (vgl. „Ausflüge").

Die ehemals dem Feriengefühl nicht zuträgliche Ausstrahlung einer kleinen Industriestadt hat Toscolano-Maderno in den vergangenen Jahren entscheidend ablegen können. Endlich hatte man nämlich erkannt, welche Ressourcen dieses Fleckchen Erde zu bieten hat. Toscolano-Maderno kann mit dem größten Strand am Westufer des Gardasees aufwarten und einer kilometerlangen Promenade. Und so hat man den Ort mit Baumaßnahmen, die vor allem dem Tourismus zuträglich sind, und durch Eigentumswohnanlagen in bester Seelage attraktiver gemacht. Das hat natürlich auch zur Folge, dass die Geschäfte wertiger geworden sind und das Angebot an Lokalen und Cafés vielfältiger.

Sehenswertes

Dafür kann das Städtchen mit historisch bedeutsamen Bauten aufwarten. Gleich am Ortseingang von Toscolano steht die **Pfarrkirche Santi Pietro e Paolo** aus der Renaissance (1584) mit einem großen Portal. Berühmt ist sie wegen ihrer 22 Gemälde von *Andrea Celesti,* einem der größten Künstler Venedigs. Dort hatte er für großes Aufsehen gesorgt, weil er dem Dogen *Andrea Grimani* Eselsohren gemalt hatte. Das fand dieser gar nicht witzig, und *Celesti* musste aus der Lagunenstadt flüchten. In einem kleinen Park in der Nähe der alten Papierfabrik finden sich Überreste einer römischen Villa mit Mosaikfußböden. In Maderno fällt die hübsche, klei-

Sant'Andrea von Maderno

ne **Kirche Sant'Andrea** (12. Jahrhundert) auf, die zu den schönsten ländlich-romanischen Kirchen Oberitaliens zählt. Ihre Fassade ist aus verschiedenfarbigem Marmor.

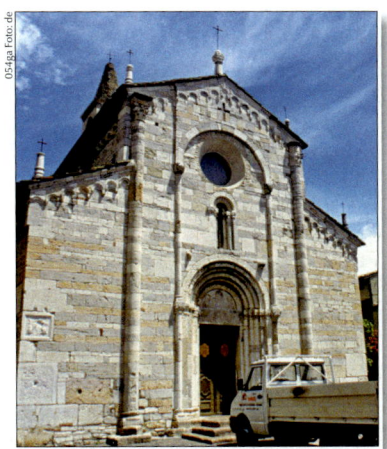

Praktische Informationen

IAT-Touristeninformation

● 25088 Toscolano-Maderno, Lungolago Zanardelli 18, Tel. 0365/ 64 13 30.

Unterkunft

● **Hotel Maderno****, Via Statale 12, Tel. 0365/ 64 10 70, Fax 64 42 77, Internet: www. hotelmaderno.it. Das erste Haus am Platze, eines der wenigen historisch schönen Gebäude der Stadt und jungst generalüberholt. Es liegt an der Gardesana, aber nicht direkt am See. Dafür verfügt das Haus über einen großen Park, einen großzügigen Pool und Kinderbecken. Hunde erlaubt. DZ ab 150 Euro.

● **Hotel Milano****, Lungolago Zanardelli 12, Tel. 0365/ 54 05 95, Fax 64 12 23, Internet: www.hotelmadernomilano.com. Ein neugotischer Palazzo, der restauriert worden ist, mit Außenfresken und schönen Balkonen. Auf der Terrasse lässt sich herrlich neben dem Pool speisen. Das Haus mit modernem Anbau liegt direkt genüber der Fähranlegestelle. Hunde erlaubt. DZ ab 110 Euro.

● **Hotel San Marco***, Piazza San Marco 5, Tel. 0365/ 64 11 03, Fax 50 05 92. Zu Beginn der Altstadt, also sehr zentral gelegen, dafür aber relativ laut. Modern geführt, behindertengerecht ausgestattet, freundlicher Service. Hunde erlaubt. DZ ab 50 Euro.

● **Residence Piccolo Paradiso 1 und 2,** Via Case Sparse, Tel. 0365/ 64 30 80, Fax 95 43 57, Internet: www.hg-hotels.com/en/italia/ toscolano/piccoloparadiso. Zwei- bis Fünfbettwohnungen auf unterschiedlichem Level. Preise von 29 bis 53 Euro pro Tag.

Camping

In den beiden Ortsteilen verteilen sich sechs Campingplätze, die bis auf einen über Grasflächen mit Baumbestand verfügen, am Seeufer liegen und/oder Strandabschnitte haben: **La Foce***, Via Religione 44, Tel. 0365/64 13 72, Fax 64 15 95; **Promontorio***, Via Promontorio 73, Tel. 0365/ 64 30 55, Fax 54 15 40, **Toscolano***, Via Religione 88, Tel. 0365/ 64 15 84, Fax 64 25 19; **Chiaro di Luna**, Via Statale Toscolano 218, Tel./Fax 0365/ 64 11 79.

Essen und Trinken

● **S. Ercolano,** Via Gabriele d'Annunzio 5, Tel. 0365/ 64 15 45. Um es gleich zu sagen: Die Lage am nördlichen Stadtrand und das Ambiente sind gruselig. Aber das nimmt man eben in Kauf, wenn man zu fairen Preisen einfach umwerfend essen kann. Die Zutaten sind bester Qualität; unbedingt Fisch essen. Nicht zuletzt ist die Weinauswahl grandios. Der Padron Flavio versteht sein Handwerk, er unterrrichtet in Gardone an der Kochschule.

● **La Sosta,** Localito Cecina, Via Cecina 79, Tel. 0365/ 64 42 95. Es ist beschaulich und schön in dem Dörfchen, einem Ortsteil von Toscolano-Maderno, und das fühlt man auch in der Trattoria La Sosta, einem Familienbetrieb. Die Mamma macht die Pasta-Tagliatelle mit Edelpilzen, Pappardelle mit Hase, Ravioli mit Ricotta und Spinat. Ins La Sosta geht

Gardasee

jeder – der Herr Professor genauso wie der Ceciner Bauer

● **Al Muretto,** Via Roma 25. In Maderno an der Gardesana platziert, immerhin mit Terrasse zum See mit schönem Blick.

● **Caffè Centrale,** Piazza San Marco 17. Beste Adresse für Kaffee und Kuchen.

Busstation

● Zwischen den Orten Toscolano und Maderno sowie in Maderno bei der Pfarrkirche.

Taxi

● **Vincenzo Spagnoli,** Maderno, Tel. 0365/ 64 13 03/ 64 18 23.

Markt

● Jeden Donnerstag entlang des Viale Marconi in Toscolano.

Outdoor

● **Baden:** Der Hauptstrand befindet sich in Toscolano vor den Campingplätzen, ein kleiner findet sich zwischen der Kirche Santi Pietro e Paolo und der Papierfabrik. In Maderno gibt es den Kiesstrand Lido Azzurro östlich der Fährenlegestelle. Hier kann man auch Liegen und Schirme mieten.

● **Bootsverleih:** Asmondi, am Hafen, Tel. 0365/ 64 18 23.

● **Reiten:** Scuderia Castello, Gaino, Tel. 0365/ 64 41 01, Fax 54 15 55. Pferdetrekking stundenweise oder ein- bis mehrtägig, es können auch eigene Pferde mitgebracht werden. Der Reiterhof ist auch eine Agriturismo-Adresse, also mit Unterkunft (s.o.).

● **Tennis:** auf den Campingplätzen Promontorio und Toscolano.

Ausflüge in die Umgebung

Valle delle Cartiere – das Tal der Papiermühlen

Das Valle delle Cartiere ist auf jeden Fall entweder einen Spaziergang oder eine Fahrt mit dem Fahrrad wert. Nicht zuletzt lohnt der Besuch des Papiermuseums (s.u.). Los geht es auf der westlichen Seite des Flusslaufes des Toscolano. Im Fortlauf des nicht asphalierten Fahrweges entlang des Wildbaches, der vor den Zeiten des Stausees Valvestino noch sehr viel Wasser führte, findet man die Ruinen der ehemaligen Papiermühlen von Toscolano-Maderno. In der wildromantischen Schlucht kann man sich an Naturschönheiten nicht sattsehen. Im unteren Bereich ist es nicht erlaubt, im Fluss zu baden. Dort ist für die Angler abgesperrt. Aber gegen Ende der Schlucht, nach dem **Campo Luseti** (hier kann man picknicken), gibt es genug schöne Plätze. Früher war der Weg in den oberen Bereich der Schlucht auch begehbar. Seit einem Bergsturz ist der Aufstieg zerstört und bisher nicht repariert worden. Deshalb ist der Einstieg mit einer Eisentür verschlossen. Wer Mut hat, folgt einem Weg rechter Hand vom Hauptweg, der durch einen alten Militärtunnel führt. An den Felswänden hängen Eisendrähte, mit deren Hilfe man sich ins Wasser abseilen und à la Canyoning noch tiefer in das Flusstal eindringen kann. Zumindest ist hier eine der schönsten Badestellen.

Auf das **Papiermuseum, Museo della Carta,** stößt man unwillkürlich, wenn man in das Tal hineinläuft oder -fährt. Es befindet sich im Pförtnerhäuschen der ehemaligen größten Papierfabrik. Lesetexte, Exponate aus vergangenen Tagen, Werkzeuge und nicht zuletzt die Nachbildung des Fertigungsprozesses zur Papierherstellung inklusive der dazu notwendigen Spezialmaschinen wie Satinierkalender, Holländischer Zylinder, Kläranlage, Papierschneidemaschine und Mahlstein sind in der vom Arbeits-

kreis *Gruppo Lavoratori Anziani Cartiera di Toscolano* in liebevoller Arbeit zusammengestellten Ausstellung zu sehen. Sogar ein Tausend-Lire-Schein aus dem Jahr 1948 findet sich; immerhin dokumentiert er, dass zu dieser Zeit auch Geldscheine in Toscolano gedruckt wurden.

Das Museo della Carta öffnet vom 15. Juni bis 15. September immer dienstags, donnerstags und freitags von 15–18 Uhr und vom 1. März bis 1. Mai wochenends von 14–18 Uhr. Tel. 0365/ 64 10 50. Der Eintritt ist frei.

Gaino   ⌐ A3

Gaino ist ein nettes Dorf mit alten Gassen oberhalb von Maderno-Toscolano. Von der Kirche Santa Maria di Gaino hat man ein schönes Seepanorama. Außerdem kann man von hier aus auf einem markierten, steilen Pfad hinab ins Valle Toscolano steigen (½ Std.). An der Via Folina-Cabiano ist ein Parkplatz, von dem aus man in südlicher Richtung durch den Ort läuft (Via Raffaelo und Via Giotto) bis zu einer Jungfrau, bei der es links geht bis zum Hinweisschild „Valle Toscolano Nr. 16". Nett ist es auch, weiter zum Reiterhof Castello zu fahren oder zu laufen (ab Parkplatz Folina-Cabiano), denn hier kann man bei einem tollen Blick gute Pizza essen.

Cecina   ⌐ B3

Cecina ist ein hübsches Dorf nördlich von Toscolano-Maderno mit engen Gassen und Bogendurchgängen. Es hat ein durchaus ausgesuchtes, dennoch bodenständiges Ambiente. Man lebt

am Gardasee, hat aber mit dem Massentourismus nichts zu tun. Hier haben die Professoren aus der italienischen Großstadt ein Haus und ebenso fühlen sich hier Künstler wohl. Sie leben ohne Standesdünkel neben den Olivenbauern, mit denen man abends in der Trattoria an einem Tisch sitzt. Außerdem wird hier gerne und gut gekocht: im La Sosta, im Vecchia Locanda und in der Pizzeria La Macina.

Fasano   ⌐ A3

Zwei grandiose Edelhotels rechts und links der Gardesana machen den kleinen und unspektakulären Ort Fasano aus und sind die Vorboten des einstigen Nobel-Eldorados der Belle Epoque – Gardone. Der alte Ortskern mit sehr steilen Gässchen liegt am Berg und nennt sich Fasano Sopra.

Unterkunft

● **Grand Hotel Fasano*******, Tel. 0365/ 29 02 20/ Fax 29 02 21, Internet: www.ghf.it. Neben der Villa Cortine Palace in Sirmione ist es das einzige Hotel am Gardasee, das mit einem fünften Stern ausgezeichnet worden ist. Vor 100 Jahren diente das Haus dem österreichischen Kaiserhaus als Jagdsitz. Seit 1956 ist das Anwesen inmitten eines Parks mit großem Swimmingpool und Seeterrasse in deutschem Familienbesitz und wird von den Brüdern *Oliver* und *Patrick Mayr* perfekt geführt. Ex-Rennfahrer *Gerhard Berger,* der Kronprinz von Dubai, Mitglieder der legendären Fellini-Familie wie auch deutsche Manager geben sich die Klinke in die Hand. „Mehr als 50% der Gäste sind aus Deutschland", sagt der Hotelchef *Oliver Mayr.* Zum Anwesen gehört auch die Villa Principe. Hier kann man ganz stilecht in kaiserlichen Gemächern und außerdem sehr separat residieren. Hunde erlaubt. DZ im Haupthaus ab

Gardasee (Seitenleiste)

100 Euro, DZ in der Villa Principe ab 130 Euro.
● **Villa del Sogno****, Tel. 0039/ 36 52 02 28, Fax 29 02 30, Internet: www.hotelvilladel sogno.it. Man kann die italienischen Komponisten *Mascagni* und *König Faruk* aus Ägypten gut verstehen, dass sie sich dieses Domizil für einen Aufenthalt ausgesucht haben. Inmitten eines riesigen Parks liegt hoch über dem Gardasee die wunderschöne Villa, die obendrein außergewöhnlich schöne Suiten hat und zwei Zimmer mit eigener Loggia. Zur Anlage zählen außerdem Swimmingpool und Tennisplatz nebst einer traumhaften Terrasse. DZ ab 200 Euro.

Essen und Trinken

Beide **Grand Hotels** in Fasano haben ausgezeichnete, edle Restaurants. Doch es gibt auch die ländliche Alternative:
● **Ristorante Agricultura Riolet**, Via Belvedere/Via Fasano Sopra, Tel. 0365/ 2 05 45. Gemütliche Trattoria mit einer weinumrankten, großen Terrasse mit herrlichem Blick auf den Gardasee. Nur in der Hochsaison geöffnet. Besser reservieren. Und am Wochenende auf Bestellung (anders gibt es ihn nicht) den *spiedo,* den Grillspieß mit Gemüse.

Gardone Riviera ⬈ A3

2500 Einwohner

Nostalgie und Dekadenz sind in Gardone immer noch zum Greifen nah. Zu sehr hat die Belle Epoque der Jahrhundertwende ihre Spuren hinterlassen. Hübsche Villen und Prachtbauten, wohin das Auge reicht. Allen voran das altehrwürdige Grand Hotel Gardone Riviera mit seinem hohen Turm und der 300 Meter langen Terrasse am Seeufer. Wer hat hier nicht alles schon gekurt – *König Faruk* aus Ägypten, der deutsche *Kaiser Wilhelm, Winston Churchill* aus England und die österreichische Kaiserin *Elisabeth*. All den Ruhm und Reichtum hat das ehemalige Fischerdörfchen einem einzigen Mann zu verdanken. **Louis Wimmer** aus Deutschland war's, der 1880 nach Gardone kam und dachte: Das Klima ist gut, die Stelle beschaulich, der Kururlaub kommt in Mode. Und der Ingenieur begann, das Grand Hotel der Superlative zu bauen. Der Klimatologe und Arzt *Dr. Ludwig Rhoden* aus Deutschland veröffentlichte just zu dieser Zeit Studien über das heilsame Klima von Gardone. So dauerte es nicht lange, bis sich die gesellschaftlichen Eliten ein Stelldichein gaben. Als sich dann obendrein noch Italiens Dichter und Denker *Gabriele d'Annunzio* in Gardone Sopra ansiedelte, war der Kult um die „Brescianer Riviera" perfekt.

Gardone verdient auch heute noch Beachtung. Die Seepromenade ist wunderschön und gepflegt, die Blätter der Bananenstauden rascheln im Wind. Aber Glanz und Gloria sind verblichen. Außerhalb der Saison hat der Ort gar etwas von einer Geisterstadt. Es ist eben alles gemächlich hier – alt, ehrwürdig und gediegen.

Die Seepromenade von Gardone

Gardasee

Sehenswertes

Il Vittoriale degli Italiani

Das „Siegesdenkmal der Italiener", so lautet der offizielle Name dieses – was ist es eigentlich? Ein Opus? Eine Anlage? Vielleicht am ehesten eine Art Monument, das sich der faschistoide Dichter und Denker **Gabriele d'Annunzio** (1863–1938) in Gardone Sopra geschaffen hat. Er verstand sich schließlich als „Inkarnation des italienischen Geistes". Auch wenn das nicht erklärt, warum dieser Mann einen ganzen Hügel in sehr ungewöhnlicher Weise umgestalten musste. Plausibler erscheint es, wenn man weiß, dass er sich selbst als **„Interpret des menschlichen Wahnsinns"** bezeichnete. *D'Annunzio* war nicht nur exzentrisch und egoman, son-

dern er war ein regelrechter Verehrer von Krieg, Gewalt und seines Vaterlandes. So war er hoch beliebt bei *Mussolini*. Der Duce überhäufte ihn mit Geld und Geschenken. Nicht zuletzt wurde *d'Annunzio* von der Damenwelt geradezu vergöttert.

Der Nachwelt hinterließ der Dichter eine **riesige Parkanlage mit künstlichen Seen, Brunnen, Wasserspielen, einem Wasserfall und wunderschöner Vegetation,** die aber leider mit militärischen Erinnerungsstücken durchsetzt ist. Das komplette Vorschiff eines Kreuzers ist in den Berghang hineingebaut. Mit diesem hatte er an den Kämpfen um Dalmatien teilgenommen. In einer überdimensionierten Halle, seinem persönlichen Kino, hängt der **Doppeldecker,** mit dem *d'Annunzio* über Wien kreiste und antiösterreichische Flugblätter abwarf. Sein alter **Fiat** hat auch kriegshistorische Bedeutung: Kurz nach Ende des 1. Weltkrieges wollte er mit einigen Gleichgesinnten die Halbinsel von Istrien und Fiume zurückerobern, die Jugoslawien zugesprochen war. Der besessene Poet führte mit seinem Fiat persönlich den Feldzug an.

Auch seine **Villa Cargnacco,** in der er bis zu seinem Tode lebte, ist weit davon entfernt, lediglich ein Hort unschätzbarer Kunstwerke und Antiquitäten zu sein. Der erste Eindruck geschmackvoller Einrichtung mit viel Sinn für die Schönheiten des Lebens ist rasch vorbei. Der **düstere „Saal des Aussätzigen"** spricht für sich. Hierhin hat sich der Dichter zurückgezogen mit der Erklärung: „Im Mittelalter galten die Aussätzigen als heilig." Ein weiterer Beweis für *d'Annunzios* Irrsinn ist der Raum der Reliquien. Zwischen unzähligen Erinnerungsstücken liegt auf einem Tisch ein altes, verbogenes Lenkrad. Es stammt aus den todesstarren Händen eines Freundes, der bei einem von *d'Annunzio* initiierten Hochgeschwindigkeitsrennen ums Leben kam. Wer den Palastherrn besuchen wollte, der musste im Dalmata-Oratorium auf Chorstühlen aus dem 16. Jahrhundert auf ihn warten. Der Leichnam *d'Annunzios* liegt im **Mausoleum,** das er sich in faschistischpompösem Stil und mit herrlichem Seeblick hat bauen lassen. Seinen Tod fand er übrigens bei einem Sturz aus dem Fenster. Es ist nie geklärt worden, ob es ein Unfall oder Mord war.

Öffnungszeiten: Von April bis Sept. täglich (außer montags) von 8.30–20 Uhr, von Okt. bis März täglich (außer montags) von 9–17 Uhr; Infos im Internet unter www.vittoriale.it.

Botanischer Garten Hruska

Pflanzen aus aller Welt in ihrer Prächtigkeit und Vielfältigkeit faszinierten ihn. In seinem botanischen Garten Giardino Botanico Hruska in Gardone Sopra hat sich der Zahnarzt *Dr. Artur Hruska* seinen Traum verwirklicht: die **Flora der Alpen mit der Flora der Tropen zusammenzuführen.** Das Klima am Gardasee hat das möglich gemacht. Neben 20 Meter hohen künstlichen Dolomiten, auf denen in allen Farben und Formen die Blumen der Alpen wachsen, wuchert ein schattiger Bambuswald mit Schlingpflanzen und Dschungeltümpel. 2000 Pflanzenarten wachsen hier. Dafür hatte der Arzt 20 Jahre Forschungsarbeit geleistet, um die Lebensbedingungen herauszufinden. Der Parkrundgang dauert etwa eine halbe Stunde. Beim Gärtner kann man für wenig Geld Setzlinge kaufen. Den ganzen Park samt Villa hat übrigens 1988 der Wiener Künstler *André Heller* gekauft.

Öffnungszeiten: tägl. von 9–19 Uhr. Eintritt: 7 Euro.

Praktische Informationen

Pro Loco-Touristeninformation

●25083 Gardone, Corso Repubblica 25, Tel./Fax 0365/ 20 347, Internet: www.info-gardone.it.

Unterkunft

●**Grand Hotel Gardone******, Gardesana, Tel. 0365/ 20 261, Fax 22 695, Internet: www. grangardone.it. Wenn *Winston Churchill* frü-

Gardasee

her anreiste, stand das Personal stramm. Heute muss es sich v.a. um Busreisende kümmern. Das riesige Haus hat immense Kapazitäten. Sein charakteristischer Turm war einst der Wasserspeicher. Beheizter Swimmingpool, moderner Wellness-Bereich, eigener Seezugang mit schöner Anlage, Bootsanlegestelle. DZ ab 146 Euro.

●**Hotel Savoy Palace******, Via Zanardelli 2/4, Tel. 0365/ 29 05 88, Fax 29 05 56, Internet: www.savoypalace.it. Eine alte Villa wurde zum Leidwesen vieler Ortsansässiger abgerissen, statt dessen ein riesiger Kasten gebaut. Von der Gardesana aus betrachtet, könnte es auch ein Business-Hotel in Frankfurt sein. Vom See aus vermittelt es ein wenig den Flair der Belle Epoque. Schwimmbad, Fitness-Center, Panorama-Terrasse. Die Inneneinrichtung zeigt sich ganz in der Tradition des Jugendstils und der Neoklassik mit viel Edelhölzern, Marmor und Steinböden. Kleine Hunde erlaubt. DZ ab 130 Euro.

●**Villa Fiordaliso******, Via Zanardelli 132, Tel. 0365/ 20 158, Fax 29 00 11, Internet: www. villafiordaliso.it. Die alte Villa ist eher den Feinschmeckern wegen des exzellenten Gourmet-Restaurants bekannt. Nur wenige wissen überhaupt, dass sich im 1. Stock herrlich residieren lässt. Eines der sieben Zimmer bekommt man aber nur in Verbindung mit Halbpension. DZ ab 350 Euro.

●**Villa Capri******, Lungolago, Tel. 0365/ 21 537, Fax 22 70, Internet: www.hotelvillacapri.com. Von einem Park umgebenes Haus am See mit eigenem Zugang. Das Anwesen ist vor Kurzem mit viel Geschmack und vielen Teppichböden renoviert worden. Sehr gut geführt. DZ ab 150 Euro.

●**Hotel du Lac*****, Via Repubblica 58, Tel. 0365/ 21 558, Fax 21 966, Internet: www. hoteldulac.de. Zentral gelegenes Hotel an der Uferpromenade, schöner Blick garantiert, einfallslose Gestaltung. Die Zimmer sind teilweise sehr schön. Hunde erlaubt. DZ ab 70 Euro.

●**Locanda Agli Angeli****, Gardone Sopra, Piazza Garibaldi 2, Tel. 0365/ 20 832, Fax 20 746, Internet: www.agliangeli.com. Süßes, familiär geführtes kleines Hotel mit neun Zimmern im oberen Gardone. Hunde erlaubt. DZ ab 80 Euro.

Essen und Trinken

●**Villa Fiordaliso,** Via Zanardelli 132, Tel. 0365/ 20 158. Zum Speisen die Topadresse in Gardone und in jeder Hinsicht ein Genuss. Entweder man sitzt inmitten von Jugendstil oder am Seeufer. Einen Michelin-Stern hat das Restaurant bekommen. Besser ist es, zu reservieren.

●**Agli Angeli,** Gardone Sopra, Piazza Garibaldi 2, Tel. 0365/ 20 832. Im Frühjahr der Geheimtipp schlechthin. Dann kann man nicht nur exquisit speisen, sondern sitzt im Innenhof unter blühenden Mandelbäumen.

●**Casino,** Gardone Sopra, Via Vittoriale, Tel. 0365/ 20 387. Wo einst *König Faruk* ein Vermögen verspielte, kann man heute ganz gut speisen.

●**Caffe Wimmer,** Piazza Wimmer. Hier müssen alle vorbei, ob zum Essen, zur Fähre oder nur zum Bummeln an der Seepromenade, und das Haus hat Tradition.

Nachtleben

●**Disco und Piano Bar La Torre,** Via Zanardelli 130, Tel. 0365/ 29 00 14. Discothek im Turm hoch über dem See. Für die weniger Tanzfreudigen gibt es eine stylische Vineria, in der es auch köstliche Kleinigkeiten zu essen gibt.

Markt/Shopping

●**Enoteca Zanini,** Corso Repubblica 38. Traditionsgeschäft für Weine, Grappa und andere Destillate.

●**Markt:** jeden 1. Samstag im Monat von Juni bis September.

Bushaltestelle

●Richtung Norden am Grand Hotel, gen Süden am neu gebauten Savoy Hotel.

Taxi Boat

●**Consolini,** Tel. 0337/ 44 18 05 und 0336/ 57 55 55.

Outdoor

●**Baden:** gebührenpflichtiges Strandbad Rimbalzello südlich der Promenade.

●**Tennis:** im Strandbad Rimbalzello.

●**Bootsverleih:** Baia Boat Service, Tel. 0365/ 21 918.

Barbarano ⤢ A3

Eine winzige Ortschaft, in die sich all jene zurückziehen, die mit Tourismus gar
nichts zu tun haben möchten. Rechts
der Gardesana steht der hübsche **Palazzo Convento dei Cappuccini,** in
dem Kongresse abgehalten werden.
Gegenüber liegt der **Palazzo Martinengo,** der seit dem 17. Jahrhundert im
Privatbesitz der gleichnamigen Familie
ist, die auf eine Geschichte voller Intrigen, Mord und Totschlag zurückblickt.

Unterkunft

●Ein empfehlenswertes **Hotel** ist das **Spiaggia d'Oro****** direkt am See, Tel. 0365/ 29
00 34, Fax 29 00 92, Internet: www.hotel
spiaggiadoro.it. Schöne Anlage, großer Swimmingpool, privater Strand. DZ ab 140 Euro.

Salò ⤢ A3

10.320 Einwohner

Das lebendige und wohlhabende Städtchen am Westufer wird nahezu jedem
Anspruch gerecht. Die vier Kilometer
lange Seepromenade ist die schönste in
dieser Region und sorgt für mondänes
Ambiente, die Altstadt strahlt im Ge-
genzug Gemütlichkeit aus. Hier und da
wartet Salò mit einer Sehenswürdigkeit
auf. Es gibt Lokale und Cafés für jeden
Geschmack, eine gute Auswahl an Geschäften, und der Tourismus findet hier
ein gesundes Maß. Besonders beliebt
ist Salò an den Sonntagen. Da wirft sich
der Herr in schicken Zwirn, die Dame
trägt tiefes Dekolleté, und ab geht's auf

056ga Foto: de

die **Flaniermeile Lungolago:** sehen und gesehen werden, grüßen, einen Espresso trinken, das neugeborene Nachbarskind bestaunen, die Topbegegnung Inter Milano gegen AC Firenze diskutieren. Und das Fährschiff spuckt immer wieder neue Flaneure aus.

Geschichte

Salò hatte schon im Mittelalter Bedeutung und viele Privilegien, als die Mailänder Visconti, später die Venezianer, die Stadt am Gardasee regierten. Wenig erfreulich ist das historische Kapitel, das am 15. September 1943 begann. Da wurde auf Druck *Hitlers* die **Repubblica Sociale Italiana** mit Salò als Hauptstadt ausgerufen, angeführt von dem SS-Obergruppenführer *Wolff*, der *Benito Mussolini* bewachte, und Generalfeldmarschall *Kesselring,* der die Soldaten im Kampf mit den näher rückenden Alliierten befehligte. Zwei Jahre dauerte der Spuk – Staatsbesuche wurden organisiert, Minister gestürzt, Verräter entlarvt, und der wahnwitzige Plan wurde geschmiedet, wie man das Römische Imperium wiedererrichten könnte. Auf der Flucht wurde der Duce dann 1945 mit seiner Geliebten von italienischen Partisanen erschossen.

Sehenswertes

Der **Dom Santa Maria Annunziata** am Ostende der Seepromenade, entstan-

In Salò sind die Temperaturen schon frühlingswarm, auf dem Monte Baldo kann man noch Ski laufen

Das Hotel Laurín – Romantik pur

Die Geschichte handelt von einem, der auszog, in der Pampa sein Glück zu finden. Im wahrsten Sinne. **Riccardo Simonini** hatte in Genua auf einem Schiff angeheuert, das Argentinien ansteuerte. In der Pampa wurde der Italiener reich, sehr reich. Das Versicherungsunternehmen, bei dem er als kleiner Angestellter angefangen hatte, gehörte bald ihm. Er ließ Arbeitskräfte aus Italien kommen, darunter seine spätere Frau aus Riva, *Isabella Futten.* Heimatgefühle ließen die beiden um die vorletzte Jahrhundertwende zurückkehren. Sie konnten sich den berühmten Architekten *Ulisse Stacchini* für den Bau ihres Palastes in Salò leisten. Dieser hatte sich u.a. mit dem Entwurf des Mailänder Hauptbahnhofs einen Namen gemacht. Ein romantisches Haus mit allen nur erdenklichen Feinheiten entstand: handgeschnitzte Holzfenster, ein mit Fresken von *Cesare Bertolotti* geschmückter Festsaal, Deckenmalereien des Künstlers *Angelo Landi,* Jugendstilverglasungen, grandiose Lüster, Mosaikfußböden und allerschönste Antiquitäten.

1960 kaufte das Haus der Hotelier *Franco Rossi* aus Gardone und machte das Hotel Laurín daraus: klein, aber fein, eben der König unter den Zwergen. Heute führt es sein Sohn *Paolo.* Amüsanterweise heiratete *Paolo* die Tochter von *Riccardo* und *Isabella Simonini.* Die zwei führen das Haus ausgezeichnet und mit sicherem Stil. Wer keine Zeit oder Lust hat, hier einmal eine Nacht zu verbringen, der hat vielleicht Spaß an einem Abendessen im Laurín. Es sind nicht nur die köstlichen Speisekreationen, die die Sinnesfreuden anregen; allein im Speisesaal zu sitzen, ist schon ein Erlebnis.

Gardasee

den in der Zeit zwischen Gotik und Renaissance, bestimmt die Stadt und ist abgesehen davon das größte und wichtigste Bauwerk dieser Art am Gardasee. Auch wenn die Kathedrale nach knapp 50 Jahren Bauzeit eingeweiht wurde, ist die Fassade stets unvollendet geblieben. Sie ist so unprätentiös, dass man fast am Dom vorbeiläuft. Der Innenraum ist in drei Kirchenschiffe unterteilt, in denen zahlreiche Skulpturen und Gemälde zu sehen sind. Besonders schön ist das Holzkruzifix (1499) des deutschen Schnitzers *Hans von Ulm*.

Weiter entlang der Promenade stehen verschiedene Palazzi. Ein herausragender ist der **Palazzo della Magnifica Patria** (16. Jahrhundert). Nebenan steht das nach einem Erdbeben 1901 wiederaufgebaute Rathaus (14. Jahrhundert) mit einem vorgebauten Arkadengang.

Hier findet sich das Informationsbüro für Tourismus. Außerdem ein kleines **Museo Civico,** in dem römische Funde ausgestellt sind. Geöffnet: Montag bis Samstag von 9–11.30 und 15–18 Uhr, Sonntag von 9–12.30 Uhr. Eintritt frei.

Ein weiteres Museum ist das **Museo Storico del Mastro Azzurro,** Via Fantoni (nahe des Doms). Ausgestellt sind Stücke aus der napoleonischen Zeit und den beiden Weltkriegen. Geöffnet ist das Museum Ostern bis September Dienstag und Donnertag von 15.30–17.30 Uhr. Eintritt: 2 Euro.

Am südlichen Ende der Altstadt findet man ein altes **Stadttor** mit einem hübschen Uhrturm.

Sonntags ein festes Ritual:
Promenieren in Salò

Gardasee

Praktische Informationen

IAT-Touristeninformation

● 25087 Salò, Via Pietro da Salò, Rathaus, Tel./ Fax 0365/ 21 423, Internet: www.info-salo.it.

Unterkunft

● **Hotel Laurín****** (s.a. obigen Exkurs), Viale Landi 9, Tel. 0365/ 22 022, Fax 22 382, Internet: www.laurinsalo.com. Ausgesprochen gut geführtes Hotel, das in den Romantikführer aufgenommen worden ist. Es ist eine prachtvolle Villa, deren exquisite Einrichtung aus vergangenen Glanztagen bis auf notwendige moderne Bequemlichkeiten beibehalten wurde. Die Zimmer sind nicht besonders groß. Die Außenanlage mit Swimmingpool und der märchenhaften Beleuchtung ist wunderbar. Leider liegt das Hotel an der viel befahrenen Seestraße und hat keinen direkten Blick, geschweige denn Zugang zum See. Hunde erlaubt. DZ ab 155 Euro.

● **Hotel Bellerive*****, Via Pietro 11, Tel. 0365/ 52 04 10, Fax 52 19 69, Internet: www.hotel-bellerive-salo-gardasee.com. Direkt am See gelegenes, frisch renoviertes Haus mit Pool und Badewiese im südlichen Salò mit Blick auf den Jachthafen. Man sieht, was auf der Promenade los ist, und bleibt dennoch ungestört. Das Hotel gehört demselben Eigner wie das Hotel Laurín und ist ebenso ausgezeichnet geführt. Die Inneneinrichtung ist modern und geschmackvoll. Hunde sind erlaubt. DZ ab 175 Euro.

● **Hotel Benaco*****, Lungolago Zanardelli 44, Tel. 0365/20 308, Fax 20 724, Internet: www. benacohotel.com. An der Seepromenade gelegenes, relativ kleines Haus, freundlicher Service, kostenloses Fahrradangebot. Hunde erlaubt. DZ ab 70 Euro.

● **Villa de Ros**, Via Rocchetta 13, Tel./Fax 0365/ 52 11 12. Etwas abseits des Zentrums und des Sees gelegen, dafür mit einem netten Garten. Das Haus ist sauber und ordentlich geführt. Ist der Kategorie Bed & Breakfast zuzuordnen. DZ ab 50 Euro.

● **Agriturismo Il Bagnolo**, Loc. Bagnolo di Serniga, Tel./Fax 0365/ 20 290, Internet: www.ilbagnoli.it. Liebevoll eingerichtetes Haus im Naturpark Alto Garda, etwa 500 m

hoch gelegen. Sehr gute Kost aus landwirtschaftlichen Produkten. DZ ab 40 Euro.

● **Agriturismo Conti Terzi*****, Via Panoramica 13, Tel. 0365/ 22 071, Fax 030/ 77 21 037, Internet: www.contiterzi.it. Herrliche Lage an der Ausflugsroute Via Panoramica, dadurch etwa 10 Min. Autofahrt bis Salò. DZ ab 35 Euro. Zum Anwesen gehört auch ein Campingplatz.

Camping

Bis auf den bei Agriturismo Conti Terzi genannten Platz hat Salò selbst keine Campingplätze. Aber das Valténesi ist nicht weit entfernt (siehe dort).

Essen und Trinken

● **La Campagnola**, Via Brunati 11, Tel. 0365/ 22 153. Sehr gutes Essen (wunderbare Vorspeisen), exzellente Weinkarte, deshalb ein stets gut besuchtes Lokal. Man sitzt allerdings nicht sehr gemütlich, die Anordnung der Tische scheint mit dem Maßband vorgenommen worden zu sein. Reservierung ist notwendig.

● **Antica Trattoria alle Rose,** Via Gasparo da Salò 33, Tel. 0365/ 43 220. Jüngst renoviertes, äußerst beliebtes Restaurant in einer schmalen Gasse inmitten der Altstadt. Exzellente Gerichte.

● **Osteria dell'Orologio,** Via Butturini 26, Tel. 0365/ 29 01 58. Die Küche ähnelt der in der Trattoria alle Rose, und das kommt nicht von ungefähr: Man ist miteinander verwandt. Am langen Tresen der Osteria stehen eigentlich immer Leute, die nur mal so einen Wein trinken wollen. An schlichten Holztischen isst man auch eine Kleinigkeit dazu, im hinteren Raum und im ersten Stock speist man gediegener an der weiß gedeckten Tafel. Reservierung ist angeraten, ebenso das Verspeisen von Carpaccio mit Trüffeln. Eine echte In-Adresse.

● **Tip Tap,** Piazza Vittorio Emanuele 26, Tel. 0365/40 037. Das Restaurant besitzt uneingeschränkt den besten Blick auf die Promenade, den See und die Berge und erfreut sich schon deswegen großer Beliebtheit bei Einheimischen wie Touristen. Nicht zuletzt verfügt das Tip Tap über ordentliche Kapazitäten durch seinen großen Wintergarten und die

Die Isola di Garda öffnet ihre Pforten

Immer wieder schweifen die Augen hinüber zu der wunderbar bewaldeten Insel, die vor der Landzunge San Fermo liegt. Man kennt sie schon so gut, die Neugier ist geweckt, denn immer wieder ziert sie den Panoramablick von erhöhter Stelle. Es ist die Isola di Garda, die **größte Insel im Gardasee,** mit einem prachtvollen Schloss im venezianisch-neugotischen Stil. *Herzog de Ferrari* aus Genua hat es einst erbauen lassen, und seitdem ist der Palast samt Insel im Privatbesitz der verzweigten italienischen Adelsfamilie. Im Mittelalter hatte die Insel übrigens *Karl der Große* den Mönchen von San Zeno (Verona) geschenkt. Anno 1220 gründete *Franz von Assisi* ein Kloster auf den nördlichen Klippen der Insel. Es war nur eine einfache Einsiedelei mit Felszellen, in denen fünf Mönche ihr Leben in absoluter Armut verbrachten. 1227 bekamen sie dann Besuch aus Padua vom *Heiligen Antonio*. Es wird vermutet, dass auch *Dante Alighieri* anno 1304 auf der Insel landete. Veränderungen brachte der *Heilige Bernardino* aus Siena. Er legte den Grundstein für die noch heute wunderschönen Gärten mit Zedern, Zitronen-, Orangen- und Olivenbäumen. Ein idealer Platz, wie der Franziskaner *Francesco Licheto* befand, um Philosophie- und Theologievorlesungen zu halten. Zu dieser Zeit herrschte vergleichsweise reges Treiben auf der Isola di Garda. Das nahm aber mit dem Tod des Franziskanerbruders 1529 ein jähes Ende; mehr noch, die Einsiedelei begann zu verfallen. 1803 wurde der Orden endgültig aufgehoben, die Insel zum Staatseigentum erklärt und an eine Adelsfamilie namens *Conter* aus Saló verkauft. 1817 dann ging die Insel zunächst in den Besitz der Brüder *Benedetti* aus Portese über, dann an einen Händler aus Mailand, der sie wiederum an die Familie *Lechi* aus Brescia vermachte. Die historische Entwicklung Italiens brachte es mit sich, dass die Insel 1860 erneut enteignet und als militärischer Grenzvorposten genutzt wurde. Die Wende kam 1870, als die Insel von der Familie *Scotti* ersteigert wurde und wenig später in den Besitz des Herzogs *de Ferrari* überging. Bis zur jüngsten Jahrtausendwende waren die Pforten des Inselanwesens immer verschlossen geblieben, hatten Neugierige lediglich ein paar Runden mit dem Boot um das Eiland drehen können. Nun jedoch hat sich die Eigentümerfamilie *Borghese-Cavazza* entschlossen, Besuchern Eintritt zu gewähren. Zwei Stunden lang können sich die Gäste durch die herrlichen Gärten führen lassen und einen Teil des Palastes besichtigen. Auf der Terrasse der Villa wird zum Abschluss eine Erfrischung angeboten, das Olivenöl aus eigenem Anbau nebst Weinen aus der Valtenesi-Region kredenzt.

Besuchstermine sind vom 1. April bis 30. September. Schiffsverbindungen zur Isola di Garda gibt es von Gardone aus (vor dem Restaurant Casino) und ab Barbarano.

Im **Eintrittspreis,** der je nach Abfahrtsort differiert sind die Überfahrt mit dem Motorboot, eine Reiseleitung (dreisprachig) sowie die den Besuch abschließende Erfrischung enthalten.

Weitere Informationen sind bei der Agentur Limtours unter Tel. 0365/ 95 47 81 oder beim Buchungszentrum Lago di Garda Magazine unter Tel. 0365/ 91 37 11 erhältlich.

Im Internet unter info@isoladelgarda.com oder unter den Rufnmmern 328/ 38 49 226 und 328/ 61 26 943 obligatorisch anzumelden. Internet: www.isoladelgarda.com.

Terrasse. Die Küche lässt sich mit gut und solide umschreiben.

●**Cantina Santa Giustina,** Salita S. Giustina, Tel. 0365/ 52 03 20.

●**Caffè und Pasticcerie,** Piazza Zanardelli 16, Tel. 0365/ 2 07 52. Das unter den Einheimischen beliebteste Café direkt an der Promenade.

●**Caffè di Novo,** Via Butturini 24. Am Schaufenster in der Fußgängerzone drücken sich viele die Nase platt. Drinnen gibt es leckeres Gebäck und viele Spezialitäten, u.a. glacierte Maronen (wahnsinnig süß).

●**Caffè Sinibaldi Arturo,** Piazza Feltrinelli 10 (Seepromenade). Beliebtes Eiscafé und Hort des morgendlichen Tratsches.

●**Bar Italia,** Lungolago Zanardelli 24, Tel. 0365/ 21 479. Die schönen roten Sessel sind aus Kunststoff, die Jugendstil-Lampen neuen Datums, aber die Bar ist trotzdem plüschig und sehr beliebt, besonders der Aperitif vor dem Abendessen.

●**Caffè Florian,** am Uhrtürmchen an der Stadtmauer, mit überdachter Terrasse, ist Treffpunkt für die junge Szene.

Nachtleben

●**Oby One Jazz Club,** Viale Brescia, Tel. 0365/ 40 075.

●**Egoiste,** Tel. 0365/ 52 01 60, Diskothek.

Parken

Da das alte Zentrum mit dem Pkw nicht befahren werden kann, muss man es außerhalb abstellen. Empfehlenswert ist das große, dreigeschossige Parkhaus an der Ortsdurchgangsstraße Via Francesco Cascone, das sehr günstig direkt gegenüber der Altstadt liegt. Alternativ gibt es einige Parkflächen am nördlichen Lungolago mit Parkscheiben. Aber Vorsicht, in Salò kassiert man schnell ein sehr teures Knöllchen, wenn die Zeit überschritten ist.

Bushaltestelle

●An der Durchgangsstraße Via Brunati in der Nähe des Uhrturms der Altstadt.

Taxi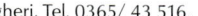

●Via Aligheri, Tel. 0365/ 43 516.

●**Taxi-Boat:** Tel. 0365/ 52 03 37, 42 770.

Markt/Shopping

●**M. Girardi,** Via San Carlo 11. Alles rund um Feinkost.

●**Maroni,** Piazza Zanardelli 10. Designerklamotten.

●**Antica,** Capellaria Mirandi, Via San Carlo 63a. Hutmoden.

●**Scarperia,** zwischen Lungolago und Via San Carlo. Schicke Schuhe.

●**Cavour 21,** Via Cavour 21. Gürtel, Taschen, schöne Dinge fürs Ambiente zu Hause – alles mit afrikanischem Einschlag.

●**Magine,** Piazza Vittorio Emannuele II No. 3. Weit über die Stadtgrenzen hinaus bekannter Laden für ausgefallene Kleider, Schals, Schmuck und Wohnaccessoires.

●**Pasticceria Vassalli,** Via San Carlo 86. Seit Generationen werden hier feinste Pralinen und andere süße Köstlichkeiten produziert.

●**Markt:** jeden Samstag auf der Piazza Martiri della Libertà.

Outdoor

●**Baden:** Im Süden der tiefen Bucht von Salò ist ein Kiesstrand, aber nicht gerade empfehlenswert. Schöner ist das Baden vor Porto Portese, einem Hafenstädtchen schräg gegenüber von Salò.

●**Wasserski-Verleih:** an der Seepromenade südlich der Fähranlegestelle.

●**Motorboot-Verleih:** Nautico, Tel. 0365/ 43 443.

●**Tauchen:** Diving Center Taras, Tel. 0365/ 20 225.

●**Segeln:** Garda-Yachting Charter, Tel. 0365/ 52 07 33; Centro Nautico Velico, Tel. 0365/ 43 245.

Ausflug: Via Panoramica A3

Mit dem Auto oder dem Fahrrad die Via Panoramica über San Michele nach Salò zu fahren, ist eine Tour mit herrlichen Ausblicken auf den Gardasee. Die Straße ist mit einem braunen Wegweiser „Strada Panoramica" gekennzeichnet und beginnt westlich von Salò hinauf in die Hochebene, führt über San

Gardasee

Michele nach Fasano Sopra und zurück auf die Gardesana. In San Michele gibt es die **Punta Panoramica** an einer kleinen Kirche mit einem herrlichen Ausblick. Wer das Panorama über dem Gardasee lieber in Kombination mit Kulinarischem genießen möchte – nach 2,7 km Fahrt folgt das Ristorante Seggiova mit großer Terrasse.

Das Valténesi: von Salò nach Desenzano ⤢ A 3,4

In den Prospekten der Touristen-Informationsbüros wird das Valténesi gern mit der Toscana verglichen. Denn nach der Brescianer Riviera wird die Landschaft plötzlich ruhiger, Olivenhaine und Weinberge prägen das Bild, steile Berge gehen über in eine liebliche Hügellandschaft, die sanft zum Wasser hin abfällt. Leider ist es nicht möglich, durch die Olivenhaine und Weinberge zu streifen. Sie sind allzu akkurat mittels Zäunen voneinander abgegrenzt. Dafür wirbt man am Straßenrand mit großen Schildern für den **Wein,** den Gropello und Chiaretto, und für das **Olivenöl** olio extra vergine. Im Übrigen ist das Valténesi die einzige Region auf der Westseite, die über größere Strände und damit auch Campingplätze verfügt. Insofern findet man in der Regel niveau-

vollere Campingplätze als Hotelunterkünfte.

Naturgeschichtlich entstanden ist das Valténesi durch den Gardaseegletscher, der Gesteinschutt stetig nach Süden schob und die sogenannten Moränenhügel entstehen ließ. Obwohl die Landschaft **sehr fruchtbar** ist, sucht man vergebens größere Ansiedlungen. Es sind immer nur kleine Dörfer, quasi die Überlebenden der vielen Kämpfe der letzten Jahrhunderte. **Sieben Gemeinden** mit jeweils dazugehörigen Weilern sind es insgesamt: San Felice del Benaco, Puegnano, Polpenazze, Soiano, Moniga, Manerba und Padenghe. Die Hauptverkehrsader verläuft nicht mehr am Ufer. Dorthin führen nur noch Stichstraßen.

Infos im Internet finden sich unter www.info-valtenesi.it und www.garda-valtenesi.com.

Cisano ⤢ A 3

Von Salò passiert man zunächst das Örtchen Cisano, das über dem südlichen Rand der Bucht von Salò liegt. Es wäre nicht der Erwähnung wert, hätte es nicht einen tollen Campingplatz und ein schönes Speiselokal.

Camping

●**Camping Weekend****, Tel. 0365/ 43 712, Fax 42 196, Internet: www.weekend.it. Großer (42.000 m²) Platz über dem See, Spielplatz, großzügiger Pool, Kinderbecken mit Rutsche, Restaurant, Pizzeria, Supermarkt, Grillfeste und Animation mit Veranstaltungen, Zugang zum See über einen Fußweg. Das Ganze hat Club-Charakter, ideal für Familien. Es werden auch Wohnwagen und Bungalows vermietet. Holländische Leitung.

Das Valténesi ist bekannt für sein gutes Olivenöl

Essen und Trinken

●**Cantina de la Mirleta,** ehemaliger Weinkeller im Ortskern, Tel. 0365/ 41 629. Wunderbare Terrasse mit Grill, Wein vom Fass und super Pilzgerichte.

Portese ⟂A3

Das Fischerdorf ist ein überschaubarer Fleck Erde mit einem netten Hafen, Porto Portese, in dem schicke Jachten liegen. Natürlich sind da auch die Ferienvillen nicht weit und ein paar Hotels. Der Blick hinüber nach Salò ist wirklich hübsch. Außerdem kann man von hier aus zur **Burgkapelle San Fermo** (15. Jahrhundert) laufen; hübsche Fresken sind zu sehen.

Unterkunft

●**Park Hotel Casimiro****, Tel. 0365/ 62 62 62, Fax 62 092, Internet: www.bluhotels.it. Riesige Anlage, das Hotel verfügt über knapp 200 Zimmer. Der Garten ist gut gepflegt mit Rasenflächen und Swimmingpool. Ein Hallenbad und Fitnesscenter gehören ebenso dazu. Hunde erlaubt. Es sind viele Busreisende zu erwarten. DZ ab 80 Euro.
●**Hotel Garden Zorzi***, Porticcioli, Tel. 0365/ 43 688, Fax 41 489, Internet: www.hotelzorzi.it. Kleines nettes Hotel direkt am Ufer des Gardasees. Kleiner Privathafen. DZ in der Nebensaison ab 104 Euro, in der Zwischen- und Hochsaison werden nur Zimmer mit Halbpension ab 124 Euro vermietet.

Camping

●**Eden***, Terrassengelände an der Uferstraße, Tel. 0365/ 62 093, Fax 55 93 11, Internet: www.camping-eden.it. Pool, Diskothek.
●**Villa Portesina**, Tel./Fax 0365/ 41 454. Klein, aber dafür wirklich fein, mit vielen Bäumen. In der Jugendstilvilla auf demselben Gelände ist eine Bar untergebracht. Hütten und Wohnwagen werden vermietet. Holländische Leitung.

San Felice del Benaco ⟂A3

Der Ort mit 2990 Einwohnern liegt quasi wie auf einer Halbinsel und verfügt über recht schöne Strände; besonders begehrt ist die Baia del Vento. Im Zentrum des Ortes findet sich die **Pfarrkirche** aus dem 16. Jahrhundert, die auf den Trümmern eines Heidentempels gebaut worden ist. In ihr sieht man ein wertvolles Altarbild, das die Madonna zwischen San Felice und anderen Heiligen darstellt. Kulturgeschichtlich außerdem interessant ist die **Wallfahrtskirche der Madonna del Camine** aus dem 14. Jahrhundert mit ihren Fresken und den unzähligen Heiligen. In dieser Kirche kann man für alles irgendeinen Heiligen finden, selbst den Hl. Albert, den „wunderlichen Fürsprecher gegen das Fieber".

Gardasee

058ga Foto: de

Das Westufer

APT-Touristeninformation

● 25010 San Felice del Benaco, Piazza Municipio 1, Tel./Fax 0365/ 62 541.

Unterkunft

● **Hotel San Filis***, Via Marconi 5, Tel. 0365/ 62 522, Internet: www.sanfilis.it. Nettes kleines Hotel im Ort, Schwimmbad. Hunde erlaubt. DZ ab 64 Euro.

● **Agriturismo Le Chiusure,** Via Boschette 2, Tel./Fax 0365/ 62 62 43, Internet: www.lechiusure.net/vacanze. Lichte, freundliche Zimmer. Nettes Anwesen aus dem 17. Jahrhundert mit Garten. Es werden Wein und Oliven angebaut. DZ ab 420 Euro pro Woche.

Die Endstation vom Valténesi ist Desenzano

Camping

● **Fornella****, Via Fornella 1, Tel. 0365/ 62 294, Fax 55 94 18, Internet: www.fornella.it. Große Anlage auf einer Halbinsel, mit viel Baumbestand direkt am Wasser, Spielplatz, Tennis, Vermietung von Wohnwagen und Bungalows.

● **Ideal Molino****, in der Nähe des Hafens, Tel. 0365/ 62 023, Fax 55 93 95, Internet: www.gardalake.it/camping-molino. Auf dem Gelände einer alten Mühle, in der auch ein nettes Restaurant ist. Der Platz ist klein und am Wasser mit Holzsteg. Schöne Bungalows zu mieten. Holländische Leitung.

● **Eden***, Via Preone 45, Tel. 0365/ 62 093, Fax 55 93 11, www.camping-eden.it. Großer Platz mit Bäumen am Wasser, Kinderspielplatz, Restaurant. Vermietung von Bungalows und Wohnwagen.

● **Europa Silvella,** Via Silvella 10, Tel. 0365/ 65 095, Fax 65 43 95, www.gardalake.it/euro pasilvella. Langgezogene Anlage mit Strand.

Essen und Trinken

● **Agriturismo Ortofloricultura,** Frazzione Cisano, Via del Pozzo 19. Nett angelegter Hof auf einem Hügel. Hier wird viel Gemüse angebaut, das die Basis der Bewirtung ausmacht. Außerdem wird gegrillt.

● **El Patio,** Piazza Municipio, im Ortskern. Durchschnittliche Trattoria und Pizzeria.

Markt

● Jeden Mittwoch im Ortskern.

Outdoor

● **Segeln:** Segelschule Circolo Vela, Porto Portese, Tel. 0365/ 55 98 93.

● **Tauchen:** Acqua Club, Baia del Vento, Tel. 030/ 99 65 996.

● **Bootsservice:** Baia Vente, Baia del Vento, Tel. 0365/ 55 90 51; Porticcioli, Cisano, Tel. 0365/ 41 476.

Manerba del Garda   ⚓ A3

Entrückt vom Gardasee reihen sich die Weiler Balbiana, Solarolo, Montinelle und Gardoncino aneinander und bilden Manerba del Garda (3100 Einwohner). Attraktiv ist Manerbas schöne Uferzone mit der Halbinsel Punta Belvedere und der riffumrundeten Zypresseninsel San Baggio. Im stimmungsvollen Hafen Porto Dusano ist zudem eine gern angesteuerte Schiffsanlegestelle.

Hinzu kommt ein wunderbarer Aussichtspunkt: die **Rocca di Manerba,** ein Felsblock, der in Ufernähe 216 m aufsteigt. Hier oben gab es auch mal eine Burg der Langobarden, die vor 200 Jahren abgerissen wurde. Davon zeugen nur noch liegen gelassene Reste und ein Eisenkreuz.

Pro Loco-Touristeninformation

● 25080 Manerba, Via Risorgimento 3, Tel. 0365/ 55 11 21, Internet: www.info-valtenesi.it.

● **Kiosk-Information** an der Durchgangsstraße Saló – Desenzano an einem Parkplatz.

Unterkunft

● **Hotel Residence Belvedere***, Pieve Vecchia, Via Serraglie 32, Tel. 0365/ 65 16 61, Fax 65 16 63, Internet: www.aparthotelbelvedere.com. Große Hotelanlage, auf der gute Bungalows vermietet werden. Swimmingpool. DZ ab 42 Euro.

● **Hotel Splendid Sole***, Montinelle, Via Carducci 3, Tel. 0365/ 55 12 81, Fax 55 22 49, Internet: www.hotelsplendidsole.it. Ordentliches, jüngst renoviertes und überschaubares Haus mit neuem Wellness-Bereich und Pool. Hunde erlaubt. DZ ab 37,50 Euro.

● **Hotel Villa Schindler**, Via Bresciani 68, Tel. 0365/ 65 10 46, Fax 55 48 77, Internet: www.villaschindler.it. Das liebevoll und mit vielen Antiquitäten eingerichtete Hotel aus dem Jahre 1873, das neben Doppelzimmern auch kleine Appartements zu vermieten hat, liegt inmitten eines idyllischen Parks mit Swimmingpool und Tennisanlage. Die Besitzerin *Anna Brotto* führt ihr Haus mit Leib und Seele. DZ ab 70 Euro, Appartement (reine Selbstversorgung) ab 200 Euro pro Woche.

● **Agriturismo La Filanda,** Via del Melograno 35, Montinelle de Manerba, Tel. 0365/ 55 10 12, Fax 55 03 35, Internet: www.agriturismo-lafilanda.it. Ehemals eine Spinnerei, beherbergt der Gebäudekomplex aus dem 16. Jahrhundert neben dem landwirtschaftlichen Betrieb hübsche Wohnungen (Ein-, Zwei- und Dreizimmer-Appartements) und ein gemütliches Lokal. Zum 200 Hektar großen Anwesen gehört auch ein großer Pool. Tagespreis ab 63 Euro.

Camping

● **La Rocca****, Belvedere, Tel. 0365/ 55 17 38, Fax 55 20 45, Internet: www.gardalake.it/larocca. Die schönste unter den zwölf Anlagen, auch Bungalows können gemietet werden. Das Wiesengelände liegt direkt am Punta Belvedere; großer Pool, Kinderbecken, Tennis, Spielplatz, Bootsanlegestelle. Zum Strand geht es durch eine Unterführung.

● **Belvedere***, Tel. 0365/ 55 11 75, Fax 55 23 50, Internet: www.gardalake.it/camping

Gardasee

belvedere. Erhöht gelegen nördlich der Belvedere-Landzunge. Kinderanimation, Tennis, Bungalows zu vermieten.

● **San Biagio*****, Belvedere, Tel. 0365/ 55 15 49, Fax 55 10 46, Internet: www.sanbiagio. de. Auf der Spitze der Landzunge, also tolle Lage, außerdem Restaurant in einer alten Villa. Angenehm die Terrassenbauweise.

Essen und Trinken

● **Capriccio,** Montinelle, Piazza San Bernardo 6, Tel. 0365/ 55 11 24. Schönes Terrassen-Restaurant, Spezialität des Hauses sind Fischgerichte.

Taxi

● Tel. 0365/ 55 10 32 und Handy 0337/ 43 43 65.

Markt

● Jeden Freitag auf der Piazza Municipio.

Outdoor

● **Mountainbike-Verleih:** Podavini, Solarolo, Via C. Colombo 12, Tel. 0365/ 55 14 80, auch Motorräder.
● **Reiten:** Ranch Tex, Balbiana, an der Durchgangsstraße nach Salò, Tel. 0365/ 55 21 10.
● **Bootsverleih:** Benaco, Pieve, Tel. 0365/ 65 40 74.
● **Tennis:** Rolly Sport, Via Republicca 4, Tel. 0365/ 56 06 18.

Moniga del Garda ↗ A4

Ein wenig spannender Ort (2100 Einwohner) mit vom See zurückliegendem Ortskern, großer Piazza, modernem Rathaus nebst Polizeistation, vielen modernen Villen, einem ganz netten Hafen und Kiesstränden. Einzig interessant ist das auf dem höchsten Punkt von Moniga liegende **Kastell** aus dem 13. Jahrhundert. Hier ist ein Dorf in der Burg entstanden, dessen Häuser auch heute noch bewohnt werden und das einen Bummel lohnt.

Pro Loco-Touristeninformation

● 25080 Moniga del Garda, Piazza San Martino 25, Tel. 0365/ 50 20 15, Internet: www. info-valtenesi.it.

Unterkunft

● **Hotel Belvedere*****, Soiano del Lago, Via A. Omodeo 3, Tel./Fax 0365/ 67 47 04, etwas außerhalb an der Burg von Soiano gelegen, rustikal, gut gepflegt, Schwimmbad, gutes Restaurant, direkt neben dem Golfplatz. DZ ab 76 Euro. Auch kleine Appartements.
● **Golf Residence San Rocco*****, Soiano del Lago, Via P. Avanzi 7, Tel. 0365/ 50 22 31, Fax 50 28 88, Internet: www.residencesanrocco.it. Sehr schönes Hotel mit großzügigem Pool und Gartenanlage. Anbei eine Ölmühle. 1- und 2-Zimmer-Appartements mit max. 5 Betten, funktional und ordentlich. DZ sind nicht unbedingt zu empfehlen. Tagessatz ab 50 Euro.
● **Residence Riai,** Via San Sivino 1, Tel. 0365/ 50 23 75, Fax 50 23 78, Internet: www.italsol.com. Moderne Anlage am See mit 2- bis 6-Personen-Appartements, schöner Swimmingpool, Hallenbad. Hunde erlaubt. Wohnung ab 200 Euro.

Camping

● **Fontanelle*****, Via del Magone 13, Tel. 0365/ 50 20 79, Fax 50 33 24, Internet: www.campingfontanelle.it. Der größte und bestausgestattete Platz am Ort direkt am Seeufer, dichter Olivenhain, Pools, Bungalowvermietung, Bootslipanlage.
● **Sereno****, Via San Sivino 72, Tel. 0365/ 50 20 80, Fax 50 23 78, Internet: www.gardalake.it/campingsereno.it. Swimmingpool, Fußball- und Tennisplatz, Volleyball, Bungalow-Vermietung.

Essen und Trinken

● **Al Monastero,** Via Fratelli Avanzi 1. Gehobenes Restaurant im Landhausstil mit saisonal wechselnder Speisekarte.
● **La Dragena,** am Hafen. Klassische Pizzeria, die zwar keinen Schönheitspreis gewinnt, aber in Toplage ordentliche Pizzen serviert.
● **Al Porto,** Via Porto 29, Tel. 0365/ 50 20 69. Fisch ist das Thema in dieser Trattoria – stets frisch von den Fischern vor Ort. Und

Spaß muss sein: Hier gibt es den besten Fischburger, edelster Art. Der Koch Tomaselli hat übrigens in früheren Zeiten im guten alten Mainz beim „Edelitaliener" gekocht.

Outdoor

● **Motorbootverleih:** Rappydrive rent, Via Porto 10, Tel. 0365/ 50 48 61, Fax 50 30 57, Internet: www.rappydrive.it.
● **Golf:** Garda Golf Country Club, Soiano del Lago, Tel. 0365/ 67 47 07, Fax 67 47 88, 27-Loch-Anlage.
● **Diving Center Moniga,** Moniga del Garda, Sporting Club Porto Moniga, Tel. 0365/ 50 23 64, Fax 50 20 65, Neben Tauchkursen werden auch Expeditionen angeboten.

Padenghe sul Garda ⚓ A4

Die über dem 4000-Einwohner-Ort thronende Festung ist der geeignete Platz, um aufregende Abenteuer zu erzählen: Die unzähligen unterirdischen Gänge und Laufgräben bildeten jahrhundertelang einen Schutz für die Bewohner. Wie in Moniga del Garda ist auch hier in der Burg eine Siedlung entstanden, die nett anzuschauen ist. Padenghe selbst hat außer der **Pfarrkirche Santa Maria** mit Gemälden u.a. des bedeutenden Malers *Paolo Veronese* die auf einer Anhöhe gelegene **Kirche St. Emiliano** zu bieten. Unterstützt vom Italienischen Umweltfond (FAI) soll die Kirche romanischen Ursprungs umgebaut und restauriert werden, um sie neu nutzen zu können; z.B. wird über die Einrichtung eines kleinen Museums und einer geistlichen Bibliothek diskutiert. Mit dem Bau eines hässlichen Einkaufszentrums, das obendrein mangels Ladenmieter nur Trostlosigkeit vermittelt, hat man sich in Padenghe keinen Gefallen getan.

Pro Loco-Touristeninformation

● 25080 Padenghe sul Garda, Piazza Matteotti 17, Tel. 030/ 99 08 889, Internet: www.info-valtenesi.it.

Unterkunft

● **West Garda Hotel******, Via Prais 32, Tel. 030/ 99 07 161, Fax 99 07 265, Internet: www.westgardahotel.com. Hotelanlage in einem 30.000 m² großen Park, mit drei Schwimmbädern, Tennisplatz, etwas entfernt vom Gardasee. Sehr schöne Zimmer, Landhausstil. Hunde erlaubt. DZ ab 80 Euro.
● **La Locanda da Santa Giulia******, Via Marconi 78, Tel. 030/ 99 950, Fax 99 95 100, Internet: www.santa-giulia.it. Hotel und Residence in der Nähe vom Porto Vecchio, komfortabel, Einrichtung ländlich elegant, Pool in schöner Gartenanlage. DZ ab 120 Euro, Appartement pro Tag 60 Euro.

Camping

● **Campagnola******, Via Marconi, Tel. 030/ 99 07 523, Fax 99 08 551. Im Süden des Ortes am Wasser, Baumgelände, Swimmingpool, Kinderbecken.
● **Villaggio Turistico dei Tigli*****, am Porto Vecchio gelegen, Tel. 030/ 99 07 121, Fax 99 08 561. Nur ein kleiner Campingplatz, dafür 45 Bungalows, die vermietet werden, Schwimmbad.

Markt/Shopping

● **Agriturismo,** Zuliani Emilio, Via Tito Speri 28, Tel. 030/ 99 07 026. Weinprobe sowie Verkauf von Olivenöl und Honig.
● **Markt:** samstags in der Via Verdi.

Outdoor

● **Reiten:** Equitazione West Garda, Via Prais, Tel. 030/ 99 07 293.
● **Segeln:** West Garda Yacht Club, nahe Porto Vecchio, Tel. 030/ 99 07 295.
● **Bootsverleih:** Garuti, Porto Vecchio, Tel. 030/ 99 07 528; Sporting Club, Lido, Tel. 030/ 99 07 672; Rino, Via Marconi, Tel. 030/ 99 08 629.

Gardasee

Das Ostufer: von Torbole bis Peschiera del Garda

Zunächst bestimmt das beeindruckende Monte Baldo-Massiv mit Gipfeln um die 2000 m Höhe das Ostufer, gen Süden wird es zunehmend flacher und die Uferzone deutlich breiter. In den Hängen wurden seinerzeit herrliche **Olivenhaine** angelegt, weshalb gerne von der „Riviera degli Olivi" gesprochen wird. Die Landschaft ist insgesamt besehen nicht annähernd so wildromantisch wie auf der Westseite. Dafür ist der Blick vom Ostufer auf die andere Seite umso fantastischer. Und die **Sonne geht** hier deutlich **später unter.** Für viele Urlauber ein wichtiger Pluspunkt, dem ein weiterer folgt: Im Vergleich zum Westufer kann die östliche Seite mit **wesentlich mehr Strandpartien** aufwarten. Diese liegen allerdings oft direkt unterhalb der Gardesana Orientale (45 km), also keinesfalls idyllisch. Die Ortschaften samt touristischer Infrastruktur liegen in aller Regel auf der anderen Straßenseite. Das hat dem touristischen Ansturm aber keinen Abbruch getan. Der größte Urlaubsrummel spielt sich seit Jahrzehnten schon unverändert auf der Ostseite ab. Die schönsten und zugleich wichtigsten Orte sind Malcésine, Torri del Benaco, Garda, Bardolino, Lazise und Peschiera del Garda.

Von Torbole nach Malcésine bestimmen zunächst mehrere kurze Tunnel die Fahrt bis zur Grenze von Trentino und Venetien. Im Anschluss folgt die kilometerlange **Galleria del Confine,** eine auf Säulen gestützte Tunnelpassage, die durchgehend eine Aussicht zulässt. Bevor man Malcésine erreicht, wird die Landschaft weitläufiger. Man passiert einige kleinere Ortschaften wie Navene, Campagnola und die Halbinsel Molini, die vorzugsweise von Surfern besetzt sind.

Malcésine ⬈ C2

3468 Einwohner

Keine Frage, Malcésine ist der **malerischste Ort am Gardasee.** Zu Füßen des mächtigen Monte Baldo-Massivs liegt die hübsche Altstadt mit ihren engen Gassen und Gewölbegängen sowie dem kleinen Hafenbecken direkt am See. Eine Seepromenade führt zur vegetationsreichen **Halbinsel Val di Sogno.** Auf dem einzigen Hügel erhebt sich die **pittoreske Skaligerburg,** und obendrein ist Malcésine eingebettet in grüne Olivenhaine, aus denen die Seilbahn auf den Monte Baldo emporschwebt. Als *Goethe* während seiner Italienreise hier vorbeikam, war er so ergriffen, dass er sich gleich niederließ und seinen Zeichenblock zückte. Dass er dabei verhaftet wurde, ist eine andere Geschichte und verhalf Malcésine unfreiwillig zu literaturhistorischem Weltruhm (vgl. Exkurs „Goethe – ein feindlicher Spion?").

In Malcésine gipfelt während der Sommermonate der **Massentourismus** an der Ostküste des Gardasees. Zu Tausenden quetschen sich die Urlauber durch die Straßen und Gassen, bevöl-

Der Ölbaum im Zeichen des Friedens, des Gaumengenusses und der Körperpflege

Schon in der Antike galt der Ölbaum als kostbares Gut. Er wurde zum heiligen Geschenk der Athene an ihre Stadt, ein aus Ölbaumzweigen geflochtener Kranz war das Ehrenzeichen des Siegers. Auch für die Christen hatte der Ölbaum Symbolcharakter. In der Darstellung Noahs trägt die Taube einen Ölbaumzweig im Schnabel zum Zeichen des Friedens. Und schnell stellte man fest, dass sich Olivenöl nicht nur hervorragend zum Kochen eignet, sondern auch kosmetische Wirkung hat. Dem Olivenöl wurden die unterschiedlichsten Duftstoffe beigesetzt, um sich dann den Körper einzureiben, ein entspannendes Bad zu nehmen oder sich massieren zu lassen.

Im mediterranen Klima am Gardasee gedeihen Ölbäume hervorragend. Nicht umsonst wird die Ostseite des Sees auch „Riviera degli Olivi" genannt. Die Sonne scheint viel, im Herbst fällt ausreichend Regen, im Winter sinken die Temperaturen üblicherweise nicht unter 0 Grad Celsius. Bei sorgsamer Pflege können die Bäume so mehrere hundert Jahre alt werden. Hat man einen Baum gepflanzt, trägt er erst nach vier bis neun Jahren Früchte. Dann kann man mit einer Ernte von 20 Kilo Oliven rechnen, die entweder von Hand gepflückt oder mit langen Stangen vom Baum geschlagen und mittels feiner Netze aufgefangen werden. Wichtig ist, dass die Oliven dabei nicht verletzt werden, weil sonst die Qualität bei der Ölgewinnung leidet. Nicht minder wichtig ist der Zeitpunkt der Ernte. Denn vom Reifegrad der Oliven hängen ebenfalls die Qualität und auch die Menge des gewonnenen Öles ab. Üblicherweise liegt der Zeitpunkt in den Monaten November bis Februar, wenn die Früchte von ihrer grünen Farbe ins Violette übergehen. Zwischen Ernte und erster Pressung liegen meist zwei bis vier Tage. Sodann werden sie gesäubert, gewaschen und in ein großes Becken gefüllt, in dem hochkant stehende Mühlsteine rotieren und die Oliven in 15 bis 20 Minuten zu Brei mahlen. Das ist der sogenannte Kollergang. Bei der traditionellen Pressung wird der Brei nun auf runde Matten verteilt, die zu einem Turm gestapelt und hydraulisch gepresst werden. Die entstehende Flüssigkeit kommt in eine Zentrifuge, in der das Fruchtwasser vom Öl getrennt wird. Kalt gepresstes Olivenöl ist etwa 18 Monate, naturtrübes Olivenöl etwa zwölf Monate haltbar – das aber nur, wenn es in einer dunklen Flasche bzw. an einem dunklen Ort aufbewahrt wird.

Vier Qualitätsstufen werden unterschieden. Das sogenannte Tropföl ist das Öl, das vor der Pressung aus den zerkleinerten Oliven rinnt und aufgefangen worden ist. Davon gibt es nur wenig und deshalb ist es sehr teuer. Das native Olivenöl extra, oder auch extra vergine genannt, ist das Öl, das nach der ersten Pressung gewonnen worden ist. Es darf nicht mehr als ein Prozent Fettsäuren enthalten. Je geringer der Anteil der Fettsäuren, desto besser auch die Qualität des Öles. Auch das native Olivenöl wird nach der ersten Pressung gewonnen, es darf aber bis zu zwei Prozent Fettsäuren enthalten. Olivenöl, das nicht näher bezeichnet ist, darf vermischtes Olivenöl sein, was aber nicht bedeutet, dass es deshalb schlechtes Öl ist. Im Übrigen hängt der Geschmack der Olivenöle immer auch von der Ölbaumsorte, dem Standort, Klima, Boden und Reifegrad ab. So kann das Öl würzig, fruchtig, erdig, mild, rassig oder fein schmecken. Da die Geschmacksrichtung nie auf den Etiketten vermerkt ist, bleibt nichts anderes übrig, als Olivenöl zu testen. Das ist bei Olivenbauern auch möglich. Ihr Öl ist zwar stets teurer als das im Supermarkt, weil die Ernte so mühsam und die Produktion so aufwendig ist, dafür schmeckt es umso besser. Sinnvollerweise kauft man Olivenöl zum Braten und Kochen im Supermarkt, beim Bauern jedoch das Olivenöl, das man aufs Brot träufelt, mit dem man Salate anrichtet, Saucen verfeinert etc.

Gardasee

Das Hafenbecken von Malcésine

kern die Restaurants, die sich gegenseitig mit besonderen Angeboten und „Gemütlichkeit" zu übertrumpfen suchen, und stöbern durch die ungezählten Andenken- und Nippesläden. Das hatte lange Jahre zur Folge, dass die Gastronomie und der Einzelhandel an schlechtem Niveau litten und sich die wenigen „Perlen" unter ihnen kaum nachhaltig Gehör bei den Individualtouristen verschaffen konnten. Bis 2006 die groß angelegte **Kampagne „Art Space"** eine echte Trendwende brachte: Mit riesigen Bannern quer über den Gassen und Straßen der Stadt warben „alte" und neue Gastronomen, Einzel-

händler und Künstler für sich und ihre Qualität. Der Erfolg gab ihnen Recht und die verdiente Aufmerksamkeit.

Sehenswertes

Burg der Scaligeri

Das Schloss, im 12. Jahrhundert von den Skaligern erbaut, ist die größte Sehenswürdigkeit des Ortes. Seine Mauern ragen ganz unvermittelt aus den dicht gedrängten alten Häusern hervor. Das **Schloss besteht aus drei ummauerten Höfen,** wobei jeder etwas höher gelegt ist als der andere. Im untersten steht der Palazzo Inferiore, der ein kleines Museum beherbergt. Hier werden geologische Erkenntnisse gezeigt, etwa die Vergletscherung des Gardaseebe-

ckens. Der Aufgang zum nächsten Hof hat einen schönen Aussichtsbalkon. Alsdann gelangt man in die ehemals von den Österreichern gebaute Pulverkammer, in der eine Ausstellung zu *Goethe* zu sehen ist. In einem kleinen Garten erinnert eine Büste *Goethes* an seinen Aufenthalt am 13. September 1786. Die Kernburg im dritten Hof ist geprägt vom Palas und Bergfried der *Scaligeri* mit dem 70 Meter hohen Wachturm. Ein **Museum** zeigt die aberwitzige Aktion der Venezier, als sie ihre Kriegsflotte über das Gebirge nach Torbole transportierten (siehe bei Nago).

Öffnungszeiten: im Sommer tägl. von 9.30–18 Uhr, im Winter nur am Wochenende von 9–17 Uhr. Eintritt: 4 Euro.

Palazzo dei Capitani

Der Palast der Seekapitäne (15. Jahrhundert) liegt, vom Hafen aus gesehen, linker Hand auf dem Weg zur Burg. Er ist wegen seiner Gewölbe im Untergeschoss leicht zu erkennen. Es war einst Sitz des venezianischen Stadthalters, der mal in Malcésine, mal in Torri del Benaco und mal in Garda residierte. Immerhin herrschte die Serenissima knapp 400 Jahre lang über den Gardasee. Abgesehen von der grandiosen Architektur sind die Fresken sehenswert.

Praktische Informationen

IAT-Touristeninformation

● 37018 Malcésine, Via Capitanato 6/8, Tel. 045/ 74 00 044, Fax 74 01 633, Internet: www.malcesine.com.
● **Dependance für Unterkunftsvermittlung:** Bushaltestelle Gardesana.

Unterkunft

● **Clubhotel Olivi******, Val di Sogno 2, Tel. 045/ 74 00 444, Fax 74 00 602, Internet: www.clubhotelolivi.it. Sporthotel mit Schwerpunkt Tennis inkl. Tennisschule, 60.000 m² Parkanlage, großes Schwimmbad, Sauna,

Gardasee

Goethe – ein feindlicher Spion?

Hätte der Wind nicht plötzlich gedreht, alles wäre ganz anders gekommen. So aber drehte das Boot von *Johann Wolfgang von Goethe* am 13. September 1786 bei und steuerte Malcésine an. *Goethe* stieg sogleich hinauf zur Ruine der Skaligerburg, um den 40 Meter hohen Turm zu zeichnen. „Ich saß nicht lange", berichtet er, „so kamen verschiedene Menschen in den Hof herein, betrachteten mich und gingen hin und wider. Die Menge vermehrte sich, blieb endlich stehen, so daß sie mich zuletzt umgab." Plötzlich zerreißt ihm einer das Zeichenblatt. *Goethe* steht im Verdacht, ein feindlicher österreichischer Spion zu sein. Schließlich verläuft die Grenze zwischen Österreich und Venetien zu dieser Zeit nur wenig weiter nördlich. Ein heftiger Disput beginnt, und der örtliche Podestà wird herbeigerufen. Amüsanterweise rettet *Goethe* seine Heimatstadt Frankfurt. Von dieser Stadt hat man in Malcésine schon gehört. Und *Goethes* ausführliche Erzählungen von namhaften Frankfurter Familien, deren Affären, Kinder und Enkel, überzeugen die Leute davon, dass *Goethe* doch kein Spion ist, sondern „ein braver, kunstreicher Mann (...), wohl erzogen, welcher herumreist, sich zu unterrichten."

Die Stelle, an der *Goethe* mit seinem Zeichenblock gesessen hat, ziert heute eine Büste von ihm.

Whirlpool. Hunde erlaubt. Auf besondere Angebote achten! DZ ab 70 Euro.

● **Park Hotel Querceto****, Loc. Campiano, Tel. 045/ 74 00 344, Fax 74 00 848, Internet: www.parkhotelquerceto.com. Ruhiges Hotel auf den Hügeln mit schönem Blick und beheiztem Schwimmbad nebst Wellnessbereich mit Whirlpool, behagliche Atmosphäre in alpinem Ambiente, außergewöhnlicher Weinkeller, Kinderanimation, Hunde erlaubt. DZ ab 140 Euro.

● **Hotel Bellevue San Lorenzo****, Loc. Dos de Feri, Tel. 045/ 74 01 598, Fax 74 01 055, Internet: www.bellevue-sanlorenzo.it. Stilvolles, sehr gepflegtes historisches Landhaus mit schöner Anlage mit Swimmingpool und fantastischem Blick, oberhalb von Malcésine gelegen. DZ ab 158 Euro.

● **International Sailing Center Hotel***, Loc. Campagnola, Tel. 045/ 40 00 55, Fax 40 03 92, Internet: www.hotelsailing.com. Hübsche Hotelanlage auf der Halbinsel Molini, flankiert von Kieselstränden; ruhige Lage. Schwimmbad im Freien, viele Sportangebote mit Schwerpunkt Segeln und Surfen. Zimmer gibt es in verschiedenen Wohneinheiten. DZ ab 108 Euro inkl. Halbpension.

● **Hotel Reporter***, Viale Roma 40, Tel. 045/ 74 00 560, Fax 65 70 114. Jugendstilvilla an der Seepromenade, die sehr persönlich und nur in schwarz-rosa eingerichtet worden ist. Es gibt nur neun Zimmer. Beim Hotel Olivi können Tennisplatz und Pool mitbenutzt werden. DZ ab 95 Euro.

● **Sporting Residence Hotel***, Val di Sogno, Tel. 045/ 65 70 379, Fax 74 00 392, Internet: www.hotelsailing.com. Direkte Straßenlage, aber erträglich. Dafür sind die modernen Zimmer und Appartements umso schöner eingerichtet. Schwimmbad, Sauna und Liegewiese. DZ ab 73 Euro, Wohnung für 4 Pers. ab 87 Euro pro Tag.

● **Villa Monica***, Navene, Loc. Baitone 1, Tel. 045/ 74 00 395, Fax 65 70 112, Internet: www.villamonica.it. Das gut geführte Haus liegt direkt am Strand und ist deshalb beliebt bei Surfern. Hunde 6 Euro/Tag. DZ ab 60 Euro.

● **Residence Vacanze 2000****, Loc. Puri, Tel. 045/ 74 00 327, Fax 65 57 03 81, Internet: www.vacanze2000.net. Schöne moderne Ferienwohnungen, kinderfreundlich, Hunde er-laubt, Swimmingpool auf der Anlage. 2-Pers.-Appartement pro Woche ab 364 Euro.

● **Hotel San Carlo***, Loc. San Carlo, Tel./Fax 045/ 74 01 070, Internet: www.sancarlohotel.com. Ein ländliches Haus, das ganz romantisch inmitten eines Olivenhains liegt und auch mit einem Schwimmbad aufwarten kann. Die Anlage hat auch Appartements zu bieten für zwei bis sechs Personen (52 Euro pro Tag für zwei Personen). Hunde erlaubt. DZ ab 65 Euro.

Jugendherberge

● **Ostello Villa Pariani** (IYHF), Val di Sogno, Tel. 045/ 7 40 04 00. Renoviertes, am Seeufer liegendes Palazzo.

Camping

Insgesamt gibt es 12 Campingplätze im Großraum Malcésine. Sie haben alle nur einen Stern, also keine Extravaganzen zu bieten. Deshalb nur zwei Empfehlungen:

● **Campagnola***, Via Gardesana, Tel. 045/ 7 40 07 77, Fax 7 40 10 36, Internet: www.campingcampagnola.it. Wiesengelände unterhalb von Olivenhainen.

● **Bommartini***, Loc. Casello, Tel. 045/ 7 40 10 84. Neben dem Hotel Villa Monica gelegen, direkt am See mit Kiesstrand.

Essen und Trinken

● **Taverna dei Capitani,** Corso Garibaldi 2. Gewölbekeller mit entsprechend düsterem Ambiente, aber urig. Hier werden Fisch- und Nudelgerichte mit besonderem Fèvre angerichtet.

● **Ristorante La Pace,** Via Caselle 1, Tel. 045/ 74 00 057. Einer der schönsten Plätze im verträumten alten Hafen der Stadt. Deshalb ist es schwer, einen Platz zu ergattern.

● **Tiroler Speckstube,** Loc. Navene, Gardesana. Ideal für Familien mit Kindern, da rustikal und mit Spielplatz. Das Essen, deftiges wie aus dem Biergarten, muss man sich an der Theke holen. Abends ist es sehr voll.

● **Osteria alla Rosa,** Via Cerche 2. *Marco,* der Chef, bietet ein gutes Weinsortiment und eine breit angelegte Speisekarte mit Spezialitäten wie Forelle in Salzkruste alla Gardesana. Auf der weinüberrankten Terrasse lässt sich herrlich und abseits des Trubels speisen.

●**Enoteca,** Via Dosso 3. Rustikale, dennoch moderne Weinbar mit ausgesuchtem Angebot, in die man gerne immer wieder einkehrt.
●**Bottega del Vino,** Corso Garibaldi 19. Klassische Probierstube für Weine und Grappa, in der natürlich auch normaler Verkauf stattfindet. Dazu gibt es Snacks und Pizzen.
●**Bar Vagabundo,** Via Porto Orientale 3. Biertrinker kommen hier auf ihre Kosten.
●**Rifugio Fos-Ce,** Monte Baldo, Tel. 0464/ 68 49 46. Tolle Wildgerichte, urgemütlich, nette Stimmung. Am besten fährt man mit der Seilbahn dorthin und läuft den ausgeschilderten Weg namens Marcha Longa bis zum Rifugio abwärts (ca. 1½ Std.). Bis 21 Uhr ist geöffnet, es gibt auch Übernachtungsmöglichkeiten.

Nachtleben

●**Disco Corsaro,** Via Paina 17, Tel. 045/ 74 00 073. Unterhalb der Burg gelegene Disco, die bis 3 Uhr geöffnet hat. Musikrichtung: New Beat und Acid-House.
●**Dream Pub,** Loc. Preera 29. Hier gibt es Rock-Musik und Bier.
●**Caffè Porto Vecchio,** Vicolo Casella 11. Wer deutsches Bier nicht missen möchte, der bekommt es hier garantiert – und das bis 2 Uhr nachts.
●**Piazza Marconi** ist der Treffpunkt in Malcésine schlechthin, da hier einige Cafés in lauschiger Atmosphäre zu finden sind.
●**Rock Caffè,** Vicolo Portichetti 18. Neueres Lokal für lockeres Volk jeden Alters.

Markt/Shopping

●**Consorzio Olivicultori Malcésine,** Viale Roma 15. Olivenölverkauf bei der örtlichen Genossenschaft.
●**Faust-Art-Gallery,** Via Castillo 17. Auf dem Weg zur Burg findet sich eine Galerie mit sehr schönen Gemälde und Mosaike.
●**Enea,** Via Porta Orientale15. Eigene Lederwaren-Herstellung.
●**Jolly One,** Via Castello. Wein- und Food-Spezialitäten.
●**The Store,** Corso Garibaldi 61. Tolle Auswahl an Küchenbedarf und anderen Haushaltsgegenständen.
●**Markt:** jeden Samstagvormittag auf der Piazza Statuto.

Parken

●Die **Altstadt** ist für den Verkehr **komplett gesperrt.** Parkflächen gegen Bares gibt es oberhalb der großen Bushaltestelle und in der Tiefgarage unter der Seilbahn auf den Monte Baldo.

Bushaltestelle

●Oberhalb des Ortskerns an der Gardesana. Die APT-Busse pendeln im Hochsommer stündlich von Riva nach Verona und umgekehrt. Dann gibt es noch eine Verbindung zwischen Riva und Desenzano.

Taxi

●Tel. 045/ 62 90 049.

Boots-Service

●**Torriyachting,** Tel. 045/ 72 25 868.
●**Moratti,** Tel. 045/ 72 25 704.

Seilbahn zum Monte Baldo

Etwas oberhalb der Gardesana gelegen; in der Hochsaison alle halbe Stunde tägl. von 8–19, in der Nebensaison tägl. von 8–17 Uhr. Die hypermoderne Bahn fährt von Malcésine erst zur Zwischenstation San Michele und von dort weiter zum Monte Baldo (Zeit: knapp 10 Min.). Auf dieser Strecke bekommen alle Fahrgäste die gleichen Chancen auf den begehrten Panoramablick, da sich die Bahn während der Fahrt stetig dreht. Eine einfache Fahrt zum Monte Baldo kostet 9 Euro, hin und zurück 14,50 Euro, Mountainbiker zahlen 15 Euro, Paraglider 11 Euro, Kinderwagen 3 Euro. Hunde werden nur an der Leine und mit einem Maulkorb transportiert (4 Euro)! Infos unter Tel. 045/ 74 00 206 und 59 24 34, Internet: www.funiviedelbaldo.it.

Outdoor

●**Tauchen:** Dream Sub Loc. Val di Sogno 29, Tel. 045/ 74 00 215.
●**Paragliding:** Paragliding Club, Tel. 0335/ 67 64 675 und 0360/ 84 35 18.
●**Windsurfing:** Stickl Sport Camps, Loc. Val di Sogno, Tel. 045/ 74 01 697, Internet: www. stickl.com, die Leitung hat *Heinz Stickl,* mehrfacher Europa- und Weltmeister; WWWind Square, Loc. Sottodossi, Tel. 045/ 74 01 338,

Gardasee

74 00 413, Internet: www. wwwind.com; Sunrise, Loc. Molini, Tel. 045/ 74 01 104; International Sailing Center, Loc. Campagnola, c/o Hotel degli Olivi, Tel. 045/ 74 00 055; Windsurf Sunrise *(Norbert Hauser),* Loc. Navene, Tel. 0235/ 12 22 21; Nany's Windsurf und Catsailing Center, Loc. Navene, Tel. 045/ 74 01 506.

● **Mountainbike-Verleih:** Furioli, Piazza Matteoli und an der Seilbahnstation, Tel. 045/ 74 00 089; Stickl Sportcamp (s.o.).

● **Segeln:** Fraglia della Vela, Via Monti 20, Tel. 045/ 65 70 439; Fraglia della Vela, Via Roma 38, Tel. 045/ 74 00 274; International Sailing Center, Loc. Campagnola, c/o. Hotel degli Olivi, Tel. 045/ 74 00 055; Stickl Sportcamp (s.o.); WWWind Square, Segeln und Katamaran (s.o.); Best Wind, Gardesana 88 (auch Motorbootverleih).

● **Trekking:** Gruppo Alpinistico Malcésine, Via Panoramica 173, Ansprechpartner Giacomo Bertuzzi, Tel. 045/ 74 00 934.

● **Baden:** Lido Paina, Kiesstrand nördlich des Zentrums mit Blick auf die Burg; Lido Sopri, Badestellen und Liegewiese entlang der Seepromenade (südlich des Zentrums); Val di Sogno, man kann nur stellenweise ins Wasser gelangen, da die meisten Abschnitte privat oder Hotelstrände sind.

Der Monte Baldo   ↗ C2

Mit Gipfeln, die alle um die 2000 m hoch sind, ist das **Massiv** des Monte Baldo das **höchste des Gardasees** und auch das mächtigste, denn es dominiert die Hälfte der Ostseite. Unten noch dicht bewaldet und von Olivenhainen überzogen, zeigt sich das Kalksteingebirge oben recht glatt und kahl. Hier gibt es nur Gras, Heide und unzählige Blumen. Der Monte Baldo ist berühmt für seine einzigartige Blumenvielfalt. Die **seltenen Blumenarten** rühren daher, dass die Gipfel des Monte Baldo

in der Eiszeit aus dem umgebenden Gletschermeer herausragten. Der Berg war von 1200 m an aufwärts nie von Schnee und Eis bedeckt, sodass aus dem Pflanzenparadies über vierhundert Arten katalogisiert werden konnten.

Für die Freizeitgestaltung bietet der Monte Baldo eine Menge Möglichkeiten. Man kann mit der Seilbahn hinaufschweben, mit dem Auto oder Motorrad die Strada Panoramica del Monte Baldo entlangfahren, in die Pedale des Mountainbikes treten, auf Wandertour gehen, mit dem Gleitschirm ins Tal fliegen oder sich als Botaniker verdingen.

Seilbahnfahrt via San Michele zum Tratto Spino

Für diese Fahrt sollte man sich einen wolkenlosen Tag aussuchen, denn bei freier Sicht ist der Blick vom Tratto Spino atemberaubend. Die Fahrt mit der neuen, supermodernen Seilbahn mit Drehkabinen, in denen man ohne Probleme Fahrräder und Paraglider mitnehmen kann, beginnt in Malcésine an der Station oberhalb der Gardesana. Für Autofahrer ist dort auch ein Parkplatz gebaut worden. Von hier entschwebt man zunächst zur Mittelstation San Michele. Die folgende Etappe geht zum Tratto Spino, was Dornbusch heißt. Die Fahrt dauert keine zehn Minuten. Hier oben auf dem Gipfel ist auch ein ausgeschilderten Panorama-Spazierweg angelegt. Wenige Meter von der Seilbahnstation entfernt gibt es das **Berglokal La Baia dei Forti,** das ganzjährig geöffnet hat. Etwa 500 Meter weiter steht das **Gasthaus La Capannina.** Wer etwa 30

Min. weiter läuft, kommt zum bewirtschafteten **Rifugio Bocca di Navene.**

Zu den Fahrtzeiten der Seilbahn und weitere Informationen vgl. oben bei Malcésine.

Strada Panoramica del Monte Baldo

Das Monte-Baldo-Massiv mit dem Auto oder dem Motorrad zu befahren, ist auf diversen Wegen möglich. Es gibt zwei Klassiker. Einmal handelt es sich um die **Mini-Tour von Malcésine aus,** die etwa in Höhe der Seilbahnstation beginnt und in Höhe des Hotel Ideal endet. In leichten bis heftigen Serpentinen geht es hinauf zur Mittelstation der Seilbahn, San Michele. Hier lässt sich wunderbar Rast machen, denn es gibt ein schön renoviertes Ristorante Locanda Monte Baldo mit großer Terrasse. Die **große Panorama-Tour** startet nicht am Gardasee, sondern im Etschtal. Entweder wählt man die Strecke von Mori über die SS 240 nach Bretonico und San Giacomo. Oder man startet in Avio, das etwas weiter südlich nahe der Brenner-Autobahn liegt. Hier geht es über den Monte Cola. Auf beiden Straßen kommt man schließlich auf den Bocca di Navene, den bekannten Aussichtspunkt. Eine ganz große und wunderschöne Runde kann man drehen, wenn man von hier weiter nach Torri del Be-

naco fährt. Man passiert Pra Albesina, kommt mitten durchs Gebirge schließlich zur Ortschaft Spiazzi auf dem Monte Cimo und weiter nach Caprino und Castion. Hier muss man sich entscheiden: entweder via Monte Pozzol nach Torri del Benaco oder via Marciaga. Für diese Rundreise (vorausgesetzt, man möchte zum Ausgangspunkt zurück) sollte man einen ganzen Tag einplanen.

Naturparks Corna Piana und Orto Botanico del Monte Baldo

Enzian, Trollblumen, Orchideen, Teufelskrallen, Südtiroler Labkraut, Windröschen, Kerners Schmuckblume, Baldensische Witwenblume, Felsenglockenblume – welches Botanikerherz schlägt bei diesen Namen nicht schneller? Wer sich also für die außergewöhnliche Flora des Monte Baldo interes-

061ga Foto: de

Panoramablick vom Monte Baldo

Gardasee

siert, der kann seinen Wissensdurst in zwei Parks stillen: im **Naturpark Corna Piana,** der unterhalb des Monte Altissimo liegt und über die Autostraße Mori-Bretonico zu erreichen ist, und im **Botanischen Garten** (Orto Botanico del Monte Baldo) in einer Höhe von 1200 m nahe der Ortschaft Ferrara. Jeden Dienstag, Donnerstag und Samstag sowie Sonntag im Hochsommer werden kostenlose dreistündige Wanderungen durch diesen Park angeboten. Die Wege sind aber auch gut ausgeschildert, sodass man – möglichst ausgerüstet mit einem naturkundlichen Buch – auf eigene Faust eine Wanderung unternehmen kann.

Öffnungszeiten: Mai bis September 9–18 Uhr, Tel. 045/ 81 84 711 (8.30–12.30 Uhr), Internet: www.ortobotanico montebaldo.org; Eintritt 2,50 Euro.

Spaziergänge und Wanderungen

Einen Überblick über das Wegenetz mit Spaziergängen und Wanderkarten gibt es kostenlos bei den örtlichen Touristeninformationen. Außerdem kann man im Buchhandel die **Wanderkarte** „Carta dei Sentieri del Monte Baldo" mit deutschsprachigen Routenbeschreibungen kaufen.

Eine vierstündige **Wanderung** bietet die Strecke vom Tratto Spino hinauf zum Punta Telegrafo. Kostenlose **Ausflüge** auf den Monte Baldo organisiert das Fremdenverkehrsamt von Brenzone jeden Dienstag und Donnerstag von 9–16.30 Uhr. Infos bei der Touristeninformation unter Tel. 045/ 74 20 076.

Brenzone   ↗ B2

2370 Einwohner

Ein „wirkliches" Brenzone gibt es nicht. Der Name meint und vereint **16 winzige Gemeinden,** die sich verstreut am Fuße des Monte Baldo platzieren. Darüber hinaus verteilen sich hier diverse Hotelanlagen und Campingplätze. Vor dieser Streugemeinde liegt die **Insel Trimelone,** die auffällt, weil sie sehr lang gestreckt ist. Die Legende erzählt, es handle sich um die Söhne des Riesen Baldo und der Nymphe Melsinoe. Die Zwillingsbrüder hatten die väterlichen Wälder verlassen und lebten an den Ufern des Sees vom Fischfang. Ihr Leben war hart, sie alterten schnell, sodass die Leute der Gegend sie **Tattergreise** nannten. Sie waren ihres anstrengenden Lebens so überdrüssig, dass sie sich nichts sehnlicher wünschten als den gemeinsamen Tod. Als sie eines Morgens wieder zum Fischfang auf den See ruderten, wurden sie von den Göttern mit den Armen eng umschlungen in Stein verwandelt. Vom 10. bis zum 12. Jahrhundert stand auf Trimelone ein Kastell, von dem aus gegen die Eroberungsgelüste des *Kaisers Barbarossa* opponiert wurde. Erhalten ist davon nichts. Was man sehen kann, sind die Überreste eine Betonfestung aus dem 1. Weltkrieg. Die Italiener hatten von hier aus Riva bombadiert.

Den Anfang von Brenzone macht Assenza, das insofern von Bedeutung ist, als es eine Schiffsanlegestelle vorweisen kann. Außerdem gibt es eine unscheinbare, aber innen sehr hübsch

freskierte Kirche namens San Nicolò di Bari. Der größte Ort der Streugemeinde ist **Castelletto di Brenzone,** der immerhin eine Seepromenade, ein ordentliches Hafenbecken und eine sehr pittoreske Altstadt zu bieten hat, die allerdings auf der anderen Straßenseite zu finden ist. Sehenswert ist außerdem das **Frauenkloster Istituto Piccole Suore della Sacra Familia.** Im Geburtshaus der Mitbegründerin *Madre Maria Domenica Mantovani* und des vom Papst selig gesprochenen Priesters *Giuseppe Nascimbeni* ist ein **Museum** eingerichtet worden. Dargestellt wird, wie die Menschen Ende des 19. und Anfang des 20. Jahrhunderts gelebt und gearbeitet haben. Entsprechend wurde beispielsweise eine Wohnung eingerichtet, zeugen Arbeitsgeräte und andere Utensilien davon, wie die Menschen auf Fischfang gegangen sind, wie sie Seidenraupenzucht, Olivenanbau und Viehzucht betrieben haben.

Öffnungszeiten: Mai bis September Sa/So von 17–20 Uhr, sonst auf Anfrage.

Praktische Informationen

IAT-Touristeninformation

● 37010 Loc. Assenza, Via Zanardelli 38, Tel. 045/ 74 20 076 (nur in den Sommermonaten geöffnet), Internet: www.brenzone.it.

Unterkunft

● **Hotel Santa Maria*****, Castelletto di Brenzone, Via Benaco 12, Tel. 045/ 74 20 555, Fax 74 20 149, Internet: www.bertoncelli hotels.gardapass.info. Das Hotel ist gut gepflegt, familiengeführt, mit Privatstrand, Hallenbad, Sauna und Whirlpool. Auch ein gutes Restaurant gehört dazu. Sehr hilfreich bei der Freizeitgestaltung inklusive deutsch geführter

Bergtouren. Auch Surfer steigen hier gerne ab. Hunde erlaubt. DZ pro Woche ab 322 Euro.
● **Hotel Du Lac*****, Loc. Vaso, Via Zanardelli 21, Tel. 045/ 74 20 138, Fax 74 20 315, Internet: www.dulachotel.it. Direkt am See gelegen mit eigenem Hafen, Schwimmbad und Tennis. Hunde erlaubt. DZ ab 89 Euro.
● **Hotel Orione*****, Castelletto di Brenzone, Via Vespucci 87, Tel. 045/ 65 99 021, Fax 65 99 001, Internet: www.hotelorione.com. Gepflegtes Haus an der Uferstraße. Kinderspielplatz, Hunde erlaubt. DZ ab 108 Euro.
● **Hotel Residence Taki****, Castelletto di Brenzone, Loc. Salto, Via D. Alighieri 4, Tel. 045/ 74 30 035, Fax 74 30 154, Internet: www.hoteltaki.com. Mittelgroßer Komplex mit Tennis und Schwimmbad, gut geführt, Hunde erlaubt. DZ ab 36 Euro inkl. Halbpension, Appartement für 2 Personen ab 360 Euro pro Woche inkl. Halbpension. Es gibt auch 2- bis 4-Personen-Bungalows ab 580 Euro pro Woche.

Camping

Es gibt zehn Campingplätze in Brenzone, die alle mit einem Stern bewertet wurden und sich nicht in besonderem Maße unterscheiden. Deshalb seien nur drei genannt, die einen guten Eindruck hinterlassen haben:
● **Le Major***, Loc. Castelletto di Brenzone, Tel. 045/ 74 00 333, Fax 62 00 180, Internet: www.campinglemaior.it. Ruhig gelegener Platz in einem Olivenhain. Hunde erlaubt.
● **Primavera***, Loc. Marniga, Via Benaco 5, Tel./Fax 045/ 74 20 421, Internet: www.cam ping-primavera.com. Nett gelegen in einem Olivenhain oberhalb der Straße – dadurch natürlich Anmarsch zum Gardasee.
● **San Zeno***, Loc. Castelletto di Brenzone, Via Vespucci 91, Tel. 045/ 74 30 231, Fax 74 30 171, Internet: www.campingsanzeno.it. Das Kirchengeläut ist ständiger Begleiter, da der Platz neben der Kirche liegt. Dennoch ist es recht idyllisch hier. Zum Baden im See muss man die Uferstraße überqueren. Hunde erlaubt.

Essen und Trinken

● **Pescatore,** Loc. Assenza, Tel. 045/ 74 20 073. Der Name verheißt Fischgerichte, und

Gardasee

es gibt sie auch sehr lecker zubereitet und natürlich fangfrisch.

●**La Roche,** Loc. Magugnano. Fisch dominiert auch hier die Speisekarte, besonders gut ist das Seehecht-Carpaccio. Im Übrigen sitzt man hier nett unter hohen Kastanienbäumen.

●**Al Sole,** Loc. Castelletto, Tel. 045/ 65 90 058. Eines der schönsten Lokale von Brenzone. Untergebracht in einem gotischen Palazzo, der zur Seeseite hin einen offenen Hof hat. Die Küche ist traditionell, aber mit sehr feiner Note.

●**Al Fassa,** Loc. Castelletto, Tel. 045/ 74 30 319. Beliebtes Lokal mit hübscher Terrasse zum See hin, eleganter Stil und gute Speisekarte.

●**Gelateria Cristallo,** Via Gardesana 7. Die Terrasse über dem See ist immer wieder einen Abstecher wert, um ein Eis zu essen oder abends bei einem Aperitif die Stimmung der untergehenden Sonne über den Bergen der Westseite zu beobachten.

Markt/Shopping

●**HP Sports Shop,** Loc. Castelletto. Hafenbecken. Gut sortiert rund ums Thema Surfen und Segeln.

●**Markt:** jeden Mittwoch in Castelletto di Brenzone.

Taxi

●Tel. 0360/ 23 96 10.

Outdoor

●**Segeln und Surfen:** Yacht Club Aquafresh (*Martina Loch*), Loc. Castelletto, Via Benaco 12, Hotel Santa Maria, Tel. 045/74 20 555; Circulo Nautico Brenzone, Loc. Casteletto, Tel. 045/ 74 30 169; Surfschule Lago di Garda (*Hans Peter Noll*), Loc. Pai, Tel./Fax 045/ 74 30 707, auch Mountainbike-Verleih.

Ausflug zu den Rocca dei Graffiti in Crero ⬀ B3

Eigentlich sehen die **Zeichnungen** aus, als seien sie von einem Kind kürzlich in das flache Felsgestein geritzt worden.

Tatsächlich aber sind sie etwa 3000 Jahre alt und damit die ältesten menschlichen Kunstwerke am Gardasee. „Rupestri" werden sie genannt und sind oberhalb des Weilers Crero zu finden. Die Anfahrt erfolgt über die Gardesana, der Abzweig kommt 3 km nach Localita Pai linker Hand hinauf in die Olivenhaine. Nach 1,5 km steiler, enger Straße ist man in Crero angelangt. Bei der Trattoria Panoramico gibt es vier Parkplätze, mehr nicht. Hier beginnt der Wanderweg rot-weiß-rot Nr. 207 zu den Rocca dei Graffiti – Pietra Grande. Er ist gut ausgeschildert. Nach einer Viertelstunde sind die ersten glatten und flachen Felsen im Boden zu sehen. Man muss sehr genau schauen, um die Zeichnungen zu erkennen.

Torri del Benaco ⬀ B3

2736 Einwohner

Die langobardische Festungsstadt, einst Zentrum des Schiffbaus und der Marmorverarbeitung, liegt zwar zwischen den beiden hoch frequentierten Touristenorten Malcésine und Garda, bleibt aber von den Touristenströmen weitgehend verschont. Vielleicht hat sich Torri del Benaco deshalb eine **leicht verträumte Szenerie** erhalten können. Am schönsten ist es, wenn man den Ort mit einem Boot ansteuert. Schon von Ferne sieht man das Wahrzeichen, die mächtige Skaligerburg. Sie steht rechter Hand des beschaulichen Hafenbeckens mit der dahinter liegenden Piazza Calderini. Links fällt das imposante Hotel Garde-

sana mit seinem Laubengang auf, ehemaliger Sitz der Ratsversammlung der Gardaseegemeinden. Der Blick weitet sich zur Piazza Calderini, von der aus es in die historische Altstadt mit netten Cafés, Bars und Geschäften geht.

Sehenswertes

Burg der Scaligeri

Das Schloss mit zinnenbewehrten Mauern und drei mächtigen quadratischen Türmen wurde 1383 auf römischem Fundament erbaut. Doch es dauerte nur vier Jahre, da standen die *Visconti* vor den Toren der Stadt und eroberten nach nur sechstägiger Belagerung das Kastell. Auch wenn die Burg seitdem nicht mehr genutzt wurde, ist sie noch recht gut erhalten. Man kann auf die hohe Mauer und alle drei Türme steigen und hat von dort oben einen schönen Blick über die Dächer der Altstadt und den See. Sehr interessant ist das liebevoll gestaltete **Museum.** Es erzählt das Leben der Seebewohner – von der Fischerei, der Olivenölgewinnung und der Kunst des Limonenanbaus. Die Zitronengewächshäuser sind zwar auf der Westseite des Gardasees zu größerer Berühmtheit gelangt. Doch sind in der Skaligerburg 300 Jahre alte Limonaie renoviert und wieder in Betrieb gesetzt worden. Sie zu besichtigen lohnt besonders dann, wenn die Sonne am Morgen hineinfallen kann.

Öffnungszeiten: 1. Januar bis 31. Mai und im Oktober täglich von 9.30–12.30 und 14.30–18 Uhr, 1. Juni bis 30. September von 9.30–13 und 16.30–19.30 Uhr. Eintritt: 3 Euro.

Santi Pietro e Paolo und Torre di Berengario

Im Norden der Altstadt steht die barocke Pfarrkirche Santi Apostoli Pietro e Paolo, erbaut 1712–1723. Von besonderer Schönheit ist ihr prunkvolles Orgelgehäuse von *Angelo Bonatti*. Er war aus Desenzano angeheuert worden. Der bullige Turm neben der Pfarrkirche ist Überrest einer Festung des Langobarden *Berengar* (10. Jahrhundert). Er hatte diese wiederum auf römischen Festungsresten bauen lassen.

Praktische Informationen

IAT-Touristeninformation

●37010 Torri del Benaco, Viale F.lli Lavanda 22, Tel. 045/ 72 25 120, Internet: www.torri delbenaco.com.

Unterkunft

●**Hotel del Porto******, Lungolago Barbarani, Tel. 045/ 72 25 051, Fax 62 90 262, Internet: www.hoteldelportotorri.com. Komplett renoviertes, kleines Haus in Toplage an der Seepromenade, mit Schwimmbad und hübschem Garten, familiengeführt, Restaurant des Hauses hat eine wunderbare Seeterrasse. Es gibt auch vier neue, sehr hübsche 2- bis 4-Personen-Appartements. DZ ab 130 Euro, Appartement ab 160 Euro.

●**Hotel Galvani******, Loc. Pontirola 7, Tel. 045/ 72 25 103, Fax 62 96 618, Internet: www.hotelgalvani.it. Eines der schönsten Häuser der Stadt, frisch renoviert inklusive der Badelandschaften drinnen und draußen, das äußerst geschmackvoll in modernem Landhausstil eingerichtet ist. Beste Lage direkt am See. Hunde erlaubt. DZ ab 92 Euro.

●**Hotel Gardesana*****, Piazza Calderini 20, Tel. 045/ 72 25 411, Fax 72 25 771, Internet: www.hotel-gardesana.com. Traditionsreiches schönes Haus direkt am Hafen und gegenüber der Skaligerburg mit Gewölbebögen im Erdgeschoss. Im 15. Jahrhundert war es Sitz

Gardasee

Tris di Pasta mit Hüftschwung

Wenn Essen zum fröhlichen Erlebnis werden soll, dann ist man bei der **Osteria Ago e Rita** genau richtig. An den langen Tischreihen unter der Weinpergola schwillt der Geräuschpegel schneller und heftiger an als anderswo. Der Wirt tanzt auf dem Tisch, wenn zu später Stunde aus den Musikboxen die lokalen Rhythmen dröhnen, schöne Italienerinnen schwingen die Hüften, die Menge johlt und klatscht dazu mit den Händen. Erhitzt lassen sich alle den perligen Frizzante die Kehlen hinunterrinnen. Ein allgemeines Cin-Cin auf die wunderbare Nacht. Lau ist sie, und sternenklar der Himmel. Lasst uns noch eine Karaffe des weißen Perlweins bestellen. Roter, auch wenn es ein leichter Bardolino ist, ist heute Abend nicht angesagt. Und anderen als roten und weißen Tischwein gibt es eh nicht. Es gibt nicht einmal eine Speisekarte bei Ago e Rita. Wer nicht die Wahl hat, hat auch nicht die Qual – gegessen wird das, was auf den Tisch kommt. Hier ist eben alles ein wenig unkonventioneller als anderswo. Als Vorspeise werden Sellerie, Radieschen, Mohrrüben und Paprika mit verschiedenen Dips auf den Tisch gestellt. *Pinzimonio* nennt man das hier, und alle greifen begeistert zu. Wann gibt es das schon mal in einem italienischen Restaurant am Gardasee? Der zweite Gang folgt dann wieder den italienischen Traditionen: Dampfende Pastaschüsseln werden aufgefahren. Die *Tris di Pasta* bestehen aus *Pennette alla Cubana* (Makkaroni mit scharfer Tomatensauce), *Gnocchetti verdi alla Gorgonzola* und *Spaghetti al Pesto*. Jeder kann so viel essen, wie er Lust hat. Das hat in diesem Lokal Prinzip. Dafür gibt's keine Extrawürste. Auch wenn der dritte Gang manch einem die Stirn in Falten legt. *Tigelli* sind angesagt, kleine warme Brötchen, zu denen Parmaschinken, Frischkäse und Schokoladencreme (böse Zungen behaupten, es sei schlicht Nutella) in kleinen Tiegeln gereicht werden. Zum Abschluss kommen der Espresso und ein Grappa – dann erst ist ein italienischer Magen auch ein zufriedener Magen.

● **Adresse:** Torri del Benaco, Loc. S. Felice, Tel. 045/ 62 90 054.

der Ratsversammlung. Freundliche Hotelführung. Restaurant in 1a-Lage. DZ ab 100 Euro.

●**Hotel Al Castello*****, Via Gardesana 58, Tel. 045/ 72 25 065, Fax 62 99 014. Das vor einigen Jahren komplett renovierte Haus liegt zwar direkt an der Straße, dafür aber in einer hübschen Anlage. Angenehm mediterrane Stimmung. DZ ab 60 Euro.

●**Hotel delle Rose****, Loc. Frader 23, Tel./ Fax 72 25 722, E-Mail: dellerose@ torridelbenaco.com. Familiengeführtes Haus am See, das neben Hotelzimmern auch Appartements für zwei bis sechs Personen hat. Hunde erlaubt. DZ ab 59 Euro.

●**Residence Villa Laura,** Via per Albisano, Tel. 045/ 62 12 120, Internet: www.gardalake.it/villalaura. In dem rosafarbenen Haus gibt es nur vier Appartements. Alles ist sehr liebevoll gestaltet. Hunde erlaubt. 4-Pers.-Wohnung 44 Euro am Tag.

Camping

Alle Plätze sind mit nur einem Stern bedacht. Am besten gefiel:

●**Camping Ai Salici,** Via Pai di Sotto, Tel. 045/ 72 60 196, Internet: www.gardalake.it/aisalici. Hübscher Wiesenplatz mit Olivenbaumbestand, gepflegt, nette Atmosphäre.

Essen und Trinken

●**Trattoria/Bar Bell'Arrivo,** Piazza Calderini 10, Tel. 045/ 62 99 028. Sowohl drinnen als auch draußen sitzt man sehr schön und entspannt, und die Küche mit Speisen vorzugsweise aus der Region kann auch mithalten.

●**La Grotta,** Lungolago, Tel. 045/ 72 85 839. Restaurant direkt an der Seepromenade, vor allem wegen der Forelle vom Grill gepriesen.

●**Ristorante Gardesana,** Piazza Calderini 20, Tel. 045/ 72 25 771. Feines Lokal mit gehobener Speisekarte: Hummer, Fischsuppe, marinierte Krebse etc. Da es das bestplatzierte Restaurant an der Piazza ist, kann man es nur empfehlen.

●**El Tricero,** Via A. Volta (am Ende der Sackgasse). Klein, aber fein und gemütlich und wohlmundende Speisen.

●**Osteria da Ago e Rita,** Loc. S. Felice, Gardesana Orientale, Tel. 045/ 62 90 054. Bekannt und beliebt besonders bei jungen Leuten, die gerne singen und tanzen, auch wenn hier in erster Linie gegessen wird – etwas unkonventioneller als anderswo (vgl. Exkurs „Tris di Pasta mit Hüftschwung").

●**Osteria Centrale,** Via Gardesana 112, Tel. 045/ 62 90 289. Modernes Design bei der Wahl des Ambientes, dennoch behaglich. Gute Weinauswahl und anspruchsvolles Essen.

●**Bar Don Diego,** Via Fosse. Gemütliche Kellerbar, die länger geöffnet hat als andere und wo immer etwas los ist.

●**Bar Ok,** Vittorio Veneto 8. Szenetreff am Lungolago in nördlicher Richtung. Hier hängt man gerne ein bisschen ab.

●**Gelateria Miralago,** Via Battisti (gegenü. Nr. 70). Richtig gutes Eis – egal welche Sorte!

Markt/Shopping

●**Antiquitätenladen,** Via Volta/Via C. Battisti Constantini.

●**Prodotti di Riviera,** Via Lavanda. Wein, Grappa, Öl, Marmelade, Honig, Pilze u.a.

●**Pasta,** Vic al Volt 14. Pastafans werden diesen Laden, der hausgemachte Pasta verkauft, zielstrebig ansteuern.

●**Zanetti,** Via C. Battisti 26, hat ausgefallenen Schmuck im Portfolio.

●**Lorella Cambiaso,** Via C. Battisti 11. *Lorella* ordert treffsicher ausgefallene Klamotten zu dennoch recht akzeptablen Preisen.

●Montags **allgemeiner Markt** auf der Piazza Calderini.

●Im Sommer am Donnerstag **Antiquitätenmarkt.**

Schifffahrt

Der Fähranleger liegt südlich der Skaligerburg. Torri del Benaco ist ein **wichtiger Hafen,** allein die Autofähre verkehrt zwischen hier und Maderno-Toscolano auf der gegenüberliegenden Seite täglich alle halbe Stunde.

Outdoor

●**Windsurfing:** Jean Pierre, c/o Hotel Baia dei Pini, Punta Caval, Via Gardesana, Tel. 045/ 72 25 215.

●**Segeln:** Yachting Club Torri, Via Marconi 1, Tel. 045/ 72 25 124.

- **Baden:** Baia dei Pini ist ein Kies- und Steinstrand quasi als nördliche Verlängerung der Seepromenade.
- **Tennis:** Lido Bagni, Via Marconi, Tel. 045/ 72 25 536.
- **Mountainbike-Verleih:** Jean Pierre (s.o.), auch geführte Touren; „Bus & Bike"-Ticket-Verkauf beim Zeitschriftenhandel Bottura, Via Gardesana 102, Tel. 045/ 72 25 331.

Ausflüge in die Umgebung

Auf die Prada-Hochebene ↗B3

Eine Rundreise mit schönen Ausblicken weit über den Gardasee ist die Fahrt von Torri del Benaco über die Prada-Hochebene nach Magugnano di Brenzone. Das Highlight ist eine Fahrt mit dem **Sessellift** von Prada Alta zum Rifugio Mondini bzw. Fiori del Baldo auf 1815 m. Bei guter Fernsicht kann man auch in die andere Richtung bis zur Po-Ebene und zum Apennin schauen.

Von Torri del Benaco führt eine steile Serpentinenstraße durch Olivenhaine und Gärten hinauf nach Albisano. Vom Kirchplatz hat man einen tollen Blick auf die andere Seite des Gardasees.

San Zeno di Montagna ↗B3

Nach etwa 5 km stetig ansteigender Straße durch Wiesen und Wälder kommt der recht nette **Luftkurort** San Zeno di Montagna auf 583 m Höhe, der seit einigen Jahren auch zum **Wintersportort** avanciert ist. Auf der Prada-Hochebene gibt es einige Möglichkeiten Ski zu laufen. So findet man auch ausreichend Hotels und sogar einen Campingplatz. Abgesehen von den Kurgästen nehmen Trekker gerne hier Quartier, um das Monte-Baldo-Massiv zu besteigen. Und: Kaum ist man ein

paar Höhenmeter entfernt vom Gardasee, purzeln auch schon die Preise.

Die schönere Wegstrecke zur Prada-Hochebene ist die via Lumini. Dafür geht es in San Zeno di Montagna rechts ab Richtung Malga Sisam unterhalb des Monte Belpo. Nach etwa 8 km von Lumini aus hat man Prada erreicht. Die Straße nach Prada Alta wird schmaler, ist aber unproblematisch. Das **Berghotel Genziana** (Tel. 045/ 62 81 22, DZ ab 41 Euro) an der Seilbahnstation ist mit seiner Terrasse ein gern besuchtes Ort, das Lokal hat Wildspezialitäten im Angebot. Ein Sessellift bringt Wanderer und Spaziergänger in noch höhere Gefilde rund um das Rifugio Fiori del Baldo, wo herrliche Touren möglich sind. In den Sommermonaten sind die Gitterkörbe täglich von 8.30–18 Uhr unterwegs; Tel. 045/ 72 85 079.

- **IAT-Touristeninformation,** 37010 San Zeno di Montagna, Via Ca'Montagna, Tel. 045/ 72 85 076.
- **Park Hotel Jolanda******, Loc. Ca' Schena, Via degli Alpini, Tel. 045/ 72 85 679, Fax 72 85 679, Internet: www.chincherini.com. Aus dem einstigen Kloster nahe des Ortszentrums ist eine große Hotelanlage mit Innen- und Außenpool, Sauna sowie Tennisplätzen entstanden. Ein herrlicher Blick über den See ist garantiert. Die Ausstattung der Zimmer ist allerdings einfach. DZ ab 66 Euro.
- **Hotel Diana******, Via Ca' Montagna 54, Tel. 045/ 72 85 113, Fax 72 85 775, Internet: www.hoteldiana.biz. Vor einigen Jahren ist das herrlich gelegene Haus komplett renoviert worden und ist jetzt sehr schön ausgestattet. Die gesamte Anlage ist großzügig, dazu gehören Schwimmbad und Tennisplatz. Freundlicher Service. DZ ab 124 Euro.
- **Camping Mamma Lucia***, Loc. G. Zanetti, Tel. 045/ 72 85 038, Internet: www.camping mammalucia.it. Wiesengelände mit Baumbestand.

- **Viehmarkt** Sankt Michael Ende September.
- **Esskastanien-Markt** (Mostra Mercato dei Marroni) im November.

Park Jungle Adventure ↗ B3

Einmal Tarzan sein, sich von Ast zu Ast schwingen, auf schmalen Lianen balancieren und über Strickleitern klettern – das **Kletterparadies** direkt am großen Ausflugsparkplatz von **San Zeno di Montagna** macht es möglich. In einem abgesperrten Areal sind drei Kletterrouten mit Hängebahnen, Affenbrücken, Bären-Balken, Fischernetzen und vielem mehr eingerichtet worden. Mit Hilfe von fachkundigem Personal und Sicherungsgurten kann man sich nach einer kurzen Schulung ins Kletterabenteuer stürzen. Abgesehen von dem Fun-Aspekt des Abenteuerparkes wird auch Wissenswertes über die Botanik der Region geboten. Ein angelegter **Naturlehrpfad** erklärt die für die Region typischen Bäume und Sträucher.

Die Eintrittspreise richten sich nach den Routen und beginnen bei 12 Euro pro Person. Sich wie Tarzan fühlen kann jeder, der sich in einem guten Allgemeinzustand befindet.

Öffnungszeiten: Mai und September 10–18 Uhr, Juni bis August 9-19 Uhr, sonst nach Anmeldung. Tel. 045/ 62 89 306, Internet: www.jungleadventure.it.

Garda ↗ B3

3835 Einwohner

Garda gab dem See im 8. Jahrhundert seinen Namen, abgeleitet vom Wort *warden,* das „beobachten" bedeutet. Denn der vor Garda liegende Burgfelsen (La Rocca, 249 m) diente stets als idealer Beobachtungsposten. Der heute verfallene Burgfelsen ist obendrein in anderer Hinsicht von geschichtsträchtiger Bedeutung. Anno 950 wurde die Witwe des italienischen Königs *Lothar, Adelheid,* durch den Langobarden *Berengar* in der Rocca gefangen gehalten. Ihr soll dann die Flucht nach Canossa gelungen sein. Später heiratete sie den deutschen Kaiser *Otto I.*

Dadurch, dass Garda im Mittelalter von *Karl dem Großen* zur Grafschaft erhoben wurde und die später herrschenden Venezianer hier Handel betrieben,

Gardasee

Wenn die Götter in Liebe entflammen, oder die wirkliche Entstehungsgeschichte des Gardasees

Sie war nicht nur hübsch, sie hatte wundervolles langes blaues Haar. *Engadina* hieß die schöne Fee, die über einen kleinen See in den Bergen regierte. Als der Wassergott sie sah, war er sofort in Liebe entflammt und wollte sie unbedingt mit sich nehmen. Doch Engadina zierte sich, wollte in ihrem See bleiben. Da versprach der Wassergott ihr ein größeres, viel schöneres Gewässer und schlug sogleich mit seinem mächtigen Dreizack in die Felsen vor Garda, dass gewaltige Fluten hervorbrachen und das Tal mit einem großen See füllten. Und wie sollte es anders ein: Die Nymphe war begeistert und stürzte sich in die neuen Fluten. Sogleich färbte sich das Wasser in der Farbe ihres Haares. Der blaue Gardasee war geschaffen.

ist die Stadt mit vielen schönen Palästen, Villen und Parkanlagen sowie einer sehr ansehnlichen Seepromenade versehen. Dies, die tolle Lage inmitten mediterraner Vegetation und der berühmte Sonnenuntergang von Garda, der den See golden funkeln lässt, haben aus dem einstmals kleinen Dorf eine Touristenhochburg gemacht. Man muss das Kind beim Namen nennen: Garda ist das **Mekka der Pauschalreisenden,** insbesondere der älteren Semester.

Sehenswertes

Auch heute noch prägt das Stadtbild die einst venezianische Herrschaft. Leider aber können die ehemaligen Residenzen der Adligen, der Palazzo dei Capitani an der großen Piazza, das alte **Stadttor Fregoso,** die schlossähnliche und farbenprächtige Villa Albertini am Park und der Palazzo Carlotti am Seeufer, nicht von innen besichtigt werden.

Pfarrkirche Santa Maria Maggiore

Die barocke Pfarrkirche findet sich im Süden des Zentrums direkt an der Gardesana unterhalb des Tafelberges, der Rocca. Bedeutend ist lediglich das Altarbild von *Palma Giovanne* aus Verona. Hinter der Kirche ist noch der Kreuzgang eines früheren Klosters. Von kunsthistorischer Bedeutung sind hier im Treppenaufgang **frühchristliche Bildsteine** langobardischer Herkunft.

Öffnungszeiten: täglich von 9–12 und 16–19 Uhr. Eintritt frei.

Punta di San Vigilio

„Der schönste Ort der Welt", hat der wohlhabende Graf *Agostino Guarienti di Brenzone* einst die **baumbestandene Landzunge** Punta di San Vigilio zwischen Garda und Torri del Benaco gerühmt – und sich dort im 16. Jahrhundert eine **Renaissance-Villa** vom berühmten Baumeister *Sanmicheli* hinstellen lassen. Die Villa ist auch heute noch in Privatbesitz. Dafür ist das Gästehaus das kleine, aber sehr feine Hotel Locanda San Vigilio mit Edel-Restaurant umfunktioniert worden. In der Tat hat die Landzunge mit dem kleinen Hafen, der schmalen Mole, auf der ein Steinhaus steht, ein ganz eigenes Flair. Besonders genießen lässt sich die Romantik in der weinumrankten Bar Il Torcolo, die in dem Steinhaus zu finden ist.

Wer mit dem Fahrzeug kommt, der stellt es am besten auf einen der ausgeschilderten, gebührenpflichtigen Parkplätze rechts und links der Gardesana. Denn die Zypressenallee hinunter zur Spitze der Landzunge darf nur befahren, wer im Hotel Locanda San Vigilio abgestiegen ist. Ein schöner Spaziergang führt von Garda aus auf der Uferpromenade nach San Vigilio (ca. 20 Min.). Natürlich kann man auch mit einem Boot im Hafen anlegen.

Praktische Informationen

APT-Touristeninformation

● 37016 Garda, Lungolago R. Adelaide 3, Tel. 045/ 72 55 194, Fax 72 56 720, Internet: www.aptgardaveneto.com.

Unterkunft

● **Locanda San Vigilio*******, Punta San Vigilio, Tel. 045/ 72 56 688, Fax 72 56 551, Internet: www.locanda-sanvigilio.it. *Vivien Leigh* und *Laurence Olivier* nächtigten hier, ebenso

Winston Churchill, König Juan Carlos von Spanien und Prinz Charles. Versteckt hinter einem Olivenhain liegt das hübsche, gemütliche Hotel mit nur sieben Zimmern, alle mit antiken Möbeln eingerichtet. Hunde erlaubt. Im sich anschließenden Park Parco Baia delle Sirene gibt es einen Spielplatz und Programm für Kinder bis 10 Jahren. DZ ab 270 Euro.

● **Hotel du Parc******, Via Marconi 3, Tel. 045/ 72 55 343, Fax 72 55 642, Internet: www.chincherini.com. Sehr edles Villen-Hotel in einem Park direkt am See mit sehr zuvorkommendem Personal. Insofern eine der ersten Adressen von Garda. DZ ab 84 Euro.

● **Hotel Alla Torre*****, Piazza Calderini, Tel. 045/ 72 56 589, Fax 72 55 731. Einfaches, aber sehr ordentliches Haus mitten im Ort gelegen, mit eigener Musik-Weinbar und einer rustikalen Taverne. DZ ab 85 Euro.

● **Residence San Michele*****, Via Vacce 7, Tel. 045/ 62 79 008, Fax 62 79 125, Internet: www.madrigale.it/sanmichele. Inmitten einer sanften Hügellandschaft, drei Kilometer entfernt vom Ortszentrum Garda, findet sich die Appartement-Residenz mit schöner Pool-Anlage. Die hellen, freundlichen Wohnungen sind auf 2 bis 8 Personen ausgelegt. Unterhalb liegt der Golfclub Cà degli Ulivi. 2- bis 4-Personen-Appartement ab 30 Euro.

● **Hotel Ancora***, Via Manzoni 7, Tel. 045/ 72 55 202. Kleines, nettes Bed-and-Breakfast-Hotel in der Altstadt. DZ ab 21 Euro.

● **Residence Parco del Garda,** Via dei Cipressi (zugehörig zum Hotel San Marco**, Largo Pisanello 3), Tel. 045/ 72 55 335, Fax 72 55 195, Internet: www.gardalake.it/florida-residence. Großzügige Anlage mit Bungalows, jeweils mit Terrasse und Kamin, aber sonst extrem schlicht eingerichtet. Auf dem Gelände gibt es einen Pool plus Kinderbecken, Tennis, Ristorante und Kinderspielmöglichkeiten. Für 4 Pers. ab 400 Euro/Woche.

Essen und Trinken

Kulinarische Höhenflüge kann man in Garda nicht erleben, es ist alles auf Masse abgestellt. Insofern sind Empfehlungen nur bedingt möglich. Etwas außerhalb ist es besser.

● **Il Giardino delle Rane,** Piazza Municipal/ Via Pudini Carlotti. In rustikalem Stil gehaltenes Restaurant und Pizzeria mit gemütlichem Außenbereich. Am Wochenende spielen oft Live-Bands auf.

● **Bella Venezia,** Vicolo del Pio 8, Tel. 045/ 72 56 140. Trattoria und Bar, vor der man sehr nett sitzen kann. Die Speisekarte ist ordentlich, aber von geringem Umfang.

● **Calle Enoteca,** Lungolago. Winzige, nette Weinstube, in der man allerlei Sorten durchprobieren kann.

● **Ristorante Stafolet,** Loc. Giare, Via Pioano 12, Tel. 045/ 72 55 427. Für alle, die gern Fisch essen, ist das die richtige Adresse. Die Pasta ist auch sehr gut.

● **San Vigilio,** Punta San Vigilio/Hotelrestaurant, Tel. 045/ 72 56 688. Romantisch und edel, das Beste weit und breit – das wissen andere auch, deshalb also besser reservieren.

● **Ai Beati,** Loc. Beati Alt, auf dem Weg nach Costermano, Tel. 045/ 72 55 780. Umgebautes Weingut. Das Restaurant wurde vollkommen verglast, sodass man einen wunderbaren Seeblick hat.

Nachtleben

● An der **Seepromenade** sind jede Menge Cafés und Bars, die Unterschiede sind marginal. Hier ist immer etwas los.

● **Papillon Bar,** Via delle Antiche Mura 26.

● **Taverna Goethe,** Via delle Viole 10. Romantische Bar.

● **Bar Taitù,** Vivolo Cieco Forni 8. Longdrinks bei seichter Pianomusik.

Markt/Shopping

Andenken- und Nippesläden gibt es ausreichend in der Stadt, außerdem:

● **Gabriella,** Vicolo del Pio/Via Garibaldi. Schöne Dinge für die Wohnung.

● **Gobetti Carlo,** Loc. Mariaga, Via Ghiandare 14. Eine der ältesten Schnapsbrennereien. Hier gibt es den feinsten Grappa – einzeln durchnummeriert.

● **Da Gek & Gió,** Gardesana (an der Ampelkreuzung). Schuhverkauf in größerem Stil.

● **Artemia Design,** Corso Italia 19. Hochwertige Möbelprodukte, originalgetreu angefertigt nach der Vorlage alter Designklassiker aus den 1920er und 1930er Jahren.

● **La Bottega die Sapori,** Via XX Settembre 8–12. Etwas für Weinfans.

●**La Pescheria,** Via delle Antiche Mura 8. Bei dieser Fischerkooperative lässt sich bester, fangfrischer Fisch erstehen. Nur vormittags geöffnet.

●**Pasotti Pinella,** Via Spagna. Sehr gute Auswahl an Sportklamotten.

●**Markt:** Freitag an der Uferpromenade.

Parken

●In der Ortsmitte gibt es an der Bushaltestelle einen gebührenpflichtigen Parkplatz, da die Altstadt für den Verkehr gesperrt ist.

Bushaltestelle

●Nicht zu übersehen in der Ortsmitte direkt an der Gardesana. Busse pendeln stündlich zwischen Riva und Verona sowie Riva und Desenzano.

Schifffahrt

●Fähren gehen stündlich in beide Richtungen, darüber hinaus Schnellboote.

Taxi

●Tel. 045/ 72 55-592, -695 sowie -046.
●**Taxi-Boot:** Tel. 72 55 064.

Autovermietung

●**Avis,** Piazzale Roma 14, Tel. 045/ 62 70 264.

Motorroller- und Mountainbike-Verleih

●**Bikes-Scooter,** Via Don Gnocchi 38, Tel. 045/ 72 56 500.

Agenturen für Exkursionen

●**Benatours,** Tel. 045/ 72 55 280.
●**Degli Ulivi,** Tel. 045/ 72 56 155.
●**Gabritour,** Tel. 045/ 72 55 555.
●**Lagotourist,** Tel. 045/ 72 55 722.

Outdoor

●**Reiten:** Centro Ippico Rossar, Loc. Marciaga, Tel. 045/ 62 79 020.
●**Tennis:** Centro Tennis, Via Leopardi, Tel. 045/ 72 55 203.
●**Golf:** Cà degli Ulivi, Loc. Marciaga, Via Ghiadare, Tel. 045/ 62 79 030. 18- und 9-Loch-Anlage inmitten von Olivenhainen, Weinbergen und Zypressen.

●**Baden:** Spiaggia La Cavalla beginnt südlich der Promenade und hat Liegeplätze mit Baumbestand. Es gibt eine Yogurteria/Bar mit großer Terrasse und Musik. Nördlich der Promenade von Garda am Hafenbecken ist noch ein Kiesstrand mit Restaurant. Baia delle Sirene ist ein gepflegter Kiesstrand mit Rasen unter alten Olivenbäumen am Punta San Vigilio (6 Euro/Tag, Umkleidekabinen, Tischtennis, Duschen, Spielplatz und Restaurant).

●**Mountainbike:** „Bus & Bike"-Ticket-Verkauf beim Fahrschein-Verkauf der APT-Buslinie, Via Corso Italia 62, Tel. 045/ 72 55 833.

Events

●**Karneval** mit bunten Masken.
●**Sardellenfischen** im Juli.
●**Palio delle Contrade** – Fest Maria Himmelfahrt mit Ruderboot-Wettkampf zu Ehren der Madonna Assunta, der Schutzhelferin der Stadt. Ihre Statue steht am Hang der Rocca.

Ausflüge in die Umgebung

Costermano ↗B3

In den sanft ansteigenden Hügeln im Hinterland von Garda liegt Costermano, eine weit verstreute Siedlung. Am Ortsende liegt der **größte deutsche Soldatenfriedhof Italiens.** Die sterblichen Überreste von 21.951 Soldaten sind aus Norditalien hierher gebracht worden, um sie in drei terrassenförmig angelegten Grabstätten zu beerdigen. In einem sogenannten Kameradengrab, einem zentralen Gebäude, sind die Namen der Gefallenen eingetragen.

Costermano macht aber auch noch aus einem anderen Grund von sich Reden: dem **Holzkunsthandwerk.** In einer alten Werkstatt wird noch nach guter alter Manier Holz verarbeitet. Dem

Die ältesten am
Gardasee gefundenen Zeichnungen

Verlauf, von der Anlieferung des Holzstammes über die Verarbeitung bis hin zum Endprodukt, kann man zusehen, und da schlagen nicht nur Kinderherzen höher. Neben Schaukelpferdchen, Eisenbahnen und Marionettenfiguren werden auch Möbel, Weinregale und viele andere schöne Dinge für Haus und Garten geschreinert, gedrechselt und geschnitzt.

Die Werkstatt namens **ARPA** unter der Leitung von *Meoni Gianluigi* liegt an der Via I. Maggio 40 Richtung San Zeno di Montagna, Tel. 045/62 01 152, Fax 62 01 735.

Öffnungszeiten: täglich von 9–12.30 und 14–19.30 Uhr; Tel. 045/ 62 01 152.

Zur entspannten Rast bei diesem Ausflug empfiehlt sich das steinerne Landhaus **Locanda San Verolo.** Das Gebäude aus dem 16. Jahrhundert ist typgerecht restauriert und zu einem sehr schmucken Landhotel mit Restaurant umgebaut worden, in dem deftiges, ausgezeichnetes Essen serviert wird. Wer dort auch nächtigen möchte, findet zwölf hübsche Zimmer vor. Zum Anwesen gehören auch ein Swimmingpool und ein Extrabecken für Kinder. DZ ab 250 Euro. Locanda San Verolo, Loc. Verolo, Tel. 045/ 72 00 930, Fax 62 01 166, Internet: www.sanverolo.it.

Felszeichnungen am
Monte Luppia ⤢ B3

Wie auch in Crero (siehe bei Torri del Benaco) sind auf dem Monte Luppia (416 m) im Norden der Bucht von Garda in Stein geritzte Zeichnungen *(Rupestri)* von **vor knapp 3000 Jahren** entdeckt worden. Im Rahmen eines kurzen Spaziergangs (1½ Std.) kann man einige der Gemälde – Reiter auf Pferden, Menschen, Ornamente – entdecken. Im Gegensatz zu den Zeichnungen in Crero sind diese hier ausgeschildert.

Gardasee

063)a Foto: de

Los geht die Wanderung am Autoparkplatz bei Punta Vigilio südöstlich zwischen Ölbäumen entlang den Hang hinauf. Immer links halten, bis man auf die Strada dei Castei von Garda nach Torri del Benaco stößt. Nach einigen Kurven folgt ein Abzweig nach rechts, dessen Durchfahrt mit einer Schranke verhindert ist. Beim nächsten Querweg wieder links marschieren durch Wald und entlang einer hohen Mauer. An einer Kreuzung weist ein Schild zu den Rupestri. Schon nach wenigen Minuten ist hinter einem Haus die erste Bildertafel angebracht: Pietra delle Griselle, ein Schiff mit Masten und Strickleitern. Für den Rückweg lässt sich alternativ der Abschnitt durch Olivenhaine via Crero, Castei, Monte Luppia wählen.

Madonna della Corona

Gleich einem Adlerhorst ist die **Wallfahrtskirche** Madonna della Corona 774 m hoch über dem Etschtal in den Fels hinein gebaut. Eine Treppe führt hinauf, über die echte Büßer um Vergebung bittend mit den Knien rutschen. Mehrmals täglich werden Gottesdienste abgehalten, sogar auf Deutsch. Es scheint schon immer ein **mystischer Ort** gewesen zu sein. Bereits aus vorchristlicher Zeit sind Spuren entdeckt worden. Bevor die Kapelle gebaut wurde, lebten Eremiten an dieser Stelle.

Die Anfahrt erfolgt über Costermano, Caprino Veronese bis Spiazzi (knapp 20 km). Hier muss man das Fahrzeug abstellen und zu Fuß eine Viertelstunde absteigen. Echte Büßer starten in dem im Tal liegenden Dorf Brentino und gehen den steilen Pfad hinauf (1½ Std.).

Bardolino ↗ B3

6300 Einwohner

Wein und Wasser bestimmen das Geschehen hier. Der rote, süffige Bardolino ist über die Stadtgrenzen hinaus berühmt, das Traubenfest im September nicht minder. Auch das Stadtbild, das mit hübschen Fassaden aufwarten kann, zollt dem Thema Wein Tribut, und die Badestrände locken obendrein die Touristen. Zudem kann Bardolino mit einer von zwei Halbinseln eingefassten Seepromenade aufwarten. Lange taugte Bardolino zu einer Art Geheimtipp, weil der Ort trotz seiner Urbaneske nicht von Touristen überlaufen war und man sich an seiner Ursprünglichkeit erfreuen konnte. Das hat sich, nachdem sich zunehmend Hotels und damit auch weitere Lokale, Bars, Cafés und Geschäfte angesiedelt haben, fast schon schlagartig, nämlich binnen zwei Jahren geändert.

Sehenswertes

Die Kirchen San Severo, San Zeno, Santa Maria

Die Kirche San Severo direkt an der Gardesana wird als wichtigster Bau im Veroneser Stil am Gardasee angesehen. Die Fresken stammen aus dem 11. Jahrhundert. Erst spät hat man eine langobardische Krypta entdeckt. Auch die Kirche San Zeno (12. Jahrhundert) ist wegen ihrer Freskenreste und der Säulenkapitelle einen Besuch wert. Man findet sie ganz versteckt in einem Hof landeinwärts der Gardesana. Die Kirche Santa Maria steht im Stadtteil Cisano in

südlicher Richtung. Der Bau verrät Veroneser Romanik anno 1130, obschon er im 19. Jahrhundert neoklassizistisch verändert wurde. Bedeutend sind die eingemauerten Schmuckplatten.

Das Ölmuseum von Cisano

Im Ortsteil Cisano befindet sich unübersehbar an der Via Peschiera 54, der Durchgangsstraße, das Ölmuseum. Die Ölgewinnung, angefangen vom ländlichen Handwerk bis hin zur industriellen Technologie, bildet den Leitfaden des Museums. Zu sehen sind u.a. eine Hebelpresse, Mühlsteine, die Rekonstruktion einer wasserbetriebenen Ölmühle aus dem 14. Jahrhundert. Die Arbeitsvorgänge sind sehr nett mit Hilfe von Puppen dargestellt. Natürlich darf auch ein Verkostungs- und Verkaufsraum nicht fehlen. Neben Öl gibt es allerhand andere kulinarische Köstlichkeiten: Pilze, Balsamico-Essig, Honig, Limoncino-Likör, Grappa und Weine.

Öffnungszeiten: werktags von 9–12.30 und 14.30–19 Uhr, an Sonn- und Feiertagen von 9–12.30 Uhr; geschlossen hat das Museum an allen Sonntagen im Januar und Februar, am 1. und 6. Januar, am Ostersonntag, am 15. August sowie am 25. und 26. Dezember. Tel. 045/ 62 29 047, Fax 62 29 024, Internet: www.museum.it.

Weinmuseum
der Cantina Fratelli Zeni

Publikumswirksam hat der Inhaber des Weingutes Zeni sein Haupthaus in ein Weinmuseum umgewandelt, in dem sich alles um die Produktion des Weines dreht. Hat man die Ausstellung

durchschritten, steht man unwillkürlich vor einer durchnummerierten Flaschengalerie, wo man probieren und sich bei einer freundlichen Mitarbeiterin des Hauses informieren kann. Die besten und teuersten Weine, Amarone und Recioto, kann man allerdings nicht hoppla-hopp degustieren. In den Sommermonaten werden dafür an verschiedenen Abenden Verkostungen initiiert; dafür sollte man sich am besten vorher anmelden: Via Costabella 9, Tel. 045/ 62 29 047, Fax 62 29 024, Internet: www.museodelvino.com; geöffnet von Mitte März bis Ende Oktober montags bis freitags 9–13 Uhr und von 14–19 Uhr, samstags, sonn- und feiertags 9–13 und von 14–18 Uhr. Eintritt frei.

Praktische Informationen

APT-Touristeninformation

● Piazzale Aldo Moro, Tel. 045/ 72 10 078, Fax 72 10 872, Internet: www.bardolino.net.

Unterkunft

● **Hotel und Residence Kriss Internazionale******, Lungolago Cripriani 3, Tel. 045/ 62 12 433, Fax 72 10 242, Internet: www.kriss.it. Relativ kleines, sehr stilvolles Haus direkt am Wasser mit eigenem Strand und Promenade. Hunde erlaubt. DZ ab 90 Euro.
● **Parc Hotel Gritti******, Lungolago Cripriani 1, Tel. 045/ 62 10 333, Fax 62 10 313, Internet: www.parchotels.it. Groß und komfortabel, in Strandlage, mit Innen- und Außenpool, Sauna und Fitnessbereich, drei Bars und vier Restaurants. Hunde erlaubt. DZ ab 82 Euro.
● **Parchotel Germano Suites******, Via Gardesana dell'Acqua, 10, Tel. 045/ 62 14 011, Fax 62 14 899, Internet: www.parchotels.it/ ParcHotelGermanoSuites.asp. Die neu erbaute Anlage direkt an der Gardesana liegt auf einem leicht abfallenden Hang östlich zum See. Die flachen Gebäude mit ihren

Gardasee

Hochzeit auf Italienisch

Im romantischen Schloss von Torri del Benaco heiraten? In einer prunkvollen Villa mit Pool an der Brescianer Riviera? In einer verwilderten, nach Zitronen duftenden alten Limonaia? Oder vielleicht in Verona, der Stadt, in der sich Romeo und Julia ewige Liebe bis über den Tod hinaus versprachen? Am Gardasee gibt es unzählige wundervolle Möglichkeiten, den Bund fürs Leben zu schließen und mit den Gästen ein rauschendes Fest zu feiern, das allen in besonderer Erinnerung bleiben wird.

In Bardolino und ebenso in Verona haben sich „Wedding Teams" zur Aufgabe gemacht, deutschen Brautpaaren ein unvergessliches Fest zu organisieren – ganz stressfrei und ohne Nerven aufreibende Vorbereitungen. Möglichst kein Wunsch soll unerfüllt bleiben. Es werden auch Hubschrauberflüge nach der Trauung organisiert, Bootsfahrten auf dem Gardasee mit der ganzen Hochzeitsgesellschaft, Weinverkostungen usw. Natürlich werden auch die Abwicklung der Formalitäten auf dem Konsulat und Standesamt übernommen und ein Dolmetscher zur Seite gestellt, damit man nicht aus Versehen unverheiratet wieder deutschen Boden betritt ...

●**Arenatourist Wedding Team,** Borgo Cavour 21, 37011 Bardolino, Tel. 045/ 72 10 277, Fax 72 10 544, Internet: www.heirateninitalien.com.
●**Agentur „I will",** Via Crotone 3b, 37138 Verona, Tel./Fax 045/ 81 09 031, Internet: www.iwillverona.it.

Suiten und Ferienwohnungen wurden aufwendig entworfen und garantieren jeden Komfort in einem neuen Raumkonzept. 16 Suiten sind mit privatem Swimmingpool, alle verfügen über eine möblierte Terrasse und ein separates Wohnzimmer. Auf die Fahne schreibt man sich außerdem das Slim & Fit-Center, worunter man das Workout im Wellness-Center, einem superchicen Hallenbad, Fitnessraum, der Pool-Landschaft und dem benachbarten Golfplatz versteht. Richtig abgefahren ist die Hotelbar. Suite ab 138 Euro, Apartement ab 158 Euro.
●**Color Hotel****,** Via S. Cristina, 5, Tel. 04/ 62 10 857, Fax 62 12 697, Internet: www. colorhotel.it. Aus zwei mach eins: Hotelchefin Laura Manetti hat aus zwei Pensionen ihrer Eltern ein neues Hotel gemacht, und was für eines – das erste Designhotel am Gardasee, das dennoch auch für junge Leute mit kleinem Geldbeutel erschwinglich ist. Es ist in jeder Hinsicht ein Augenschmaus und zum Wohlfühlen das für jeden Geschmack. Herrliche Gartenanlage mit Pool. Das Farbenspiel in der Nacht ist magisch. Beim Service wird an alles gedacht. Zimmerpreise sehr unterschiedlich, DZ ab 51 Euro.

●**Hotel Quattro Stagioni****,** Borgo Garibaldi 23/25, Tel. 045/ 72 10 036, Fax 72 11 017, Internet: www.hotel4stagioni.com. Zum Haus gehört ein wunderschöner Garten mit vielen Blumen, Bäumen und Sträuchern und einem Schwimmbad. Auch die Inneneinrichtung ist sehr geschmackvoll. Altstadtlage. DZ ab 96 Euro.
●**Villa Letizia****,** Lungolago Cripriani, Tel. 045/ 72 10 012, Fax 62 10 165, Internet: www.hotelvillaletizia.com. Nett, familiär, gemütlich, am See gelegen mit Badesteg und vor allen Dingen jüngst renoviert und das sehr schön. Hunde erlaubt. DZ ab 80 Euro.
●**Residence Agenzia Europlan,** Tel. 045/ 62 09 444, Fax 62 10 420, vermietet viele Ferienwohnungen. Nach der neuen Appartement-Anlage Arca mit Swimmingpool und Tennisplätzen fragen.

Camping

In Bardolino und im Stadtteil Cisano gibt es sieben Campingplätze unterschiedlicher Kategorie. Zwei der schönsten:
●**Serenella****,** Via Gardesana 19, Tel. 045/ 72 11 333, Fax 72 11 552, Internet: www. camping-serenella.it.

●**Rocca Camp,** Loc. San Pietro, Via Gardesana dell' Acqua, Tel. 045/ 72 11 111, Fax 72 11 300, Internet: www.campinglarocca.com. Kleine Anlage mit Freibad. Hunde erlaubt.

Essen und Trinken

●**Ristorante Aurora,** Piazetta San Severo, Tel. 045/ 72 10 038. Fisch, Fisch, Fisch, und das auf dem Dachgarten.

●**Enoteca del Bardolino,** Piazza Principe Amadeo 3 und 4 (Lungolago), Tel. 045/ 72 11 585. Am See und an der großen Piazza liegt die moderne, sehr angesagte Enoteca mit einer beeindruckenden Weinauswahl.

●**Osteria Solferino,** Corso Umberto/Via Solferino, Tel. 045/ 72 11 020. Wein testen und kleinere Leckereien dazu verspeisen. Auch Weinverkauf.

●**Ristorante La Loggia Rambaldi,** Piazza Principe Amadeo 7, Tel./Fax 045/ 62 10 091. Gute Küche, guter Wein, guter Blick.

●**Al Commerzio,** Via Solferino 1, Tel. 045/ 72 11 183. Beliebtes Lokal mit guter Weinkarte. Man speist im Garten hinter dem Haus. Die Schnecken in Kräutersauce sind superlecker.

●**Il Portichetto,** Via Pastro, Tel. 045/ 72 11 837. Der Koch ist berühmt für seine selbst gemachte Pasta. Die Speisen sind insgesamt sehr gut zubereitet.

●**Osteria Franciscus,** Piazza Giuseppe Verdi. Lokal und Bar mit einer großzügigen, dennoch lauschigen Terrasse, deren Mittelpunkt ein Brunnen bildet.

●**Bar Lido Mirabella,** Lungolago Mirabello, Tel. 045/ 62 12 202. Die Bar im Süden Bardolinos ist besonders bei Motorbikern beliebt. Wochenends ist Hochbetrieb. Zur Bar gehören ein Rasenareal mit Wassersteg, Duschen und Umkleidekabinen. In der Nähe kann man Tretboote mieten.

●**Al Memo,** Piazza Statuto 15. In dieser Taverna ist alles sehr stimmig, zum Wohlfühlen. Und es ist immer was los, selbst an verschlafenen Tagen.

Nachtleben

●**Caffè Mimosa,** Lungolago. Bis 2 Uhr in der Nacht gibt es Eisbomben und Cocktails.

●**Hollywood,** Via Montavoletta 11, Tel. 045/ 72 10 580, Internet: www.hollywood.it. Disco

am Ostufer mit zwei Tanzflächen, vier Bars, Restaurant und Pool.

●**Firmus,** Via Monsurei, Tel. 045/ 62 12 711. Alternative zum Hollywood. Hier spielen manchmal auch Live-Bands.

●**Orange Disco & Garden Dinner,** Via Monsurei 1, Tel. 0347/ 44 06 524, Internet: www.orangedisco.it. Orange ist Passion, und dazu läuft heißer Hiphop-Sound von DJs.

●**Primo Art Café,** Via Marconi 14/1, Tel. 045/ 62 10 177, Internet: www.primolife club.it. Die American Bar und Disco ist Laufsteg italienischer Schönheiten, die erst recht einsurfen, wenn die beliebten Lifestyle-Partys gefeiert werden.

Busverbindungen

●Busstation in der Ortsmitte an der Gardesana; Busse pendeln zwischen Riva und Verona und Desenzano.

Schifffahrt

●Anlegestelle am unteren Ende der Piazza Matteotti.

Parken

●Die Altstadt ist für den Verkehr gesperrt, kostenpflichtige Parkflächen liegen landeinwärts in Höhe der alten Kirche San Severo.

Taxi

●Tel. 045/ 72 10 350.

Shopping

●**Olificio Sociale di Bardolino,** Gardesana 15. Verkauf von Olivenöl, Wein und Honig.

●**Il Coccio,** Borgo Garibaldi 52. Keramik-Souvenirs, auch auf Bestellung.

●**Tre Colline,** Piazza Giuseppe Verdi. Direktverkauf vom Bauern, u.a. Weine Öle, Honig, Grappe.

●**Zanetti,** Piazza Statuto. Feinkostladen für Gaumenfreuden.

●**Antichitá,** Via Goffredo Mameli 11. Antiquitäten und Trödel.

●**Cose di Casa,** Borgo Garibaldi 24. Alle schönen Dinge, die man dort für sein Zuhause kaufen kann, sind weiß.

●**Candale Art,** Borgo Garibaldi 27. Ein Laden für Kerzenkunst in allen Variationen.

Gardasee

- **Blackpout,** Via Mameli 2. Schicke Schuhe und Taschen.

Markt

- Jeden Donnerstag **Kleidermarkt** auf der Promenade.
- Jeden 3. Sonntag im Monat **Antiquitäten- markt.**

Agenturen für Exkursionen

- **Arena Tourist,** Tel. 045/ 72 10 277.
- **Europlan,** Tel. 045/ 62 09 444.
- **Mirabello,** Tel. 045/ 62 12 277.
- **Valpantena,** Tel. 045/ 72 10 642.

Outdoor

- **Tennis:** Circolo Tennis, Via dello Sport 3, Tel. 045/ 62 60 687; Club Cisano, Via Peschiera 48, Tel. 045/ 72 10 049; Thors Tennis, c/o Residence Arca, Strada dell'Arca, Tel. 045/ 72 10 347; Primo art cafè, Via Marconi 14, Tel. 045/ 62 10 200.
- **Paraflying, Wasserski, Wakeboard:** *Herbert Planatscher,* c/o Camping Serenella, Tel. 045/ 72 11 333.
- **Segeln:** Centro Nautico Bardolino, Lungolago Preite 10, Tel. 045/ 72 10 816, Internet: www.centroautenticobardolino.it.
- **Mountainbike-Verleih:** Lido Holiday, Tel. 045/ 72 10 092; Bici-Center, Via Marconi, Tel. 045/ 72 11 053; „Bus & Bike"-Ticket-Verkauf beim Fahrschein-Verkauf der APT-Buslinie, Piazzale A. Moro, Tel. 045/ 72 10 078.
- **Boots-Verleih und Wasserski:** Boat Charter, Lungolago Cripriani, Tel. 045/ 62 10 190, Handy: 0335/ 27 29 19; Tretbootverleih, Lungolage Capriani (nahe Lidobar Mirabello)
- **Baden:** Lido Holiday, Strandbad mit gebührenpflichtigem Kiesstrand auf der nördlich gelegenen Halbinsel mit Kinderanimation und Sportmöglichkeiten. Lido Mirabello: Rasenflächen auf der südlichen Halbinsel.

Events

- **Cura dell'uva:** Traubenkur vom 15. September bis 15. Oktober. In dieser Zeit gibt es quasi an jeder Ecke Traubensaft. Die entschlackende Wirkung von Traubensaft, die Magen und Leber gut tut, ist berühmt, und soll auch gegen Arthrose, Gicht und Rheuma Wirkung zeigen.

- **Sagra dei Osei:** das Fest der Singvögel am ersten Wochenende im September. Singvögel treten auf der Piazza zum großen Gesangswettbewerb gegeneinander an. Außerdem wird herrlich gespeist und getrunken inklusive spielerischem Rahmenprogramm. Nach vier Tagen gibt es ein Feuerwerk.

Lazise B4

5500 Einwohner

Lazise springt schon von Ferne ins Auge, weil die historischen Befestigungsmauern mit Wehrtürmen und Toren hervorragend erhalten sind. In einem grünen Park steht eine mächtige Skaligerburg. Die Altstadt mit ihren engen Gassen öffnet sich immer wieder zu kleinen Plätzen. Quasi in das historische Viertel hinein schiebt sich das lange, schmale Hafenbecken. Wo ist der Haken? Keiner bekannt. Selbst die aus den anderen hübschen Orten bekannten Touristenschwärme sind hier nicht anzutreffen. Lazise ist also rundherum eine **Idylle.** Obendrein kann man hier herrlich essen gehen.

Das gut befestigte Lazise diente im 15. Jahrhundert als Kriegshafen für die Flotte der Venezianer. Wer vor dem Hafen der Stadt auf Tauchstation geht, wird aus dem Staunen nicht mehr herauskommen. Dort unten liegen **Überreste der Galeeren.** Im Kampf gegen die legendäre Liga von Cambrai (bestehend aus Franzosen, Deutschen, Spaniern und der Kurie) zogen die Venezianer anno 1509 den Kürzeren. Sie kannten keinen anderen Ausweg mehr, als ihre Schiffe selbst in Brand zu setzen.

Bergungsversuche der Italiener Anfang der 1960er Jahre misslangen bis auf wenige Fundstücke. Sie sind im Kastell von Malcésine zu besichtigen.

Die ältesten Fundstücke sind erst kürzlich ans Tageslicht gefördert worden. Bei Ausgrabungen fanden Forscher Gräber und Geschirr, die auf die Bronzezeit datiert werden. Auch die Römer waren in Lazise ansässig. Damals hieß der Ort Lacenses, abgeleitet von Lacustre = „Ort am See".

Sehenswertes

Lazise ist zwar der am besten erhaltene ehemalige Sitz der *Scaligeri*. Doch besichtigen kann man die Bauwerke leider nicht. Das Castello ist in Privatbesitz, genauso wie die prunkvolle Villa Bernini im gleichnamigen Park, der bis zur Stadtmauer reicht. Man muss sich also damit begnügen, den in den Befestigungsmauern liegenden **historischen Ortskern** anzuschauen und durch die stillen Gassen auf Entdeckungsreise zu gehen.

Praktische Informationen

APT-Touristeninformation

●37017 Lazise, Via F. Fontana 4, Tel. 045/ 75 80 114, Fax 75 81 040, Internet: www.lazise.com.

Unterkunft

●**Residence Hotel Palazzo Della Scala****, Via Campo della Cintura 4, Tel. 045/ 64 70 797, Fax 64 79 329, Internet: www.palazzo dellascala.it. Nahe des historischen Zentrums ist eine neue Ferienanlage mit Ein- bis Dreizimmerwohnungen mit dem üblichen Hotelservice entstanden. Die geschmackvoll

eingerichteten, klimatisierten Appartements verfügen alle über Terrasse/ Balkon, Küche, Sat-TV und Telefon. Zur Anlage gehören ein Pool mit Wasserfällen und Whirlpool sowie eine Tiefgarage. Das Einzimmer-Appartement kostet ab 130 Euro, das Dreizimmer-Apartement ab 170 Euro pro Tag.

●**Hotel Benacus*****, Via Roma 10, Tel. 045/ 75 80 124, Fax 64 71 099, Internet: www.lazise.com/banacus. Gleich einer roten Hortensie angestrichenes Haus nahe der Burg und 50 m vom See mit Garten und Pool sowie Spielbereich für Kinder. Verspielte Einrichtung. DZ ab 80 Euro.

●**Alla Grotta****, Via Fontana 8, Tel. 045/ 75 80 035, Fax 75 80 840, Internet: www.alla grotta.it. Tolle Lage direkt am Hafenbecken. Einfache, saubere Zimmer. Zu einem der besten Restaurants der Stadt ist es nicht weit: Es ist im Gewölbekeller des Hauses. DZ ab 76 Euro.

●**Hotel Sirena****, Viale Roma 4/6, Tel. 045/ 75 80 094, Fax 64 70 597, Internet: www.hotel sirenalazise.com. Das gepflegte Haus steht für Eleganz und Qualität, was sich schon im Entree und der Einrichtung des Speisesaales zeigt. Entsprechend ist die Gartenanlage mit Swimmingpool. Die direkte Lage am See ist außerdem in passabler Entfernung zum historischen Zentrum der Stadt. DZ ab 89 Euro.

●**Hotel Santa Marta****, Via Sentieri 13, Tel. 045/ 75 80 026, Fax 75 80 639. Außerhalb gelegen zwischen Weinreben und Obstbäumen. DZ ab 51 Euro.

●**Residence La Fattoria,** Via Gabbiola 15b, Tel. 045/ 75 80 767, Fax 64 79 90 91, Internet: www.lafattoriaforyou.it. Appartements in den Gemäuern eines geschichtsträchtigen Bauernhauses aus dem 5. Jahrhundert. Neben dem Haupthaus sind auch die Ställe und die Scheune zu Wohnungen für zwei bis sechs Personen umgebaut worden. Die gesamte Anlage mit Swimmingpool und Kinderspielplatz ist überschaubar und familiär gehalten. Die Preise sind sehr unterschiedlich und variieren, sodass man besser anfragt.

Camping

Zeichen dafür, dass es ausreichend Strände in Lazise gibt, sind zwölf Campingplätze von zwei bis vier Sternen.

Gardasee

●**Piani di Clodia**********, Loc. Bagatta, Tel. 045/ 75 90 456, Fax 75 90 939, Internet: www.pia nidiclodia.it. Die Anlage zählt zu den Top Ten auf Italiens Campingplatzliste. Kiesstrand, Liegewiese, Tennis, sehr schönes Schwimmbad. Das Bonbon: Musikveranstaltungen, die eigens hier organisiert werden.

●**La Quercia**********, Loc. Bottona. Tel. 045/ 64 70 577, Fax 64 70 243, Internet: www.laquercia.it. Wiesenanlage im Süden von Lazise, langer Strand, Pool und Kinderbecken, Kinderanimation, Reiterhof, Bungalows.

●**Du Parc*********, Loc. Sentieri. Tel. 045/ 75 80 127, Fax 64 70 150, Internet: www.camping duparc.com. Mit Blumen und Büschen schön angelegt, langer Strand, Bungalows aus Holz zu vermieten.

Essen und Trinken

●**La Taverna da Oreste,** Via Fontana 22, Tel. 045/ 75 80 019. Wunderschönes Ambiente in historischem Gemäuer mit Gewölben und Kamin. Man kann aber auch draußen speisen. Ausgezeichnetes Essen.

●**Botticelli,** am südlichen Stadttor mit Blick auf die Skaligerburg. Gewölbelokal mit Kronleuchtern oder Dachterrasse, schöne Weinkarte.

●**Gianni Due,** Piazza Aleardo Gafforini. Beliebt und Fisch satt.

●**Kambusa,** Via Calle I, 20, Tel. 045/ 75 80 158. Regional-typische Küche in einem alten Gewölbekeller.

●**La Forgia,** Via Calle I, 26, Tel. 045/ 75 80 287. Winziges, pittoreskes Haus, das auch Zimmer zu vermieten hat. *Signora Adalisa* hat alles hübsch eingerichtet, ihr Mann steht am Herd. Der Fisch wird hier auf einer schmiedeeisernen Herdplatte zubereitet. Nach Blaufelchen fragen.

●**Rugantino,** Piazza Vittorio Emanuele 3/5, Tel. 045/ 75 80 300. Sehr geschmackvoll und mit viel Liebe zum Detail eingerichtetes Lokal. Das Haus selbst ist 600 Jahre alt. Die Küche ist jünger, der Koch probiert gerne Neues aus.

●**Antico Ristorante Ulivo,** Corso Cangrande 22, Tel. 045/ 64 70 205. Von einigen Tischen auf der großzügigen Terrasse kann man die Skaligerburg sehen. Gute Küche mit Fischspezialitäten vom Grill. Ideal, um in größerer

Runde zu essen, denn es ist ausreichend Platz. Die Atmosphäre ist dennoch beschaulich. Dank riesiger Fensterfronten sitzt man auch im Innern sehr offen.

●**Alla Grotta,** Via Fontana 8, Tel. 045/ 75 80 035. Rostrotes Haus am Hafen mit einer weinumrankten Pergola. Hier kann man stundenlang sitzen – und natürlich speisen; vor allem Gerichte aus dem Ofen.

●**Al Castello,** Via Porta del Lion 8, Tel. 045/ 75 80 044. Antike Gemäuer, rustikal und geschmackvoll eingerichtet, mit Empore. Draußen sitzt man direkt am Wasser, es stört aber die Plastikbestuhlung. Durchschnittliche Küche, in der es auch Pizza gibt.

●**La Loggia Rambaldi,** Piazza Principe Amadeo 7, Tel. 045/ 62 10 091. Vor allem die Terrasse zum See hin ist sehr einladend und das Lavarello (Felchen) schmeckt besonders gut.

●**Osterian due Archi,** Via Albarello 28, Tel. 045/ 64 70 575. Tradition mit Moderne gekonnt gemischt, eine umwerfende Weinauswahl, unvergleichliche Bruschette und nicht zuletzt sehr guter und sympatischer Service. Nicht nur unter Weinfreunden ein angesagter Laden – man bekommt dort auch ein Bier.

●**Ristorante Classique,** Lungolago (Via Albarella). Jugendstil-Restaurant und Café in einer alten Villa und in exponierter Lage mit der schönsten Hochterrasse der Stadt, einem romantischen Garten, in dem (in der Hochsaison) gegrillt wird, und sehr empfehlenswerter Speisekarte.

●**Caffe Paparazzi,** Via Marra 2, Tel. 338/ 34 74 583, Internet: www.caffepaparazzi.it. Wie der Name schon sagt, hier muss man sich unbedingt einmal am Abend sehen lassen. Und das am besten auf der Terrasse, die ist auf jeden Fall einen Drink wert.

Nachleben

●**Disco New Piper,** an der Straße nach Colà landeinwärts (ca. 3 km), Tel. 045/ 64 70 820.

●**Selen Disco Club,** Loc. Dosso 8, Tel. 045/ 58 10 49.

●**Enjoy,** Calle Prima 8. Klassischer Pub, in dem Pfeifenraucher allerdings nicht willkommen sind – ist strikt verboten.

●**Vintage Bar,** Via Albarello 25, angesagter Treffpunkt vor und nach dem Essen, insbe-

sondere auf der lauschigen, mit Palmen bestückten Terrasse.

Markt/Shopping

●**Bertasi,** Via Fontana 10. Feine Auswahl an Schuhen und Taschen.

●**Quierro,** Via Fontana 20. Gute Adresse für Damenkleidung und Schuhe

●**Panaficio,** Via Fontana. Delikatessen, vor allem Schinken, Käse und Salami.

●**Rose Antiche,** Via Albarella (Eingang am Ristorante Classique am Lungolago). Sehr edle und ausgefallene Geschenkartikel und Wohnaccessoires.

●**One Way,** Via Fontana 32, Damen- und Herren-Design-Klamotten.

●**Vini i Liquori,** am südlichen Stadttor, Wein- und Sprituosenhandlung mit großen Sortiment.

●Ein **Markt** wird mittwochs an der Uferpromenade abgehalten.

Parken

Da die historische Altstadt für den Autoverkehr grundsätzlich gesperrt ist, ist es am sinnvollsten, die groß angelegten Parkflächen **südlich der Altstadt** direkt im Anschluss an die **Skaligerburg** zu nutzen. Von hier aus ist das Zentrum in wenigen Minuten und auf beschaulichen Fußwegen zu erreichen.

Boots-Service

●**Guiseppe Modena,** Via Marra 6, Tel. 045/ 75 80 142.

●**La Caravella,** Tel. 045/ 75 81 072.

●**Coltri,** Tel. 045/ 75 80 197.

●**Casarola,** Tel. 045/ 75 90 098.

●**Marine Service,** Tel. 045/ 75 80 566.

Agenturen für Exkursionen

●**Benatours,** Tel. 045/ 75 80 170.

●**Portobello,** Tel. 045/ 75 80 655.

Outdoor

●**Reiten:** Maneggio, c/o Camping Quercia, Loc. Bottona, Tel. 045/ 64 70 577; Riding Club Westernmania, Loc. Caldane/Colà, Tel. 0337/ 48 67 15, Fax 045/ 72 55 874: der Name ist Berufung – Reiten im Western-Stil, der Reiterhof mutet ein bisschen an wie eine

Ranch im Cowboyland USA; Centro Equestre del Garda, c/o Osteria Nuova, Loc. Patrengo, Tel. 045/ 71 70 202: Reitexkursionen landeinwärts.

●**Mountainbike-Verleih:** Cicli Degani, Piazzetta Beccherie 13, Tel. 045/ 64 70 173.

●**Boots-Verleih:** Boat-Charter, Tel. 045/ 75 80 609.

●**Baden:** Sandige (!) Strände gibt es südlich von Lazise. Wermutstropfen: Hier haben sich die Campingplätze breit gemacht. Lediglich Camping Du Parc ist gleichsam öffentliches Strandbad. Nördlich des Ortes ist der Uferstreifen mit Felsen befestigt. Ins Wasser gelangt man über Holzstege.

●**Gokart** und **Autoscooter:** Auf einem Gelände in der Ortschaft Pastrenge, wenige Autominuten von Lazise Richtung Verona entfernt, gibt es für Jugendliche die Möglichkeit, Gokart oder Minimotorrad zu fahren, außerdem Billard, Lasergames und für kleinere Kinder eine Hüpfburg, Autoscooter und Riesenlego. Die Anlage „Benacus", liegt direkt an der Via Gardesana 1, Tel. 045/ 67 70 278, Internet: www.benacus.it.

Ausflug in den Parco Natura Viva   ⚐ B4

Der Parco Natura Viva ist ein **Safaripark** mit Tigern, Löwen, Elefanten, Affen, Giraffen, Zebras und Nashörnern mehr oder weniger zum Anfassen in einem 240.000 m² großen Gelände. Weithin bekannt ist das **Pandabären-Duo Ping und Pong,** das hier geboren wurde. Mit Ausnahme des Dinosaurierparks (mit Rekonstruktionen der Urtiere), des tropischen Vogel- und Gewächshauses und des Aquaterrariums darf der Park nur mit dem Fahrzeug durchfahren werden. Cabrios sind nicht erlaubt. Hunde sind generell verboten.

●Streckenlänge: 7,5 km, Besichtigungsdauer im Schnitt 1½ Stunden, Öffnungszeiten: täglich von 9 bis 18 Uhr; Januar und Dezember

Gardasee

komplett geschlossen, Februar an Feiertagen geschlossen, November immer mittwochs geschlossen. Eintritt: April bis Oktober 16 Euro, November und März 12 Euro.

● **Bussolengo,** Loc. Figara, Tel. 045/ 71 70 113, Fax 67 70 247, Touristen-Info 71 70 052, Internet: www.parconaturaviva.it.

Ausflug in den Parco Termale del Garda

Eine wahre **Wellness-Oase** bietet sich den Besuchern, wenn sie den Thermalpark aus dem 18. Jahrhundert in dem kleinen Ort Cola unweit von Lazise besuchen. Eingebettet in eine mit Korkeichen, Buchsbäumen, Zedern, Tannen, Magnolien und vielen anderen exotischen Pflanzen angelegte Landschaft bildet die napoleonische **Villa Cedri** mit weiteren Nebengebäuden, die allesamt komplett restauriert worden sind, den Mittelpunkt.

Die große Attraktion aber für die Wellness-Besucher ist der **5000 qm große See,** der mit besonderem, 37 Grad heißem Wasser aus 160 Meter

011ga Foto: de

Tiefe täglich frisch gespeist wird. Es ist ein Grundwasservorkommen, dessen Wasser reich an Kalzium, Magnesium, Bikarbonat, Lithium und Kieselerde ist, obendrein wenig Mineralgehalt aufweist. Damit die Haut das wohltuende und reinigende Wasser des Sees auch gut aufnehmen kann, bereiten spezielle **Wasserfälle mit Massageeffekt** die Badegäste auf den Aufenthalt im Thermalbad vor. Es sind vor allem Menschen mit Hautkrankheiten, Durchblutungsbeschwerden und starker Cellulitis, die hier Linderung suchen. Damit aber nicht genug, es gibt auch noch ein großes Thermalschwimmbad mit Innen- und Außenbereich, die miteinander verbunden sind, Gegenstromschwimmen und Hydromassagebrunnen. Ein besonderes Erlebnis erwartet alle Wasserratten nachts, wenn die Glasfaserbeleuchtung eingeschaltet wird und das Bad in magischen Farben leuchtet.

Wer sich länger im Parco Termale del Garda aufhalten möchte, kann sich in einem der verschiedenpreisigen Doppelzimmer oder in einer der Wohnungen der neu gebauten Residenz einmieten. DZ ab 320 Euro, Wohnung ab 220 Euro. Hier ist allerdings der Parkeintritt und die Nutzung aller Thermalbadeinrichtungen im Preis inklusive.

● Öffnungszeiten: montags bis donnerstags von 9–21 Uhr, freitags, samstags und vor Feiertagen von 9–2 Uhr, sonntags und feiertags von 9–23 Uhr. Eintrittspreise nur für den Park werktags: 22 Euro pro Person, Thermalbadzuschlag 5 Euro.
● **Villa die Cedri,** Loc. Cola di Lazise; Tel. 045/ 75 90 988, Fax 64 90 382, Internet: www. parcotermaledelgarda.it.

Pacengo   ↗ B4

Das winzige Dorf, das zu Lazise als Ortsteil hinzugerechnet wird, ist im Grunde nur bei Seglern und Motorbootfahrern ein Thema. Es gibt nämlich einen ansehnlichen Sport- und Jachthafen. Ansonsten bietet Pacengo weder kulturell Wertvolles noch Schönes anderer Art. Die überwiegende Zahl der Häuser sind Privatanwesen.

Praktische Informationen

Camping

Es gibt fünf Campingplätze, alle mit zwei Sternen. Zwei davon sind:
● **Eurocamping****, südlich des Hafens, Tel. 045/ 75 90 012, Internet: www.camping.it/ garda/eurocamping. Wiesengelände mit Baumbestand, sandiger Strand.
● **Camping Fossalta****, neben dem Wasserpark CanevaWorld, Tel. 045/ 75 90 231, Internet: www.fossalta.com. Swimmingpool und Kinderspielplatz.

Gardasee

Hunde sind fast überall willkommen!

Das Südufer: von Peschiera del Garda nach Desenzano

Viel Sonne und flache Landschaften mit starker Zersiedelung bestimmen das Bild am Südufer des Gardasees. Abgesehen von der direkten Uferstraße (15 km) gibt es unzählige große und kleine Verkehrswege, die zu allen möglichen kleineren Orten und Weilern führen. **Große Zentren** sind **Peschiera del Garda, Sirmione** und **Desenzano.** Bei den ausländischen Touristen ist das alte Seebad Sirmione auf der Landzunge am beliebtesten. Schon die alten Römer kurten hier sehr gerne. Peschiera del Garda und Desenzano sind eher für die Italiener Anziehungspunkte. Besonders in Desenzano pulsiert das Leben. Nicht zuletzt sind die beiden Städte Verkehrsknotenpunkte nach Südwest bzw. Südost und von Brescia respektive Verona aus leicht zu erreichen.

Interessant ist das in diesem Dreieck liegende **Hinterland** mit seinen Moränenhügeln, auf denen Wein, Wein und nochmals Wein wächst – der erfrischende Luganer. In dieser Region sind auffallend wenig Urlauber anzutreffen. Besonders das romantische Vallegio sul Mincio ist einen Ausflug wert.

Peschiera del Garda ⤢ B4

9295 Einwohner

In Peschiera hat man sich schon immer bis an die Zähne bewaffnet, um die strategisch bedeutungsvoll liegende Stadt zu verteidigen. Auch heute noch ist die italienische Armee mit einigen Mannen vertreten. Schließlich ist der Fluss Mincio der einzige Abfluss des Gardasees. Grund genug zunächst für *Napoleon,* eine dicke Stadtmauer um den ganz von Wasser umgebenen Ort zu ziehen. Diese wurde dann mit den folgenden österreichischen Herrschern noch dicker, sodass sich das alte Peschiera ausnimmt wie eine Trutzburg. Allerdings mit einem Anflug Romantik, da die Bastionen inzwischen teilweise verfallen und baumbewachsen sind. Auf die hafennahe Bastion seitlich der Porta Brescia (Südtor) kann man klettern. Oben ist sogar ein Kinderspielplatz. Einen guten Blick hat man von der Ostmauer hinter der Ponte dei Voltini. Stufen führen hier hinauf.

Im Übrigen ist Peschiera ein **heiteres Städtchen,** das sich vom Tourismus nicht allzu sehr hat beeinflussen lassen. Der alte Hafen präsentiert sich sehr malerisch und stimmungsvoll. In den Gassen der Altstadt mit den vielen Geschäften und kleinen Bars lässt sich herrlich herumstreunen. Vieles ist in der jüngs-

ten Vergangenheit saniert worden, was dem Antlitz des Städtchens und der Gastro-Szene sehr gut tut.

Sehenswert ist die **Wallfahrtskirche der Madonna del Frassino** (= Esche) einige Kilometer südlich der Stadt (gut ausgeschildert). Die Jungfrau war im 16. Jahrhundert aus einer Esche heraus dem um sein Leben fürchtenden *Bartolomeo Broglia* zu Hilfe geeilt. Er hatte ganz friedlich in seinem Weinberg gearbeitet, als er sich plötzlich Aug' in Aug' einer riesigen Schlange gegenübersah, die willens war, ihn sogleich zu verspeisen. Doch beeinflusst von der Jungfrau Maria hat sich's die Schlange anders überlegt und den Rückzug angetreten.

Neben der Kirche befindet sich ein Franziskanerkloster.

Geöffnet ist täglich von 6.20–12 und 14.30–19.30 Uhr.

Praktische Informationen

IAT-Touristeninformation

● 37019 Peschiera del Garda, Piazzale Betteloni 15, Tel. 045/ 75 51 673, Fax 75 50 381, Internet: www.info-peschiera.it, www.peschiera.com.

Unterkunft

● **Hotel Ai Capitani*****, Via Castelletto 2/4, Tel. 045/ 64 00 782, Fax 64 01 571, Internet: www.aicapitani.com. Ein Hotel der leisen Klänge, das sich ganz der Beauty-Wellness und dem Genuss verschrieben hat. Das Interieur ist ausgesucht, und auch der Service lässt es an nichts fehlen – ob man mit dem Aston Martin durch die Gegend kutschieren oder mit der Motorjacht ein Tour unternehmen möchte. Neben der Lounge, in der man Kleinigkeiten genießen kann, gehört zum Hotel ein Gourmet-Restaurant, Ai Capitano Locanda in der gegenüberliegenden Gasse Vicolo Pescatore Nr. 5. DZ ab 105 Euro.

Gardasee

©Siga Foto .de

●**Hotel San Marco******, Lungolago Mazzini 15, Tel. 045/ 75 50 077, Fax 75 50 336, Internet: www.gardalake.it/sanmarco. Strandnah, deshalb abgeschieden vom Zentrum, ordentlich. DZ ab 80 Euro.

●**Hotel Dolci Colli*****, Via Mantova 117, Tel. 045/ 75 50 552, Fax 64 00 451, Internet: www.dolcicolli.com. Ein bisschen viel der Farbe Rosa, aber liebevoll eingerichtet, schönes Schwimmbad. Zum Haus gehört eine empfehlenswerte Osteria. DZ ab 80 Euro.

●**Hotel Fornaci****, Porto Fornaci, Tel. 045/ 75 50 749, Fax 75 51 452, Internet: www. hotelfornaci.com. Etwa 4 km entfernt vom Zentrum, lauschig, mit Garten und nettem Ristorante, unlängst renoviert. DZ ab 85 Euro.

Camping

Insgesamt gibt es zehn Anlagen.
●**Bella Italia******, San Benedetto, Tel. 045/ 64 00 688, Fax 64 01 410, E-Mail: bellitalia@camping-bellitalia.it. Komfortable Anlage, großzügiges Gelände mit riesiger Wiese und Pool, Fußballplatz, direkt am See, auch Bungalows zu vermieten.

●**Cappuccini*****, Cappuccini, Tel./Fax 045/ 75 51 592, Internet: www.camp-cappuccini. com. Nahe des Zentrums, terrassierter Platz mit zwei Pools; zehn Bungalows zu vermieten.

●**Camping dell'Uva Bungalow Park***, Castelnuovo, Loc. Campanello, Tel. 045/ 75 50 403, Fax 75 51 164, Internet: www.camping delluva.it. Kleiner Zeltplatz direkt am Wasser, große Bungalow-Anlage, Schwimmbad und viele andere Sportmöglichkeiten.

●**Camping Wien,** Loc. Fornaci, Tel./Fax 045/ 75 50 379, Internet: www.campingwien.it. Die Anlage ist etwas außerhalb, dafür ruhig und schattig gelegen, direkt am Wasser. Neben den Zeltplätzen gibt es Fertigbau-Bungalows und gemauerte Holzbungalows. Wer nicht im Gardasee schwimmen mag, kann sich in zwei Schwimmbecken tummeln. Hunde nach Absprache erlaubt.

Essen und Trinken

●**La Toretta,** Via Galilei. Nett gelegen in der Altstadt und immer was zu schauen.
●**Ristorante Bell'Arrivo*****, Piazza Benacense 29, Tel. 045/ 64 01 322, Fax 64 01 311.

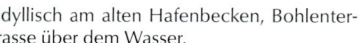
Idyllisch am alten Hafenbecken, Bohlenterrasse über dem Wasser.

● **Bellavista,** Lungolago Mazzini 1, Tel. 045/ 75 53 252. An der Seepromenade, mit großer Terrasse und ansprechender Speisekarte.

● **L'Osteria,** Via Cavalotti 7, Tel. 045/ 75 50 545. Ausnehmend nette Atmosphäre, ganz rustikal mit Holztischen und Korbstühlen.

● **Bar Centrale,** Via Dante 21. Hier ist nur eines wichtig: Sehen und gesehen werden!

● **Bar Mille Luci,** Piazza Betteloni, vor dem Kasernengelände. Hübscher Hof zum Sitzen.

● **Batuca Jazz,** Via Bergamini 26. Nicht Jazz ist hier Thema Nummer 1, sondern das Mixen brasilianischer Drinks.

● **Napule,** Via Roma 11 und Piazzetta Scaligera. Moderne Café- und Weinbar, die durch zwei Häuserzeilen verläuft, sodass sie zwei voneinander unabhängige Eingänge hat.

● **Gran Guardha,** Via Bergamini 24/Via Maggia. Drinks and Food, sehr stylisch, manchmal Live-Music.

Markt/Shopping

● **Markt:** montags am Stadttor der Festung landwärts.

● **Tiziana,** Via Galilei 5. Taschen und Accessoires.

● **Keramikladen,** Via Rocca 23. Der namenlose Laden hat hübsche bunte Sachen im Angebot.

● **Centro Formaggio,** Via Galilei/Piazetta. Es gibt nicht nur alle erdenklichen Käsesorten, sondern auch super hausgemachte Pasta.

● **Panificio,** Via Roma 3. Hier gibt es alles, was süß und lecker schmeckt.

● **Alimentari Broglia,** Via Roma 6, Sehr schöne Auswahl an italienischen, aus der Region stammenden Lebensmitteln.

Bushaltestellen

● Via Stazione und am Hafen; zudem Shuttlebus von Peschiera nach Gardaland.

Bahnhof

● Nördlich der Altstadt. Da Peschiera an der Bahnlinie Venedig – Verona – Milano liegt, kommen hier täglich Direktzüge aus Deutschland und der Schweiz an.

Autoparkplatz

● An der Anlegestelle der Fähren.

Autoverleih

● **Avis,** Via Mte. Baldo 3, Tel. 045/ 64 01 164.

Outdoor

● **Reiten:** Cavalcaselle, Via Monte Baldo, Tel. 045/ 64 00 227.

● **Tauchen:** Sub Club Signorelli, Viale delle Rimembranze, Tel. 045/ 75 52 758; Garda Diving Center, am Campingplatz San Benedetto, Via Bergamini 14, Tel. 045/ 75 50 544, Fax 75 51 512 (Tauchkurse auch für blinde Menschen).

● **Segeln:** Fraglia della Vela, Punta Marina, Tel. 045/ 75 50 727.

● **Mountain-Bike-Verleih:** Bikes Piccoli, Via Venezia 13, Tel. 045/ 75 51 813.

● **Bootsverleih:** Es gibt neun Verleih-Firmen, u.a. La Perla, Lungolago Mazzini, Tel. 045/ 75 50 689; Motomar, Lungolago Mazzini, Tel. 045/ 64 00 888; Tecno Motori, Porto Vecchio, Tel. 045/ 75 52 566.

● **Baden:** Lido Cappuccini im Westen der Stadt mit allen Einrichtungen, die einen Badetag angenehm machen. Sandstrand, nein, kein Schreibfehler, Sandstrand am Gardasee hat Peschiera im Norden der Stadt zu bieten. Extra angekarrt für die lieben Touristen. Im Übrigen führen hier Holzstege ins Wasser.

Ausflüge in die Umgebung

Acquapark Altomincio   ⟲ B4

Der Park bietet Wasserspaß in allen Variationen: diverse Rutschen, plätschernde Lagunen, aufregende Fun-Tunnel u.v.m. – kurz: nasse Sommerlaune in einem 150.000-m²-Park bei Salionze sul Mincio (nahe Vallegio).

Hafenidylle in Peschiera

Gardasee

●Tel. 045/ 79 45 131, Fax 79 45 146, Internet: www.gardapass.info/altomincio. Öffnungszeiten: 27. Mai bis 5. Sept. täglich von 10–19 Uhr, Eintritt: 10 Euro.

Vergnügungspark Gardaland ⬀ B4

Nach US-Vorbild ist 2 km von Peschiera entfernt an der Gardesana ein großer Vergnügungspark entstanden. Auf engem Raum sind die Angebote so vielfältig, dass man sie an einem Tag gar nicht alle schaffen kann: Achterbahnen, Karussells, aber auch Varieté, Comic-Shows, Minenwagen durch einen Gran-Canyon-Nachbau usw.

Für viele eine herausragende Attraktion ist das **Sea-Life Aquarium** mit diversen Becken und Unterwasser-Oceantunnel, das dazu beigetragen hat, den Vergnügungspark Gardaland zum Themenpark Nummer 1 in Italien zu machen. Es sind nicht nur die Haie, die den Besuchern hier dicht vor der Nase herumschwimmen und die fantastischen Riesenschildkröten. Oder die gigantischen Oktopusse, die ihre monströsen Tentakel schwenken, die vielen Seepferdchen und Rochen, die scheinbar schwerelos durch die künstlichen Untiefen gleiten. Oder „Nemos Verwandtschaft" und die vielen Fischschwärme, die permanent ihre Wege kreuzen, gefolgt von durchsichtigen Riesenquallen, die durch die Korallenriffe wabern. Es ist eine Unterwasserwelt, die die gesamte Palette der Wasserszenarien auf unserem Erdball widerspiegelt. Also nicht nur die Welt des tiefen Ozeans, sondern ebenso die Wasserwelt des Gardasees, der strömenden Flüsse, der Grotten, der tropischen Lagunen und Korallenriffe, der Flussdelta am Beispiel des italienischen Po und nicht zuletzt der Lebensraum der Robben in der faszinierender Eislandschaft.

●Großer Parkplatz oder Zubringerbus. Öffnungszeiten: März, April, Mai, Juni täglich von 10–18.30 Uhr, Juli, August, Sept. täglich von 9–24 Uhr. Eintritt: 1 Tag 35 Euro. Infos unter Tel. 045/ 64 49 777, Fax 64 01 67, Internet: www.gardaland.it.

CanevaWorld ⬀ B4

Eine Welt der Vergnügungen verspricht CanevaWorld mit viel Wasserspaß, historischen Reiterspielen, Kino, Musikvorführungen, Tanzshows und dem Nightfestival im Juli und August.

Die Wasserburg der Scaligeri

©6dga Foto: de

● Informationen unter Tel. 045/ 75 90 622, Fax 75 90 799, Internet: www.canevaworld.it. Öffnungszeiten: Für die Movie Studios vom 19. März bis 2. Oktober täglich von 10–18 Uhr, im Juli und August von 10–19 Uhr und in dieser Zeit samstags von 10–23 Uhr; für den Aqua Paradise Park vom 14. Mai bis 18. September täglich von 10–18 Uhr und in den Monaten Juli und August 10–19 Uhr. Eintritt: 25 Euro (auf Multitickets achten!).

Sirmione ⚓ A4

7073 Einwohner

Sirmione ist eigentlich eine geteilte Stadt – der historische und ausgesprochen romantische Part liegt auf der vier Kilometer in den See ragenden Landzunge und ist neben der mit Zinnen und Türmen geschmückten mächtigen Scaligeri-Wasserburg lediglich über eine schmale alte Brücke zu erreichen. Der neuere Teil der Touristenhochburg macht sich mehr als Straßendorf aus, das im Laufe der Jahrzehnte wegen des zunehmenden Gästeaufkommens stetig gewachsen ist. Die Masse der Touristen wohnt auf dieser Seite der Stadt, da die Kapazitäten der Hotels auf der Landzunge beschränkt sind. Die Mehrzahl der Besucher kommt meist nur bis zum Hauptplatz, der Piazza Carducci. So bleibt der Rest der historischen Altstadt erstaunlich unberührt vom Massenbetrieb. Wegen der schwierigen Zufahrt, der verwinkelten Gassen und zum Schutz des Kulturgutes ist die Altstadt verkehrsberuhigt. **Nur Anlieger und Hotelgäste dürfen im Schritttempo durch die engen Gassen fahren.**

Neben dem historischen Zentrum sind die Brandungsterrassen und die Grotten des Catull an der Südspitze der Halbinsel berühmt. In dem Thermalbad haben sich schon die Römer dem „Wellness-Fieber" hingegeben.

Da Sirmione schön früh ein Hort der körperlichen Erholung war, nimmt die **Qualität des Wassers** für die Stadt einen hohen Stellenwert ein. Das hat sich bezahlt gemacht, und Sirmione ist stolz darauf, dass sie die sogenannte **Blaue Flagge** hissen dürfen. Diese steht als international anerkanntes Ökolabel für hohe Umweltstandards, einwandfreie Wasserqualität sowie gute Sanitäts- und Sicherheitseinrichtungen im Hafen und an den Stränden. Vergeben wird die Blaue Flagge von der unabhängigen Stiftung für Umwelterziehung „Foundation for Environmental Education in Europe" unter der Schirmherrschaft der Europäischen Union.

Sehenswertes

Castello degli Scaligeri

Die einen behaupten, Punta di San Vigilio sei der meistfotografierte Ort am Gardasee. Die anderen sagen, es sei das in Europa zu den bedeutendsten **Wasserburgen** zählende Castello der Scaligeri, das im 13. Jahrhundert erbaut wurde. Wie dem auch sei: Mit seinen zinnengekrönten Mauern, Türmen und Zugbrücken ist das Kastell eine Augenweide. In seinem Innern allerdings sollen sich grausame Szenen abgespielt haben. Sirmione war einst Zentrum der Patariner-Ketzerei. Die Patariner vertraten den Glauben, dass die Welt vom Teufel und die Seele von Gott geschaffen sei. Petrus war ihnen keine Vernei-

Santa Maria Maggiore

Hinter dem Kastell beginnt der unberührte Teil der Altstadt. Geht man entlang der alten Stadtmauer die Via Antiche Mura entlang, stößt man auf die Kirche Santa Maria Maggiore (15. Jahrhundert). Von Bedeutung sind der Marmoraltar und das Orgelgehäuse sowie das Ölgemälde im Seitenaltar von *Paolo Farinati*. Er war Schüler des großen *Paolo Veronese*. Auffallend sind nicht zuletzt die Fresken.

Kirche S. Pietro in Mavino

Die romanische Kirche mit ihren sehr schönen Wandmalereien wurde anno 765 von langobardischen Mönchen gegründet. Ihr Auftraggeber war die Gemahlin des unglücklichen Königs *Desiderius*. Den romanischen Bau findet man ganz einsam am äußersten Zipfel der Insel.

gung wert. Kein Wunder, dass der Papst ihre Vernichtung forderte. Und so loderten in den Zentren der *Scaligeri* die Scheiterhaufen.

Zu sehen gibt es nicht viel in der Burg. Man kann den 30 Meter hohen Hauptturm besteigen. Der Blick lohnt die Mühe. Außerdem sind im Gewölbe des Burghofgebäudes Fundstücke ausgestellt. Sie stammen von Ausgrabungen des langobardischen Klosters San Salvatore auf dem Cortinehügel.

Grotten des Catull

Hier an der Spitze der Halbinsel befinden sich auch die Grotten des Catull mit den Ruinen der größten römischen Villa Norditaliens. Das dazugehörige Areal umfasst 25.000 m². Bis heute ist allerdings nicht eindeutig geklärt, ob die **Villa** tatsächlich im Besitz der Familie des berühmten Dichters *Catull* war. Gewiss ist nur, dass *Catull* (87–54 v. Chr.) die Halbinsel gekannt hat. Im Übrigen gibt es lediglich Hinweise durch einen Chronisten, die die Vermutung nahe legen. Obendrein ist ungeklärt, was die Villa eigentlich dargestellt hat – wahrscheinlich ein prunkvoll ausgestattetes Thermalbad für Reisende im Auftrag des römischen Imperiums.

Wer sucht, der findet – lauschige Plätze zum Essen

Gardasee

Noch gut erhalten sind die Bogenfenster, der Saal der Riesen und das Antiquarium, in dem Fundstücke ausgestellt sind und eine ausführliche Dokumentation über die örtliche Historie zu sehen ist. Der Ausdruck „Grotte" ist übrigens irreführend. Wirkliche Grotten gibt es nämlich nicht. Der Chronist hat die Überreste so bezeichnet.

Die Kalkterrassen

Die Spitze der Halbinsel von Sirmione wird von einer bis etwa hundert Meter in den See reichenden Brandungsterrasse umgeben, eine geologische Einzigartigkeit und Relikt der einstigen Gletscher. Es handelt sich um flache Kalkplatten, die knapp unter dem Wasserspiegel liegen. Dadurch bricht sich die Flut des Gardasees bei Sonnen-

schein in wunderschön schimmernden Türkistönen. Die violetten Töne zum Sonnenuntergang bringen den Romantiker dann endgültig um den Verstand.

Praktische Informationen

APT-Touristeninformation

● 25019 Sirmione, Viale Marconi 2, Tel. 030/91 61 14, Fax 91 62 22, Internet: www.sirmio ne.com, www.sirmione hotel.com.

Die Brücke ist die
einzige Verbindung zur Altstadt

Unterkunft

●**Villa Cortine Palace*******, Via Grotte 12, Tel. 030/ 99 05 890, Fax 91 63 90, Internet: www.hotelvillacortine.com. Palast inmitten eines riesigen Parks mit uraltem Baumbestand, tropischen Pflanzen, Pool, Tennisplatz sowie eigenem Weg und Steg zum See. Außerdem in angenehmer Distanz zur Altstadt gelegen. Im 19. Jahrhundert in neoklassizistischem Stil erbaut, entsprechend ist auch die Inneneinrichtung. Im Speisesaal hängen riesige Murano-Glaslüster. Lunch gibt es am Privatstrand, Dinner mit Klaviermusik im Rosengarten. Hunde erlaubt. DZ ab 290 Euro.

●**Hotel Olivi******, Via S. Pietro 5, Tel. 030/ 99 05 365, Fax 91 64 72, Internet: www. hotelolivi.com. Wer den Trubel nicht so liebt, der freut sich über die Lage am nördlichen Ende der Halbinsel. Der Gardasee ist nur wenige Meter entfernt. Die Hotel-Außenanlage mit großem Pool ist sehr schön. Das Haus ist modern, mit neu eingerichteten Zimmern in romantischem Stil. Hunde erlaubt. DZ ab 145 Euro.

●**Hotel Ideal******, Via Catullo 31, Tel./Fax 030/ 99 04 245, Internet: www.sirmione hotel.com. Hotel nahe den Grotten des Catull, mit Park und Seeblick. Alle Zimmer haben Balkon oder Terrasse. DZ ab 150 Euro.

●**Hotel Pace*****, Piazza Porto Valentino 5, Tel. 030/ 99 05 290, Fax 91 65 46, Internet: www.pacesirmione.it. Private Atmosphäre, familiengeführt, 2007 neu und sehr hübsch eingerichtet. Lage direkt am Wasser mit Bootssteg und Sonnenveranda. Hunde erlaubt. DZ ab 110 Euro.

●**Fonte Boiola*****, Viale Marconi 11, Tel. 030/ 91 64 31, Fax 91 64 35, Internet: www. fermedisirmione.it. Thermalhotel mit großem Garten und viel Liegefläche. Sehr ruhig. Zur Altstadt ist es eine Viertelstunde Fußmarsch. Hunde erlaubt. DZ ab 100 Euro.

●**Albergo La Paül*****, Via XXV Aprile 26, Tel. 030/ 91 60 77, Fax 99 05 505, Internet: www.hotellapaul.it. Wunderbare Lage am Westufer der Landzunge. Zur Anlage gehören ein hübscher Garten und ein Strand. Hunde erlaubt. DZ ab 72 Euro.

●**Hotel Biffi***, Colombare, Tel. 030/ 91 96 169. Schlicht, sehr sauber. 20 Gehminuten vom Zentrum entfernt. DZ ab 32 Euro.

●**Villa Pioppi****, Via XXV Aprile 76, Tel./Fax 030/ 99 04 119. Eine entzückende Villa, umgeben von einem großzügigen Parkgrundstück mit Schwimmbad, weit vor dem Ortseingang von Sirmione direkt am Wasser gelegen. Man ist dort im Umgang mit den Gästen angenehm unkonventionell. DZ ab 110 Euro.

Feriendörfer

●**Villaggio Turistico The Garda Village******, Colombare, Tel. 030/ 99 04 552, Fax 99 04 50, Internet: www.gardavillage.it. Am Fuße der Halbinsel gelegenes riesiges Areal mit Bungalows und Campingflächen, Swimmingpool, Tennis, Surfen, Kinderanimation.

●**Villaggio Turistico Tiglio******, Punta Grò, Tel. 030/ 99 04 009, Internet: www.camping tiglio.it. Zeltplätze und Bungalows werden vermietet. Kinderanimation, Schwimmbad.

Camping

●**Lugana Marina*****, Lugana Marina, Tel. 030/ 91 90 15, Fax 99 05 779, Internet: www.luganamarina.it. Kleine Anlage, auf der auch Bungalows vermietet werden. Schwimmbad.

●**Sirmione*****, Colombare, Tel. 030/ 99 04 665, Fax 91 90 45, Internet: www.camping sirmione.eu. Wasserski, Surfen und Paragliding möglich. Es werden auch Bungalows vermietet.

Essen und Trinken

●**Piccolo Castello,** Via Dante 7, Tel. 030/ 91 91 87. Ein kleines, aber feines Restaurant mit einer netten Loggia, von der man wunderbar das Kommen und Gehen der Besucher der Altstadt beobachten kann – ohne sich beim Essen gestört zu fühlen. Besonders empfehlenswert sind das Carpaccio vom Seelachs und die frische Forelle aus dem Gardasee.

●**La Botte,** Via Antiche Mura 25, Tel. 030/ 91 96 257. Bei Einheimischen wie Besuchern beliebtes Restaurant/Pizzeria im rustikalen Stil. Flotte Bedienung, die auch ein paar Brocken Deutsch spricht. Das Rindercarpaccio ist extrafein, wie auch die hausgemachten Crissinis. Unbedingt vorher reservieren!

●**Trattoria Vecchia Lugana,** Piazzale Vecchia Lugana, Tel. 030/ 91 90 12. Wer wie ein Gourmet speisen möchte, darf die Anfahrt des auf der Straße nach Verona liegenden Lokals nicht scheuen. Für die Mühe wird man göttlich belohnt. Unbedingt reservieren.

●**Ristorante Signori,** Via Romagnoli 21, Tel. 030/ 91 60 17. Direkt am See gelegenes, edel eingerichtetes Restaurant, ganz in Silber, Gold und Weiß gehalten. Das Essen steht dem Ambiente in nichts nach. Kleine Kostprobe gefällig: Jakobsmuscheln in Safran-Kresse-Sauce, Ravioli mit Wildente und Morcheln gefüllt usw.

●**Bar Gino,** Via Romangnoli 4. Gemütliche Taverne für einen oder mehrere Absacker.

●**La Rucola,** Vicolo Strentelle 7, Tel. 030/ 91 63 26. Die Küche des kleinen, aber feinen Restaurants hinter der Hafenfestung ist nicht nur ideenreich, sondern auch exzellent.

●**Bar Spiaggia,** Via Giuseppe Piana 4. Romantisches Hinterhofambiente mit großzügigen Terrassen. Tipp: Der Tintenfisch vom Grill mit Nüssen, Sellerie und Rucola ist einfach köstlich.

Nachtleben

●Auf der **Piazza Carducci** trifft man sich in den diversen Lokalen. Im Sommer gibt es oft Live-Musik und andere Aufführungen.

●Beliebt ist auch die **Piazza Castello,** da man hier die angestrahlte Skaliger-Burg im Blick hat.

●**La Ninfee,** Tel. 030/ 99 10 414. Disco im gleichnamigen Sportpark bei San Martino delle Battaglia im Süden.

●**La Torre,** Passeggiata delle Muse. Lauschige Bar direkt am Wasser und etwas abseits des Trubels mit Blick auf das Ostufer des Gardasees.

Bushaltestelle

●An der Touristen-Info am Viale Marconi vor der Altstadt; Busse verkehren nach Peschiera und Verona, respektive nach Desenzano, Mantua und Brescia.

Parken

●Unübersehbares, riesiges Gelände vor den Toren der Altstadt, da diese autofrei ist bis auf Ausnahmegenehmigungen für Hotelgäste.

Passierscheine

Wer in einem Hotel im historischen Sirmione absteigen möchte, kann sich entweder einen Passierschein beim örtlichen Tourismusbüro holen oder beim Hotelportier telefonisch seine Ankunft avisieren. Dieser teilt das dann den an der Brückenzufahrt kontrollierenden Carabinieri mit. Auch die Hotels sind befugt, Passierscheine für die Dauer des Aufenthaltes auszustellen.

Taxi

●An der Piazza del Porto, Tel. 030/ 91 60 82; Colombare, Tel. 030/ 91 92 40.

●**Boots-Taxi:** Tel. 0336/ 57 55 55.

Auto- und Motorrad-Verleih

●**Viper Nolo,** Colombare, Via Roma 3, Tel. 030/ 91 96 661.

Markt/Shopping

●**Montags** auf der Piazza Mercato in Colombare.

●**Freitags** auf der Piazzale Montebaldo.

●Ein Geschäft reiht sich an das andere in der Via Emanuele, vom Geschenkelädchen über die Damenmoden-Boutique bis hin zum Angebot von Kupferwaren. Die meisten **Geschäfte** haben ihre Ware auf den Geschmack der Massentouristen ausgerichtet. Ausgefallenes oder Ungewöhnliches ist eher schwierig zu ergattern.

Outdoor

●**Surfen:** Centro Surf Sirmione, Via Brescia 31, Tel. 030/ 91 96 130, Internet: www.centrosurfsirmione.it.

●**Tennis:** Lungolago Diaz 3.

●**Mountain-Bike-Verleih:** Viper Nolo, Colombare, Via Roma 3, Tel. 030/ 01 96 661, Internet: www.vipernolo.it; Centro Surf Sirmione (s.o.).

●**Wasserski:** Scuola Sci Nautico Bisoli, Via XXV Aprile, Tel. 030/ 91 60 88.

●**Segeln und Kajak:** Centro Surf Sirmione (s.o.).

069ja Foto: de

Desenzano

⤢ A4

26.000 Einwohner

Die **größte Stadt am Gardasee** wird in ihrer Attraktivität zuweilen unterschätzt. Das liegt möglicherweise daran, dass Desenzano nicht mit großen Strandabschnitten aufwarten kann. Dafür hat sie sich in den vergangenen Jahren endlich auf ihre dennoch schöne Lage am See besonnen und die riesigen Parkflächen direkt am Ufer in Promenaden umgewandelt. Jetzt ist es eine rechte Lust, am Wasser entlang zu flanieren, was nicht nur der gemeine Italiener ausnehmend gerne tut. Darüber hinaus besticht die in der Römerzeit gegründete Stadt mit italienischer Leichtigkeit, Urbanität und einem pittoresken Ortskern mit schönen Laubengängen der in weiß und gold auf edel getrimmten Galeria Barchetta mit Appartements und Edelläden an der Piazza Malvezzi und einem malerischen Hafen. Dieser war vor 1000 Jahren Mittelpunkt des Getreidehandels in Oberitalien. Die Ware wurde von Venedig hierher transportiert. Davon zeugen wunderschöne Handelshäuser mit ihren typischen gewölbten Lagerräumen. Die Bausubstanz wurde teilweise sehr gut restauriert. Es gibt unzählige Geschäfte, Bars, Lokale und Cafés, die darauf hinweisen, dass in dieser Stadt das Leben pulsiert. Dominiert wird sie auch in den Sommermonaten von den Italienern selbst, von ausländischen Touristen weniger. Das ist eine echte Ausnahme im Vergleich zu den anderen Orten am Gardasee. Besonders am Wochenende fallen in Desenzano die Veroneser und Brescianer ein und bevölkern lautstark die Altstadt und den Hafen. Entlang der Uferstraße bis zur Ponte Vecchio zieht sich dann eine einzige Autoschlange, und es wird um die letzten verbliebenen Parkplätze gekämpft. Wohl dem, der sich in einem der vielen Hotels einquartiert hat und sich nur zu Fuß ins Nachtleben zu stürzen braucht.

Sehenswertes

Il Castello

Durch die steilen Gässchen der Altstadt den Berg hinauf findet sich ganz

Altstadtidylle von Desenzano

Gardasee

unweigerlich das alte Castello, das schon im 10. Jahrhundert als Fluchtburg gegen die Angriffe der Ungarn diente. Auch später war die Burg immer wieder Ziel von Eroberungskämpfen, sodass heute nur noch der äußere Mauerring und die Türme erhalten geblieben sind. Der Innenhof ist verwahrlost. Aber man hat von hier oben einen sehr schönen Blick über die Stadt und den See.

Santa Maria Maddalena

Der Dom Santa Maria Maddalena, ein Renaissancebau mit barockem Portal, steht an der Westseite des Marktplatzes. Schon ein kurzer Blick hinein und es wird klar, die Bewohner von Desenzano waren einst wirklich sehr reich. Sie hatten sich nicht nur den begehrten Baumeister *Giulio Todeschini* leisten können, sondern auch eifrig Ölgemälde namhafter Künstler zusammengekauft. Ganz besonders sehenswert ist das Abendmahl von *Giambattista Tiepolo* (1696–1770) an exponierter Stelle in der Kapelle des Hl. Sakraments.

Villa Romana

Hinter der Kirche liegen die Reste der Villa Romana aus der Spätantike (3. Jahrhundert n. Chr.) und weitere Ausgrabungen früherer Prachtgebäude, die man erst 1921 entdeckt hat. Der Schreiner *Zamboni* hatte hier sein neues Haus bauen wollen und nicht schlecht gestaunt, als die Arbeiter ihn plötzlich ganz aufgeregt herbeiriefen. Fand sich doch auf seinem Areal die **bedeutendste Villa ihrer Art in ganz Norditalien.** Berühmt sind ihre Fußbodenmosaike mit wirklich schönen szenischen Dar-

stellungen beispielsweise der Obsternte, Weinlese, Jagd und – des Fischfangs, eines ganz besonderen: Hier sind nämlich kleine nackte Männchen mit Flügeln am Werk, die sogenannten Amorini, Diener des Liebesgottes Amor. Besonders den Süddeutschen dürften sie als Vorläufer der Putten bestens vertraut sein. Nicht unerwähnt bleiben sollten außerdem die Hohlraumheizungsanlagen, die unter diversen Fußböden entdeckt wurden.

Öffnungszeiten: Jan., Feb., Nov., Dez. von 9–16 Uhr; März, Okt. von 9–17.30 Uhr; April bis Sept. von 9–19.30 Uhr. Eintritt: 2,50 Euro.

Praktische Informationen

APT-Touristeninformation

● 25015 Desenzano, Via Porto Vecchio 34, Tel. 030/ 91 41 510, Fax 91 44 209, Internet: www.comune.desenzano.brescia.it.

Unterkunft

● **Hotel Villa Rosa******, Lungolago Battisti 89, Tel. 030/ 91 41 974, Fax 91 43 782, Internet: www.gardalake.it/hotel-villarosa. Mit Abschluss seiner grundlegenden Sanierung hat dieses Hotel den ersten Platz in der Rangliste erobert. Abgesehen von seiner Toplage am Lungolago inmitten eines uralten Parks mit schönem Pool ist die Familien geführte Villa stilsicher, elegant und komfortabel eingerichtet. DZ ab 70 Euro.

● **Hotel Lido International******, Via Tommaso dal Molin 63, Tel. 030/ 91 41 027, Fax 91 43 736, Internet: www.lido-international.com. Die Anlage liegt direkt am See mit einem wundervollen Blick und netter Gartenanlage samt Pool und Pavillon. Hier ist es angenehm ruhig, und doch ist man schnell in der Innenstadt. Leider ist das Hotel gebaut worden, als in Italien Beton als Baumaterial en vogue war. Hunde erlaubt. DZ ab 94 Euro.

070ga Foto: de

●**Hotel Villa Maria******, Viale Michelangelo 150, Tel. 030/ 99 01 725, Fax 91 10 734, Internet: www.gardalake.it/villa-maria/hotel. Sehr schönes altes Haus mit Jugendstileinrichtung und einer großzügigen blumenreichen Anlage, auf der auch einige Bungalows mit Kamin stehen. Großzügiger Pool. Bester Service. Die Lage des Hotels ist am Berg, weit entfernt von See und Stadt. DZ ab 100 Euro, Bungalow für 2 Personen ab 50 Euro.
●**Hotel Piroscafo*****, Via Porto Vecchio 11, Tel. 030/ 91 41 128, Fax 99 12 586, Internet: www.hotelpiroscafo.it. Am pittoresken alten Hafen gelegenes altes Gebäude mit den für Desenzano so typischen Gewölbebögen.

Geschmackvoll eingerichtet. Jedes Zimmer hat einen kleinen Balkon. Kleine Hunde erlaubt. DZ ab 85 Euro.
●**Hotel Piccola Vela*****, Via T. dal Molin 36, Tel./Fax 030/ 99 14 666, Internet: www.piccolavela.it. Das Haus liegt zwar an der Durchgangsstraße, hat aber hinten einen schönen Garten mit Swimmingpool und ist nett gestaltet. Junges Publikum. Hunde erlaubt. DZ ab 100 Euro.
●**Hotel Alessi****, Via Castello 7, Tel. 030/ 91 41 980, Fax 91 41 756, Internet: www.alessi desenzano.com. Kleines Haus in der Altstadt in einer engen Gasse, das jüngst geschmackvoll renoviert worden ist. Anfahrt mit dem Auto ist problematisch. Zimmer haben TV, Hund erlaubt. DZ ab 60 Euro.
●**The Tower of the old King,** Via Castello 66, Tel. 030/ 91 44 816, Handy 0338/ 70 63 578, Internet: www.thetoweroftheoldking.it. Winziges, ganz schmales, aber hohes Haus, das in der Kategorie Bed-and-Breakfast ein super Tipp ist. Es wurde erst jüngst renoviert, und das mit sehr viel Geschmack. Die Zimmer haben alle ein eigenes Bad. DZ ab 70 Euro.

Der alte Hafen von Desenzano, im neuen liegen die großen Yachten

Camping

●**Italia****, Tel. 030/ 91 10 277, Fax 91 10 832. Bei Rivoltella im Osten von Desenzano gelegene Anlage mit alten Zypressen. Der Swimmingpool ist auch für die Öffentlichkeit zugänglich.

●**Camping del Vò******, Tel. 030/ 91 21 325, Fax 91 20 773. Riesige Campinganlage mit viel Rasenfläche, großem Haupthaus, in dem auch Zimmer vermietet werden, und Bungalows entlang des Sees Richtung Saló. Kinderspielplatz und Pool sind vorhanden. Lauschige Idylle findet man allerdings nicht.

Essen und Trinken

●**Al Fattore,** Via Roma 8, Tel. 030/ 91 41 937. Neben einem restaurierten Gewölbekeller gibt es zwei nette Terrassen, von denen man sehr schön die flanierende Menge beobachten kann und durch Hecken dennoch geschützt ist. Da sehr beliebt, entweder vorbestellen oder etwas Geduld mitbringen.

●**La Cantina del Fattore,** Piazza del Capelletti, Tel. 030/ 99 01 903. Das gegenüber liegende Tradtionslokal hat auch eine Cantina, die viel Weinauswahl in ansprechendem Ambiente gepaart mit einfachem, aber sehr köstlichem Essen anbietet.

●**Alessi,** Via Castello 7, Tel. 030/ 91 41 980. Sowohl toll renovierter Gewölbekeller als auch nette Gasse zum Draußensitzen mitten in der Altstadt. Außerdem hat die Lage „pole position", und die Tortellino di Zucca sind sensationell!

●**Cavallino,** Via Murachette 29/ Ecke Via Gherla. Vom „Michelin" mit einem Stern ausgezeichnetes Restaurant, das insofern gehobene Preise hat. Besonders nett diniert man im geschützten Innenhof.

●**Antico Chiostro,** Via Anelli 44. Das Lokal ist Teil eines ehemaligen Klosterkomplexes an der Hauptverkehrsader von Desenzano, schräg gegenüber des großen Hafens.

●**Corte del Re,** Via Castello 35. Ein typisches Lokal, in das vor auch die Einheimischen einkehren. Es liegt an der Straße zur alten Festung und zu Beginn der autofreien Zone.

●**Caffè Agorà,** Piazza Malvezzi 10. Die Top-Adresse unter den Cafés mit traditionell ausgezeichnetem Eis. Besonders Sonntagvormittag hat man Schwierigkeiten, einen Platz zu ergattern.

●**Café Galeria Barchetta** in der gleichnamigen Galerie ist eine sehr elegante Adresse mit allerfeinster Konfiserie und köstlichen Kaffeesorten.

●**Lounge Bar,** Piazza Giacome Matteotti, gegenüber der Fähranlegestelle. Sehr angesagt, hier zu lunchen und abends den Aperitif respektive Absacker zu sich zu nehmen.

Nachtleben

●**Teatro Alberti,** Via S. Maria 49/Piazetta Teatro, Tel. 030/ 91 41 513-335, Internet: www.teatroalberti.it. Das alte Theater ist Zentrum für viele Events, manchmal werden Theaterstücke aufgeführt, manchmal gibt es Konzert, ein Musical oder Jazzbegegnungen, oder auch Funky Disco-Nights. Außerdem beherbergt das Theater ein Restaurant und eine Bar, die gerne und gut besucht werden. Im Internet und via Telefon kann man den Veranstaltungskalender abfragen.

●**Karma Lounge,** Via Angelo Anelli 30. Eine Stadt, die in der Szene angesagt ist, muss mit einer Sushi-Bar aufwarten.

●**Champagne Point,** Piazza Malvezzi. Von 18 bis 2 Uhr lassen sie den Champagner schäumen in der supercoolen kleinen Bar.

●**El Mojito,** Via Roma 23. In dem kubanischen Café klingelt ab 20 Uhr das Eis in den Mojito-Gläsern.

●**Barbarazzi,** Piazza Duomo. In dieser Bar hängen die Fußballfreaks ab, aber auch die Schach- und Brettspielanhänger.

●**Irish Pub,** Via Casello 36. Das Irish Pub hat Tradition in Desenzano und hat am Wochenende oft Bands zu Gast.

●**Cantina de Corte Pozzi,** Via Castello 15. Nette Weinbar mit kleinen Schlemmereien.

●**Bar Pasciá,** Via Tommaso dal Molin 22. An der Ausfallstraße Richtung Sirmione. Beliebtes Etablissement nach dem Abendessen.

●**Sesto Senso,** Via Tommaso dal Molin 99, Tel. 030/ 91 42 684. Nachtschwärmer fallen hier ab 1 Uhr ein und hotten ab bis in die frühen Morgenstunden. Nebenan ist noch eine Piano-Bar.

●**Mazoom – Le Plaisir Club,** Villa Colli Storici 179, Tel. 030/ 99 10 319, Internet: www.

Gardasee

mazoom.net. Die Space-style Disco macht gern auch als „The Glamour Exklusive Club" von sich reden. So oder so ist der Laden ziemlich angesagt.

● **Genux,** Via Fornace dei Gorghi 2 in Lonato (SS 567 Richtung Castiglione delle Stiviere), Tel. 030/ 99 19 948. Hypermoderne Disco in einer riesigen Parkanlage mit mehreren Tanzebenen.

● **Bicocca,** Vicolo Molini 4, Tel. 030/ 91 42 456. Restaurant und Weinbar auf dem beschaulichen Weg hinauf zum Castello. Sehr ansprechende Einrichtung, gutes Essen, äußerst angesagtes Etablissement.

Markt/Shopping

● **Jeden Dienstag Wochenmarkt** am alten Hafen.

● **Antiquitätenmarkt** jeden 1. Sonntag im Monat (außer Juli/August) auf der Piazza Malvezzi.

● **Enoteca „La Vite",** Via Castello 50, Tel. 030/ 91 41 292.

● **Tremolini,** Piazza Malvezzi 27. Ausgefallene Damen- und Herrenbekleidung.

● **Clarin,** Via Garibaldi 33. Designermode von Prada, Gucci, Todd's.

● **Carlotta Maffini,** Piazza G. Matteotti. Ausgesuchte Designerklamotten.

● **ISI,** Via Garessio 15, Stattliche Auswahl an besonderen Wohnaccessoires.

● **Inga Antiquariato,** Piazza Matteotti 26. Antiquitäten.

● **Premium Autentic,** Via Gen A. Papa 28. Jeansladen mit kreativem Ladendesign.

● **Idea Casa,** Piazza Feltrinelli. *Maria Teresa* hat wunderschöne Wäsche und Keramik.

● **Bruno Cavallaro e figli,** Via Stretta Castello 19. Der Handel mit Fisch bestimmt seit Generationen das Leben der Familie *Cavallaro.* Die Fische kommen frisch aus dem See und sind von bester Qualität.

● **Le Proprieta della Lavanda di Venzone,** Via Castello 42. Alle ist lila hier, denn Lavendel bestimmt die Seele des Geschäfts. Der Lavendel kommt aus Venzone im Friaul und wird zu allem verarbeitet, was man sich nur vorstellen kann. Natürlich ist auch die Ausstattung lila, sogar das Dekofahrrad vor der Tür.

Outdoor

● **Baden:** Die öffentlichen Bademöglichkeiten in Desenzano sind begrenzt. Es gibt den Spiaggia Desenzanzino entlang der Promenade Lungolago Cesare Battisti mit diversen Strandabschnitten. Außerdem kann man östlich der Stadt ins Wasser.

● **Segeln:** Porto Maratona, Tel. 030/ 91 43 334.

● **Gokart:** South Garda Karting an der SS 567 Richtung Sirmione, Tel. 030/ 99 19 958, tägl. 8.30–12 und 12.30–14 Uhr.

● **Bootsverleih:** Marina del Vò Garda Cantieri, Punta del Vò , Tel. 030/ 99 14 190; Lepanto Yachting Sport, Via Lario 7, Tel. 030/ 91 42 241; Nautica Carlo, Via Agello 35/A, Tel. 030/ 91 10 654; General Nautica, Via Agello 35/A, Tel. 91 10 391, Fax 99 01 822.

● **Mountainbike-Verleih:** Girelli, Via Annunciata 10, Tel. 030/ 99 12 200.

● **Motorrad-Verleih:** Easy Motor Bike, Via N. Sauro 29, Tel. 030/ 91 10 502, Fax 91 10 504.

● **Windsurfing:** Noleggio Windsurf, Spiaggia Desenzanzino.

● **Reiten:** Il Rovere, Tel. 030/ 91 20 057.

● **Tauchen:** Coltri, Tel. 99 10 297, Dian Sub, Tel. 030/ 91 44 821, Tritone, Tel. 030/ 91 20 809.

Bushaltestelle

● Piazza Einaudi, Tel. 1478/ 88 088, mit Verbindungen nach Sirmione/Peschiera/Verona und Brescia sowie Riva.

Bahnhof

● An der Viale Cavour südlich des Zentrums. Da Desenzano an der Bahnlinie Venedig – Verona – Milano liegt, fahren täglich Züge in beide Richtungen.

Autoverleih

● **Eurocar,** V. Marconi 13, Tel. 030/ 99 11 718.

Taxi

● Tel. 030/ 91 41 527.

Die Torre di San Martino della Battaglia

Ausflug nach Rivoltella ⬈ A4

Der Ort Rivoltella mutet an wie ein wenig auffälliger Wurmfortsatz von Desenzano. Einzig interessant ist die **Kirche San Biago,** deren Glockenturm von einer mittelalterlichen Burg stammt. Außerdem gibt es ein wertvolles Altargemälde von *Brusasorzi.*

Ausflüge ins südliche Hinterland

Lonato ⬈ A4

„Lonato? Nein, kenne ich nicht", antworten die meisten, wenn von der südlichen Gardasee-Region die Rede ist. Dabei liegt diese wirklich **wunderschöne Kleinstadt** nur 6 km südlich von Desenzano. Schon von Weitem präsentiert sich die mächtige Kuppel des Doms in ihrer ganzen Schönheit, im Wettstreit mit der meistumkämpften Festung Oberitaliens. Sie lag nämlich im Grenzgebiet zwischen Verona und Brescia, danach Venedigs und Mailands. Deshalb ist auch außer den eindrucksvollen zinnengekrönten Mauern nichts erhalten geblieben. Trotzdem lohnt ein Gang hinauf, denn von oben hat man einen herrlichen Blick über die Moränenhügel bis hinüber zum Gardasee und natürlich auf die historische Altstadt. In ihr gibt es zwei dominante Marktplätze: die Piazza Matteotti mit dem 1555 erbauten und 55 Meter hohen Torre Maestra, und die Piazza Centrale mit dem Palazzo Municipale. Auf halbem Weg zur Burg liegt außerdem das **Casa del Podestà,** das mittelalterliche Haus des Bürgermeisters. Das Haus ist von einem örtlichen Senator restauriert worden und beinhaltet eine **Bibliothek** mit 50.000 Bänden, darunter wertvolle Inkunabeln, also Schriftstücke aus der Zeit vor 1500, vor der Erfindung des Buchdrucks.

Besichtigungen sind nur im Sommer möglich, samstags und sonntags von 10–12 und 14.30–19 Uhr, sonst nach Vereinbarung: Tel. 030/ 91 30 060.

Das Hinterland

Entlang des Flusses Mincio, der sich südlich von Peschiera del Garda durch eine hügelige Landschaft Richtung Mantua schlängelt, erwarten einen zwi-

071 iga Foto: de

Gardasee

schen Weinfeldern (hier wird der Luganer angebaut) und saftigen Wiesen einige sehenswerte Ausflugsziele. Es ist eine **friedlich anmutende Landschaft,** in der man Ruhe finden kann von der hektischen Betriebsamkeit etwa in Sirmione. Das war nicht immer so. Früher einmal war dieser Landstrich heftigst umkämpft, als Italiener und Österreicher erbittert Krieg gegeneinander führten. Geologisch handelt es sich bei der Region um die Colline Moreniche Mantovane del Garda, also Moränenhügel im Raum Mantua. Sie entstanden vor über einer Million Jahren als Ablagerungen des Gardasee-Gletschers.

San Martino della Battaglia ⤢ A4

Egal, aus welcher Richtung man kommt, man sieht ihn: den imposanten Turm von San Martino della Battaglia, einem unscheinbaren Örtchen mitten in Weinfeldern, etwa 7 km entfernt von Sirmione. Geschichtsträchtig ist nicht das etwas abseitige Dorf, sondern der **Turm** – ein 64 Meter hohes **Mahnmal,** das an die vielen italienischen Unabhängigkeitsschlachten erinnern soll. Die schlimmste ereignete sich im Juni des Jahres 1859. 150.000 Franzosen und Italiener samt 360 Kanonen auf der einen, 135.000 Österreicher mit 400 Kanonen auf der anderen Seite standen sich gegenüber. Das Gemetzel forderte 25.000 Tote und 10.000 Verwundete. Die italienische Seite gewann.

Der **Turm von San Martino** steht inmitten eines wohlgepflegten Parks, er hat sieben Stockwerke, und man kann ihn, Schwindelfreiheit vorausgesetzt, besteigen. Dort oben hat man eine herrliche Aussicht. Im Erdgeschoss sieht man ein Standbild von *König Vittorio Emanuele II,* Büsten von gefallenen Generälen und dem berühmten Freiheitskämpfer *Giuseppe Garibaldi.* Die Wände schmücken Szenen zum Ruhme des Königs, der die Truppen angeführt hatte. Die Frauengestalten in der Kuppel sollen Italien und italienische Städte darstellen. In den weiteren Stockwerken sind Gemälde zu besichtigen, die dramatische Szenen der diversen Risorgimento-Kämpfe (Freiheitskämpfe) darstellen.

Hinter dem Turm folgt das **Museo della Battaglia,** das Kriegsmuseum mit Exponaten aus den Schlachten von San Martino und Solferino: Waffen, Uniformen, alte Stiche, Skizzen der Schlachtordnung etc. Wem so etwas zu makaber ist, der sei gewarnt.

Als dritten Besichtigungsort gibt es das **Ossario,** das Beinhaus. Hier liegen über 1000 Schädel und Gebeine, fein säuberlich gestapelt und nach Nationalitäten getrennt. Schließlich kämpften für die Vielvölkermonarchie Österreich auch Russen, Rumänen, Tschechen, Jugoslawen, Ungarn und Polen.

Öffnungszeiten: Dienstag bis Sonntag von 9–12 und 14–18.30 Uhr. Eintritt 2,50 Euro, Kinder 1 Euro.

Solferino

Schon am Ortseingang wird der Besucher mit der Botschaft begrüßt: „Qui e' nata l'idea della Croce Rossa." Das heißt übersetzt: Hier wurde die Idee des Roten Kreuzes geboren. Wenn man es genau nimmt, dann entstand die großartige Idee aber einen Ort weiter,

in Castiglione delle Stieve. Die Soldaten fielen und verletzten sich in der berühmten Schlacht von Solferino. Gesund gepflegt wurden sie jedoch in Castglione delle Stiviere; mit vielen Helfern im Einsatz war der später berühmte **Henri Dunant** aus der Schweiz, der **Erfinder des Roten Kreuzes.**

Wie dem auch sei, in Solferino steht das **Museo Storico Risorgimentale,** in dem die Militärgeschichte Italiens von 1796 bis 1870 dokumentiert wird. Öffnungszeiten: Dienstag bis Sonntag 9–12 und 14–18 Uhr. Eintritt: 1 Euro.

Außerdem findet sich in Solferino auch ein Ossario, diesmal in einer Kirche, der **Chiesa San Pietro.** Bis zur Decke im Altarraum, in zwei Seitenkapellen und im Keller stapeln sich die Knochen von 7000 Gefallenen und 1413 Totenköpfe. Solferino kann auch mit einem Castello auf einem Hügel aufwar-

ten. Hier steht außerdem die **Kirche San Nicola di Bari** aus dem 17. Jahrhundert mit einer schönen Orgel und einem Altarbild des Hl. Nikolaus (18. Jahrhundert). Wer den Rocca besteigt, einen viereckigen Turm, der kann sich fühlen wie ein Spion im Dienste Italiens: „Spia d'Italia" heißt der Turm nämlich im Volksmund. Von hier oben konnten die italienischen Soldaten sehr weit ins feindlich besetzte Venetien blicken.

Öffnungszeiten: Dienstag bis Sonntag von 9–12 und 14–18 Uhr. Eintritt: 1,50 Euro.

Geht man einige Schritte an einer Zypressenallee entlang, stößt man auf das **Memoriale Croce Rosso Internazionale.** Auf Marmortafeln sind die Mitgliedsländer des Roten Kreuzes eingraviert.

Wer weitere Infos möchte, findet ein **Tourismusbüro** auf der Piazza Torelli 1, Tel. 0376/ 89 31 60, Fax 85 43 60.

Gardasee

Henri Dunant – späte Ehren

Der 1828 in der Schweiz geborene *Henri Dunant* war ein Philantrop. Schon in jungen Jahren war er beseelt von dem Gedanken, Gutes zu tun, und verschrieb sich dem Christlichen Verein junger Männer. Seine Erlebnisse rund um die Schlacht und das Elend in Solferino wühlten ihn so sehr auf, dass er ein Buch darüber schrieb. Er druckte es auf eigene Kosten und schickte es sämtlichen adligen Häusern Europas und anderen wichtigen Persönlichkeiten. Seine Idee, eine internationale Hilfseinrichtung, das spätere **Internationale Rote Kreuz,** zu gründen, stieß überall auf große Anerkennung. Anno 1864 berief Dunant eine Konferenz ein. Am 8. August unterzeichneten 16 Staaten die sogenannte **Genfer Konvention.**

Doch der Idealist Dunant konnte sich in der Führung des Roten Kreuzes nicht lange halten und wurde aus der Organisation hinausgedrängt. Obendrein machte er mit Geldgeschäften bankrott und musste jahrzehntelang in bitterer Armut leben. Lange Zeit galt er sogar als verschollen. Bis ein Journalist ihn 1895 entdeckte und über ihn schrieb. **1901** erhielt Henri Dunant den **Friedensnobelpreis** – eine späte Ehre für den engagierten Mann.

Die Legende vom Liebesknoten, oder wie ein Tortellino entsteht

Es waren einmal wunderschöne Nymphen, die in den tiefen Fluten des Mincio lebten. In manchen Nächten wünschten sie sich nichts sehnlicher, als an Land zu kommen. Aber wegen eines Fluches mussten sie sich dafür erst in böse Hexen verwandeln. Malco war es, ein unerschrockener Hauptmann der Visconti-Truppen, dem es eines Nachts gelang, die unheimlichen Gestalten zu beobachten und sie zu verfolgen. Die Nymphe Silvia verlor dabei ihren Hexenmantel, und Malco wurde des Liebreizes der zauberhaften Nymphe gewahr. Noch in derselben Nacht entflammte eine heftige Leidenschaft zwischen den beiden. In der Stunde des Morgengrauens hieß es aber Abschied voneinander zu nehmen. Zum Zeichen ihrer Liebe hinterließ Silvia ein goldenes geknotetes Seidentuch.

Am folgenden Abend gab Giangaleazzo, Herrscher der Visconti, ein rauschendes Fest. Malco wollte seinen Augen nicht trauen, als er dort seine Silvia tanzen sah. Die Liebe hatte den Fluch besiegt. Aber Malco hatte nicht mit Isabella gerechnet. Die Cousine des Visconti-Fürsten war schon seit Langem in Malco verliebt. Aus Eifersucht denunzierte sie Silvia. Die Jagd auf Silvia begann. Aber Malco gelang es, ihr zur Flucht zu verhelfen. So kam es, dass er in den Kerker geworfen wurde. Silvia schlich sich am nächsten Morgen zu ihm. In ihrer Verzweiflung fassten die beiden den Entschluss, der Erde für immer den Rücken zu kehren und im fernen Reich der Nymphen ihr Glück zu zweit zu finden. Und so verschwanden sie für immer in den Tiefen des Flusses Mincio. Zurück blieb nur das goldene Seidentuch, das zum Zeichen ihrer ewigen Liebe geknotet war.

Und immer, wenn die Mädchen und Frauen in Valeggio sich in der Küche die Liebesgeschichte von Silvia und Malco erzählten, formten sie kleine feine Nudeln, die aussahen wie geknotete Seidentüchlein.

Eine Geschichte, wie geschaffen, um damit ein Fest zu betiteln. Als die 600-Jahr-Feier der Ponte Visconti anstand, war denn auch das „Fest des Liebesknotens" geboren, das inzwischen Tradition hat in Valeggio. Jedes Jahr Mitte Juni legen 140 Köche Hand an, um 600.000 Tortellini zu formen. Dafür werden 500 kg Parmesankäse, 10.000 Eier und acht Doppelzentner Mehl angekarrt. Schon zwei Tage vorher muss die ehrwürdige Visconti-Brücke abgesperrt werden, um 4000 Gästen an einer 600 Meter langen Tafel in zwei Reihen Platz zu bieten. Mit Einbruch der Dämmerung verwandelt sich dieser ruhige kleine Ort dann in eine turbulente Kleinstadt mit internationalem Flair – Autos mit in- und ausländischem Kennzeichen, Parkschlangen an den Straßen, Bustransfers, Sprachengewirr, Polizei, die den Verkehr regelt. Aber schließlich findet jeder seinen nummerierten Platz, und das Menü kann nach einigen Reden wichtiger Menschen aufgetragen werden. Zwischendurch wird von Valeggianern in historischen Gewändern und unter begeistertem Applaus der symbolische Riesentortellino durch die Tischreihen getragen. Die Stimmung ist feucht-fröhlich. Schließlich gibt es Prosecco und Wein, so viel man möchte. Zum krönenden Abschluss der Nacht wird auf der Burg auf dem Hügel ein Feuerwerk inszeniert.

Weit gereiste Geschäftsleute schwärmen, es sei ein weltweit einzigartiges Spektakel. Dazu nur die Bemerkung, dass die Karten immer schon ein dreiviertel Jahr vorher ausverkauft sind.

Castiglione delle Stiviere

Heute eine kleine Industriestadt mit 10.000 Einwohnern, zeugt der hübsche historische Ortskern von der Residenzgeschichte des Ortes. Von besonderer Bedeutung sind das Gotteshaus Chiesa Maggiore und der Palazzo Triulzi-Longhi in der Via Garibaldi. In der Kirche wurden nach der Schlacht von Solferino die Verwundeten gesund gepflegt, und der Schweizer *Henri Dunant* fasste hier den Entschluss, das Rote Kreuz zu gründen (vgl. Exkurs). Im Palazzo ist zur Erinnerung seit 1959 anlässlich des 100-jährigen Bestehens das **Museo Internazionale della Croca Rossa,** Via Garibaldi 50, Tel. 0376/63 85 05, Fax 63 11 07, Internet: www.dsmnet.it/micr, untergebracht. Dort lassen sich u.a. Tragbahren, Transportkutschen und chirurgische Instrumente von einst bestaunen. Außerdem gibt es reichlich Informationsmaterial in Form von Fotos, Gemälden und Dokumenten zur Historie des Roten Kreuzes. Wer sich noch eingehender für *Henri Dunant* interessiert, sollte an der Kasse nach seinem Buch „Eine Erinnerung an Solferino" fragen.

Öffnungszeiten: Nov. bis März von 9–12 und 14–17 Uhr, April bis Okt. von 9–12 und 15–18 Uhr, immer dienstags bis sonntags.

Sehenswert sind außerdem das Schloss der Stadt in der Via Garibaldi, das noch einen Turm (10. Jahrhundert) mit Wehrmauern hat. Des Weiteren das **Museo Storico Aloisiano** im Palazzo Aliprandi in der Via Marta Tana, seit vielen Jahrzehnten schon ein Nonnenkloster, das erst seit 1969 für die Öffentlichkeit zugänglich ist. Das Kloster ist eine wahre Schatztruhe an wertvollen Gemälden, Antiquitäten, Goldschmiedearbeiten und altem Kunsthandwerk.

Führungen täglich von 9–11 und 15–18 Uhr; Pro Loco-Touristeninformation, Piazza C. Alberto, Tel. 045/ 95 18 80, Fax 63 70 560, Infos im Internet unter www.info-valeggio.it.

Valeggio sul Mincio

Der 10.000-Einwohner-Ort am Mincio, 12 km von Desenzano entfernt, ist unbedingt einen Ausflug wert. Wobei eigentlich eher der Stadtteil **Borghetto di Valeggio sul Mincio** gemeint ist. Hier nämlich trifft man auf eine romantische Idylle, die ihresgleichen sucht.

Eine 600 Meter lange imposante **Backsteinbrücke** aus dem 14. Jahrhundert schwingt sich mächtig über den ruhig dahingleitenden Fluss: die **Ponte Visconti.** Gebaut worden war sie von Visconti-Herrscher *Giangalezzo* eigentlich als Staudamm. Er hatte die abstruse Vorstellung, dadurch den See, den der Mincio vor Mantua speist, trocken zu legen. Sein Vorhaben wurde aus unbekannten Gründen nie zu Ende gebracht. Dafür übernahm die monströse Brücke eine ganz andere Funktion: Als die Venezianer 50 Jahre später ihre Kriegsflotte über den Mincio nach Norden schicken wollten, wurden sie jäh ausgebremst. Es blieb ihnen nichts anderes übrig, als wieder umzudrehen und es über den Adige zu versuchen.

Borghetto ist wirklich klein. Unterhalb der Ponte Visconti liegen eine malerische **alte Mühle** und winzige mittelalterliche Häuser, zwei mit **Restaurant,** in denen man romantisch essen kann (An-

Gardasee

tica Locanda del Mincio, hoch gelobte Gourmetküche, wunderbare Atmosphäre, ob unter den alten Bäumen oder im Innenhof; San Marco, wirkt auf den ersten Blick unpersönlich, dennoch schöner Platz und gute Küche). Den Blick in östlicher Richtung in die Höhe gerichtet, sieht man die Scaliger-Burg auf einem Hügel thronen. Wer in Valeggio eine romantische Nacht verbringen möchte, wird sich in den Appartements Il Borghetto, einer ehemaligen Mühle am Ufer des Mincio-Flusses, wohl fühlen (Via Raffaello Sanzio 14A, Tel. 045/ 79 52 040, Fax 63 79 625, Internet: www.gardalake.it/ilborghetto).

Ein weiterer Grund für einen Ausflug nach Valeggio ist der **Parco Giardino Sigurta,** eine 50 Hektar große Anlage, angelegt anno 1617. Erst 1978 ist dieser Garten Eden für Besucher geöffnet worden. Es war eine trockene Gegend am Rande der Moränenhügel gewesen, als *Graf Doktor Carlo Sigurtá* das Gelände erwarb. Dennoch ließ er sich von seinem Plan nicht abbringen, das Areal in eine mediterrane Parklandschaft mit kleinen Teichen zu verwandeln. Der Park ist so groß, dass man ihn nicht ohne weiteres zu Fuß erkunden kann. Früher konnte man mit dem eigenen Wagen verschiedene Parkplätze im Park ansteuern. Das ist nun nicht mehr möglich. Stattdessen werden Fahrräder oder Elektrocars vermietet. Darüber hinaus besteht die Möglichkeit, mit einer kleinen Bahn eine Rundfahrt zu unternehmen.

Die Grundgebühr für den Parkeintritt beträgt 12 Euro. Picknicken ist grundsätzlich verboten mit Ausnahme der ausgewiesenen Picknickplätze. Es gibt inzwischen vier Kioske im Park, die Pasta, Snacks, Eis und Getränke anbieten. Haustiere dürfen nicht in den Park mitgenommen werden. Öffnungszeiten: März bis Nov. täglich von 9–19

Silvia und Malco
beim Fest des Liebesknotens

073ga Foto: de

Brescia

↗ X/XI

075ga Foto: de

074ga Foto: de

Der alte Dom von Brescia

Statue des ital. Mathematikers Tartaglia

Loggia

Einleitung

Es mag am eher schlechten Ruf der Stadt liegen, dass Brescia mit seinem schönen und von Kulturexperten besungenen historischen Zentrum aus touristischer Sicht eine Art **Schneewittchen-Dasein** führt. Brescia war schon immer – seit 2000 Jahren – ein pulsierendes Wirtschaftszentrum, neben Mailand das bedeutendste der Lombardei. Bereits von der Autobahn kann man die großen Industriezentren sehen. Abschreckend, wie auch die Tatsache, dass die Stadt eine der größten Waffenschmieden Italiens war. Auf das Wörtchen „war" legen die Brescianer indes größten Wert und verweisen sofort darauf, dass ihnen La Spezia auf dem militärischen Sektor seit Längerem den Rang abgelaufen habe. Man konzentriere sich nunmehr auf die Produktion von landwirtschaftlichen Maschinen, auf die Eisenindustrie sowie Handel und Dienstleistung, um hier die wichtigsten Segmente zu nennen.

Trotz der vielen Geschäftsleute und Bankmanager hat sich die **170.000-Einwohner-Stadt** ein **provinzielles Flair** bewahren können. In ihrem Kernbereich ist die Stadt überschaubar. Ein Stadt- und Einkaufsbummel – Brescia hat sehr schöne Läden – hat hier nichts Anstrengendes. Man kann wunderbar essen gehen und in den Bars und Cafés abhängen. Und: Es gibt angenehm wenig Touristen.

Geschichte

Brescia existiert schon seit dem 3. Jahrhundert v. Chr., von dem keltischen Stamm der Cenomanen damals Bric genannt. Sie kämpften für die Römer, die Bric als Vorposten gegen kriegerische Stämme aus dem Norden schätzten. Bric wurde dann zu Brixia. Nach der Zeit der allseits zerstörerischen Völkerwanderung erlebte der Ort – nun Brescia – seine erste Blütezeit. Es entstand ein neues Zentrum um die Piazza del Duomo mit ihren weltlichen und religiösen Repräsentationsbauten.

Im 9. und 10. Jahrhundert regierte ein Bischof von des deutschen Kaisers Gnaden die Stadt bzw. **Republik Brescia.** Im 12. Jahrhundert kam es zu Rivalitäten zwischen papstorientierten und kaisertreuen Adelsfamilien, wobei sich keine Partei entscheidend durchsetzen konnte.

Es folgten zwei Jahrhunderte chaotischer Fremdherrschaft. Ihr Ende kam, als im Juni 1440 die Venezianer endgültig die Herrschaft über die Stadt erlangten. Es war die Geburtsstunde des Industriestandorts Brescia. Zum einen tat sich Brescia mit der **Tuchproduktion** hervor, zum anderen war es eine weithin geschätzte Waffenschmiede. Abseits gelegen, blieb die Stadt während der blutigen Kriege zwischen den Großmächten Frankreich und Habsburg weitgehend verschont. So konnten sich in Brescia ungehindert architektonische Kunstschätze ansammeln und prunkvolle Kirchen gebaut werden.

Der Wiener Kongress von 1815 stoppte jäh die Glanz- und Glorienzeit.

Denn ganz Oberitalien wurde den Habsburgern übereignet. Die darauf folgenden Einigungskriege mündeten in den berühmt-berüchtigten **Dieci Giornate:** Anno 1849 erstickten die österreichischen Truppen einen zehntägigen Widerstand in einem entsetzlichen Blutbad. Nachdem zwanzig Jahre später Italien auch wieder über Oberitalien herrschte, fand Brescia zu seiner alten Bedeutung als Industrie- und Wirtschaftsstandort zurück.

Stadtrundgang

Piazza del Duomo

Das Zentrum der Altstadt bildet der Domplatz. Die **Kuppel des Doms** ist **nach Rom und Florenz** die **drittgrößte Italiens,** und man empfindet sie und die enorme Barockfassade der Kathedrale (17. Jahrhundert) im Vergleich zur Größe der Piazza als nahezu übermächtig. 200 Jahre ist am Dom, man könnte sagen, gebastelt worden. Gründe waren die stets schwierige Finanzierung und Eifersüchteleien konkurrierender Architekten.

Neben dem Dom steht die sogenannte **Rotunde Santa Maria Maggiore.** Der Bau der romanischen Kirche geht auf das 12. Jahrhundert zurück. In ihrem Innern führen zwei Treppen in eine Krypta aus dem 9. Jahrhundert, Zeugnis dafür, dass schon im 6. Jahrhundert unter lombardischer Herrschaft eine Basilika errichtet worden war. Sehenswert in der Rotunde sind außerdem der Hochaltar mit der Himmelfahrt Mariens, die fünfschiffige Krypta San Fiastrio unter dem Chor und die Bischofsgräber; hier ganz besonders der Sarkophag des *Bernardo Maggi* aus rotem Veroneser Marmor.

Neben der Rotunde erhebt sich der **Broletto,** der **Regierungspalast,** mit seinem hohen Turm und romanischen Fenstergalerien aus dem 12. und 13. Jahrhundert. Zur Piazza hin sieht man die Loggia delle Grida, von der aus die Entscheidungen des Stadtrates verkündet wurden. Gegenüber des Broletto öffnet sich der Domplatz zu einer Geschäftspassage, die schließlich in der Piazza della Loggia mündet.

Piazza della Loggia

Ohne Zweifel ist das der **schönste Platz der Stadt** und nicht umsonst zum **Wahrzeichen** geworden. Mit dem Bau der **Loggia,** des marmorverzierten Regierungspalastes, wurde anno 1492 begonnen. Neben der prunkvollen Fassade ist der Treppenaufgang besonders schön. Die Säle werden auch heute noch von der Stadtregierung benutzt. Auf der gegenüberliegenden Seite des Platzes zieht ein **Uhrturm** (1546) alle Aufmerksamkeit auf sich. In früheren Zeiten haben die zwei Bronzefiguren mit ihren Hämmern die Stunde geschlagen. Die südliche Seite des Platzes zeichnet der elegante Bogengang des Monte di Pietà (15. Jahrhundert) aus. Es handelt sich um das erste Freilichtlapidarium (Sammlung von Steindenkmälern) in Italien.

Ostwärts gehend, erreicht man die Via dei Musei.

Brescia

076gp Foto: de

Via dei Musei

Die **Straße der Museen** geleitet zu den **Säulen des Kapitolinischen Tempels.** Es sind die Überreste der römischen Stadt Brixia, die teilweise rekonstruiert worden ist und an der immer noch gearbeitet wird. Die weißen Marmorteile sind Originale, die dunklen Rekonstruktionen. Bei dem Tempel handelt es sich um den größten Norditaliens. Hinter dem Haupttempel befinden sich noch zwei kleinere, in denen Mosaikfußböden mit römischen Inschriften zu sehen

Überreste der römischen Stadt Brixia

sind. In dem darüber liegenden **Museo Civico Romano** sind kostbare Fundstücke aus jener Zeit ausgestellt.

Öffnungszeiten: Dienstag bis Sonntag von 10–12.30 und 15–18 Uhr. Eintritt: 3 Euro.

Östlich im Berghang kann man das Halbrund eines Römischen Theaters sehen. Geht man nun in Richtung Süden, steht man an der Piazza del Foro vor der Anlage der Curia, einst das römische Versammlungshaus der Stadtregierung.

Bleibt man auf der Via dei Musei, ist man recht schnell bei dem Gebäudekomplex des ehemaligen Klosters Santa Giulia.

Monastero Santa Giulia

Santa Giulia ist der besondere Stolz der Brescianer. Das **Kloster** war einst dem Heiligen San Salvatore geweiht und vereint römische, langobardische und romanische Renaissance-Bauten von besonderer Schönheit und reich an Schätzen. Seit Jahrzehnten wird hier ausgegraben und restauriert, um aus dem Komplex ein **Museum** zu machen. Erst kurz vor der letzten Jahrtausendwende ist es eröffnet worden.

Aus dem Hochmittelalter stammen Teile des Klosters und der langobardischen Kirche von San Salvatore. Hier sind Stuck- und Freskenfragmente aus dem 9. Jahrhundert erhalten. Drei Jahrhunderte später wurde Santa Maria in Solario mit einem eckigen Vierungsturm gebaut, von den Nonnen als Oratorium genutzt. Im oberen Stockwerk wird der wertvolle Schatz von Santa Giulia aufbewahrt. Das bedeutendste Stück ist das Kreuz des Desidero (9. Jahrhundert), besetzt mit 200 Edelsteinen, Kameen und farbigen Glasmedaillons. Herausragend ist auch die **Lipsanothek,** eine mit Szenen aus dem Alten und Neuen Testament bemalte Reliquienkassette aus Elfenbein (4. Jahrhundert), nicht zuletzt das **Diptychon des Boethius** aus dem 5. Jahrhundert, Elfenbeintäfelchen mit Relief.

Mitte des 15. Jahrhunderts begann man, das Kloster mehrfach umzubauen, bis es das Charakteristikum des heutigen Renaissance-Baus erhielt. Es wurden drei Kreuzgänge und der Chorstuhl der Nonnen errichtet, verziert mit Fresken der Maler *Ferramola* und *Cailina*.

Öffnungszeiten: Im Sommer dienstags bis sonntags von 10–20 Uhr, freitags bis 22 Uhr; im Winter dienstags bis sonntags von 9.30–17.30 Uhr. Eintritt: 8 Euro. Auskünfte zum Nulltarif unter Tel. 80 07 62 811, Internet: www.santagiulia.info.

Weiter entlang der Via dei Musei gelangt man zur Piazza Tebaldo Brusato, auf der einst Turniere ausgetragen wurden. An der Westseite steht der bedeutendste Renaissance-Bau der Stadt, der **Palazzo Cigola.** Weitere eindrucksvolle Palazzi sieht man an den Straßen Via Tosio und Corso Magenta. Dann steht man auf der Piazza Moretto.

Piazza Moretto

Am östlichen Ende steht die **Pinacoteca Tosio-Martinengo.** In ihr findet sich die bedeutendste Gemäldesammlung der gesamten Gegend.

Öffnungszeiten: Juni bis September dienstags bis sonntags von 10–17 Uhr, Oktober bis Mai dienstags bis sonntags von 9.30–13 und 14–17 Uhr.

In östlicher Richtung fällt der Blick auf die **Kirche Sant'Angela Merici.** Sie wurde an der Stelle errichtet, an der einst die ersten Märtyrer des Christentums begraben wurden. Von Bedeutung sind die Gemälde von *Tintoretto* am Hochaltar und von *Cailina* im Seitentrakt.

Weiter nach Westen durchläuft man die Via Moretto, sieht linker Hand den imposanten **Palazzo Martinengo-Colleoni** (17. Jahrhundert) liegen sowie rechter Hand die **Kirche Sant'Alessandro.**

Brescia

Castello auf dem Cidneo-Hügel

Vom Kloster Santa Giulia führt die Via Piamarta hinauf zur Schlossanlage auf dem Hügel Cidneo, von der aus man eine **wunderbaren Blick über Brescia** hat. Hier oben wurden die ältesten, auf die Bronzezeit zurückgehenden Spuren menschlichen Lebens gefunden. In das Schloss gelangt man über eine alte Zugbrücke. Hier sind auch das **Waffenmuseum** mit 1000 Exponaten, die bis ins 15. Jahrhundert zurückdatieren, das Museum zur Erinnerung an die italieni-

schen Freiheitskämpfe, die **Sternwarte Cidnea** und Modelleisenbahnen untergebracht.

Am schönsten ist es, wenn man sich den Stadtberg **zu Fuß** erobert. Es gibt eine markierte Strecke, aber man kann sich auch durch die Gassen treiben lassen. Die Gefahr, das Ziel aus den Augen zu verlieren, ist nicht groß. Unterwegs, kurz bevor man die Zugbrücke erreicht hat, findet sich Gelegenheit zu einer Rast auf der lauschigen **Piazza de Speri;** entweder in der Pasticceria Ecarte oder in der Gelateria Il Princip.

Öffnungszeiten des Castello: dienstags bis sonntags von 10–12.30 und 15–18 Uhr.

Bibliothek Queriniana

Wohl dem, der in Brescia studiert und die Bibliothek Queriniana, Via Mazzini 1a, nutzen kann – ein Literaturparadies aus dem Bilderbuch: **wunderschöne Räume mit Deckenbemalung,** Bücher über Bücher die Wände hinauf, die Exemplare in den obersten Reihen sind über eine Empore zu erreichen. Ein besonders wertvolles Ausstellungsstück ist das purpurne Evangelium mit versilberten Buchstaben, das aus dem 5. Jahrhundert stammt.

Teatro Grande

Das prunkvolle Teatro Grande, Corso Zanardelli, ist ebenfalls einen Besuch wert, am besten kombiniert mit einer kulturellen Veranstaltung. Das Gebäude, Foyer wie Theatersäle, ist **reich mit Fresken von Zugno und Battaglioli**

Illustre Gäste nehmen zielsicher Brescia ins Visier

Mag Brescia auf dem touristischen Sektor auch eher von nachrangiger Bedeutung sein – illustre Gäste geben sich dennoch ein Stelldichein! Sogar *Steven Spielberg* hat sich schon in das „Gästebuch der besonderen Art" eingetragen, als er seinen Kino-Hit „Jurassic Park" produzierte. Mit vielen anderen teilt er die Leidenschaft für extravagante Sportwaffen. Und die Herstellung der feinsten und teuersten „Sportgeräte" hat Tradition in Brescia. Die Gewehre sind aus edelsten Hölzern und mit einer unter der Lupe angefertigten Federstichgravur auf dem Lauf versehen. Für die Kleinigkeit von mindestens 130.000 Euro wird man Eigentümer.

Steven Spielbergs Gravurwunsch waren Dinosaurier. Echte Großwildjäger haben natürlich Elefanten auf ihrem Gewehrlauf, Großstadt-Cowboys Indianer, die eine Postkutsche überfallen. Ein anderes Gewehr hat die Französische Revolution zum Thema – „Liberté, Egalité, Fraternité". Nur fünf dieser exklusiven Exemplare können pro Jahr angefertigt werden. Der Produktionsaufwand ist unvorstellbar, allein für die Gravur braucht der Büchsenmeister im Schnitt 1000 Arbeitsstunden. Die Warteliste ist lang, sagen Insider.

Doch nicht nur die edelsten der Sportwaffen werden in Brescia produziert. 95 % des gesamten Sportwaffenexports bestreitet die lombardische Wirtschaftsmetropole. Die Produktion ist allerdings rückläufig. Eine Ursache liegt am Rückgang der Jagdbegeisterung. Das – nur in Italien umstrittene – Singvogel-Dekret (es besagt, dass nur bestimmte Vogelarten zu befristeten Zeiten zum Abschuss freigegeben werden) wird als Grund ausgemacht. Verärgert verweisen die Jäger auf die Länder Frankreich und Portugal, die sowohl längere Jagdzeiten als auch mehr zum Abschuss freigegebene Arten hätten.

Brescia

07.5ga Foto: de

07ltga Foto: de

Weitere Museen

Neben den bereits erwähnten gibt es fünf weitere interessante Museen, die alle dieselben Öffnungszeiten haben: Dienstag bis Sonntag von 9–12.30 und 15–17 Uhr (Mai bis Okt.) und von 10–12.30 und 15–18 Uhr (Juni bis Sept.).

● Das **Städtische Museum,** Via Ozanam 4, zeigt Sammlungen aus dem Bereich der Mineralogie, Pälantologie, Botanik, Zoologie, Mykologie und Paläethnologie.
● Im **Museum für Moderne Kunst,** Via Monti 9, sind 400 Werke bedeutender zeitgenössischer Künstler aus dem In- und Ausland zu sehen, u.a. Exponate von *Chagall, Matisse, De Chirico, Picasso, Kokoschka* und *Dalí.*
● Das **Diözesanmuseum für Sakrale Kunst** hat sakrale Bilder und Kirchengerät der Diözese Brescia und privater Spender aus der Zeit vom 4. bis 19. Jahrhundert ausgestellt.
● Im **Nationalmuseum für Fotografie,** Cs. Matteotti 16b–18a, finden sich 12.000 Fotos, die die Geschichte der Fotografie erzählen. Es ist ein in Italien einzigartiges Museum.
● Das **Ken Damy Museum für Zeitgenössische Fotografie,** C.tto S. Agata 22, stellt eine große Auswahl an Bildern in- und ausländischer zeitgenössischer Fotografie aus.

aus dem 18. Jahrhundert verziert. Der große Saal hat fünf Ränge, ganz traditionell aus weißem Holz und golden dekoriert. Entsprechend ist die Polsterausstattung aus purpurrotem Samt.

Giacomo Puccinis „Madame Butterfly" wurde nach der unglückseligen Erstaufführung 1904 in Brescia zum großen Erfolg. Jedes Jahr im Frühjahr wird im Teatro Grande das Internationale Pianistenfestival ausgerichtet.

Praktische Informationen

APT-Touristeninformation

● 25100 Brescia, Corso Zanardelli 34, Tel. 030/ 43 418, Fax 29 32 84.
● **Städtisches Fremdenverkehrsamt,** Piazza Loggia 6, Tel. 030/ 29 78 988, 24 00 357, Internet: www.comune.brescia.it, www.brescia holiday.com.

Unterkunft

● **Hotel Vittoria*******, Via X Giornate 20, Tel. 030/ 28 00 61, Fax 28 00 65, Internet: www. hotelvittoria.com. Das elegante Top-Hotel

Duomo Nuovo

von Brescia gehört zu den Leading Hotels of the World. Es ist also alles vom Feinsten. Hunde erlaubt. DZ ab 130 Euro.

●**Hotel Master*****, Via Apollonio 72, Tel. 030/ 39 90 37, Fax 37 01 331, Internet: www. hotelmaster.net. Stadthotel am Rande des historischen Zentrums. Seit das Hotel in die Best Western Kette aufgenommen wurde, erstrahlt es komplett saniert in neuem Glanz. Auffällig von außen in leuchtendem Rot, ist das Interieur modern und elegant gehalten. Alles sehr geschmackvoll und stimmig. Hunde erlaubt. DZ ab 84 Euro.

●**Hotel Cristallo*****, Viale Stazione 12a, Tel. 030/ 37 72 468, Fax 37 72 615, Internet: www.hotelcristallobrescia.com. Liegt verkehrstechnisch günstig in der Nähe des Bahnhofes und eine Viertelstunde Fußmarsch entfernt vom historischen Zentrum. Hunde erlaubt. DZ ab 85 Euro.

●**Antica Villa****, Via S. Rocchino 90, Tel. 030/ 30 31 86, Fax 33 83 124, Internet: www. hotelanticavilla.it. Einfaches Haus mit antikem Flair. Hunde erlaubt. DZ ab 55 Euro.

●**Albergo La Lucciola,** Via Loden 6, Tel./ Fax 030/ 98 80 806. Kleine, familiengeführte Herberge mit einem lauschigen Gärtchen, auf deren Terrasse es sich genussvoll speisen lässt. Es kommen landestypische Gerichte auf den Tisch. DZ ab 40 Euro.

Essen und Trinken

●**La Sosta,** Via San Martino della Battaglia 20, Tel. 030/ 29 56 03, Internet: www.la sosta.it. Essen in stilvoller alter Villa. Geflügel- und Fischspezialitäten. Unbedingt einen Nachtisch bestellen!

●**Vasco da Gama,** Via Musei 4 D, Tel. 030/ 37 54 039. Kleines, exquisites, wunderschön mit rustikalen Antiquitäten eingerichtetes Lokal, das eine Karte mit ausgesuchten Speisen vorweisen kann. Schon der Vorspeisenteller ist göttlich. Man kann auch auf der Piazza essen. Sehr beliebt – vorbestellen.

●**Bar Cidneo,** Via Castello 7, Tel. 030/ 47 053. Zu Füßen des Castello im Schatten der Bäume. Beliebtes Lokal auch für die Mittagspause. Man fährt rasch mal mit dem Auto hinauf, um hier zu essen und zu trinken.

●**Bar/Paninoteca La Botte,** Corso Magenta 64 b. Gemütlicher Treffpunkt, um vor oder nach dem Essen ein Glas zu trinken.

●**Ristorante/Pizzeria Don Rodriguez,** Via Cavallotti. Spezialität: Riesensteaks.

●**Osteria al Bianchi,** Via Gasparo da Salò 32, Tel. 030/ 29 32 28. Klassische Osteria in rustikalem Stil mit Weinausschank und kleinen Gerichten. Zentral gelegen.

●**La Bettola del Pincio,** Vicolo S. Urbano 4, Tel. 030/ 44 291. Gut besuchte Trattoria, im Sommer wird auch gegrillt. Liegt am Treppenaufgang zum Castello, schöner Blick.

●**Caffe-Bar della Stampa,** Piazza Loggia 6, Tel. 030/ 46 457. Schön, gediegen, v.a. im Nebenraum, wo Pianomusik gespielt wird.

●**Caffè Piazzetta,** Piazza delle Duomo. Sehen und gesehen werden, hübsch zu sitzen, aber so teuer wie die Cafés vor der Arena in Verona.

●**Locanda des Guascons,** Via Cesare Beccaria 11. Mit Antiquitäten und Gemälden eingerichtetes, sehr beliebtes Lokal.

●**Caffè Scarlo,** Corso Guiseppe Zanardelli 1. Eine der Topadressen der Brescianer Szene.

●**Bar Bar,** Piazza Paolo Vi 22, Tel. 030/ 29 14 61. Beim Stadtrundgang ist das eine nette Station, um sich mal auszuruhen.

Nachtleben

●**Bar Florian,** Via Gasparo da Salò, Tel. 030/ 24 00 590. Szene-Treff mit Dom-Blick.

●**City Club,** Via Vergnano 65, Tel. 030/ 35 45 045. Klassiker-Disco.

●**Paradiso,** Via Casotti 12, Tel. 030/ 23 02 210. Hier treffen sich die Paradiesvögel.

●**Golden Lion,** Piazza Paolo V. Pub im irischen Stil.

Sightseeing

Mit dem Bus

Die 13 wichtigsten Sehenswürdigkeiten der Stadt werden mit einem Sightseeing-Bus abgefahren. Ein Führer ist dabei, der auf Italienisch und/oder Englisch über Historie und Hintergründe zu berichten weiß. Das Angebot gilt an den Wochenenden für die Monate

Brescia

ins Zentrum benötigt man etwa eine Viertelstunde.

Busstation

Der Busbahnhof liegt gegenüber des Bahnhofes; Busse starten halbstündig von/nach Peschiera, Sirmione und Desenzano. Fahrtdauer etwa eine Dreiviertelstunde.

Taxi

- Piazza Vittoria, Tel. 030/ 44 136.
- Stazione, Tel. 030/ 44 108.
- Radio Taxi 24 ore, Tel. 030/ 35 111.

Anfahrt mit dem Auto

Sowohl von Desenzano als auch von Saló sind es etwa 40 km nach Brescia. Von Saló nimmt man die SS 45 Richtung Autostrada und Brescia. Man kann sie durchfahren bis ins Zentrum. Alternativ und meistens schneller ist die Schnellstraße 11 parallel zur Autostrada, am Kreisel hinter Mezzano nach Brescia/Bergamo ausgeschildert. Von Desenzano fährt man gleich die Schnellstraße.

Autoverleih

- **Avis Autonoleggio,** Via 20 Settembre 2f und Via 25 April 16, Tel. 030/ 29 54 74.
- **City Car,** Via F.lli Ugoni 12d, Tel. 030/ 44 403, Handy 0337/ 42 78 30.
- **Hertz Agenzia,** Via 25 Aprile 4c, Tel. 030/ 45 132.
- **Europcar Italia,** Viale Stazione 49, Tel. 030/ 28 04 87.

Flugplatz

Der Flughafen **Brescia Montichiari** (Internet: www.aeroportobrescia.it) liegt ca. 5 km außerhalb Brescias, 40 km sind es zum Garda-

Juni bis September. Abfahrt samstags um 17 Uhr, Rückkehr 18.30 Uhr, Abfahrt sonntags 10.30 Uhr, Rückkehr 12 Uhr. Tickets gibt es beim städtischen Fremdenverkehrsamt (s.o.) an der Piazza della Loggia.

Mit dem Fahrrad

Da die Wege in Brescia weit sind, das Schloss gar auf dem Hausberg liegt, hat man das Projekt **„Brescia in Bici"** ins Leben gerufen. Blaue Fahrräder stehen dafür kostenlos zur Verfügung und können an 13 ausgewiesenen Örtlichkeiten wieder zurückgegeben werden. Man ist also in der Gestaltung des Sightseeing-Programms völlig frei. Anfragen nimmt das städtische Fremdenverkehsamt an der Piazza della Loggia (s.o.) entgegen. Internet: www.bresciainbici.it.

Bahnverbindungen

Brescia liegt u.a. an der **Bahnverbindung Mailand – Venedig,** sodass hier halbstündig Züge fahren. Der Bahnhof liegt im Südwesten der Stadt an der Viale Stazione. Zu Fuß

Auch in der Stadt blüht der Oleander in prächtigen Farben

see; Infos unter: 030/ 96 56 599-511. Transfers sind möglich mit dem speziellen Gardasee-Taxi-Shuttle, Tel. 030/ 91 41 527, mit dem Minibus-Shuttle-Service der in Limone ansässigen Firma „Limtours" (siehe unter Verona) oder mit dem Linienbus, dessen Fahrtzeiten unter www.cgabrescia.it nachzulesen sind.

Parken

Die Innenstadt ist nur für Anlieger freigegeben. Zentrumsnah gibt es nur einige wenige Zonen mit Parkuhr. Am besten lässt man sein Fahrzeug in den **bewachten Garagen/Parkplätzen** stehen: Stazione, Ple. Stazione; Autosilouno, Via Vittorio Emanuelle II; Gambara, Via L. Gambara; AGIP, Piazza Vittoria; Ospedale, Via Ducco; Cassala, Via F.lli Ugoni.

Shopping

Um einkaufen zu gehen, ist Brescia eine ausgezeichnete Adresse. Boutiquen, Antiquitäten- und Schmuckgeschäfte, Kunstgalerien und extravagante Läden sind in der ganzen Innenstadt zu finden. Boutiquen rund um

Mode und Accessoires gibt es vor allem in den Straßen Corso Zanardelli, Via Dieci Giornate, Corso Magenta, Corso Palestro, Corso Mameli und Corso Garibaldi. Antiquitätengeschäfte sind insbesondere in der Via Trieste, Via dei Musei, Via Cattaneo und an der Piazza Tebaldo Brusato zu finden.

Markt

● Samstags auf der **Piazza Loggia.**
● **Antiquitätenmarkt** ist jeden 2. Sonntag im Monat.

Events

● **Bresciamusicart** läuft den gesamten Juni über. Es sind Konzerte der verschiedenen Musikrichtungen, Klassik genauso wie Jazz und Beat. Das Programm ist beim Fremdenverkehrsamt erhältlich.
● **Mille Miglia** ist ein jährliches Veteranenrennen für Sportwagen bis Baujahr 1927 im Frühjahr über Ferrara nach Rom.
● **Internationales Klavierfestival** im Zeitraum Mitte April/Juni.

Brescia

080ga Foto: de

081 ga Foto: de

Verona

↗ **XII/XIII**

082ga Foto: de

083ga Foto: de

Dreh- und Angelpunkt: die Piazza Brà

Das Amphitheater: Herz der Stadt

Piazza delle Erbe

Einleitung

Was ist nicht alles schon über Verona geschrieben worden? In den glühendsten Worten wurde und wird von dieser Stadt geschwärmt. Das wird sich wohl nie ändern. Deshalb sei an dieser Stelle passenderweise *Heinrich Heine* zitiert: *„Die bunte Gewalt der neuen Erscheinungen bewegte mich in Trient nur dämmernd und ahnungsvoll, wie Märchenschauer; in Verona aber erfaßte sie mich wie ein heißer Fiebertraum voll heißer Farben, scharf bestimmter Formen, gespenstischer Trompetenklänge ...“*

Im Fieber war auch die 23-jährige *Maria Callas*, als sie im Amphitheater von Verona ihren ersten Auftritt hatte. Sie verliebte sich Hals über Kopf in den 30 Jahre älteren Fabrikanten und Millionär *Giovanni Battista Meneghini* und heiratete ihn auch.

Und auch der Touristenstrom in die **Stadt von Romeo und Julia** reißt nie ab. Einmal wenigstens muss man auf dem berühmtesten Balkon der Literaturgeschichte gestanden und die Skulptur der imaginären Julia berührt haben. Einmal wenigstens muss man eine Oper in der Arena gesehen haben. Und einmal wenigstens muss man auf der Piazza Brà einen Café getrunken haben – es gibt so viel zu erleben in Verona.

Aber Verona ist nicht nur Pilgerstätte für Romantiker. Die Stadt mit ihren knapp **260.000 Einwohnern** ist auch Industrie- (Eisen, Nahrungsmittel) und Geschäftsstadt und setzt Trends in den Bereichen Mode, Goldschmiedekunst und Parfüms. Hier arbeitet die **größte Druckerei Italiens,** die jährlich über 350 Millionen Zeitungen und Magazine und 20 Millionen Bücher druckt. Auch die **Weinmesse** ist die größte Italiens.

Seine günstige geografische Lage nutzt Verona, indem die Stadt das größte Zentrallager für die deutschen Autoimporteure stellt, den Interport für Gütertransit auf der Straße, und es folgt ein riesiges Zentrum für Zollabfertigung der transalpinen Hauptstrecke.

Zu guter Letzt: In den vierhundert Steinbrüchen der Umgebung wird der berühmte Veroneser **Marmor** abgeschlagen.

Geschichte

Die Geschichte Veronas umfasst eine Zeitspanne von 2000 Jahren. Dank des Etsch, der hier eine lang gezogene Schleife zieht und so drei Landstreifen schützt, befanden schon die Kelten: ein **idealer Platz für eine Siedlung.** Im Jahr 89 v. Chr. entstand die erste offizielle Kolonie mit römischen Bürgerrechten. Es folgten wie allüberall die Zeiten der Völkerwanderung, die der italienischen Nationalkönige *Berengar* und die der Stadtrepubliken, bis die Stunde der machtgierigen **Scaligeri** schlug. Verona wurde zu ihrer Residenzstadt auserkoren und damit eine **italienische Großmacht.** Veronas Blütezeit nahm ihren Anfang, allerdings auch eine blutrünstige Epoche voller Verderben für die Menschen. Das änderte sich auch mit den nachfolgenden Herrschern nicht. Die *Visconti* aus Mailand waren nicht minder tyrannisch und gewalttätig veranlagt. Einen echten Schnitt machten

die Venezianer, als sie 1405 beschlossen, Oberitalien zu erobern. Bis 1796 blieb Verona venezianische Provinz. Die Veroneser begannen, ihre Stadt zu einer Festung auszubauen. Sie fürchteten die kriegerischen Mächte aus dem Norden. Recht sollten sie behalten. *Napoleon* marschierte auf und besetzte Verona, später taten dies die Habsburger. Es entstand das berühmt-berüchtigte Festungsviereck Verona/Mantua/ Legnagno/Peschiera del Garda. Nach der aufreibenden Zeit des Risorgimento fiel Verona 1866 an das neu gegründete italienische Königreich.

Stadtrundgang

Piazza Brà

Die riesige Piazza Brà mit ihren vielen Palazzi aus den unterschiedlichen Epochen ist der **Dreh- und Angelpunkt der Stadt.** Zum einen ist die Piazza Brà quasi der Eingang zur vornehmen Altstadt, zum anderen ist hier die viel gerühmte **Arena,** das **Herzstück Veronas.** Außerdem gibt es keinen anderen Platz, wo man sich in eines der vielen Straßencafés setzen und auf so imposante Weise 2000 Jahre Geschichte auf sich wirken lassen kann. Die Arena entstand zu Beginn des ersten nachchristlichen Jahrhunderts, also ungefähr zur gleichen Zeit wie das Kolosseum in Rom. Die heutige Arena ist 138 m lang und 109 m breit, nach dem Kolosseum und der Arena in Capua das größte erhaltene antike **Amphitheater.** Einst war es dreigeschossig, wurde aber nach einem Erdbeben fast vollständig zerstört.

Seitdem ist nur noch der zweigeschossige Innenring zu sehen. **22.000 Zuschauer** finden in dem Amphitheater Platz. Ursprünglich war es für Gladiatorenspektakel gebaut worden. Später wurden Ritterturniere und Stierkämpfe ausgetragen. Und erst als man 1913 anlässlich des 100. Geburtstages von *Verdi* eine passende Stätte für die Aufführung der Oper „Aida" suchte, wurde die Arena zu einem Hort des friedlichen Miteinanders.

Beliebte Restaurantmeile
neben dem täglichen Markt

Verona

Besichtigung tagsüber 9–19 Uhr, während der Festspielzeit allerdings nur bis 15.30 Uhr. Eintritt: 4 Euro.

Gegenüber des Amphitheaters verläuft die Veroneser Promenade vor der Arkadenfront der historischen Häuser, **Liston** (breiter Streifen) genannt. Im Süden befinden sich nebeneinander das Stadttor Portoni della Brà, das archäologische Museum Maffeiano Lapidario, ein Stadtturm der *Visconti* und im weiteren Verlauf die zinnengekrönte Befestigungsmauer. Im Innenhof des Museums sind Architekturdenkmäler ausgestellt. Durchquert man den Hof, gelangt man zum historischen Konzertsaal der Stadt, dem **Teatro Filarmonico,** mit pompösen barocken Deckenfresken. Öffnungszeiten: dienstags bis sonntags von 8–18.30 Uhr. Eintritt: 2,10 Euro.

Im Südosten der Piazza befindet sich die **Gran Guardia,** ein monströses Gebäude, dessen Erdgeschoss eine Loggia bildet. Der venezianische Stadthalter wollte, dass seine Truppen auch bei Regenwetter im Trockenen paradieren konnten. Nebenan steht die Gran Guardia Nuova, von den Österreichern erbaut und bis heute als Rathaus genutzt.

Im Norden beginnt neben der Arena die wichtigste **Fußgängerzone** der Stadt, die **Via Mazzini,** die zur Piazza delle Erbe führt.

Piazza delle Erbe

Das alte römische Forum ist heute die Piazza delle Erbe. Malerisch ist der Platz und lebhaft zugleich. **Täglich** ist **Markt** auf der Piazza: Hell leuchten die orangefarbenen Kürbisse, die blank geputzten Auberginen schillern in der Sonne, Salatköpfe türmen sich zu grünen Bergen, Steige voll saftig-roter Tomaten beflügeln zum Kaufrausch – ein Fest für die Sinne. Schon zu Zeiten der Stadtrepublik Verona war die Piazza delle Erbe Handelszentrum. Damals wurden Holz und Getreide vertrieben.

Inmitten des Marktgewühls fällt der Blick auf das **Capitello,** einen Marmorbaldachin auf vier Säulen. Wo sich darunter die Touristen erschöpft niederlassen, wurden einst die Ratsherren und Bürgermeister gewählt.

Ein paar Sonnenschirme weiter plätschert ein Brunnen, auf dem eine an-

Abseits der namhaften Fußgängerzonen und historischen Highlights geht es ruhiger zu

mutige Dame steht: **Madonna Verona.** Sie wurde im 14. Jahrhundert zum Symbol der Stadt gekürt.

Auf der gegenüberliegenden Seite der Via-Mazzini-Einmündung sieht man den romanischen **Palazzo del Comune,** wahrscheinlich einer der frühesten Stadtpalazzi Italiens (wohl 1194). Es war der Versammlungs- und Repräsentationsbau der Regierungsinstitutionen der Stadtrepublik. Unübersehbar ragt der **Torre dei Lamberti** mit 83 m in die Höhe. Von allen Palästen auf der Nordseite des Platzes ist der beachtenswerteste der **Palazzo Maffei** (1668). Außerdem zu sehen der **Torre del Gardello** (1363–1370), in den schon die *Scaligeri* ein Uhrwerk mit Glocke einbauen ließen, und die Marmorsäule mit dem geflügelten Markuslöwen, Herrschaftszeichen Venedigs. Reiche Kaufleute errichteten die **Case dei Mercanti** im Osten, ein Verwaltungs- und Versammlungshaus.

Romeo und Julia

Wenn sich die Piazza zur Via Capello verengt, sind es nur noch wenige Schritte zum berühmtesten Balkon der Literaturgeschichte, dem Balkon, wo „es" sich zugetragen haben soll. Adresse: **Via Capello Nr. 21!** Hier lebte die Familie der Julia. Zu diesem Balkon kletterte Romeo in einer mondbeschienenen Nacht empor, um seiner wartenden Angebeteten seine Liebe zu gestehen. Das war der Beginn einer unheilvollen, von Mord und Intrigen überschatteten Liebe, die nicht sein sollte, weil die beiden Familien gar bitter mit-

einander verfeindet waren. Ein furchtbarer Irrtum bringt beiden den Tod. Romeo wähnt die schlafende Julia tot und begeht in wilder Verzweiflung Selbstmord. Als Julia aufwacht und den Sterbenden sieht, bringt auch sie sich um. Übrigens soll der Dichterfürst *William Shakespeare* nie in Verona gewesen sein ...!

Abgesehen von dem hübschen spätromanischen Balkon ist das Haus eher uninteressant.

Öffnungszeiten: Dienstag bis Sonntag von 9–19 Uhr. Eintritt: 3,10 Euro.

Piazza dei Signori

Von der Via Capello gelangt man rechter Hand durch den Arco della Costa auf die Piazza dei Signori, das **Machtzentrum der Stadt.** Hier stehen die Regierungsgebäude, die den Platz so einschließen, dass er eher wie ein Innenhof wirkt, von dem Bogengänge abgehen. Mittendrin wacht *Dante* mit finsterer Stirn auf einer Säule. Er soll Dauergast bei den *Scaligeri* gewesen sein. Deshalb gibt es auch ein nach ihm benanntes Café auf der Piazza, das älteste von Verona.

Rechter Hand befindet sich der romanische Palazzo del Comune, der durch seine abwechselnden Schichten aus Tuffstein und Ziegel zu erkennen ist. Im Anschluss folgt der Palazzo dei Tribunali (1365) mit einem Wehrturm aus Backstein, der 83 m hoch ist. Auf diesen **Torre dei Lamberti** kann man hochfahren mit einem Lift oder über 368 Stufen laufen. Oben erwartet einen ein wundervoller Ausblick auf Verona.

Verona

Öffnungszeiten: Dienstag bis Sonntag von 9–19 Uhr, freitags sogar bis 22 Uhr. Eintritt: für den Lift 2,60 Euro, per pedes 1,60 Euro.

Linker Hand dominiert die gewaltige Fassade des **Palazzo del Governo** mit ghibellinischem Zinnenkranz. Der ehemalige Regierungpalast der *Scaligeri* ist heute Sitz der Polizei und der Präfektur. Geht man unter dem Bogen der Balustrade hindurch, steht man zwischen dem Palast, der Kirche Santa Maria Antica (1185) und einem kleinen Friedhof, auf dem die Familienmitglieder der *Scaligeri* begraben liegen. Er ist umgrenzt von schmiedeeisernen Gittern (14. Jahrhundert), die reich mit Ornamenten verziert sind. Das Erste der Grabmäler war noch ins Portal der Kirche gebaut worden. Es ist das Grab des 1329 verstorbenen *Cangrande I.* Er hatte die Familie *Scaligeri* zur Macht geführt und

den gegenüberliegenden Palast gebaut. An den Palazzo dei Tribunali schließt sich die berühmte **Loggia del Consiglio** an. Kunstexperten loben das elegante Bauwerk als eines der schönsten der venezianischen Frührenaissance, versehen mit Torbögen und auf dem Dach mit den Persönlichkeiten der Antike gekrönt.

Läuft man den Corso S. Anastasia entlang, findet man im Bogen der Etsch und vor der Via Sottoriva die berühmte **Kirche Sant'Anastasia.** Trotz eines Doms wurde sie die Stadtkirche Veronas. Die gotische Backsteinkirche ist zwischen dem 13. und 15. Jahrhundert erbaut worden. Die Fassade ist unverkleidet, sodass umso mehr das Portal auffällt, dass mit zweifarbigen Steineinlagen versehen ist und einen reliefierten Türsturz hat. An der Ostseite der Kirche überragt ein hoher Turm den Bau. Im Inneren ist die Basilika sehr mächtig mit hohen Arkadenbögen. Besonders bekannt sind **„die Buckligen",** die sich unter der Last der Weihwasserbecken krümmen. Berühmt ist auch das Fresko von *Pisanello* aus dem Jahr 1433 über dem Eingangsbogen zur Kapelle Pellegrini. Es zeigt den Aufbruch des Heiligen Georg zum Kampf mit dem Drachen. Auch die anderen Kapellen sind reich mit schönen Fresken bemalt.

Wenige Gehminuten entfernt, die Via Duomo hinauf, kommt man zum Dom der Stadt.

DBaga Foto: de

Prachtvolle Stadtkulisse am Fluss Etsch

Duomo

Eigentlich war der Dom ein romanisches Bauwerk, wurde aber später im gotischen Stil umgebaut. Der weiße Turm stammt aus dem letzten Jahrhundert. Das Fassadenportal weist beeindruckende Reliefs auf. Bekannt ist der Dom wegen seines dreischiffigen Innenraums, der viele architektonische Details vorzuweisen hat. Berühmt auch *Tizians* Werk „Himmelfahrt Mariens" in der ersten Kapelle des linken Seitenschiffs.

Castelvecchio

Das Castelvecchio aus Backsteinen ist die Herberge der *Scaligeri*-Familie gewesen und liegt direkt an der Etsch. In ihm ist das **Museo Civico D'Arte** untergebracht. Es zählt zu den bedeutendsten Museen Italiens, insbesondere wegen der großen Gemäldesammlung von Künstlern, die der Veroneser Schule entstammen: *Stéfano da Verona, Bellini, Mantegna, Pisanello, Paolo Veronese* und nicht zuletzt *Girólamo dai Libri,* der auch deshalb von sich reden machte, weil er seine Bilder manchmal mit einer Zitrone signierte – schließlich war er am Gardasee beheimatet.

Öffnungszeiten: täglich außer montags von 9–19 Uhr. Eintritt: 3,10 Euro.

Auf der Rückseite des düsteren Schlosses trifft man auf ein weiteres berühmtes und beliebtes Bauwerk, die **Ponte Scaligero.** Die 120 m lange Backsteinbrücke mit Zinnenbastionen war ursprünglich der Fluchtweg aus dem Kastell.

Kirche San Zeno Maggiore

Die Kirche San Zeno Maggiore an der gleichnamigen Piazza zählt zu den schönsten in Italien und ist ein **Höhepunkt der lombardischen Romanik.** Der Basilika ist eine Benediktinerabtei angeschlossen. An dem beeindruckenden Portal haben im Laufe des 12. Jahrhunderts drei Künstler gearbeitet. Das Ergebnis ist ein **Meisterwerk mittelalterlicher Bildhauerei** in Europa. Die Tore bestehen aus 48 Bronzerelieftafeln, die Szenen aus dem Alten und Neuen Testament und Episoden aus San Zenos Leben darstellen. San Zeno ist der Stadtheilige Veronas. Seine Gebeine ruhen noch immer in der Krypta der Basilika. Auf dem Hauptaltar ist das berühmte Triptychon (1459) des Künstlers *Andrea Mantegna* zu sehen, das die Madonna auf dem Thron mit Heiligen und Engeln darstellt. Ein weiteres Triptychon ist nur eine Kopie: Das Original wurde von *Napoleon* nach Frankreich geschafft. Es ist heute im Louvre in Paris ausgestellt.

Opernfestspiele

Nicht zuletzt die Opernfestspiele haben Verona berühmt gemacht, und so ist das Publikum bunt gemischt und international. Die Saison dauert von Anfang **Juli bis September.** Liebhaber klassischer Opern kommen immer auf ihre Kosten. Stücke wie „Rigoletto", „Aida", „Madame Butterfly" oder „Carmen" werden wie selbstverständlich jedes Jahr aufgeführt, sodass hierzu Karten für jedermann einigermaßen sicher er-

Verona

hältlich sind, was bei neuen Inszenierungen nicht der Fall ist.

Die **Aufführungen beginnen gegen 21 Uhr** und enden frühestens gegen Mitternacht. Am Eingang werden Sitzauflagen verteilt. Man sollte sich auf jeden Fall eine nehmen: Die Steinbänke heizen sich durch die Sonne auf und können unerträglich heiß sein. Nach jedem Akt folgen 20 Minuten Pause. Es gibt nummerierte Rangplätze wie auch die sogenannten Gradinate. Da diese eben nicht festgelegt sind, sollte man sich mindestens zwei Stunden vor Beginn der Aufführung einfinden, um einen guten Platz zu bekommen.

Hinsichtlich des **Wetters** ist zu berücksichtigen: Beginnt es während der Vorstellung zu regnen, wird die Oper abgebrochen. Dann gibt es kein Geld zurück. Regnet es vorher schon, muss man bis kurz vor Beginn abwarten, ob sich das Wetter noch bessert. Ist das nicht der Fall, dann wird der Eintrittspreis zurückerstattet.

Preise

- Plätze im **1. Parkett** (*Poltronissime*) kosten Fr und Sa 198/168, sonst 183/153 Euro.
- Plätze im **2. Parkett** (*Poltrone*) kosten Fr und Sa 127, sonst 116 Euro.
- Ein **nummerierter Rangplatz** (*Gradineta numerata*) kostet Fr und Sa 104/84 Euro, sonst 94/73 Euro.
- Ein **unnummerierter Rangplatz in der Mitte** (Gradinata Sektor D und E) kostet Fr und Sa 27,50, sonst 25,50 Euro.
- Ein **unnummerierter Rangplatz zwischen Mitte und Seite** (Gradinata Sektor C und F) kostet Fr und Sa 23, sonst 21 Euro.
- Es gibt **ermäßigte Karten** für Senioren (ab 60 Jahren) und Jugendliche bis 26 Jahre (siehe dazu www.arena-verona.de).

Auskünfte und Vorbestellungen

- **Ente Arena,** Piazza Brà 28, Verona, Tel. 045/ 80 51 811, Fax 80 11 566, Internet: www.arena.it.
- **Servizio Biglietteria,** Via Dietro Anfiteatro 6/B, Verona, Tel. 045/ 80 05 151, Fax 80 13 287.

- Ein **zentrales Buchungszentrum am Gardasee** ist das vom Lago di Garda Magazine in Limone, Via Caldogno 1/n, Tel. 0365/ 91 37 11, Fax 91 37 12, Internet: www.lagodigardamagazine.com.

- **Via Internet** unter www.info-gardasee.de und dem Link „Oper in Verona" bieten zwei große, am Gardasee ansässige Agenturen – Molinari Travel Office und Montebaldo Travel Office – die Möglichkeit, Opernkarten zu bestellen. Reservierungen sind darüber hinaus auch per Telefon und Fax möglich. Eine weitere Internetadresse für Vorbestellungen ist www.arena-verona.de.

- **In Deutschland** sind einige Konzertagenturen für Kartenverkauf autorisiert, z.B. First Reisen, Große Bleiche 68, 20354 **Hamburg,** Tel. 040/ 40 34 72 56 26; Hirsch Reisen, Erbprinzenstr. 31, 76133 **Karlsruhe,** Tel. 0721/ 18 11 18; IFB, Max Stromeyer Str. 172, 78467 **Konstanz,** Tel. 07531/ 58 020; Orpheus, Kaiserstr. 29, 80801 **München,** Tel. 089/ 38 39 390; Reisen á la Hobmeier, Proviantstr. 30, 85049 **Ingolstadt,** Tel. 084/ 11 344; Touristik Service Morhart, Hasenhaeg 58, 63741 **Aschaffenburg,** Tel. 06021/ 45 05 57.

Museen

- **Museo Lapidario Maffeiano,** Piazza Brà 28, Tel. 045/ 59 00 87. Dieses archäologische Museum mit griechischen, römischen und etruskischen Funden wurde schon 1734 von dem Veroneser *Scipione Maffei* gegründet. Somit gehört es zu den ältesten Museen Europas. Öffnungszeiten: täglich außer montags von 8–19.30 Uhr. Eintritt: 4,50 Euro.
- **Museo Archeologico,** im Convento di San Giroloamo, Regaste Redentore 2, Tel. 045/

80 00 360. Besonders erwähnenswert sind die Funde aus vorgeschichtlicher und römischer Zeit. Öffnungszeiten: 8.30–19.30 Uhr. Eintritt: 4,50 Euro.

● **Galleria D'Arte Moderna e Contemporanea,** Palazzo Forti, Via Forti 1, Tel. 045/ 80 01 903. Hier sind Werke moderner und zeitgenössischer Künstler zu sehen, wie der Maler *Paul Cézanne, Edgar Degas* und *Auguste Renoir.* Der Preis der Eintrittskarte und die Öffnungszeiten hängen von der jeweiligen Ausstellung ab.

Praktische Informationen

IAT-Touristeninformation

● 37121 Verona, Palazzo Barbieri, Via Leoncino 61, Tel. 045/ 59 28 28, Fax 80 03 638.
● **Informationsbüro „Stazione FS",** Piazzale XV, Tel. 045/ 80 00 861.
● **Hotel-Buchungs-Büro,** Piazza Patuzzi 5, Tel. 045/ 80 09 844, Fax 80 09 372.
● Internet: www.tourism.verona.it, www.hotelverona.it.

Verona Card

Diese **Sammelkarte,** die von der Stadt Verona, den Kirchengemeinden und den öffentlichen AMT-Verkehrsmitteln ins Leben gerufen worden ist, ermöglicht einen **günstigeren Eintritt** in Kirchen, Museen und anderen Sehenswürdigkeiten Veronas sowie eine günstigere Nutzung besagter **Verkehrsmittel.** Eine genaue Auflistung erhält man beim Kauf dieser Ermäßigungskarte, die es für einen Tag (8 Euro) und drei Tage (12 Euro) gibt. Erhältlich ist sie in allen Tabakläden der Stadt und in den Orten am Gardasee. Weitere Informationen unter www.veronacard.it.

Unterkunft

● **Hotel Gabbia d'Oro*******, Corso Porta Borsari 4a, Tel. 045/ 80 03 060, Fax 59 02 93, Internet: www.hotelgabbiadoro.it. Ein

Auf den billigen Plätzen

Wenn die Sonne ihren tiefsten Stand hat, dann zieht die Menschenmenge durch Veronas Altstadt zur Piazza Brà. Jeden Tag, den ganzen Sommer über. Alle haben dasselbe Ziel: die Arena. Alle schleppen dasselbe Erkennungszeichen mit sich: eine dicke Kühltasche. Und noch etwas haben sie gemein: Sie werden auf den billigen Plätzen sitzen, den **Gradinate.**

Sommerzeit – Festspielzeit! Vor den Eingängen des Amphitheaters bilden sich lange Schlangen, denn die Gradinate kauft man an der Abendkasse, und die Plätze sind nicht nummeriert. Also tut man gut daran, möglichst bei den Ersten zu sein, damit man nicht mit den seitlichen Plätzen vorlieb nehmen muss. An der Kasse wird die Ausrüstung noch ergänzt. Als Unterlage für die von der Sonne aufgeheizten Steinränge gibt es Sitzkissen. Die Stimmung ist gut. Keiner hat sein Opernglas vergessen. Das ist ganz wichtig. Schließlich will man vor Beginn der Aufführung vorne auf den teuren Sitzplätzen die Damen in ihren langen Kleidern und die Herren im feinen Tuch genauer inspizieren.

Auf den Gradinate geht es legerer zu. Man macht sich's bequem, zieht schon mal die zu engen Schuhe aus. Die Korken knallen, Prosecco wird ausgeschenkt. Winken, lachen – „Ach, du bist auch da!" – Käse, Schinken und Oliven werden weitergereicht und Neuigkeiten ausgetauscht, wenn es sein muss, über fünf Reihen hinweg. Zwischen den Reihen turnen Studenten, die Brötchen verkaufen und Getränke für die, die keine Kühltasche mitbringen konnten. Volksfeststimmung pur. Inzwischen ist es dunkel geworden, das Orchester stimmt sich ein. Beim Gongschlag ist es 21 Uhr. Jetzt ist es mucksmäuschenstill. Die Oper kann beginnen.

Verona

echter Palast mit herrlichen Salons, luxuriösen Zimmern und exklusiver Einrichtung. Der Service ist außerordentlich. Wer mit dem Wagen anreist, wird von der etwas entfernt liegenden Parkgarage auf Kosten des Hauses mit einem Taxi ins Hotel chauffiert. Kleine Hunde sind erlaubt. DZ ab 220 Euro.

● **Hotel Accademia*******, Via Scala 12, Tel. 045/ 59 62 22, Fax 80 08 440, Internet: www.accademiavr.it. Vom Hotel, einem Adelspalais aus dem Spätmittelalter, sind es nur drei Minuten bis zur Arena. Das wunderschöne, gut geführte Haus zählt zu den traditionsreichsten in Italien. Es gibt auch vier Appartements. Tiefgarage. DZ ab 120 Euro.

● **Due Torri Hotel Baglioni*******, Piazza Sant'Anastasia 4, Tel. 045/ 59 50 44, Fax 80 04 130, Internet: www.baglionihotels.com. Geschichtsträchtiger Palazzo der Scaliger nahe der Kirche Sant'Anastasia, also zentral gelegen. Das Hotel ist elegant und gepflegt. Hunde erlaubt. DZ ab 360 Euro.

● **Hotel Giulietta e Romeo*****, Vicolo Tre Marchetto 3, Tel. 045/ 80 03 554, Fax 80 10 862, Internet: www.giuliettaeromeo.com. Ein Hotel dieses Namens in Verona muss es einfach geben. Der alte Palazzo liegt direkt hinter der Arena und ist zur Jahrtausendwende innen renoviert worden. DZ ab 105 Euro.

● **Hotel Antica Porta Leona*****, Corticella Leone 3, Tel./Fax 045/ 59 54 99, Internet: www.anticaportaleona.com. Relativ kleines Haus in der Nähe der Piazza Erbe, das schlicht und stilvoll eingerichtet ist. Hunde erlaubt. Parkmöglichkeiten. DZ ab 95 Euro.

● **Hotel Aurora****, Piazza Erbe 2, Tel. 045/ 59 47 17, Fax 80 10 860, Internet: www.aurora.biz. Das Haus liegt zentral und ruhig an einer Fußgängerzone. Die schlichten Zimmer sind komfortabel. Echtes Highlight ist die Terrasse. Hunde erlaubt. DZ ab 90 Euro.

● **Hotel Ciopeta***, Vicolo Teatro Filarmonico 2, Tel. 045/ 80 06 843, Fax 80 33 722, Internet: www.ciopeta.it. Stadthotel wenige Minuten von der Piazza Brà entfernt. Einfach und ordentlich. DZ ab 40 Euro.

● **Ca' dell'Orto Appartementi,** Via Francesco da Levanto 52, Tel. 045/ 83 03 554, Fax 83 88 819, Internet: www.cadellorto.it. Ein altes Stadtpalais unweit des historischen Zentrums wurde komplett saniert und in ein idyl-

lisches Appartementhaus verwandelt. Die Ein- bis Zweizimmer-Wohnungen sind hübsch eingerichtet und bestens ausgestattet. Der Service beinhaltet tägliche Reinigung. Zum Anwesen gehört ein Pool in einem lauschigen Garten. Einzimmer-Wohnung für 2 Personen pro Tag ab 110 Euro, pro Woche ab 495 Euro.

Jugendherberge

● **Ostello Verona,** Villa Francescatti, Salita Fontana del Ferro 15, Tel. 045/ 59 03 60, Internet: www.francescatti.it. Traumhaft schöne Jugendherberge in einem alten Palazzo mit Freskenmalerei, Palmengarten, am Hang gelegen, sauber und gepflegt. Im Park kann man zelten.

Camping

● **Giulietta e Romeo*****, Strada Bresciana 54, Tel. 045/ 85 10 243. Etwa 5 km außerhalb von Verona an der SS 11 Richtung Gardasee gelegen. Großer Rasenplatz.

● **Castel San Pietro***, Via Castel San Pietro 2, Tel. 045/ 59 20 37, Internet: www.camping castelsanpietro.com. Tolle Lage neben dem Schloss über der Stadt, Terrassenplätze, die von Wein umrankt sind. Aber: nicht sehr sauber.

Essen und Trinken

● **12 Apostoli,** Vicolo Corticella San Marco 3, Tel. 045/ 59 69 99. Die „12 Apostel" sind eigentlich Pflicht bei einem Besuch in Verona. Das elegante Lokal zählt zu den Top-100-„Restaurants der guten Erinnerung", die der Touring Club Italia empfiehlt. Anno 1750 sollen es zwölf Händler von der nahe gelegenen Piazza delle Erbe gewesen sein, die sich regelmäßig in diesem Gasthaus trafen. Das Volk gab ihnen den Spitznamen „Die 12 Apostel".

● **Le Arche,** Via delle Arche Scaligere 6, Tel. 045/ 80 07 415. Zählt zu den allerfeinsten Adressen der Stadt. Immerhin liegt es auch gegenüber des berühmten Grabmals Della Scala. Sehr fein, sehr intim; reservieren!

●**Bottega del Vino,** Via Scudo di Francia 3, Tel. 045/ 80 04 535. Ungezwungene Stimmung, die vor allem junge Leute anzieht. Zum Restaurant mit traditioneller Küche gehört eine Weinbar.

●**Re Teodorico,** Piazzale Castel San Pietro 1, Tel. 045/ 83 49 990. Von hier hat man einen schönen Blick auf die Stadt und den Fluss Etsch.

●**Nuovo Marconi,** Via Fogge 4, Tel. 045/ 59 19 10. Innovative italienische Küche, elegantes Ambiente.

●**Osteria del Duca,** Via Arche Scaligere 2, Tel. 045/ 59 44 74. Hier wird eine Spezialität Veronas serviert: *Pastisada de Caval,* ein leckeres Pferderagout. Die Osteria ist bei den Einheimischen sehr beliebt.

●**Rubiani,** Piazzette Scalette Rubiani 3. Gute und vielseitige Speisekarte, die auch vor ungewöhnlichen Kreationen nicht halt macht: Kaninchen auf Café ...

●**Trattoria Al Camiere,** Piazza San Zeno 10, Tel. 045/ 80 30 765. Gepflegte Küche, die vorwiegend lokale Gerichte zubereitet. Im Juli geschlossen.

●**Osteria all'Oste Scuro,** Vicolo San Sivestro 10, Tel. 045/ 59 26 50. Klein, aber superfein in zwei Räumen eines alten Palastes im Zentrum Veronas. Hier kann man die örtlichen Spezialitäten entdecken, z.B. Köstlichkeiten vom Pferd. Vom 20. bis 31. August ist das Lokal stets geschlossen.

●**La Fontanina,** Piazza Portichetti Fontanelle 3, Tel. 045/ 91 33 05. Vor 100 Jahren war das Lokal eine Trinkstube, deren Flair sich über die Zeit hat retten können. Herausragende Fleisch- und Fischgerichte.

●**Maffei,** Piazza delle Erbe 38, Tel. 045/ 80 10 015. Eines der bekanntesten Restaurants der Stadt, weshalb sich für abends unbedingt eine Reservierung empfiehlt. Die Preise sind gehoben, mittags wird ein recht günstiges Menü angeboten. Spezialität des Hauses: Blätterteiggebäck mit Erdbeeren.

●**Campidoglio,** Piazzetta Tirabosco 4. Szene-Treff von Verona in einem ehemaligen Kloster mit alten Fresken an den Wänden.

●**Osteria Verona,** Piazza delle Erbe (schräg gegenüber vom Maffei). Soll es nur eine Kleinigkeit zum Essen sein und das auf der Piazza delle Erbe sozusagen in der ersten Liga, dann kann man sich getrost hier niederlassen. Das tut der Italiener wie der Tourist. Insofern preislich okay.

●**Caffè Dante,** Piazza dei Signori. Eines der schönsten Cafés der Stadt, außerdem wunderbar gelegen. In unmittelbarer Nachbarschaft Paläste und die Loggia del Consiglio. Man kann hier auch ausgezeichnet speisen.

●**Enothéque Dal Zovo,** Vicolo San Marco in Foro 7. Sehr ansprechende Weinauswahl.

●**Bar Liston,** Piazza Brà 12. Hier gibt es auch gute Pizza.

●**Caffè Coloniale,** Via Viviani 14c. Nicht nur Kaffeetrinker kommen hier auf ihre Kosten, auch Teetrinker werden begeistert sein.

●**Caffè Dolce Vita,** Via Fabio Fitzi 1. Klimatisiertes und designtes Fashionlokal.

●**Trattoria La Griglia,** Via Leoncino 31, Tel. 045/ 80 31 212. Wie der Name schon verheißt, hat man sich hier aufs Grillen spezialisiert. So sollte man die lokale Käse-Spezialität, gegrillten Tomini im Speckmantel mit Gemüse, unbedingt probieren.

●**Osteria del Bugiardo,** Corso S. Anastasia 17a. Traditionsreicher, urig-gemütlicher Laden, der seine Weine vornehmlich von der Azienda Agricola Buglioni im nahe gelegenen Valpolicella bezieht.

●**Gelateria,** Via Venchi 44. Mitten in einer der angesagtesten Einkaufsstraßen hat sich eine Gelateria etabliert, an der sich Warteschlangen bilden, um für das wirklich göttliche Eis anzustehen. Es ist relativ teuer, aber in Anbetracht des Genusses lässt sich das übersehen.

Anfahrt mit dem Fahrzeug

●Von Peschiera del Garda sind es knapp 20 km schnurgerade auf der SS 11 nach Verona. Die Stadt liegt exakt an der Schnittstelle der Autobahnen Brenner (A 22) mit der Ausfahrt Verona Nord und der Autobahn A 4 von Venedig nach Mailand mit der Ausfahrt Verona Süd.

●Die **Innenstadt Veronas** ist von 7.30–10.30 Uhr und von 13.30–16.30 Uhr für den Autoverkehr gesperrt. Ausgenommen sind die Zufahrten zu den Hotels und Fahrzeuge mit Sondergenehmigungen.

Verona

Parken

● An vielen Straßenzügen der Innenstadt kann man sein Fahrzeug mit Parkscheibe oder an Parkuhren abstellen.
● **Parkhäuser** gibt es an der Piazza Citadella und in der Via Bentegodi (beides in der Nähe der Piazza Brà).
● Wer San Zeno Maggiore besichtigen möchte, findet direkt dabei einen gebührenpflichtigen Parkplatz.
● In der **Altstadt** darf grundsätzlich nur zu bestimmten Zeiten mit Sondergenehmigungen gefahren werden. Ausgenommen sind die An- und Abfahrten zu den Hotels.
● Ein Tipp ist das **bewachte Parkgelände** an der Universität Passalacqua jenseits des Flusses. Von hier läuft man nur fünf Minuten ins Zentrum.

087jga Foto: de

Bahnverbindungen

● Verona ist Knotenpunkt für die **Verbindungen** Brenner – Bologna – Florenz und Mailand – Venedig. Für Gardasee-Urlauber ist die Linie Mailand – Venedig von Bedeutung, da der Zug mindestens stündlich in Peschiera del Garda und Desenzano hält.
● Der Veroneser **Bahnhof** liegt an der Piazza le XXV Aprile. Zu Fuß dauert es via Piazzale Porta Nuova und Corso Porta Nuova eine gute Viertelstunde zur Piazza Brà.

Busstationen/-linien

● Piazza XXV Aprile (am Bahnhof), Corso Porta Nuova und Porta Palio sind die größten **Bushaltestellen,** die vom Gardasee aus angefahren werden.
● Der **SAIA-Bus 81** fährt von Brescia über Desenzano, Sirmione, Peschiera del Garda nach Verona.
● Die **APT-Busse 62–64** fahren von Riva das Ostufer entlang nach Verona. Informationen unter der Rufnummer 045/ 88 71 111, im Internet unter www.amt.it.

Flugplatz

● **Verona Villafranca,** Tel. 045/ 8 09 56 11, Entfernung von der Stadt: 13 km, Fahrtzeit vom Bahnhof an der Piazza Cittadella: 15 Min.; Infos unter Tel. 045/ 80 95 611.

Taxi

● Radiotaxi mit 24-Stunden-Service, Tel. 045/ 53 26 66.
● Piazza Brà, Tel. 045/ 80 30 565.
● Punta Nuova, Tel. 045/ 80 04 528.
● Piazza Erbe, Tel. 045/ 80 30 561.
● Piazza San Zeno, Tel. 045/ 83 49 500.

Die Piazza Brà ist fast immer überlaufen

Fahrrad-Verleih

● **Rent and Bike,** Piazza Brà, Tel. 045/ 58 23 89, Handy: 0338/ 81 40 760.

Stadtrundfahrten

Mit dem Bus; sie werden viersprachig angeboten, von Anfang Juli bis Anfang September. In aller Regel muss man von 90 Min. Dauer ausgehen und 10 Euro Kosten. Informationen beim Tourismusbüro.

Shopping

Die meisten Boutiquen für Mode, Design, Accessoires und Schuhe findet man in den Fußgängerzonen Via Mazzini und Via Cappello. Antiquitätenläden finden sich im Domviertel, also z.B. Via Sottoriva und Corso Sant' Anastasia. Herausragend ist die Pasticceria Cordioli, Via Cappello 39. Verona eilt der Ruf voraus, dass es hier **ausgezeichnete Süßspeisen** gibt: Ein Küsschen von Julia und ein Seufzer von Romeo – „Baci di Guilietta e Sospiri di Romeo" – müssen schon sein! Außerdem können empfohlen werden:

● **Locandina Capello,** Via Capello 16b. Verführerische Köstlichkeiten zum Gleichessen oder Mitnehmen.
● **Erboristerica Cittá Antica,** Vicoletto Cieco Racchetta 6. Produkte für die Körperpflege und Gesundheit, hergestellt ausschließlich auf natürlicher Basis.
● **Enoteca Anastasia,** Via Abramo Massalongo 3b. Ein Laden für Weinkenner, die edle Tropfen lieben.
● **Calimala,** Via Capello 3. Decken, Wäsche und andere hübsche Dinge für zu Hause.
● **Il Fiorucci,** Via Manzini 4a. Der angesagteste Laden für junges, flippiges Wohndesign.
● **Grand Optical,** Via Manzini 25. Riesenangebot an Sonnenbrillen, von günstigen Produkten bis zu Designermodellen. Außerdem gibt es hier einen Exklusiv-Service: Die geschliffene Sonnenbrille ist in einer Stunde fertig zum Mitnehmen.
● **Drogheria Emaldi,** Via San Paolo 6. Die Drogerie ist eine Institution in Verona. Be-

rühmt-berüchtigt sind die selbst gemachten Kräuterliköre, die Bonbons und Lakritze, die selbstverständlich ohne Farb- und Aromastoffe produziert werden.
● **Giamaica Caffè,** Via Merighi 5. Für Kaffeegenießer ist der Laden die reinste Wonne. Unbedingt die mit Schokolade überzogenen Kaffeebohnen probieren!
● **Fazzini,** Via Guido Ganella 3/Via Guglielmo Oberdam. Exzellente, gleichsam elegant designte Messer, Flaschenöffner, Pfeffermühlen etc. finden sich hier im besten Sortiment.
● **Il Ghibellin Fuggias,** Vicolo Dietro SS Apostoli 5. Elegante Wohnaccessoires, auch für die Küche, und ungewöhnliche Lampen.
● **Salumeria G. Albertini,** Corso S. Anastasia 41a. Herrlicher Traditionsladen mit einem fantastischen Angebot insbesondere für Salami, Wurst, Schinken, Fleisch.
● **Maliparmi,** Via Capello 35, www.maliparmi.it. Eine Boutique, die mit ausgefallenen Klamotten und Accessoires aufwartet – das Außergewöhnliche kostet allerdings.
● **Coccinelle,** Via Manzini 56. Angesagtes Taschenlabel, das hier viel Auswahl im Laden hat und noch weitere Accessoires im Angebot: Gürtel, Schals, Handschuhe, Hüte, Mützen.

Märkte

● Auf der Piazza delle Erbe ist jeden Tag **Markt für Obst, Gemüse und Blumen.**
● Auf der Piazzale Olimpia wird jeden Samstag der größte Markt der Stadt abgehalten.
● **Antiquitätenmarkt** ist jeden 3. Samstag im Monat auf der Piazza San Zeno.

Events

● Fasching in Venedig ist zwar das Maß aller Dinge – aber es gibt auch in Verona im Februar einen sehenswerten **Karneval** mit Umzügen in historischen Kostümen und einer sogenannten „Regata Storica" auf der Etsch.
● **Internationale Krippenausstellung** im Dezember und Januar.
● **Weinmesse** im Frühjahr.

Verona

Trentino

089ga Foto: de

090ga Foto: de

091ga Foto: de

Fiera di Primiero

Rast am Rifugio Brentei

S. Martino di Castrozza

Hydrospeed auf dem Rio Noce

Einleitung

Egal ob man nur den Blick über die Landkarte kreisen lässt oder gar die Möglichkeit hat, sich fliegend einen Eindruck von der geografischen Beschaffenheit des Trentino zu machen – ein jeder wird schnell vom **Anblick eines Schmetterlings** beflügelt sein. Den Körper bildet das Etschtal von Mezzocorona und San Michele all'Adige bis zum Nordzipfel des Lago di Garda, die Berge und die Täler nehmen sich als die Flügel aus. Es sind große Flügel. Der eine reicht weit in den Westen hinein, vom Mendelpass bis hinüber zum Stilfser Joch, die Brenta-Gruppe gehört dazu ebenso wie Adamello und Presanella, im Südwesten die Ledro-Alpen. Der andere Flügel umfasst den Osten des Trentino bis hin nach Canazei mit so bekannten Bergmassiven wie der Sella-Gruppe, dem Langkofel, der Marmolada und der Pale-Gruppe. Hinzu kommen die vielen Hochebenen im Südosten der Provinz. Nicht umsonst also haben die Trentiner den Schmetterling zur Symbolfigur ihrer touristischen Entwicklung gekürt. Außerdem ist der Schmetterling auch Symbol der Natur,

und die steht im Trentino im Mittelpunkt. Die Trentiner sind stolz auf ihre Natur und die Schutzgebiete mit den dichten Wäldern, den vielen Seen, Flüssen, Wasserfällen, die reiche Fauna und Flora. Ein Indiz für eine noch recht intakte Ökologie sehen sie in ihrem **Wahrzeichen,** dem **Braunbären:** Die letzten Tiere in Europa tummeln sich in den Alpen in den Ausläufern der Brenta-Gruppe.

Im Trentino sind demnach genau die Urlauber am richtigen Platz, die die Natur und die Berge lieben und sie entdecken möchten. Die **Infrastruktur in der Natur- und Bergwelt ist ausgezeichnet,** da nicht nur der Tourismus in den Gardasee-Regionen eine lange Tradition hat. Schon die österreichische Kaiserin *Sissi* wusste die Landschaft um Madonna di Campiglio zu schätzen. Der Vater der Psychoanalyse, *Sigmund Freud,* schöpfte lieber Kraft in den östlichen Höhenlagen der Provinz. Aber im Vergleich zum Gardasee ist die Bergwelt natürlich längst nicht so überlaufen.

Die Menschen

Grundsätzlich sind die Menschen im Trentino sehr freundlich und umgänglich. Da sich das Trentino aber landschaftlich in die alpine Bergwelt und die lieblichere Region am Gardasee aufteilt, sind die Menschen natürlich auch von **unterschiedlicher Prägung.** Am Gardasee mit seinen herrlich mediterranen Grundbedingungen, wo es fast alles im Überfluss zu geben scheint, wachsen, wie es so schön heißt, die Zitronen ja tatsächlich auf den Bäumen.

093ga Foto: de

Das wirkt sich auf das Lebensgefühl der Menschen aus. Die Leichtigkeit des Seins prägt hier das Gemüt. Man ist recht heiter und ungezwungen, nimmt vieles nicht so schwer. In der rauen Bergwelt haben die Menschen gelernt, Maß zu halten und einzuteilen. Man ist recht kontrolliert, was das Leben angeht. Es herrscht durchaus eine Art Nutzdenken vor, was allerdings nicht bedeutet, dass man das Leben hier nicht genießen würde. Anders eben. Die Menschen in den Bergen sind naturverbundener, hier bestehen noch intakte Bauernkulturen. Auch der habsburgische Einfluss lässt sich besonders in den Bergen erkennen. Immerhin blieb das Trentino bis 1919 im Besitz der Österreicher, während der lombardische Teil und der venezische bereits von 1868 an zu Italien gehörten.

Ob jedoch in den Bergen oder am Gardasee, allen Trentinern ist die Fixierung auf die Familie gemein, auf Traditionen und Religiosität, wobei die jüngere Generation am Gardasee zunehmend versucht, die Fesseln abzustreifen.

Verwaltung und Bevölkerung

Das Trentino ist eine **autonome Provinz** mit rund 500.000 Einwohnern. Die **Hauptstadt** ist **Trento (Trient),** an der Etsch gelegen. Hinzu kommen 223 Gemeinden. Die Bevölkerungsdichte liegt bei 80,5 Einwohnern pro km². Die Provinz gehört zur **Region Trentino-Südtirol (Alto Adige)** und hat ein eigenes Statut, das auf das Jahr 1948 datiert und damit eine etwas größere Unabhängigkeit einräumt im Vergleich zu anderen großen Regionen wie beispielsweise Friaul-Julisch-Venetien oder Sizilien. Das bedeutet, dass die Region Trentino-Südtirol eine eigene Regionalkammer hat sowie Regionalausschüsse. Neben einem Grundstatut für die Region hat die Kammer die Möglichkeit, Regionalgesetze zu erlassen. Neben der Regionalverwaltung gibt es natürlich auch die Provinzverwaltung, deren Sitz in der Provinzhauptstadt Trient liegt. Hier gibt es einen Landtag mit entsprechenden Ausschüssen und einem Präsidenten.

Wirtschaft

Der **Tourismus** gilt als wichtigste Stütze der Trentiner Wirtschaft. Mehr als 30.000 Menschen arbeiten in diesem Bereich, jährlich werden auf diesem Sektor über 2 Mrd. Euro umgesetzt. Die Zahl der ausländischen Gäste liegt bei etwa 4 Mio., wobei die Deutschen mit 14 % die größte Gruppe stellen. Saisonal gesehen steht der Sommer im Vordergrund, was vor allem daran liegt, dass im Winter vorwiegend jüngeres Publikum zum Skifahren kommt.

Ein anderer bedeutender wirtschaftlicher Faktor ist die **Steingewinnung,** insbesondere die Porphyr-Bearbeitung. Von der jährlichen Abbaumenge von über 880.000 Tonnen gehen 50 % ins Ausland. Hauptabnehmer sind Deutschland, Frankreich und die Schweiz, auch Japan und die USA. Außerdem wird im Valsugana auch Granulatmarmor abgebaut und im Val di Genova Granit.

Das Trentino zählt bei **Äpfeln und Birnen** zu den größten Anbaugebieten

Trentino

Italiens. Das fällt besonders im Westen des Trentino, im Valle di Non, auf. Im Schnitt werden hier 400.000 Tonnen pro Jahr geerntet. Hinsichtlich des **Weinanbaus** sind die Trentiner bekannt für ertragreiche Reben. Die jährliche Produktion von Wein beläuft sich auf 880.000 Hektoliter.

Geschichte

Funde aus prähistorischer Zeit verweisen auf **Siedler um 2000 v. Chr.** Sie hatten sich z.B. am Lago di Ledro Häuser auf Pfählen gebaut. Die spätere Romanisierung von Trient vollzog sich Schritt für Schritt und friedlich. Trient war für Rom äußerst wichtig, da die Stadt im Norden an der Via Claudia Augusta lag. Sie avancierte zum festen militärischen Stützpunkt im Alpenraum, z.B. gegen die rätische Bevölkerung. Während die Provinz Bozen schließlich an Rätien und Norikum ging, bildeten die Trentiner einen Teil der **„Decima Regio Italica".**

Das Christentum verbreitete sich im Trentino im 4. Jahrhundert n. Chr. Mit dem Niedergang des Römischen Reiches im Westen waren allerdings die friedlichen Zeiten vorbei. Schutzlos den Übergriffen der Hunnen und Goten ausgeliefert, kamen Tod und Verderben über die Stadt. Schließlich kamen die Langobarden, dann die Franken. Das bedeutete eine **Politik der deutschen Kaiser** und eine strenge Kontrolle. Von nun an war das **Etschtal** das **Tor zu Ita-**

lien. Die weltliche Macht wurde den Bischöfen von Trient übertragen.

Wie auch in den anderen Regionen, kam es im Trentino zu Auseinandersetzungen zwischen den ghibellinischen (kaisertreuen) und guelfischen (papstergebenen) Familien. *Bischof Friedrich von Wangen* konnte dem zu Beginn des 13. Jahrhunderts für Trient ein Ende setzen. Eine wahre **Blütezeit** setzte ein mit vielen neuen Bauwerken, wirtschaftlichem Aufschwung und Wohlstand. Mit dem Tod *Wangens* und dem Auftauchen des Tyrannen *Ezzelino* kam wieder Schrecken über das Prinzipat – bis zu einem Volksaufstand. Anno 1363 kamen im Trentino bis auf Weiteres die **Österreicher an die Macht.** Herausragend war die Zeit des **Bernhard von Clès** (1514), unter dessen Regentschaft die Region um Trento eine zweite Blütezeit erlebte. Bis die Bauern, angespornt von den reformatorischen Ideen *Luthers,* einen Aufstand probten. Ganz berühmt ist die darauf folgende **Zeit des Trienter Konzils unter Kardinal Madruzzo.** Der Nachfolger von Bischof *Clès* führte dessen unvollendetes Werk, Glanz und Glorie über Trient zu bringen, weiter. Unter dem Pontifikat von *Papst Paul III.* wurde am 13. Dezember 1545 das Konzil eröffnet, das zwei Jahre in Trient tagte und dann nach Bologna umzog (bis 1563).

Ende des 17. Jahrhunderts war es mit der weltlichen Macht der Fürstbischöfe dann endgültig vorbei. Das Trentino war tief greifenden sozialen Wandlungen und Veränderungen unterworfen. Am 4. Februar 1803 wurde es an das österreichische Tirol angeglie-

Naturschutzreservat Lago di Ampola

dert, das dann an Bayern überging. In Tirol wurde **Andreas Hofer** zum Synonym für den Widerstand, dem sich die Trentiner sofort anschlossen. Man hoffte auf Autonomie, doch der Plan misslang. Nach einem kurzen Zwischenspiel mit dem Königreich Italien wurde Tirol 1815 auf dem Wiener Kongress wieder an Österreich angegliedert. Bis zum Ende des 1. Weltkriegs blieb das Trentino Teil der österreicherischen Vielvölkermonarchie. Auch die Bewegung des **Risorgimento** (Wiederauferstehung), also der Prozess der nationalstaatlichen Einigung Italiens, vermochte daran zunächst nichts zu ändern. Der Ruf des Feldherrn *Garibaldi* 1866 in Bezzecca im Valle di Ledro, **„Obbedisco!"** („Ich gehorche!"), und sein Rückzug aus der Gegend machten alle Hoffnungen zunichte. Dabei hatte er es schon geschafft, die Österreicher in die Flucht zu schlagen.

Mit der Niederlage im 1. Weltkrieg musste Österreich im **Frieden von St. Germain** 1919 dann doch das gesamte Trentino inklusive des nördlichen Teils am Gardasee an Italien abtreten.

Von 1922 bis 1945 herrscht in ganz Italien die **faschistische Diktatur** unter *Benito Mussolini*. Der damit verbundene rigide Zentralismus machte besonders den ladinischen Gemeinschaften zu schaffen. Man suchte sie zu zerstören. Es gelang aber nur partiell. Bis heute haben sie sich beispielsweise im Fassatal halten können.

Zu Geschichte und Politik seit dem Zweiten Weltkrieg siehe im entsprechenden Kapitel zum Gardasee.

Trentino

Das Landschaftsbild bestimmen nicht nur die Berge zwischen 500 und 2000 m Höhe, sondern auch die **297 Seen** mit einer Gesamtoberfläche von 35 km². Die Höhenunterschiede liegen zwischen 65 m über dem Meeresspiegel – der Gardasee – und 1200 m. Die alpin gelegenen Seen ab 1500 m Höhe haben die typische Rundform mit einer sehr ruhigen Oberwasserspeisung. Wegen der vielen Seen und Wasserläufe wird das Trentino auch gerne als das „Finnland Italiens" bezeichnet. Die Trentiner Berge gehören zu den **südlichen Rätischen Alpen** und den **Dolomiten** und gliedern sich in die Bereiche Adamello-, Presanella- und Brenta-Gruppe, die Judikarischen Alpen, die Dolomiten, die Lessinischen Alpen und die Sette Comuni. In der Hauptsache bestehen sie aus Kalkgestein und Dolomit. 70 Prozent des Trentiner Gebietes befindet sich oberhalb der 1000-m-Grenze. Der **höchste Berg** auf Trentiner Gemarkung ist der vergletscherte **Monte Adamello** mit **3554 m Höhe.**

Geografie und Geologie

Das Trentino hat eine Fläche von 6212 km², davon **53 % mit Wald** bedeckt, und das mit steigender Tendenz. Es wird zwar nach wie vor gefällt (im Schnitt jährlich 500.000 Bäume), aber doppelt so viel wieder aufgeforstet. Darüber hinaus halten sich die Gefährdungen der Bäume durch Umweltverschmutzung in Grenzen. Wie der Trentiner Forstdienst mitteilt, ist im Regenwasser bislang kein erhöhter Säuregehalt festgestellt worden. Auch das gelegentliche Auftreten von Forstschädlingen habe bisher keine außergewöhnlichen Bekämpfungsmaßnahme notwendig gemacht.

Die bedeutendsten **Täler** neben dem Etschtal sind das Valsuganatal, das Valle di Pinè, das Valle dei Mocheni, das Fleims- und das Fassatal, das Valle di Non, das Val di Sole und die Judikarischen Täler.

Von besonderer Bedeutung ist die **Steinwüste Marocche** im unteren Sarca-Tal. In dieser Mondlandschaft türmen sich kreuz und quer gigantische Felsbrocken auf einer Fläche von 15 km². Entstanden ist die Marocche

Apfelanbau im Valle di Non

mit dem Ende der Eiszeit, als sich die Gletscher ins Sarcatal zurückzogen und hohe felsige Wandabschnitte ins Tal stürzten.

Flora und Fauna

Die Pflanzen- und auch die Tierwelt ist aufgrund der unterschiedlichen landschaftlichen Strukturen **sehr vielseitig.** Der Abschnitt am Gardasee ist sehr mediterran beeinflusst. Hier wachsen Zypressen, Magnolien, Oleander, Agaven, Oliven und Wein. Im weiteren Verlauf des Trentino in nördlicher Richtung und in den unteren Höhenlagen finden sich Laub- und Nadelwälder, ausgedehnte Obstkulturen (besonders im Nonstal und im Val di Sole im westlichen Trentino), außerdem werden Pflaumen und Pfirsiche angebaut. In höheren Lagen (1000–1900 m) geht die Landschaft in Weiden und Wiesenfelder über. Hier oben werden in erster Linie Kartoffeln, Hirse, Roggen und Mais angebaut. Die Alpenflora ist ausgezeichnet im Trentino. Das mag unter anderem daran liegen, dass ihr Gedeihen streng bewacht wird, z.B. im Botanischen Garten in Viote (Monte Bondone) mit 2000 Pflanzenarten. Für 19 Sorten gilt ein **absolutes Pflückverbot.** Zu den bekanntesten zählen das Edelweiß, der Türkenbund, das Kohlröschen und der Enzian. Unter Schutz stehen auch Mineralien und Fossilien.

In den Höhenlagen gibt es **drei Naturparks:** die zwei landeseigenen Panaveggio-Pale di San Martino und Adamello Brenta sowie den Trentiner Part des Stilfser-Joch-Parks. Hinzu kommen **vier Naturreservate:** Tre Cime del Bondone, Bes-Cornapiana, Campobrun und Scanuppia.

Der **Tierbestand** hat sich in den vergangenen Jahren teilweise erhöht. Es gibt unter anderem 28.000 Rehe, 6000 Hirsche, 24.000 Gemsen, 300 Steinböcke, 600 Mufflons und 12.000 Murmeltiere. Die Gattung der Luchse stellt nur noch vier Exemplare. Mit Begeisterung haben die Naturschützer registriert, dass der Bartgeier, eine Art Jungbürger, nach wie vor im Trentino nistet. Außerdem gibt es viele Waldhühner, Birkenhühner und Auerhähne, leider nur noch wenige Alpenschneehühner. Dafür ist der Bestand der Adler, stattliche 55 Paare, stabil. Der besondere Stolz der Trentiner sind aber nach wie vor die **Braunbären,** die in den dichten Wäldern noch in freier Wildbahn leben. Auf 25 ist die Zahl der Exemplare angestiegen, seit man 2006 zehn Braunbären aus Slowenien in den Adamello-Brenta-Park transferiert hat. In Spormaggiore gibt es einen riesigen Park, in dem einige Braunbären unter Bewachung leben. Man kann sie dort besuchen und beobachten.

Zu guter Letzt sollten noch die herrlichen Fische erwähnt werden, die es dank sauberer und klarer Seen in Hülle und Fülle gibt (vgl. zum Thema auch das Kapitel „Outdoor", Abschnitt „Fischen").

Burgen und Schlösser

Einen Flair der besonderen Art verleihen dem Trentino die vielen Burgen und Schlösser. Die vergleichsweise klei-

Trentino

ne Provinz Italiens kann mit sage und schreibe **103 Palästen** aufwarten. Das liegt daran, dass das Etschtal und damit auch das Trentino in der Nord-Süd-Verbindung Europas lag. Leider nagt an den Palazzi der Zahn der Zeit, viele sind schon Ruinen oder zumindest baufällig. Der Unterhalt der alten Schlösser und Burgen ist eben teuer. Darüber klagen die Besitzer unisono. In erster Linie sind das die Gemeinden, die Provinz Trentino oder alte Adelsfamilien. Werden die Burgen und Schlösser genutzt, dann dienen sie zumeist als **Museum oder Lokalität für Konzert- und Theaterveranstaltungen:** das Castell Buonconsiglio in Trento; das einstmals dem österreichischen Kaiserhaus gehörende Castel Stenico nahe des gleichnamigen Ortes; das Castel Thun im Val di Non, Stammsitz einer der einflussreichsten Familien des Trentino; das Castello di Arco, das auf einem riesigen Felsen thront; das Castel Beseno im Valle di Lagarina. Ab und an findet sich auch mal ein Restaurant in alten Gemäuern, wie beispielsweise im Castel Toblino am gleichnamigen See oder im Schloss Noarna in der Nähe von Rovereto. Erst einmal ist bisher ein solches Anwesen in ein Hotel umgewandelt worden: das Schloss Pergine über dem Valsugana. Ein Schweizer Ehepaar hatte es seinerzeit gekauft und sukzessive aus- und umgebaut.

Das Fremdenverkehrsamt hat einen eigenen **Führer über die Burgen und Schlösser des Trentino** herausgebracht. Darin finden sich eine vollständige Liste und Beschreibungen zu jedem Castello.

Das Etschtal

Das Etschtal (**Valle del Adige**) ist ein sehr breites Tal, durch das der gleichnamige Fluss fließt. Es wird begrenzt von gewaltigen Bergen, von denen einige über 2000 m hoch sind. So weit das Auge reicht, sieht man Wein- und Obstplantagen rechts und links der Brenner-Autobahn, die ebenfalls durch das Tal verläuft. Das Etschtal war seit jeher der **natürliche Verbindungsweg zwischen dem Norden und dem Mittelmeer** und deshalb stets von immenser Bedeutung. Diese Tatsache hat die Geschichte der Region und der Hauptstadt Trient, die direkt an der Etsch liegt, wesentlich geprägt. Die Trentiner Gemarkung beginnt bei Mezzocorona auf der linken Seite der Etsch und San Michele all'Adige auf der rechten Seite und endet nach ca. 45 km kurz hinter Avio.

Trento   ⚲ XIV/XV

Trento, auf Deutsch **Trient** genannt, ist zwar die Hauptstadt der Region (108.500 Einwohner), aber von hektischem Treiben kann hier keine Rede sein. Geschäftigkeit ja, aber alles in gemäßigtem Tempo. Eine Ursache ist sicherlich, dass der **Kern der Stadt** komplett **verkehrsberuhigt** ist. Das Zentrum gestaltet sich als einzige Fußgängerzone. Die jahrhundertealten Bürgersteige bestehen aus riesengroßen

Blick über das Etschtal

Steinplatten, aus rosafarbenem Marmor aus Verona. Freskenverzierte Renaissance-Paläste reihen sich aneinander, viele gedrungene Bogengänge prägen das Stadtbild. Nette Gassen zum Bummeln gibt es ebenso wie eine Renommiermeile, die Via Belenzani. **Trient ist wie ein kleines Schmuckkästchen.** Außerdem gilt sie als eine der saubersten Städte Italiens. 1990 wurde die Stadt von der größten Wirtschaftszeitung Italiens, der „Il Sole 24 Ore del Lunedi", aus 95 Provinzstädten zur Idealstadt auserkoren.

Geschichte

„Diese Stadt liegt alt und gebrochen in einem weiten Kreis von blühend grünen Bergen ... Gebrochen und morsch liegt daneben auch die hohe Burg, die einst die Stadt beherrschte, ... worin nur noch Eulen und österreichische Invaliden hausen ..." Dieses Bild präsentierte sich **Heinrich Heine anno 1828,** als er von München nach Genua reiste, und ist Hinweis auf eine abenteuerliche und nunmehr 2000 Jahre alte Vergangenheit der viel umkämpften Stadt.

Angefangen hatte alles mit den Cimbern im Jahre 102 v.Chr., die den römischen Konsul *Catalus* kurzerhand von den Montes Tridentini warfen. Damit wurde den Römern klar, dass sie ihre Städte im Norden vor den Barbaren im Gebirge durch einen Vorposten schützen mussten. An der Ostseite der Etsch entstand das **Municipium Tridentum,** fast exakt an der Stelle der heutigen Provinzhauptstadt. Die Bestimmung

Trentino

09·Sga·Foto: de

der Stadt wurde auch ihr Schicksal. Während der großen Völkerwanderungen blieb in Trient kein Stein auf dem anderen. Eine einschneidende Veränderung ergab sich für Trient, als sich das Interesse der nördlichen deutschen Herrscher auf die Stadt richtete und ein Bischof mit der Herrschaft beauftragt wurde. Im **13. Jahrhundert** erlebte die Stadt ihre **erste große Blütezeit,** in der u.a. neben dem Dom das Castelvecchio und der Palazzio Pretorio entstanden. Doch leider währte das Glück nicht ungetrübt. Der alteingesessene mächtige Lokaladel suchte den künstlich geschaffenen Kirchenstaat in die Knie zu zwingen.

Die **zweite Blütezeit** wurde durch den **Bischof Bernardo Clès** eingeleitet, der die heruntergekommene Residenzstadt zu einem prunkvollen Zentrum des religiösen Lebens machen wollte. Jahrzehntelang glich Trient einer Großbaustelle. Kurz vor seinem Ziel starb er und hinterließ eine wütende, weil finanziell ausgepresste Bevölkerung. Sein Nachfolger, *Cristoforo Madruzzo,* eröffnete **1545** das **Trienter Konzil,** das zu einem der bedeutendsten in der Geschichte der katholischen Kirche wurde, legte es doch in der Auseinandersetzung mit *Luther* die Grundlagen des neuzeitlichen Katholizismus. In der Folgezeit erlosch der Glanz der Stadt, sie verarmte und die Macht des Bischofs schwand. Die **Habsburger** bemächtigten sich der Region als Schutzschild gegen Venedig und die Franzosen. Als diese im Jahr 1796 Trient in Besitz nahmen, war die Stadt bereits halb verfallen. Erst groß angelegte Restaurierungen in der jüngeren Vergangenheit haben Trient wieder viel von seiner alten Pracht zurückgebracht.

Stadtrundgang

Wenn die Händler und Kunsthandwerker von Norden her anreisten, um im Süden Italiens ihre Waren zu verkaufen, dann mussten sie stets den Torre Verde passieren. Hier beginnt die Via dei Suffragio, um das sich ein Viertel gruppiert, das im Mittelalter **Contrada Tedesca** genannt wurde, weil sich hier viele deutsche Handwerker angesiedelt hatten. Rechts im Laubengang verbergen sich auch heute noch alte Handwerksläden, Geschäfte und nette Lokale. Am Ende der Gasse stößt man linker Hand auf den **Palazzo del Monte,** der um die Ecke zur Via San Marco läuft. Er zählt mit seinen beiden hübschen Marmorbalkonen über dem Portal zu den schönsten Renaissance-Palästen der Stadt. Die Außenwände sind u.a. mit mythologischen Szenen um die Taten des Herkules freskiert.

Biegt man rechts in die Via Manci ein, eine Verlängerung der Via San Marco, erreicht man den **Palazzo Salvadori.** Die Fassade, die mit Medaillons geschmückt ist, erzählt die Geschichte des Martyriums des kleinen *Simonino,* der angeblich einem rassistischen Ritualmord zum Opfer fiel. Direkt daneben

Der Neptunbrunnen auf dem Domplatz

steht der **Palazzo Saracini-Pedrotti** mit geometrischen Fresken, die an ein Schachbrettmuster erinnern. Im Anschluss folgt der klassizistische **Palazzo Trentini** aus dem 18. Jahrhundert, heute Regierungssitz der autonomen Provinz Trento. Beim Bau des **Palazzo Fugger-Galasso** soll der Teufel Hand angelegt haben. Der riesige Komplex aus dem beginnenden 17. Jahrhundert war für die Fugger in nur einem Jahr erschaffen worden. Diese Rasanz konnten die Trentiner nicht nachvollziehen. Seitdem trägt der Palast den Beinamen Palazzo del Diavolo.

Barock geht es weiter mit der **Kirche San Francesco Saverio** aus den Anfängen des 17. Jahrhunderts, deren Fassade auf die Via Belenzani gerichtet ist. Von hier aus hat man einen sehr schönen Ausblick auf den Domplatz mit dem Neptunbrunnen und dem Dom im Hintergrund.

Aber zunächst sollte man die Schönheit der breiten **Promenade Via Belenzani** auf sich wirken lassen. Außerdem ist es geschichtsträchtiger Asphalt: Viele namhafte Renaissance-Größen nahmen den Weg vom Castello di Buonconsiglio über die Via San Marco zum Dom. Nach der Kirche erhebt sich auf der linken Seite der **Palazzo Thun.** Im Innenhof, romantisch von Efeu umrankt, steht der originale Marmorneptun. Auf dem Brunnen vor dem Dom präsentiert sich dem staunenden Besucher lediglich eine Kopie. Dass der Prunkbau **Palazzo Geremia** auf der gegenüberliegenden Seite der schönste aller Palazzi ist, wusste auch schon der österreichische Kaiser *Maximilian*. Er wohnte hier wenige Jahre nach der Fertigstellung, im Jahre 1508. Sein Empfang wurde mit Freskenmalerei festgehalten. Die gesamte Fassade des Palastes ist mit Fresken des Renaissance-Malers *Fogolino* bedeckt, der

Trentino

Rechtsgelehrten *Antonia Quetta* namens **Palazzo Alberti-Colico.** Dahinter sieht man einen zinnenbekrönten Turm, den sogenannten Trompetenturm – **Torre della Tromba –**, ein Überbleibsel der mittelalterlichen Stadtstruktur.

Bevor man den Domplatz erreicht, präsentiert sich neben der **Kirche Santissima Annunziata** (1712–1715) noch eine Fassadenfolge der berühmten freskenbemalten **Cazuffi-Häuser.** Es sind Fresken mit mythologischen Szenen und Allegorien. Es heißt, sie wären eine Art Moralpredigt an das des Lesens unkundige Volk. Um all das auf sich wirken zu lassen, sollte man die Gelegenheit ergreifen und eine Pause bei einem Cappuccino in einem der Cafés in den Säulengängen der Cazuffi-Häuser einlegen. Abgesehen davon hat man von hier einen wundervollen Blick auf den **Domplatz,** der zu den schönsten und großzügigsten Italiens zählt. Dahinter liegt die Nordseite des Doms mit der bischöflichen Burg (Castelleto), dem Palazzo Pretorio und dem alles überragenden Campanile. Daneben steht der wuchtige romanische Torre Civica, dessen Bauanfänge in das 11. Jahrhundert zurückgehen.

Und schließlich der **Dom** mit seiner Vierungsarchitektur. Seine Baugeschichte konnte erst in den vergangenen Jahren einigermaßen geklärt werden. Ursprünglich standen hier zwei Kirchen, wovon eine die Grabeskirche für den Hl. Vigilius gewesen sein soll, in der er 400 n. Chr. beigesetzt wurde. Darüber wurde im 6. Jahrhundert eine große Basilika errichtet, die sowohl im 9. Jahrhundert als auch 200 Jahre spä-

sehr geschickt Raumtiefen inszeniert hat. Heute dient der Palazzo der Stadt Trient als Repräsentationssitz.

Der Blick in die Gasse Colico zeigt die **Kirche Santa Maria Maggiore,** die 1520 erbaut wurde und lange Zeit als Meisterwerk der Architektur der Renaissance galt. Zur Zeit des Konzils war sie der Mittelpunkt des religiösen Lebens der Stadt. Um 1900 ist die Kirche allerdings außen und auch innen so stark verändert worden, dass nur noch die monumentale Weite des Innenraums das ursprüngliche Aussehen der Kirche erahnen lässt.

Über die schmale Gasse hinaus stößt man auf das einstige Domizil des

Trento besticht durch
viele Fresken an den Häuserfassaden

ter nochmals umgebaut wurde. Immer wieder wurde daran gebaut, bis zur Vollendung durch *Bernardo Clès,* der dem 1545 zu Trient einberufenen Konzil keinen unfertigen Dom präsentieren wollte. Trotz der langen und oft unterbrochenen Bauphasen hätten sich die verschiedenen Bauherren, bemerken die Historiker, dennoch an den ursprünglichen romanischen Bauplan gehalten. Deshalb erscheine der Dom wie aus einem Guss – abgesehen von der barocken Sakramentskapelle. Hier hat der Nürnberger Bildhauer *Sixtus Frey* ein Kruzifix geschaffen. Die **Besichtigung des Doms** ist **am späten Nachmittag** am schönsten. Dann nämlich fällt das Sonnenlicht durch die riesige Fensterrose an der Westseite. Besonders berühmt sind die beiden Treppen, die zu den Glockentürmen hinaufführen und die expressiven Fresken im linken Seitenschiff. Sie stellen die Enthauptung Johannes des Täufers dar.

Aber nun wieder zurück auf den Domplatz, dessen Mittelpunkt der **Neptunbrunnen** bildet. An dieser Stelle verabreden sich die Leute gerne, die Lage auf dem Platz wird gepeilt, man fotografiert oder erfrischt sich am sprudelnden Wasser.

Weiter geht es hinter dem Torre Civica durch die kurze Via Garibaldi auf die Piazza Mario Pasi und schließlich in die Via Paolo Oss Mazzurana. Hier steht der Palazzo Tabarelli, der zu den wuchtigsten Palastbauten Trients zählt. Es folgt die Via Oss Mazzurana mit dem Palazzo Cazuffi. An der kommenden Querstraße steht das Teatro Sociale, und schon stößt man wieder auf die Via

Manci und die Via San Marco, die direkt auf das **Castello del Buonconsiglio** zuführt. Die gotisch-venezianische Rundbastion der Trienter Fürstbischöfe stammt aus dem 13. und 16. Jahrhundert, wurde mehrfach umgebaut und heißt übersetzt: Schloss des guten Rates. Die Fürstbischöfe rechtfertigten den gigantischen Bau seinerzeit damit, man wolle sich aus der Enge des Bischofssitzes am Domplatz befreien. Kolportiert wurde allerdings, man wolle Abstand zum gemeinen Volk halten. Die besondere Attraktion des Schlosses ist der Adlerturm mit den sogenannten **Monatsbildern,** die wohl zu den bedeutendsten Fresken der internationalen Gotik zählen. Sie zeigen das feudale Leben des ausgehenden Mittelalters: Turnierszenen, Weinernte, Fischfang und Falkenjagd sowie Spaziergänge der adeligen Gesellschaft im Vordergrund – dahinter das schuftende gemeine Volk. Und, besonders amüsant, die winterliche Freske, die einzige Schneeballschlacht der Kunstgeschichte! Der Adlerturm darf nur im Rahmen einer Führung besichtigt werden.

Des weiteren sehenswert ist die venezianische **Loggia** mit dem schönsten Blick auf Trient. Hier werden auch immer wieder Ausstellungen initiiert. Seinen Sitz haben hier außerdem das Landes-Kunsthistorische Museum sowie das Trentiner Museum des Risorgimento und des Freiheitskampfes. Für Weinliebhaber lohnt sich auch der Gang in den Reffetorrio davanti alla Cantina. Dieser riesige und aufwendig bemalte Saal diente einzig und allein zur Lagerung von Wein.

Trentino

Museen

● **Castello del Buonconsiglio Museo Storico,** Via Bernardo Clesio 5, Tel. 0461/ 23 37 70, Fax 23 94 97. Das Schloss Buonconsiglio ist das Wahrzeichen der Stadt. Es umfasst das Historische Museum, das Museum für Baudenkmäler und Sammlungen der Provinz sowie die Abteilung für Archäologie. Auch das Schloss als solches ist ein Museum mit wertvollen Gemälden, Antiquitäten, Teppichen, Kachelöfen, Porzellan, Skulpturen, Freskendekorationen, Münzen, Drucken etc.

Außerdem bietet das Museum stetig neue interessante Sonderausstellungen, über die man sich unter der Internetadresse www.buonconsiglio.it informieren kann.

Öffnungszeiten: Dienstag bis Sonntag 9.30–17 Uhr, Juni bis 4. November 2007 10–18 Uhr. Eintritt: 6 Euro.

● **Galleria Civica d'Arte (Stadtgalerie der Zeitgenössischen Kunst),** Piazza della Mostra 3, Tel. 0461/ 98 61 38. Ausstellungen u.a. mit Arbeiten von *Miquel Barcelò, Philippe Starck, Andy Warhol, Hermann Nitsch.*

Öffnungszeiten: Dienstag bis Sonntag von 10–18 Uhr. Eintritt: 3 Euro.

● **Museo della Sat (Trentiner Alpenvereinmuseum),** Palazzo Pedrotti, Via Manci 57, Tel. 0461/ 98 28 04, Internet: www.sat.tn.it.

Öffnungszeiten: Dienstag bis Freitag von 15–19 Uhr.

● **Mostra permanente del Modellismo Ferrovario (Modelleisenbahn-Ausstellung),** im Bahnhof, Piazza Dante, Tel. 0461/ 82 32 54.

Öffnungszeiten nach Vereinbarung.

● **Museo Diocesano Tridentino (Tridentiner Diözesanmuseum),** Palazzo Pretorio, Piazza Duomo 18, Tel. 0461/ 23 44 19, Internet: www.museodiocesanotridentino.it. Zu sehen sind Diözeseschätze, Bildersammlungen vom Mittelalter bis zum Klassizismus, ikonografische Zeugnisse, Holzskulpturen; außerdem in der Basilika S. Vigilio archäologische Funde von Grabungen unter der Kathedrale.

Öffnungszeiten: täglich außer Dienstag Dienstag bis Sonntag von 9.30–12.30 u. 14–17.30 Uhr. Eintritt: 4 Euro.

● **Museo Tridentino di Scienze Naturali (Tridentiner Museum für Naturwissenschaften),** Pallo Sardagno, Via Calepina 14, Tel. 0461/ 27 03 11, Fax 23 38 30, Internet: www.mtsn.tn.it. Die Sammlungen reichen bis in die Renaissance-Zeit zurück.

Öffnungszeiten: Dienstag bis Sonntag 10–18 Uhr. Eintritt: 2,50 Euro.

Praktische Informationen

APT-Touristeninformation

● 38100 Trento, Via Manchi 2, Tel. 0461/ 21 60 00, Internet: www.apt.trento.it.

● Für das gesamte Trentino: www.trentino.to.

● **Comune di Trento,** Grüne Nummer: 167/ 01 76 15.

● **Trento Card:** Mit dem Kauf der Trento Card im Fremdenverkehrsamt kommen Touristen in den Genuss von Rabatten: für den Eintritt in Museen und andere architektonische sowie historische Kulturgüter, für die Nutzung der öffentlichen Verkehrsmittel inklusive der Seilbahn auf den Monte Bondone, beim Parken auf kostenpflichtigen Parkplätzen in der Stadt, beim Einkauf in Geschäften und dem Besuch von Lokalen, die sich der Trento Card-Initiative angeschlossen haben. Offeriert wird die Trento Card in **zwei Versionen:** 24 Stunden ist die Karte gültig, die man für 10 Euro erwerben kann und auf die man 10 Prozent Skonto erhält. Wer die 48-Stunden-Karte möchte, muss 15 Euro bezahlen und erhält zusätzlich zu den beschriebenen Ermäßigungen Vergünstigungen für das Mart-Museum in Rovereto, das Castel Beseno, das Volkskundemuseum in San Michele, Führungen durch Weinkellereien sowie für Taxifahrten im Trentiner Stadtgebiet.

Unterkunft

● **Albergo Accademia****, Vicolo Colico 4, Tel. 0461/ 23 36 00, Fax 23 01 74, Internet: www.accademiahotel.it. In der Altstadt gelegenes Haus, dessen Originalarchitektur geschickt mit modernem Design kombiniert worden ist. Der frühere Innenhof ist zu einem Garten umgestaltet worden, in dem das Frühstück serviert wird. Wunderbarer Ausblick über die Dächer und Türme Trentos. Hunde erlaubt. Dem Hotel ist außerdem ein gutes und beliebtes Restaurant angeschlossen sowie eine Enoteca. DZ ab 160 Euro.

●**Boscolo Grand Hotel Trento**********, Via Alfieri 1/3, Tel. 0461/ 27 10 00, Fax 27 10 01, Internet: www.granhoteltrento.com. Von außen eher abstoßend, innen sehr elegant und luxuriös und erlesen eingerichtet. Hunde erlaubt. DZ ab 110 Euro.

●**Buonconsiglio**********, Via Romagnosi 14/16, Tel. 0461/ 27 28 88, Fax 27 28 89, Internet: www.hotelbuonconsiglio.it. Große und geschmackvoll eingerichtete Zimmer mit schönen Bädern. DZ ab 123 Euro.

●**America*********, Via Torre Verde 52, Tel. 0461/ 98 30 10, Fax 23 06 03, Internet: www.hotel america.it. Eng und angestaubt mit sehr unterschiedlichen Zimmern, manche davon sehr schön. Perfekte Lage an einem der Innenstadttore. Hotelführung ist angenehm unkompliziert. Hunde erlaubt. Parkplatzsituation ist schlecht. DZ ab 108 Euro.

●**Albermonaco*********, Via Torre d'Augusto 25, Tel. 0461/ 98 30 60, Fax 98 36 81, Internet: www.albermonaco.it. Zwar ein hässlicher 70er-Jahre-Klotz mit entsprechender Einrichtung. Aber wenn in preislich ähnlichen Herbergen nichts mehr zu bekommen ist, hier ist immer noch ein Zimmer frei. Altstadtnah, Schwimmbad, freundlicher Empfang, unkompliziert, Nutzung der Tiefgarage ist kostenlos. Hunde willkommen. DZ ab 100 Euro.

●**Venezia********, Via Belenzani 70, Tel. 0641/ 23 45 59, Internet: www.hotelveneziatn.it. Einfach, dafür herrlicher Blick auf den Domplatz. DZ ab 72 Euro.

Jugendherberge

●**Ostello Giovane Europa** (IYHF), Via Manzoni 17, Tel. 0461/ 23 45 67. Früher war das Stadthaus nahe des Bahnhofs ein Hotel. Es ist komplett renoviert worden.

Essen und Trinken

●**Scrigno del Duomo**, Piazza Duomo 29, Tel. 0461/ 22 00 30, Internet: www.scrigno delduomo.com. Das Restaurant im Gewölbekeller mit exzellentem Weinkeller, den man auch besichtigen kann, und der Weinbar im Erdgeschoss, die auch Weinproben anbietet, ist eines der besten der Stadt. Das Essen unter dem Trentiner Küchenchef *Alfredo Chiocchetti* ist hervorragend, das Ambiente

geschmackvoll und gemütlich. Im Sommer lässt es sich auch herrlich im Hof verweilen.

●**Orso Grigio,** Via degli Orti 19, Tel. 0461/ 98 44 00. Die Küche ist eine kombiniert französisch-trientinische und zudem äußerst raffiniert. Im Sommer lässt sich im Garten speisen.

●**Osteria Il Capello,** Vicolo San Marco 8/ Piazzetta Anfiteatro 3, Tel. 0461/ 23 58 50. Klein, aber sehr fein, und so gestaltet sich auch die Speisekarte. Gute Weinauswahl. Delikat ist auch der Hinweis auf der Speisekarte, dass man sich hier in einer handy-freien Zone befindet – in Anbetracht der Handymania in Italien ist das mutig.

●**Chiesa,** Via Marchetti 9, Tel. 0461/ 23 87 66, Internet: www.ristorantechiesa.it. Ausgezeichnete Küche, die mit den Spezialitäten der Jahreszeiten geht. Im Sommer feine Fischgerichte aus dem See.

●**Birreria Forst,** Via Oss Mazzurana 38, Tel. 0461/ 23 55 90. Dort geht man in Trient gerne zum Mittagessen.

●**Hosteria del Buonconsiglio,** Via Suffragio 23, Tel. 0461/ 98 66 19. Rustikales Ambiente, freundliche Bedienung. Außer sonntags nur abends geöffnet.

●**Le Bollicine,** Via dei Ventuno 1, Tel. 0461/ 98 31 61. Ein mit Kneipe kombiniertes Restaurant, einfach und günstig.

●**Green Tower,** Via Vanetti 31, Tel. 0461/ 23 31 50. Bunt gemischtes Publikum, ein bisschen hip, angenehme Atmosphäre, gutes Essen, sehr freundliche Bedienung.

●**Bergamini,** Loc. Cognola, Tel. 0461/ 98 30 79, Internet: www.masobergamini.com. Beliebtes Weingut mit Restaurant etwas außerhalb (3 km östlich von Trento). Gute Trentiner Küche, allerdings nur an den Wochenenden (häufig in Kombination mit musikalischen Veranstaltungen oder Verkostungen) von Nov. bis einschließlich Juni.

●**Caffè Italia,** Piazza Duomo/Via Belenzani. Der beste Beobachtungsposten der Stadt. Gutes Eis, guter Kuchen.

●**Old Bar,** Via Roggia Grande 4, Tel. 0461/ 26 32 63, Internet: www.oldbar.it. Cool, modern, trendy und angesagt, auch das dazu gehörige Restaurant.

●**Bar Duomo,** Via Giuseppe Verdi 38. Urgemütliche und beliebte Studentenkneipe.

Trentino

Nachtleben

Studenten und anderes Jungvolk treffen sich gegen 21.30 Uhr an verschiedenen Punkten der Altstadt, um dann im Pulk loszuziehen – allerdings nach Riva. „In Trento ist tote Hose", maulen sie unisono.

Markt/Shopping

In Trento kann man trotz Provinz sehr gut Kleidung, Schuhe und Wäsche einkaufen. Es gibt für jedes Genre einen geeigneten Laden. Man braucht nur durch die historische Innenstadt zu flanieren. Auch auf dem kulinarischen Sektor gibt es einige Adressen.

● **Macelleria Ravagni,** Piazza Duomo. Metzgerei mit hervorragendem Fleisch.
● **Panificio Sosi,** Via Belenzani. Brotladen, der zur Weihnachtszeit über sich hinauswächst mit tollen Spezialitäten.
● **La Gastronomia,** Via Mantova. Feinkost für Genießer.
● **Salumeria San Giorgio,** Via Fontana Fratelli 5. Hier kann man sich mit bestem Trentiner Speck, Schinken, Salami, etc. eindecken.

● **Gastronomia Mattei,** Via Mazzini 46. Spezialitäten und Feinkost.
● **Pasticceria Bertelli,** Via Oriola 29. Torten und Pasteten.
● **Casa Caffè,** Via S. Pietro 38. Kaffee- und Espressodüfte umhüllt die Passanten schon auf der Straße. Außerdem leckere Spezialitäten und herrlichste Süßigkeiten
● **Bruschi,** Via Gianantonio Manchi 52. Vor allem edle Schuhe und Designer-Taschen.
● Jeden Donnerstagvormittag ist **Wochenmarkt** auf der Piazza.

Parken

Die historische Altstadt ist für Fahrzeuge gesperrt. In vielen Straßenzügen außerhalb kann man mit Parkschein agieren. Am Bahnhof gibt es eine Tiefgarage namens Europa. Des Weiteren sind Parkflächen gegenüber des Kastells ausgewiesen.

Taxi

● An der Piazza del Duomo vor dem Hotel Venezia.

Busbahnhof

●Neben dem Hauptbahnhof; von hier gehen sie in alle Richtungen; zu den großen Reisezielen wie z.B. Riva stündlich.

Bahnverbindung

●Der Bahnhof liegt nördlich des Zentrums, zu Fuß sind es 10 Minuten zum Dom. Trento liegt an der Zugstrecke München – Verona. Auch gehen Züge von hier nach Venedig.

Events

●Im Februar fünf Tage lang **Faschingstreiben** mit viel Verkleidungen, Schauspielen, Theater und Musik in den Straßen der Stadt.
●Im April/Mai veranstaltet die Stadt das traditionelle **Berg-Film-Festival** mit Ausstellungen, Debatten, vielen Büchern, Zeitschriften und Videos, zu dem Sportler und Regisseure aus aller Welt anreisen.
●Im Mai, September und Oktober ist immer samstags der sogenannte **Sabado in Centro.** In den Straßen und Gassen der Innenstadt gibt es Handwerks-Ausstellungen, Produkte aus der Region, Musik, eno-gastronomische Pfade und Spiele für Kinder.
●Im Juni erinnert die Stadt an ihren **Schutzpatron St. Vigilius** mit farbenprächtigen Umzügen, mittelalterlichen Schauspielen und entsprechenden kulinarischen Köstlichkeiten.
●**Weinfreunde** kommen in Trient mehrfach auf ihre Kosten: Im Mai treffen sich die Kundigen des Weinanbaus, im Herbst kommen alle zum **Feste del Raccolto,** dem Erntefest, und im Oktober/November ist jedes Wochenende Weinfest mit Jungwein, Sekt, Grappa und anderen Köstlichkeiten.
●In der Adventszeit ist **Weihnachtsmarkt** nach nordländischer Tradition, der in der historischen Altstadt besonders schön zur Geltung kommt.

S. Michele all'Adige

Ausflüge in die Umgebung

Der Hausberg Monte Bondone

Der 2091 m hohe Monte Bondone ist der Hausberg Trients. Viele haben hier oben ein Wochenendhäuschen. Wer nicht, quartiert sich eben in einem Hotel ein oder fährt wieder nach Hause. Ist ja nicht weit, es sind nur 16 km. Im Sommer ist der Bondone Picknick- und für sportlich Ambitionierte Bike- und Wanderrevier, im Winter Skiresort für Alpine und Langläufer. Eine Fahrt hinauf lohnt sich auf jeden Fall, denn man hat von hier oben einen wunderbaren Blick in alle Himmelsrichtungen.

Ein netter Spaß ist es auch, mit der **Seilbahn** dem Monte Bondone entgegenzuschweben. Sie startet in Trento an der über die Etsch führenden Brücke San Lorenzo und landet in dem Bergdorf Sardagna auf 600 m Höhe. Der Fahrpreis entspricht dem für öffentliche Verkehrsmittel; Tickets sind am Busbahnhof oder den Zeitungskiosken erhältlich.

●**Auskunft: Ufficio Informazioni Monte Bondone,** 38040 Vanzene, Tel. 0461/ 94 71 28, Fax 94 71 88, Internet: www.montebondone.it.

Wirklich schöne **Unterkünfte** finden sich hier nicht. Letzten Endes ist alles funktional auf den Winter ausgerichtet. Und da es kein sensationelles Skigebiet ist, sondern nur der Hausberg von Trento, darf man nichts Außergewöhnliches erwarten.

●**Hotel Monte Bondone******, Loc. Vaneze, Tel. 0461/ 94 71 18, Fax 94 72 33, Internet: www.montebondone.it. Größerer Hotelkomplex am Wald mit Tenniscourt und großer Terrasse. Das Hotel vermietet auch Appartements. Hunde sind erlaubt. DZ ab 100 Euro mit Halbpension.

Trentino

●**Hotel Montana***, Loc. Vason 84, Tel. 0461/ 94 82 00, Fax 94 81 77, Internet: www. hotelmontana.it. Nettes kleines Berghotel, freundlicher Service, super Panoramablick. Hunde erlaubt. DZ ab 45 Euro.
●**Hotel Europa***, Loc. Vaneze, Tel. 0461/ 94 71 83. Relativ neu, großes Haus. Schlicht, aber gut eingerichtet. DZ ab 30 Euro.
●**Camping Mezavia***, Loc. Malga Mezavia, Tel. 0461/ 94 81 78, Fax 94 81 41. Wunderschön an einem Waldrand gelegen. Davor eine riesige Wiese. Hunde erlaubt.

San Michele all'Adige ⤢ C2

Nördlich von Trento liegt an der Grenze der Provinz der **Weinbauort** und Sitz des Landwirtschaftlichen Instituts San Michele all'Adige. Das Dorf wird von einer außergewöhnlich schönen Kirche beherrscht. Außerdem wurde hier das **Trentiner Volkskundemuseum** angesiedelt. Die **Pfarrkirche San Michele** im Ortszentrum fällt schon durch ihr Portal und ihre Außenfassade auf, die prächtig mit Stuck, Putten und Fresken ausgestattet ist. Ursprünglich wurde die Kirche 1145 gebaut, durch einen Brand aber zerstört und später wieder aufgebaut.

Hinter der Kirche liegt das von deutschen Mönchen gegründete **Agostiniankloster,** das 1807 aufgelöst wurde und in dem sich jetzt das Volkskundemuseum befindet. Das Kloster hat einen gotischen Kreuzgang, eine Loggia aus dem 18. Jahrhundert und einen schönen Innenhof. Auf der Fassade westseits ist das Schachbrett *Maximilians* zu sehen, das zum Andenken an den Kaiserbesuch anno 1516 angefertigt wurde und vom Wappen des österreichischen Hauses überragt wird. Die **Volkskundesammlung** ist die wichtigste Italiens. In 84 Sälen wird das Leben der Trentiner ab dem 11. Jahrhundert anschaulich dargestellt. Öffnungszeiten: Dienstag bis Sonntag von 9–12.30 und 14.30–18 Uhr. Eintritt: 3 Euro. Infos unter www.museosanmichele.it.

Rovereto ⤢ B3

35.000 Einwohner

Viele nennen die kleine Stadt 24 km südlich von Trento an dem Flüsschen Leno den Vorboten Venedigs. Nicht dass es eine Grachtenstadt in Kleinformat wäre. Die leichte, lockere Art der Menschen, das heitere Flair, das durch die Altstadtgassen zieht, offenbaren aber venezianische Lebenslust. In dieser Stadt liebte und liebt man die Musik und ein gutes Glas Wein. Schon **Mozart** und sein Vater waren bei ihrem Besuch völlig begeistert. Weihnachten 1769 gab *Mozart* hier sein erstes Konzert auf italienischem Boden.

Man denkt nicht gerne an die Vergangenheit, auch wenn sie durch die mächtige Festung auf dem Hügel gegenwärtig ist. Darin befindet sich nämlich die größte Kriegserinnerungsstätte Italiens, das **Militärmuseum** (s.a. „Castello di Rovereto"). Vor Rovereto verlief die erbittert umkämpfte Frontlinie zwischen Österreichern und Italienern.

Lieber erinnert man daran, dass Rovereto im 18. Jahrhundert neben Como das bedeutendste Zentrum der **Seidenproduktion** und -verarbeitung war. Oder man verweist auf die legendären **Spuren der Dinosaurier,** die erst 1990 hier entdeckt worden sind.

Sehenswertes

Palazzo Rosmini-Balista

Das eigentlich eher schlichte Gebäude auf dem Corso Antonio Rosmini war der Wohnsitz des Philosophen und Theologen *Antonio Graf von Rosmini Serbati* (1797–1855). Heute beherbergt es eine Bibliothek mit 10.000 Büchern, Schriften und Folianten. Man kann das Studierzimmer des Gelehrten, den Spiegelsaal und einige andere Räume besichtigen.

Hotel alla Rosa

Am Corso Bettini findet man das frühere Hotel alla Rosa mit Poststation. Hier sind so illustre Herrschaften wie *Mozart, Goethe* und *Alexander I. von Russland* abgestiegen.

Museo Depero

In dem kleinen Museum ganz unkonventioneller Art in der Via della Terra 53 (nähe Rathausplatz) sind **Werke italienischer Futuristen** ausgestellt. Der Trentiner Künstler *Fortunato Depero* hat es seinerzeit noch selbst eingerichtet – mit Gemälden, Zeichnungen, Möbeln, Marionetten und anderem Spielzeug.

Zurzeit und bis auf Weiteres wegen Renovierungsarbeiten geschlossen.

Trentino

Im Stadtzentrum von Rovereto

Museo di Arte Moderna
e Contemporanea di Trento e Rovereto (MART)

Weit über die Landesgrenzen hinaus hat das neu gebaute und 2002 eröffnete Museum für zeitgenössische Kunst von Trento und Rovereto, das schlicht MART genannt wird, für Furore gesorgt. Zum einen ist es ein hochmodernes architektonisches Highlight der Architekten *Mario Botta* und *Giulio Andreolli*, das sich getrost zur Riege der jüngsten innovativen Museumsbauten in Europa zählen kann, und schon deshalb eine Augenweide. Zum anderen bietet der 12.000 Quadratmeter große Komplex eine 6000 Quadratmeter umfassende Ausstellungsfläche für Kunst des 20. und 21. Jahrhunderts, nebst 5000 Quadratmetern Räumlichkeiten für Studium, Forschung, Didaktik und Service. En detail heißt das: Eine Dauerausstellung beinhaltet 7000 Werke mit Gemälden, Zeichnungen, Radierungen und Skulpturen nationaler und internationaler Künstler. Neuzeitliche Künstler sind u.a. *Depero, Balla, Prampolini,* das 20. Jahrhundert ist beispielsweise durch *de Chirico, Campigli* und *Sironi* vertreten, die zeitgenössische Kunst wird repräsentiert von *Fontana, Burri* und *Melotti,* die 70er und 80er Jahre des 20. Jahrhunderts durch *Merz, Boetti* und *Pascali.* Internationale Arbeiten sind zu sehen von *Beuys, Rainer, Nitsch, Long* und *Cragg,* oder auch eine Sammlung von *Panza di Biumo* mit Arbeiten der 80er Jahre amerikanischer Ausprägung. Aktuelle Ausstellungen werden sich den verschiedensten Themen zuwenden.

Zur Eröffnung des Museums war ein Event gewählt worden, der sich der „eigenen kulturellen Identität" widmete: Werke internationaler Künstler, etwa von *Picasso, Léger, Klee, Kandinsky* und *Warhol,* die aus großen Museen wie dem Guggenheim, Centre Pompidou, San Franziso Moma, Reina Sofia entliehen waren, traten in Dialog mit den Werken der Dauerausstellung.

Jedes Jahr soll es rund 30.000 Kindern, Lehrern, Studenten und anderen wissbegierigen Erwachsenen ermöglicht werden, an didaktischen Veranstaltungen, Workshops, Führungen und Sonderevents teilzunehmen.

Eine Bibliothek, die sich auf die Kunstgeschichte des 20. Jahrhunderts konzentriert, zählt über 60.000 Bände, hinzu kommt eine Sammlung futuristischer Veröffentlichungen, die auch sogenannte experimentelle Objektbücher von Künstlern enthält, nicht zuletzt eine Sektion visueller Poesie.

Abgesehen von der Bibliothek gehören zum Service-Bereich des Museums eine Caféteria, ein Auditorium und diverse Archive.

- **Öffnungszeiten:** außer Montag täglich von 10–18 Uhr, freitags von 10–21 Uhr.
- **Eintritt:** 10 Euro.
- **Adresse:** Corso Bettini 43, Info-Tel. 800/ 39 77 60, Internet: www.mart.trento.it.

Via Paganini

Im 18. Jahrhundert war die Via Paganini die Straße der Handwerker, was man auch an den schmalbrüstigen Häusern erkennen kann.

Castello di Rovereto

Das monströse Kastell mit unterirdischen Gängen, Ringgräben und Warttürmen überragt die Stadt und prägt ihr Bild. 1354 erstmals erwähnt, war es

stets heftig umkämpft und lange Zeit Sitz des kaiserlichen Stadthalters. 1921 richteten die Italiener ein **Historisches Kriegsmuseum** ein – das größte im Land. Es sind u.a. Waffen zu sehen aus der Zeit der Goten und Karolinger sowie viele Erinnerungsstücke aus dem 1. Weltkrieg. Ziel des Museums ist es, das Phänomen Krieg zu studieren und den Grundstein für Friedensbemühungen zu legen.

Öffnungszeiten: täglich außer Montag von Mitte März bis Juni, Oktober und November von 8.30–12.30 und 14–18 Uhr, von Juli bis September von 8.30–18.30 Uhr. Eintritt: 5,50 Euro. Infos: www.museodellaguerra.it.

Piste dei Dinosauri

Der Weg der Dinosaurier führte nah am heutigen Zentrum von Rovereto vorbei. Etwa 4 km entfernt sind 1990 ihre Fußabdrücke in den grauen Kalkablagerungen von Lavini di Marco gefunden worden. Die **Abdrücke** sind **200 Millionen Jahre alt**. Der Weg dorthin ist mit „Piste dei Dinosauri" ausgeschildert. Es werden auch kostenlose Führungen angeboten. Infos sind beim Fremdenverkehrsamt erhältlich.

Colle di Miravalle

Pünktlich zu jedem Sonnenuntergang (Maria Dolens) ertönt auf dem Colle di Miravalle die gewaltige **Campana dei Caduti** – die **Glocke** der Gefallenen. Die 22.600 kg schwere Glocke ist nach dem 1. Weltkrieg aus Kanonenkugeln angefertigt worden. Sie gilt als die **größte frei hängende und täglich läutende Glocke der Welt**. Außerdem we-

hen auf dem Gelände Fahnen von etwa einhundert Nationen – ein beeindruckendes Bild, das man sich nicht entgehen lassen sollte. Von der Innenstadt führt ein beschilderter Weg die 3 km zum Colle di Miravalle hinauf.

Öffnungszeiten: Das Gelände ist täglich von 9–20 Uhr geöffnet. Eintritt: 1,50 Euro.

Praktische Informationen

APT-Touristeninformation

● 38068 Rovereto, Corso Rosmini 6a, Tel. 0464/ 43 03 63, Fax 43 55 28, Internet: www.apt.rovereto.tn.

Unterkunft

● **Hotel Leon d'Oro*****, Via Tacchi 2, Tel. 0464/ 43 73 33, Fax 43 96 44, Internet: www.hotelleondoro.it. Plüschiges Hotel mit gemütlicher Atmosphäre, Zimmer sind komfortabel eingerichtet. DZ ab 129 Euro.
● **Hotel Rovereto*****, Corso Rosmini 82d, Tel. 0464/ 43 52 22, Fax 43 96 44, Internet: www.hotelrovereto.it. Palazzo aus dem 19. Jahrhundert mit kleinem Garten. Antik bis modern, von Künstlern eingerichtete Zimmer. DZ ab 90 Euro.
● **Hotel Sant'Ilario****, Viale Trento 68, Tel. 0464/ 41 16 05, Fax 41 29 22. Einziges Haus dieser Kategorie, groß, kürzlich renoviert, 2 km außerhalb gelegen. DZ ab 73 Euro.

Jugendherberge

● **Citta di Rovereto** (IYHF), Via della Scuola 18, Tel. 0464/ 43 37 07, Fax 42 41 37. Nahe zur Altstadt, gut geführt.

Essen und Trinken

● **Mozart 1769,** Via Portici 36, Tel. 0464/ 43 07 27. Traditionslokal in historischen Gemäuern mit wunderbarem Flair – altrosa Samtsessel, Kronleuchter, viele Spiegel. Die Speisekarte bietet Trentiner wie maritime Küche – das Essen wird zum Fest!

Trentino

Der Bürger als Denkmalschützer

Italien ist reich an Kulturgütern, so reich, dass der Staat alleine es gar nicht leisten kann, alle Baudenkmäler oder Kunstschätze zu unterhalten, restaurieren und verwalten. 1982 wurde aus der Not eine Tugend gemacht. Es wurde ein Gesetz erlassen, das dem Bürger erlaubt, die Verantwortung für den Denkmalschutz zu übernehmen, indem er Spendengelder für bestimmte Objekte einsetzt, die er voll von der Einkommenssteuer absetzen kann. Dabei ist eine Zusammenarbeit mit den öffentlichen Ämtern für Denkmalschutz möglich, oder der engagierte Bürger vertraut auf eine private Stiftung, die sich daraufhin gegründet hat: Die **Fondo Ambiente Italiano,** kurz FAI genannt, garantiert nämlich auch, dass die Objekte der Förderung es wirklich wert sind und sich finanziell auch tragen, wenn beispielsweise eine Sanierung durchgeführt worden ist. Dies zum Beispiel bei Museen oder Schlössern durch die Einrichtung von Restaurants in den alten Gemäuern oder durch Eintrittsgelder und Führungen wie auf Schloss Sabbionara d'Avio. Dass das Projekt auf großes Interesse gestoßen ist, zeigt die Zahl der Stiftungsmitglieder: weit mehr als 6000. Die Höhe des Mitgliedsbeitrags ist nach oben hin selbstverständlich offen. Die Mindesteinlage beläuft sich auf 25 Euro, bei Jugendlichen bis 25 Jahre auf 10 Euro.

● **Al Borgo,** Via Garibaldi 13, Tel. 0464/43 63 00. Elegant, teuer und ausgezeichnet. Es soll das beste Lokal im gesamten Trentino sein. Die Karte wechselt wöchentlich.

● **Vecchia Trattoria,** Via Scala delle Torre. In einer Seitengasse, nicht leicht zu finden und nur zu Fuß erreichbar. Welsch-Tiroler Küche. Behagliche Atmosphäre.

● **Piccolo Fiore,** Corso Rosmini 22. Pizza satt – über 40 verschiedene stehen zur Auswahl. Eine klassische, schnörkellose Pizzeria.

● **Pasticcheria Andreatta,** Via Roma 9. Man muss hier wenigstens einmal Espresso und ein Törtchen zu sich nehmen. Oder zumindest etwas kaufen.

● **Vino DiVino,** Via Mercerie 34. Stilvolle und gemütliche Weinbar kombiniert mit Café. Abgesehen von der guten Weinauswahl gibt es köstliche Bruschette und Panini.

Shopping

● **Drogheria Micheli,** Via Mercerie 14. Wunderschöner antiker Laden, der auch deshalb einzigartig ist, weil er Drogerie und Weinverkauf kombiniert.

● **Antiquitätenladen,** Via Rialto, am Torbogen des Historischen Zentrums.

● **Mercerie e Manifacture,** Piazza delle Oche. In Deutschland würde man das wohl als Laden für Kurzwaren bezeichnen – sehenswert und unglaublich!

● **Gastronomia Finarolli,** Via Mercerie 7–9. Delikatessen der Extraklasse.

● **Marcelleria,** Via Mazzini 3. Neben Fleisch fantastisches Wild und Geflügel.

Bahnverbindung

● Der Bahnhof liegt an der Piazza Dante unweit des Stadtkerns. Rovereto ist angebunden an die Zugstrecke von München nach Verona.

Busverkehr

● Die Busstation ist am Corso Rosmini 41–45. ATESINA-Busse fahren nach Riva und Torbole.

Events

● **Rovereto Veneziana:** Ende Juli/Anfang August; über mehrere Tage hinweg halten die Venezianer Einzug in Rovereto, die über ein Jahrhundert die Stadt beherrscht hatten. Hunderte von Schauspielern und Figuranten beleben die Altstadt in historischen Gewändern. Es ist ein einzigartiges Straßenfest mit Theaterdarbietungen, Konzerten, Maskenball, Commedia dell'Arte.

Ausflüge in die Umgebung

Castel Beseno

Der **gewaltigste Burgenkomplex des Trentino** ist das Castello Beseno ungefähr 7 km nördlich von Rovereto östlich der Brenner-Autobahn, eine beeindruckende Anlage aus dem Mittelalter, die man aus weiter Entfernung sehen kann und von der aus man einen fantastischen Blick hat. Nun, immerhin war sie ja zum Zwecke der Überwachung gebaut worden. Schon zu frühgeschichtlicher Zeit war der Hügel von Römern und Langobarden besiedelt. Erste Angaben zur Burg Beseno werden im 12. Jahrhundert gemacht. Besonders lang war sie im Besitz der mächtigen Grafenfamilie *Castelbarco.* Nach 100 Jahren Herrschaft ging sie an den Habsburger Herzog von Tirol, der sie dem Grafen *Trapp* übergab. Er war es, der aus der Burg diese riesige Anlage bauen ließ, die wie eine kleine Stadt anmutet. Die Burg nimmt das gesamte Plateau des gleichnamigen Hügels aus Kalkgestein ein.

Die **Anfahrt** ist über die Dörfer Besenello und Calliano möglich. Das letzte Stück des Weges ist extrem schmal und steil. Wer lieber laufen möchte, kann dies vom Ort aus entlang eines ausgeschilderten Wanderweges etwa eine Stunde lang. An der Burg gibt es auch das Restaurant La Rupe di Beseno, das leider auf der falschen Seite liegt, also ohne den fantastischen Blick über das Etschtal.

Öffnungszeiten 6. Juni bis 29. Oktober täglich außer montags 10–18 Uhr, sonst 9.30–17 Uhr, Eintritt: 3,50 Euro.

Altipiani Folgaria

Die Anfahrt zur Hochebene nördlich von Rovereto erfolgt entweder südöstlich über Serrada (12 km) oder über das Castel Beseno.

Auf der Hochebene von Folgaria, auf 1000 bis 1280 m Höhe, verteilen sich mehrere Ortschaften. Fest besiedelt ist die Region seit dem 12. Jahrhundert. Viele deutsche Bauern und Waldarbeiter kamen hierher. Für die Österreicher spielte das Hochplateau eine wichtige Rolle. Deshalb gibt es **drei Festungen:** Sommo Alto, Dosso del Sommo und Cherle, auch St.-Sebastian-Werk genannt. Es ist eine **Wander- und Bike-Region,** im Winter **Skigebiet.** Auch geben sich die **Golfer** hier ihr Stelldichein. Auf der Maso Spilzi gibt es einen Golfplatz.

Hier oben ist ein **Volkskundemuseum** eingerichtet worden. Die Räumlichkeiten finden sich in dem alten Bauernhof aus dem 17. Jahrhundert direkt auf der Alm. Themen des Museums sind das Leben allgemein, die Medizin, die Bräuche und der 1. Weltkrieg.

Öffnungszeiten: Juni bis Mitte September auf Anfrage beim Fremdenverkehrsamt. Eintritt frei.

Lago di Cei

Sehr schöner See im Naturschutzreservat Cei auf 918 m Höhe, der sich durch besonders üppige Vegetation auszeichnet. An manchen Stellen ist er dicht von weißen und gelben **Seerosen** bewachsen. Entstanden ist er vor 800 Jahren durch einen massiven Erdrutsch. Das Gebiet ist Naherholungsareal der Bewohner in und um Rovereto. Man genießt die Natur, geht spazieren, wan-

Trentino

dern etc. Nach Rovereto Richtung Mori geht es direkt hinter der Brücke über die Etsch rechts zum Lago di Cei.

● **APT-Touristeninformation,** 38064 Folgaria, Via Roma 62, Tel. 0464/ 72 11 33, Fax 72 02 50, Internet: www.altipianitrentini.tn.it.
● **Residence Alaska,** Via G. Galilei 11, Tel. 0464/ 72 16 42, Fax 72 01 88, Internet: www. clubresidences.com. Große, gepflegte Appartement-Anlage in Folgaria mit Ein- bis Dreizimmer-Wohnungen, die pro Woche ab 275 Euro kosten.
● **Residence Alpi,** Via Degasperi 43, Tel. 0464/ 72 16 41, Fax 23 88 90, Internet: www.clubresidences.com. Größerer Komplex mit aneinander gereihten Häusern, die Wohnungen unterschiedlich groß, im Ort gelegen; pro Woche ab 225 Euro.
● **Golf Club Folgaria,** Maso Spilzi – Loc. Costa, Folgaria, Tel./ Fax 0464/ 72 04 80. 9-Loch-Anlage, die auf 12-Loch vergrößert werden soll.

Mori   ↗ B3

8747 Einwohner

Die immerhin sechstgrößte Gemeinde des Trentino ist in erster Linie **Verkehrsknotenpunkt.** Durch die Talmulde, in der Mori liegt, müssen alle durch, die über die SS 240 ans Nordufer des Gardasees fahren wollen. Das Verkehrsaufkommen ist deshalb gewaltig.

Einzig lohnend ist ein Abstecher zur **Wallfahrtskirche Monte Albano,** die 1567 erbaut worden ist und unterhalb des mächtigen Felsmassivs liegt. Man erreicht sie vom altem Stadtzentrum aus per pedes durch eine enge Gasse, die zur Kirche ausgeschildert ist. Neben der Wallfahrtskirche finden sich noch

die Überreste des **Castello Albano,** das bereits 1439 von den Venezianern zerstört wurde.

Nachtleben

● **Fanum,** Via del Garda 103, Tel. 0464/ 91 85 86. Wer lateinamerikanische Rhythmen liebt und gerne Salsa tanzt, sollte unbedingt in das hinsichtlich seines Nachtlebens eher weniger bekannte Mori fahren.

Ala   ↗ B3

6800 Einwohner

Schon für die Römer war Ala wichtige Station auf dem Weg nach Norden. Unter der Serenissima erlebte das Städtchen seine Blütezeit, denn es wurden **Samt und Seide** hergestellt. Geblieben ist dadurch eine **hübsche Altstadt** mit engen Pflastersteingassen und unzähligen Palästen, die einst wohlhabende adlige Familien besaßen. Besonders bedeutend ist der **Palazzo Angelini,** der den *Malfatti* gehörte. Hier residierten u.a. die hohen Herren *Karl V., Karl IV., Maximilian II.* und *Josef II.,* während *Napoleon* und *Mozart* den **Palazzo Pizzini** bevorzugten.

Den Ort überragt die barocke **Pfarrkirche Maria Assunta** mit einem Glockenturm aus dem Jahre 1670.

Außerdem gibt es in Ala ein Museum der besonderen Art: das **Museo del Pianoforte,** ein **Klaviermuseum** in der Via San Caterina 1. In Ala war und ist man stolz auf seine Gäste aus dem Bereich der Musik, besonders natürlich auf *Wolfgang Amadeus Mozart,* aber auch auf die Musikliebhaberin *Maria*

Trentino

Theresia von Österreich. Ihnen zu Ehren ist das Museum in dem eleganten Palazzo eingerichtet worden. Man rühmt das Museum als eine der bedeutendsten Klaviersammlungen mit Klavieren aus der Zeit *Mozarts, Schuberts, Beethovens* und *Chopins,* also zwischen der Mitte des 18. und Anfang des 20. Jahrhunderts. Hin und wieder werden im Palazzo auch klassische Konzerte gegeben.

Öffnungszeiten: Besichtigung nach Anmeldung, aber nur mit Führung. Eintritt: nach Vereinbarung.

Unterkunft

● **Hotel Viennese*****, Corso Passo Buole 4, Tel. 0464/ 67 25 30, Fax 67 23 12, Internet: www.hotelviennese.com. Einfach, aber ordentlich. DZ ab 60 Euro.
● **Hotel La Pineta****, Corso Verona 26, Tel. 0464/ 67 14 60, Fax 67 48 08. Neun schlichte, aber ordentliche Doppelzimmer, zwei Einzelzimmer. DZ ab 31 Euro.

101gp Foto: de

Avio

↗ **C2**

3647 Einwohner

Die Ortschaft liegt westlich der Etsch und nahe der Mündung des Flüsschens Aviana und ist auf dieser Seite der letzte Ort auf Trentiner Gemarkung. Bekannt ist Avio wegen seines Weinanbaus. Außerdem kann Avio mit einem hübschen Schloss in beschaulicher Lage aufwarten.

Sehenswertes

Castello Sabbionara d'Avio

Das Schloss ist ein Trentiner Vorzeigeobjekt der F.A.I. (Fondo Ambiente Italiano; siehe Exkurs „Der Bürger als Denkmalschützer") und deshalb ausgezeichnet erhalten. Es wurde 1053 zum ersten Mal erwähnt und befand sich seit dem Ende des 12. Jahrhunderts im Besitz des Grafen *Castelbarco. Guglielmo II.* baute die Burg dann 1300 aus, die Vorbefestigungen reichen den gesamten Hügel hinauf. Der Bauherr war eng mit den *Scaligeri* befreundet, sodass Veroneser Künstler Hand anlegten. Berühmt sind die Schlachtenbilder an den Wänden des Wächterhauses der ehemaligen Burgmannschaft und die Fresken im Liebeszimmer des oberen Turmraumes. Nur noch ganz zart sind einige Damen in Gärten zu erkennen.

Geregelte Öffnungszeiten gibt es nicht, die Pforten öffnen sich aber auf Anfrage. Rufnummer: 0464/ 68 44 53 oder 43 03 63. Eintritt: 3 Euro.

Pfarrkirche dell'Immacolata

Im Süden der Ortschaft neben dem Friedhof findet sich die Pfarrkirche dell' Immacolata. Wahrscheinlich ist sie schon im 8. Jahrhundert entstanden. Erwähnt wurde sie erst 1145. Bedeutend sind die vorromanische Kapitelle und ihre Fresken im Mittelschiff.

Trentino

Castello Sabbionara d'Avio

West-Trentino

Der Westen des Trentino wird von zwei gewaltigen Bergmassiven geprägt. Das ist zum einen die Berggruppe der **Brenta-Dolomiten**, zum anderen der **Ortler und Cevedale.** Zwischendrin finden sich die Täler Val di Sole, Valle di Rendena, Valle di Non und die Valli Giudicarie sowie gen Süden das Valle dei Laghi. Die übliche Reiseroute in den Westen dieser Provinz geht über Mezzocorona zunächst durch das Nonstal. Man kann aber auch in Südtirol bei Bozen von der Brenner-Autobahn abfahren und über den Mendelpass kommen, was sich wirklich lohnt, wenn das Wetter gut ist: Die Aus- und Fernblicke sind wunderschön.

Valle di Non   ⤢ B1,2

Das Nonstal liegt zwischen dem Etschtal, der Maddalena-Gebirgskette, der Ortler-Cevedale-Gruppe und den Brenta-Dolomiten. Es beginnt bei **Mezzocorona** und **Mezzolombardo** und endet in westlicher Richtung bei **Cles** (22 km), in nördlicher bei **Fondo** (30 km). Die Fahrt verläuft immer entlang der Staatsstraße Nr. 43. Nach Fondo zweigt die Straße bei Dermulo ab und geht in eine Nebenstraße (Nr. 43) über, die gut ausgebaut ist. Weitere Abstecher beispielsweise zum Castel Thun oder zum Lago di Tovel sind exzellent ausgeschildert.

Durch das Valle di Non, das durch viele Schluchten gekennzeichnet ist,

fließt der **Fluss Noce.** Bei Cles wird sein Lauf durch einen riesigen Staudamm gesperrt, der zwischen 1943 und 1950 gebaut wurde. Dadurch ist der **Stausee Santa Giustina** entstanden, das größte Wasserkraftbecken im Trentino. Verschwunden sind damit allerdings die alte Verbindungsstraße und eine alte Brücke aus dem 13. Jahrhundert. Sie waren Zeugnis für einen Waffenstillstand zwischen dem Fürstbischof von Trient und dem Grafen von Tirol.

Durch die hohen Gebirgszüge ist das Tal vor scharfen Nordwinden geschützt. Das milde Klima haben sich die Anwohner zunutze gemacht und **Äpfel** angebaut – Äpfel über Äpfel, soweit das Auge reicht. Im Frühjahr, wenn die Bäume blühen, verwandelt sich das Nonstal in einen einzigen Blütenteppich. In Zahlen ausgedrückt sind das 300.000 Tonnen Äpfel pro Jahr, die allein hier geerntet werden.

Mezzocorona und Mezzolombardo   ⤢ B2

Der Weinbauort Mezzocorona liegt an der Mündung des Nonstales in das Etschtal hinein und hat jede Menge Durchgangsverkehr zu bewältigen. Südlich der SS 43 liegt die Altstadt, die kulturhistorisch nur von geringer Bedeutung ist. Auch **Mezzolombardo** ist eher **Weinkennern ein Begriff.** Der Ort liegt auf der anderen Seite des Noce und war Anfang des 15. Jahrhunderts von größerer Bedeutung. Das dortige Schloss Castello della Torre war gleichsam die Zollstation für all die Güter, die ins Nonstal transportiert werden sollten.

Castel Thun

Das Castel Thun gilt als die **schönste Burg des Valle di Non** und ist seit 1992 im Besitz der Provinz Trient. Es gehörte seit 1300 den Grafen Thun. Erstmals erwähnt wurde es in den Reihen des Geleits von *Heinrich VI.* während seiner Italienreise anno 1190. Das Castello liegt auf einem Hügelplateau, von dem aus man einen traumhaften Panoramablick genießt. Wegen immer noch andauernder Renovierungsarbeiten können aller-

dings die Innenräume nicht besichtigt werden. Bislang sind lediglich Kutschen und Schlitten zur Besichtigung ausgestellt.

Öffnungszeiten: Vom 30. Mai bis 30. November täglich von 9–18 Uhr, sonst 9.30–17 Uhr. Montags ist generell geschlossen. Weitere Infos erhält man unter Tel. 0461/ 65 78 16 und www.castelthun.com.

Coredo ↗ B1

Coredo, von den Rätoromanen gegründet, hat heute 1400 Einwohner. Charakteristisch für den Ort sind die riesigen Heustadel. Außerdem gibt es sehr schöne Häuser, z.B. den **Palazzo Nero,** dessen Gerichtssaal mit Fresken aus

102ga Foto:de

Trentino

deutscher Schule bestückt ist. Seine Historie ist allerdings düster. Er diente als Schauplatz von **Hexenprozessen.** Der Ort ist bei Touristen recht beliebt, weil er ein schönes Stadtbild, einen hübschen Park und den Lago Tavon in der Nähe hat. Von hier aus lassen sich schöne Wanderungen und Mountainbike-Touren unternehmen. Zu erreichen ist Coredo über die Landstraße Nr. 43 nach Fondo über den Abzweig beim Ort Sanzeno.

APT-Touristeninformation

● Piazza Cigni, 38010 Coredo, Tel. 0463/ 53 61 21, Fax 53 66 69, Internet: www.comune. coredo.tn.it.

Unterkunft

● **Pineta's Hotel***, Loc. Tavon, Via S. Romedio 29, Tel. 53 68 66, Fax 53 61 15, Internet: www.pinetahotels.it. Nettes, mittelgroßes Haus, gut gepflegt, freundlicher Service. Reitmöglichkeiten. Der jüngst gebaute Wellnessbereich bietet neben dem Schwimmbad und dem Kinderbereich Hydromassagen, Kneippgänge und einen Schönheitsspa. DZ ab 80 Euro.

● **Hotel Sport**, Via Cesare Battisti 56, Tel. 0463/ 53 61 08, Internet: www.hotelsport coredo.com. Einfaches, aber ordentliches Haus in der Ortsmitte. DZ ab 50 Euro.

● **Agriturismo Agostini,** Loc. Tavon, Tel. 0463/ 53 64 54, Fax 53 62 68, Internet: www.agritur-agostini.it. Reiterhof mit Schlafmöglichkeiten und Halbpension in DZ ab 40 Euro. Außerdem beliebtes Ausflugslokal. Hunde erlaubt. Die Reitstunde kostet 15 Euro, Exkursionen 40 Euro, Trekkingtouren auf Anfrage.

Agenturen für Ferienwohnungen
● **Associazione Affitta Appartamenti,** Via V Novembre 40, Tel. 0463/ 53 63 10, Fax 46 83 72.
● **Casa Vacanze Martinelli,** Tel./Fax 0463/ 53 61 74.

Cles ↗ B1

Cles (6349 Einwohner) ist **Hauptort** und auch der Verwaltungssitz für das Valle di Non. Passenderweise liegt die Kleinstadt auf einer Hochebene. Aufgrund ihrer Bedeutung herrscht im Zentrum stets viel Betrieb. In Cles arbeiten viele Menschen aus der Gegend, und die Jugendlichen kommen abends nach Cles in die Disco oder Bar. Für Touristen ist der Ort weniger interessant, das spiegelt sich auch im bescheidenen und nicht empfehlenswerten Hotelangebot wider. Beeindruckend ist die gleichnamige **Burg** am Ufer des Lago di Giustino. In ihr wurde der spätere und bedeutende Bischof von Trient, *Bernardo Cles,* geboren. Besichtigen kann man das gut erhaltene Castello allerdings nicht. Es ist immer noch Privatbesitz der Cles-Sippe. Anschauen kann man sich dagegen den gotischen **Stadtpalast Assessorile** der Herren von Cles im Zentrum der Stadt. Er hat vier schöne Doppelbögenfenster und ein gotisches Spitzbogenportal. Daneben befindet sich eine Kopie des berühmten **Tavola Clesiana.** Dabei handelt es sich um eine steinerne römische Urkunde, die am 15. März 46 n. Chr. den Bürgern des Nonstales verliehen wurde. Damit waren sie in den Besitz der römischen Bürgerrechte gekommen. Die Urkunde ist auch deshalb von Interesse, weil da-

Immer wieder beeindruckende Gesteinsformationen

rauf Namen der Alpenvölker aufgelistet sind. In den aufwendigen Innenräumen befinden sich auch heute noch die Stadtverwaltung und Sitzungssäle.

Pro Loco-Touristeninformation

● 38023 Cles, Corso Dante, Tel. 0463/ 42 13 76, Fax 42 27 94.

Essen und Trinken

● **Al Solito Posto,** Via Trento 52, Tel. 0463/ 42 13 32. Wenn man die gehobene Küche sucht, ist man am besten in diesem Ristorante aufgehoben.

● **Bersaglio,** Via del Monte, Tel. 0463/ 42 26 00. Außerhalb des Zentrums gelegen. Trentiner Küche. Spezialität: gegrillte Forelle.

● **Giardino,** Via Pilati, Tel. 0463/ 42 27 09. Pizzeria mit viel Kapazität. Treffpunkt jüngerer Leute.

● **Caffe Marconi,** Via del Castello. Beliebt, mit nettem Garten, wenn auch etwas laut, da an der stark befahrenen Straße gelegen.

Nachtleben

● **Disco Bar Mithos,** Via Trento 200, Tel. 0463/ 42 18 18. Am Wochenende gibt es meistens ein besonderes Motto. Sehr angesagte Disco.

● **Disco-Pub Ancora,** Piazza Grande 65. Die Alternative zum Mithos.

● **Punto Verde,** Via San Vito 16, Tel. 0463/ 42 27 73. Eine Bar, in der sich das Jungvolk drängelt.

● **Paradise Games,** Viale de Gasperi 106d. Beliebte Musik-Bar.

Lago di Tovel ⤢ B1

Es gibt eigentlich niemanden, der nicht vom Lago di Tovel schwärmt. Er liegt 8 km entfernt von Cles inmitten der wundervollen Landschaft des Adamello-Brenta-Nationalparks auf 1177 m Höhe. Besonders schön ist der See, wenn kein Wind weht und sich die Berge im Wasser spiegeln. **Um den See herum** **gibt es einen leichten Wanderweg,** der in 40 Minuten zu bewältigen ist. Will man größere Touren unternehmen, finden sich hier prima Möglichkeiten.

Erstaunlicherweise wird der Lago di Tovel stets als einsamer Bergsee gepriesen. Wer aber genau diese Einsamkeit sucht, sollte weder in der Hauptsaison noch an den Schönwetter-Wochenenden hinfahren. Dann nämlich ist hier die Hölle los. Die Parkflächen reichen für den Ansturm kaum aus, Busse fahren vor, Großfamilien schleppen Gefriertaschen und Decken zum Ufer, Kinder planschen im Wasser – spätestens jetzt weiß ein jeder: Der **Lago di Tovel** ist **eines der beliebtesten Ausflugsziele** im West-Trentino. Deshalb ist die Anfahrtsstraße ab Tuenno nun auch perfekt präpariert und geteert.

Trentino

Praktische Informationen

● Am See gibt es ein **Besucherzentrum,** in dem wissenswerte Informationen erhältlich sind; auch Tourenofferten für Wanderer. **Öffnungszeiten** vom 18. Juni bis 17. September täglich von 10–19 Uhr. Tel. 0463/ 45 10 33, Internet: www.lifetovel.it. Achtung: Während der Winterzeit ist die Zufahrtsstraße zum See häufig gesperrt!

● Drei einfache **Unterkünfte** stehen am Tovelsee zur Verfügung: **Albergo Lago Rosso,** Tel. 0463/ 45 12 42; **Albergo Al Capriolo,** Tel. 0463/ 45 14 05; **Albergo Miralago,** Tel. 0463/ 45 00 90.

Sanzeno ⤴ B1

Der malerische 900-Einwohner-Ort liegt hoch über dem Lago di Giustina auf einer Moränenterrasse auf dem Weg nach Fondo. Besondere Bedeutung hat das Dorf aber durch seine **Wallfahrtskirche San Romedio** erhalten. Es ist eine der eindrucksvollsten und seltsamsten Kunststätten im Trentino. Die Klause San Romedio ragt am Ende des schluchtartigen Valle di Romedio auf einem 70 m hohen Felsen empor und ist quasi ein **Konglomerat aus mehreren Kirchen und Einsiedlerzellen.** Sie sind durch 131 Stufen miteinander verbunden. Die Legende erzählt, dass der Sohn des Grafen *von Thauer, Romedius,* in der Nähe von Hall am Inn all seinen Besitz verschenkte und sich mit dem Pilgerstab auf den Weg nach Rom machte. Dort beschloss er, ein Leben als Einsiedler zu führen. Den optimalen Ort dafür fand er in einer Felsenhöhle im Nonstal, ganz in der Nähe der Stätte, an der die ersten drei Christen, die im Valle di Non das Evangelium verkündeten, anno 397 zu Tode kamen. *Romedius* fand hier seine Erfüllung, tat Gutes wie ein Heiliger, wurde als solcher verehrt und nach seinem Tod in seiner Felsenhöhle begraben. Um das Jahr 1000 wurde schließlich die erste Kirche auf diesem Grund und Boden errichtet – der Anfang für den künftigen Wallfahrtsort. Im 12. Jahrhundert wurde der Kult um S. Romedius vom Bischof in Trient offiziell anerkannt. Im Laufe der Jahrhunderte wuchs diese Pilgerstätte Stein um Stein. Denn die Pilger brachten Votivgaben mit und bauten damit die Wallfahrtsstätte aus. Im 13. Jahrhundert wurde dann ein Hospiz gegründet. Weitere Kapellen entstanden. Da alle Bauten miteinander verbunden wurden, entstand dieses ungewöhnliche Konstrukt.

Fondo ⤴ B1

Fondo (1400 Einwohner) ist das wichtigste Zentrum im oberen Nonstal. Von hier verlaufen die Wege entweder weiter zum Mendelpass und nach Bozen oder via Senale-Pass nach Meran. Es ist ein recht geschäftiges Zentrum mit Läden, Banken, Cafés etc. Aufgrund des netten kleinen **Sees Smeraldo** und der nahe gelegenen Berge ist Fondo recht beliebt. Der Ort kann auf eine lange Geschichte zurückblicken, die bis in die Zeiten vor der römischen Herrschaft reicht. Es gibt einige Kirchen, die älteste ist S. Martino mit einem hohen Glockenturm aus dem Jahre 1447. Vor dem Glockenturm findet sich ein Gefallenendenkmal vom Bildhauer *Fozzer.*

Und es gibt eine Touristenattraktion, die spektakulärer kaum sein könnte:

Unter der großen Piazza Dante von Fondo tobt ein **rauschender Wasserfall** durch den unterirdischen Canyon des Rio Sass. Amüsanterweise haben selbst die meisten Anwohner von Fondo nicht gewusst, welches **Naturspektakel** sich unter ihnen abspielt. Lediglich Forscher und autorisierte Bautrupps durften sich mit Kletterausrüstung in die tosenden Tiefen wagen. Bis man eben auf die Idee gekommen ist, das Naturspektakel touristisch zu nutzen.

Dank vieler Stege, Treppen und Leitern, kann man sich nun auf Entdeckungsreise durch die wirbelnden Gewässer, Wasserfälle und „Riesentöpfe" (große Erosionskessel), Fossilien, Stalaktiten und Stalagmiten machen. Eineinhalb Stunden ist man in dem tosenden Schlund unterwegs und überwindet einen **Höhenunterschied von 145 Metern.** In Stufen ausgedrückt: 348! Die engste Stelle ist gerade Mal 40 Zentimeter breit. Neben den faszinierenden Felsskulpturen, die die Wasserströmungen aus den Felsen gewaschen hat, faszinieren außerdem die Farbspiele der roten und grünen Algen, der Moose und Farne.

Geöffnet ist der Canyon von März bis November täglich, er darf aber nur mit einem Führer besucht werden. Anmeldungen nimmt das Fremdenverkehrsamt entgegen. An Regenkleidung denken.

APT-Touristeninformation

●Via Roma 21, 38013 Fondo, Tel. 0463/ 83 01 33, Internet: www.valledinon.tn.it/fondo.

Unterkunft

●**Hotel Lady Maria*****, Via Garibaldi 20, Tel. 0463/ 83 03 80, Fax 83 10 13, Internet: www.ladymariahotel.com. Zwar an der Straße gelegen, aber mit wunderbarem Blick auf die Ebene. Zimmer in diese Richtung wählen. Nettes Restaurant. Auch Appartements zu vermieten. DZ ab 70 Euro.

●**Hotel Lago Smeraldo*****, Via Lago Smeraldo 12, Tel./Fax 0463/ 83 11 04, Internet: www.hotellagosmeraldo.it. Neues Anwesen direkt am See. Nicht spektakulär, aber gute Mittelklasse. DZ ab 70 Euro, ab 3 Tagen Aufenthalt. Das hauseigene Restaurant bietet gute Trentiner Küche mit Forellen aus dem Teich vor der Haustüre.

●**Hotel Rosalpina****, Loc. Malosco, Via Belvedere 34, Tel. 0463/ 83 11 86, Internet: www.hotelrosalpina.com. Hübsch und ruhig gelegen, sehr freundlicher Service. DZ ab 55 Euro.

●**Albergo Aurora*****, Loc. Tret, Via Cantone 24, Tel./Fax 0463/ 88 00 22, Internet: www.albergoaurora.it. Knallgelbes Haus mit roten Fensterläden am Ende der Straße, wunderbar gelegen und sehr hübsch renoviert und eingerichtet. Mit Swimmingpool. Vom Haus aus kann man direkt wandern gehen. Ordentliche Küche. Der Service ist extrem langsam. DZ und Halbpension ab 110 Euro/3 Tage.

Essen und Trinken

●**La Cantinota,** Via Roma, Tel. 0463/ 83 05 15. Durchschnittliches Restaurant.

●**New Port Pub Presso,** Loc. Lago Smeraldo, Tel. 0463/ 83 11 04. Ganz nette Paninoteca.

●**Pasticceria Da Giancarlo,** Via San Martino, Tel. 0463/ 83 13 84. Beliebtes Eiscafé im Zentrum.

Bahnverbindungen

●Mit dem Nonstal (Cles), dem Val di Sole (Malé) und Mezzocorona.

Busverbindungen

●Mit Malé und Trento.

Event

●**Schneeschuhrennen** im Januar.

Trentino

10 dpa Foto: de

Passo Mendola (1363 m)

Bekannt und berühmt – der Mendelpass. Aber die Blütezeit des Ortes ist
längst vorüber. Viele Hotels schlum-
mern unausgelastet vor sich hin oder
sind gar nicht erst geöffnet. Der Mendelpass ist zu einer **Durchgangsstation
mit Andenkenläden** verkommen. Wer
anhält, sind in erster Linie Touristen mit
deutschem Kennzeichen, die in Südtirol
Urlaub machen und für die der Mendelpass Programm ist. Alle anderen, viele
davon mit dem Motorrad unterwegs,
fahren einfach durch. Für sie zählen die
Schönheit der Landschaft und der Fahr-
spaß auf dieser Strecke.

Altopiano della Paganella ⬀ B2

Auf der Rückseite der Brenta-Berggrup-
pe verläuft die Paganella-Hochebene
mit den bekannten Orten Andalo, Molveno am gleichnamigen See sowie Fai
della Paganella. Sie haben fast das
ganze Jahr über Saison, da sie im Winter auch Skiresorts sind. Im Sommer
machen vor allem Wanderer, Trekker,
Alpinisten, Kletterer und Biker hier Station. Besonders berühmt ist der Campanile Basso, der im Jahr 1899 zum ersten
Mal bestiegen worden ist. 1999 ist das
Jubiläum groß gefeiert worden. Sehens-

wert ist das Kastell Belfort bei Spormaggiore. Dort ist außerdem ein großer Naturpark mit Braunbären.

Zum Altopiano della Paganella gelangt man über drei Routen. Von Mezzolombardo auf der SS 43 kommend, kann man den ersten Abzweig linker Hand unterhalb des Rocchetta-Massivs wählen und gelangt so als erstes nach Fai della Paganella und schließlich nach Andalo. Eine zweite Strecke zweigt 5 km später links ab und führt über Spormaggiore nach Andalo. Nähert man sich der Hochebene von Süden her, muss man von Stenico aus die SS 421 nehmen und kommt dann zunächst zum Lago di Molveno.

Fai della Paganella ↗ B2

Fai della Paganella gestaltet sich als ganz nettes, unprätentiöses Straßendorf, an dessen abgelegenem Ende die Liftanlagen für den Winterbetrieb in einer großen Kurve liegen. Hier hat man auch den schönsten Fernblick. Im Sommer ist nicht viel los, die überwiegende Zahl der 904 Einwohner lebt im Wesentlichen vom Wintertourismus. Wer gesellschaftliches Treiben sucht, der geht nach Andalo. In Fai della Paganella

siedelten einst Jäger, Holzfäller und Bauern. Funde deuten darauf hin, dass im Ortsteil Cortalta schon die Römer und die Langobarden gelebt haben.

APT-Touristeninformation

● 38010 Fai della Paganella, Via Villa, Tel. 0461/ 58 31 30, Fax 58 34 10, Internet: www.dolomitipaganella.com.

Unterkunft

● **Albergo Miravalle****, Via R. Cembran 9-11, Tel. 0461/ 58 31 13, Fax 58 31 52, Internet: www.miravallefai.it. Die Lage ist erste Sahne, denn der Fernblick ist sensationell. Dafür sind es zum Zentrum 15 Minuten. Das Haus ist ordentlich, wurde renoviert, die Zimmer sind komfortabel, der neue Wellness-Bereich bietet u.a. Sauna, türkisches Bad, Hydromassage und Aromadusche. DZ ab 108 Euro inkl. Halbpension.

● **Hotel Paganella****, Via Damiano Chiesa 3, Tel. 0461/ 58 31 16, Fax 58 31 16, Internet: www.hotelpaganella.it. Altes Trentiner Gasthaus, sehr gut gepflegt und komfortabel. Am schönsten sind die Romantik-Zimmer. DZ ab 120 Euro inkl. Halbpension.

Agentur für Ferienwohnungen
● **Agenzia Immobiliare Fai,** Via Garibaldi 15, Tel. 0461/ 58 31 25, Fax 58 34 93.

Markt

● Von Mitte Juni bis Mitte September jeden Dienstag im Ortszentrum.

Outdoor

● **Mountainbike-Schule:** I Rampichini della Paganella, Tel. 0461/ 58 32 52, Internet: www.cnn.it//utenti/bike.
● **Mountainbike-Verleih:** Mottes Sport, Via Battisti 8, Tel. 0461/ 58 34 38.

Events

● **Paganella-Bike:** Internationaler Langstreckenwettbewerb im Mai.
● **Skiramela**/**Festa del Telemark:** Internationales Telemarkfest mit Wettbewerben und Mondscheinabfahrten im Januar.

Trentino

Andalo ⬈ B2

Von oben betrachtet, sieht der 1010-Einwohner-Ort zerstreut aus. Das liegt daran, dass Andalo eigentlich aus einzelnen Weilern besteht, von denen einige durch die Entwicklung des Fremdenverkehrs zusammengewachsen sind. Ursprünglich waren es einmal zwölf Gehöfte. 500 m entfernt vom Zentrum liegt der auf der Landkarte eingezeichnete **Andalosee.** Er ist allerdings nicht immer sichtbar, was daran liegt, dass er karstigen Ursprungs ist und in Trockenperioden in unterirdischen Höhlen verschwindet. In wasserreichen Zeiten ist er bis zu 1100 m lang und 200 m breit.

Andalo setzt ganz auf Sport. Die natürlichen Bedingungen stimmen, es sind ausreichend Skipisten vorhanden, und vor Jahren ist ein Sportdorf gebaut worden, in dem man alle möglichen Sportarten trainieren kann. Angeschlossen ist auch ein ultramodernes, überdachtes Eisstadion. Das zieht natürlich nach sich, dass sich hier viele Sportler einquartieren und Jugendfreizeiten stattfinden. Die Infrastruktur ist entsprechend gut.

APT-Touristeninformation

●Piazza Paganella 2, 38010 Andalo, Tel. 0461/ 58 58 36, Fax 58 55 70, Internet: www.andalovacanze.com.
●**Andalo-Vacanze-Card:** In den Sommermonaten ist beim Fremdenverkehrsamt kostenlos diese Karte erhältlich, mit der sich die Preise für viele Freizeitaktivitäten deutlich reduzieren.

Unterkunft

In Andalo gibt es unzählige Drei-Sterne-Hotels, die eigentlich alle mehr oder weniger mit dem gleichen Standard aufwarten.

●**Hotel Corona*****, Via Dossi 6, Tel. 0461/ 58 58 72, Fax 58 54 79, Internet: www.coronahotel.com. Gut gepflegtes und geführtes Haus im Zentrum von Andalo. Familiäre Atmosphäre. DZ ab 110 Euro inklusive Vollpension.
●**Hotel Negritella*****, Via Paganella 32, Tel. 0461/ 58 58 02, Fax 58 59 11, Internet: www.negritella.it. Vor einigen Jahren komplett renoviert, komfortabel eingerichtet, fürsorgliche Hotelführung. Kinderspielmöglichkeiten. DZ ab 80 Euro.
●**Piccolo Hotel Andalo*****, Pegorar 2, Tel. 0461/ 58 57 10, Fax 58 54 36, Internet: www.piccolo.it. Gut für Familien mit Kindern, großer Unterhaltungsraum mit Maxileinwand, Karaoke, Bibliothek. Jedes Zimmer verfügt über einen Balkon. DZ ab 70 Euro.
●**Albergo Stella Alpina*****, Via Cesare Battisti 6, Tel. 0461/ 58 69 18, Fax 58 62 88, Internet: www.hotelstellaalpina.net. Nettes Traditionshaus in Zentrumsnähe, aber ruhige Lage mit Blick auf den See (wenn er da ist). Familiäres Ambiente. DZ ab 92 Euro.

Camping

●**Andalo,** Viale del Parco 4, Tel. 0641/ 58 57 53, Fax 58 53 42, Internet: www.infotrentino.net/campingandalo.

Essen und Trinken

●**Orso Grigio,** S. Rocco 7 (Ortsausgang Nord), Tel. 0461/ 58 58 85. Ristorante und Speckstube mit Trentiner Spezialitäten.
●**Caffè/Bar Centrale,** Piazza Centrale, Tel. 0461/ 58 58 10. Hier hat man alles im Blick.
●**Al Doss,** Loc. Cavedago, Frazione Doss 2, Tel. 0461/ 65 42 00. Auf urig gemachtes Gewölbelokal mit deftigem Essen, z.B. Ossobuco und Gulasch.
●**Pub Tower,** Piazzale Paganella, Tel. 0461/ 58 58 60. Irish Pub, aber mit traditioneller Trentiner Einrichtung.
●**Il Penny,** Viale Trento 23, Tel. 0461/ 58 52 51. Rustikales Restaurant und Pizzeria, auch Pub.
●**Ginepo,** Via P. Lambin 8, Tel. 0461/ 58 59 58. Die Konditorei hat ganz hervorragendes Eis.
●**Rifugio La Montanara,** Loc. Tovre, Tel. 0461/ 58 56 03. Etwa 2 km außerhalb, be-

liebte Ausflugshütte, gutes Essen. Die letzten Meter muss man zu Fuß gehen.

Nachtleben

- **Shuttle,** Viale Trento 23, Tel. 0461/ 58 56 48, Internet: www.shuttleandalo.com. Disco, bis 4 Uhr geöffnet.
- **Artcafé La Placa,** Viale Trento 23, Tel. 335/ 26 46 36. Von 14–4 Uhr durchgehend geöffnet. Manchmal gibt's Live-Musik, manchmal legt ein DJ auf.

Busverbindungen

- Täglich Busse nach Trento und Riva.

Markt/Shopping

- **Grappoteca L'Alambicco,** Piazza Dolomiti 6. Grappa, Weine und Süßwaren.
- **Rosticceria Dalfovo,** Via Fovo 7. Frische Pasta.
- **Mendini Rame,** Via Paganella 3. Kupferhandwerk.
- **Grappoteca Osti,** Piazza Centrale 3. Grappe und typische Trentiner Produkte.
- **Erboristeria L'Erbamica,** Viale Trento. Natürliche Kosmetikartikel.
- **Banal Sport,** Via Tenaglia 5a. Rund um den Sport, v.a. Bergsteigen und Klettern.
- **El Brenta Sport,** Via P. Lambin 5. Sportklamotten.
- **Markt:** im Juli und August jeden 2. und 4. Montag am Sportzentrum.

Seilbahn zum Paganella

- Täglich von 9–12 und 14–17.30 Uhr. Liftkarte hin und zurück: 10 Euro.

Outdoor

- **Freeclimbing:** Im Sportzentrum gibt es eine 6 m hohe Wand mit 6 Klettersteigen vom 5. bis 7. Schwierigkeitsgrad. Bergführer zum Klettern: Danilo Cavosi, c/o Banal Sport, Via Tenaglia 5a.
- **Mountainbike-Verleih:** Danilo Sport, Piazza Centrale, Tel. 0461/ 58 59 07.
- **Tennis:** im Sportzentrum.
- **Reiten:** Alpin Reitzentrum Brenta Club, Loc. Lago, Tel. 0461/ 58 53 77. Reiten im Westernstil, Clubatmosphäre im Countrystil.
- **Schwimmen:** Im Sportzentrum steht ein Hallenbad zur Verfügung.

Event

- **Rassegna Cori:** Bergchorkonzerte in den Monaten Juli und August.

Spormaggiore

Der Ort Spormaggiore (1254 Einwohner) am Talausgang ist vor allem aus zwei Gründen von Interesse: zum einen wegen des Forts Belfort, zum anderen kann man hier auf den Spuren von Braunbären wandeln.

Das **Castello Belfort** ist 1311 gebaut, wieder zerstört und im 17. Jahrhundert neu errichtet worden. Es hat einen hohen mittelalterlichen Turm und einen Palast. Die Besitzer wechselten ständig, zwischenzeitlich wurde die Burg auch barock ausgestattet. Seit 1785 ist die Burg aufgegeben.

Östlich der Landesstraße 421 ist man nach nur 200 m Anfahrt und ein paar Schritten zu Fuß im Reich der **Braunbären.** Da sieht man sie lustwandeln auf ihren Pfaden, langsam und bedächtig. Ein Braunbär hat keine Eile, wenn keine Notwendigkeit besteht. Immerhin wiegt so ein Tier bis zu 250 kg und ist, wenn es sich aufrichtet, bis zu 2,50 m groß – eine gewaltige Erscheinung, so ein Riesen-Teddy. Zum Knuddeln ist er eigentlich nicht. Dazu schaut er zu grimmig. Nicht umsonst sind die Mauern und Gitter sehr hoch. Eine Fläche von 7000 m² mit viel dichtem Wald, mit Höhlen, einem Bachlauf und Wasserfällen mitten im Adamello-Brenta-Nationalpark ist für die Bären angelegt worden. Hier können sie sommers wie winters von Besuchern beobachtet werden. Zweck der Anlage ist es, auf das Aus-

Trentino

sterben dieser Tierart aufmerksam zu machen. Im Nationalpark lebten lange Zeit nur noch vier Bären in freier Wildbahn, die letzten ihrer Gattung auf europäischem Boden. Das Trentiner Naturschutzprojekt „Life Ursus" zur Wiederansiedlung der Braunbären in Mitteleuropa hat es mit der finanziellen Unterstützung der Europäischen Union tatsächlich geschafft, weitere Tiere hier anzusiedeln. Sieben Weibchen und zwei Männchen aus Slowenien haben seit 2002 für Nachwuchs gesorgt, sodass inzwischen über 20 Sohlengänger in den Alpen unterwegs sind.

Öffnungszeiten: täglich von 9–12.30 und 16–19 Uhr. Eintritt ist frei, aber man freut sich über eine Spende.

Molveno ⬈ B2

Am nördlichen Ufer des gleichnamigen Sees liegt Molveno (1000 Einwohner), ungemein malerisch und ideal, um Touren in die Brenta-Gruppe zu unternehmen. Tatsächlich ist das Dorf auf 823 m Höhe, das heute fast ausschließlich vom Tourismus lebt, quasi von Bergsteigern als Domizil entdeckt worden. Sehenswert ist das **Kirchlein San Vigilio** aus dem 13. Jahrhundert mit einem romanischen Portal und Fresken aus dem 14. Jahrhundert. Der See ist bis zu 124 m tief und vor 3000 Jahren aus einer Riesen-Mure, die wahrscheinlich von den Hängen des Gazza-Berges abgegangen ist, entstanden.

APT-Touristeninformation

● 38018 Molveno, Tel. 0461/ 58 69 24, Fax 58 62 21, Internet: www.molveno.it, www.dolomitimolveno.com.

● **Card Molveno è Tua:** Aufgrund einer Hotelinitiative gibt es mit dieser Karte **Vergünstigungen** für fast alle sportlichen Aktivitäten. Die Karte ist kostenlos beim Fremdenverkehrsamt erhältlich.

Unterkunft

● **Hotel Alexander Cima Tosa*****, Piazza Scuola 7, Tel. 0461/ 58 69 29, Fax 58 69 50, Internet: www.alexandermolveno.com. Traditionshaus mitten in Molveno. Der Blick ist ganz wunderbar auf den See und die Berge. Garten und Fitnessraum. DZ ab 177 Euro für 3 Nächte.

● **Hotel du Lac*****, Via Nazionale 4, Tel. 0461/ 58 69 65, Fax 58 62 47, Internet: www.hoteldulac.it. Modernes Haus, sehr gepflegt, neues Schwimmbad im Garten, junges Management, sehr nett. DZ ab 94 Euro. Appartementvermietungen.

● **Residence San Carlo,** Via Lungolago 2, Tel. 0461/ 58 62 64, Fax 58 63 04, Internet: www.residencesancarlo.com. Gebäudekomplex mit 2- und 3-Zimmer-Wohnungen ca. 100 m vom See entfernt; ab 290/330 Euro/Woche.

● **Residence Villa Erica,** Via Nazionale 25, Tel. 0461/ 58 69 41, Fax 58 64 41, Internet: www.residencevillaerica.it. Zwei- und Drei-Zimmer-Wohnungen in der Ortsmitte, Hunde erlaubt. Pro Woche ab 350 Euro.

● **Rifugio Croz dell'Altissimo,** Tel. 0461/ 58 61 95, Internet: www.rifugiocrozaltissimo.it. Herrlich am Fuße der Kletterwand Croz dell'Altissimo gelegene Berghütte mit Übernachtungsmöglichkeiten im Bett. Ideal für Bergwanderer oder Kletterer, zumal der Besitzer und Bergführer *Felice Bellini* selbst geführte Touren unternimmt. Transfer-Service nach Molveno. Halbpension pro Person 32 Euro.

Camping

● **Spiaggia-Lago di Molveno,** Via Lungolago 25, Tel. 0461/ 58 69 78, Fax 58 63 30, Internet: www.molveno.it/camping.

Bergwandern in den Höhenlagen des Stilfser-Joch-Nationalparks

Nachtleben
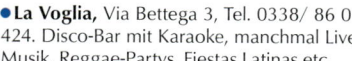

- **La Voglia,** Via Bettega 3, Tel. 0338/ 86 04 424. Disco-Bar mit Karaoke, manchmal Live-Musik, Reggae-Partys, Fiestas Latinas etc.

Autoverleih

- **Mario Giordani,** Via Lungolago, Tel. 0461/ 58 60 09, Handy 0039/ 330/ 23 93 71.

Busverbindungen

- Täglich nach Trento und Riva.

Shopping

- **Grappeteca Bonetti,** Piazza Marconi 2. Wein und Grappa.
- **Franchi Manifatture,** Via Belvedere 14. Porzellanwaren und – bayerische Keramik!
- **Bazar Dolomiti,** Via Roma 1. Sportkleidung und Ausrüstung (auch zum Angeln).
- **La Bottega delle Specialità,** Via Roma 15. Wunderbares für Leib und Magen.

Markt

- Im Juli und August jeden 1. und 3. Montag im Zentrum.

Seilbahn zur Brenta-Gruppe

- Täglich im Juli/August von 8–12.30 und 14.15–18.45 Uhr, im Juni und September von 8.30–12.15 und 14.30–18.15 Uhr. Liftkarte bis zur Zwischenstation einfach 4 Euro (hin und zurück 6 Euro); Liftkarte zum Montanara einfach 5 Euro (hin und zurück 7 Euro).

Outdoor

- **Bergsteigen und Wandern:** Brenta Est, Piazza Marconi 1, Tel. 0461/ 58 64 09.
- **Freeclimbing:** 12 m hohe Kletterwand in der Sporthalle, mit drei Steigen. Bergführer buchen kann man bei Brenta Est (s.o.); Rifugio Croz dell'Altissimo, Tel. 0461/ 58 61 95, Internet: www.molveno.it/rifugiocroz. Geführte Touren mit Bergführer *Felice Bellini*.

Trentino

Der „Turm der Hexen"

Ein Trentiner Bergsteiger war's, der den Wettkampf um die Erstbesteigung des „Turms der Hexen", wie die Bewohner des Cembra-Tales den **Campanile Basso** nennen, eröffnete. Am 12. August 1897 wagten *Carlo Garbari* und die Bergführer *Antonio Tavernaro* und *Nino Pooli* den ersten Versuch, diese unglaubliche Felsnadel (2946 m) in der Brenta-Gruppe zu bezwingen. Die Besteigung sollte nur 15 m unter dem Gipfel enden. Sie kamen nicht weiter. Auf einem Felsvorsprung, der seither seinen Namen trägt, hinterlegte *Garbari* eine Karte, auf der er den folgenden Bergsteigern mehr Glück wünschte. Erst zwei Jahre später schafften es zwei Österreicher, *Otto Ampferer* und *Karl Berger*, den Gipfel zu erklimmen. Das war am 18. August 1899. Viele sind ihnen seither gefolgt. Die Form des Berges hat Bergsteiger immer gereizt. Manche sprechen gar von einem Mythos, den dieser Gipfel umweht.

Im Jahr 1999 nahm die tridentinische Bergsteigergesellschaft (Società degli Alpinisti Tridentini) das hundertjährige Jubiläum der Erstbesteigung zum Anlass, eine Ausstellung über den Berg zu machen. Anhand von Bergsteigermaterial, alten Fotos und Originaldokumenten werden die wichtigsten Besteigungen der vertikalen Felswände dieses berühmten Berges beschrieben. Darüber hinaus behandelt die Ausstellung die Region der Brenta-Gruppe kartografisch vom 17. Jahrhundert an bis zu den ersten Bergsteigerkarten von *Aegerter* und *Apollonio* Anfang des 20. Jahrhunderts. Nicht zuletzt geht es um die Bedeutung des Naturparks Adamello-Brenta.

Es handelt sich um eine Wanderausstellung, Informationen erteilen die Fremdenverkehrsämter.

106pja Foto: de

- ●**Mountainbike:** Brenta Est (s.o.).
- ●**Mountainbike-Verleih:** Ferdi's Calzature, Via Garibaldi 70, Tel. 0461/ 58 61 17; Sala Giochi Play Off, Via Lungolago, Tel. 0461/ 58 69 77.
- ●**Boots-Verleih:** Ruder- und Tretboote am kleinen Hafen, Tel. 0461/ 58 60 15, auch Anlegemöglichkeiten.
- ●**Fischen:** Genehmigungen bei: Bar Cristallo, Bar Spiaggia, Tabacchi Tanel und Sartori, Bazar Dolomiti; Ufficio Pesca, Via Lungolago; weitere Infos bei Associazione Dilettanti Pesca Sportiva a Molveno, Via Cima Tosa, Tel. 0461/ 58 61 66.
- ●**Paragliding:** Club Vola Bass, Fluglehrer Luca, Tel. 0348/ 51 03 339, Fluglehrer Flavio, Tel. 0338/ 48 46 663.
- ●**Tennis:** in der Sporthalle und Plätze im Freien am Lido, Tel. 0461/ 58 57 76.
- ●**Schwimmen:** Langer, sehr sauberer Strand am Lago di Molveno; olympisches Freibad am Lido, Tel. 0461/ 58 57 76.
- ●**Surfen:** Marco Segnana Surf Center, Loc. Lido, Tel. 0348/ 69 42 998. Surfunterricht und Bretterverleih.
- ●**Segeln:** Katamaran-Verleih bei Marco Segnana (s.o.).
- ●**Animationsprogramm** für Erwachsene und Kinder u.a. mit Aerobic, Turnen, Turnieren immer vom 20. Juni bis 10. September; Infos beim Fremdenverkehrsamt.

Events

- ●**Drachen-Regatta** und 14 Class World Cup-Segelregatta auf dem See, beides im August.
- ●**Trofeo Volta Bass:** Paraglider-Wettbewerbe im Juli und August.

Val di Sole   ⟋ A,B1,2

Das Val di Sole, das **Tal der Sonne,** liegt im Nordwesten des Trentino, an der Grenze zu Österreich und der Schweiz. Nördlich von Cles zweigt die Straße nach Südwesten ab und führt hinüber zum Tonale-Pass, Grenzposten des Trentino, in die Lombardei. Das langge-

streckte Tal, durch das der Fluss Noce fließt, wird überragt von den schneebedeckten Gipfeln der Presanello-Gruppe auf der einen Seite und der Monte Cevedale-Gruppe auf der anderen Seite mit dem Valle di Rabbi und dem Valle di Pejo. **Zwei große Naturschutzreservate** sind eingerichtet: der **Nationalpark Stilfser Joch,** der seit 1977 mit dem Schweizer Engadin verbunden ist, und den **Nationalpark Adamello-Brenta.** Der Verwaltungshauptsitz des Tales ist die Ortschaft Malé. Von Cles, dem letzten Ort im Valle di Non, sind es auf der SS 42 bis zum Tonale-Pass 45 km.

Das Val di Sole zieht **aktive Sporturlauber** an. Die Berge locken Bergsteiger, Trekker und Skifahrer, der **Fluss Noce** steht für Wassersport, sei es Rafting, Kanufahren oder Hydrospeed. Der Noce ist der einzige Fluss im Trentino, der so ausgezeichnete Bedingungen dafür bietet. Immerhin werden hier alljährlich die Kanuweltmeisterschaften ausgetragen.

Malé   ⟋ B1

Malé ist das **Verwaltungszentrum für das Val di Sole.** Noch vor wenigen Jahren wälzte sich der gesamte Verkehr durch das Zentrum des 2083-Einwohner-Ortes. Inzwischen gibt es eine gut ausgebaute Umgehungsstraße. Der Ort war schon zur Zeit der Römer bewohnt. Im Mittelalter war Malé einer der fünf Sitze der bischöflichen Gestade, in die die Täler des Flusses Noce unterteilt waren. Die **Pfarrkirche** der umtriebigen Kleinstadt, **dell'Assunta** genannt, wurde 1183 zum ersten Mal erwähnt und ist nachgewiesenermaßen 1497 wieder aufgebaut worden. Davor auf der Piazza steht die **Kapelle San Valentino** aus dem 16. Jahrhundert mit einem Wandfresko der Kreuzigung und den Heiligen Rocco und Sebastiano auf dem Portegaia-Platz, die an ein Lazarett zur Zeit der Pest anno 1636 erinnern.

Seit 1963 hat das **Museo della Civiltà Solandra** (Museum der Soletaler Kunst) seinen Sitz in Malé im Palazzo della Pretura, Via Trento. Das Volkskundemuseum ist sehr anschaulich den Traditionen der Talbewohner gewidmet. Es sind eine Schusterwerkstatt und die Werkstätten eines Kupferschmiedes, Schreiners, Sattlers und Tapezierers nachgebildet. Wirtschaftszweige wie Holzbearbeitung und Landwirtschaft werden dargestellt, oder auch die Verarbeitung von Milch als dem Grundnahrungsmittel der Bauern.

Öffnungszeiten: Weihnachten, Ostern, Juli bis Mitte Sept. montags bis samstags von 10–12 und 16–19 Uhr, Tel. 0463/ 90 12 72. Eintritt: freiwillige Spende.

APT-Touristeninformation

● 38027 Malé, Viale Marconi 7, Tel. 0463/ 90 12 80, Fax 90 15 63, Internet: www.valdisole.net.

Unterkunft

● **Bella di Bosco*****, Via IV Novembre 36, Tel. 0463/ 90 19 90, Fax 90 31 10, Internet: www.hotelbelladibosco.com. Relativ neues Hotel, das architektonisch für diese Gegend neue Wege beschreitet, hübsch anzuschauen, mit herrlichem Pavillon zum Essen. 600 m vom Ortskern. DZ 84 Euro ab drei Nächten.
● **Liberty Hotel Malé*****, Piazza Garibaldi 33, Tel. 0463/ 90 11 05, Fax 90 17 40, Internet: www.libertyhotelmale.it. Hübsches Hotel im Ortskern, gediegen, mit Tennisplätzen, Hallenbad, Fitnessbereich, Sauna, Dampfbad, Boccia-Bahn. DZ ab 82 Euro inkl. Halbpension.

●**Albergo La Segosta,** Via Trento 59, Tel. 0463/ 90 13 90, Internet: www.segosta.com. Hübsches Haus im Zentrum mit sehr geschmackvoll und komfortabel eingerichteten Zimmern. Es gibt auch ein sehr hübsches Appartement im Dachgeschoss. Das Management ist locker und ausgesprochen nett. Hunde erlaubt. DZ ab 80 Euro.
●**Ferienwohnungen: Appartementi Bendetti,** Loc. Magras, Via Rabbi 1, Tel. 0364/ 90 38 69.

Essen und Trinken

●**La Segosta,** Via Trento 59, Tel. 0463/ 90 13 90. Sehr schönes Restaurant mit ausgezeichneter Küche. Man kann sich ganz enthemmt durch die Karte probieren.
●**El Barba,** Piazza M. Assunta 2, Tel. 0463/ 90 11 22. Im Sommer kann man auf der kleinen Veranda vor der Kirche sitzen. Innen ist das Restaurant weniger schön. Dafür ist das Essen sehr gut. Wildspezialitäten!
●**Café di Oliva,** Piazza M. Assunta, direkt an der Kirche. Treffpunkt der Einheimischen, um Neuigkeiten auszutauschen.
●**Enoteca Ravelli,** Piazza Regina Elena 20, Tel. 0463/ 90 12 10. Die Enoteca hat auch eine Bar-Lizenz, sodass von 8–1 Uhr durchgehend geöffnet ist. Der Morgen gehört den Männern allein, ansonsten ist das Publikum bunt gemischt. Außerdem bekommt man hier alle trentinischen Weine zum Probieren.
●**Vecchia Canonica,** Via Bresadola 14, Tel. 0463/ 90 20 64. Beliebte und nett aufgemachte Pizzeria mit großem Garten. Pizza in allen Variationen und gut zubereitet.

Taxi

●**Ferrovia Trento,** Tel. 0463/ 90 15 87.
●**Stablum,** Via U. Silvestri 18, Tel. 0463/ 90 23 02.

Busverbindungen

●Nach Trento, zum Tonale-Pass und nach Madonna di Campiglio.

Bahnstation

●Endstation im Val di Sole für die Verbindung nach Mezzocorona und weiter nach Trento; Tel. 0463/ 90 11 50.

Markt

●Saisonal unterschiedlich, im Sommer jeden 2. und 4. Mittwoch.
●**Kunsthandwerksmarkt** verschiedentlich im Juli und August.

Seilbahnen

●Von der Elektrobahn Trento-Malé fährt eine automatisch kuppelbare Kabinenbahn mit jeweils acht Sitzplätzen in den Kabinen, die **„Daolasa – Bassetta del Vigo",** von der Talstation im Val Mastellina auf die 1373 Meter hoch gelegene Mittelstation. Im zweiten Abschnitt geht es auf die Bergstation auf 2040 Meter Höhe. Informationen zu den Fahrzeiten und Preisen gibt es unter der Rufnummer 0461/ 82 10 00 täglich von 7–20 Uhr.

Outdoor

●**Rafting**/**Hydrospeed:** Ivan-Rafting, Loc. Monclassico, Via Molini 1, Tel. 0463/ 97 33 83, Fax 55 82 51, www.ivanteam.com; Aventura & Natura, Loc. Caldes, Tel. 0463/ 90 29 90, Fax 90 29 95.
●**Paragliding:** Aventura & Natura (s.o.).
●**Freeclimbing:** Die „Hang C. Constanzi"-Wand ist in 5 Min. vom Ortsteil Regazzini erreichbar und hat 40 Wege mit Schwierigkeitsgraden von 4 bis 7c.
●**Mountainbike-Verleih:** Cicli Andreis, Tel. 0463/ 90 15 85, auch geführte Touren; Aventura & Natura (s.o.).
●**Sportzentrum Malé,** Loc. Molini, Tel. 0463/ 90 19 05; Fußballplatz, Inline-Skating-Bahn, zwei Tennisplätze, Hallenbad.
●**Bergsteigen**/**Trekking:** Scuola di Alpinismo, c/o APT (s.o.), von Mitte Juni bis Mitte Sept.; Tel. 0463/ 90 11 51, Fax 90 11 55.

Event

●Die Bergwoche – Free Climbing Master im August mit Alpinisten-Treffen, Filmprojektionen, Dokumentarfilmen, Konzerten und Buchausstellungen.

Kampf mit den Fluten

Trentino

Dimaro ⬀ D3

Die Ortschaft mit 1150 Einwohnern ist weder schön, noch liegt sie besonders hübsch. „Man kann nicht einmal gescheit essen gehen", maulen sogar die Einheimischen. Trotzdem ist Dimaro durchaus ein beliebter Ferienort. Das muss daran liegen, dass er verkehrstechnisch gut an der Kreuzung Tonale-Pass und Madonna di Campiglio liegt und viele Möglichkeiten zur sportlichen Betätigung bietet. Kulturhistorisch Interessierte werden sich mit Sicherheit die **Pfarrkirche** ansehen, mit dem ersten großen Freskenzyklus von *Giovanni Baschenis* (1488). Außerdem besitzt die Kirche ein schönes Portal, 1516 von Baumeistern aus Como geschaffen.

APT-Touristeninformation

● 38025 Dimaro, Piazza Serra 8, Tel. 0463/ 97 45 29, Fax 97 05 00.

Unterkunft

● **Hotel Holiday Inn Garden Count****, Tel. 97 33 30, Fax 97 42 87, Internet: www.holidayinndimaro.com. Moderne Hotelanlage mit Restaurant, Bar, Pub, Disco. Ganzjährig geöffnet. Es muss mindestens eine Woche gebucht werden. DZ ab 62 Euro.
● **Hotel Dimaro***, Via Campiglio 78, Tel. 97 43 75, Fax 97 32 04, Internet: www.dimarohotel.it. Mitten im Ort, im Trentiner Stil, familiengepflegt. Sonnenterrassen, Bar, Disco, Spielraum. Tiere erlaubt. Im Preis enthalten ist ein Ausflug auf eine Berghütte. Ganzjährig geöffnet, außer November. DZ ab 700 Euro für eine Woche inklusive Vollpension.
● **Hotel Tevini***, Loc. Daolasa, Tel. 74 985, Fax 97 48 92, Internet: www.hoteltevini.com. Hotel im Tiroler Stil mit Taverne, Bar, Fitnesscenter, Wellness-Bereich und Schwimmbad. DZ ab 104 Euro inklusive Halbpension.
● **Sporthotel Rosatti***, Via Campiglio 14, Tel. 97 48 85, Fax 97 33 28, Internet: www.

sporthotel.it. Ruhige Lage, neu, im Trentiner Stil, großer Garten, Fitnesscenter, Garage. DZ ab 74 Euro.

Camping

● **Dolomiti di Brenta****, Via Gole 105, Tel. 0463/ 97 43 32, Fax 97 32 00, Internet: www.campingdolomiti.com. Große Anlage am Noce-Fluss mit viel Komfort, ideal für sportlich Ambitionierte, auch Bungalows zu vermieten. Hunde erlaubt.

Essen und Trinken

● **Al Maso Vecchio**, Via Tonale 1, Tel. 0463/ 73 25 58. Restaurant mit Trentiner Küche und Pizzeria. Spezialität: Bruschetta. Wird auch oft zur Musikbar umfunktioniert, in der Rockbands auftreten oder ein DJ Scheiben auflegt.
● **Green Pub,** Via Campiglio 4, Tel. 0463/ 97 33 30. Bar und Disco, in der man auch Pizza und Spaghetti essen kann. Das Pub ist im Hotelkomplex des Holiday Inn.

Taxi

● **Franco Viaggi,** Tel. 0463/ 97 41 06.

Busverbindungen

● Nach Trento, zum Tonale-Pass und nach Madonna di Campiglio.

Markt

● Jeden 1. Mittwoch im Monat.
● **Kunsthandwerksmarkt** jeden 2. Donnerstag im Juli und August.

Outdoor

● **Rafting/Kanu/Hydrospeed/Paragliding/Mountainbike/Trekking:** Centro Canoa Rafting Val di Sole, Via Gole 105, Tel. 0463/ 97 32 78, Fax 97 32 00, E-Mail: rafting@tin.it; Centro Sport Fluviali, Via Gole 108, Tel. 0463/ 97 32 78, Fax 97 32 00, Internet: www.raftingcenter.it.
● **Sportzentrum Dimaro** mit Leichtathletikbahn, Fußballplatz, drei Tennisplätzen, Bocciabahnen und einem Eisstadion.
● **Mountainbike-Verleih:** Rosatti Sport, Tel. 0463/ 97 46 26.
● **Reiten:** Reitzentrum Val di Sole, Tel. 0463/ 97 44 76, Hürden- und Reitzirkel, Ausritte.

Ossana ↗ B3

Als Austragungsort der Kanuweltmeisterschaften darf Ossana behaupten, weltweit bekannt zu sein. Sonst ist das 700-Seelen-Dorf eher unbedeutend, nur die Ruinen eines alten Schlosses verdienen Erwähnung.

Unterkunft

●**Hotel Niagara*****, Loc. Cusiano, Via S. Maria Maddalena 16, Tel. 0463/ 75 17 26, Fax 75 16 26, Internet: www.hotelniagara.com. 1998 komplett renoviert mit großzügigen Zimmern, zumeist mit Balkon, familiengeführt, sehr freundlich. DZ ab 37 Euro.

Camping

●**Cevedale****, Tel. 0463/ 75 16 30, Internet: www.camping-cevedale.com. An den Ufern des Noce-Flusses, modern ausgestattet, ideal für Wassersportler.

Taxi

●**Zanella,** Via 3 Novembre 24, Tel. 0463/ 75 11 03.

Busverbindungen

●Nach Trento, zum Tonale-Pass und Madonna di Campiglio.

Outdoor

●**Rafting:** Eurorafting, Camping Cevedale, Tel. /Fax 0463/ 75 12 01 im Sommer, 75 00 63 im Winter, Handy: 0335/ 67 78 234, Internet: www.camping-cevedale.com.

Mezzana ↗ C3

Mezzana (877 Einwohner) war stets ein unbedeutendes Dorf, das erst auf sich aufmerksam machte, als das **Skizentrum Marilleva** entstand und an Mezzana angebunden wurde.

APT-Touristeninformation

●38020 Mezza, Via IV Novembre 77, Tel. 0463/ 75 71 34, Fax 75 70 95.

Unterkunft

●**Palace Hotel Ravelli******, Via 4 Novembre 11, Tel. 75 71 22, Fax 75 74 67, Internet: www.palacehotelravelli.it. Die Zimmer bieten allen Komfort. Das Gesundheitszentrum des Hotels hat Sauna, Dampfbad, Solarium, Massage und Kosmetikbehandlung. Im Haus gibt es zudem Bar, Taverne und Spielraum. Haustiere unerlaubt. DZ ab 225 Euro für drei Nächte.

●**Hotel Monte Giner*****, Via 4 Novembre 46, Tel. 75 71 05, Fax 75 74 45, Internet: www.hotelmonteginer.com. Renoviertes, recht elegantes Hotel mit Bar, Restaurant, großem Aufenthaltsraum, Disco, Fitnesscenter. Die Hotelleitung organisiert Ausflüge und Wanderungen. DZ ab 116 Euro.

Essen und Trinken

●**Rododendro,** Nachbarort Pellizzano, Via Iscla 5a, Tel. 0463/ 75 16 44. Trentiner Spezialitätenküche.

●**Al Tabia,** Loc. Pellizzano, Via Nazionale 45. Mit altem Trödel ist schon die überdachte Terrasse geschmückt, und auch innen ist die Bar mit Kachelofen rustikal und sehr gemütlich eingerichtet – einer *der* Treffpunkte im Val di Sole.

Busverbindungen

●Nach Trento, Madonna di Campiglio und zum Tonale-Pass.

Outdoor

●**Sportzentrum Mezzana** mit Fußballplatz, Bocciabahnen, zwei Tennisplätzen, Skilanglaufzentrum, Mehrzweckhalle, Mountainbike-Verleih und dem Zentrum für Kajakslalom auf dem Noce, Tel. 0463/ 75 75 13.

●**Reiten:** Centro Equitazione Alpina Val di Sole, Tel. 0463/ 75 15 52, Handy 0338/ 60 86 81. Halb- und Mehrtagestouren sowie Pferde-Trekking-Touren in die Naturparks Adamello Brenta und Stilfser Joch.

Trentino

Passo Tonale   ↗ A2

Der Tonale-Pass an der Grenze zur Lombardei ist als Ortschaft zwar in aller Munde, weil es ein Skigebiet nicht nur im Winter, sondern durch den Gletscher auch im Sommer ist. Genau genommen handelt es sich aber um einen der vielen Ortsteile von **Vermiglio.**

Vermiglio war schon in vorgeschichtlicher Zeit bewohnt. Im Mittelalter wurde es von den Fürstbischöfen von Trient beherrscht. Einschneidend und schrecklich für die hiesigen Bewohner waren die Weltkriege, die Tod und Vernichtung in großem Ausmaße über die Bevölkerung brachten. Zeugnisse der Ereignisse finden sich in dieser Region überall und in großer Zahl, seien es Reste von Schützengräben, Laufgräben, Vorposten oder Festungswerke. Als **besonderes Mahnmal** ist das **Festungswerk Strino** direkt an der Staatsstraße zum Tonalepass zu erwähnen. Es ist bzw. war Bestandteil des Befestigungssystems, das der österreichische Generalstab kurz nach den Unabhängigkeitskriegen Italiens auf trentinischem Gebiet plante und auch durchsetzte. Damals hatte das Königreich Italien das lombardisch-venetische Gebiet annektiert, sodass das Trentiner-Tiroler Etschland die südliche Grenze des österreichisch-ungarischen Kaiserreiches wurde. Zum Schutz der Grenze entstand als Erstes anno 1860 das Festungswerk Strino. Als weitere folgten das nahe gelegene Velon, Mero und auf 2000 m Höhe das Werk Zacarana. Alle hatten eine eigene Strom- und Wasserversorgung, Brotofen und Ver-

bandsplatz sowie eine telefonische Verbindung zu den anderen Werken. Eine wichtige Rolle spielte die Befestigungsanlage zuletzt im sogenannten **Weißen Krieg** im Jahr 1915. Auf Höhen bis über 3500 m wurde unter unvorstellbaren klimatischen, strategischen und psychologischen Bedingungen gekämpft. Heute ist das Werk Strino Mahnmal für die Sinnlosigkeit von Kriegen und kann besichtigt werden.

Öffnungszeiten: vom 19. Juni bis 19. September täglich von 9.30–12.30 und 14.30–19 Uhr, vom 1. bis 29. August täglich von 9.30–18.30 Uhr. Eintritt: 3 Euro, für Kinder bis 14 Jahre frei.

Auf dem Tonale-Pass gibt es zwar viele Hotels und einige Restaurants sowie Sportangebote. Ein Aufenthalt im Sommer ist aber alles andere als empfehlenswert, es sei denn, man möchte hier Gletscher-Skifahren. Die wenigsten Hotels haben Flair, und von irgendeiner Ausstrahlung des Ortes kann erst gar keine Rede sein. Im Sommer ist wenig los, da es, wenn überhaupt, nur Tagesgäste und italienische Jugendgruppen zu verzeichnen gibt oder einige Mountainbike-Freaks respektive Bergsteiger. Aber selbst diese bevorzugen es in aller Regel, weiter unten im Tal zu wohnen.

APT-Touristeninformation

● 38020 Passo del Tonale, Via Nazionale, Tel. 0463/ 90 38 38, Fax 90 38 95, Internet: www.passotonale.it.

Unterkunft

● **Hotel Locanda Locatori*****, Via Nazionale 28, Tel./Fax 0364/ 90 38 90. Hier stand einmal das erste Hotel am Tonale-Pass. Es ist im alten Stil neu aufgebaut worden, bietet ein

Stilfser-Joch-Nationalpark

Inmitten der Zentralalpen dehnt sich der Stilfser Joch Nationalpark auf einer Fläche von 134.620 ha aus und umfasst das gesamte Gebirgsmassiv von Ortler und Cevedale inklusive der Nebentäler. Da das Schutzgebiet im Norden den Schweizer Nationalpark Engadin, im Süden den Naturpark Adamello-Brenta und den Regionalpark Adamello berührt, im Westen an den Naturpark Livignese und im Osten an den Naturpark Texelgruppe grenzt, kann man von einem der größten Schutzgebiete Europas sprechen.

Im Stilfser-Joch-Nationalpark finden sich alle alpinen Formenelemente, von vergletschertem Hochgebirge – der Ortler ist 3905 m hoch – über Almen und Hangterrassen bis hin zu Talböden, auch Latschen genannt. Nicht zuletzt liegen in der Parkzone auch landwirtschaftlich genutzte Flächen mit Berghöfen, Weilern und Dörfern sowie ausgedehnte Wälder. Da sich durch die enormen Höhendifferenzen unterschiedliche Lebensbedingungen ergeben, gedeiht eine reichhaltige Alpenflora. Von besonderer Bedeutung sind der Gletscherhahnenfuß, der sogar noch über 3500 m Höhe wächst, und auch die Alpensondanelle. Auffallend ist, dass häufig über 4000 m Höhe noch Bäume wachsen. Es handelt sich um eine besondere Bergkiefer, die sich um Wind und Wetter in diesen Höhenlagen nicht schert.

Wer darauf hofft, Tiere beobachten zu können, wird nicht enttäuscht. Die Raubtiere, etwa Wolf oder Bär, sind zwar ausgerottet worden, dafür treiben sich viele Hirsche und Rehe herum, ferner Steinböcke, Gämsen, Füchse. In bestimmten Arealen leben Murmeltiere, die sich ganz gerne beim Pfeifen zuschauen lassen. Durch die Lüfte fliegen v.a. Bussarde, Sperber und Eulen, einige Steinadler und inzwischen auch wieder Bartgeier.

Wer keine größeren Wanderungen unternehmen möchte, dem bietet sich die Möglichkeit eines einfachen Spazierganges vom Parkplatz Rabbi Therme bis zum Rifugio Fontanino, in das man auch einkehren kann; Gehzeit etwa 30 Minuten.

Für Interessierte gibt es zwei Besucherzentren:
● **Centro Visitatori di Rabbi**
Loc. Rabbi Fonti, 38020 Rabbi, Tel./Fax 0463/ 98 51 90.
● **Centro Visitatori di Pejo**
Via Roma 28, 38024 Cogolo di Pejo, Tel./Fax 0463/ 75 41 86.

Trentino

108ga Foto: de

gutes Gesundheitszentrum und Sportangebote. DZ für 1 Woche 799 Euro.
- **Hotel Sole*****, Via Nazionale 27, Tel. 0463/
90 39 70, Fax 90 39 44, Internet: www.hotel
sole.info. Familiengeführtes, einfaches und
ordentliches Haus, sehr um die Gäste bemüht, eigenes Hallenschwimmbad. DZ inkl.
Halbpension für 1 Woche 520 Euro.

Taxi

- **Tonale Viaggi,** Tel. 0463/ 75 85 22.

Busverbindungen

- Nach Trento und Edolo.

Markt

- Jeden Donnerstag im Juli und August.

Liftanlagen

- **Gondelbahn Paradiso** vom Tonale- zum
Paradiso-Pass, Tel. 0365/ 91 355, Hin- und
Rückfahrt 6 Euro, Fahrtzeiten 8–16.45 Uhr.

- **Sessellift** vom Paradiso-Pass zum Presena-
Gletscher, Tel. 0463/ 90 37 67, Hin- und
Rückfahrt 4 Euro, Fahrtzeiten 8–16.30 Uhr.

Outdoor

- **Mountainbike:** Delpero Sport, Tel. 0463/
90 37 85; Cinto Sport, Tel. 0463/ 90 39 75;
Nuovo Bazar, Tel. 0463/ 90 38 68.

Sentiero delle Cascate

Valle di Rabbi ↗ D2

Fernab vom Massentourismus ist das grüne und wasserreiche Gebirgstal Valle di Rabbi ein beschauliches Kleinod. Im Gegensatz zum Val di Sole haben sich in diesem kleinen Seitental (18 km) erst sehr spät Menschen niedergelassen, sodass es nur sehr verstreut zu Siedlungen mit einer **ländlichen Höfestruktur** gekommen ist. Das Schöne ist, dass man von Anbeginn in einer Art und Weise gebaut hat, die die Höfe mit der Landschaft verschmelzen lässt und ein geradezu poetisches Bild ergibt. Viel Neues ist in den letzten Jahrzehnten nicht hinzugekommen. Da das Valle di Rabbi zum Stilfser-Joch-Nationalpark gehört, ist jegliche weitere Bebauung verboten. Darauf, dass sie nie Massentourismus haben werden, sind die Einwohner auch stolz. Man freut sich, dass hier in erster Linie begeisterte Bergsteiger und Wanderer herkommen.

Bekannt ist das Tal nicht nur für seine Schönheit, sondern auch wegen seines **heilenden Wassers.** Das hatten schon 1777 die Habsburger und mit ihnen *Kaiserin Maria Theresia* erkannt – sie tranken nur noch Mineralwasser von Rabbi. Die Thermen von Rabbi werden gerne von Menschen mit Krankheiten des Verdauungsapparates, des Harntraktes und mit Stoffwechselstörungen aufgesucht.

Praktische Informationen

APT-Touristeninformation

● 38020 Rabbi, Tel. 0463/ 98 50 48, Internet: www.valdisole.net, www.valdirabbi.com.

Unterkunft

● **Hotel Miramonti*****, Loc. S. Bernardo, Tel. 0463/ 98 51 19, Fax 98 51 19, Internet: www.albergomiramonti.info. Hübsches Berghotel, etwas bieder eingerichtet, dafür tolles Hallenbad, Whirlpool und Sauna. Freundliche Hotelführung. DZ ab 305 Euro pro Woche.

● **Hotel Rabbi*****, Loc. Rabbi Bagni, Tel. 0463/ 98 55 70, Internet: www.grandhotelrabbi.it. Komplett renoviert, geschmackvoll, gediegenes Thermal-Hotel mit entsprechenden Gästen. DZ ab 120 Euro.

● **Ferienwohnungen** vermittelt die Touristeninformation. Schöne gibt es bei *Fiorella Bruna* in S. Bernardo und bei *Girardi Ezio* in Valorz!

Essen und Trinken

● **Al Cervo,** Rabbi Terme, Loc. Masnovo 176, Tel. 0463/ 98 51 55. Ausgezeichnete Trentiner Küche. Gute Weinkarte.

● **Ruatti,** Loc. Pracorno, Tel. 0463/ 90 10 70. Einladender Agrikulturbetrieb mit sehr guter, deftiger Trentiner Küche. Man kann auch übernachten.

● **Rifugio Al Fontanin,** Loc. Cima Coler (1380 m). Beliebte Berghütte mit herzhafter Trentiner Kost. Über Somrabbi auf asphaltiertem Weg zu erreichen.

● **Pizzeria 800,** Loc. San Bernardo, Tel. 0463/ 98 51 48. Typische italienische Durchschnittspizzeria.

● **Bar Corona,** Loc. San Bernardo. Abgesehen vom neuesten Tratsch gibt es hier noch Brötchen gegen den größten Hunger und Eis.

● **Bar Fonti,** Loc. Fonti di Rabbi, Tel. 0463/ 98 50 31. Am Ende des befahrbaren Teils des Rabbi-Tales mit großer Terrasse.

Busverbindungen

● Nach Cles und Malé.

Taxi

● **Viaggi Cicolini,** Tel. 0463/ 90 19 42, Handy 0330/ 23 90 93.

● **Autonoleggio Lorengo,** Tel. 0463/ 98 54 02, Handy 0335/ 56 19 579.

Outdoor

● **Tennis:** ein Platz an der Bar Fonti, Loc. Fonti di Rabbi, Tel. 0463/ 98 50 31.

Trentino

●**Bergsteigen/Trekking:** Jedes Jahr wird ein Saisonplan mit genauen Daten und Touren aufgestellt, der im Rahmen einer Broschüre zum Stilfser-Joch-Nationalpark veröffentlicht wird. Es sind geführte Berg- und Trekkingtouren mit kurzen Beschreibungen. Die Broschüre gibt es beim Fremdenverkehrsamt.

Ausflüge in die Umgebung

Museum für Käserei-Bräuche

Nicht nur für Käsefans ist ein Ausflug zum Käsemuseum im Ortsteil Somrabbi von Interesse. Das alte Haus war früher einmal eine Käserei. Alle Installationen von früher sind übernommen worden. Die Stufen der Zubereitung sind sehr anschaulich dargestellt.

Öffnungszeiten: vom 17. Juni bis 14. September täglich von 10–12 und 15–19 Uhr. Freier Eintritt, für eine Spende ist man dankbar.

Sentiero delle Cascate

Der Rundweg ist eine landschaftlich sehr schöne Tour zu den **Wasserfällen von Saent.** Man muss für die reine Gehzeit zwei Stunden einplanen und 250 Höhenmeter überwinden. Auf halbem Weg gibt es ein sehr nettes Rifugio Stablet (1589 m) mit gutem Essen und bestem Panoramablick hinab ins Valle di Rabbi. Man kann mit dem Auto bis zum Parkplatz von Stablasolo hinter dem Rifugio Al Fontanin fahren. Dafür muss man in San Bernardo die Straße rechts zum ausgewiesenen Rifugio Al Fontanin nehmen. Der Fußweg ist ausgeschildert. Nach dem Rifugio Stablet geht es rechter Hand zu den Wasserfällen. Der Rundweg führt wieder zum Rifugio und dann den gleichen Pfad zum Parkplatz zurück.

Valle di Pejo   ↗ A, B3

Valéta nennen die Bewohner des Valle di Pejo (auch Peio geschrieben) ihr Tal. Im Gegensatz zum Valle di Rabbi siedelten hier sehr früh Menschen. Man hatte im 16. Jahrhundert nämlich spitzbekommen, dass es **Eisenvorkommen** gibt. Das brachte den Einwohnern einen angenehmen Wohlstand. Schließlich entdeckten die Menschen auch, wie gesund ihr sehr **eisenhaltiges Wasser** ist. Es wurde in grüne Flaschen abgefüllt und sogar bis nach Moskau verschickt. Seit den 1950er Jahren stehen die Mineralwasserflaschen aus Pejo auch in italienischen Haushalten. Außerdem wird das Wasser natürlich im örtlichen **Thermalzentrum** eingesetzt. Da die Dörfer vom Valle di Pejo sehr hoch liegen und es Skipisten gibt, leben die Menschen nicht nur vom Sommertourismus. Mit 12 km bis Pejo ist das Tal schnell durchfahren.

Praktische Informationen

APT-Touristeninformation

●38020 Pejo, Tel. 0463/ 75 31 00, Fax 75 31 80, Internet: www.valdisole.net.

Unterkunft

●**Albergo Centrale***, Loc. Pejo Alto, Via XXIV Maggio, Tel./Fax 0463/ 75 32 44 und 75 30 20, Internet: www.albergocentrale peio.com. Im kleinen alten Ortskern gelegen, kürzlich renoviert, komfortabel, sehr ansprechend, freundliche Leitung. Ideal, um von hier Wanderungen zu unternehmen. DZ ab 72 Euro ab drei Übernachtungen.

●**Hotel Biancaneve***, Loc. Cogolo, Via Casarotti 110, Tel. 0463/ 75 41 00, Fax 75 41 00, Internet: www.hotelbiancaneve.com.

Adamello-Brenta-Nationalpark

Im Herzen der Alpen liegt das mit 618 Quadratkilometern größte Trentiner Naturschutzgebiet Adamello-Brenta, das sich über zwei geologisch ganz unterschiedliche Bereiche ausdehnt: im Osten die Gruppe der Brentadolomiten, im Westen das Granitstein-Massiv Adamello-Brenta mit vielen Glazialflächen an der Grenze zur Lombardei. Allein das Parkgebiet zählt **51 Gebirgsseen.** Die Glazialfurche des Val Rendena mit dem Wildbach Sarca trennt die beiden Regionen. Zu den schönsten und naturkundlich bedeutendsten Tälern zählen das Val di Genova mit seinen vielen Wasserfällen, das Val Daone und das Valle di Fumo. Außerdem Val di Borzago, Valle San Valentino, Val Breguzzo und Valle Nambrone. Der höchste Gipfel des Trentino findet sich auch hier: der **3556 Meter hohe Presanella,** der sich, eingerahmt von anderen hohen Bergen, über die großen Gletscher des Mandròn-Adamello, des Carè Alto, des Lares und der Lobbia erhebt. Hier oben bekriegten sich übrigens auch die Italiener und Österreicher im 1. Weltkrieg. Inzwischen ist der **Adamello-Gletscher** zum Forschungsgebiet avanciert. Man hat nämlich herausgefunden, dass es sich hierbei um die größte italienische Gletscherzone handelt; ihre Ausdehnung beträgt knapp 28 Quadratkilometer.

Bemerkenswert ist auch das Valle di Tovel mit seinem gleichnamigen See und das wasserreiche Valle di Non. Darüber liegt die Brentadolomitengruppe mit beeindruckenden Türmen und Felsnadeln aus Kalkgestein, entstanden im Laufe von Jahrtausenden.

Der überwiegende Teil des Naturschutzparks besteht aus **Wäldern,** zumeist Nadelbäume wie Fichte, Lärche, Weißtanne und Föhre bis auf eine Höhe von 1900 und 2000 Metern. Darüber wachsen Krummhölzer: Latschenkiefer, Azaleen, Gletscherweiden, Alpenrosen. In tieferen Lagen sieht man Laubwälder, bestehend aus Kornelkirsche, Ahorn, Vogelbeerbäumen, Pflaumeichen, Erlen und großen Haselnusssträuchern. In den Bergweiden finden sich Enzian, Bitterwurz, Arnika, Bergwindröschen, Bergmohn und -hahnenfuß und viele Lilien. Weiter oben in den Geröllfeldern wachsen Edelweiß und isländisches Moos.

In dieser teilweise sehr unzugänglichen Landschaft treibt sich auf geheimen Pfaden das Trentiner Wappentier durch die Wälder: der **Braunbär,** hoch geschützt, da er vom Aussterben bedroht ist.

Viel eher zu Gesicht bekommt man Gämsen, außerdem Hirsche und Rehe, Murmeltiere, Hermeline, Wiesel, Edel- und Steinmarder. Hasen gehören ebenso zur **Tierwelt** wie einige Siebenschläferarten. Das Federvieh wird repräsentiert durch den Bergfrankolin, den Auerhahn, das Reb- und das Alpenschneehuhn. Besonderer Stolz der Naturschützer ist die Rückkehr der Bartgeier, auch Lämmergeier genannt. Da geht das Vorkommen der Adler, Mäusebussarde, Turm- und Wanderfalken fast schon unter. Erwähnenswert sind außerdem der Baumläufer, der Uhu, das Steinhuhn, diverse Käuze und der Kuckuck. In den vielen Seen gibt es hauptsächlich Bachforellen und Saiblinge.

Informationen:

● Das **Besucherzentrum** des Parks befindet sich im Valle di Non am Tovelsee (Tel. 0463/ 45 10 33) und ist von Juni bis September geöffnet. Die Parkleitung bietet naturkundliche Spaziergänge und Touren mit Bergführern im Valle di Genova und im Valle d'Algone sowie im Hochgebirge zu den Tälern Val Breguzzo, Valle di Fumo, Val Brenta, Valle d'Ambiez und Valle di San Valentino an.

● Eine weitere informative und zentrale Anlaufstelle ist die **Direzione del Parco Naturale Adamello Brenta** in Strembo, Val Rendena, Via Nazionale 12, Tel. 0465/ 80 46 37.

Trentino

Nettes, idyllisches, überschaubares Domizil, sehr gepflegt, freundlich. DZ ab 50 Euro.

●**Hotel Residence Vioz*****, Loc. Pejo Fonti, Via dei Cavai 10, Tel. 0463/ 75 31 46, Fax 75 33 33, Internet: www.hotelvioz.it. Modernes, riesiges Anwesen, aber im Trentiner Stil, knallgelb gestrichen, alles sehr ansprechend. Neben dem Hotelbetrieb gibt es Ferienwohnungen mit zwei oder drei Zimmern sowie Berghütten. DZ ab 86 Euro, Zwei-Zimmer-Appartements ab 265 Euro pro Woche, Berghütte ab 350 Euro pro Woche.

●**Hotel Chalet Alpenrose***, Loc. Cogolo, Via Malgamare, Tel./Fax 75 40 88, Internet: www.chaletalpenrose.it. Das liebevoll restaurierte Chalet aus dem 17. Jahrhundert liegt 1 km vom Ort entfernt. Das dazugehörige Restaurant bietet gute örtliche Küche. Die Besitzerin organisiert Gratiskurse über das lokale Handwerk. Hunde erlaubt. Zimmer mit Whirlpool, teilw. Himmelbett. DZ ab 35 Euro.

Camping

●**Pejo,** Tel. 0463/ 75 31 77, Fax 75 31 76. Idyllisch inmitten des Stilfser Joch-Nationalparks gelegen; Kinderspielplatz, Hunde sind erlaubt.

Essen und Trinken

●**Cevedale,** Cogolo di Pejo, Via Roma 33, Tel. 0463/ 75 40 67. Viel gepriesenes Hotel-Restaurant mit sehr guter Speisekarte, gespickt mit Trentiner Spezialitäten.

●**Chalet Alpenrose,** Cogolo di Pejo, Loc. Masi Guilnòva, Tel. 0463/ 75 40 88, Internet: www.chaletalpenrose.it. Das Lokal liegt an der Straße zur Malga Mare. Kombination aus Schweizer und Trentiner Gemütlichkeit, sehr romantisch. Die Küche ist sehr lecker, den Strudel della Menega ein Gedicht. Im September Steinpilzwochen!

Taxi

●**Viaggi Paternoster,** Via di Borgonuovo 32, Tel. 0463/ 90 19 42, Handy 0335/ 56 19 579.

Markt

●Nur im Juli und August an bestimmten Tagen in Pejo Terme.

Seilbahnen

●Seilbahn von Pejo Fonti zum Tarlenta (2000 m), Fahrtzeiten vom 27. Juni bis 18. Sept. täglich von 8–12.15 und 14–17.15 Uhr.
●Sessellift von Tarlenta (2000 m) zum Doss dei Gembri (2400 m), Fahrtzeiten vom 27. Juni bis 18. September täglich von 8.15–12 und 13.45–17 Uhr.

Outdoor

●**Bergsteigen/Trekking:** Jedes Jahr wird ein Saisonplan mit genauen Daten und Touren aufgestellt, der im Rahmen einer Broschüre zum Stilfser-Joch-Nationalpark veröffentlicht wird. Es sind geführte Berg- und Trekkingtouren mit kurzen Beschreibungen. Die Broschüre gibt es beim Fremdenverkehrsamt.
●**Freeclimbing:** am Hang von Ponte Vecchio bei Cogolo di Pejo mit zehn Klettermöglichkeiten in den Schwierigkeitsgraden 4 bis 7c. In zehn Minuten vom örtlichen Parkplatz aus zu erreichen.

111 ga Foto: de

Valle di Rendena ⤢ D2,3/A1,2,3

Das recht breite Valle di Rendena, durch das die Sarca fließt, wird im Osten von den Brenta-Dolomiten, im Westen von der Adamella-Presanella-Gruppe begrenzt. Mit **3556 m** ist der **Presanella** der **höchste Berg im Trentino.** Die Bergwelt ist spektak14ulär und verleiht dem Tal im nördlichen Abschnitt eine besondere Note. In den Höhenlagen beginnt das Valle di Rendena mit Madonna di Campiglio als dem bekanntesten Ferienzentrum, ge-

folgt von Pinzolo. Hier öffnet sich das Tal und wird zum Ende hin bis Tione immer breiter. Viele kleinere Ortschaften reihen sich aneinander. Die Landstraße 239 (27 km) ist durchweg gut ausgebaut. Wegen der besonders im Winter sich zuspitzenden Verkehrsverhältnisse in Madonna di Campiglio ist zur Entlastung des Ortes eine Tunnelumgehung gebaut worden.

Madonna di Campiglio ⤢ A1

Es war einmal ein wunderschönes Mädchen aus Österreich, das zur Sommerfrische in die Berge reiste. Madonna di Campiglio, landschaftlich traumhaft eingebettet zwischen den Brenta-Dolomiten im Osten und dem vergletscherten

Sieht aus wie eine Burg: der Monte Castello

Das Rifugio „Al Beddle" ist eine beliebte Raststation bei Trekkern und Bikern

Trentino

Urgebirgsstock Presanella-Adamello im Westen, hatte sie sich als Ziel ausgeguckt. Die Wanderungen in die wunderschöne Bergwelt und die herrlichen Blumen gefielen ihr so sehr, dass sie ihren Gemahl, keinen Geringeren als *Kaiser Franz Joseph I. von Österreich*, überredete, die nächsten Ferien wieder dort zu verbringen. Die liebreizende *Sissi* also war's, die dem winzigen Bergdorf im Jahr 1889 schnell prominentes Gehör verschaffte. Alsbald entwickelte sich das 1800-Seelen-Dorf zu einem **Laufsteg der Prominenz aus Politik, Wirtschaft, Sport und Film.** Neuer Pelz, neue Frisur, neuer Freund? Dann nichts wie nach Madonna di Campiglio. Besonders im Winter geben sich die Nerzmantelträgerinnen der italienischen Metropolen in diesem mondänen Skiort ein Stelldichein. Sogar aus Sizilien kommt man angereist. Aber auch im Sommer ist das Bergdorf auf 1550 Metern Höhe ein beliebter Ferienort, dessen Ausmaße und bauliche Verschandelungen sich in Grenzen gehalten haben. **Campo Carlo Magno,** das stets zu Madonna di Campiglio gezählt wird, sollte dabei bitte ausgeklammert werden. Die dortigen Hotelburgen sind einfach nur entsetzlich. Einzige Ausnahme ist das altehrwürdige Golfhotel. Alles war einmal anders – als *Karl der Große* hier sein Lager aufschlug. Nach ihm ist der Bergsattel dann auch benannt worden.

Inzwischen hat sich auch die in der Vergangenheit immer heftiger diskutierte **Verkehrssituation** von Madonna di Campiglio entschärft, da eine Tunnel-Umgehungsstraße gebaut worden ist.

Der Ortskern ist im Zuge dessen vollkommen verkehrsberuhigt worden und gehört nur noch den Fußgängern. Die Ortsdurchfahrt ist nicht mehr möglich. Außerdem sind die vielen Parkflächen verschwunden. Autos müssen in Parkhäusern vor dem Zentrum abgestellt werden.

APT-Touristeninformation

●38084 Madonna di Campiglio, Via Pradalago 4, Tel. 0465/ 44 20 00, Fax 44 04 04, Internet: www.campiglio.net.

Unterkunft

●**Hotel Relais Club Des Alpes*******, Via Monte Spinale 1, Tel. 0465/ 44 00 00, Fax 44 01 86, Internet: www.clubvacanze.it. Altehrwürdiger, 100 Jahre alter, riesiger Komplex, der vom italienischen Club Vacanze betrieben wird. Seine Philosophie: Clubanlagen und -aktivitäten für Individualisten auf hohem Niveau. Das Haus bietet Hallenbad, Disco, Beauty Club, Wassermassage, darüber hinaus sportliche Ausflüge, Spielprogramme, Feste und Abendveranstaltungen. Im Hotel integriert ist auch das legendäre Teatro Hofer. DZ ab 135 Euro.
●**Golf Hotel******, Loc. Campo Carlo Magno, Via Cima Tosa, Tel. 0465/ 44 10 03, Fax 44 02 94, Internet: www.golfhotelcampiglio.it. Wunderschönes Traditionshaus, edel-ländlich eingerichtet, sehr freundliches Management, nur die Suiten sind geräumig, Golfanlage vor dem Haus, Wellness-Center, fantastischer Blick auf das Brenta-Massiv. Ab 2007 wartet das Hotel mit einem neuen Panorama-Schwimmbad auf. DZ ab 170 Euro.
●**Spinale Club Hotel******, Via Monte Spinale 39, Tel. 0465/ 44 11 16, Fax 44 21 89, Internet: www.spinalehotelcampiglio.it. Ein geschmackvolles Hotel mit kleinem Schwimmbad, Whirlpool und Fitnessraum mit Betreuung, was im Preis enthalten ist. Die Lage ist besonders für Skifahrer exzellent, denn ledig-

Chiesa S. Virgilio in Carisolo

lich 10 Meter von der Spinale-Bahn entfernt. DZ ab 100 Euro.

● **Albergo Meublé Fráte,** Loc. San Antonio di Mavignola, östlich der SS 239 am Ortsausgang Campiglio, Tel. 0465/ 50 72 33, Fax 50 73 48. Ausnehmend schönes Haus, innen komplett renoviert, komfortabel. Ein Zimmer hat Kamin. DZ ab 59 Euro.

● **Chalet Maso Doss,** Loc. San Antonio di Mavignola (ausgeschildert), Buchungen über Presso Hotel Centro Pineta, Pinzolo, Tel. 0465/ 50 27 58, Fax 50 23 11, Internet: www. masodoss.com Herrlich gelegen, romantisches Chalet im Schweizer Stil, Zimmer liebevoll eingerichtet, gegessen wird in einem Kaminzimmer. Sauna. Sonderpreise für Flitterpärchen. DZ ab 535 Euro pro Woche inkl. Halbpension.

● **Hotel Lorenzetti****,** Via Dolomiti di Brenta 119. Tel. 0465/ 44 14 04, Fax 44 06 44, Internet: wwwhotellorenzetti.com. Absolut gepflegtes Haus, traumhafter Ausblick vom Restaurant, große Bar, schönes Hallenbad, Innendesign und Dekor alles Ton in Ton: Geranien passend zur Tischdecke etc. Leider liegt es etwas weit weg vom Zentrum am Ortsausgang und ist nur mit Halbpension zu buchen. Es gibt auch ein Appartement im Haus. DZ ab 120 Euro.

● **Hotel Laura****,** Via Pradalago 21, Tel. 0465/ 44 12 46, Fax 44 15 76, Internet: www.hotellaura.com. Vor einigen Jahren total renoviert, mit einem sehr beschaulichen Ergebnis. Das familiengeführte Hotel liegt günstig im Zentrum, sehr freundliches Personal, Sauna. Im gesamten Hotel herrscht Rauchverbot. DZ ab 490 Euro Wochenpreis inkl. Vollpension pro Person.

● **Hotel Cime d'Oro***,** Via Carè Alto 2, Tel. 0465/ 44 21 13, Fax 44 26 02, Internet: www.cimedoro.com. Ausgewiesenes Biker-Hotel mit allen dazugehörigen Bike-Facilities und Bike-Führer, zudem Sauna, Solarium, Bar, Restaurant. DZ ab 70 Euro.

113ga Foto: de

Trentino

112ga Foto: de

●**Residence Hotel Ambiez,** Via Cima Tosa 109, Tel. 0465/ 44 21 10, Fax 45 96 00, (außerhalb der Saison: Tel. 0461/ 93 34 00, Fax 93 32 41), Internet: www.residencehotel. it/ambiez. Ein- bis Dreizimmer-Appartements innerhalb einer Anlage außerhalb des Ortes. Gegenüber liegen die Lifte, in 50 Meter Entfernung passieren die Loipen. Die Wohnungen sind von Juni bis September und Dezember bis April zu mieten. DZ mit Frühstück pro Woche ab 320 Euro.

●**Residence Olivieri,** Via Spinale 4, Tel. 0465/ 45 82 00, Fax 45 84 01. Ein- bis Dreizimmer-Wohnungen in einem typischen Trentiner Haus, das sich direkt im Ort findet an dem kleinen See. Zu den Skiliften sind es 100 Meter. Das Hotel bietet Animation und einen Kinderclub. Ab 504 Euro pro Woche.

●**Orsa Maggiore,** Via Pietra Grande 2, Tel. 0465/ 44 07 44, Fax 44 08 46. Überschaubarer Komplex mit 18 Ein- bis Dreizimmer-Appartements im Ort nahe allen wichtigen Skipunkten. 2 Personen für 1 Woche ab 595 Euro.

Appartements

Es sei für Madonna di Campiglio darauf hingewiesen, dass man auf diesem Sektor auf keinen Volltreffer hoffen darf. In der Regel sind die Wohnungen hässlich und nur mit

dem notwendigsten Mobiliar eingerichtet. Die Agenturen verfügen über ganze Appartementhäuser oder einzelne Ferienwohnungen von Privatpersonen, die aber nicht in Prospekten aufgeführt sind. Man bekommt lediglich einen Grundriss zu Gesicht.

Agenturen:
● **Agenzia Collini,** Via Cima Tosa 26, Tel. 0465/ 44 25 00, Fax 44 30 83, Internet: www.agenziacollini.com.
● **Agenzia Alberti,** Centro Rainalter 10, Tel. 0465/ 44 17 41, Fax 44 31 53, Internet: www.agenziaalberti.com.

Essen und Trinken

● **Rifugio Malghette,** Pradalgo, Tel. 0465/ 4 11 44, Internet: www.famiglia-angeli.com. Nettes Chalet im Naturpark dell'Adamello-Brenta. Wer den Bergort im Sommer ansteuern möchte, wird im Juli eine unvergleichliche Blütenschau erleben. Dann steht der Rhododendron in voller Pracht. Das Essen ist sehr lecker, mit Zutaten aus Wald und Flur. Vom 20. September bis Weihnachten und von Mai bis 10. Juni geschlossen.
● **Le Roi,** Via Cima Tosa 40, Tel. 0465/ 44 30 75. Ristorante und Pizzeria, sehr beliebt bei Einheimischen wie Feriengästen. Deshalb ist dort immer etwas los, auch wenn in anderen Restaurants gähnende Leere herrscht. Die Pizza ist ausgezeichnet, die übrigen Speisen bewegen sich auf Mittelklasse-Niveau zu zivilen Preisen. Sehr schöne Weinkarte. Ausnehmend nette Bedienung.
● **Locanda delle Artisti,** Via Dolomiti del Brenta 9, Tel. 0465/ 44 29 80. Ganz nettes, gut geführtes Lokal mit Trentiner Spezialitäten von durchschnittlicher Güte.
● **Prima o Poi,** Pozze 8, Tel. 0465/ 5 71 75. Auf der Straße nach Pinzolo findet sich das kleine Holzhaus Prima o Poi. Es ist ein nettes familiengeführtes Lokal, in dem Berggerichte serviert werden.
● **Rifugio Mezzo Cascate,** Val di Valdesinella. Der Restaurantbetrieb wird zwar als Rifu-

gio geführt, aber es ist unerheblich. Man muss nicht unbedingt dorthin wandern (45 Minuten, leichte Strecke), man kann es auch mit dem Auto recht nah anfahren. Auf jeden Fall ist es in zweifacher Hinsicht ein echter Tipp. Der Standort mit seiner Aussicht ist fantastisch. Man blickt beim Essen auf einen Wasserfall, der über vier Etagen die Felswand herunterfällt. Und es gibt ausgezeichnete trentinische Spezialitäten, z.B. Canederli di Formaggio.
● **Da Alfiero,** Via Valesinella 5, Tel. 0465/ 44 01 17. Sehr geschmackvolles Ambiente der gehobenen Kategorie. So wohlklingend die Speiseversprechen auch sind, es geht leider manchmal auch daneben. Die Bedienung ist fast schon übertrieben fürsorglich.
● **Cascina Zeledria,** Tel. 0465/ 44 03 03, Fax 44 21 41, Internet: www.zeledria.it/ristorante. Im Winter ist die in ein Restaurant umgebaute Berghütte lediglich mit der Schneekatze zu erreichen. Deshalb muss man dann telefonisch reservieren und wird am Parkplatz abgeholt. fantastisches trentinisches Essen zu vernünftigen Preisen.
● **Palù della Fava,** Via Rian dei Frari, Campo Carlo Magno, Tel. 0465/ 44 04 00. Ohne Reservierung läuft hier gar nichts. Da kann man auch Promi sein und beispielsweise *Michael Schumacher* heißen. Wer sich nicht vorab um einen Platz bemüht, muss wieder abziehen. Wer einen Stuhl erklommen hat, darf sich glücklich schätzen und nach guter Trentiner Küche aus 30 Grappasorten wählen – die braut der Wirt nämlich selbst.

Nachtleben

● **Caffè Campiglio,** Piazza Righi, Tel. 0465/ 44 23 09. Treffpunkt der schicken Italiener, wo mindestens ein Handy pro Person ein Muss ist. Von der erhöhten Holzterrasse man einen tollen Überblick über das Treiben auf der Piazza, der wichtigsten des Ortes.
● **Caffè-Bar Suisse,** Piazza Righi, Tel. 0465/ 44 10 23. Sehen und gesehen werden, ob tagsüber auf der Piazza oder abends an der Bar.
● **Des Alpes Disco Club,** im gleichnamigen Hotel, Via Monte Spinale, Tel. 0465/ 44 00 00 (Live-Musik, zu fortgeschrittener Stunde Dancefloor).

Rifugio Mezzo Cascate

Trentino

Shopping

●**Casa del Cioccolata,** Piazza Righi 27. Schon der Duft ist einen kurzen Sprung in diesen Laden wert. Verkauft werden vor allem Süßwaren, Marmelade, Grappa, Wein und eingelegtes Obst.
●**Serafini Sport,** Viale Dolomiti di Brenta 25. Gute Adresse für Sportklamotten und -ausrüstung.
●**Il Giorno,** Viale Dolomiti di Brenta. Ausgesprochen gut sortierter Laden mit einer großen Bandbreite ausländischer Zeitungen und Zeitschriften. Außerdem gibt es hier Kartenmaterial und Wanderführer auf Deutsch.
●**Marcelleria & Ortofrutta,** Viale Dolomiti. Fantastischer Metzger, Obst- und Gemüseladen samt wunderbarem Weinfundus. Der Herr hinter der Fleischtheke war fünf Jahre in Köln und vermisst den Karneval.

Busverbindungen

●Nach Malé und Tione bzw. Riva.

Taxi

●**Bordati,** Tel. 0465/ 44 17 18, mobil 335/ 23 79 25.
●**Autocampiglio,** Tel. 0465/ 73 54 67, mobil 337/ 83 81 15.

Outdoor

●**Tennis:** Loc. Conca Verde, c/o Chalet Laghetto, Tel. 0465/ 44 31 70.
●**Bergsteigen/Trekking:** Collegio Guide Alpine del Trentino, Piazza Brenta Alta, Tel. 0465/ 44 03 66.
●**Golf:** Golf Club Carlo Magno, 9-Loch-Anlage, Tel. 0465/ 44 10 03.
●**Hubschrauberflüge:** Elicampiglio bietet Panoramaflüge an, Tel. 0465/ 44 32 22.
●**Mountainbike:** Lorenzetti, Tel. 0465/ 44 13 39; 5 Laghi, Tel. 0465/ 44 03 55.
●**Paragliding:** Ass. Sportiva Par Aria, Tel. 0465/ 32 26 48, Handy 0338/ 93 57 960.

Events

●**Musikfestival** in den Bergen, Juli und Aug.
●**Internationale Holzskulpturen-Ausstellung** regelmäßig Ende August.
●**„3-Tre"-Weltcuprennen** im Dezember.
●**Schlittenhunderennen** im Dezember.

Ausflüge in die Umgebung

Val di Vallesinella

Einen hübschen Spaziergang mit einem Rifugio zum Ziel kann man im Val di Vallesinella unternehmen. Von der Ortsmitte geht es Richtung Ortsteil Palù und das ausgeschilderte Val di Vallesinella. Bevor die Straße zu Beginn des Tals in eine einspurige kleine Fahrstraße übergeht, führt rechter Hand ein Weg den Berg hinab und führt stetig auf etwa gleich bleibender Höhe zum Rifugio Mezzo Cascate. Dieses liegt wunderschön an einem Wasserfall, der über vier Etappen die Felswand hinunterstürzt. Dauer des Marsches: einfach 45 Minuten.

Lago di Nambino

Leicht und per pedes in einer guten halben Stunde zu erreichen ist der traumhaft gelegene Lago di Nambino auf 1706 m Höhe gegenüber den Brenta-Dolomiten. Läuft man halb um den See herum, hat man einen der schönsten Blicke auf das Massiv. Am See steht ein Rifugio mit großen Kapazitäten und guter ländlicher Küche. Zu erreichen ist der Ausflugsort, indem man zunächst die Landesstraße von Madonna di Campiglio Richtung Campo Carlo Magno fährt. Auf halber Strecke führt ein Fahrweg links zu einem Parkplatz. Lago di Nambino ist ausgeschildert.

Carisolo ↗ D2

Carisolo (heute 867 Einwohner) ist historisch ein eher unbedeutender Ort, der im Laufe der Jahre mit Pinzolo zusammengewachsen ist. Kulturhistorisch von Interesse ist die **Kirche Santo Stefano** mit einem einzigartigen Freskenzyklus von 1519. Auf einem steilen Felsen über der Ausgangsschlucht des Val di Genova findet sich die einsame Kirche mit den Malereien des Künstlers *Simone II.* aus der bekannten Malerfamilie der *Baschenis.*

APT-Touristeninformation

● 38080 Carisolo, Via Genova 1, Tel. 0465/ 50 13 64, Fax 50 14 01.

Unterkunft

● **Albergo alla Prisa,** Val di Genova, Localita Prisa, Tel. 0465/ 50 14 69, Internet: www.valrendena.net/allaprisa. Kleiner familiengeführter Betrieb, der in erster Linie von seinem recht gut besuchten Restaurant lebt, da es auf der Ausflugsroute im Val di Genova liegt. Ordentliches Frühstücksbuffet. DZ ab 52 Euro.
● **Residence-Hotel Sporting Club Vacanze,** Via Campiglio 14, Tel. 0465/ 50 39 00, Fax 44 04 09, Internet: www.centrovacanze.net. Am Ortsrand verkehrsgünstig gelegen, gut gepflegte Anlage mit Fitnessräumen, Squash-Halle, Sauna, Solarium und Hydromassage. Die Appartements sind großzügig und angenehm eingerichtet. Man legt hier Wert auf natürliche Materialien. DZ ab 330 Euro/Wo.

Essen und Trinken

● **All'Antica Segheria****, Via Campiglio 2, Tel. 50 14 98. Gut erreichbares, sehr großes

Trentino

Restaurant/Pizzeria gehobenen Niveaus, mit einer überdachten Terrasse. Hier bekommt man garantiert immer einen Platz. Das Essen ist gut, die Einrichtung kitschig. Man kann auch Pizza im Karton mitnehmen.

Busverbindungen
● Nach Madonna di Campiglio und Tione/ Riva.

Markt
● Freitagmorgens ist **Wochenmarkt** auf dem Parkplatz am Ortseingang.

Ausflug ins Val di Genova
Das Tal, das auch zum Parque Naturale Adamello Brenta gehört, zählt zu den beliebtesten in dieser Region und ist landschaftlich wunderschön. Das liegt nicht nur an den bekannten **Wasserfällen Nardis und Lares.** Der Fahrweg ist zwar schmal, aber bis zum Ende asphaltiert. Es gibt diverse Picknickreservoirs, 13 davon mit ausgewiesenen Parkplätzen. Zudem starten hier zahllose Wanderwege bzw. hochalpine Touren. Der Talweg selbst weist eine Höhendifferenz von knapp 200 m auf. Von der Abfahrt in Carisolo bis zum Parkeingang ist es 1 km. Der Parkeingang ist bewacht, es werden 3 Euro Gebühr pro Person verlangt.

Pinzolo ↗ D2

12 km vom Dreh- und Angelpunkt Madonna di Campiglio entfernt liegt Pinzolo (3000 Einwohner, www.pinzolo.it) auf 800 m Höhe und führt ein entsprechendes Schattendasein. In aller Munde im Dorf ist der **„Walk of Fame":** Ein Hauch von Hollywood weht über den Boulevard von Pinzolo. Es sind keine goldenen Sterne, die der Reihe nach auf dem Gehsteig des Corso Trento verlegt worden sind. Es sind nur quadratische, einfache graue Platten. Es sind auch nicht die Namen großer Schauspieler, die in die Fliesen gemeißelt worden sind, sondern Städtenamen: Wellington (in Neuseeland), Santiago (in Chile), Kapstadt (in Südafrika), Chicago (in USA), Sankt Petersburg (in Russland), um nur einige zu nennen. 89 sind es an der Zahl. Und so geht man Schritt für Schritt rund um den Globus. Der Bürgermeister wollte mit diesem ganz eigenen Ruhmesweg einerseits die Abenteuerlust seiner Bürgerschaft symbolisieren, andererseits auch seinem Stolz Ausdruck verleihen, dass die Emigranten aus Pinzolo nach und nach wieder den heimatlichen Hafen angesteuert haben. Dank der besseren Arbeitsmarktsituation im Val di Rendena sind die Auswanderer, die einst auf der Suche nach Arbeit in die Fremde ausgezogen waren, wieder zurückgekehrt.

Stolz ist man im Ort auch auf den **„Totentanz"** des Malers *Simone II.* Im Jahr 1999 wurde damit begonnen, den Freskenzyklus an der Kirche S. Virgilio, die unübersehbar zwischen Carisolo und Pinzolo steht, zu restaurieren.

Unterkunft
● **Beverly Hotel/ Residence******, Via Caré Alto 2, Tel. 0465/ 50 11 58, Fax 50 31 04, Internet: www.beverlyhotel.it. Komplett renovierte, familienfreundliche Unterkunft mit vielen Spezialangeboten. Voraussetzung für eine Buchung ist allerdings, dass man mindestens Halbpension nimmt. DZ ab 180 Euro.
● **Hotel Quadrifoglio******, Via Sorano 53, Tel./Fax 0465/ 50 36 00, Internet: www.hotelquadrifoglio.com. Gut ausgestattete Zim-

mer, großes Restaurant, Bar, alles sehr modern-kitschig und gepflegt. Zuweilen arrogantes Personal. DZ ab 455 Euro für 7 Nächte.

● **Hotel Collini Garni*****, Via Bolognini 11, Tel. 0465/ 50 26 93, Fax 50 40 88, Internet: www.hotelcollini.com. Ausnehmend freundliches Hotelpersonal, gepflegte Zimmer, einige davon mit nettem Ausblick, empfehlenswertes Restaurant. DZ 60 Euro.

● **Pinzolo Dolomiti*****, Corso Trento 24, Tel. 0465/ 50 10 24, Fax 50 11 32, Internet: www.hotelpinzolo.it. Klassische Unterkunft, gediegen, sauber, freundlicher Service. Disco, Garage, hauseigener Kleinbus für Ausflüge. Günstige Lage zum Zentrum. DZ ab 120 Euro ab drei Nächten.

● **Hotel Ferrari*****, Via Matteotti 36, Tel. 0465/ 50 26 24. Sauber, ordentlich, unprätentiös. Das Haus liegt in der Nähe des örtlichen Sportzentrums und des Waldes. Als Winterresidenz für Langläufer günstig. DZ ab 93 Euro.

● **Albergo Bonsai***, Via N. Bolognini 59, Tel./ Fax 0465/ 50 11 73, Internet: www.hotelbonsaiallefunivie.com. Sehr freundliche Atmosphäre, zuvorkommender Service, gepflegt, prächtiges Frühstücksbuffet. DZ ab 46 Euro.

Camping

● **Parco Adamello****, Tel. 0461/ 50 17 93, mobil: 340/ 90 34 599, Internet: www.campingparcoadamello.it. Zwischen den Orten Pinzolo und Carisolo am Fitnesspark, im Sommer und Winter geöffnet.

Essen und Trinken

● **Rustik Bar,** Via D. Chiesa 3, Tel. 0465/ 50 17 54. Die Bar und Gelateria zählt zu den begehrtesten Treffs von Einheimischen und Touristen – ob morgens zum Zeitunglesen beim Espresso oder abends bei einem gezapften Bier.

Outdoor

● **Mountainbike-Verleih:** The Biker, Viale Bolognini 82, nahe der Seilbahnstation von Pinzolo.

● **Bergsteigen und Trekking:** Guide Alpine del Trentino, Tel. 0465/ 50 32 18.

Valli di Giudicarie ⤢ A,B2,3

Die Valli di Giudicarie, auf Deutsch **Judikarische Täler,** ziehen sich vom Lago d'Idro hinauf nach Tione, der Schnittstelle zur weiteren Verbindung ins Valle di Rendena, das häufig auch noch dazu gerechnet wird, und hinüber zur Provinzhauptstadt Trento. Charakteristisch für die Judikarischen Täler ist das bäuerliche Gepräge. Bis auf wenige Ausnahmen spielt der **Tourismus** in diesen Regionen eine **eher untergeordnete Rolle.** Die Thermen von Comano sind aber zum Beispiel von dieser Regel ausgenommen. Man kann sogar sagen, dass sie maßgeblich zur Entwicklung des Fremdenverkehrs beigetragen haben. Für Sportler von Bedeutung ist schließlich noch das wasserreiche Daonetal mit einigen hundert Wasserfällen und vielen Schluchten.

Um in die Judikarischen Täler zu gelangen, fährt man am besten die Staatsstraße 45 westwärts bis zum Lago di Toblino (28 km). Hier ist durch die Berge hindurch eine Verbindung geschaffen worden, die Landstraße 237 von Tione bis zum Lago d'Idro (22 km).

Stenico ⤢ B2

In die Südhänge der Brenta-Gruppe schmiegt sich Stenico mit seinem bekannten Schloss gleichen Namens. Das Dorf (1100 Einwohner) selbst hat keine herausragenden Sehenswürdigkeiten zu bieten. Man kommt wegen des Castel Stenico und der Terme di Comano.

Trentino

Castel Stenico

Die Hochburg Stenico auf einem die Landschaft dominierenden Hügel war schon Stützpunkt der römischen Garnison. Zu den großen Zeiten des Bistums Trient war die Burg schwer bewaffneter Vorposten der Bischöfe. Hier saßen außerdem Amtsmänner, die Militär, Steuern und Rechtsprechung der Judikarien verwalteten. **Mit jedem neuen Besitzer wurde Castel Stenico umgebaut, erweitert, renoviert, umgestaltet.** Erst mit dem Ende des Trienter Konzils Mitte des 16. Jahrhunderts brachen auch für Stenico schlechte Zeiten an. 1829 übernahmen die Österreicher die Anlage, richteten dort ein Bezirksgericht, ein Gefängnis und eine Kaserne ein. Aller Prunk wurde vernichtet oder verkam. Unter der Herrschaft der Italiener wurde es auch nicht besser. Erst 1973, als Stenico in den Besitz der autonomen Provinz Trentino überging, wurde mit aufwendigen Restaurierungsarbeiten begonnen. Inzwischen ist in den freskenverzierten Sälen eine **Außenstelle des Trienter Museo Castello del Buonconsiglio** mit wertvollen Gemälden, Waffen und antiken Gebrauchsgegenständen eingerichtet. Hin und wieder werden Ausstellungen und Kurse veranstaltet.

Öffnungszeiten: Vom 01.01. bis 28.02. geöffnet am Samstag und Sonntag von 9.30–17 Uhr, von Dienstag bis Freitag nach Absprache; vom 01.03. bis 29.05. 9.30–17 Uhr von Dienstag bis Sonntag; vom 30.05. bis 08.11. 10–18 Uhr von Dienstag bis Sonntag; vom 09.11. bis 30.11. 9.30–17 Uhr von Dienstag bis Sonntag; vom 01.12. bis 31.12. Samstag und Sonntag von 9.30–17 Uhr, Diens-

tag bis Freitag nach Absprache. Montags (außer an Feiertagen) sowie am 1. Januar und 25. Dezember geschlossen. Eintritt: 4 Euro; Tel. 0465/ 77 10 04.

Zu erreichen ist Stenico über die Ortschaft **Ponte Arche.** Hier zweigt eine Straße von der Verbindung Trento – Tione ab; 5 km sind es hinauf in den Ort.

Terme di Comano

Die Thermen von Comano sind gar nicht zu verfehlen. Die großen, modernen Anlagen inklusive Hotel liegen direkt neben der Straße **am Fluss Sarca.** Hinzu kommen einige kleinere Hotels und Pensionen rund um das Heilbad. Die Thermen waren schon bei den alten Römern bekannt. Ihr Wasser – arm an Mineralien, reich an Kalziumkarbonat und Magnesium – hilft besonders bei Hauterkrankungen, Internet: www.termecomano.it.

Fiavè   ⤢ B3

Das nette 1000-Seelen-Dorf Fiavè liegt auf einer Hochebene im Süden der Brenta-Gruppe und hat wegen der **prähistorischen Pfahlbautensiedlung** von sich reden gemacht. Ursprünglich war die heutige Moorlandschaft ein einziger See, aus dem sich eine flache Insel erhob. Um diese herum gruppierten sich Pfahlbauten. Ebenso wie am Lago di Ledro ist nicht mehr allzu viel davon zu sehen. Grund dafür ist, dass der Großteil der Überreste aus Konservierungsgründen wieder zugedeckt worden ist. Immerhin, die Pfähle sind 5000 Jahre alt, eine beeindruckende Zeit-

spanne. Den steinzeitlichen Behausungen folgten neue Siedlungen, erst nach einem vernichtenden Großbrand zogen sich die Menschen endgültig in die Berge zurück.

Wer sich eingehender über Ursprung und Geschichte informieren möchte, kann dies im **Besucherzentrum** in Fiavè, Piazza San Sebastiano 24, Tel. 0465/ 73 52 68.

Öffnungszeiten: im Juli und August dienstags bis samstags von 9–12 und 15–18.30 Uhr, am Sonntag von 9–12.30 Uhr.

Neuzeitlich von sich Reden gemacht hat Fiavè mit der **„Caseificio Fiavè"**, einer Genossenschaftsmolkerei, die sich auf die Produktion von typischem Käse aus den Judikarischen Tälern spezialisiert hat. Milchbauern aus Fiavè, Pinzolo und dem Valle di Ledro haben sich der Caseificio angeschlossen. Die Milch kommt von Kühen dreier Rassen, wobei das Rendena-Rind, das dem gleichnamigen Rendena-Tal entstammt, am stärksten vertreten ist. Sie zeichnen sich dadurch aus, dass sie ausschließlich Heu fressen und keine medikamentöse Behandlung benötigen, weil sie sehr robust sind.

Produziert wird in erster Linie **Mozzarella, Boscatella** und schließlich der sogenannte **Spressa**. Dies ist ein ortstypischer Magermilchkäse, der acht bis zehn Monate reifen muss. Neben weiteren Käsesorten wird die Produktpalette noch durch Butter, Joghurt und Trinkmilch ergänzt.

Sitz der Genossenschaft: Fiavè, Via Degasperi 12A, Tel. 0465/ 73 50 04, Internet: www.caseificiofiave.com.

Tione   A2

Schon in der Jungsteinzeit war die Mündungsstelle der drei Täler Rendenatal, Sarcatal und Judikarische Täler besiedelt. Tione (3500 Einwohner) ist das Verwaltungszentrum für die Judikarien und Schnittstelle der Verkehrsverbindungen der drei Täler. Sonst lässt sich über diesen Ort nicht viel sagen. Es gibt eine Kirche namens Santa Maria Assunta mit einem Fresko der bekannten Malerfamilie *Baschenis* aus dem Val di Rendena.

Val di Daone   A2,3

Bei der Ortschaft Pieve di Bono an der Staatsstraße 237 zweigt das Daone-Tal ab, das bis unter den Gletscher des Monte Caré Alto (3462 m) reicht (36 km). Das Tal ist in erster Linie Sportlern ein Begriff, da es hier **mehrere hundert Wasserfälle** und entsprechend viele Canyons gibt. Früher galt das Val di Daone als das unberührteste Tal im Trentino. Damit war es vorbei, als zwei Stauseen angelegt wurden, die außerdem den Wasserfluss des Chiese völlig veränderten.

Trentino

Ost-Trentino

Der östliche Teil des Trentino zieht sich durch die Täler Valle di Cembra, Val di Fiemme und Valle di Fassa einerseits hinauf bis nach Canazei, andererseits zum Passo Rolle und San Martino di Castrozza mit dem angrenzenden Valle di Primiero. Von Trento verläuft das Valsugana bis hinauf zur Tesino-Hochebene und dem Passo Brocòn. Klangvolle Namen wie das Pale-Massiv mit dem Panaveggio-Nationalpark, die Marmolada, der Platt- und der Langkofel, die Sella-Gruppe sowie der schon mehr auf Südtiroler Gebiet liegende Rosengarten haben diesen Teil der Bergwelt berühmt gemacht.

Valle di Cembra   ⤢ C 1,2

In weiten Bereichen zeigt sich das Valle di Cembra als eine enge und tiefe Furche, durch die der Wildbach Avisio fließt. Die größtenteils sehr gut ausgebaute Landstraße 612 führt von Lavis im Etschtal über 40 km bis nach Cavalese, wo das Val di Fiemme beginnt. Die steilen und sonnigen Hänge, die gegen das Flussbett des Avisio abfallen, sind von den Bewohnern terrassenförmig bearbeitet worden. Auf diese Weise erhält die Landschaft einen **Anstrich grafischer Schönheit.** Auf den Böden der Terrassen gedeiht ausgezeichneter Wein, auch die Grappasorten sind nicht zu verachten.

115ga Fotos: de

Abgesehen vom Weinanbau und wenigen Touristen leben die Menschen hier in erster Linie vom **Porphyr-Abbau.** Es gibt insgesamt hundert Steinbrüche, in denen der Porphyr abgebaut wird. Charakteristisch für diesen Stein in verschiedenen Farbnuancen ist, dass er sich in Form von Parallelflächen in Platten unterteilen lässt. Geologen zufolge entstand diese Gesteinsart durch gebirgsbildende Bewegungen während der Entstehung der Alpen. Die jährliche Abbaumenge beläuft sich auf derzeit 880.000 Tonnen. Der Abbau zeitigt fatale Folgen für die Umwelt. Viele Berghänge haben enorme Risse erhalten, Schutthalden drohen abzurutschen. Die Alarmglocke hat bereits einmal geschrillt: 1986 rutschte die Schutthalde Graon zwischen Lona und Lasès mit rund 300.000 Kubikmetern Porphyrabfall ins Tal und kam nur wenige Meter über dem Fluss Avisio zum Stehen.

Bekannt ist das Val di Cembra außerdem durch die ungewöhnlichen **Erdpyramiden von Segonzano.**

Cembra ⤢ C2

Im ersten Drittel des Tales liegt der **Hauptort** Cembra (1760 Einwohner) mit einer recht hübschen Altstadt, über dem sich der gleichnamige Berg mit 1250 m erhebt. Anno 1274 wird Cembra erstmals urkundlich erwähnt. 1797 war er Schauplatz heftiger napoleonischer Kämpfe.

Ost-Trentino: Valle di Cembra

Kulturell bedeutsam für das gesamte Tal ist die örtliche **Kirche San Pietro** aus dem 16. Jahrhundert: zum einen wegen der Architektur, zum anderen sind die reichen Freskenmalereien außergewöhnlich schön. Das grandioseste Fresko zeigt das Jüngste Gericht und schmückt den nördlichen Eingang. Als die Wandmalereien 1913 restauriert wurden, entdeckte man in der Innenwand der Fassadenmauer ein antikes Fresko der Madonna Auxilium Christianorum mit dem Antlitz der Jungfrau.

Ganz stolz ist man in Cembra auf den deutschen Maler *Albrecht Dürer*. Anlässlich seines 500. Geburtstages ist zum Gedenken an ihn nahe der Kirche San Rocco der **„Dürerstein"** aufgestellt worden. Es wird vermutet, dass das die Stelle war, wo er saß und seine berühmt gewordenen Aquarelle malte. Jenes mit dem Titel „Verfallene Almhütten" ist im Museo Ambrosiana in Mailand ausgestellt. Ein anderes Gemälde, das im Cembratal entstand und Weltruhm erlangte, ist „Das Wasserschloss".

APT-Touristeninformation

● 38034 Cembra, Viale 4 Novembre 3, Tel. 0461/ 68 31 10, Fax 68 32 57, Internet: www.aptpinecembra.it.

Essen, Trinken und Wohnen

Unterkunft und gastronomisches Angebot sind im Val di Cembra **in jeder Hinsicht bescheiden.** Wirklich empfehlen kann man nur das am Lago Santo ganz herrlich gelegene **Rifugio Alpino** (siehe Ausflüge) und die **Albergo Ponciach***, Loc. Favér, Via Ponciach 14, Tel. 0461/ 68 31 66, mitten im Wald auf einer großen Wiese gelegen. Hunde erlaubt. DZ für 24 Euro; Internet: www.albergoponciach.it.

Reiten

● **Happy Ranch,** Cembra, Loc. Lago Santo, Tel. 0461/ 68 35 18, Fax 68 38 02, Internet: www.happyranch.it. Mitten im Wald unweit des Lago Santo ist eine rechte Cowboy-Ranch mit Saloon entstanden, deren Szenerie fast filmreif ist. Die Anlage ist sehr groß. Das Angebot umfasst Reitstunden, Ausritte und Pferdepension.

Ausflüge in die Umgebung

Lago di Santo

1195 m hoch über dem Cembra-Tal liegt der See. Das **Wasser** ist **glasklar,** die **Stimmung beschaulich.** Es gibt hier nur ein Rifugio und einige Privatanwesen. Man kommt zum Fischen und Wandern her. Oder auch, um unter der romantischen Weinlaube des **Rifugio Alpino** (Tel. 0461/ 68 30 66, Internet: www.rifugiovittoria.it, DZ ab 49 Euro inkl. Halbpension) Trentiner Spezialitäten zu essen. Zum Lago Santo gelangt man von der Landesstraße 612. Von Lavis

kommend, zweigt eine kleine ausgeschilderte Straße vor Cembra links ab. Man durchfährt einen Steinbruch und ist nach 5 km am Ziel.

Die Erdpyramiden von Segonzano

Die Einwohner nennen sie „omeni di tera", „Erdmenschen". Seit Jahrtausenden stehen sie still und stumm allen Wettern und Unwettern trotzend wie Orgelpfeifen mit großen Hüten im **Tal des Rio Regnano.** Ganz unsterblich sind sie allerdings nicht. Alle paar hundert Jahre verschwindet einer von ihnen. Denn wer den Hut verliert, dem schlägt die Todesstunde: Ganz allmählich, Jahre kann das dauern, wird der Körper dünner und dünner. Eines Tages fällt der Rest in sich zusammen, übrig bleibt nur noch ein Häuflein Schutt.

Diese höchst ungewöhnlichen und faszinierenden Erdpyramiden von Segonzano sind nach der Quartärzeit entstanden. Die Bewegungen des Gletschers des Avisio hatten sehr viel Gesteinsmaterial in das Tal des Rio Regnana gedrückt. Viele verschiedene Anhäufungen entstanden. Die erosive Tätigkeit des Wassers im Laufe von mehreren tausend Jahren tat ein Übriges. Die teilweise **20 m hohen Pyramiden** sind aus sehr porösem Material. Einzig ihr Schutz durch den Deckstein, der obenauf liegt wie ein Hut, verhindert, dass die Pyramiden schnell vergänglich sind. Der größte Hut in dieser Gegend hat ein Gewicht von 10 Tonnen!

116oja Foto: de

Die Erdpyramiden von Segonzano

Den Ausflug zu diesem landschaftlichen Kuriosum sollte man sich auf keinen Fall entgehen lassen. Von Cembra aus nimmt man die Straße nach Segonzano (ausgeschildert). Am Rio Regnano befinden sich ein großer Parkplatz und eine Café-Bar. Dort beginnt ein **Rundweg,** der etwa eine Stunde dauert und gut markiert ist. An einigen Stellen sind Aussichtspunkte ausgewiesen. Teilweise kann man sehr nah an die Pyramiden heran. Auf dem Rundgang werden 300 Meter Höhenunterschied überwunden.

Val di Fiemme ⤢ C,D1,2

Im Süden wird das Val di Fiemme, das auf deutsch Fleimstal heißt, von den Bergen der Lagorai-Kette begrenzt, im Norden vom Latemar. In der Talsohle fließt der Avisio durch eine wiesenreiche Landschaft. Die **Berghänge** sind **dicht bewaldet,** abgesehen natürlich von den Höhenlagen der Felsformationen. In den Wäldern wachsen viele Edelhölzer, die für die Wirtschaft des Tales von großer Bedeutung sind. Auch heute noch wird der Waldbestand von der **„Magnifica Comunità",** einer anno 1111 gegründeten autonomen Talgemeinschaft, verwaltet. Ihr Sitz ist in Cavalese, dem größten Ort des Fleimstales. Die Selbstverwaltung hat die Bürger des Tales sehr stark geprägt. Es sind sehr unabhängige und agile Menschen.

Das Val di Fiemme ist schnell durchfahren. Die SS 48 führt ungefähr 20 km von Cavalese nach Moena zum Valle di Fassa.

Cavalese ⤢ C1

Erhaben über dem Torrente Avisio liegt Cavalese (3819 Einwohner) auf einer sonnigen Grünfläche. Der hübsche Ort mit alten Gassen und Traditionshäusern ist Verwaltungssitz des Val di Fiemme. Außerdem ist Cavalese vor allem im Winter ein beliebter Ferienort.

Die Geschichte des Ortes geht bis in die Bronzezeit zurück. Bedeutend war für Cavalese das Jahr 1111, in dem mit den Trienter Bischöfen ein Abkommen geschlossen wurde, das die Erlaubnis zur autonomen Verwaltung der Talgemeinschaft festschrieb: die Magnifica Comunità. Nur der Trienter Bischof hatte das Recht, ein befestigtes Haus zu errichten, was er in Cavalese tat. Es steht mitten im Ort an der Durchgangsstraße (Via Cesare Battisti 2) und ist an seiner bunten Fassade zu erkennen. Das Haus ist heute noch Sitz der Magnifica Comunità. Darüber hinaus befinden sich in ihm das **Fleimstaler Museum** und eine **Pinakothek** mit Gemälden aus der Fleimser Malschule. Auch das Haus selbst ist einen Besuch wert. Es gibt schöne Holzdecken und wertvolle Freskenmalereien zu sehen.

Öffnungszeiten: 1. Juli bis 6. September täglich außer samstags und feiertags von 16–19 Uhr. Der Eintritt ist frei, Führungen sind nach Absprache unter der Rufnummer 0462/ 34 03 65 zu buchen.

APT-Touristeninformation

● 38033 Cavalese, Via F.lli Bronzetti 60, Tel. 0462/ 24 11 11, Fax 23 06 49, Internet: www. valdifiemme.info.

Trentino

Unterkunft

●**Park Hotel Bella Costa****, Via Trento 34a, Tel. 0462/ 23 11 54, Fax 23 16 46. Einziges Hotel dieser Güteklasse, neu, ein bisschen zu groß, aber sehr edel und komfortabel. Hallenbad, Sauna, Whirlpool, Dampfbad, Heilmassagen. Hunde erlaubt. DZ ab 57 Euro.

●**Romantik Hotel Excelsior***, Piazza C. Battisti 11, Tel. 0462/ 34 04 03, Fax 23 13 12. Sehr schönes, geschmackvoll eingerichtetes Haus, im Parterre ausschließlich mit Gewölbedecken. Der Eingangsbereich ist dadurch etwas dunkel, aber das sollte nicht abschrecken. Die Zimmer sind komfortabel. Freundliche Hotelführung. Für Weinliebhaber ist die Perle des Hauses sicherlich der traumhafte Weinkeller. Biertrinker kommen garantiert mit dem selbst gebrauten naturtrüben Bierra Excelsior auf ihre Kosten. Hunde erlaubt. DZ ab 92 Euro.

●**Hotel Orso Grigio***, Via Giovanelli 5, Tel. 0462/ 34 14 81, Fax 34 10 35, Internet: www.hotelorsogrigio.it. Schönes, altes Altstadt-Hotel mit viel Flair. Antik-ländliche Einrichtung. Beliebtes Restaurant. Außerdem besitzt die Familie einen Bauernhof, auf dem Quarterpferde gezüchtet werden. Dort arrangieren die Gastgeber gerne typisch Trentiner Jausen. DZ ab 78 Euro.

●**Albergo Laurino Garni***, Via Antoniazzi 14, Tel./Fax 0462/ 34 01 51. In der Altstadt etwas versteckt, liebevoll eingerichtete Herberge. Besonders hübsch ist der Frühstücksraum. DZ ab 42 Euro.

●**Residence Aparthotel Des Alpes***, Loc. Marco, Tel. 0462/ 23 14 10, Fax 34 27 73, Internet: www.trentinoresidences.it. Ein- bis Drei-Zimmer-Appartements in einem größeren Komplex, der Hallenbad beinhaltet, Fitnessraum, Spielzimmer. Animation. Ab 315 Euro pro Woche.

Essen und Trinken

●**El Molin,** Piazza C. Battisti, Tel. 0462/ 34 00 74. In der alten Mühle aus dem 17. Jahrhundert lässt sich in traditionsreichen Gemäuern exklusiv speisen.

●**La Pizzeria,** Piazza C. Battisti 11, Tel. 0462/ 34 04 03. Rustikale Einrichtung gehobenen Standards mit offenem Kamin.

●**Orso Grigio,** Via Giovanelli 5, Tel. 0462/ 34 14 81. Feinste geräucherte Gänsebrust, Carpaccio vom Hirschschinken, Taglioni mit geräucherter Forelle usw. Ganz wunderbar.

●**La Stua,** Via Baldieroni 2, Tel. 0335/ 59 50 806. Restaurant mit hübschem Ambiente und ausgesuchter Speisekarte.

●**Al Cantuccio,** Via Unterberger 14, Tel. 0462/34 01 40. Regionale Küche, aber sehr gut zubereitet. Gute Weinauswahl.

●**Tana,** Piazza Guiseppe Verdi, Tel. 0462/ 23 56 17. Gleich neben dem Rathaus liegt das angesagte Café mit Creperia.

Shopping

●**Frutta & Produto Tipici Biologici,** Via Fratelli Bonzetti 4. Sehr guter Feinkostladen.

●**Lodencenter,** Piazza G. Verdi 8. Riesige Auswahl an Trachtenkleidung.

●**Pesca Sport,** Demattio, Piazza G. Verdi. Sportsachen, v.a. alles zum Thema Angeln.

●**Casa del Formaggio,** Piazza Ress 4. Käseliebhaber werden begeistert sein.

●**Pasticceria Dolc Elite,** Piazza Ress 9. Törtchen, Pralinen, Plätzchen u.v.m.

●**Borelli,** Via Fratelli Bonzetti 10. Weinladen.

●**Bottega del Legno,** Piazza C. Battisti. Holz-Kunsthandwerk. Man kann dem Meister bei der Arbeit zuschauen.

Busverbindungen

●Nach Canazei, Trient und Auer.

Event

●**Marcialonga:** berühmtes internationales Langlaufrennen.

Tesero

Das pittoreske Örtchen (2700 Einwohner) an der Mündung des Seitentales *Stava* ist schon alt. Man hat Münzen aus der Römerzeit gefunden. Traurige Berühmtheit erlangte Tesero 1985, als im Stavatal ein Damm brach und sich eine riesige Schlammlawine zum Fluss Avisio ergoss. Mehrere Häuser im Talgrund wurden dabei weggerissen. Der alte,

gedrängte Ortskern hoch über der Stava blieb unversehrt. Sehenswert ist die **Kirche S. Leonardo** (1472), die innen in bunten Farben ausgemalt ist.

Predazzo   ⤢ D1

Predazzo liegt an der Mündung des Travignolo in den Avisio und ist außerdem **Kreuzungspunkt** für die Weiterfahrt nach San Martino di Castrozza respektive nach Canazei. Die meisten fahren denn auch an dem Ort vorbei. Die ca. 4000 Menschen leben auch nicht in erster Linie vom Fremdenverkehr, hier haben sich Industriebetriebe zur Holz- und Marmorverarbeitung angesiedelt.

Bekannt ist Predazzo vor allem bei Geologen, gilt es doch seit *Alexander von Humboldt* als Eldorado, um sich mit Kalk- und vulkanischem Intrusivgestein zu beschäftigen. Es gibt sogar angelegte **geologische Pfade,** einige sind noch in Vorbereitung. Der bedeutendste ist der auf den Doss Capèl (2264 m), den man entweder zu Fuß von der Alpe di Pampeago oder mit der Seilbahn von Predazzo aus erreichen kann. Es handelt sich um eine Rundstrecke, bei der man Einblick in den triassischen Vulkan von Predazzo, das wichtigste Gestein und die geologischen Phänomene der Entstehung der westlichen Dolomiten bekommt. Weitere Infos sind erhältlich im **Historischen Museum** von Predazzo, das gleichzeitig Sitz der Alpinschule ist (Via Fiamme Gialle 8, Tel. 0462/ 50 16 61, Öffnungszeiten: Okt. bis Juli täglich von 9–11 und 14.30–16.30 Uhr, August bis September von 9–11.30 und 13–16 Uhr. Der Eintritt ist frei.

Valle di Fassa   ⤢ D1

Umgeben vom berühmten Rosengarten, dem Langkofel, von der Sellagruppe und der Marmolada zieht sich das Fassatal mit dem Fluss Avisio von Moena hinauf nach Canazei. Die Staatsstraße 48 führt 20 km durch das Tal. Von Canazei führen die Wege weiter über den Pordoipass nach Cortina d'Ampezzo, oder via Landstraße 242 über das Sellajoch nach Wolkenstein.

Die alpine Landschaft der hiesigen Dolomiten ist eine wahrhaft beeindruckende – wenig bewaldet und sehr ausdrucksstark. Das Valle di Fassa steht für den alpinen Bergsport, die Wander- und Aufstiegsmöglichkeiten sind ungezählt und weltweit berühmt.

Die **Urbevölkerung des Tales** ist **ladinisch,** denn Bergknappen und Holzfäller deutscher Abstammung wurden hier einst sesshaft. Die Sitten und Gebräuche wie auch die Sprache sind deshalb deutsch geprägt. Heutzutage wird der ladinische Dialekt kaum mehr gesprochen. Zur Bewahrung des Kulturgutes wurden in Vigo di Fassa ein Museum und ein Kulturinstitut eingerichtet.

Das Tal lebt seit Jahrzehnten vom Tourismus, was man an allen Ecken und Enden wahrnehmen kann.

PanoramaPass
für das gesamte Valle di Fassa

Dieser Passagierschein für die Aufstiegsanlagen im Valle di Fassa ermöglicht im Sommer insbesondere den aktiven Urlaubern für ihre Touren zum Trekking, Klettern, Freeclimbing und Paragliding eine günstigere Nutzung der Lifte. Dazu zählen die Seilbahnen auf dem Passo Fedaia, in Alba di Canzei, Campitello, Pozza, Vigo di Fassa, dem Karer-

Trentino

pass, Alpe di Luisa, und Passo San Pellegrino. Zwei Pass-Versionen werden offeriert: vier von sieben Tagen mit der Möglichkeit, die Anlagen an vier bei sieben aufeinander folgenden Tagen unbegrenzt zu nutzen (Kosten: 30 Euro pro Person), oder sechs von 13 Tagen mit der Möglichkeit, die Anlagen an sechs von 13 aufeinander folgenden Tagen unbegrenzt zu nutzen (Kosten: 45 Euro pro Person). Weitere Informationen unter der Rufnummer 0462/ 60 24 66 oder im Internet unter www.fassa.com.

Moena 🡥 D1

Schon in der Vorgeschichte und zu Zeiten der Römer war der Ort, einst ein Sumpfgebiet, besiedelt. Er liegt direkt in einer sonnigen Schwemmmulde, an der Mündung der Bäche Costalunga und San Pellegrino, die in den Fluss Avisio münden. Heute ist Moena (2600 Einwohner) ein **hübscher und belebter Ferienort** mit pittoresken Häusern, Lokalen und Geschäften, der fast das ganze Jahr über stetig ausgebucht ist.

Sehenswert ist die kleine **Pfarrkirche St. Wolfgang.** Sie ist von einem Trentiner Wandermaler um 1450 mit Fresken bestückt worden. Noch bedeutender ist die **Kirche San Giovanni** mit romanischen und gotischen Bauteilen. Ihr Langhaus ist dreischiffig, die kryptenartige Capella del Rosario erreicht man von der Rückseite der Kirche durch ein romanisches Portal.

APT-Touristeninformation

- 38035 Moena, Via Municipio, Tel. 0462/ 57 31 22, Internet: www.fassa.com.
- **Hotelreservierung Moena Welcome,** Via Löwy 28, Tel. 0462/ 57 45 00, Fax 57 42 92.

Moena im Valle di Fassa

Unterkunft

- **Hotel Monzoni******, Passo San Pellegrino 13, Tel. 0462/ 57 33 52, Fax 57 44 90, Internet: www.hotelmonzoni.it. Erstes Haus am Platze (war mal eine zünftige Berghütte), luxuriös, Wellness- und Fitness-Bereich, sehr gutes Management. DZ ab 144 Euro.
- **Hotel Catinaccio Rosengarten*****, Via Someda 6, Tel. 0462/ 57 32 35, Fax 57 44 74, Internet: www.hotelcr.com. Am Ortsausgang Richtung Soraga, Doppelhäuser im Trentiner Stil mit Hallenbad, Sauna, Massage, Solarium. Häufiger Ziel von Busreisegruppen. Haustiere sind erlaubt. DZ ab 76 Euro.
- **Hotel Belvedere*****, Via Dolomiti 14, Tel./ Fax 0462/ 57 32 33, Internet: www.hotelbelvedere.biz. Außerhalb gelegenes hübsches Domizil, komfortabel, aber ohne Extras. DZ ab 78 Euro.
- **Hotel Miralago*****, Passo San Pellegrino, Tel. 0462/ 57 37 91, Fax 57 30 88, Internet: www.albergomiralago.it. Herrliche Lage, abseitig, nettes Berghaus mit viel Holz, ideal für Wanderer. DZ ab 86 Euro inkl. Halbpension.
- **Costabella*****, Passo San Pellegrino 11, Tel. 0462/ 57 33 26, Fax 57 42 83, Internet: www.costabella.it. Eines der ältesten Häuser auf dem Pass, hübsch gemacht, gemütlich, Haustiere erlaubt. DZ ab 90 Euro.

Agentur für Ferienwohnungen:
- **Dolomiti,** Piazza Italia 30, Tel. 0462/ 57 43 90, Internet: www.agenziadolomiti.it.

Essen und Trinken

- **Old Country Saloon,** Via Löwy, Tel. 0462/ 57 40 71. Sehenswerte schöne Pizzeria.
- **Miralago,** San Pellegrino, Tel. 0462/ 57 30 88. Speisen im Traditionsrestaurant mit Trentiner Küche, toller Blick.
- **Rifugio Fuciade,** Loc. Fuciade, Tel. 0462/ 57 42 81. Traumhafte Lage oberhalb des Passo San Pellegrino, uriges Flair, leckeres Essen. Äußerst beliebt, deshalb in der Hochsaison unbedingt reservieren. Auch abends fährt man gerne hier hinauf.
- **Malga Panna,** Via Costalunga 29, Tel. 0462/ 57 34 89. Die Alm ist über das Dorf Sort schnell zu erreichen. Hier gibt es zünftiges Essen.

● **Malga Peniola,** Loc. Peniola 2, Tel. 0462/ 57 35 01. Speisen auf 1468 m, leicht mit dem Fahrzeug zu erreichen via Sort.

● **Enoteca del Pinter,** Strenta d'Ischiacia 1. Gute Adresse für köstliche Kleinigkeiten.

● **Bar Pasticceria Faloria,** Piazza C. Battisti 16, Tel. 0462/ 57 31 49. Immer für einen Abstecher respektive Absacker gut.

Nachtleben

● **Betty Blue,** Musikbar in der Via Lungovisio, Tel. 0462/ 57 32 65.

● **Nibida,** beliebter Pub in der Via Municipio, Tel. 0462/ 57 36 65.

● **Topsy Club,** Via R. Löwy, Tel. 0462/ 57 33 22. Die einzige Disco weit und breit.

Markt

● Vom 1. Juli bis 31. August jeden 2. und 4. Mittwoch im Monat.

Busverbindungen

● ATESINA-Busse verkehren zwischen Trento und Marmolada mehrmals täglich.

Autoverleih

● **Deville Agostino,** Piazza Italia 16, Tel. 0462/ 57 44 35.

Bergrettungsdienst

● **Rotes Kreuz,** Via San Pellegrino, Tel. 0462/ 57 30 44.

Outdoor

● **Bergsteigen:** Guide Alpine, Via Löwy 20, Tel. 0462/ 57 37 70.

● **Tennis:** im Sportpark, Tel. 0462/ 57 40 13.

● **Mountainbike-Verleih:** Rovisi Lorenzo, Via Rovisi 15a, Tel. 0462/ 57 39 23; Bici Shop, Via Nazionale 8, Tel. 0347/ 58 04 956.

Trentino

Ausflug zum Passo San Pellegrino

Das urige **Rifugio Fuchiade** (Tel. 0462/ 57 42 81, Internet: www.fuchia de.it, DZ ab 40 Euro) liegt nicht nur traumhaft, man kann dort auch fantastisch essen und/oder in romantischer Atmosphäre übernachten. Die Zimmer sind zwar klein, aber liebevoll ausgestattet. Das Rifugio ist außerdem eine gute Basisstation, um Wanderungen zu unternehmen. Die **Anfahrt** erfolgt von Moena aus auf der Straße 346 durch das Valle San Pellegrino; es liegt zwischen dem Valle di Fassa und Val di Fiemme und ist nur 11,5 km lang. Vom Pellegrino-Pass auf 1919 m zweigt eine unbefestigte Straße in nordöstlicher Richtung zum Rifugio ab.

Pozza di Fassa   ↗D1

An der Mündung des Flusses S. Nicolò in den Avisio liegt verstreut Pozza di Fassa (1600 Einwohner), das sich Wanderer und Skiurlauber gerne als Alternativdomizil zu Moena, Vigo di Fassa oder Canazei aussuchen.

APT-Touristeninformation

● 38036 Pozza di Fassa, Via Meida 15, Tel./ Fax 0462/ 76 36 70.

Unterkunft

● **Hotel Ladinia******, Via Chieva 9, Tel. 0462/ 76 42 01, Fax 76 48 96, Internet: www.hotel ladinia.com. Groß, gepflegt, Hallenbad, Wellness-Bereich, Tennisplätze. DZ ab 120 Euro.
● **Hotel Rosengarten****, Via Dolomiti 27, Tel. 0462/ 76 44 14, Fax 76 41 27, E-Mail: Roseng @tin.it. Abseits gelegen mit Blick auf den Rosengarten, einfach, gepflegt. DZ ab 44 Euro.

Camping

● **Vidor****, Loc. Vidor, Tel. 0462/ 76 32 47, Fax 76 47 80, Internet: www.campingvidor.it. Grasplätze, schöner Blick. Haustiere erlaubt.

Seilbahnen

● **Telecabina Pozza/Buffaure** vom 26.Juni bis 26. September täglich von 8.30–12.30 und 14–18 Uhr.
● **Seggiovia Buffaure/Col Valvacin** vom 26. Juni bis 26. September täglich von 8.30– 12.30 und 14–18 Uhr.
● **Telecabina/Seggiovia** vom 26. Juni bis 26. September täglich von 8.30–12.30 und 14– 18 Uhr.

Soraga

Das 685-Seelen-Dorf Soraga, die erste Ortschaft des Fassatales, liegt am Ufer des Flusses Avisio. Der Name leitet sich ab von dem ladinischen Begriff „Sora- l'Aga", was soviel bedeutet wie „über dem Wasser". Hintergrund ist, dass das Dorf immer wieder von heftigen Überschwemmungen heimgesucht wurde und nur die Höfe verschont blieben, die „über dem Wasser", also auf Hangterrassen, lagen. Durch Soraga verlief seinerzeit die Grenze der Diözesen Trient und Brixen, bevor schließlich das gesamte Fassatal der Diözese Trient angegliedert wurde. Sehenswert ist das **Casa del Dazio,** ein antikes Zollhaus mit dem Wappen des Brixener Bischofs.

APT-Touristeninformation

● 38030 Soraga, Tel./Fax 0462/ 76 81 14.

Unterkunft

● **Hotel al Lago******, Via Ponte 2, Tel. 0462/ 76 81 27, Fax 76 83 94, Internet: www.hotel allago.it. Gepflegtes Haus, familiär geführt, Sauna und Solarium, großer Wintergarten, gemütliches Restaurant. Haustiere erlaubt. DZ ab 67 Euro.

●**Hotel Malder*****, Via Don Zepon 14, Tel. 0462/ 76 81 21, Fax 76 83 88, Internet: www. hotelmalder.com. Im Ortszentrum gelegen, freundlicher Service, Wellness wird groß geschrieben. Haustiere erlaubt. DZ ab 84 Euro.

●**Hotel Latemar****, Strada da Palua 5, Tel. 0462/ 76 81 03, Fax 76 81 76, Internet: www. hotellatemar.com. Am Ortsausgang über dem See gelegen, hübsches Haus, toller Blick. Haustiere erlaubt. DZ ab 84 Euro.

Busverbindungen

●ATESINA-Busse verkehren zwischen Trento und Marmolada und halten an der Piazza Ciock.

Vigo di Fassa

Zu Füßen des berühmten **Rosengartens** – der Berg verdankt den Namen der roten Gesteinsfärbung während des Sonnenuntergangs – liegt Vigo di Fassa (714 Einwohner). Schon zu Zeiten der Römer und Langobarden wähnte sich der Ort als Verwaltungszentrum des Fassatales, ist es bis heute geblieben. Auffällig am Ortsbild ist der hohe romanische Glockenturm (67 m) der Pfarrkirche S. Giovanni di Fassa mit mittelalterlichen Fresken. Außerdem ist hier das ethnografische Museum ansässig. Nebenan befindet sich das **Ladinische Kulturinstitut.**

APT-Touristeninformation

●38039 Vigo di Fassa, Tel. 0462/ 76 40 93, Fax 76 48 77.

Unterkunft

●**Parkhotel Corona******, Via Roma 8, Tel. 0462/ 76 42 11, Fax 76 47 77, Internet: www. hotelcorona.com. Traditionshotel mit sog. Sport-Relax-Vital-Center, was bedeutet: Hallenbad, Landschaftssauna mit Nebelgrotte, türkisches Dampfbad, Aromakabine, Whirlpool, Massage, Fitnesscenter, Tennis- und

Golfsimulator. Das Hotel liegt etwa 300 m von der Seilbahn zum Rosengarten entfernt. Ganz unterschiedliche Preiskategorien, da das Haus über Doppelzimmer, Mansarden-Studios, Juniorsuiten, Familiensuiten und Appartements verfügt. DZ ab 97 Euro.

●**Hotel Alla Rosa*****, Via Roma 27, Tel./Fax 0462/ 76 44 86, Internet: www.hotelrosa.biz. Ebenso gute Lage wie das Parkhotel Corona, mit Hallenbad, Sauna und Wellness-Bereich. DZ ab 86 Euro.

●**Hotel Belvedere****, Via Carezza 3, Tel./Fax 0462/ 76 41 85, Internet: www.hotelbelvede re.tn.it. Altes Haus mit schönen Balkons und Veranda-Restaurant, Sauna, Massage, Billard. Haustiere erlaubt. DZ ab 74 Euro.

Ferienwohnungen

●**Ciarnadoi,** Via Ciarnadoi 4, Tel. 0462/ 76 91 10, Fax 76 37 12, Internet: www.ciarna doi.com. Schön gelegene mittelgroße Anlage mit Garten, Zwei- und Dreizimmer-Appartements. Alle Zimmer mit Balkon, Telefon, SAT-TV. Preise ab 130 Euro bei Mindestaufenthalt von drei Nächten.

Busverbindungen

●ATESINA-Busse nach Trento und Marmolada, Bus Nr. 114 nach Bozen und Penia.

Seilbahn

●**Zum Rosengarten** vom 13. Juni bis Sept. täglich von 8.30–12.30 und 14–18 Uhr.
●**Zum Seggiovie** vom 26. Juni bis 26. Sept. täglich von 8–12.15 und 14–18.15 Uhr.

Ausflüge in die Umgebung
St.-Giuliana-Kirche

Ziel der eineinhalbstündigen **Wanderung** ist die Kirche St. Giuliana, die bedeutendste des Fassatales. Sie stammt aus dem Jahre 1237 und weist zwei wertvolle Kunstwerke auf: Zum einen sind das Fresken an der Apsis, die, so wird vermutet, im 15. Jahrhundert von Malern der Brixener Schule angefertigt wurden, zum anderen ist es der Hauptaltar (1517) aus Holz des Bozener Künstlers *Giorgio Artz*.

In Vigo steigt man die Pizstraße auf bis zu einem abgedeckten Brunnen, dann die Santa-Giulia-Straße weiter bis zu einem alten Bauernhof. An der Bergseite ist ein gepflasterter Weg, dem man bis zur Einfriedungsmauer der Kirche folgt. Zurück ins Dorf geht man einen auf dem Grat entlangführenden Weg. Auf halbem Weg stößt man auf einen alten österreichisch-ungarischen Kriegsfriedhof. Nach diesem ist links abzubiegen, und man kommt wieder auf die Santa-Giulia-Straße.

Campitello

Nur etwa zehn Autominuten von Vigo entfernt liegt der winzige Ort Campitello direkt an der Landesstraße und deshalb einfach zu finden. Das pittoreske Dörfchen ist u.a. deshalb so beliebt, weil man hier sehr nett Kaffee trinken (in der Pasticceria/Café Marlene) oder zünftig einkehren kann (in der Enoteca Scaletta und der Bar Aprés Ski).

Karer Pass

Wenn der Himmel klar ist und die Sonne scheint, lohnt eine Fahrt zum **Karer See** auf dem Karer Pass (1745 m), der Wasserscheide zwischen Avisio und Eisack. Der See überrascht mit wunderschönen Färbungen und Spiegeleffekten. Anzufahren ist er via Vallonga über die SS 241 Richtung Südtirol. Die Fahrtzeit beträgt ungefähr 1½ Stunden.

Straßendorf Canazei

Canazei ⤢ D2

Schön ist es nicht, das Straßendorf Canazei (1800 Einwohner). Doch die Lage macht das Defizit wett. Die Marmolada, die Sellagruppe, den Langkofel, den Plattkofel – alles hat man im Blick und zum Greifen nah. Die faszinierende Bergwelt ist letztendlich der Grund, dass aus dem winzigen Dorf ein recht großer und lebendiger **Ferienort mit idealen Bedingungen für Bergsteiger, Wanderer, Biker und Skifahrer** entstanden ist. Sehr zum finanziellen Wohl der Einwohner. Gerade der Skisport füllt die Kassen. Deshalb hat die Gemeinde auch lange Jahre mit dem venetianischen Kontrahenten Rocca Pietore darum gestritten, ob das Gletscher-Skigebiet auf der Marmolada zum Trentino oder zu Venetien gehört. Das ging so weit, dass sogar eine Bergstation gesprengt wurde. Nun hat das oberste Gericht Italiens entschieden: Es ist Teil des Trentino. Zu Canazei gehören außerdem die Fraktionen Alba und Penia. Ganz hübsch anzuschauen ist die gotische Pfarrkirche S. Floriano aus dem 16. Jahrhundert, in der Arbeiten einheimischer Künstler zu sehen sind.

APT-Touristeninformation

● 38032 Canazei, Via Roma 34, Tel. 0462/ 60 11 13, Fax 60 25 02, Internet: www.canazei.it, www.fassa.com, www.valdifassa.com.
● **Hotelreservierung:** Via Dolomiti 60, Tel. 0462/ 60 14 60, Fax 60 24 60.

Unterkunft

● **La Perla******, Via Pereda 26, Tel. 0462/ 60 24 53, Fax 60 25 01, Internet: www.hotel laperla.net. Mitten im Zentrum, komfortables Haus mit Hallenbad, Sauna, Wellness-Bereich, Fitnessraum. DZ ab 120 Euro inkl. Halbpension.

● **Hotel Faloria*****, Via Pareda 103, Tel. 0462/ 60 11 18, Fax 60 27 15, Internet: www.fassaweb.net/hotel/faloria. Kleineres Haus am Ortsausgang, gepflegt, nette Atmosphäre, Haustiere erlaubt. DZ ab 77 Euro.

● **Hotel Stella Alpina*****, Via Antermont 4, Tel. 0462/ 60 11 27, Fax 60 21 72, Internet: www.stella-alpina.net. Hübsche alte Villa am Hang oberhalb des Zentrums, sehr gepflegt, komfortabel. Rauchen ist im Haus nicht gestattet. Dafür wird ein jeder Weintrinker hier seine helle Freude haben, denn es gibt einen fantastischen Weinkeller. Neben Doppelzimmern gibt es auch kleine Appartements mit zwei Schlafzimmern. Preise auf Anfrage. DZ ab 72 Euro.

● **Hotel Rita*****, Streda de pareda 16, Tel. 0462/ 60 12 19, Fax 60 11 73, Internet: www.hotelrita.com. Das familiär geführte, komplett renovierte Haus liegt zwar an der Straße, die Zimmer nach hinten haben aber einen herrlichen Blick. Das Hotel verfügt über eine Sauna und ein Dampfbad. DZ ab 116 Euro.

● **Hotel Laurin****, Via Dolomiti 105, Tel. 0462/ 60 12 86, Fax 60 27 86, Internet: www.hotellaurincanazei.com. Liebevoll gepflegtes, hübsches Hotel am Ortsausgang, freundlicher Service, Haustiere sind erlaubt. DZ ab 110 Euro.

● **Hotel Cirelle*****, Loc. Alba, Via Costa 161, Tel. 0462/ 60 20 86, Fax 60 25 76, Internet: www.cirelle.it. Nettes Haus, ausgedehnter Wellness-Bereich, auch Appartements ab 440 Euro pro Woche, DZ ab 350 Euro pro Woche.

● **Chalet Valeruz****, Via Datone 15, Tel. 0462/ 60 15 81, Fax 60 23 08, Internet: www.chalezvaleruz.it. Gemütlich, ausgefallen, Haustiere erlaubt. DZ ab 62 Euro.

● **Rifugio Bellavista*****, Strada Pardoi 60, Tel. 0462/ 60 22 00, Fax 60 11 73. Traumhafte Lage an der Straße zum Passo Pardoi. Ideal für Trekker.

● **Rifugio Pordoi***, Strada Pordoi 76, Tel. 0462/ 60 11 15, Fax 60 26 47, Internet: www.passopordoi.com. Spitzenlage knapp unterhalb des Pardoi-Passes, guter Ausgangspunkt für Wanderungen. DZ ab 62 Euro.

Ferienwohnungen

● **Villa Avisio,** Via Cercenà 11/13, Tel. 0462/ 60 12 64, Fax 60 26 56, Internet: www.residencevillaavisio.it. Hübscher, noch neuer Komplex am Sportzentrum. 2- bis 6-Personen-Wohnungen. 4-Personen-Appartement pro Woche ab 600 Euro.

Agentur für Ferienwohnungen:
● **Dolomiti Holidays,** Via Dolomiti 60, Tel. 0462/ 60 16 75, Fax 57 43 90, Internet: www.dolomitiholidays.com.

Camping

● **Marmolada*****, Tel. 0462/ 60 16 60, Fax 60 17 22, Internet: www.campingmarmolada.com. Nahe des Marmolada-Gletschers auf 1465 m Höhe, sehr beliebt bei Sportlern, sommers wie winters.

Essen und Trinken

● **El Pael,** Via Roma 52, Tel. 0462/ 60 14 33. Ristorante und Pizzeria. Optisch eher unattraktiv, aber die Pizza ist sensationell. Hier sollte man nichts anderes essen.

Trentino

119ga Foto: de

● **Bar Caffè Antermont,** Piazza G. Marconi 10b, Tel. 0462/ 60 10 40. Nette Atmosphäre, um den Cappuchino oder Essspresso zu trinken, genauso wie einen Aperitif vor dem Essen oder den Absacker danach.

● **Laurin,** Via Dolomiti, Tel. 0462/ 60 12 86. Altehrwürdiges Hotel-Restaurant mit feiner Speisekarte.

● **Tobià del Cuck,** Loc. Campestrin, Via Dolomiti, Tel. 0462/ 76 75 00. Rustikale Speckstube mit Trentiner Herzhaftem.

● **Rifugio Ciampolin,** Loc. Pecol, Tel. 0462/ 60 22 00. Superschönes Rifugio mit riesigen Terassen auf 2040 m Höhe am Ende der Dolomiten-Staatsstraße zum Passo Pordoi. Man fährt die Straße einfach bis zum Ende und gelangt so zum Weiler Pecol.

● **Husky,** Via Roma 3, Tel. 0462/ 60 11 11, Internet: www.huskypub.com. Beliebte Bar im Zentrum.

Mit der Seilbahn hinauf in Schwindel erregende Höhen

● **Frogs Pub,** Loc. Alba, Via Costa 106, Tel. 0462/ 60 24 80. Hier tanzen die Frösche auf dem Tisch.

Nachtleben

● **Oh Du lieber Augustin,** Via Dolomiti 92, Tel. 0462/ 60 11 06. Hier geht die Post ab – erste Adresse zum Tanzen und Trinken.

● **Tontin Pub,** Loc. Campitello, Via Dolomiti 104, Tel. 0462/ 75 01 96. Pub und Disco.

Markt/Shopping

● **Sport Bernard,** Via Dolomiti 78–80. Ausgezeichneter Ausrüstungsladen, der über sämtliches Karten- und Buchmaterial verfügt.

● **ANNA,** Hauptstr. 100. Tiroler Mode.

● **Valentini,** Via Do Ruf de Antermont 2, Tel. 0462/ 60 11 34. Sehr schöne Enoteca, in der es nicht nur gute Weine aus dem Alto Adige gibt, sondern auch kulinarische Köstlichkeiten wie Speck, getrocknete Pilze, Honig, Konfitüren und Grappa.

● **Markt:** jeden Samstag am Hallenbad.

Taxi

- **Recapito,** Piazza Marconi 10, Tel. 0462/ 60 13 15; Loc. Campitello, Piazza Centrale, Tel. 0462/ 75 02 41.
- **Autotaxi Franco,** Loc. Mazzin, Tel. 0337/ 45 37 61.

Busverbindungen

- Mit ATESINA-Bussen nach Trento und Marmolada, nach Bozen und Penia mit Bus Nr. 114, Bushaltestelle an der Piazza Marconi.

Seilbahnen

- **Telecabina Canazei Pecol** vom 26. Juni bis 19. Sept. täglich 8.45–12.30 und 14–18 Uhr.
- **Funivia Pecol Col dei Rossi** vom 20. Juni bis 19. Sept. täglich von 8.45–12.30 und 14–18 Uhr.
- **Telecabina Funivia** vom 20. Juni bis 19. Sept. täglich von 8.45–12.30 und 14–18 Uhr.
- **Funivia Sass Pordoi** vom 20. Mai bis 31. Oktober täglich von 9–17 Uhr.
- **Funivia Alba/Ciampac** vom 27. Juni bis 19. Sept. täglich 8.30–12.30 und 13.30–18 Uhr.
- **Seggiovia Sella Brunec** vom 5. Juli bis 3. Sept. täglich von 8.45–12.10 und 13.45–17.30 Uhr.

Outdoor

- **Paragliding:** Biposto, Loc. Campitello, Piazza Centrale, Tel. 355/ 67 56 67; auch mit Bergführer.
- **Bergsteigen:** Guide Alpine, Loc. Campitello, Casa delle Guide, Via Dolomiti, Tel. 0462/ 75 04 59.
- **Reiten:** Loc. Ischia, Tel. 0338/ 52 22 653.
- **Sportzentrum** mit Tennis, Fußball etc.: Via Cercenà, Tel. 0462/ 60 20 30.
- **Mountainbike-Verleih:** Top Sistem, Via Roma, Tel. 0462/ 60 12 00; Detomas Fiorenzo, Via Pareda 31, Tel. 0462/ 60 24 47; Valeruz Paolo Sport, Loc. Alba, Tel. 0462/ 75 03 80.

Ausflüge in die Umgebung
Val Duron

Das lang gezogene Durontal führt zum gleichnamigen Pass auf 2204 m Höhe unterhalb der Seiser Alm. Etwa auf halber Strecke liegt das **Rifugio Mi-** cheluzzi (1850 m), wo man wunderbar essen kann. Je nach Lust und Laune kann man in dieser Region kleinere Touren unternehmen oder einfach nur zum Rifugio laufen. Von Campitello sind es 400 Höhenmeter, die bequem in einer Stunde zurückzulegen sind. Der Weg Nr. 532 ist ausgeschildert.

Col Rodella

Eine wunderschöne Landschaft kann man auf dem Col Rodella auf 2484 m genießen. Der Gipfel oberhalb des Sellajochs (2244 m) ist bequem zu erreichen: entweder **mit der Seilbahn von Campitello** aus oder **mit einem Fahrzeug über das Sellajoch.** Dort oben gibt es einen Parkplatz, von dem man auf dem Pfad 557 leicht hinaufsteigen kann. Unterwegs trifft man auf das Rifugio F. August, das bewirtschaftet und ein beliebtes Lokal ist.

Valle di Primiero

Das Valle di Primiero ist wie eine Wiesenmulde, die von allen Seiten von hohen Gebirgen umgeben ist, wobei das traumhaft schöne und faszinierende Pale-Massiv dominiert. Vom Passo di Brocón geht es hinab nach Imer, weiter über Mezzano und Transacqua zum Hauptort Fiera di Primiero. Es folgen noch Tonadico und Siror, und schon geht es hinauf nach San Martino di Castrozza und zum Passo di Rolle.

Das Primiero-Tal ist auf der SS 50 zu durchfahren (knapp 40 km). Vom Verwaltungszentrum Fiera di Primiero zweigt die Straße zum Cereda-Pass

Trentino

Nationalpark Paneveggio-Pale-San Martino

Der Nationalpark Paneveggio-Pale-San Martino ist anno 1967 von der Provinz Trentino zum Schutzgebiet erklärt worden. Damals war das Areal noch kleiner, heute umfasst der Naturpark eine Fläche von 190 Quadratkilometern. Im Norden befindet sich der Paneveggio-Staatsforst mit 2700 ha Fichtenwald. Dort wachsen auch die sogenannten **Klangtannen,** die auf der ganzen Welt berühmt geworden sind. Aus den Hölzern dieser Bäume sind die berühmten Stradivari-Violinen angefertigt worden. Von den Einheimischen wird der Forst deshalb auch gerne „Geigenwald" genannt.

Der Südosten des Parks ist gekennzeichnet durch die Dolomitengruppe Pale di San Martino mit ihrem großen, von hohen Gipfeln und Bergnadeln gesäumten Hochplateau, das 50 Quadratkilometer umfasst. Ihren Ursprung haben diese faszinierenden Berge in einer Zeit vor mehr als 300 Millionen Jahren. Es waren mächtige **Korallenriffe** von über 1000 m Höhe. Nach dem Abfluss des Wassers wurden diese Korallenriffe durch Witterungseinflüsse geformt, bis sie diese spitzen und schroffen Formen von heute bildeten.

Der Südwesten des Nationalparks umfasst einen Teil der Porphyrkette des Lagorai. Die Flora ist hochalpin mit Windröschen, Frauenschuh, Sternblumen, Edelweiß etc. Wegen ihrer Blütenpracht sind vor allem der Pian Venezia und die Malga Venegiote bekannt. Tiere trifft man in diesem Naturpark sehr zahlreich. Neben Hirschen, Rehen, Gämsen, Mardern und Wieseln gibt es eine beträchtliche Anzahl Raubvögel.

●Das **Hauptbesucherzentrum** des Parks ist die Villa Welsberg im Val di Canali, Tel. 0439/ 6 48 54, Fax 76 24 19, Internet: www.parcopan.org; Eintritt: 2 Euro.

120ga Foto: de

nach Venetien ab. Vom Mittelalter bis zum Anfang des 19. Jahrhunderts lebten die Menschen im Valle di Primiero in erster Linie vom Blei-, Silber- und Kupferbergbau. Heute ist der Fremdenverkehr eine der wichtigsten Einnahmequellen der Bewohner. Schon Ende des 19. Jahrhunderts zog die Landschaft vor allem Bergsteiger in ihren Bann.

Passo di Rolle   ↗ D1

Der Rolle-Pass auf 1980 m gilt als der **schönste der Dolomitenpässe** und verbindet San Martino di Castrozza mit Predazzo im Val di Fiemme. Hier oben stehen einige Hotels mit Restaurants, die durchaus ihren Charme haben, aber doch eher im Winter auf Gefallen stoßen, wenn es zum Skifahren geht. Ganzjährig hier zu leben, dazu hat sich bisher niemand durchringen können. Deshalb Einwohnerzahl: 0.

San Martino di Castrozza   ↗ D2

Ein klangvoller Name für einen 1460 m hoch gelegenen Luftkurort mit 600 Einwohnern, der lange Zeit ein Schneewittchendasein führte. Inzwischen aber steht San Martino di Castrozza auf der alpinen Hitliste – und zwar sommers wie winters. Die Ursachen sind schnell gefunden. Landschaftlich ist die Lage atemberaubend. Schon hinter der letzten Häuserzeile steigen steil die Wände der Pale-Gruppe empor, die in furiosen Zacken, Türmen und Spitzen auslaufen – ein Eldorado für Bergsteiger. Engländer waren übrigens die ersten, die die Gipfel erklommen. Das war 1856. Wei-

tere Bergsteiger aus aller Herren Länder ließen nicht lange auf sich warten, und so entstanden Pensionen und Hotels; nachdem der Ort im 1. Weltkrieg in die Luft gesprengt worden war, musste alles neu errichtet werden.

Erwähnt sei auch eine Anekdote für Musikfreunde: **Richard Strauß** inspirierte die Alpenkulisse derart, dass er einige Parts seiner **Alpensymphonie** hier komponierte.

Die Nähe zu den italienischen Großstädten hat San Martino di Castrozza einen mondänen Touch verliehen. Wie in Madonna di Campiglio nutzen die Damen auch hier die Promenade gerne als Laufsteg, um ihre Pelze und Rucksäcke von Prada, Gucci & Co. vorzuführen.

Empfehlenswerter **Aussichtspunkt** ist der **Col de Verde** auf 1965 m, von dem der Blick auf den Ortler und den Großglockner geht.

Die in der Ortsmitte stehende Pfarrkirche S. Martino e Giuliano, vor knapp hundert Jahren restauriert, war im 12. Jahrhundert ein Hospiz für Reisende, das von Benediktinermönchen geführt wurde.

APT-Touristeninformation

● 38058 San Martino di Castrozza, Via Passo Rolle 165, Tel. 0439/ 76 88 67, Fax 76 88 14, Internet: www.sanmartino.com.
● Grüne Nummer: 800 01 38 32.

Unterkunft

● **Hotel Savoia******, Via Passo Rolle 233, Tel. 0439/ 6 80 94, Fax 6 81 88, Internet: www. hotelsavoia.com. Komplett renoviert in modernem, alpenländischem Chic ist das Savoia aufgrund seiner erstklassigen Lage das unangefochten erste Haus am Platze. Sehr ge-

Trentino

schmackvoll neu gemacht sind auch der Wellness-Bereich und das Restaurant mit fantastischem Blick. Die Hotelführung ist ausgesprochen nett. Hunde erlaubt. DZ ab 160 Euro.

●**Hotel San Martino*****, Via Passo Rolle 279, Tel. 0439/ 6 80 11, Internet: www.hotel-sanmartino.it. Großes Haus im Trentiner Stil am Waldrand mit Hallenschwimmbad, Tennisplatz, Tischtennis. Komfortable Zimmer. Hunde erlaubt. DZ ab 120 Euro.

●**Hotel Belvedere*****, Via Passo Rolle, Tel. 0439/ 68 000, Fax 76 89 69, Internet: www.hbelvedere.it. Gute Drei-Sterne-Adresse, zentral gelegen. Keine besonderen Extras, abgesehen von der American Bar und Billard. Hübsches Ambiente. DZ ab 120 Euro.

●**Malga Ces***, Loc. Malga Ces, Tel. 0439/ 68 145, Fax 68 223, Internet: www.malgaces.it. Einfach, uriges Ambiente, eine Almherberge der gehobenen Kategorie mit sehr schönen Zimmern. Reger Restaurantbetrieb, da beliebtes Ausflugsziel. Hunde erlaubt. DZ 120 Euro.

●**Residence Sporting Club,** Via Fontanelle 15, Tel. 0461/ 98 40 10, Fax 23 88 90, Internet: www.clubresidences.com. Auffallend farbenfroh gestaltete Appartement-Anlage unterhalb der Pale-Felswände. Hallenbad, Sauna, Tennis. Pro Woche ab 330 Euro.

Ferienwohnungen

●Beim Fremdenverkehrsamt kann man ein Verzeichnis anfordern.

Camping

●**Sass Maor****, Via Laghetto, Tel./Fax 0439/ 68 347, Internet: www.campingsassmaor.it. Etwas abseits vom Ortskern, mit Blick auf die Pale-Gruppe.

Essen und Trinken

●**Enoteca Renzo,** Galleria Via Val di Roda, Tel. 0439/ 76 86 02. Erst trinken, dann kaufen oder nur trinken – jedenfalls äußerst beliebt.

●**Da Anita,** Via Dolomiti 6, Tel. 0439/ 76 88 93. *Anita* kocht in rustikal-gemütlichem Ambiente wunderbare Speisen mit Zutaten aus der Region. Der Tipp schlechthin für Genießer. Da *Anita* inzwischen weit über die Ortsgrenzen hinaus bekannt ist, tut Reservierung in der Hochsaison Not.

●**Lo Sfizio,** Galleria Via Val di Roda. Creperia, in der in guten Zeiten sogar Stehplätze gehandelt werden.

●**Zu den Drei Tannen,** Via Passo Rolle 235, Tel. 0439/ 68 325. Feine Adresse mit feiner Speisekarte.

●**Eno Grapperia,** Via Passo Rolle 205. Sommers wie winters geht in dieser Bar mit 140 Grappasorten die Post ab.

●**Malga Ces,** Loc. Malga ces, Tel. 0439/ 68 223. Beliebtestes Alm-Restaurant 2 km von San Martino entfernt (kann mit dem Auto angefahren werden) mit deftiger Trentiner Speisekarte. Toller Panoramablick.

●**Dismoni,** Malga Crel, Tel. 0439/ 68 329. Das Restaurant liegt auf einer lieblichen Alm mit Blick auf San Martino di Castrozza und die darüber liegende Pale-Gruppe. Mit dem Auto muss man von der Staatsstraße zwischen San Martino und Fiera di Primiero nach einem Hinweisschild rechter Hand 2 km durch den Wald. Die Alm bietet sich auch als Ausgangspunkt für sehr schöne Wanderungen an, u.a. zum Lago Calaita und wieder zurück, Dauer 4½ Stunden.

●**Margerita,** Via Passo Rolle 183. Ganz zentral gelegene Bar, von der aus man alles im Blick hat.

●**Centrale,** Via Passo Rolle. Café und Bar mit hervorragendem Eis und auch sonst gern frequentiert.

●**La Segheria,** Via Laghetto 44, Tel. 0439/ 68 348. Nettes, etwas abseits gelegenes Ristorante.

Nachtleben

●**Tabia,** Via Passo Rolle 163, Tel. 0439/ 76 86 22. Angesagte Diskothek, Paninoteca und Bar.

●**La Stube,** Galleria Via Val di Roda. Birreria für Ausdauernde.

Shopping

●**Giornali,** Via Passo Rolle 193. Zeitungen, Magazine und sämtliches Kartenmaterial.

●**Carpe Diem,** Via Passo di Rolle. Edle Antiquitäten.

●**Slalom Sport,** Via Fontanelle 11. Große Auswahl für Bergsteiger, Kletterer, Skifahrer.

Taxi

● **G. Crose,** Via A. Moll 11, Tel. 0439/ 76 88 22, Handy 338/ 14 66 155.

Busverbindungen

● Nach Bozen, Auer und Trient.

Seilbahnen

● **Gondelbahn Colvedere** zum Hochplateau der Pale-Gruppe.
● **Seilbahn Rosetta** zum Hochplateau der Pale-Gruppe.
● **Gondelbahn Tognola** auf die Alpe Tognale mit 2163 m Höhe.

Outdoor

● **Bersteigen:** Bergführer San Martino, Tel. 0439/ 76 87 95, Fax 76 88 14.
● **Freeclimbing:** Bergführer San Martino (s.o.). Tägl. werden Kletterkurse von 17.30–19.30 Uhr angeboten.
● **Mountainbike:** Verleih bei Skisport, Via Passo Rolle, Tel. 0439/ 68 341; DinoSki, Via Passo Rolle, Tel. 0439/ 76 27 88.

Events

● **Rallye San Martino di Castrozza e Primiero** im September.
● **„Die Klänge der Dolomiten":** Musikfestival im Hochgebirge im Juli und August.
● **Internationaler Carving-Cup** im März.

Tonadico 🗹 D2

An der Mündung des Val Canali liegt das malerische 1429-Einwohner-Örtchen Tonadico, das zu den ältesten Ansiedlungen des Gebietes zählt. Im Lauf der Jahrzehnte hat sich die Nachbargemeinde Fiera di Primiero derart ausgedehnt, dass die beiden Ortschaften nahtlos ineinander übergehen. Im Rahmen des Ferienbetriebes gehören sie unter ein gemeinsames Dach der APT-Touristeninformation.

Vom **Hügel San Vittore,** auf dem die gleichnamige Kirche aus dem 17. Jahrhundert steht, hat man eine sehr hübsche Aussicht auf das Tal und das Pale-Massiv.

Fiera di Primiero 🗹 A3

Im Mittelalter war Fiera di Primiero, das stets nur Primiero genannt wird, Zentrum für den Erzabbau. Heute ist Primiero ein sehr lebendiger Verwaltungs- und Handelsort mit 1023 Einwohnern, außerdem beliebtes Ferienziel für Trekker, Bergsteiger und Skifahrer. Primiero liegt am Ende des Tales quasi zu Füßen des monumentalen Bergmassivs Pale di San Martino. Da hier viele Menschen leben und deshalb auch das Angebot an Läden, Restaurants und Bars reichhaltig ist, ist das **ganze Jahr über etwas los** – ganz im Gegensatz zu den umliegenden und höher gelegenen Ortschaften. Besonders gern erwähnen die Einwohner „ihren" *Luigi Negrelli*, den weithin bekannten Eisenbahningenieur und Planer des Suez-Kanals.

Und noch eine kulinarische Besonderheit: Nur in Primiero wird der **Tosella-Käse** hergestellt. In fingerdicke Scheiben geschnitten, wird er so lange auf kleiner Flamme in Butter gebraten, bis die Buttermilch des Käses völlig absorbiert ist und beide Seiten goldbraun sind. Dazu isst man Polenta, Pilze und Bratwürstchen. Das sollte man wenigstens einmal probiert haben.

Unterkunft

● **Park Hotel Iris****, Loc. Tonadico, Via Roma 26, Tel. 0439/ 76 20 00, Fax 76 22 04, In-

Trentino

hoteltreponti.it. Großer Hotelkomplex in Trentiner Bauweise und Einrichtung, ordentliche Zimmer, sehr freundlich. Hunde erlaubt. DZ ab 70 Euro.

● **Rifugio Petina**, Loc. Petina, Tel. 0439/ 62 528. Idyllische Unterkunft, klein, aber immerhin fünf Zimmer mit Bad und einige mit Balkon. Haustiere erlaubt. DZ ab 30 Euro.

Camping

● Loc. Castelpietra im Val di Canali, Tel. 0439/ 62 426, Internet: www.castelpietra.it. Idyllische Lage am Fluss und günstig zum Pale-Massiv gelegen.

Essen und Trinken

● **Ristorante Miralago,** Lago di Calaita, Tel. 0439/ 71 93 95. Wunderschön am Calaita-See gelegen. Eigentlich ist es ein Rifugio. Die Küche ist gut und deftig.

● **Baita La Ritonda,** Val di Canali, Tel. 0439/ 76 22 23. Restaurant, in dem Trentiner Küche serviert wird.

● **Santa Romina,** Loc. Zortea, Strada per Calaita, Tel. 0439/ 71 94 59. Agriturismo-Betrieb mit geschmackvollem Ambiente.

● **La Rosetta,** Loc. Tonadico, Via Roma. Beliebte Bar, jede Woche gibt es Live-Musik.

● **Cantina Rosa,** Piazza Cesare, Battisti 26. Restaurant mit sehr gute Trentiner Küche.

ternet: www.parkhoteliris.com. Neueres großes Haus, das durch seine Bauweise Turmzimmer hat. Großzügige Außenanlage, Fitnessbereich, Sauna, Whirlpool, Tennis, alles sehr gepflegt. DZ ab 180 Euro.

● **Hotel Relais Orsingher****, Via Guadagnini 14, Tel. 0439/ 62 816, Fax 64 841, Internet: www.hotelrelaisorsingher.it. Das vor einigen Jahren renovierte Haus zählt zu den ältesten Hotels. Die Zimmer sind sehr schön und stilgerecht eingerichtet und haben vorne einen fantastischen Blick auf die Pale-Gruppe. Zur Hotelanlage gehören ein moderner Fitnessbereich, u.a. mit türkischem Dampfbad, Sauna, Solarium. DZ ab 144 Euro.

● **Hotel Tressane***, Via Roma 30, Tel. 0439/ 76 22 05, Fax 76 22 04, Internet: www.brunethotels.it/est/tressane. Gut geführtes Mittelklassehotel, das teilweise renoviert worden ist – nicht alle Zimmer! Kleine Hunde erlaubt. DZ ab 124 Euro.

● **Hotel Tre Ponti***, Loc. Tonadico, Tel. 0439/ 76 23 10, Fax 76 21 16, Internet: www.

Markt vor der Kirche
in Fiera di Primiero

●**Chalet La Casera Piereni,** Tel. 0439/ 64 661. Im Val Canali auf einer Anhöhe – gut erreichbar mit dem Auto – liegt das beliebte Restaurant mit einfacher, aber guter Trentiner Küche.

Busverbindungen

●Nach Trient, Auer und Bozen.

Markt/Shopping

●**Markt:** montags den gesamten Tag im Ortszentrum.
●**Gubert Sport,** Via Guadaguini 20. Sportausrüstung, besonders gut für Trekking, Bergsteigen und Klettern.
●**Laboratorio Artiginale Zeni,** Piazza Luigi Negrelli. Skulpturen aus Holz, Kirchenschmuck und Engel in allen Variationen.
●**Ortofrutta,** Piazza Cesare Battisti 4. Früchte, Gemüse und landestypische Delikatessen.
●**Pasticceria Lott,** Piazza Cesare Battisti 13. Süße Köstlichkeiten.
●**Weinhandlung A Cesari,** Via San Francesco 33, fast schon Tonadico. Gute Auswahl an Trentiner Weinen.

Outdoor

●**Mountainbike:** Verleih bei Sportmania, Loc. Transaqua, Tel. 0439/ 76 27 88. Für geführte Touren und Streckentipps ist Bike-Lehrer *Andrea Stocco* zuständig.
●**Trekking:** Geführte Wanderungen im Naturpark Panaveggio. Auskünfte erteilen die Fremdenverkehrsämter von Fiera di Primiero und San Martino di Castrozza.

Ausflüge in die Umgebung

Val di Canali

Nur 3 km von Primiero bzw. Tonadico entfernt beginnt das hübsche Val di Canali mit dem **Laghetto di Walsberg** als einem der beliebtesten Ausflugsziele in der näheren Umgebung. Vorher passiert man die auf einer Felsnase gelegene romantische **Burgruine Pietra.** An dem einst von den Grafen *Walsberg* künstlich angelegten See gibt es ein Picknick-Areal mit Bar. Vielleicht begegnet man in der Dämmerung den „Guane", Wesen mit langen blonden Haaren und durchsichtigen Flattergewändern, von denen die Legende erzählt – sie sollen schon so manchen Wanderer verhext haben ...

Man kann die asphaltierte Straße auch noch knapp 3 km weiterfahren zur **Malga Canali.** Man passiert vorher die Restaurants La Ritonda und Cant del Gal. Rechter Hand führt der Weg weiter zum Parkplatz der Malga Canali auf 1200 m. Von hier aus starten wunderbare Wandertouren, man ist direkt unter dem Pale-Massiv. Eine leichte Route auf Pfad 707 ist die zum Rifugio Treviso auf 1631 m (45 Min.). Lediglich die letzten Höhenmeter sind steil.

Lago di Calaita

Vom Lago di Calaita aus lassen sich sehr schöne Touren auf die der Pale-Gruppe gegenüberliegenden Berge unternehmen. Außerdem ist der See ein schöner Zielpunkt für einen Ausflug mit dem Auto oder Mountainbike. Er liegt auf 1621 m Höhe, es gibt einen Parkplatz und ein bewirtschaftetes **Rifugio Miralago,** Tel. 0439/ 71 93 95. Man kann dort auch übernachten (DZ ab 32 Euro inkl. Halbpension).

Von Primiero (16 km) aus muss man die Landstraße nach Imer fahren, an Canal San Bovo vorbei und schließlich Richtung Malga Doch/Lago di Calaita. Auf dem Weg dorthin steht ein wirklich hübscher Bauernhof, der mit viel Geschmack eingerichtet ist. Obendrein ist die Küche sehr schmackhaft. Santa Romina, Loc. Zortea, Strada per Calaita, Tel. 0439/ 71 94 59.

Trentino

Valsugana ⤢ C2,3

Das Valsugana beginnt schon in Trient und verläuft, begleitet vom Brenta-Fluss, ostwärts nach Venetien. Von Trient aus muss man die SS 47 nach Padua nehmen. Südöstlich findet sich die Hochebene von Lavarone, nordöstlich das Tesino, über dessen Passo Brocón (1615 m) das Val di Primiero zu erreichen ist. Von Trient bis nach Imer im Val di Primiero sind es 74 km.

Der **Tourismus** hat im Valsugana eine **lange Tradition.** Schon während der Wende vom 19. ins 20. Jahrhundert war besonders der Thermalort Levico ein beliebter Kurort für Gäste aus aller Welt. Außerdem kann der Landstrich mit einigen Seen aufwarten. Einer davon ist der Lago di Caldonazzo, zentral gelegen und der größte im gesamten Trentino. Nebenan, von einem Hügel getrennt, liegt der wesentlich hübschere Lago di Levico. Das Wasser von beiden kann man guten Gewissens als sauber bezeichnen. Auf die **Wasserqualität** wird sehr geachtet. Ständige Kontrollen sind Usus. Ein in Schweden entwickeltes System zur Sauerstoffversorgung des Wassers ist 1975 mit viel Aufwand installiert worden. Auf dem Caldonazzo-See dürfen nur Motorboote bis 4 PS fahren, auf dem Levico-See lediglich außerhalb der Monate Mai bis September.

Pergine bei Nacht

Pergine ⤢ C2

Die Kleinstadt mit 14.000 Einwohnern, 11 km von Trento entfernt, hat ganz eindeutig bessere Zeiten gesehen. Zwar reihen sich beispielsweise in der Via Meier im Zentrum die Prachtbauten aneinander. Aber sie sind übel vom Zerfall gezeichnet. Die Epoche des Silberbergbaus, der der Stadt an der Wasserscheide des Fersina und des Brenta einst Reichtum gebracht hat, ist lange vorbei.

Sehenswert ist die spätgotische **Pfarrkirche della Natività** mit sieben Marmoraltären und einer prächtigen Orgel. Und natürlich das **Schloss Pergine** (vgl. nachstehenden Exkurs) in östlicher Richtung der Stadt, auf einem Hügel gelegen (Abfahrt Levico).

APT-Touristeninformation

●38057 Pergine Valsugana, Piazza Garibaldi 5b, Tel. 0461/ 53 12 58, Internet: www.lagorai.tn.it.

Unterkunft

Die Stadt Pergine selbst hat keine wirklich empfehlenswerte Herberge zu bieten. Entweder man steigt im Castel ab, oder man bleibt in Trient.

●**Castel Pergine*** (siehe Exkurs „Von zweien, die aufbrachen, Burgherren zu werden").

Essen und Trinken

●**Castel Pergine** (vgl. oben).

●**Birreria,** Piazza Municipio 10, Tel. 0461/ 53 27 37. Erst vor einigen Jahren renoviertes Restaurant und Pizzeria. Das ein bisschen wie eine Höhle anmutende Lokal ist geschickt mit hellem Holz gestaltet.

●**Vecia Laterna,** Piazza Municipio 17, Tel. 0461/ 53 06 48. Eine Bar, in der man leckere Kleinigkeiten essen kann.

●**Alexander,** Piazza Municipio 1. Schlichte Bar, ein wenig klinische Atmosphäre, aber beliebt.

Markt

● Jeden Samstag auf dem Rathausplatz.
● Jeden 1. Mittwoch im Monat von 17–22 Uhr **Flohmarkt.**

Outdoor

● **Fischen:** Lizenzen zum Fischen erhält man beim Fischerverein, Piazza Garibaldi 4, Tel. 0461/ 53 33 45, montags bis mittwochs von 15–18 Uhr.
● **Trekking:** Trentiner Alpenvereinssektion (S.A.T.), Via Filzi 3, Tel. 0461/ 53 38 38. Auskünfte und organisierte Wanderungen in der Sommerzeit.

Events

● Traditionelles **Kastanienfest** im Oktober. Es gibt einen historischen Umzug des Habsburger Hofes, Opernmusik, Wandermusiker etc.

Ausflug zum Altipiano de Pinè und Valle dei Mocheni

Eine **sehr schöne Rundreise** mit dem Auto, Motorrad oder auch dem Mountainbike ist die 46 km lange Tour über die Hochebene von Pinè, die viele Panoramablicke erlaubt, und durch das Fersental. Auf der Hochebene werden Erdbeeren, Himbeeren etc. angebaut.

Das Tal ist eine **deutsche Sprachinsel** im Trentino, denn die Bevölkerung ist deutschen Ursprungs. Zwischen dem 15. und 17. Jahrhundert siedelten in diesem nördlich von Pergine gelegenen Tal deutsche Waldarbeiter und Bergknappen aus Bayern, die im Kupfer- und Silberbergbau beschäftigt waren. Neuesten Sprachforschungen zufolge ähnelt der **Dialekt** im Tal der bairischen Spielart des Mittelhochdeutschen im 12. Jahrhundert. **„Zimbern"** ist diese Sprache genannt worden, weil italienische Humanisten im 14. Jahrhundert die Neuankömmlinge Zimbern genannt hatten. Bis heute erhalten hat sich eine Zimbern'sche Sprachvariante aber nur in dem kleinen Örtchen **Luserna.** Ver-

Trentino

123ga Fotc: de

Von zweien, die aufbrachen, Burgherren zu werden

Den Traum vom Aussteigen, die stille Sehnsucht aus früheren Jahren auf einmal in die Tat umsetzen und etwas ganz anderes tun als zuvor, nicht mehr dieser Job, der einen tagtäglich zerfrisst – wer hat darüber nicht schon sinniert?

Und dann dieses Motorradrennen auf dem Hockenheimring. Anschließend ging es zum Essen auf das Heilbronner Schloss. „Da beobachteten wir das Pächterehepaar, das in aller Gemütlichkeit und in sich ruhend beim Essen saß", erinnert sich *Verena Schneider*. Wie beneidenswert, dachten sie und ihr Mann *Theo*. Auf der Heimfahrt in die Schweiz sprachen sie kein Wort. Jeder hing seinen Gedanken nach. Und beide wussten, sie dachten dasselbe: Das **Castello in Pergine,** das wär's. Sie kannten die Burg aus früheren Jahren. Sie gehörte dem Onkel des besten Freundes. Und der hatte erzählt, dass das bisherige Pächterehepaar aufhören wollte. *Verena* und *Theo Schneider,* damals beide 40 Jahre alt, riefen ihn an. Bingo, sie bekamen den Zuschlag! Vier Jahre dauerte es, bis das Ehepaar *Schneider,* er Architekt, sie Übersetzerin, ihre beruflichen Verpflichtungen abgewickelt hatten und ihrem alten Haus in der Nähe von Zürich Adieu sagen konnten. 1992 zogen sie in das Castel Pergine ein, und ein komplett neues Leben begann.

Das Castel aus dem 13. Jahrhundert ist ein **typisches Exemplar einer mittelalterlichen Festung** mit Mauerringen und mehreren Türmen. Der mächtige Mittelpfeiler geht über zwei Geschosse und trägt das Deckengewölbe der Eingangshalle. Besonders erwähnenswert sind außerdem die Rittersäle, die gotische Kapelle und das ehemalige Gefängnis – ein Folterort der besonderen Art. Mit angeketteten Händen und in starrer Haltung befestigtem Kopf fiel den Gefangenen stetig ein dicker Wassertropfen aus einer Öffnung im Gewölbe aufs Haupt. Solange, bis der Gequälte unter grausamen Schmerzen gestorben war.

Einst war Castel Pergine strategisch wichtiger Befestigungspunkt des Handelsweges von Trient nach Venedig. Im 15. Jahrhundert wurde die Burg dann dem Fürstbistum Trient überlassen. Es wurde zum Sitz des berühmten Bischofs *Bernard Clès,* der die Anlage zu einem Residenzpalast ausbaute. Ein Palast sicherlich, die Instandhaltung indes eine Lebensaufgabe. „Das Schloss wird nie fertig sein", konstatiert der aktuelle Schlossherr. Gemeinsam mit der Besitzerfamilie hat sich das Ehepaar *Schneider* an die Instandsetzung gemacht. Für den Architekten eine Herausforderung: „Ich kann jetzt mehr Ideen in die Wirklichkeit umsetzen als zu Zeiten, in denen ich noch den Job des „üblichen" Architekten ausgeübt habe", sagt *Theo Schneider.* Trotz aller Begeisterung geben die zwei zu, dass das erste Jahr hart gewesen sei. Den **Hotel- und Restaurantbetrieb** so auf die Beine zu stellen, wie man sich das in seinen Träumen vorgestellt hatte, war kein leichtes Spiel. Man habe auch viel Lehrgeld zahlen müssen. Abgesehen davon sei man als Ausländer in einem fremden Land immer Ressentiments ausgesetzt.

Diese Hürden sind seit langem überwunden. Die Schlossresidenz ist ein echter Tipp. Die Zimmer mit Bädern sind mit Antiquitäten eingerichtet, der Blick aus den Räumen im zweiten Stockwerk auf das Tal und das in der Ferne liegende Brenta-Massiv ist wunderschön. Der Frühstücks- und Aufenthaltsraum über der Eingangshalle und neben der gotischen Kapelle hat einen ganz besonderen Flair. In den beiden Rittersälen sind die Speiseräume, die mit sehr viel Geschmack eingedeckt sind. Die Speisekarte ist ausgesucht und wird gerühmt. Und mehr noch. Die *Schneiders* glauben, dass die Einwohner von Pergine inzwischen auch stolz sind auf „ihr" Schloss. Das zeige sich allein darin, dass sich der allsonntägliche Besuch auf Castel Pergine eingebürgert hat. Außerdem kommen alle, aber auch alle, zur jährlichen Saisoneröffnung, der Vernissage der stetig wechselnden **Kunstausstellungen** auf der Anlage – ein besonderes Steckenpferd der Kunstliebhaber *Schneider.* Jedes Jahr inszeniert ein anderer italienischer Bildhauer seine modernen Kunstwerke auf dem Gelände. „Die Ausstellungseröffnung ist inzwischen zu einer Art Volksfest geworden", sagt die Schlossherrin. *Toni Benetton* hat hier schon ausgestellt, genauso wie *Mauro Staccioli* und *Giorgio Celiberti.* Die Kunstausstellungen tragen in der Tat zur besonderen Note der Burg bei und stellen ein wunderbares Zusammenspiel von Mittelalter und Neuzeit dar.

●**Informationen:** Via al Castello 10, Tel. 0461/ 53 11 58, Fax 53 13 29, Internet: www. castelpergine.it; die Hotelzimmer sind von sehr unterschiedlichem Standard. Die besten befinden sich im zweiten Stock mit fantastischem Ausblick und Antiquitäten. Nach dem Himmelbett-Zimmer fragen! Hunde erlaubt. DZ mit eigenem Bad ab 76 Euro, ohne ab 55 Euro. Für das Restaurant sind Reservierungen erwünscht. Die Kunstausstellungen können gratis besichtigt werden zu folgenden Öffnungszeiten: vom 19. April bis 9. November immer dienstags bis sonntags 10.30–22 Uhr sowie montags 17–22 Uhr.

Trentino

mutlich deshalb, weil einzig Luserna bis 1918 zur Habsburger Monarchie gehörte, die anderen Ortschaften im Fersental zu Italien.

Der Linguist *Hans Tyroller* von der Münchner Universität hat nach mühseligen Forschungsarbeiten eine umfassende grammatische Darstellung des altertümlichen Idioms erarbeitet und sitzt derzeit an einem etymologischen Wörterbuch. Denn eines ist gewiss: Diese seltene Sprache wird über kurz oder lang aussterben. Nur noch drei Kinder der Grundschule Luserna besuchen den Deutschunterricht auf Zimbrisch. Immerhin. Zudem hat die Arbeit des Linguisten bewirkt, dass die Luserner wieder stolz sind auf ihre althergebrachte Sprache. Das Luserner Kulturinstitut gibt wieder Kurse in Zimbrisch, und die Luserner haben Spaß daran gefunden, Gedichte auf Zimbrisch zu verfassen, die zur allgemeinen Begeisterung in der regionalen Tageszeitung veröffentlicht werden.

Anfahrt zur Hochebene: Zunächst fährt man von Pergine aus Richtung Vigalzano/Madrano. Dann stößt man auf die Landstraße 612, die nach Baselga di Pinè (974 m) führt. Der kleine Ferienort liegt direkt am **Lago di Serràia**, einem See, der mit seiner langen asphaltierten Uferpromenade zu einem Spaziergang verführt. In dieser Region deuten Funde darauf hin, dass hier schon in der Antike Menschen siedelten.

Wenn man den Lago Piazza hinter sich gelassen hat, gabelt sich die Straße bei Bedollo Richtung Valle di Cembra und Valle dei Mocheni nach Palù di Fersina. Bevor man Palù di Fersina erreicht, gabelt sich die Straße erneut. Rechts führt sie durch das Fersental und über die Terme di S. Orsola, einen winzigen Kurort, zurück nach Pergine.

● **Pro Loco-Touristeninformation,** 38050 S. Orsola Terme, Loc. Tadesia, Tel. 0461/ 55 14 40, Fax 55 10 30.

● **Hotel Scoiattolo*****, Baselga di Pinè, Loc. Bedolé, Tel. 0461/ 55 77 39, Fax 55 31 40, Internet: www.scoiattolohotel.it. Neue, großzügige Anlage mit Freischwimmbad und Tennisplatz mitten im Wald. DZ ab 60 Euro.

● **Hotel Nazionale*****, Baselga di Pinè, Loc. Miola, Tel. 0461/ 55 70 19, Fax 55 73 62. Einfaches, ländliches Hotel. DZ ab 54 Euro.

● **Hotel Pineta*****, Bedollo di Pinè, Loc. Lago delle Piazze, Tel. 0461/ 55 66 42, Internet: www.infopineta.it. Schlichtes Hotel direkt am See, mit Strand, familiengeführt. DZ ab 90 Euro.

● **Ferienwohnungen:** in Baselga di Pinè, Via Ricaldo 63, Tel. 0461/ 55 71 17, Fax 55 86 49. Hübsche Häuser im Ort selbst.

● **La Vecchia Quercia,** Baselga di Pinè, Loc. Masi Sternigo, Tel. 0461/ 55 30 53. Hübsches Ausflugsrestaurant mit typisch Trentiner Küche.

● **Serraia,** Baselga di Pinè; Lungolago Serraia, Tel. 0461/ 55 70 27. Dreh- und Angelpunkt im Ort. Hier wird gegessen, Espresso oder Wein getrunken.

Lago di Caldonazzo   ⤢ C2

Der Caldonazzo-See erstreckt sich auf einer weiten Ebene und ist mit einer Länge von 4734 m und 1870 m Breite der **größte See im Trentino.** Die durchschnittliche Tiefe liegt bei 27 m. Die Wassertemperatur beträgt um die 20 Grad. Bei den Italienern ist der Lago di Caldonazzo beliebtes Ziel zur Sommerfrische – obwohl Schnellstraße und Eisenbahnlinie direkt am See entlangführen. Man geht sowieso nur in die **Ba-**

deorte Caldonazzo oder **San Cristoforo.** Versuche, außerhalb der Badeorte ans Ufer des Sees zu gelangen, scheitern eh meistens.

APT-Touristeninformation

● 38052 Caldonazzo, Piazza Vecchia 15, Tel. 0461/ 72 31 92, Internet: www.valsugana.nu.

Unterkunft

● **Hotel Paoli*****, Loc. Lochere, Tel. 0461/ 70 61 86, Fax 70 90 42, Internet: www.paoli hotel.it. Außerhalb gelegenes, relativ neues Hotel, v.a. für Pferdefreunde interessant, da eigener Stall und Ausritte. DZ ab 64 Euro.

Essen und Trinken

● **Gilda,** Via Brenta 22, Tel. 0461/ 72 34 46. Restaurant mit sehr guter deftiger Küche.
● **Due Spade,** Piazza Municipio 2, Tel. 0461/ 72 31 13. Caldonazzo ist bekannt für seine Apfelspezialitäten. Hier sollte man unbedingt Apfelstrudel mit Vanillesauce probieren!

Outdoor

● **Wassersport:** Wassersportclub Caldonazzo, Caldonazzo, Loc. Lungo Lago, Tel./Fax 0461/ 72 45 80. Im Angebot sind Segeln, Surfen, Kanu, Wasserskilaufen.
● **Baden:** Lido di Caldonazzo in Caldonazzo, Tel. 0461/ 72 34 55; Lido San Cristoforo, San Cristoforo al Lago, Tel. 0461/ 53 10 03.

Markt

● Freitags im Zentrum.

Events

● **Apfelfest** im Sept., Musik, Handwerk, Akrobaten, Folklore, Tanz auf dem Rathausplatz und in den alten Höfen von Caldonazzo.

Lago di Levico C2

Der Levico-See ist der nordöstlich vom Lago di Caldonazzo gelegene kleine Bruder. Er ist 2840 m lang, 900 m breit und im Schnitt nur 11 m tief. Bis auf das Terrain vor dem Kurort Terme di Levico ist der See unerschlossen und gleicht ein wenig einem norwegischen Fjord. In Terme di Levico hingegen tummeln sich die Kurgäste und Sommerfrischler. Dafür sorgt ein riesiges **Strandbad** namens **Lido,** das mit Restaurant, Bar, Café, Umkleidekabinen, Sprungtürmen etc. aufwartet. Nebenan stehen riesige Wiesen-Liegeflächen all jenen zur Verfügung, die keinen Eintritt zahlen wollen und ihre Ausrüstung für den Tag selbst in der Tasche haben. Im weiteren Verlauf des Ufers an der Promenade liegen zahlreiche Hotels.

Der **Thermalort Levico** ist nur wenige hundert Meter vom See entfernt. Er vermittelt mit dem historischen Kurzentrum, dem Palazzo delle Terme, dem Park, einigen angestaubten Hotels und den alten Gassen im Ortszentrum noch ein wenig Fin-de-Siècle-Atmosphäre. Zumeist geht es sehr gediegen zu, **Senioren** prägen das Bild. Die Kursaison dauert von Ende April bis 31. Oktober. Das eisen- und arsenhaltige Wasser verspricht Hilfe und Linderung vor allem bei Blutkrankheiten, bei Krankheiten des Nervensystems, der Schilddrüse, der Haut und des Atmungsapparates.

APT-Touristeninformation

● 38056 Levico Terme, Viale V. Emanuele 3, Tel. 0461/ 70 61 01, Fax 70 60 04, Internet: www.valsugana.com.

Unterkunft

● **Hotel Romanda*****, Via G. Garibaldi 7, Tel. 0461/ 70 71 22, Fax 70 17 10, Internet: www. hotelromanda.it. Hübsch und einladend in der Altstadt gelegen, innen etwas angestaubt, mit Veranda und Innenhof. Mountainbike-Verleih. DZ ab 68 Euro.

Trentino

● **Hotel Al Sorriso*****, Via Lungo Lago Segantini 14, Tel. 0461/ 70 70 29, Fax 70 62 02, Internet: www.hotelsorriso.it. Modernes Hotel für sportliche Klientel, Pool, große Liegewiese, Volleyball, (Tisch-)Tennis, Kinderspielplatz, Gesundheitscenter. DZ ab 72 Euro.

● **Albergo Al Brenta***, Levico Terme, Via Brenta, Tel. 0461/ 70 61 31, Internet: www.albrenta.com. Abseitig gelegen. Familienbetrieb, der einfach, aber ordentlich geführt wird. Hunde erlaubt. DZ ab 64 Euro.

● **Albergo Antica Rosa*****, Via Garibaldi, Tel. 0461/ 70 61 54, Fax 70 18 01, Internet: www.anticarosa.it. In der Fußgängerzone im Zentrum, Familienbetrieb, solide, große Terrasse. DZ ab 120 Euro.

Essen und Trinken

● **Boivin,** Via Garibaldi 9, Tel. 0461/ 70 16 70. Restaurant und Trattoria mit gehobener Küche, sehr beliebt. Spezialität des Hauses sind z.B. Tortelli gefüllt mit Fasanenfleisch und Heidelbeeren.

● **Prime Rose,** Loc. Belvedere, Torricelle 4, Tel. 0461/ 70 79 22. Hier wird gerne Neues ausprobiert, etwa Panzerotti mit einer Kirsch-Grana-Sauce.

● **Vecchia Fontana,** Piazza Venezia 5, Tel. 0461/ 70 63 66. Traditionspizzeria mit Museumsflair. Der Besitzer sammelt alte Dokumente, die an den Wänden hängen.

Busbahnhof

● Am Corso Zentrale, mit Verbindungen nach Trento.

Markt/Shopping

● **La Ciotola,** Via Garibaldi 26. Terracotta-Handwerk.

● **Manfredi,** Via Marconi 27. Gute Metzgerei.

● **Vettorazzi,** Via Diaz 7. Grappa-Brennerei.

● **Markt:** jeden Monat am 2. und 4. Montag.

Outdoor

● **Rafting, Canyoning, Paragliding** und **Reiten** werden am Lago di Levico nicht direkt angeboten. Das Fremdenverkehrsamt arbeitet mit Agenturen im Val di Sole, am Gardasee und in Molveno zusammen und organisiert das Ganze auf Anfrage.

● **Trekking:** Es werden geführte Wanderungen angeboten, z.B. auf die Cima Marzola (1738 m), den Monte Fravort (2347 m) und den Cima Pizzo Alto (2264 m); Informationen beim Touristenbüro; Trentiner Alpenvereinssektion, Via Battisti, Tel. 0461/ 70 61 92, für Auskünfte und organisierte Touren.

● **Baden:** Lido di Levico, Tel. 0461/ 70 62 21.

Ausflüge in die Umgebung
Tenna

Auf dem Hügel zwischen Lago di Caldonazzo und Lago di Levico thront die ehemals österreichische Festung **Forte di Tenna,** die nur von außen zu besichtigen ist. Vom gleichnamigen Dorf kann man hinauflaufen. Fährt man weiter gen Norden, erreicht man das Gebiet Pineta Alberè mit dem beliebten **Ausflugsrifugio Margherita** (Tel. 0461/ 70 64 45, Fax 70 78 54). Das Restaurant mit großer Terrasse hat eine sehr gute regionale Küche. Man kann hier auch sehr komfortabel wohnen, mit Sauna, Pool, Tennisplatz, DZ ab 40 Euro.

Roncegno

In östlicher Richtung des Valsuganatales liegt Roncegno am Brenta-Fluss und der Straße 47. Wie auch Levico ist der 2530-Einwohner-Ort Roncegno in erster Linie Anlaufstation für Kurgäste. Die **Terme di Roncegno** sind bekannt für hydro-, physio-, phytotherapeutische und homöopathische Kuren. Grund dafür ist das **Thermal- und Steinerzentrum** für anthroposophische Medizin, in dem alljährlich Ärzte aus nah und fern für Kongresse zusammenkommen. Zwar war die Blütezeit von Roncegno genauso wie die von Levico schon um die Wende vom 19. zum 20. Jahrhundert, doch hat Roncegno das morbide

Schnaufend durchs Valsugana

Wer gerne Eisenbahn fährt, wird begeistert sein. Es tuckert zwar nicht mehr mit 35 km/h die alte Dampflok durch das Valsugana-Tal. Aber die 157 km lange Strecke zwischen Trient und Venedig mit einer schweren Diesellok zurückzulegen, ist auch ein Erlebnis. Die Talbewohner lieben ihre **Eisenbahnlinie.** Zum 100-jährigen Bestehen 1996 wurde ein rauschendes Fest gefeiert und die antike Dampflokomotive unter tosendem Applaus noch einmal in Gang gesetzt. 4½ Stunden brauchte die gewichtige Maschine, bis sie schnaufend in der Lagunenstadt eingetroffen war.

Anno 1894 war mit dem Bau der Eisenbahnlinie unter der Herrschaft der Habsburger begonnen worden. Allerdings verlief sie damals nur von Trient nach Tezze di Grigno. Zwei Jahre später waren die 4500 Arbeiter fertig. Erst 1910 wurde die Valsugana-Bahn an die italienische Bahnlinie angebunden, sodass man von da an von Trient nach Venedig durchfahren konnte. Zunächst diente die Eisenbahn natürlich dem Transport von Waffen und Truppen. Später war sie beliebte Reiseform der Kurgäste, die zu den Thermalorten Levico und Roncegno wollten. Die beiden Bäder avancierten zu weltweit bekannten Erholungszentren. Man reise selbst aus China, Japan, Südamerika und Ägypten an, um sich hier zu erholen.

124ga Foto: de

Trentino

Ambiente abschütteln können und sich zu einem modernen Health-Zentrum im Jugendstil gemausert.

Ende Oktober, wenn sich das Laub bunt gefärbt hat und die Maronen von den Bäumen fallen, lockt Roncegno Gäste aus nah und fern mit seinem traditionellen **Kastanienfest.** Dann kreieren sämtliche Restaurants in der Gegend immer neue Kastanienmenüs, wird viel musikalische und kulturelle Unterhaltung geboten sowie ein Kunsthandwerkermarkt abgehalten. Informationen sind im Fremdenverkehrsamt von Levico erhältlich.

Lavarone

Lavarone (1150 Einwohner), von Trient aus über die Landstraße 349 zu erreichen, verteilt sich auf diverse kleinere Ortschaften auf der grünen, hügeligen Hochebene mit einem netten, romantischen See karstigen Ursprungs. Am **Lago di Lavarone** ging schon der „Vater der Psychoanalyse", *Sigmund Freud,* zur Entspannung spazieren. Bewohnt war das Hochplateau bereits zu vorgeschichtlicher Zeit. Die strategisch günstige Lage war auch den Österreichern bewusst. Sie errichteten hier im 1. Weltkrieg einen sogenannten Eisernen Gürtel aus sieben Festungen. Die **Festung Belvedere** auf einer Höhe von 1177 m ist die einzige, die noch fast vollständig in ihrer originalen Form und Struktur erhalten ist. Das dreistöckige Bauwerk war wie eine kleine Stadt organisiert und kam ohne jegliche fremde Hilfe aus. Die Festung gehört der Gemeinde Lavarone und kann besichtigt werden. Man erreicht sie von der Ortschaft Ca-

pella aus, indem man die Straße 216 nach Longhi nimmt. Bei der nächsten Kreuzung geht es links auf der ehemaligen Heerstraße hinauf zum Fort.

Öffnungszeiten: vom 1. April bis 30. Juni täglich außer montags 10–12 und 14.30–18 Uhr, vom 1. Juli bis 31. August entsprechend 10–18 Uhr durchgehend. Anfragen zu Führungen werden unter der Rufnummer 0464/ 78 00 05 oder per E-Mail entgegengenommen. Internet: www.fortebelve dere.org; Eintritt: 4 Euro.

Altopiano del Tesino

Die Hochebene von Tesino prägen saftige Wiesen, bewaldete Berghänge und verstreut liegende Ortschaften, die ihren Ursprung in der Antike haben. Von Strigno im Valsugana führt eine Landstraße über 1000 Meter hinauf auf die Hochebene bis zum **Passo Brocón,** der Verbindung zum Val di Primiero, und hinüber zum bekannten Ferienort San Martino di Castrozza. Deswegen ist die Straße, auf der Landkarte klein eingezeichnet, hervorragend ausgebaut.

Auch im Tesino kennt man den Fremdenverkehr, im Sommer wie im Winter – jedoch in überschaubarer Form. Der wichtigste und hübscheste Ort ist **Castello Tesino,** etwa auf halber Strecke gelegen. Besonders sehenswert ist die kleine **Kirche S. Ippolito** auf dem gleichnamigen Hügel. 1927 wurden hier sehr schöne Fresken aus dem Jahr 1436 freigelegt. Beachtung verdient auch die hölzerne Kassettendecke.

Vom Passo Brocòn bietet sich ein fantastisches Panorama.

Pro Loco-Touristeninformation

● 38053 Castello Tesino, Via Dante 10, Tel. 0461/ 59 33 22, Fax 59 33 06, Internet: www.lagorai.tn.it.

Unterkunft

● **Albergo Alpina***, Castello Tesino, Via Municipio Vecchio 9, Tel. 0461/ 59 41 27, Internet: www.albergoalpina.com. Einladendes Haus, hübsche Terrasse, sehr freundlich, Zimmer einfach, aber in Ordnung. DZ ab 35 Euro.
● **Hotel Tramontana***, Loc. Fradeo, Tel./ Fax 0461/ 59 47 00, E-Mail: albergotramontana@ valsugana.com. An der Straße zum Passo Brocòn auf 1070 m mit herrlichem Blick hinunter ins Tal. Hier kann man auch ganz gut essen. DZ ab 35 Euro.
● **Albergo Passo Brocòn**, Tel. 0461/ 59 43 64, Internet: www.brocon.it/ albergobrocon. Zugig auf dem Pass, aber mit überwältigendem Rundblick. DZ ab 35 Euro.

Outdoor

● **Bergsteigen/Trekking/Mountainbike:** Der Bergführerverein von Castello Tesino bietet u.a. geführte Touren auf dem Cima d'Aste an. Infos beim Fremdenverkehrsamt, auch hinsichtlich Mountainbike-Verleih.

Ausflüge in die Umgebung

Parco La Cascatella

Der Park ist ein schön gelegenes **Picknickresort** mit vielen Grillplätzen und Rasenflächen, in dem außerdem eine Bar betrieben wird. La Cascatella heißt er, weil dort ein Wasserfall den Fels hinunterkommt. Darüber hinaus gibt es interessante Gesteinsformationen. Geöffnet hat der Park 7.30–20 Uhr, wobei man auch außerhalb dieser Zeiten dorthin fahren kann. Hunde sind dort verboten.

Zu erreichen ist das Gebiet über die Landstraße nach Lamon. Bevor die Straße zum Passo Brocòn abzweigt, fährt man rechts, nach 70 m auf der linken Seite ist man am Ziel.

Die Grotte von Castello Tesino

Am rechten Ufer des Flusses Senaiga ist 1927 eine 256 m lange Höhle entdeckt worden, die man selbst erkunden kann. Da die Höhle feucht und schwierig zu begehen ist, sind wasserdichte Kleidung und Trekkingschuhe angeraten. Am Eingang werden Helme und Carbidlampen ausgegeben. Die Grotte kann jedoch nur unter Aufsicht erforscht werden. Termine kann man unter der Handyrufnummer 039/ 327/ 38 46 438 ausmachen, Internet: www.grottedicastellotesino.it/.

Monte Lefre

Auf dem Monte Lefre auf 1300 m ist ein bewirtschaftetes **Rifugio** mit Übernachtungsmöglichkeit (Spezialität ist Polenta), das gern von Mountainbikern oder motorisierten Urlaubern angesteuert wird. Man erreicht ihn östlich der Ortschaft Bieno, wo rechts eine schmale Straße abzweigt, die nach einigen Häusern in einen nicht befestigten Fahrweg übergeht. Nach 5 km und 485 Höhenmetern ist man am Ziel.

125ga Foto: de

Anhang

126ga Foto: de

127ga Foto: de

Blick auf den Lago d'Idro

Brenta-Dolomiten

Strand in Torbole

Sprache

Um im Trentino oder am Gardasee Urlaub zu machen, muss man kein Italienisch beherrschen. Im Trentino ist Deutsch oft schon in der Grundschule ein Unterrichtsfach, sodass man auf viele Menschen trifft, die zumindest ein wenig Deutsch sprechen. Aber man muss **selbst** die **Initiative ergreifen** und um Auskunft auf Deutsch bitten. In der Tourismusbranche am Gardasee arbeiten viele Italiener, die sogar ausgezeichnete Deutschkenntnisse haben. Ansonsten kommt man überall problemlos mit Englisch weiter. Natürlich freuen sich die Einheimischen, wenn man mit ein paar Brocken in ihrer Landessprache aufwarten kann.

Kleine Sprachhilfe

Grundwortschatz

ja/nein	si/no
danke	grazie
bitte	per favore
bitte als Anwort	prego
wie bitte?	come?
entschuldigung	scusi/scusa
es tut mir leid	mi dispiace
ich möchte	vorrei
haben sie ...?	avete ...?
ich versteh nicht	non capisco
ich spreche nicht	non parlo
Italienisch	italiano
Deutsch	tedesco
das gefällt mir	mi piace
ich möchte lieber	preferisco
in Ordnung	va bene
es funktioniert nicht	non funziona
mehr	più
mit	con
ohne	senza
zu viel	troppo
groß/klein	grande/piccolo
heiß/kalt	caldo/freddo
offen/geschlossen	aperto/chiuso
rechts/links	destra/sinistra
gut/schlecht	buono/cattivo
schnell/langsam	presto/lento
viel/wenig	molto/poco
teuer/billig	caro/economico
heute/morgen	oggi/domani
Stunde	ora
ich möchte zahlen	il conto, per favore

Begrüßung

guten Tag	buon giorno
guten Abend	buona sera
gute Nacht	buona notte
auf Wiedersehen	arriverderci
wie geht's?	come sta/va
bis bald	a più tardi
bis morgen	a domani
tschüss	ciao

Fragen

wo?	dove?
wann?	quando?
warum?	perquè?
wieviel?	quanto?
wie?	come?
was ist das ?	che cosa è questo?
gibt es?	c'è?
kann ich?	posso?
wie komme ich nach ...?	come si arriva a ...?

Wochentage

Montag	lunedì
Dienstag	martedì
Mittwoch	mercoledì
Donnerstag	giovedì
Freitag	vernedì
Samstag	sabato
Sonntag	domenica

Monate/Jahreszeiten

Januar	gennaio
Februar	febbraio
März	marzo
April	aprile
Mai	maggio
Juni	giugnio
Juli	luglio
August	agosto
September	settembre

Oktober	ottobre
November	novembre
Dezember	dicembre
Frühling	primavera
Sommer	estate
Herbst	autunno
Winter	inverno

Zahlen

0	zero
1	uno
2	due
3	tre
4	quattro
5	cinque
6	sei
7	sette
8	otto
9	nove
10	dieci
11	undici
12	dodici
13	tredici
14	quattordici
15	quindici
16	sedici
17	diciasette
18	diciotto
19	diciannove
20	venti
21	ventuno
22	ventidue ...
30	trenta
31	trentuno ...
40	quaranta
50	cinquanta
60	sessanta
70	settanta
80	ottanta
90	novanta
100	cento
101	centuno ...
200	duecento ...
300	trecento ...
1000	mille
2000	duemila ...
100.000	centomila
1.000.000	un milione
2.000.000	due milioni ...
1/2	un mezzo
1/4	un quarto
1/3	un terzo
100 Gramm	un etto
1 kg	un chilo
1 Pfund	mezzo chilo
1 Liter	un litro

Einkaufen

kaufen/ verkaufen	comprare/ vendere
geben Sie mir	mi dia
Preis	prezzo
bezahlen	pagare
eine Scheibe	una trancia
ein Stück	un pezzo
die Hälfte	la metà
Geschäft	negozio
Lebensmittelladen	alimentari
Supermarkt	supermarcato
Markt	mercato
Bäckerei	forno
Metzgerei	macelleria
Milchladen	latteria
Fischladen	peschiera

Post/Bank/Telefon

Post/Bank	la posta/ la banca
Briefmarke	il francobollo
Brief/Postkarte	la lettera/la cartolina
Paket/Päckchen	il pacco/il pacchetto
postlagernd	fermo posta
Telefonkarte	la carta telefonica
telefonieren	telefonare
Vorwahlnummer	il prefisso
Geld	il soldi
Kleingeld	gli spiccioli
Geld wechseln	cambiare
Währung	la valuta
Kreditkarte	carta di credito

Unterwegs

Norden	nord
Osten	est
Süden	sud
Westen	ovest
Ankunft/Abfahrt	l'arrivo/la partenza
Eingang/Ausgang	l'ingresso/l'usicita
zurück	indietro
geradeaus	sempre diritto
Bahnhof	stazione
Flughafen	aeroporte
Hafen	porto

Fahrkarte	biglietto
einfach	solo andata
hin und zurück	andata e ritorno
Wanderung/Tour	escursione/giro
Straße	via
Pfad	sentiero
Haus	casa
Zimmer	camera
Frühstück	colazione
Halbpension	mezza pensione
Vollpension	pensione completa
Bestätigung	conferma
Schutzhütte	rifugio
Alm	malga
Wasserfall	cascate
Fluss	rio
See/kl. See	lago/laghette
Berg	monte
Gipfel	cima
Grat	cresta
Felswand	croda
Fels	roccia
Felsturm	torre
Scharte	forcella
Gletscher	ghiacciaio
Eis	ghiaccio
Seilbahn	telecabina/funivia
Hochebene	altopiano
Höhe	caverna
die Winde	il venti
Höhle	altezza
Brücke	ponte
steil	ripido
markiert	segnavia
Sattel	sella
Tal	val
Weggabelung	bivio
Wegweiser	cartello indicatore
Panne/Unfall	il guasto/incidente
Auto	macchina
Fahrrad	bicicletta

Notfall

Hilfe!	aiuto!
Rufen Sie die Polizei!	Chiami la polizia!
Arzt	medico
Ambulanz	l'ambulanza
Krankenhaus	ospedale
Notaufnahme	pronto soccorso
Apotheke	farmacia

Kulinarische Sprachhilfe A–Z

agnello	Lamm
anitra	Ente
aragosta	Hummer, Languste
asparagi	Spargel
arancia	Orange
acqua	Wasser
gassata: mit Kohlensäure	
naturale: ohne Kohlensäure	
aranciata	Limonade
affumicato	geräuchert
arrosto	Braten/gebraten
alla brace/griglia	gegrillt
al forno	gebacken
al vapore	gedämpft
bisteca	Steak
braciola	Rumpsteak
brodo	Fleischbrühe
bue	Ochse
baccalà	Stockfisch
bietole	Mangold
budino	Pudding
birra	Bier
alla spina: vom Fass	
chiara: helles	
scura: dunkles	
camomilla	Kamillentee
carpaccio	fein geschnittes, rohes Fleisch
crostini	belegte geröstete Brotschnitten
costoletto	Kotelett
cotoletta alla milanese	Kalbsschnitzel
coscio di vitello	Kalbskeule
coniglio	Kaninchen
calamari	Tintenfische
carciofi	Artischocken
cavolfiore	Blumenkohl
cannelloni	gefüllte und überbackene Nudelrollen
ciliege	Kirschen
cocomero	Wassermelone
crème caramel	Karamellpudding
crema	Brotaufstrich aus Milch, Eiern, Zucker
cassata	Eis mit kandierten Früchten
cioccolata	Trinkschokolade
funghi	Pilze

fettuccine	schmale Bandnudeln	polpo	Krake/Tintenfisch
fusilli	Spiralnudeln	pesca	Pfirsich
fegato	Leber	pera	Birne
filetto	Filet	ragù	Ragout
frattaglie	Innereien	risotto	Reis
frittura di pesce	in Öl ausgebackene	salame	Salami
	Fische	salcicce	Wurst/Würstchen
fagiano	Fasan	scaloppine	kleine Schnitzel
faraona	Perlhuhn	spezzantino	Gulasch/
frutti di mare	Meeresfrüchte		Geschnetzeltes
fagioli	Bohnen	spiedini	Fleischspieße
finocchi	Fenchel	sufato	Schmorbraten
fatto in casa	hausgemacht	spada	Schwertfisch
frittata	Omelett	salmone	Lachs
fico	Feige	sogliaola	Seezunge
fragole	Erdbeeren	storione	Stör
frappé	Milchmixgetränke	seppie	Sepien
gallina	Huhn	spinaci	Spinat
gamberi	Krabben	succo di frutta	Fruchtsaft
gamberetti	Garnelen	spremuta	frisch gepresster
gambero	Flusskrebse	di arancia	Orangensaft
gnocchi	Kartoffelklößchen	tagliatelle	Bandnudeln
grappa	Tresterschnaps	tacchino	Truthahn
gratinato	überbacken	tonno	Thunfisch
involtini	Rouladen	triglia	Barbe
insalata	Salat	trota	Forelle
mista: gemischter Salat		tisana	Kräutertee
latte	Milch	uva	Weintrauben
luccio	Hecht	vermicelli	Fadennudeln
lavarello	Felchen	vitello	Kalbfleisch
lampone	Himbeere	vongole	Venusmuscheln
liquore	Likör	zuppa di pesce	Fischsuppe
maiale	Schweinefleisch	zucchine	Zucchini
maialino da latte	Spanferkel	zabaione	Eischaum
manzo	Rindfleisch		
montone	Hammel		
merluzzo	Kabeljau		
mela	Apfel		
ossobuco	Rind- oder Kalbshaxe		
	in Scheiben		
ostriche	Austern		
prosciutto	Schinken		
cotto: gekochter Schinken			
crudo: roher Schinken			
pasta	Nudelgericht		
penne	kurze Nudeln		
polenta	Maisbrei		
petto di vitello	Kalbsbrust		
polpette	Fleischklößchen		
piccione	Taube		
pollo	Hühnchen		

Anhang

Literatur und Landkarten

Im Trentino sind die **Fremdenverkehrsämter erstklassig ausgestattet,** und das selbst im entlegensten Nest. Überall erhält man Prospekte, Broschüren und bildreiche Kataloge zu den Örtlichkeiten, den historischen Hintergründen und Entwicklungen, Kulturtipps und regionaltypische Gegebenheiten. Kartenmaterial und Tourenbeschreibungen für Bergsteiger, Trekker und Mountainbiker sind in aller Regel so gut, dass man sich selbst gar nicht noch bestücken braucht. Vierlerorts werden sogar gegen ein kleines Entgelt Büchlein mit gesammelten Touren offeriert.

Auf dem Sektor Bergtouren sind die Kompass-Wanderführer „Trentino I" und „Trentino II" von *Veit Metzler* am umfassendsten. Zudem gibt es einen Wanderführer zu den „Dolomiten-Höhenwegen" von *Franz Hauleitner* (Rother Bergverlag). Einen speziellen Gebietsführer „Palegruppe" hat *Helmut Pietsch* geschrieben, ebenfalls erschienen im Rother Bergverlag. Auch der Friedenspfad ist in 30 Etappen beschrieben: von *Oskar Schmidt* unter dem Titel „Der Friedenspfad (Sentiero della Pace) im Trentino" (Verlag der Weitwanderer). Der Guru unter den Mountainbike-Autoren ist *Elmar Moser* mit den „Moser Bike Guides" zum Gardasee (Delius Klasing Verlag).

Kartenmaterial ist für alle Regionen in den verschiedensten Maßstäben im hiesigen Buchhandel oder auch im Trentino respektive am Gardasee in allen größeren Orten zu bekommen.

Um eingehender über Kunst und Kultur des Landes zu lesen, ist der DuMont-Kunstreiseführer „Gardasee, Verona, Trentino" von *Walter Pippke* und *Ida Leinberger* der ideale Begleiter.

Ein schöner Bildband zum Gardasee stammt von *Hans Engels* und *Klaus Dietsch:* „Gardasee aus der Luft", herausgegeben vom Steiger Verlag.

Ein **Reiseführer der besonderen Art** ist der von *Johann Wolfgang von Goethe,* vom Beck-Verlag herausgegeben unter dem Titel „Goethe – Italienische Reise" und kommentiert von *Herbert von Einem.*

Landkarten-Tipp:
Eine sehr gute **Übersichtskarte** im Maßstab 1:900.000 ist die Italien-Karte von **world mapping project™/REISE KNOW-HOW.** Sie ist robust, zeichnet sich durch eine moderne Kartengrafik aus, bildet deutlich das klassifizierte Straßennetz ab und zeigt Höhenangaben und Höhenschichten. Der ausführliche Ortsindex ermöglicht das schnelle Auffinden des gewünschten Zieles.

Register

Anhang

Anhang

Die Autorin

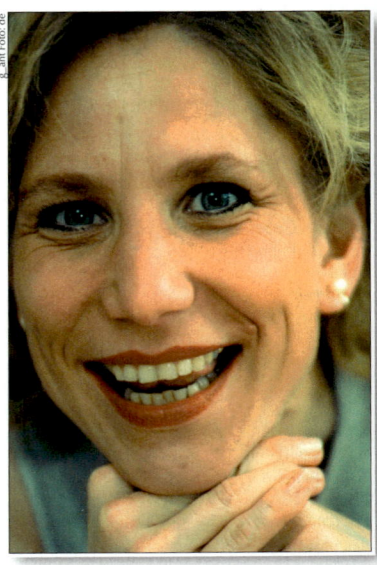

Dagmar Elsen, Jahrgang 1962, ist ausgebildete Journalistin und hat ihren Lebensmittelpunkt im Rhein-Main-Gebiet. Von hier aus geht sie immer wieder auf Entdeckungsreisen in andere Länder, um davon zu berichten. Für den REISE KNOW-HOW Verlag hat sie auch einen CityGuide über Barcelona und Umgebung verfasst und am Reiseführer über Chile mitgewirkt. Das Trentino und den Gardasee hat die Autorin auch deshalb so sehr ins Herz geschlossen, weil man dort sowohl im Sommer als auch im Winter in sehr kompakter Form ein fantastisches Outdoor-Angebot zur Verfügung hat.

KARTENVERZEICHNIS

Auf die jeweils passende Karte wird in den Kopfzeilen verwiesen.

KARTENLEGENDE

Regionsgrenze

Autobahn (Anschlussstelle) A22

Autobahn in Planung

Fernstraße 45

Hauptstraße 249

Nebenstraße

Nebenstraße (gesperrt)

Durchgangsstraße

Dolomitenhöhenweg

Sentiero della Pace

Wanderweg

Wanderpfad

Bergpfad

Klettersteig

Seilbahn/Kabinenlift

Lift

Eisenbahnlinie

Route

Öffentliches Gebäude

Wohngebäude

Stadtgebiet

Waldfläche/Grünfläche

Gletscher

Berggasthof/Berghotel

Schutzhütte/Berggasthof ganzjährig bewirtschaftet

Schutzhütte/Berggasthof zeitweise bewirtschaftet

Kirche

Hotel

Museum

Information

Bushaltestelle

Krankenhaus

Sonstige Sehenswürdigkeit

Kastell

Restaurant/Nachtleben

Parkplatz

Taxi

Post

Camping

Atlas

Tenno, Varone
Campi, Pregasina
Arco
S. Tomaso
45
Via Ardaro
Via dei Tigli
Viale Trento
Via 8 Giugno
Via Riccamboni
Via Galas
V. L. Storck
V. F. Guella
V. Monte Oro
G. Cannella
Chiesa
dell'Inviolata
Viale Roma
Madruzzo
Viale Barrufaldi
Largo
Inviolata
Viale C.A. Pilati
Via N. Pernici
Via U. C.
Via G. Prati
Viale Alberti-Lutti
Viale Marini
Via D. Chiesa
Circonvallazione
Riva del Garda
San Michele
Viale C. Vannetti
Porta
San Marco
Viale Porta
San Michele
Dante Alighieri
Via Marocc.
Via Fiume
Via Florida
Via Concordia
Piazza
Cavour
Giardini
Verdi
Viale G. Caducci
Via Bosghien.
V. Lipella Assunzione
della Maria
V. S. Francesco
Piazza
Stazione
V. Maffei
Giardini
Porta Orientale
Torrente di Varone
Porta
Bruciata
Piazza
3 Nov.
Piazza
Battisti
Torre
Apponale
Piazza
Catena
Wasserburg
La Rocca mit
Stadtmuseum
Palazzo
Pretoriale und
Palazzo del
Provveditore
Spiaggia
degli Olivi
Via Maroni
6
Bastione
Parco
Miralago
Via G. Cis
Via Gargnano
45
Punta Lido
Spiaggia Sabbi

Gardasee

N
RIVA
DEL GARDA
300 m

La Punta

Loc. Gola, Brescia

1 Villa Bellaria
2 Park Hotel Astoria
3 Casa Francesca
4 Hotel Antico Borgo
5 Hotel Centrale
6 Lido Palace
7 Du Lac et du Parc
8 Parc Hotel Flora
9 Bellariva
10 Residence
   Centro Vela
11 Residence Marina
12 Residence
   La Colombera
1 Disco Maracaibo
2 Bastione
3 La Contrada
4 Caffè Italia
5 Al Volt
6 Pan e Salame
7 Leon d'Oro
8 Pub All 'Oca
9 Casa del Caffè
10 La Rocca
11 Discoteca Tiffany
12 Villa Aranci

Arco

Arco

12

Via Maso Belli

Via S. Alessandro

Via Catanzana

San Alessandro

Via Ten. Miorelli

S. Alessandro

Via Masetto

Via Rovigo

Via Filanda

San Pietro
e Paolo

T. Albola

Via Brione

Brione

Via Treviso

Viale

P 12

240

Via Gorizia

V. Reste de Ferda

Via Belluno

Rovereto

V. Vicenza

Via Lonigo

7

8

Via Udine

Via Brione

9

P

△

△

10

△

△

Spiaggia
dei Pini

P

△

Via Monte Brione

Via Brione

Nago, Torbole

Forte
S. Nicolo

11 Forte Garda

Via Gardesana

240

Atlas

Villa del Monte

San Giovani al Monte

Padaro

Laghel

Drò, Drena

45

S. Martino

Patuzzi
717

421

Vigne

Massone

Tenno

Varignano

Chiarano

Arco

Caneve

B

B

B

B

1

Gavazzo Vecchio

Cascata
Varone

Bolognano

B

B

apporta

Gavazzo Nuova

Vignole

Varone

45

B

B

F. Sarca

Dosso
della Costa
426

S. Tonaso

249

di Varone

S. Giorgio

240

B

B

Albola

sentiero della pace

F. Sarca

B

B

B

Riva del Garda

2

B

AT

Monte Brione
376

Capanna

B

B

Brione

240

Nago

45

B

sperone

La Punta

B

Linfano

240

240

ione
Capi
909

Bagni Lido Blu

B

Nago-Torbole

scata
onale

B

Torbole

Gardasee

Conca d'Oro

249

Atlas

3

Zona Gola

Sentiero della pace

Naveselle

Dos d. Gialeta
844

regasina

Punta Corna di Bo

Dosso Casina
978

Punta Calcarole

Dos Remit
1223

C

D

1 Garden
2 Guesthouse Arco 1
3 Pace
4 AppartHotel Vivere
5 Villa Italia
6 Marchi
7 Ville delle Rose
8 Hotel Angelini
9 Residence Cà Rossa

1 La Lanterna
2 Pub il Gatto Nero
3 Caffè Nardi
4 Alla Lega
5 Pace
6 Carpe Diem
7 Cantina Marchetti
8 Caffè Trentino
9 Gelateria Il Gelateria
10 Bar Centrale
11 La Capannina
12 Disco Spleen
13 Euphoria
14 Don Carlos

S. Maria di Laghel

Kletterwände

Sant' Appollinare

Indoor-kletterwand

Sarca

Via Crucis

Via del Calvario

Via Legionari

Via Lomego

Arboretum

Castello di Arco

Convento San Martino

Viale Santoni

Via Fabbri

Sarca

Vicolo Ere

Piazza S. Guiseppe

S. Guiseppe

San Bernardino

Via Fossa Grande

Via Stranfora

Arco

Via Bettinazzi

Via G. Segantini

Via Gazzoletti

Via Providenza

Via Fitta

Caneve

San Rocco

Piazza S. Rocco

Via Vergolano

Duomo della Collegiata

V. d. Magnolie

Via Ferrera

Via S. Anna

Piazza Marchetti

Piazza III. Novembre

S. Anna

Piazza S. Anna

Via della Cinta

Via Scaria

V. C. Battisti

V. Baldessari

Varignano, Padaro, Chiarano, Vigne

V. Capitelli

Viale d. Palme

Marconi

V. Garberie

Viale Roma

Conti d'Arco

Viale delle Monache

S. Pietr

V. B. Galas

Via Pomerio

Via 24 Maggio

Evangelica

V. Prati

Via S. Sisto

Convento

S. Giorgio, Riva del Garda

Via Canale

Via Indipendenza

Viale Rovereto

Trento, Drò, Drena

Bolognano, Vignole, A22

Y.-P. Caproni Maini

ARCO

300 m

45

240

45

Beata Vergine
delle Vittorie

Via Lori

Arco

Kletterwände
Marmitte
dei Giganti

Sarca

Linfanetto

Riva del Garda

Via Gardesana

Linfano

SS 240

Nago-Torbole

Strand

Sarca

Via Lungo Sarca

Via Sarca Vecchio

Via Matteotti

Strada Grande

Coize

Loc. Coize

Nago, P.so S. Giovanni, A22

SS 240

Al Cor

Coize

Hafen
Foci Sarca

Via Foci

Strand

Via al Cor

Surf
Point

Hafen
Pescatori

Via al Cor

Goethe-
Bronze-
medaille

Via Scuole

Brae

V. Brae

Pontalti

Valletta S. Lucia

S. Maria
al Lago

Casa
Beust

Via Fitta

Colonia
Pavese

Surf
Point

Via Pasubio

Benaco

S. Andrea
Piazza
V. Veneto

Torbole

Via Marocche

Zoll-
häuschen

Piazza
Alpini

Piazza
Alpini

Via Lungolago Verona

Via Pescicoltura

Via Marocche

Marocche Gorte

Gardasee

Marocche

Via Bellavista

Freizeitpark
Busatte

Hafen
Conca d'Oro

SS 249

Tempesta, Verona

1 Villa Stella
2 Villa Rosa, Villa Maria
3 Rita & Vico
4 Lido Blù
5 Toblini
6 Hotel Santoni
7 Piccolo Mondo
8 Casa al Sole
9 Al Caminetto
10 Paradiso
1 Speckhaus
2 Meckl's Bike & Coffee
3 Cin Cin
4 Moby Dick
5 Windsbar
6 Casa Beust
7 La Guillotine
8 Cutty Sark
9 La Terrazza
10 Parco Busatte
11 Conca d'Oro

N

TORBOLE

300 m

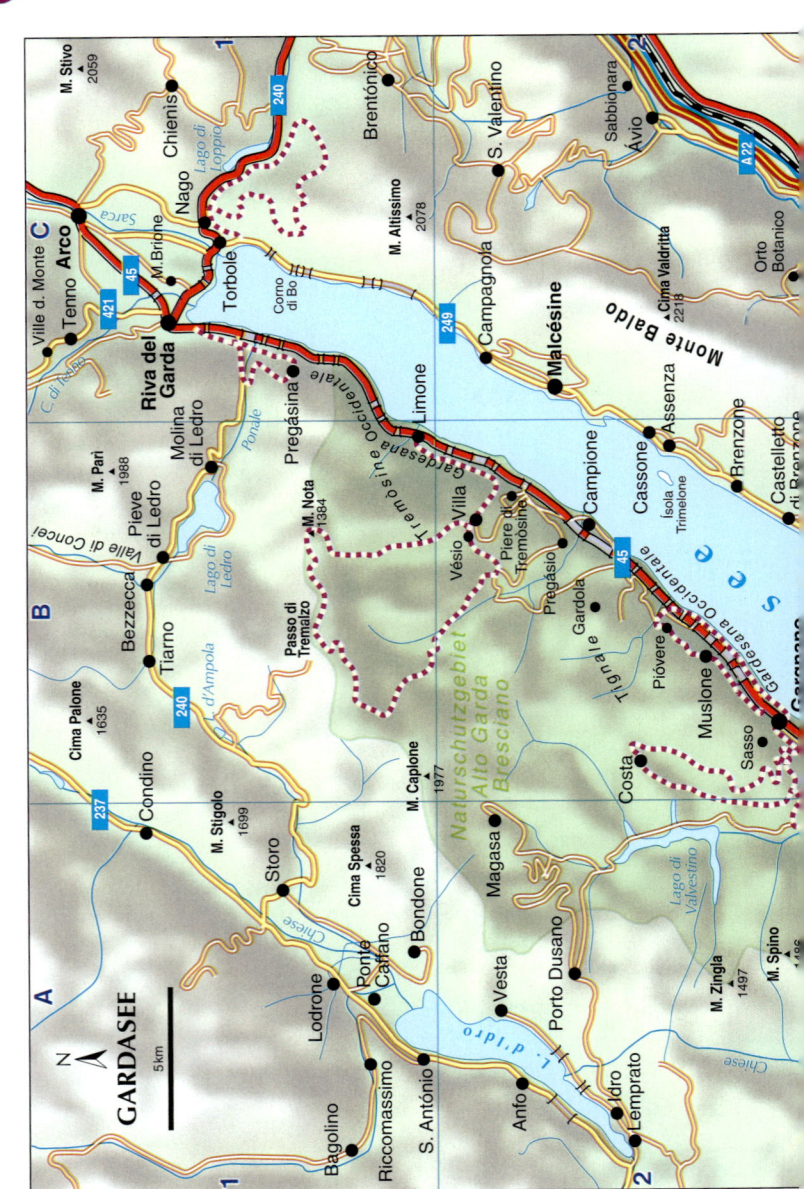

Trient

S. S. Faustini e Giovita

del Carmine

Via Manzoni

Via Tartaglia

Via Calatafimi

Via delle Grazie

Via del Carmine

Via S. Faustino

Via Milano

Milano

Viale Italia

Porta Milano

Piazzale Garibaldi

S. Maria de Grazie

Via Capriolo

Via Marsala

Via delle Battaglie

S. Giovanni

S. Guiseppe

Corso Garibaldi

Corso G. Mameli

Piazza Rovetta

Loggia

3

Via F.lli Ugoni

Via dei Mille

S. Giorgio

Via della Pace

Piazza del Log

6

S. S. Cosma e Damiano

Via Cairoli

Via Dante

S. Agata

Torre d'Orologio

Via Agata

Museo Naz. d. Fotografia

M

V. S. Francesco

P

Giardino di Via dei Mille

Contrada delle Bassiche

S. Francesco d'Assisi

Piazza Mercato

Piazza Vittoria

Via dei Mille

Corso Matteotti

Corso Palestro

T

Teatro Grand

Via Cassala

Corso Martiri della Libertà

Via Moretto

Cont. d. Croce

Via Cavaletto

Via A. Gramsci

Piazzale Repubblica

Via Folonari

Via Corsica

Viale Stazione

Via Vittorio Emanuele II

Via XX Septembre

Via Solferino

5

B

B

T

P

Bahnhof

Via Romanino

Via Saffi

Kennedy

Vi

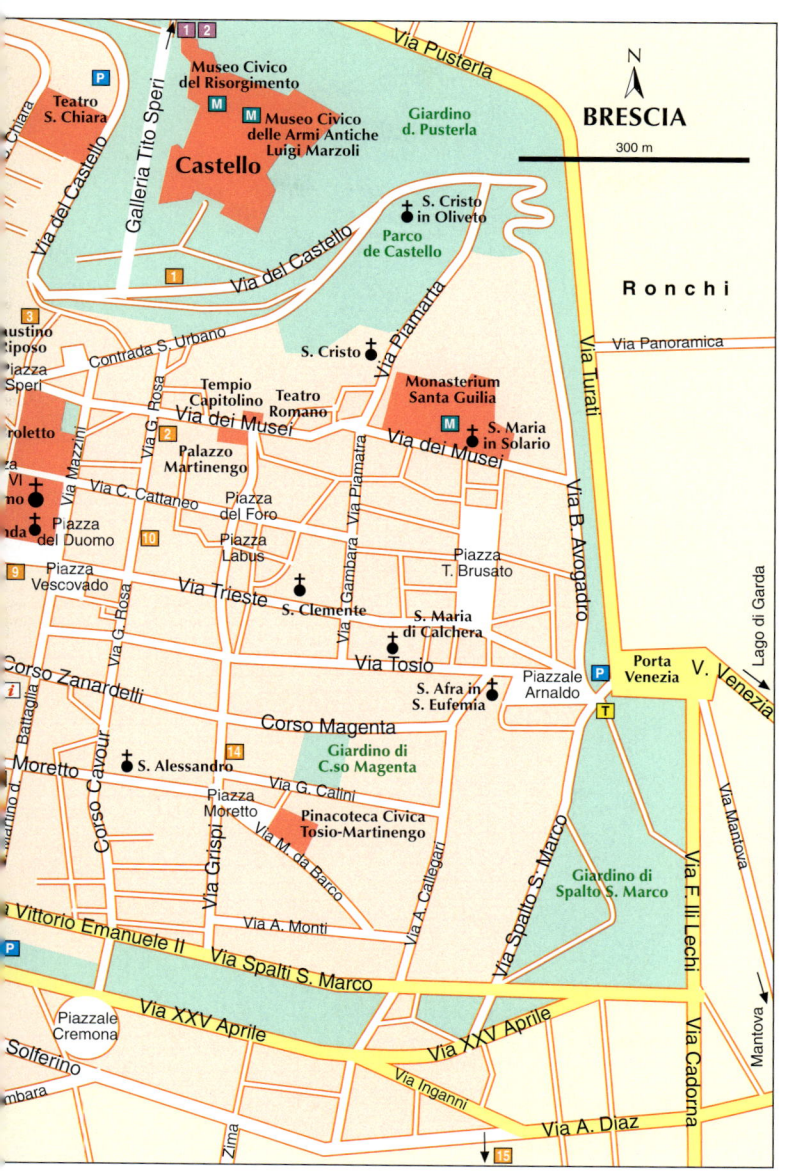

N

BRESCIA

300 m

Teatro
S. Chiara

Museo Civico
del Risorgimento

Castello

Museo Civico
delle Armi Antiche
Luigi Marzoli

Galleria Tito Speri

Via del Castello

Via Pusterla

Giardino
d. Pusterla

S. Cristo
in Oliveto

Parco
de Castello

R o n c h i

Via Panoramica

Via del Castello

Via Piamarta

Contrada S. Urbano

S. Cristo

austino
iposo

iazza
Speri

Tempio
Capitolino

Teatro
Romano

Via G. Rosa

Via dei Musei

Via Mazzini

Monasterium
Santa Giulia

S. Maria
in Solario

Via dei Musei

Via Turati

oletto

a
VI
no

Palazzo
Martinengo

Via C. Cattaneo

Piazza
del Foro

Via Piamarta

Via Gambara

Via B. Avogadro

Lago di Garda

Piazza
del Duomo

Piazza
Labus

nda

Piazza
Vescovado

Via Trieste

Via G. Rosa

S. Clemente

S. Maria
di Calchera

Piazza
T. Brusato

Via Tosio

Via Gambara

Corso Zanardelli

Via Battaglia

S. Afra in
S. Eufemia

Piazzale
Arnaldo

Porta
Venezia

V. Venezia

Moretto

Corso Cavour

S. Alessandro

Corso Magenta

Giardino di
C.so Magenta

Via G. Calini

Via Mantova

Piazza
Moretto

Via Grispi

Pinacoteca Civica
Tosio-Martinengo

Via M. da Barco

Via A. Callegari

Via Spalto S. Marco

Giardino di
Spalto S. Marco

Via F. lll Lechi

Atlas

Vittorio Emanuele II

Via Spalti S. Marco

Via A. Monti

Mantova

Via Cadorna

Piazzale
Cremona

Via XXV Aprile

Via XXV Aprile

Via Inganni

Solferino

Zima

mbara

Via A. Diaz

VERONA

300 m

N

- S. Giorgio Maggiore
- Via S. Alessio
- Santo Stefano
- Castel S. Pietro
- Teatro Romano und Museo Archeologico
- San Giovanni in Valle
- Duomo
- Piazza Duomo
- Via Pietra
- Via Sabbionara
- Scala Santa
- Via Duomo
- Via Pigna
- Santa Anastasia
- eo scalchi Erizzo
- Via Forti
- Galeria d'Arte Moderna e Contemporanea
- Via Garibaldi
- C. Anastasia
- Piazza dei Signori
- Piazza Viviani
- Piazza d. Erbe
- Torre dei Lamberti
- Haus der Julia
- Via Nizza
- Via Cappello
- Via Stella
- Via S. Cosimo
- Via Leoncino
- Stradone S. Fermo
- Sottoriva
- Lungadige Teodorico
- dell'Acqua Morta
- S. Maria in Organo
- Via S. Giovanni in Valle
- V. Pozzo
- Via S. M. in Organo
- Fiume Adige
- Sammichelli
- Via Interrato
- Via S. Vitale
- Via Muro Padri
- Vicenza
- Porta dei Leoni
- Ponte Nuovo
- Ponte Navi
- S. Fermo Maggiore
- Via S. Paolo
- Via XX Settembre
- Via Mazza
- Via Mazza
- Palazzo Pompei/ Museo Civico di Storia Naturale
- Via S. Francesco
- Via Campofiore
- Lungadige Porta Vittoria
- Via Filippini
- Via Macello
- Università
- Via dell'Artigliere
- Stradone Maffei
- Via Pallone
- Ponte Aleardi
- Via del Pontiere
- San Francesco al Corso (Museo degli Affreschi und Grab der Julia)
- Via Francesco Torbido
- Cimitero Monumentale
- P

1 Due Torri Hotel Baglioni
2 Antica Porta Leona
3 Gabbia d'Oro
4 Aurora
5 Accademia
6 Ciopeta
7 Guiletta e Romeo
8 Ca' dell'Orto

1 La Fontanina
2 Re Teodorico
3 Caffè Coloniale
4 Osteria del Duca
5 Le Arche
6 Caffè Dolce Vita
7 Osteria del Bugiardo
8 Caffè Dante
9 Campidoglio
10 Osteria Verona
11 12 Apostoli, Maffei
12 Gelateria
13 Al Camiere
14 Bottega del Vino
15 Enothéque Dal Zovo
16 Rubiani
17 Trattoria La Griglia
18 Bar Liston
19 Osteria all'Oste Scuro

Atlas

Via Giovanelli
Via Zara
Via Flume
Via Bezzeca
Viale Trieste
Viale Bologni
Via Adamello
Via Gorizia
Via S. Antonio
Via S. Bernardino
Via N. d'Arco
Viale Rovereto
Via Brigata Acq
Via Bolghera
Via Gocciadoro
Via dei Mille
Via S. Giovanni Bosco
Via Abba
Via Milano
torrente Fersina
Via Piave
Parco S. Chiara
Via Giovanni a Prato
Via Marsala
Via Malta
Via Matteotti
Auditorium S. Chiara
Corso 3 Novembre
Via Plave
Ortigara
Piazza Garzetti
Piazza Fiera
V. V. M.Corno
Via S. Croce
Via Ottaviano Rovereto
G. e T. Lorenzoni
Mazzini
Torrione
Tre Portoni
Via Mattioli
Via degli Orti
Via Mons. Endrici
Via Bronzetti
Via P.za d'Arogno
V. 24 Maggio
Via D. Chiesa
Via Vittorio Veneto
Via Esterle
Via Traval
Via Madruzzo
Via Filzi
Via Bezz
Via P.a Borsieri
Via Rosmini
Via Giusti
Via Giusti
Via Bromporto
Via Berlamasco
Cimitero Monumentale
Inama
Campo Sportivo Briamasco

#	
1	Albermonaco
2	America
3	Boscolo Grand Hotel Trento
4	Venezia
5	Albergo Accademia
1	Bergamini
2	Buonconsiglio
3	Green Tower
4	Hosteria del Buonconsiglio
5	Le Bollicine
6	Chiesa
7	Osteria Il Capello
8	Birreria Forst
9	Orso Grigio
10	Scrigno del Duomo
11	Caffè Italia
12	Bar Duomo
13	Old Bar

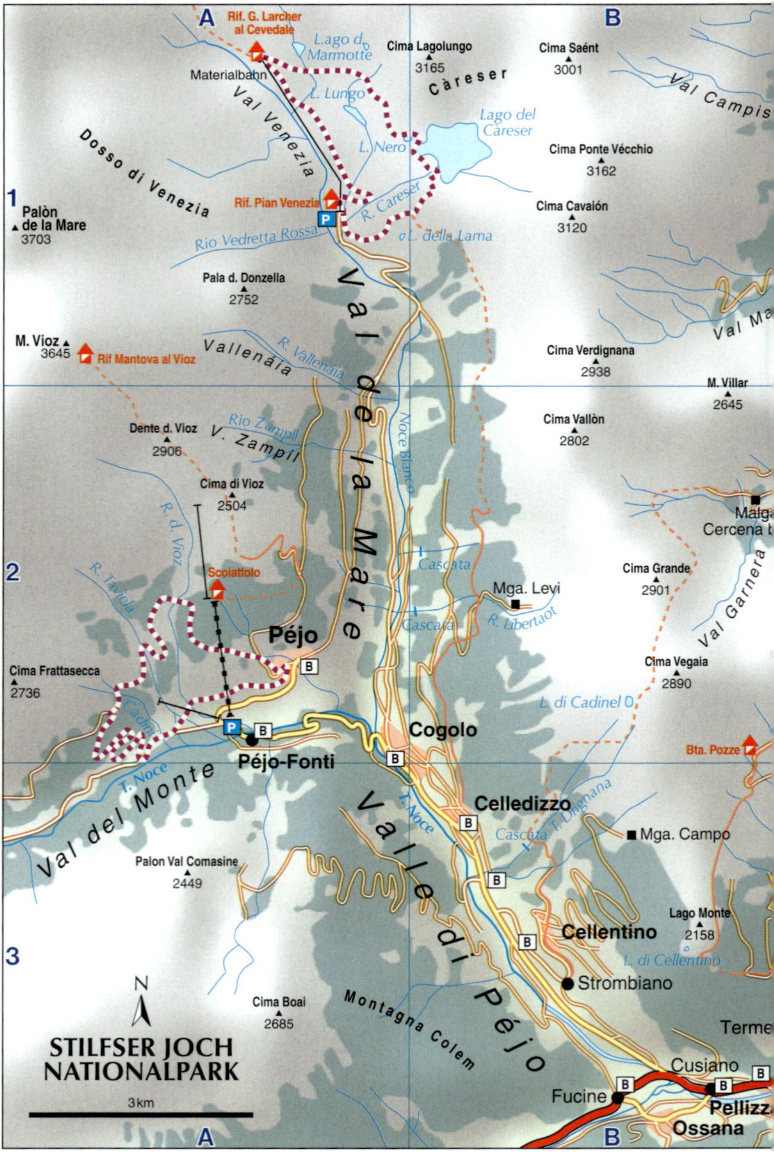

A

Rif. G. Larcher al Cevedale

Lago di Marmotte

Cima Lagolungo
3165

Cima Saént
3001

Materialbahn

L. Lungo

Càreser

Val Campis

B

Val Venezia

Lago del Careser

L. Nero

Cima Ponte Vécchio
3162

Dosso di Venezia

Rif. Pian Venezia P

R. Càreser

1

Palòn de la Mare
3703

Rio Vedretta Rossa

o L. della Lama

Cima Cavaión
3120

Pala d. Donzella
2752

Val de la Mare

Val Ma

M. Vioz
3645

Rif Mantova al Vioz

Vallenaia

R. Vallenaia

Cima Verdignana
2938

M. Villar
2645

Dente d. Vioz
2906

V. Zampil

Rio Zampil

Noce Bianco

Cima Vallòn
2802

Cima di Vioz
2504

R. d. Vioz

Malga Cercena t

2

R. Tavìela

Scoiattolo

Cascata

Mga. Levi

Cima Grande
2901

Val Garneta

Péjo

Cascata

R. Libertaor

Cima Vegaia
2890

Cima Frattasecca
2736

L. di Cadinel D.

B

Cogolo

Bta. Pozze

P B

Péjo-Fonti

B

Celledizzo

T. Noce

Noce

B

Cascata R. Dismana

Mga. Campo

Val del Monte

Valle di Péjo

Palon Val Comasine
2449

B

Cellentino

Lago Monte
2158

3

L. di Cellentino

N

STILFSER JOCH NATIONALPARK

Cima Boai
2685

Montagna Colem

• **Strombiano**

Terme

3km

Cusiano

B

Fucine

Pellizz

B

Ossana

A

B

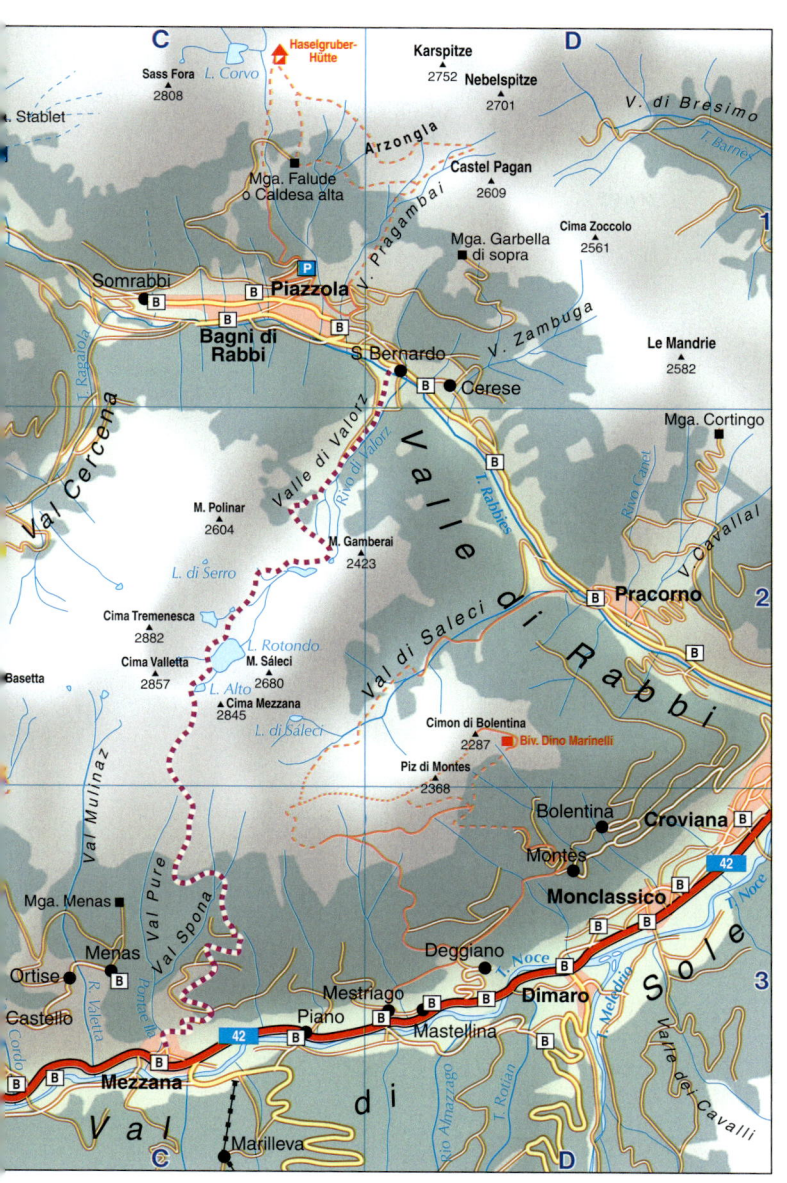

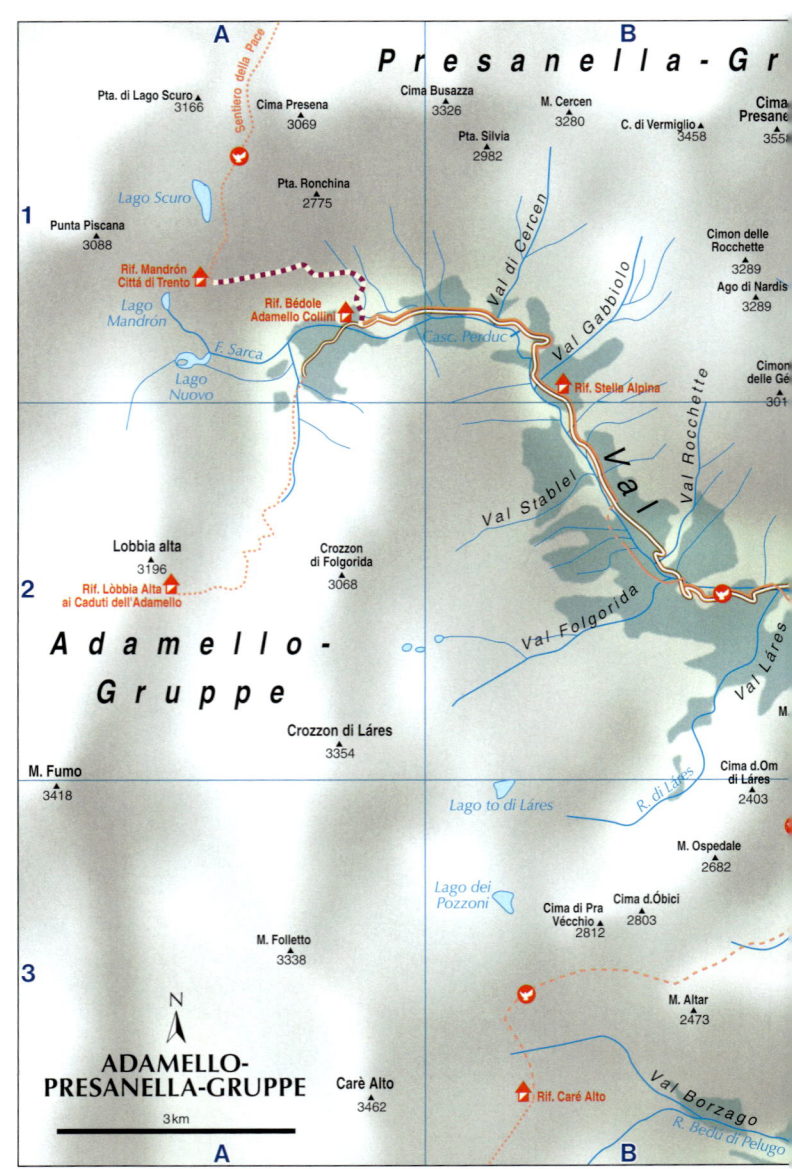

P r e s a n e l l a - G r

Pta. di Lago Scuro ▲
3166

Cima Presena ▲
3069

Cima Busazza ▲
3326

M. Cercen ▲
3280

C. di Vermiglio ▲
3458

Cima
Presane
355

Pta. Silvia ▲
2982

Sentiero della Pace

Lago Scuro

Pta. Ronchina ▲
2775

Val di Cercen

Cimon delle
Rocchette
▲
3289

1

Punta Piscana ▲
3088

Rif. Mandrón
Città di Trento

Val Gabbiolo

Ago di Nardìs ▲
3289

Lago
Mandrón

Rif. Bédole
Adamello Collini

Casc. Perduc

Cimon
delle Gè
▲
301

F. Sarca

Lago
Nuovo

Rif. Stella Alpina

V a l

Val Rocchette

Val Stabiel

V a l

Lobbia alta ▲
3196

Crozzon
di Folgorida ▲
3068

2

Rif. Lòbbia Alta
ai Caduti dell'Adamello

A d a m e l l o -

Val Folgorida

G r u p p e

Val Láres

Crozzon di Láres ▲
3354

M.

M. Fumo ▲
3418

R. di Láres

Cima d.Om
di Láres ▲
2403

Lago to di Láres

M. Ospedale ▲
2682

Lago dei
Pozzoni

Cima di Pra
Vécchio ▲
2812

Cima d.Óbici ▲
2803

3

M. Folletto ▲
3338

N
↑

M. Altar ▲
2473

ADAMELLO-
PRESANELLA-GRUPPE

Carè Alto ▲
3462

Rif. Caré Alto

Val Borzago

3km

R. Bedú di Pelugo

A

B

p e

Lago di Vedretta

Sarca di Nambròn

Laghi di Cornisello

Rif. Laghi di Cornisello

Lago Nero

Sarca d'Amola

Rif. Amola G. Segantini

Cima Quattro Cantoni
3026

Malga Vallina d'Amola

Cima Lancia
2318

Pala di Dalgón
2410

Rif. Nambròne

Casc.

Val di Nardis

Malga di Nardis

Cascata di Nardis

G e n o v a

bona

Cascata d. Casòl

ne Sarca   di Val Genova

a

della Puoc

Val Seniciaga

Lago di S. Giuliano

Lago Garzone

cio

Laghi di Germenega

Lago di Vacàrsa

ace

La Cingla
3296

La Costàccia
2427

Lago Ritòrt

La Pala
2520

Monte Ritòrt
2411

Passo della Falculetta

Dos del Fo
2315

Val dei

Milegna

Madonna di Campiglio

V a l l e   d i   N a m b r ò n

S. Antonio

Cavria

T. Sarca

239

Carisolo

R e n d e n a

Rif. Dos del Sabion

Pinzolo

Giustino

Massimeno

Caderzóne

Strembo

Fiume Sarca

V a l

Bocenago

239

Spiazzo

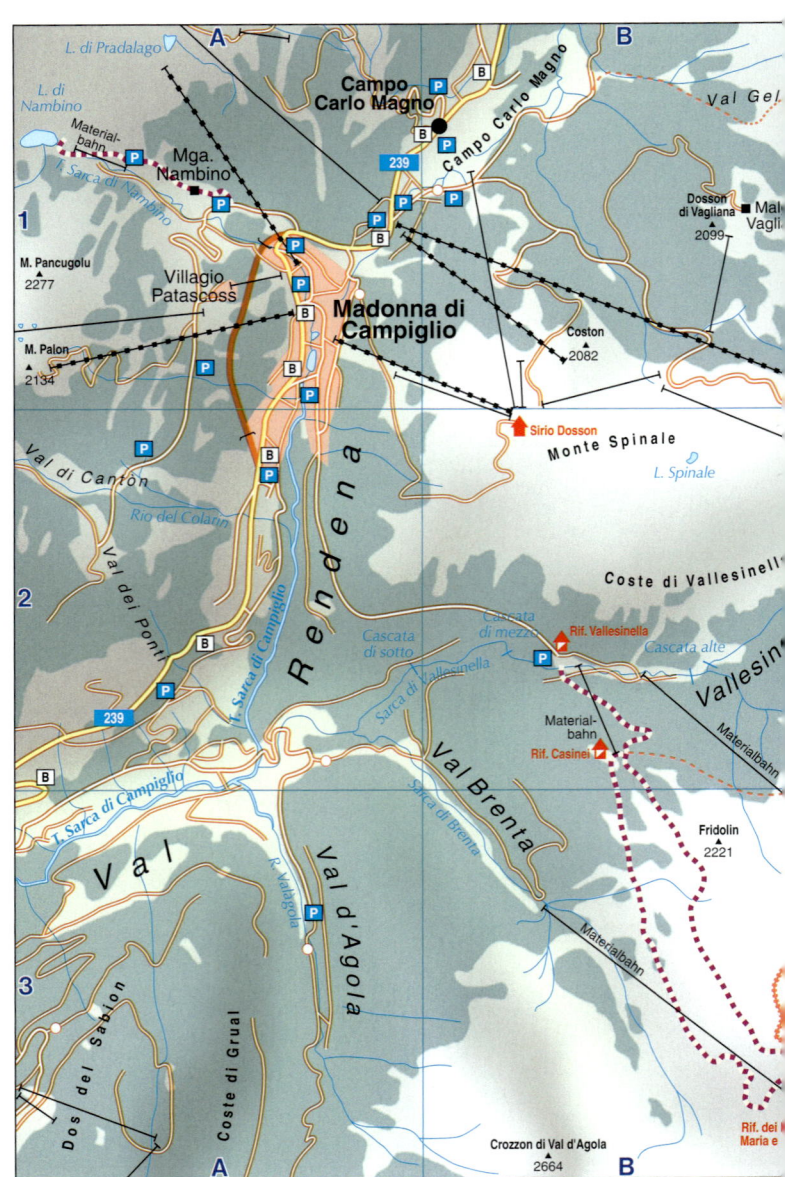

Sasso Alto
2890

C

D

N

BRENTA-DOLOMITEN

2 km

1

Gran de Formenton

Cima Vagliana
2864

Malga Pozzol ■

Cascata

Valle di S. Maria Flavona

Pietra Grande
2936

2378
Bocch. di Valscura ▲
Cimon d. Campa
Cima di Valscura ▲   2597
2672

Rif. G. Graffer
al Grosté

B r e n t a -

Cascata

Montoz
Termoncello   2490
2673

L. Secco

Passo del Grosté

Grosté   ▲ Le Crosette
2374

M. Turion basso
▲
2384

2

D o l o m i t e n

Crossara
d. Fibbion
▲2673
Monte Fibbion
▲
2664

Cima Grosté
▲
2898
Campanile
dei Camósci
2914
Cima Falkner
3068
Campanile di Vallesinella
3068

M. Turion alto
▲
2442

Castello di
Vallesinella
2782

M. del Tuckett

Castelletto
Superiore
2700

Biv. Mga. Spora ■

Cima Gaiarda
2632

Cima Sella
2919

Cima della Vallazza
2809
Cima Roma
2838

3

Cima Mandron
3033

Cima Brenta
3151

Cima del Clamer
2279

Cima dei Lasteri
2459

eriabahn

Spallone dei Massodi
3004

Val perse

C

Rif. Croz dell'
Altissimo

D

Atlas

Seiser Alm

A

B

Compaccio

Großes Moos

Kleines Moos

Ladinser Moos

S e i s e r   A l m

Peterlunger Lacke

Radauer Schwaige

Saltner Schwaige

Hohes Eck
2141

Zaillinger Hütte

Murmeltierhütte

Plattk

Ghiacc del Sasso

Plattkofelhütte

1

Rosszähne
2551

Tierser Alplhütte

V a l

R. di Pein

Ruf de Curtin

Saltariabach

Tschaminbach

2

Grasleitenspitzen
2675

Grasleiten- hütte

Ruf de Duron

Croda del Lago
2665

Gr. Valbonkogel
2822

Grasleiten- passhütte

Kesselkogel
3002

Antermoia- see

Rif. Antermoia

Cima di Lausa
2876

Cima Larsec
2891

R. di Dona

Val de Dona

Pons
228

Ciampes

R. de Udai

Val di Udai

3

Vajolettürme
2813

Rosengartenspitze
2981

Val del Vajolet

Dirupi di Larsec

Crepe di Larsec

Gran Cront
2779

Aut da Monzon
2376

Mazzin

48

Monzon

A

B

Plan

Plan de Gralba
(Kreuzboden)

R. Gherdeina

Rui de Freal

243

Brunecker
Turm
2495

Camp.li del Mürfreit
2711

L. di Pisciadù
L. di Dragon

Sass dai Ciamorces
2999

Comici T.
Camp. Comici
2802

Rif. E. Comici

Langkofel
3173 Biv. Giuliani

Sellagruppe

1

Piz Gralba
2972

Zwischenkofel
2839

Langkofelhütte

Ghiacciaio
Sassolungo

Langkofeleck
3081

242

Piz Selva
2941

Torre del Sella
2795

Rif. Boé

Col Turont
2927

Langkofel-
karspitze
2821

Ghiacciaio
di Grohmann

Piz Ciavazes
2831

Sellatürme
2598

nkofel
000

Grohmannspitze
3114

Sella-
joch

Maria Flora

Val Lasties

Rif. S. Pertini

Friedrich-August-
Hütte

Rif. Maria

Rif. Forc.
Pordoi

Sass
Pordoi
2950

Sass de Forcia

Antermoia

Col Rodella
2484

Rif. Col Rodella

Sass de Moles
Piccolo Pordoi
2670

2

Duron

Luca Bianco

Pordoijoch

48

Sass Beje
2534

Campitello

Canazei

Gries

Col di Ross
2383

Col de Cuc
2563

ntapazzo

Avisio

Val de Crepa

Monte Crepa

641

Alba

Val di Fassa

Penia

T. Avisio

3

Taic
2242

Crepa Neigra
2534

R. de Conti

BERGGRUPPEN
UM CANAZEI

Col Bel
2436

Baita Valeruz

Crepa Neigra

N

2 km

Atlas

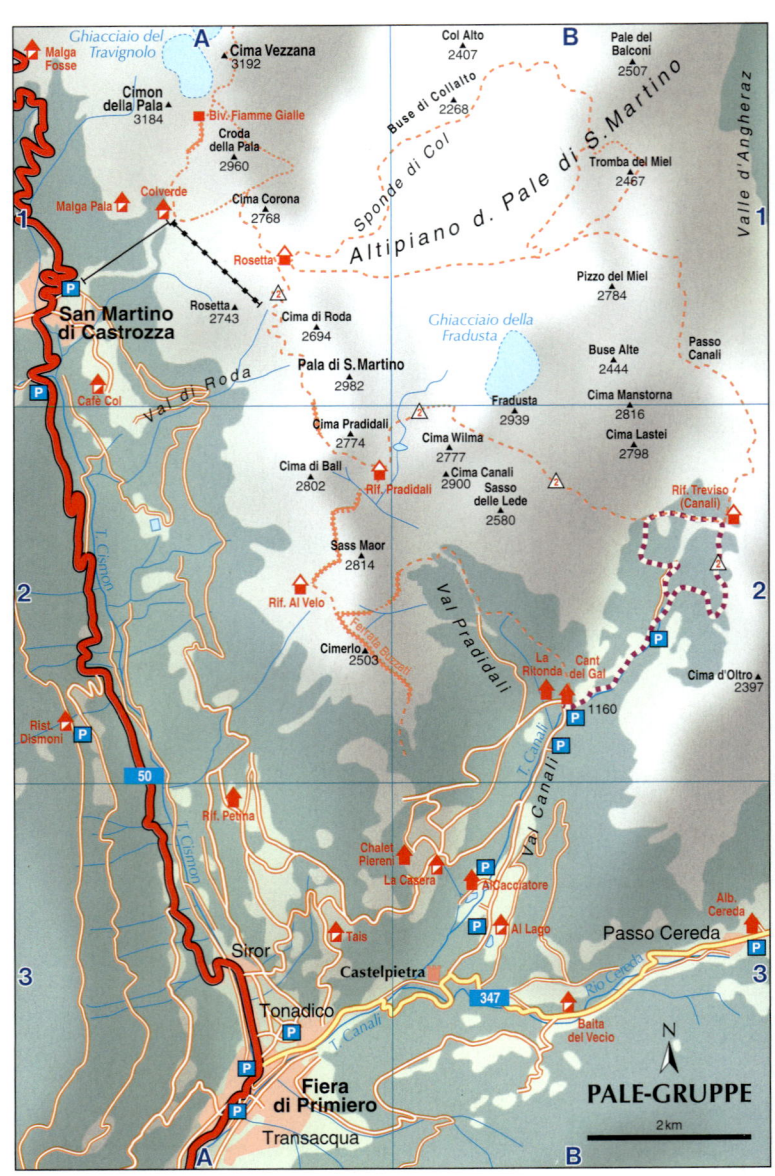

PALE-GRUPPE

Ghiacciaio del Travignolo

A

Malga Fosse

Cimon della Pala ▲ 3184

Biv. Fiamme Gialle

Croda della Pala ▲ 2960

Cima Vezzana ▲ 3192

Col Alto 2407

B

Pale del Balconi 2507

Buse di Collalto 2268

Sponde di Col

Valle d'Angheraz

1

Malga Pala

Colverde

Cima Corona 2768

Altipiano d. Pale di S. Martino

Tromba del Miel 2467

Rosetta

Pizzo del Miel 2784

San Martino di Castrozza

P

Rosetta ▲ 2743

Cima di Roda 2694

Ghiacciaio della Fradusta

Buse Alte 2444

Passo Canali

1

Café Col

P

Val di Roda

Pala di S. Martino ▲ 2982

Fradusta 2939

Cima Manstorna 2816

Cima Pradidali 2774

Cima Wilma 2777

Cima Lastei 2798

Cima di Ball 2802

Rif. Pradidali

Cima Canali 2900

Sasso delle Lede 2580

Rif. Treviso (Canali)

T. Cismon

Sass Maor 2814

Rif. Al Velo

Val Pradidali

2

Cimerlo 2503

La Ritonda

Cant del Gat

P

P

1160

Cima d'Oltro 2397

2

Rist. Dismoni

P

50

Val Canali

T. Canali

Rif. Petina

T. Cismon

Chalet Pierem

La Casera

P

Al Cacciatore

Tais

P

Al Lago

Alb. Cereda

P

Passo Cereda

Siror

Castelpietra

347

Rio Cereda

3

3

Tonadico

P

T. Canali

Balta del Vecio

N

Fiera di Primiero

P

P

PALE-GRUPPE

Transacqua

2 km

A

B